EC120轻型直升机
Y12多用途飞机
H425民用直升机
移动电站
WJ5A1
发动机
赛 豹
4G1
发动机
赛 马
路 宝
民 意
中 意

黑龙江 雪乡　　摄影：之凡

黑龙江统计年鉴

HEILONGJIANG STATISTICAL YEARBOOK

2004

（总第18期No.18）

黑龙江省统计局　编

HEILONGJIANG PROVINCIAL BUREAU OF STATISTICS

中国统计出版社

China Statistics Press

【京】新登字 041 号
图书在版编目(CIP)数据

黑龙江统计年鉴.2004/ 黑龙江省统计局编
—北京：中国统计出版社　2004.4
ISBN　7-5037-4327-1

Ⅰ.黑..
Ⅱ.黑..
Ⅲ.统计资料 - 黑龙江省 -2004- 年鉴
Ⅳ.C832.35-54

中国版本图书馆 CIP 数据核字(2004)第 031564 号

黑龙江统计年鉴—2004

作　　者 / 黑龙江省统计局
责任编辑 / 蔡启新
E-Mail　/ yearbook@stats.gov.cn
责任校对 / 崔耀志
封面设计 / 李晓明
出版发行 / 中国统计出版社
通信地址 / 北京市西城区三里河月坛南街 75 号　中国统计出版社
邮　　编 / 100826
电　　话 / (010)63262295　(0451)82625446
印　　刷 / 黑龙江新华印刷厂
经　　销 / 新华书店
开　　本 / 880×1230mm　1/16
字　　数 / 135 万字
印　　张 / 34.75 印张　24 彩页
印　　数 / 1-2000 册
版　　别 / 2004 年 8 月第 1 版
版　　次 / 2004 年 8 月第 1 次印刷
书　　号 / ISBN 7-5037-4327-1/F·1792
定　　价 / 298.00 元

《黑龙江统计年鉴—2004》编委会和编辑工作人员

Heilongjiang Statisitcal Yearbook-2004 EDITORIAL BOARD AND STAFF

编辑说明

一、《黑龙江统计年鉴——2004》是一部全面反映黑龙江省经济和社会发展状况的资料性工具书。本书收录了全省及各市(地)、县2003年经济和社会各方面的统计数据，以及历史重要年份的主要统计数据。

二、全书主体共分17部分:1. 行政区划和自然资源;2. 综合;3. 人口、就业人员和职工工资;4. 固定资产投资;5. 能源生产和消费;6. 财政、金融和保险;7. 物价指数;8. 人民生活;9. 城市概况;10. 农业;11. 工业;12. 建筑业;13. 交通运输、邮政和信息传输;14. 国内贸易;15. 对外贸易和旅游;16. 教育、科技和文化;17. 体育、卫生及其他社会活动。另附:1. 各县(市)主要指标;2. 各类开发区情况;3. 企业集团主要指标;4. 东北三省国民经济主要指标。各篇末附有主要统计指标解释。

三、资料采用国际统一标准的计量单位。

四、本年鉴的资料大部分来自年度统计报表,部分数据来自抽样调查和专业部门年报,部分专业历史数据和资料来源口径有调整,请留意表中注释。

五、2003年起，除国民经济核算和个别部门以外的指标执行新的国民经济行业分类,相关历史数据未作调整。

六、由于数据来源和计算方法不同，一些指标分地区数据相加不等于全省数，请使用时注意。部分合计数或相对数因单位取舍不同而产生的计算误差均未做机械调整。

七、附录中的县域经济指标为各县(市)上报数,未做逐级核对,仅供参考。

八、本年鉴中的符号使用说明:“空格”表示该项数据不详或数据太小，不足本表计量单位;“#”表示其中主要项。

PREFACE

Ⅰ. Heilongjiang Statistical Yearbook 2004 is an annual statistics publication, which covers very comprehensive data in 2003 and some selected data series in historically important years at provincial levels and local levels of cities, regions, and counties directly under the provincial government and therefore, reflects various aspects of social and economic development of Heilongjiang.

Ⅱ. The book contains the following seventeen parts, 1. Division of Administrative Areas and Natural Resources; 2. General Survey; 3. Population, Employment and Wages; 4. Investment in Fixed Assets; 5. Production and Consumption of Energy; 6. Finance, Banking and Insurance; 7. Price Indices; 8. People' s Livelihood; 9. General Survey of Cities; 10. Agriculture; 11. Industry; 12. Construction; 13. Transport, Post and Information Transfer; 14. Wholesale and Retail Trade, Catering Services; 15. Foreign Trade and Economic Cooperation, International Tourism; 16. Education, Sciences and Technology, Culture; 17. Sports, Public Health and Other Social Activities. Appendix: 1. Main Social and Economic Indicators of counties; 2. General Survey of all Development Areas; 3. Main Economic Indicators of Enterprise Groups; 4. Main Indicators of National Economy among the Three Provinces in Northeast Area. In addition, explanatory notes on main statistical indicators are provided at the end of each part.

Ⅲ. The units of measurement used in this book are internationally standard measurement units.

Ⅳ. The major data sources of this publication are obtained from annual statistical reports, and some from sample surveys and professional departments. Statistical coverage of some professional historical data has adjusted. Please attention to explanatory notes in charts.

Ⅴ. Since 2003, the new category standard of national economy industry is implemented expect the data of national business accounting and very few departments ,the historical data have not been adjusted.

Ⅵ. Some statistical data gathering from regions are not the same as total of province. Please attention to use. Statistical discrepancies due to rounding are not adjusted in this yearbook.

Ⅶ. Economic indicators in appendix are statistical data of county. The data are not checked from level. It is reference only.

Ⅷ. Notations used in this yearbook:

" (Blank) " indicates that the data not available or the figure is not large enough to be measured with the smallest unit in the table;

" # " indicates the major items of the total.

篇目索引

篇　目　　　　页　码

SUBJECT INDEX

Subject | Page

特色龙江

■耕地面积 2003 年 969 万公顷

■人均耕地面积 2003 年 0.25 公顷

黑龙江省是中国耕地面积最大的省份，拥有耕地 969 万公顷，是世界著名的三大黑土带之一。全省人均耕地 0.25 公顷，居全国第一位。

Heilongjiang province has the largest area of cultivated land among the provinces in China, the area of cultivated land of which is 96, 900 hectares. Heilongjiang province lies in one of the three largest blackland of the world. The cultivated land per capita is 0.25 hectares in Heilongjiang, which list the first in China.

■大豆播种面积 2003 年 324 万公顷

■大豆产量 2003 年 561 万吨

黑龙江省大豆种植面积和产量居全国首位。

The sown areas and yield of soybean in Heilongjiang are standing number one in China.

■绿色食品认证数量 2003 年 610 个

■绿色食品监控面积 2003 年 1813 万亩

■绿色食品加工产值 2003 年 106.8 亿元

黑龙江省绿色食品监控面积、获得标识认证的产品数量居全国第一位。

The supervising area and the number of certificated produtcts of green food in Heilongjiang also stand the first in China.

■粮食产量 2003 年 2512 万吨

黑龙江省粮食生产能力已稳定在 2500 万吨以上，是中国重要的商品粮基地。

Heilongjiang province is also an important base on commercial grain, the production capacity of grain of which is steadily maintained at 25,000,000 tons year by year.

■奶牛数量 2003 年 118 万头
■乳制品产量 2003 年 37.7 万吨
■牛奶产量 2003 年 301 万吨

黑龙江省草原面积约 433 万公顷，优质的牧草为畜牧业发展提供了丰厚的天然条件，
全省牛奶和制品产量居全国第一位。

The provincial's grassland area is about 4, 330, 000 hectares, and the high – quality grazing provide rich natural condition for the development of the stock raising. The production of milk and dairy products list the first in China.

黑龙江省冰雪资源堪称中国之最。亚布力是亚洲最大的滑雪场。
镜泊湖是中国最大的高山堰塞湖；
五大连池被誉为“天然火山博物馆”。

The resources of ice – and – snow in Heilongjiang are praised the best of all in China. Yabuli skiing site is the biggest in Asia. Jingpohu Lake is the largest mountain – and – weir stuffing lake in China. Wudalianchi is praised as the natural volcano museum.

■原油产量 2003 年 4840 万吨

黑龙江省原油产量居全国第一，大庆油田是全国最大的油田。

the Daqing Oil Field is the largest oil field in China and the production of crude oil list the first in China.

■林木蓄积量 2003 年 14.2 亿立方米
■森林面积 2003 年 1919 万公顷
■森林覆盖率 2003 年 41.9%

黑龙江省境内大、小兴安岭是中国最大的林区，
全省森林覆盖率 41.9%。其中红松、
落叶松是国内少有的珍贵树种。

The forest – coverage rate of Heilongjiang is 41.9%. the daxinganling and xiaoxinganling in this territory are the largest forest region. The red pine and larch which live in it are both rare tree species.

数字龙江

全省生产总值及速度

Gross Domestic Product and Its Annual Growth Rate

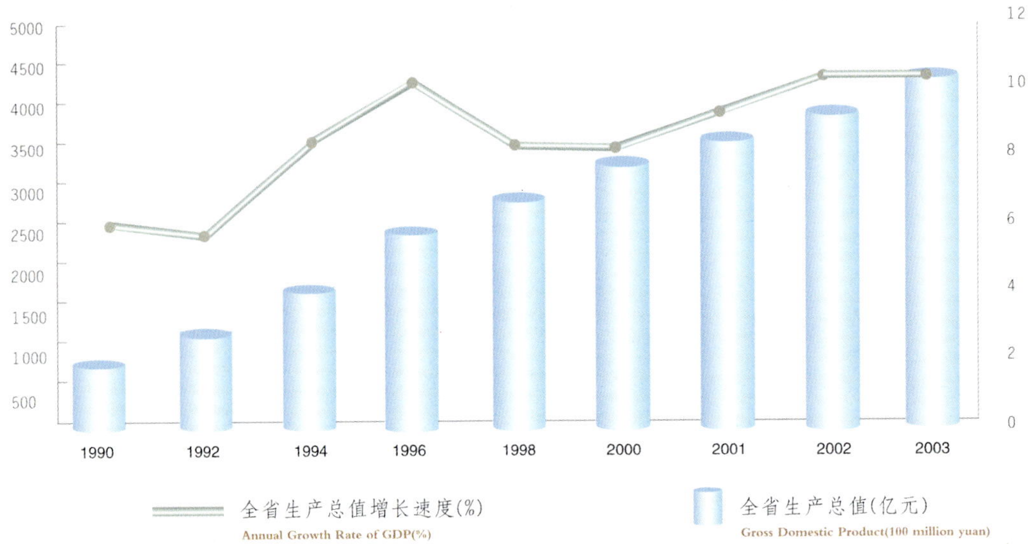

全省生产总值构成(%)

Composition of GDP (%)

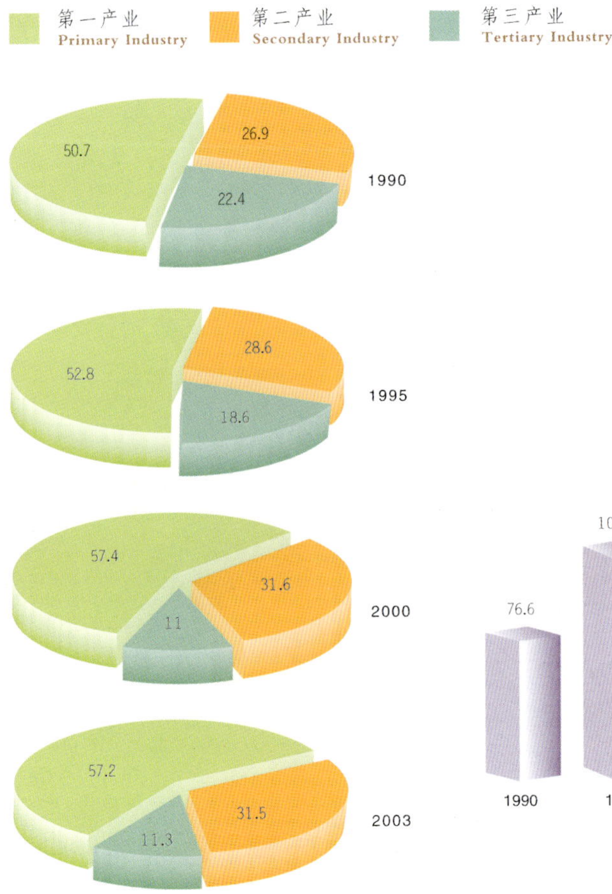

地方财政收入（亿元）

Local Financial Revenue (100 million yuan)

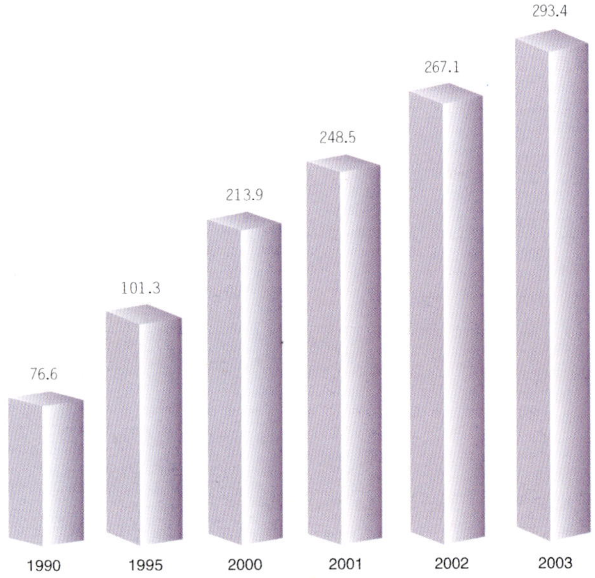

人均地区生产总值(元)

Per Capita GDP (yuan)

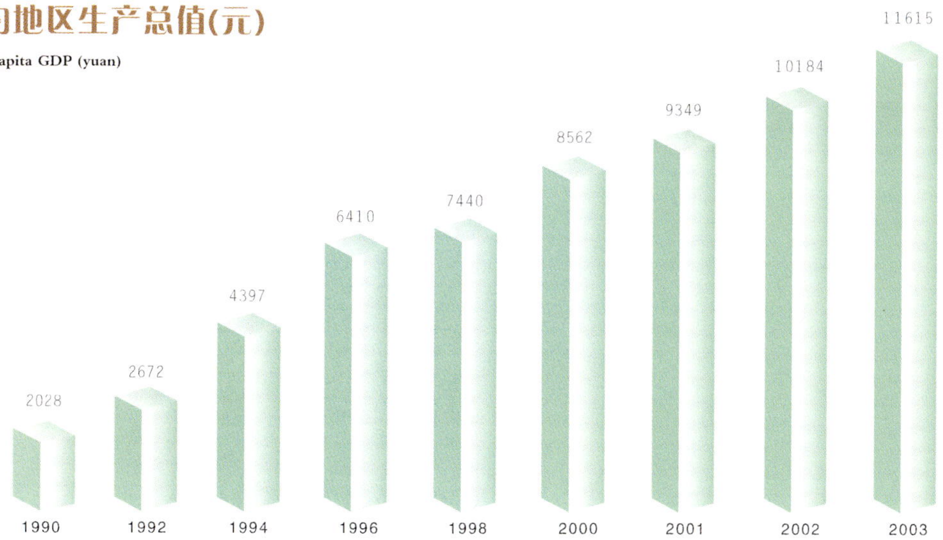

龙江的一天(2003)

Selected Indicators on Average daily social and Economic Activities of Heilongjiang Province (2003)

全省生产总值 12.14亿元
Gross Domestic Product (1214 million yuan)

财政收入 1.37亿元
Financial Revenue (137 million yuan)

粮豆薯 6.88万吨
Grain Crops (68800 tons)

肉类 0.60万吨
Meat (6000 tons)

牛奶 0.82万吨
Milk (8200 tons)

原煤 18.23万吨
Coal (182300 tons)

发电量 1.33亿千瓦时
Electricity (13300 Million kwh)

居民消费 4.85亿元
Resident Consumption Expenditure (485 million yuan)

政府消费 1.90亿元
Government Consumption Expenditure (190 million yuan)

客运量 131.4万人
Passenger Traffic (1314000 persons)

居民新增储蓄额 1.17亿元
Outstanding Amount of Savings Deposit (117 million yuan)

国际旅游人数 1609人
Number of Tourists from Abroad (1609 persons)

发表科技论文 61.9篇
Scientific and Technological Papers (61.9 pieces)

公共图书馆流通人次 1.21万人次
Circulation of Public Libraries(12100 person-times)

数字龙江

六大产业总产值（亿元）

Gross Output Value of Six Industries (100 million yuan)

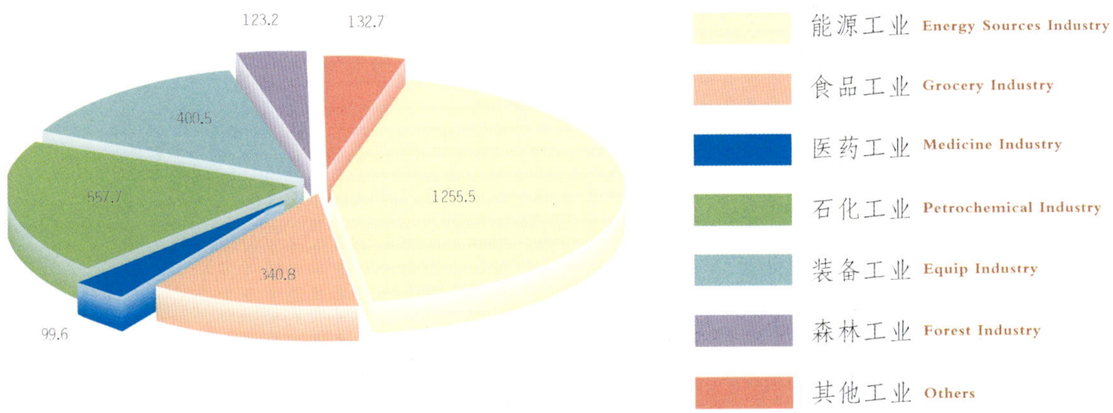

社会消费品零售总额（亿元）

Total Retail Sale of Consumer Goods (100 million yuan)

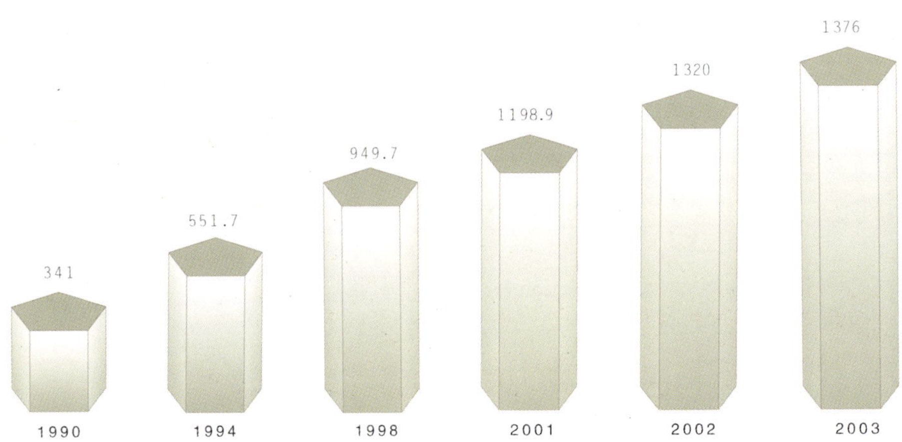

规模以上工业增加值（亿元）

Value-added of Industry above Scale (100 million yuan)

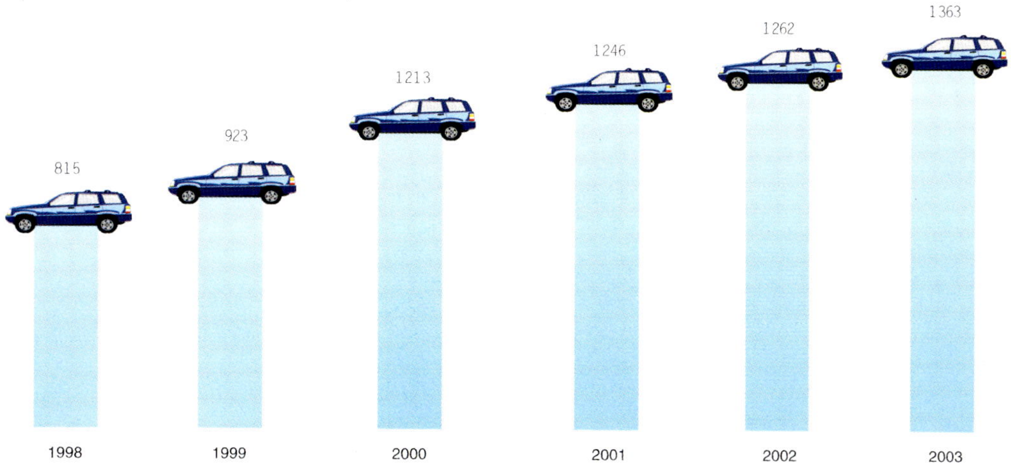

进出口总额（亿美元）

Total Value of Imports and Exports (100 million USD)

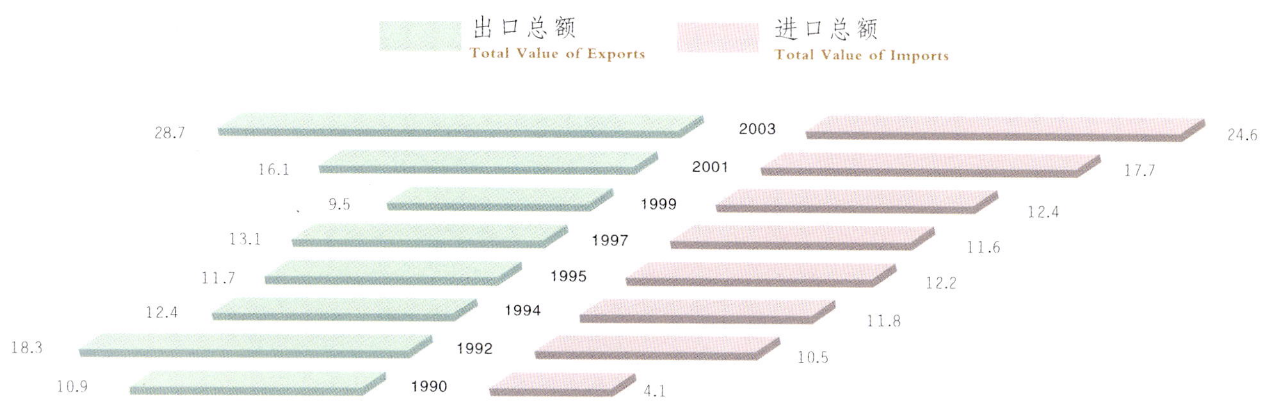

全社会固定资产投资（亿元）

Total Investment in Fixed Assets (100 million yuan)

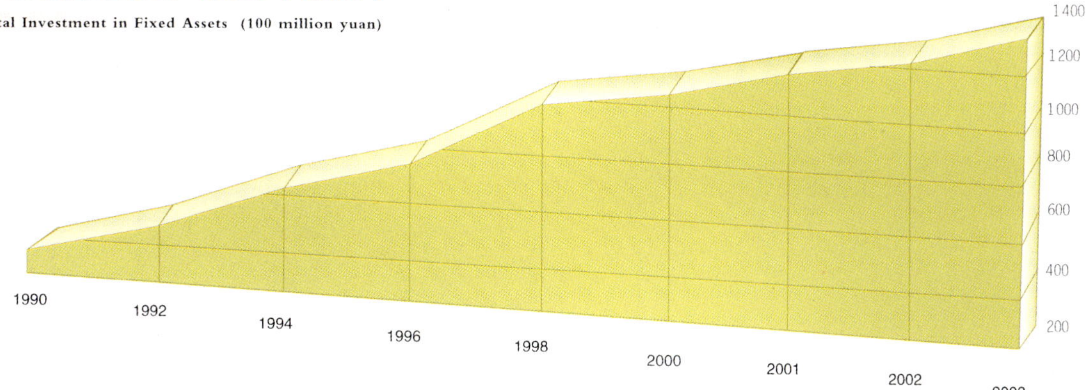

数字龙江

大中小学生构成（%）

Student Structure of Different Level (%)

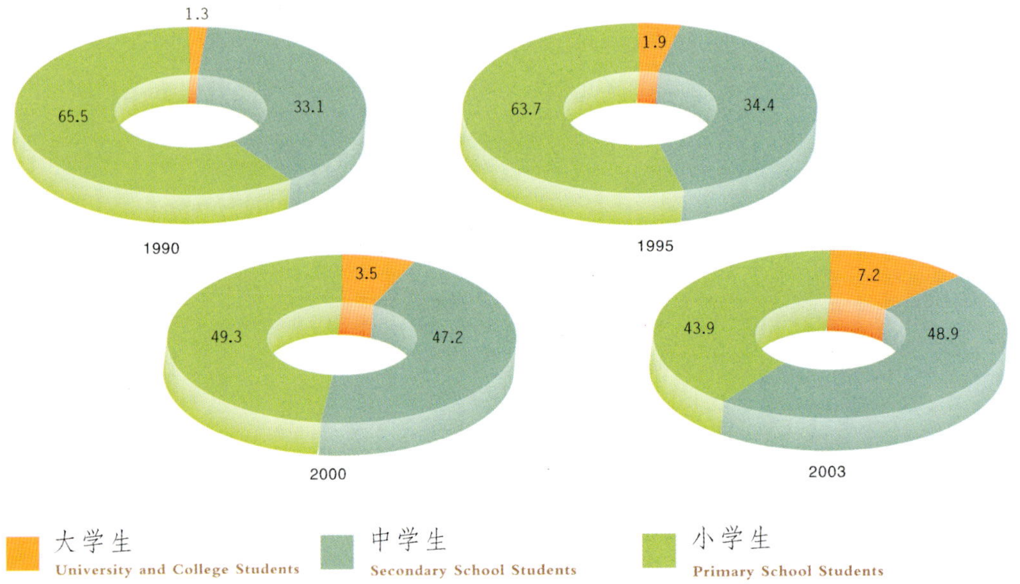

职工平均工资（元）

Average Wage of Staff and Works (yuan)

旅游黄金周外国人数/创汇（亿元）

Foreigners and Foreigner Exchange Earnings in Golden Tour Week (100 million yuan)

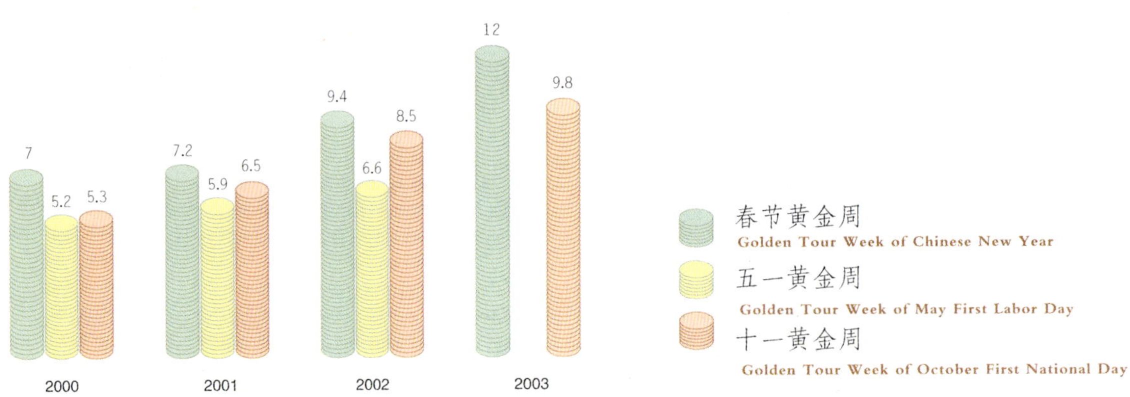

城镇居民人均可支配收入（元）

Annual Per Capita Disposable Income of Urban (yuan)

农民人均纯收入（元）

Annual Per Capita Net Income of Rural (yuan)

城乡居民家庭恩格尔系数(%)

Engle Coefficient of Rural Households and Urban Households (%)

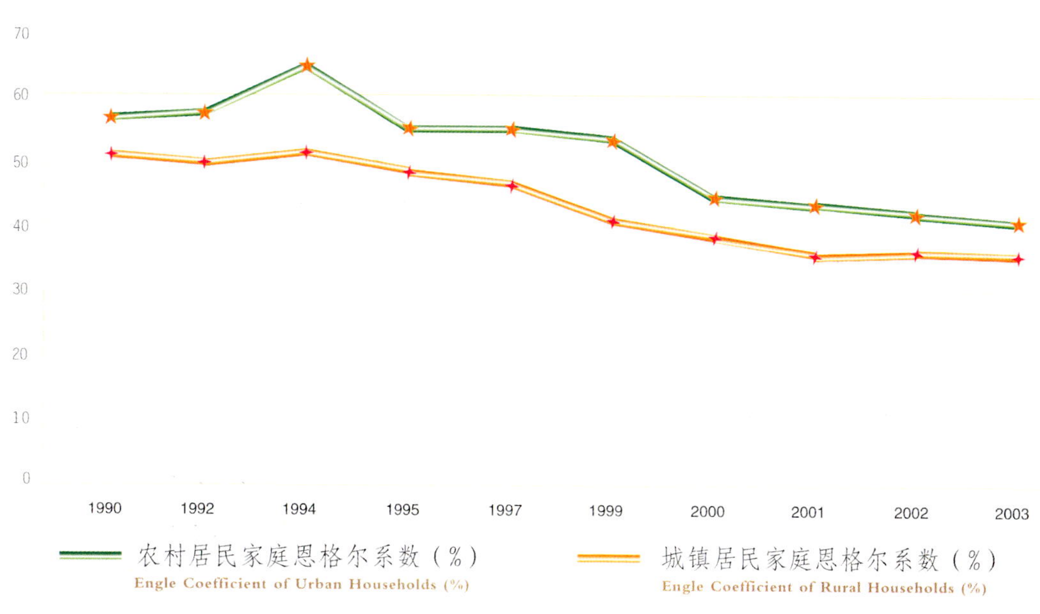

黑龙江乌苏里江制药有限公司

heilongjiangwushulijiangzhiyaoyouxiangongsi

黑龙江乌苏里江制药有限公司是一家跨区域的中外合资企业，座落于水天一色，人杰地灵的国家级生态示范区乌苏里江畔的虎林市。现有以中药注射液和冻干粉针为主的虎林公司，以生产片剂、胶囊、生物制药、颗粒制剂为主的哈尔滨公司，以生产中药注射和粉针为主的佳木斯子公司，以生产口服液米的宝清分公司，以生产化学合成药物为主的迎春分公司等 5 个分公司和子公司。企业现有固定资产 5.6 亿元，厂房建筑面积 13.84 万平方米，企业总占地 66.54 平方米。

乌苏里江制药有限公司前身是成立于 1988 年的乌苏里江制药厂，1944 年与美国李氏国际集团股份有限公司组建了中美合资乌苏里江制药有限公司。1998 年公司又实行了股份制改造，全员买断了中方国有资产。转制后，公司充分利用改革开放的大好时机，锐意改革，不断创新，启动名牌战略，实施低成本扩张，先后兼并了省内两家中型制药厂，参股、租赁或控股了四个企业和医药科研单位。企业生和和质量控制检测技术均达到国内先进水平，所有分公司都通过了 GSM 认证和 ISO9001 国际质量体系认证。企业实现了超常规发展。截止 2003 年企业共实现产值 9.55 亿元，销售收入 6.8 亿元，利润 1 亿元，产值、销售收入、利润年均增长速度为 48.8%、47.9%、57.5%；特别是自 1998 年改制以来，实现产值 8.68 亿元，销售收入 6.29 亿元，利润 1 亿元，纳税 6253 万元，占企业成立以来的 90%、92%、96%、93%。企业规模在扩大中更得到了加强，经济效益明显提高，利润额排名在全国 6000 余家制药企业中，由三年前的千名之后，猛增到 2001 年的 50 强之列。企业先后获省光彩企业，消费者信得过单位等荣誉称号，企业被确定为外商投资先进技术企业，外商投资双优企业。企业产品有水针剂、口服液、胶囊、片剂、散剂、酊剂、外用药、生化原料、化学原料 9 个剂型 217 个品种。具有年产水针 5 亿支，片剂 35 亿片，胶囊 35 亿粒以上生产能力。主导产品刺五加注射液先后获省科技进步三等奖，黑龙江省名牌产品，省十大杰出知名品牌，东北三省百家畅销品牌，中国公认名牌产品等殊荣。自行研制的刺五加冻干粉针生产工艺已获国家发明专例。独立开发和从科研部门买断知识产权的痹痛宁胶囊、北豆根胶囊、比考他胺片、班布特罗系列等一批新产品梯次跟进产品结构呈现生产、储备、研制、构思良好态势。市场覆盖由以东北为主到畅销全国，乌苏里江商标连续获得黑龙江省著名商标。

秀丽的山水孕育了乌苏里江药业人的诚实谦逊、严谨务实的风格，面对知识经济的挑战，公司坚持以知识为基础，以科技为核心，广泛招贤纳士，开拓创新，以创市场名牌，建百年老店宗旨，以跻身行业前列，迈步国际市场为目标，致力于中药现代化，已成为国内上升势头强劲的制药企业之一。

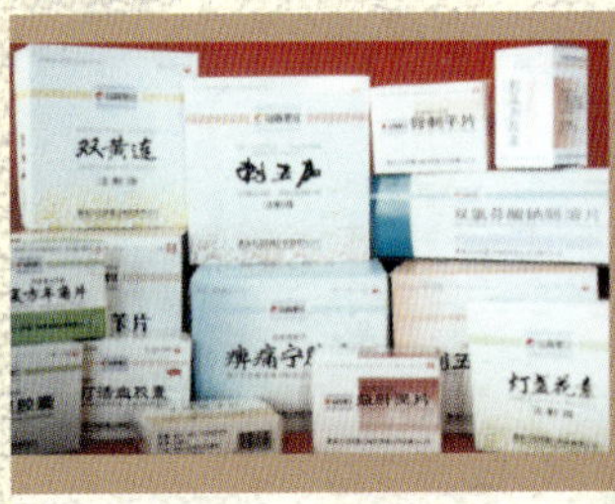

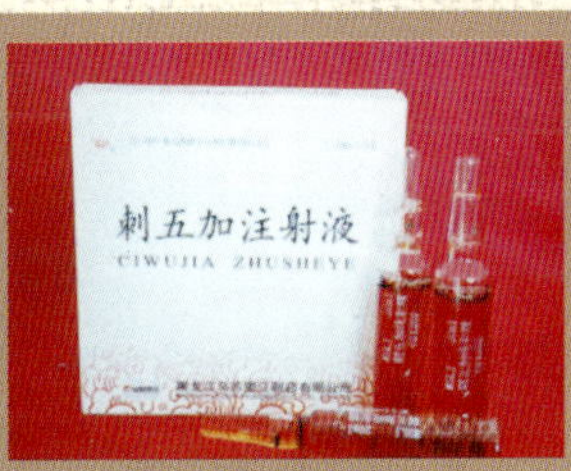

哈尔滨市东郊电控设备厂

总经理：曹双

哈尔滨市东郊电控设备厂，是一家专注于配电领域新技术引进和新产品开发的专业企业。生产高低压成套开关设备、中置式开关设备、各种计量箱、照明箱、动力箱及配件。公司为提高产品质量，引进国外先进的数控加工设备，同时建立了计算机网络系统，极大地提高了管理能力和产品开发、设计能力，同时与进口数控设备的使用实现了有效的数据传递。公司于2001年顺利通过了ISO9001国际质量体系认证。

哈尔滨市东郊电控设备厂薄板分厂是专业设计、制造、销售铁卷柜、书柜、保险柜、防盗门等系列薄板制品的专家厂家。产品品种多，规格全，设计美观、品质上乘。公司实施了以提高产品竞争力为中心的科技战略与“科技引进、科技攻关、技术改造”相结合，高起点开发新产品，不断提高产品档次，使产品功能多样化，并力争使人机工程学与美学的结合达到最佳状态，保证新产品源源不断地投放到市场。“东郊牌”薄板制品正式成为国家注册商标，是黑龙江省产品质量监督局检验所推荐产品。工厂坚持“质量第一、信誉第一、用户至上”的宗旨，提供给用户信赖、满意的产品和周到的服务。工厂着力培养高素质的销售服务队伍，建立完善、高效的销售网络。

厂区全貌

欢迎广大新老朋友支持惠顾！

東郊®
DONGJIAO
薄　板　制　品

黑龙江省机电设备招标局

机电设备招标局

局长：甄鹏

黑龙江省机电设备招标局是经国家原物资部和省政府批准成立，可从事货物、工程及服务的国际国内招标业务的专职机构。现列省直属事业单位序列（正厅级），局长甄鹏，副局长李元飞、樊广超、刘明，单位地址在哈尔滨市南岗区汉水路180号。

黑龙江省机电设备招标局职工树立积极参与经济体制改革，顺应市场经济发展的理念，在2000年国家实施招标投标法后，进一步确立了为经济发展服务的社会定位，通过不懈努力，已获国家经济贸易委员会授予的“甲级技术改造项目设备招标机构资格证书”、国家对外贸易经济合作部授予的“中华人民共和国国际招标机构甲级资格证书”、财政部备案的“政府采购资格”、黑龙江省药品监督管理局和卫生厅授予的“药品招标机构资格证书”、黑龙江省建设厅授予的“工程招标代理机构乙级资格证书”，成为黑龙江省获得国家和省行政主管部门授予各类资质、承担各种类型招标的专职机构。主要业务是承担黑龙江省技术改造、基本建设项目和行政、企业、事业单位所需物资、设备的国际和国内采购招标，世界银行、亚洲银行等国际金融组织贷款项目的国际和国内采购招标，合资企业和独资企业委托项目的国际和国内采购招标，以及黑龙江省政府采购招标、药品招标及服务类等招标。单位拥有一支由各类高、中级工程技术人员和财经管理人员组成的专业队伍，其中具有高、中级职称人员占全部职工92%。同时，组建了来自科研机构、高等院校、企业集团、社会团体等各行业技术、经济、法律专家学者的专家网络，建立了国内外机电产品信息库及专家库，连接了国际互联网，实现了与全国招标系统信息联网，保证了招标的科学性和权威性。

多年来，我们本着“公平、公正、公开、服务、效率”的原则，认真贯彻执行国家招标投标法和各级政府部门颁布的法令、法规，严格规范招标项目运作，全面推动了全省招标工作开展。在基础设施建设、高新技术产业化、国际金融组织贷款项目以及政府采购招标等方面取得了显著成果。先后共组织招标项目2500多项，招标金额222亿元人民币，平均节资率11%，其中，国内招标节资率10.7%；国际招标节汇率12.3%。招标业务已覆盖了机械、交通、邮电、电子、石化、纺织、轻工、粮油加工等行业以及世界银行贷款项目和政府采购、药品采购等领域。为黑龙江省的经济建设节约了大量资金，降低了投资风险，推进了企业的技术进步，取得了巨大的经济效益和社会效益。

目前，全局进一步调整工作思路，把为东北老工业基地振兴服务作为首要任务，推进全省招投标业务全面、健康、规范、协调发展，为重振我省老工业基地雄风做出贡献。

局长甄鹏，副局长李元飞、樊广超、刘明

哈尔滨燃气化工总公司

哈尔滨燃气化工总公司是1996年4月成立的集煤炭、燃气、化工」 体的大型国有集团化企业。现有在岗职工1.28万人，总资产38.9亿元人民币。总公司下辖15个单位，煤气销售一直呈现逐年递增趋势，2003年底燃气居民客户已达68万户，工业商服客户2800余家。总公司以煤炭为依托，以城市燃气为主业，以甲醇等化工产品为副产品，同时大力开发煤化工综合发展项目，企业有很大的扩展空间和发展潜力。哈尔滨燃气化工总公司满载着“燃气人”的豪情和信念，开拓进取、再接再厉，与时代同步。

领导班子团结协作，开拓创新，不断进取。

党委书记、董事长：尹燕华

为用户服务周到，尽心尽力，将温暖送到千家万户。

气化厂日产煤气189万立方米，甲醇年产量14万吨，为中国第三大甲醇生产基地。

煤气施工管理规范，工程施工精益求精。

地址：哈市道里区河润街136号　电话：84600275　传真：84800400　邮编：150076

七台河市统计局

七台河市街景一角

七台河市位于中国黑龙江省东部，南与鸡西、牡丹江市相邻，北接佳木斯市，东连双鸭山市，西通哈尔滨，处于东部中心位置。牡佳七勃铁路贯穿全境，高等级公路四通八达，是黑龙江省资源富集和重点开发建设的新型城市，是东北地区重要的主要焦煤基地，年产原煤2000万吨以上，煤炭采选、焦化、电力是全市支柱产业。

七台河市正迎着新世纪的曙光崛起腾飞，欢迎海内外有识之士投资发展实业，七台河市统计局竭诚提供高效优质服务。

七台河市统计局　党委书记、局长：吴杰

领导班子成员

黑龙江省司法厅

省司法厅党委书记、厅长
王滨起

真情援助活动现场受理群众法律援助集体

省司法厅领导走进《行风热线》直播间解答群众咨询

省委常委、政法委书记杜宇新视察松滨监狱罪犯食堂

黑龙江省司法厅是1980年恢复组建的。主要职能是：管理指导监狱、劳教工作；管理指导律师、公证、基层法律服务、仲裁机构登记审批和人民调解工作；指导法制宣传教育和依法治理工作，管理和指导法学教育、法学研究、司法鉴定、国家司法考试、法律援助工作。省司法厅机关现设有17个职能部门和处室分别是政治部、纪检委、监察室、机关党委、办公室、干部警务处、离退休干部处、组织宣传处、律师管理处、公证管理处、基层工作处、法制宣传处、司法鉴定管理处、司法考试处、法制处教育处、计财装备处。领导省监狱局、劳教局，厅直单位有省法学研究所、省公证处、省司法鉴定中心、省法律援助中心、厅监狱劳教转运站、厅教育培训中心、省政法管理干部学院、司法警官职业学院；归口管理省法学院、省律师协会、省公证员协会、省公平安扶协会和省鉴定人协会。经过多年的建设，全省司法行政机构和队伍有了很大发展。目前，全省市（地）、县（区），农垦、森工总局和管理局都设有司法局，两级司法局共有163个，有公务员2400多人；有律师事务所496家，从业律师3120人；有公证处154个，公证工作人员695人；有司法所1112个，司法助理员1861人；有基层法律服务所998个，法律工作者3200人，有人民调解委员会1.6万个，调解人员8.5万人。全省已建成部级现代化文明监狱1个、部级现代化文明劳教所2个，省级现代化文明监狱9个，省级现代化文明劳教所7个及一批现代化文明监区（大队）。

黑龙江省大兴安岭行署

大兴安岭地区位于祖国北部边陲，地处大兴安岭山脉东北坡，东接小兴安岭，西临呼伦贝尔盟，南濒松嫩平原，北与俄罗斯隔江相望，边境线长791.5公里。行政区域跨黑龙江和内蒙古两省区，总面积8.3万平公里。全区辖3县4区10个林业局，35个乡镇，65个林场，总人口52.8万。

大兴安岭是以林为主的地区，有林地面积651.6万公顷，森林覆盖率78.21%，总蓄积5.27亿立方米，主要树种以落叶松为主。区内土地资源自然状态好，适宜生产绿色食品和有机食品。野生动植物资源种类繁多，可利用野生经济植物633种，药用植物342种，其中黄芪、红天景、龙胆、草苁蓉等蕴藏量达11亿公斤；可食用山野果类30多种，笃斯、笃斯越桔、草莓等是加工绿色食品饮料、果酒和提取天然色素的理想原料；野生食用菌类10多种，其中黑木耳以优良的品质享誉国内外；以蕨菜、黄花菜、四叶菜、柳蒿芽等为主的山野菜达50多种，其中蕨菜蕴藏量1.8万吨；野生动物320余种，其中驼鹿、貂熊等国家一、二级重点保护动物50多种。矿产资源丰富，现已发现矿产资源40余种，已探明储量14种，其中沙金储量上储量表的占黑龙江省的60.76%，北极泉矿泉水是我国最早获得AA级绿色良品标志使用权的产品之一。境内水草资源丰茂，流域面积在100平方公里以上的河流有97条，可利用水资源164亿立方米，其中适宜发展渔业的水域面积2.3万公顷，草场植被共有9个类型，主要有小叶樟、苔草、白花地榆、紫花苜蓿等，适合发展以牛、羊、鹅、兔为主的节粮食草型畜牧业，以狐（貂）、獭、兔、鹿、狍子、飞龙为主的特种经济动物养殖业，以绿色饲草饲料种植为主的饲料业，以肉毛、皮精深加工为主的畜产品加工业。旅游资源开发潜力大，以森林特色为主体的旅游资源，富集度在黑龙江排名第五，有奔腾的黑龙江、广袤的大森林、神奇的北极光、淳朴的鄂伦春民族风情、悠远的古战场遗址以及丰富的资源优势，使得大兴安岭的生态旅游在国际旅游市场上蕴藏着很高的商品价值和开发潜力。

地委书记：王忠林

林管局局长、行署专员：杨东奇

齐齐哈尔市统计局

齐齐哈尔市统计局党组书记、局长：

彭云志

在省统计局和市委、市政府的正确领导下，齐齐哈尔市统计局紧紧围绕地方党委、政府中心工作，以提高统计数据质量为中心，以统计优质服务为重点，以深化统计改革为动力，进一步解放思想，开拓创新，扎实工作，出色地完成了国家、省统计局和市委、市政府交给的各项工作任务，有效地发挥了统计“信息、咨询、监督”的整体功能，为地方经济社会发展作出了积极的贡献。

在各项工作中，尤其是在全国农业普查、工业普查人口普查、基本单位普查、投入产出调查等大型国情国力的调查中均取得了优异的成绩；统计服务、统计制度方法改革、统计法制建设、统计信息自动化建设、统计基层基础建设等各方面工作不断向前发展。

齐齐哈尔市统计局曾被评为全国统计系统的先进单位，连续多年被评为全省统计系统的先进单位；2003年被市委、市政府授予全市文明高效好机关标兵、全市思想政治工作先进集体、全市党风廉政建设先进集体、全市政务工作标兵单位、全市“一帮一”扶贫解困工作先进单位、全市招商引资工作先进单位等荣誉称号。

2004年全市统计工作会议

2003年度市直机关创三好
及工作目标考核联合检查组来局检查工作

黑龙江省双鸭山市社会保险事业管理局

双鸭山市社会保险事业管理局局长：

史兴文

黑龙江省双鸭山市社会保险事业管理局负责全市社会保险基金管理和全市企业离退休人员养老金发放、参保职工个人帐户管理及企业退休人员社会化管理工作。随着社会保险制度改革的不断深化，保险种类由最初的单一的养老保险发展到今天的工伤、生育保险，养老保险覆盖范围也逐步扩大到全民、集体、民营和个体劳动者。近几年来，市社保局紧紧围绕市委、市政府中心工作，以两个确保为目标，不断加大社会保险工作力度，使我市社会保险工作自 1998 年以来，连续 5 年实现了跨越式发展，确保了全市企业离退休人员养老金按时足额发放，为双鸭山市经济发展和社会稳定做出了应有的贡献。

双鸭山市社会保险事业管理局领导班子

（局长王湘君、总会计师娄淑芬、局长史兴文、副局长张忠民、副局长赵革新、副局长高宇）

双鸭山市社会保险事业管理局服务大厅

双鸭山市社会保险事业管理局办公大楼

黑龙江省双鸭山市宝清县

heilongjiangshengshuangyashanshibaoqingxian

宝清县人民政府县长：赵新平

中共宝清县委书记：范凤阳

宝清县位于黑龙江省东北部，三江平原腹地，东接饶河县、虎林市、南连密山市，西邻七台河市、勃利县、桦南县，北与双鸭山市、富锦市、集贤县、友谊县毗连。1916年建县，现辖10个乡镇，146个行政村。境内有八五二、八五三和五九七3个国营农场及森工系统部分林场。总人口42.3万，其中非农业人口14.1万。行政区域面积1万多平方公里。

宝清县地域辽阔，资源富集，是国家级生态建设示范区试点县，素有“天府之县”的美誉，地貌概括为“四山一水四分田，半分芦苇半草原”。主要有四大资源：(1)土地资源。县属耕地物和烤烟、甜菜、白瓜、中药材等经济作物。绿特作物种植面积70多万亩，渴康南瓜营养汁、红小豆、绿豆芸豆、大豆、水稻、西红柿、油豆角、青椒等9个品种获国家A级绿色食品标志，是“中国`宝青红`红小豆、宝清大白板白瓜子生产之乡”，是国家重要的商品粮生产基地县之一。(2)矿产资源。地下矿藏多达52种，可供开发利用的有17种。煤炭远景储量84亿吨，精测储量2.2亿吨，褐煤资源尤为丰富，被列为国家14个煤炭开发新矿区之一。(3) 山林资源。县属林地面积240万亩，森林覆盖率达26%。木材蓄积量800多万立方米。(4)水、苇、草资源。境内大小河流16条，水域40多万亩，宜渔水面达7万亩。370公里的挠力河贯穿全境，中日合资兴建煌龙头桥水库库容达6.14亿立方米。全县可牧草地、草原70万亩，27万亩的七星河苇塘是全省三大苇塘之一，七星河湿地已被列为国家级湿地自然保护区，近百万亩的长林岛、雁窝岛湿地被列为省级自然保护区。

截止2003年，全县国内生产总值221,812万元，增长8.5%。固定资产投资完成35,490万元，招商引资到位资金5.89亿元，财政总收入实现21,664万元。宝清县作为最是经国家批准进行农业开发的县份之一，经过16年的农业综合开发，已建成15个土地治理小区，可灌溉面积达43万亩。农业机械化总动为达22万千瓦，机械化耕作率95%以上，农作物良种覆盖率100%，畜牧业总产值占农业总产值的比重达到26.6%。2003年，全县工业增加值实理16,531万元，增长13.7%，初步形成了以能源、粮油加工、制药、制糖、碳化物、工业硅等为主体的工业体系。物流顺畅，现有各类商业经营网点5,000多个，是黑龙江东部地区重要的商贸重镇和商品集散地。境内交通便捷，路网纵横交错，依饶、依宝两条高等级白色路面分别呈南北向和东西向贯穿县境，是通往饶河、密林口岸的黄金通道。

哈尔滨 圣•索非亚大教堂 摄影：之凡

目　　录
CONTENTS

第一篇　行政区划和自然资源

CHAPTER 1　DIVISIONS OF ADMINISTRATIVE AREAS AND NATURAL RESOURCES

第二篇　综合

CHAPTER 2　GENERAL SURVEY

第三篇 人口、从业人员和职工工资

CHAPTER 3 POLULATION , EMPLOYMENT AND WAGE

第四篇 固定资产投资

CHAPTER 4 INVESTMENT IN FIXED ASSETS

第五篇 能源生产和消费

CHAPTER 5 PRODUCTION AND CONSUMPTION OF ENERGY

第六篇 财政、金融和保险

CHAPTER 6 FINANCE, BANKING AND INSURANCE

第七篇　物价指数

CHAPTER 7 PRICE INDICES

第八篇　人民生活

CHAPTER 8 PEOPLE'S LIVELIHOOD

第九篇　城市概况

CHAPTER 9 GENERAL SURVEY OF CITIES

第十篇 农业

CHAPTER 10 AGRICULTURE

第十一篇 工业

CHAPTER 11 INDUSTRY

第十二篇 建筑业

CHAPTER 12 CONSTRUCTION

第十三篇 交通运输、邮政和信息传输

CHAPTER 13 TRAFFIC，TRANSPORT，STORAGE，POST AND INFORMATION TRANSFER

第十四篇 国内贸易

CHAPTER 14 DOMESTIC TRADE

第十五篇　对外贸易和旅游

CHAPTER 15 FOREIGN TRADE AND ECONOMIC COOPERATION AND TOUR

第十六篇　教育、科技和文化

CHAPTER 16 EDUCATION, SCIENCE AND CULTURE

第十七篇 体育、卫生和其他社会活动

CHAPTER 17 SPORTS，PUBLIC HEALTH AND OTHER SOCIAL ACTIVITIES

一、行政区划和自然资源

DIVISIONS OF ADMINISTRATIVE AREAS AND NATURAL RESOURCES

1 －1　行政区划(2003)
ADMINISTRATIVE DIVISION

单位:个　　　　(unit)

地　市	Prefecture and City at Prefectural Level	市、地辖区 District Under the Jurisdication of City(Pre－fectural)	县级市 City at County Level	县 County	镇 Town	民族镇 Ethnic Town	乡 Township	民族乡 Ethnic Community Township
合　计	**Total**	**68**	**19**	**47**	**464**	**11**	**400**	**58**
哈尔滨市	Harbin	7	4	8	113	3	60	17
齐齐哈尔市	Qiqihar	7	1	8	63	3	72	7
鸡西市	Jixi	6	2	1	22		23	4
鹤岗市	Hegang	6		2	9		10	2
双鸭山市	Shuangyashan	4		4	21		19	2
大庆市	Daqing	5		4	26		29	3
伊春市	Yichun	15	1	1	9		9	1
佳木斯市	Jiamusi	5	2	4	38		32	4
七台河市	Qitaihe	3		1	9		6	2
牡丹江市	Mudanjiang	4	4	2	40	2	11	3
黑河市	Heihe	1	2	3	23		34	7
绥化市	Suihua	1	3	6	68	3	85	4
大兴安岭地区	Daxinganling	4		3	23		10	2

1 －1 续表 1　CONTINUED

单位:个　　　　(unit)

地　区	Region	县级市	City at County Level	县	County	区	District
哈尔滨市	Harbin City	阿城市	Acheng	呼兰县	Hulan	道里区	Daoli
		双城市	Shuangcheng	宾　县	Binxian	南岗区	Nangang
		尚志市	Shangzhi	方正县	Fangzheng	道外区	Daowai
		五常市	Wuchang	依兰县	Yilan	太平区	Taiping
				巴彦县	Bayan	香坊区	Xiangfang
				木兰县	Mulan	动力区	Dongli
				通河县	Tonghe	平房区	Pingfang
				延寿县	Yanshou		
齐齐哈尔市	Qiqihar City	讷河市	Nehe	龙江县	Longjiang	龙沙区	Longsha
				依安县	Yian	建华区	Jianhua
				泰来县	Tailai	铁锋区	Tiefeng
				甘南县	Gannan	昂昂溪区	Angangxi
				富裕县	Fuyu	富拉尔基区	Fularji
				克山县	Keshan	碾子山区	Nianzishan
				克东县	Kedong	梅里斯达斡尔族区	Meilisi Daur Nationality District
				拜泉县	Baiquan		
鸡西市	Jixi City	密山市	Mishan	鸡东县	Jidong	鸡冠区	Jiguan
		虎林市	Hulin			恒山区	Hengshan
						城子河区	Chengzihe
						滴道区	Didao
						梨树区	Lishu
						麻山区	Mashan
鹤岗市	Hegang City			绥滨县	Suibin	向阳区	Xiangyang
				萝北县	Luobei	工农区	Gongnong
						南山区	Nanshan
						兴安区	Xingan
						东山区	Dongshan
						兴山区	Xingshan

1－1 续表 2 CONTINUED

单位:个 (unit)

地 区	Region	县级市	City at County Level	县	County	区	District
双鸭山市	Shuangyashan City			集贤县	Jixian	尖山区	Jianshan
				友谊县	Youyi	岭东区	Lingdong
				宝清县	Baoqing	宝山区	Baoshan
				饶河县	Raohe	四方台区	Sifangtai
大庆市	Daqing City			林甸县	Lindian	萨尔图区	Sartu
				肇源县	Zhaoyuan	龙凤区	Longfeng
				肇州县	Zhaozhou	让胡路区	Ranghulu
				杜尔伯特蒙古族自治县	Durbote Mongolia Natio－nality Autonomous	红岗区	Honggang
						大同区	Datong
伊春市	Yichun City	铁力市	Tieli	嘉荫县	Jiayin	伊春区	Yichun
						南岔区	Nancha
						友好区	Youhao
						西林区	Xilin
						翠峦区	Cuiluan
						新青区	Xinqing
						美溪区	Meixi
						金山屯区	Jinshantun
						乌马河区	Wumahe
						汤旺河区	Tangwanghe
						乌伊岭区	Wuyiling
						五营区	Wuying
						带岭区	Dailing
						上甘岭区	Shangganling
						红星区	Hongxing
佳木斯市	Jiamusi City	同江市	Tongjiang	桦南县	Huanan	永红区	Yonghong
		富锦市	Fujin	桦川县	Huachuan	向阳区	Xiangyang
				汤原县	Tangyuan	前进区	Qianjin
				抚远县	Fuyuan	东风区	Dongfeng
						郊 区	Suburb
七台河市	Qitaihe City			勃利县	Boli	新兴区	Xinxing
						桃山区	Taoshan
						茄子河区	Qiezihe
牡丹江市	Mudanjiang City	绥芬河市	Suifenhe	东宁县	Dongning	东安区	Dongan
		海林市	Hailin	林口县	Linkou	阳明区	Yangming
		宁安市	Ningan			爱民区	Aimin
		穆棱市	Muling			西安区	Xian
黑河市	Heihe City	北安市	Beian	嫩江县	Nenjiang	爱辉区	Aihui
		五大连池市	Wudalianchi	逊克县	Xunke		
				孙吴县	Sunwu		
绥化市	Suihua City	安达市	Anda	望奎县	Wangkui	北林区	Beilin
		肇东市	Zhaodong	兰西县	Lanxi		
		海伦市	Hailin	青冈县	Qinggang		
				庆安县	Qingan		
				明水县	Mingshui		
				绥棱县	Suiling		
大兴安岭地区	Daxinganling Prefecture			呼玛县	Huma	新林区	Xinlin
				塔河县	Tahe	呼中区	Huzhong
				漠河县	Mohe	松岭区	Songling
						加格达奇区	Jiagedaqi

1－2　自然状况和资源
NATURAL CONDITIONS AND RESOURCES

项　　目	Item	2001	2002	2003
自然状况	**Natural Conditions**			
土地总面积(万平方公里)	Total Land Area (10000 sq. km)	45.4	45.4	45.4
土地总面积构成(%)	Structure of Total Land Area (%)			
山　地	Mountains	24.7	24.7	24.7
丘　陵	Hills	35.8	35.8	35.8
平　原	Plains	37.0	37.0	37.0
水面及其他	Water－face and Others	2.5	2.5	2.5
气　候	Climate			
年平均气温(摄氏度)	Annual Average Temperature (℃)	2.9	3.9	4.3
最高气温(摄氏度)	Utmost Highest Air Temperature (℃)	41.5	37.1	35.4
最低气温(摄氏度)	Utmost Lowest Air Temperature (℃)	－48.0	－36.8	－36.2
年降水量(毫米)	Annual Precipitation (mm)	387.2	562.5	542.7
年日照时数(小时)	Annual Sunshine Hours (hour)	2691.0	2431.0	2526.7
年无霜期(天)	Nonfrost Period (day)	135	149	150
年平均相对湿度(%)	Annual Average Relative Humidity (%)		65.0	63.5
自然资源	**Natural Resources**			
土地林木资源	Land and Forest Resources			
耕地面积(万公顷)	Area of Cultivated Land (10000 hectares)	960.1	951.2	969.0
活立木总蓄积量(亿立方米)	Total Standing Stock Volume (100 million cu. m)	15	15	15
森林面积(万公顷)	Forest Area (10000 hectares)	1919	1919	1919
林木蓄积量(亿立方米)	Stock Volume of the Forest (100 million cu. m)	14.2	14.2	14.2
森林覆盖率(%)	Forest－coverage Rate (%)	41.9	41.9	41.9
水利资源(亿立方米)	Water Resources (100 million cu. m)			
水资源总量	Total Water Volume			280.6
地表水天然年径流量	Natural Annual Flow			228.5
地下水资源与地表水资源不重复量	Unduplicated Computation Volume of Surface Water and Ground Water			132.7
矿产资源储量	Mineral Resources Reserves			
煤炭(亿吨)	Coal (100 million tons)	236.8	237.0	224.5
铁矿(亿吨)	Iron Ore (100 million tons)	3.7	3.7	3.7
铜矿(万吨)	Copper Ore (10000 tons)	378.2	377.3	376.9

注：气候数据来自省气象台；林业数据来自省林业厅；水利数据来自省水文局；矿产资源数据来自省国土资源厅。

Note: The data of climate come from Observatory of Herlongjiang Province, the data of forest come from Forest Department of Herlongjiang Province, the data of water resources come from Hydrographic Department of Herlongjiang Province, the data of mineral resources come from Heilongjiang Provincial Department of Land & Resources.

1－2 续表 CONTINUED

项　　目	Item	2001	2002	2003
铅矿(万吨)	Lead Ore (10000 tons)	51.0	51.6	48.9
锌矿(万吨)	Zinc Ore (10000 tons)	173.7	172.7	163.3
镁矿(万吨)	Magnesium Ore (10000 tons)	891.3	891.3	891.3
镍矿(吨)	Nickel Ore (ton)	20319	20319	20319
钨矿(WO3)(万吨)	Tungsten Ore (10000 tons)	19.6	19.6	19.6
矽线石(万吨)	Fibrolite (100 million tons)	71.6	71.6	71.5
熔剂用灰岩(万吨)	Limestone for Flux (10000 tons)	3055	3055	3040
冶金用白云岩(万吨)	Dolomite for Metallurgy (10000 tons)	3653	3653	3653
铸型用砂(万吨)	Placer for Mould (10000 tons)	1040	1040	1040
耐火粘土(万吨)	Refractory Clay (10000 tons)	1534	1534	1534
硫铁矿(万吨)	Pyrite Ore (10000 tons)	260	260	260
化肥用蛇纹岩(万吨)	Serpentinite for Chemical Fertilizer (10000 tons)	7880	7880	7880
泥炭(万吨)	Peat (10000 tons)	2450	2449	2449
磷矿石(万吨)	Phosphorite (10000 tons)	4305	4305	4305
长石(万吨)	Feldspar (10000 tons)	21157	21157	21158
陶瓷土(万吨)	Pottery Clay (10000 tons)	2826	2826	3024
玻璃用砂(万吨)	Gritstone for Glass (10000 tons)	1678	1678	1678
玻璃用脉石英(万吨)	Vein Quartz for Glass (10000 tons)	710	710	710
玻璃用大理岩(万吨)	Marble for Glass (10000 tons)	2700	2700	2700
水泥配料用粘土(亿吨)	Clay for Cement Industry (100 million tons)	1.1	1.1	1.1
水泥用大理岩(亿吨)	Marble for Cement (100 million tons)	19.2	19.2	19.1
膨润土(万吨)	Bentonite (10000 tons)	4642	4642	4642
饰面用花岗岩(万立方米)	Granite for Facing (10000 cu. m)	3675	3719	3717
火山灰(万吨)	Pozzolana (10000 tons)	4957	4948	4948
饰面用大理岩(万立方米)	Marble for Facing (10000 cu. m)	526	526	526
石墨(亿吨)	Graphite (100 million tons)	1.1	1.1	1.1
沸石(万吨)	Zeolite (10000 tons)	11825	11825	11823
颜料黄土(万吨)	Sienna (10000 tons)	193	192	192
铸石用玄武岩(亿吨)	Basalt for Casting (100 million tons)	2.6	2.6	2.6
岩棉用玄武岩(万吨)	Basalt for Artificial Asbestos (10000 tons)	7274	7274	7274
珍珠岩(万吨)	Perlite (10000 tons)	2943	2943	2943

1－3　主要河流基本情况(2003)

MAJOR RIVERS

名　称	River	流域面积（平方公里） Drainage Area（sq. km）	河长（公里） Length（km）	年径流量（亿立方米） Annual Flow（100 million cu. m）
呼玛河	Humahe River	31197	524	98.27
逊毕拉河	Xunbilahe River	15743	279	42.27
穆棱河	Mulinghe River	18136	834	9.43
挠力河	Naolihe River	22343	596	4.95
绥芬河	Suifenhe River	9789	443	6.99
松花江	Songhuajiang River	545639	2309	604.52
呼兰河	Hulanhe River	36631	523	69.76
拉林河	Lalinhe River	19215	448	19.33
蚂蚁河	Ant River	10547	341	17.30
牡丹江	Mudanjiang River	37023	726	46.62
汤旺河	Tangwanghe River	20564	509	57.78
嫩　江	Nenjiang River	282748	1370	239.91

1－4　主要城市(区)平均气温(2003)

MONTHLY AVERAGE TEMPERATURE OF MAJOR CITIES

单位:摄氏度　　　　(℃)

月份	Month	哈尔滨 Harbin	齐齐哈尔 Qiqihar	绥化 Suihua	大庆 Daqing	加格达奇 Jiagedaqi	黑河 Heihe	伊春 Yichun	佳木斯 Jiamusi	鸡西 Jixi	牡丹江 Mudan－jiang	鹤岗 Hegang	双鸭山 Shuang－yashan	七台河 Qitaihe
平均	**Average**	**6.0**	**5.2**	**4.4**	**5.5**	**0.2**	**1.5**	**2.2**	**4.9**	**5.5**	**5.5**	**4.6**	**5.2**	**5.0**
1 月	Jan.	－15.6	－18.0	－18.4	－16.5	－21.3	－21.0	－20.8	－16.6	－15.0	－15.1	－16.1	－15.9	－16.5
2 月	Feb.	－8.9	－11.5	－11.2	－9.9	－16.4	－16.0	－15.0	－13.4	－10.5	－9.2	－10.9	－11.5	－11.2
3 月	Mar.	0.2	－0.6	－1.2	－0.5	－4.4	－3.4	－3.0	－0.9	－0.9	－1.1	－0.8	－1.0	－1.2
4 月	Apr.	10.0	9.5	8.4	9.3	4.4	6.8	6.9	9.3	9.0	8.8	8.5	9.3	8.8
5 月	May	16.7	16.0	15.5	15.9	10.4	11.7	12.3	16.0	15.2	15.1	15.1	15.6	15.1
6 月	June	21.3	22.1	20.9	21.9	17.1	19.1	18.1	20.6	20.5	21.0	20.1	20.5	20.2
7 月	July	22.2	22.5	21.2	22.3	18.7	20.3	20.2	21.9	20.1	20.6	20.9	21.7	20.4
8 月	Aug.	20.9	20.2	19.9	20.7	16.0	17.1	17.7	19.8	20.4	20.9	18.4	19.7	20.3
9 月	Sept.	16.0	14.9	14.8	15.3	9.4	11.7	12.5	15.6	15.8	16.3	14.8	15.6	15.8
10 月	Oct.	7.4	6.4	5.6	6.5	2.0	3.0	3.9	6.0	6.9	6.5	5.0	6.5	6.7
11 月	Nov.	－5.2	－6.8	－7.1	－6.5	－15.6	－12.5	－9.1	－6.5	－5.0	－4.3	－7.0	－5.9	－5.6
12 月	Dec.	－13.0	－12.8	－15.7	－12.8	－18.2	－18.3	－16.9	－13.2	－11.4	－13.5	－12.4	－11.9	－12.9
最高	Highest	34.2	34.9	33.5	35.4	31.8	34.3	30.2	33.5	33.7	34.0	32.7	34.2	33.5
最低	Lowest	－25.9	－31.7	－28.9	－28.3	－36.2	－32.2	－35.3	－29.6	－23.6	－24.9	－25.6	－27.0	－25.5

1－5 主要城市(区)降水量(2003)
MONTHLY PRECIPITATION OF MAJOR CITIES

单位:毫米 (mm)

月份	Month	哈尔滨 Harbin	齐齐哈尔 Qiqihar	绥化 Suihua	大庆 Daqing	加格达奇 Jiagedaqi	黑河 Heihe	伊春 Yichun	佳木斯 Jiamusi	鸡西 Jixi	牡丹江 Mudan－jiang	鹤岗 Hegang	双鸭山 Shuang－yashan	七台河 Qitaihe
合计	**Total**	**513.7**	**600.2**	**538.3**	**439.8**	**597.7**	**749.1**	**822.7**	**559.5**	**315.5**	**439.6**	**578.9**	**491.7**	**408.5**
1月	Jan.	2.2	0.7	1.1	1.7	3.5	3.1	5.0	5.3	5.2	6.5	3.0	10.4	5.5
2月	Feb.	1.0	1.0	2.4	0.4	2.2	1.0	2.6	4.4	0.2	0.2	4.2	5.1	0.7
3月	Mar.	7.8	0.2	12.7	3.3	0.6	0.8	4.4	10.6	0.9	2.9	4.4	10.3	9.1
4月	Apr.	15.0	14.0	38.0	26.3	9.4	34.6	14.6	13.4	12.5	47.2	18.6	12.4	21.7
5月	May	18.9	4.9	27.5	12.6	10.0	27.8	55.5	12.2	3.6	22.4	23.6	2.5	5.3
6月	June	93.2	33.1	43.3	17.5	168.1	64.8	58.4	59.3	48.4	56.0	39.8	22.0	60.5
7月	July	143.8	277.9	185.7	211.7	211.5	260.4	165.4	101.7	93.8	113.6	88.3	78.6	61.5
8月	Aug.	110.5	212.9	105.6	112.9	49.6	204.6	355.0	178.3	91.2	111.4	271.1	192.5	142.5
9月	Sept.	64.4	44.6	75.6	32.3	71.0	112.0	92.8	99.9	28.9	14.0	57.3	107.4	52.4
10月	Oct.	35.8	3.1	26.2	12.4	26.9	13.8	35.5	46.9	13.2	38.1	51.4	22.9	24.6
11月	Nov.	17.2	2.6	14.8	5.7	36.8	18.6	22.1	19.6	15.6	24.0	10.9	19.8	18.3
12月	Dec.	3.9	5.2	5.4	3.0	8.1	7.6	11.4	7.9	2.0	3.3	6.3	7.8	6.4

1－6 主要城市(区)平均相对湿度(2003)
AVERAGE RELATIVE HUMIDITY OF MAJOR CITIES

单位:% (%)

月份	Month	哈尔滨 Harbin	齐齐哈尔 Qiqihar	绥化 Suihua	大庆 Daqing	加格达奇 Jiagedaqi	黑河 Heihe	伊春 Yichun	佳木斯 Jiamusi	鸡西 Jixi	牡丹江 Mudan－jiang	鹤岗 Hegang	双鸭山 Shuang－yashan	七台河 Qitaihe
平均	**Average**	**65**	**58**	**66**	**61**	**67**	**62**	**71**	**65**	**62**	**64**	**60**	**59**	**65**
1月	Jan.	74	68	72	64	74	67	78	69	67	60	64	64	74
2月	Feb.	69	63	66	61	74	66	79	71	65	58	62	61	72
3月	Mar.	52	37	52	45	54	42	64	57	51	48	44	48	59
4月	Apr.	40	35	46	38	44	39	51	45	42	50	39	39	47
5月	May	42	32	42	37	40	42	55	41	41	51	37	40	43
6月	June	67	51	62	59	61	59	72	62	62	65	59	61	64
7月	July	80	75	80	79	83	82	80	74	79	77	76	71	77
8月	Aug.	78	78	82	78	81	82	85	82	77	75	83	80	79
9月	Sept.	71	67	71	69	74	70	77	71	66	69	66	67	68
10月	Oct.	64	59	70	62	64	60	68	68	60	71	61	61	64
11月	Nov.	65	58	68	65	76	63	70	66	63	66	59	58	63
12月	Dec.	78	67	83	76	77	68	69	71	67	74	67	61	73

1－7　主要城市(区)日照时数(2003)
MONTHLY SUNSHINE HOURS OF MAJOR CITIES

单位:小时　　　　(hour)

月份	Month	哈尔滨 Harbin	齐齐哈尔 Qiqihar	绥化 Suihua	大庆 Daqing	加格达奇 Jiagedaqi	黑河 Heihe	伊春 Yichun	佳木斯 Jiamusi	鸡西 Jixi	牡丹江 Mudan－jiang	鹤岗 Hegang	双鸭山 Shuang－yashan	七台河 Qitaihe
合计	**Total**	**2089**	**2770**	**2584**	**2288**	**2169**	**2580**	**2499**	**2370**	**2248**	**2222**	**1987**	**2431**	**2084**
1 月	Jan.	142	210	200	187	188	193	196	165	164	142	158	171	136
2 月	Feb.	167	213	214	205	196	211	207	185	192	195	181	189	190
3 月	Mar.	224	270	271	253	260	272	288	255	246	222	257	271	245
4 月	Apr.	214	274	263	212	239	271	267	224	198	215	209	246	208
5 月	May	198	276	235	171	173	228	247	245	217	238	157	247	197
6 月	June	185	265	249	184	224	288	231	196	164	192	154	258	142
7 月	July	166	185	187	148	73	191	182	205	145	110	119	213	151
8 月	Aug.	206	231	229	192	137	207	186	194	220	229	100	172	192
9 月	Sept.	187	249	206	214	200	221	212	250	237	231	209	248	227
10 月	Oct.	162	224	182	185	163	190	149	153	156	148	146	120	135
11 月	Nov.	133	173	175	158	152	147	171	148	149	158	142	142	127
12 月	Dec.	104	201	174	180	164	161	164	149	161	144	152	155	133

1－8　各地区水资源状况(2003)
WATER RESOURCES BY DIVISIONS OF ADMINISTRATIVE AREAS

单位:亿立方米　　　　(100 million cu. m)

地区	Region	计算面积(平方公里) Area of Count Cell (sq. km)	水资源总量 Total Water Volume	地表水天然年径流量 Natural Annual Flow	山丘区地下水资源量 Ground Water Volume in Hills	山丘区河川基流量 General Runoff of Rivers in Hills	平原区降水入渗补给量 Supply from Precipitation Seeping on Plains	平原区降水入渗形成的河道排泄量 Drainage in River from Precipitation Seeping on Plains	地下水资源与地表水资源不重复量 Unduplicated Computation Volume of Surface Water and Ground Water
全　省	**Total**	**454817**	**826.8**	**694.06**	**124.20**	**110.26**	**127.90**	**9.10**	**132.74**
哈尔滨	Harbin	53068	90.66	74.61	13.26	11.44	17.07	2.84	16.05
齐齐哈尔	Qiqihar	42469	73.73	44.77	2.37	0.55	30.77	3.63	28.96
鸡　西	Jixi	22488	21.58	13.71	3.67	2.03	6.83	0.60	7.87
鹤　岗	Hegang	14680	25.99	20.01	4.30	3.40	5.70	0.62	5.98
双鸭山	Shuang－yashan	22036	19.60	13.89	3.05	2.48	5.14		5.71
大　庆	Daqing	21219	19.66	7.12	0.04		12.70	0.20	12.54
伊　春	Yichun	32760	93.25	91.63	19.77	19.19	1.04		1.62
佳木斯	Jiamusi	32704	35.48	20.41	1.94	1.30	15.27	0.84	15.07
七台河	Qitaihe	6222	3.91	2.96	1.50	0.91	0.36		0.95
牡丹江	Mudan－jiang	40583	62.78	61.62	19.13	18.32	0.35		1.16
黑　河	Heihe	34964	65.48	44.79	5.10	3.81	19.50	0.10	20.69
绥　化	Suihua	66802	143.28	128.45	22.44	20.51	13.17	0.27	14.83
大兴安岭	Daxing－anling	64822	171.40	170.09	27.63	26.32			1.31

主要统计指标解释

行政区划 指国家对行政区域的划分。根据宪法规定,我国的行政区域划分如下:⑴全国分为省、自治区、直辖市;⑵省、自治区分为自治州、县、自治县、市;⑶自治州分为县、自治县、市;⑷县、自治县分为乡、民族乡、镇;⑸直辖市和较大的市分为区、县;⑹国家在必要时设立特别行政区。

气候 指地球与大气之间长期能量交换与质量交换所形成的一种自然环境状态,它是多种因素综合作用的结果。气候既是人类生活和生产的环境要素之一,又是供给人类生活和生产的重要资源。气温、降水、湿度等气象要素的多年平均值是用来描述一个地区气候状况的主要参数,而各种气象要素某年、某月的平均值(或总量)则可以反映出该时期天气气候状况的重要特征。

自然资源 指人类可以直接从自然界获得,并用于生产和生活的物质资源。自然资源一般可以分成可再生资源和非再生资源两大类。可再生资源指在较短时间内可以再生、可以循环利用的资源,包括土地资源、水资源、气候资源、生物资源和海洋资源等。非再生资源指在使用后不能再生的资源,包括矿产资源和地热能源。

土地资源 土地指陆地的表层部分,它主要由岩石、岩石的风化物和土壤构成。土地资源按利用类型可以分为农用地、建筑用地和未利用地。农用地包括耕地、园地、林地、牧草地和水面。建筑用地包括居民点及工矿用地、交通用地和水利设施用地。未利用地指农用地和建筑用地以外的土地,包括滩涂、荒漠、戈壁、冰川和石山等。

耕地面积 指经过开垦用以种植农作物并经常进行耕耘的土地面积。包括种有作物的土地面积、休闲地、新开荒地和抛荒未满三年的土地面积。

林业用地面积 指生长乔木、竹类、灌木、沿海红树林等林木的土地面积,包括有林地、灌木林、疏林地、未成林造林地、迹地、苗圃等。

森林资源 指森林、林木、林地以及依托森林、林木、林地生存的野生动物、植物和微生物。林木指树木和竹子。森林指以乔木为主体的植物群落,是集生的乔木及与共同作用的植物、动物、微生物和土壤、气候等的总体。

活立木总蓄积量 指一定范围内土地上全部树木蓄积的总量,包括森林蓄积、疏林蓄积、散生木蓄积和四旁树蓄积。

森林面积 指由乔木树种构成,郁闭度0.2以上(含0.2)的林地或冠幅宽度10米以上的林带的面积,即有林地面积。森林面积包括天然起源和人工起源的针叶林面积、阔叶林面积、针阔混交林面积和竹林面积,不包括灌木林地面积和疏林地面积。

森林蓄积量 指一定森林面积上存在着的林木树干部分的总材积。它是反映一个国家或地区森林资源总规模和水平的基本指标之一,也是反映森林资源的丰富程度、衡量森林生态环境优劣的重要依据。

森林覆盖率 指一个国家或地区森林面积占土地总面积的百分比。森林覆盖率是反映森林资源的丰富程度和生态平衡状况的重要指标。在计算森林覆盖率时,森林面积包括郁闭度0.2以上的乔木林地面积和竹林地面积,国家特别规定的灌木林地面积、农田林网以及四旁(村旁、路旁、水旁、宅旁)林木的覆盖面积。计算公式为:

森林覆盖率(%)=森林面积/土地总面积×100%

水资源 水在自然界中以固体、液体和气态三种聚集状态存在,分布于海洋、陆地(包括土壤)以及大气之中,通过水循环形成水资源。水资源包括经人类控制并直接可供灌溉、发电、给水、航运、养殖等用途的地表水和地下水,以及江河、湖泊、井、泉、潮汐、港湾和养殖水域等。水资源是发展国民经济不可缺少的重要自然资源。

地表水和地下水 陆地上的水因空间分布不同,分为地表水和地下水。地表水指分别存在于河流、湖泊、沼泽、冰川和冰盖等水体中水分的总称,又称陆地水。地下水指储存在地面以下饱和岩土孔隙、裂隙及溶洞中的水。

径流 指陆地上接受降水后扣除损耗外,从地表和地下向流域出口断面汇集的水流。径流可分为地表径流、地下径流和壤中流。地表径流指沿地表向河流、湖泊、沼泽、海洋等汇集的水流;地下径流指沿潜水层或隔水层间的含水层,向河流、湖泊、沼泽、海洋等汇集的地下水水流。

径流量 指在一定时段内通过河流某一过水断面的水量,用以反映一个国家或地区水资源的丰歉程度。计算公式为:

径流量 = 降水量 - 蒸发量

矿产资源　矿产指由地质作用形成,富集于地壳中或出露于地表供工农业利用和需求的有用矿物。矿产是一种重要的自然资源,是社会发展的重要物质基础。

矿产保有储量　指探明的矿产储量(包括工业储量和远景储量),扣除已开采部分和地下损失量后的年末实有储量。

气温　指空气的温度,我国一般以摄氏度(℃)为单位表示。气象观测的温度表是放在离地面约 1.5 米处通风良好的百叶箱里测量的,因此,通常说的气温指的是离地面 1.5 米处百叶箱中的温度。其统计计算方法为:

月平均气温是将全月各日的平均气温相加,除以该月的天数而得。

年平均气温是将 12 个月的月平均气温累加后除以 12 而得。

降水量　指从天空降落到地面的液态或固态(经融化后)水,未经蒸发、渗透、流失而在地面上积聚的深度。其统计计算方法为:

月降水量是将全月各日的降水量累加而得。

年降水量是将 12 个月的月降水量累加而得。

日照时数　指太阳实际照射地面的时间。其统计计算方法与降水量相同。

EXPLANATORY NOTES ON MAIN STATISTICAL INDICATORS

Administrative Division refers to the division of administrative areas by the state. The Constitution of the People's Republic of China stipulates that the administrative areas in China are divided as: 1) The whole country is divided into provinces, autonomous regions and municipalities directly under the central government; 2) Provinces and autonomous regions are divided into autonomous prefectures, counties, autonomous counties and cities; 3) Autonomous prefectures are divided into counties, autonomous counties and cities; 4) Counties and autonomous counties are divided into townships, nationality townships and towns; 5) Municipalities and large cities are divided into districts and counties, 6) The state shall, when necessary, establish special administrative regions.

Climate refers to the natural environmental status formed by the long – term exchange of energy and mass between the earth and the air, and is the results of interaction of many factors. Climate is both one of the environment factors and the important resources for the living and production activities of the human being. The average values across several years of meteorological factors such as temperature, rainfall and humidity are used as important parameters to describe the climate of a region, while the average values (or total values) of a given year or month of meteorological factors reflect the key characteristics of climate for that period of time.

Natural Resources refer to material resources that could be obtained from the nature by human being and used for production and living. Natural resources in general can be classified as renewable resources and non – renewable resources. Renewable resources refer to resources that could be renewed and recycled during a relatively short period of time, including land resource, water resource, climate resource, biology resource and marine resource. Non – renewable resources include resources that could not be renewed, such as minerals and geothermal resource.

Land Resource Land refers to the surface of the earth, consisting of mainly rocks and its weathering and earth. Land resource can be classified, by its utilization, as land for agriculture, land for construction and unused land. Land for agriculture includes cultivated land, plantation land, forestland, grassland and waters. Land for construction includes land for residential purpose, for manufacturing and mining, for transportation and for water – conservancy projects. Unused land refers to land other than land for agriculture and construction, including beaches, deserts, Gobi, glaciers and rock mountains.

Area of Cultivated Land refers to area of land reclaimed for the regular cultivation of various farm crops, including crop – cover land, fallow, newly reclaimed land and land laid idle for less than 3 years.

Area of Afforested Land refer to land for trees bamboo, bushes and mangrove, including forest – cover land, bush – covered land, sparse forest land, land planned for afforestation and nurseries of young trees.

Forest Resource refers to forests, trees, forestland and wild animals, plants and microorganism that live on forest and trees. Trees include trees and bamboo. Forest refers to the population of clusters of trees and other plants, animals and microorganism as well as the earth and climate that have interactions with the trees.

Total Standing Stock Volume refers to the total stock volume of trees growing in land, including trees in forest, tress in sparse forest, scattered trees and trees planted by the side of farm houses and along the roads, rivers and fields.

Forest Area refers to the area of forest land where trees and bamboo grow with canopy density above 0.2, including land of natural woods and planted woods, but excluding bush land and thin forest land. It reflects the total areas of afforestation.

Stock Volume of Forest refers to total stock volume of wood growing in forest area, which shows the total size and level of forest resources of a country or a region. It is also an important indicator illustrating the richness of forest resource and the status of forest ecological environment.

Forest Coverage Rate refers to the ratio of area of afforested land to total land area. It is a very important indicator that reflects the status of abundance of forest resource and ecosystem balance. Forest area includes the area of trees and bamboo grow with canopy density above 0.2, the area of shrubby tree according to regulations of the government, the area of forest land inside farm land and the area of trees planted by the side of farm houses and along the roads, rivers and fields. The formula for calculating forest coverage rate is as follows:

Forestry coverage rate (%) = (Area of Afforested Land/Area of Total Land) × 100%

Water Resource Water exists in the nature in solid, liquid and gaseous states, is distributed in the ocean, land (including earth) and air, and constitutes the water resource through the circulation of water. Water resource includes the surface water and underground water that is controlled by the human being for irrigation, power - generation, water supply, navigation and cultivation. It also includes rivers, lakes, wells, springs, tides, gulf and water area for cultivation. Water resource as an important natural resource is indispensable for the development of the national economy.

Surface Water and Underground Water Water on earth can be divided into surface water and underground water according to its distribution. Surface water refers to moisture exists in rivers, lakes, swamps, glaciers, icecaps and so on. It is also called land water. The underground water refers to water deposited underground in the cranny and the hole of saturated rock soil and in the water - eroded cave.

Runoff refers to the water gathered at the way out of the cross section of drainage area either from the surface or underground after deducting the wastage of the precipitation on the land. Runoff can be divided into surface runoff, underground runoff and within soil runoff. Surface runoff refers to water flow to the rivers, lakes, swamps, and seas on the surface of the earth. Underground runoff refers to water flow to rivers, lakes, swamps, and seas through the water - bearing stratum of confined layer or unconfined layer.

Volume of Runoff refers to the total volume of water running through a certain cross section of a river during a certain period of time, reflecting the water resource condition in a country or a region. The formula for calculating volume or runoff is as follows:

Runoff = Precipitation - Evaporation

Mineral Resources refer to useful minerals that can be used for industrial or agricultural purposes enriched in lithosphere or on earth due to the geological process. Minerals are important natural resources, and important material base for social development.

Ensured Mineral Reserves refer to the actual mineral reserves, which equal to the proven mineral reserves (including industrial reserves and prospective reserves) minus extracted parts and underground losses.

Temperature refers to the air temperature. China uses centigrade as the unit. The thermometry used for weather observation is put in a breezy shutter, which is 1.5 meters high from the ground. Therefore, the commonly used temperature refers to the temperature in the breezy shutter 1.5 meters away from the ground. The calculation method is as follows:

Monthly average temperature is the summation of average daily temperature of one month divided by the actual days of that particular month.

Annual average temperature is the summation of monthly average of a year divided by 12 months.

Volume of Precipitation refers to the deepness of liquid state or solid state (thawed) water falling from the sky to the ground that has not been evaporated, infiltrated or run off. The calculation method is as follows:

Monthly precipitation is the summation of daily precipitation of a month.

Annual precipitation is the summation of 12 months precipitation of a year.

Sunshine Hours refer to the actual hours of sun irradiating the earth. The calculation method is the same as that of the precipitation.

二、综　　　合

GENERAL SURVEY

2－1 各部门机构数
GRASSROOTS UNIT IN VARIOUS SECTORS

单位:个 (unit)

部门	Sector	机构数 Grassroots Units 2002	2003	2003 比上年增长(%) Icrease Rate in 2003 over 2002(%)
农村基层单位	**Rural Grassroots Units**			
乡政府	Township Governments	469	458	-2.3
镇政府	Town Governments	475	475	持平
村民委员会	Village Committees	9115	9018	-1.1
乡村户数(万户)	Numbers of Rural Households(10000 households)	474.7	479.1	0.9
农垦系统农牧场	**Farms and Pastures of Land Reclamation System**	**104**	**104**	**持平**
国有及规模以上非国有工业企业	**State－owned and Non－state－owned above Designated Size Industrial Enterprises**	2593	2567	-1.0
内资企业	Domestic Funded Enterprises	2421	2387	-1.4
国有企业	State－owned Industry	915	665	-27.3
集体企业	Collective－owned Industry	281	257	-8.5
股份合作企业	Cooperative Enterprises	77	78	1.3
联营企业	Joint Ownership Enterprises	14	5	-64.3
有限责任公司	Limited Liability Corporations	496	560	12.9
股份有限公司	Share Holding Enterprises	172	206	19.8
私营企业	Private Enterprises	465	612	31.6
其他企业	Other Enterprises	1	4	300.0
港､澳､台商投资企业	Enterprises with Funds from Hong Kong, Macao and Taiwan	63	59	-6.3
外商投资企业	Foreign Funded Enterprises	109	121	11.0
建筑业企业	**Construction Enterprises and Units**	**1561**	**1599**	**2.4**
内资企业	Domestic Funded Enterprises	1549	1591	2.7
国有企业	State－owned Industry	298	254	-14.8
集体企业	Collective－owned Industry	352	258	-26.7
股份合作企业	Cooperative Enterprises	32	26	-18.8
联营企业	Joint Ownership Enterprises	1	2	100.0
有限责任公司	Limited Liability Corporations	507	659	30.0
股份有限公司	Share Holding Enterprises	152	128	-15.8
私营企业	Private Enterprises	207	264	27.5
港､澳､台商投资企业	Enterprises with Funds from Hong Kong, Macao and Taiwan	5	3	-40.0
外商投资企业	Foreign Funded Enterprises	7	5	-28.6
限上批零贸易业企业	**Enterprise above Designated Size in Wholesale and Retail Trade**	**521**	**497**	**-4.6**
外商投资企业	**Enterprise of Foreign－Funded**	**2067**	**2243**	**8.5**
中外合资	Joint Ventures	1201	1267	5.5
中外合作	Cooperative Operation	138	150	8.7
外资企业	Foreign Investment	725	822	13.4
中外股份公司	Stock Enterprise	3	4	33.3
教育(所)	**Education (unit)**			
普通高等学校	Regular Institutions of Higher Education	48	55	14.6
成人高等学校	Adult Education Schools	38	36	-5.3
中等专业学校	Specialized Secondary Schools	75	51	-32.0
成人中等专业学校	Secondary Schools for Adults	262	127	-51.5
普通中学	Regular Secondary Schools	2746	2719	-1.0
#高 中	#Senior Secondary Schools	447	481	7.6
职业中学	Vocational Secondary Schools	182	167	-8.2
技工学校	Vestibule Schools	150	147	-2.0
小 学	Primary Schools	11990	11400	-4.9
幼儿园	Kingergartens	2100	2181	3.9

2-1 续表　CONTINUED

部　门	Sector	机构数 Grassroots Units		2003 比上年增长(%) Icrease Rate in 2003 over 2002(%)
		2002	2003	
科技机构数	**Science and Technology Institution**	**606**	**569**	**-6.1**
#县及县以上部门属科研机构	#System of Scientific and Technological Departments above County Level	240	238	-0.8
#普通高等院校	#Institutions of Higher Education	175	191	9.1
大中型工业企业	Large and Medium-sized Industrial Enterprises	191	140	-26.7
文化事业机构	**Cultural Establishments**			
艺术事业	Art Institutions	157	153	-2.5
图书馆	Library	97	97	持平
群众文化	Mass Cultural Establishments	1037	1081	4.2
艺术教育	Arts Education Establishments	9	9	持平
其他文化	Others	158	151	-4.4
博物馆	**Museums**	**46**	**45**	**-2.2**
文物机构	**Cultural Relic Establishments**	**86**	**86**	**-2.2**
群众文化事业	**Mass Cultural Establishments**			
#群众艺术馆	#Mass Art Centers	17	16	-5.9
文化馆	Cultural Centers	123	125	1.6
广播、电视	**Broadcasting and Television**			
广播电台(座)	Radio Stations(unit)	14	14	持平
电视台(座)	Television Stations(unit)	14	14	持平
出版、发行事业	**Publishing and Distribution Establishments**			
出版单位	Publishing Houses	14	14	持平
书刊印刷厂	Printing Houses	21	21	持平
书　店	Book Stores	94	94	持平
卫生事业	**Health Care**			
#医　院	#Hospitals	854	839	-1.8
疗养院	Sanatoriums	12	9	-25.0
县(区)社区卫生服务站	Sanitation snd Service Agencies of Community of County	124	125	0.8
卫生院	Health Cares	1008	978	-3.0
县(区)卫生所、医务室	Institutions of Sanitation of County	3145	3014	-4.2
门诊部	Clinics	108	80	-25.9
县(区)诊所	Cliniques of County	2890	2829	-2.1
急救中心	First-aid Centers	9	10	11.1
采供血机构	Institutions of Pick and Supply Blood	31	30	-3.2
妇幼保健院(所、站)	Institutes of Maternity and Child	155	150	-3.2
专科疾病防治院(所、站)	Specialized Disease Prevention and Treatment Institutes	154	144	-6.5
疾病预防控制中心	Diseases Prevent and control Centers	205	202	-1.5
医学科学研究机构	Research Institutes of Medical Sciences	15	14	-6.7
社会福利	**Social Welfare Establishments**			
社会福利事业单位	Social Welfare Institutions	975	906	-7.1
社会福利企业单位	Social Welfare Enterprises	1231	959	-22.1
收容遣送站	Collecting and Repatriation Units	60	60	持平
安置农场	Work Farms	1	1	持平
殡葬事业单位	Funeral and Interment Institutions	125	129	3.2

2 -2 平均每天主要社会经济活动
SELECTED INDICATORS ON AVERAGE DAILY SOCIAL AND ECONOMIC ACTIVITIES

指 标	Item	1995	2000	2001	2002	2003
每天创造的财富	**Daily Production**					
全省生产总值(亿元)	Gross Domestic Product (100 million yuan)	5.47	8.91	9.76	10.64	12.14
第一产业	Primary Industry	1.02	0.98	1.12	1.22	1.37
第二产业	Secondary Industry	2.89	5.12	5.48	5.94	6.94
#工 业	#Industry	2.60	4.56	4.84	5.25	6.16
建筑业	Construction	0.29	0.56	0.63	0.69	0.78
第三产业	Tertiary Industry	1.57	2.82	3.16	3.47	3.83
财政收入(亿元)	Government Revenue (100 million yuan)	0.50	1.02	1.18	1.26	1.37
财政支出(亿元)	Government Expenditures (100 million yuan)	0.48	1.12	1.41	1.55	1.66
粮豆薯(万吨)	Grain (10000 tons)	7.10	6.97	7.26	8.06	6.88
#水 稻	#Rice	1.29	2.86	2.78	2.52	2.31
玉 米	Corn	3.34	2.17	2.25	2.93	2.28
大 豆	Soja	1.20	1.23	1.36	1.52	1.54
薯 类	Tuber	0.22	0.22	0.34	0.37	0.29
油料(万吨)	Oil - bearing Crops (10000 tons)	0.06	0.12	0.10	0.14	0.12
麻类(万吨)	Fiber Crops (10000 tons)	0.09	0.05	0.08	0.10	0.08
甜菜(万吨)	Beet roots (10000 tons)	1.37	0.70	0.90	1.20	0.20
烟叶(万吨)	Tobacco (10000 tons)	0.03	0.03	0.02	0.02	0.01
瓜果(万吨)	Melon and Fruits (10000 tons)	0.35	0.88	0.92	0.97	0.87
肉类(万吨)	Meat (10000 tons)	0.25	0.44	0.47	0.52	0.60
牛奶(万吨)	Milk (10000 tons)	0.33	0.42	0.52	0.65	0.82
水产品(万吨)	Aquatic Products (10000 tons)	0.07	0.10	0.11	0.11	0.11
原煤(万吨)	Coal (10000 tons)	21.75	13.63	14.03	16.12	18.23
原油(万吨)	Crude Oil (10000 tons)	15.35	14.54	14.14	13.73	13.26
天然气(亿立方米)	Natural Gas (100 million cu. m)	0.07	0.06	0.06	0.06	0.06
水泥(万吨)	Cement (10000 tons)	1.83	2.48	2.49	2.62	2.91
钢(万吨)	Steel (10000 tons)	0.26	0.24	0.25	0.40	0.45
成品钢材(万吨)	Steel Products (10000 tons)	0.24	0.21	0.21	0.27	0.27
汽车(辆)	Automobile (10000 unit)	161	367	424	508	548
发电量(亿千瓦时)	Electricity (100 million kwh)	1.06	1.17	1.20	1.26	1.33
个体工商户营业收入(亿元)	Individual Industry and Commerce Operating Revenue (100 million yuan)	1.11	2.46	2.35	2.40	2.25
城市集市贸易成交额(亿元)	Transaction Value in Urban Free Markets (100 million yuan)	0.46	1.50	1.31	1.50	1.59
乡村集市贸易成交额(亿元)	Transaction Value in Rural Free Markets (100 million yuan)	0.18	0.33	0.30	0.31	0.36
每天消费量	**Daily National Consumption**					
最终消费(亿元)	Final Consumption Expenditure (100 million yuan)	3.29	5.13	5.78	6.27	6.75
居民消费	Resident Consumption	2.68	3.82	4.20	4.53	4.85
政府消费	Government Consumption Expenditure	0.62	1.31	1.58	1.74	1.90
能源消费量(万吨标准煤)	Energy Consumption (10000 tons of SCE)	17.15	15.52	15.97	17.00	17.29
社会消费品零售总额(亿元)	Total Retail Sales of Consumer Goods (100 million yuan)	1.87	3.00	3.28	3.62	3.77

2－2 续表 CONTINUED

指 标	Item	1995	2000	2001	2002	2003
每天其他经济活动	**Other Daily Economic Activities**					
资本形成总额(亿元)	Gross Capital Formation (100 million yuan)	1.98	2.72	3.10	3.62	3.58
固定资产形成	Fixed Capital Formation	1.53	2.54	2.88	3.17	3.47
存货增加	Changes in Stock	0.45	0.18	0.22	0.45	0.11
竣工住宅面积(万平方米)	Floor Space Completed of Residential Buildings (10000 sq. m)	4.48	7.07	7.46	7.60	7.72
农村个人住宅竣工面积(万平方米)	Private Buildings Completed in Rural Areas(10000 sq. m)	1.77	1.75	1.75	2.16	2.22
客运量(万人)	Passenger Traffic (10000 persons)	64.4	136.5	138.9	139.8	131.4
货运量(万吨)	Freight Traffic (10000 tons)	103.4	156.7	159.0	158.9	157.5
居民新增储蓄额(亿元)	Outstanding Amount of Savings Deposit(100 million yuan)	0.82	0.46	0.80	0.92	1.17
进出口额(万美元)	Total Value of Imports and Exports (USD 10000)	940	818	927	1192	1460
出 口	Total Exports	574	398	442	545	788
进 口	Total Imports	365	421	486	647	673
实际利用外资额(万美元)	Foreign Capital Actually Used (USD 10000)	205	302	315	339	353
国际旅游人数(人)	Number of Tourists from Abroad (person)	445	1511	1677	1965	1609
国际旅游外汇收入(万美元)	Foreign Exchange Earnings (USD 10000)		51.8	68.5	81.4	66.8
人口和社会活动	**Population and Social Activities**					
出生人口(人)	Births(person)			804	813	1400
死亡人口(人)	Deaths(person)			376	374	584
结婚(对)	Marriages (couple)	732	597	609	529	551
离婚(对)	Divorces (couple)	203	205	208	198	213
发表科技论文(篇)	Scientific and Technological Papers(piece)	40.0	48.1	51.3	58.0	61.9
出版科技著作(种)	Scientific and Technological Composing(kind)		3.6	4.4	5.9	7.0
成交技术合同(件)	Number of Technical Contracts Completed (piece)	20.82	27.08	6.11	6.98	7.99
技术市场成交额(亿元)	Transaction Value on Technical Market (100 million yuan)	0.03	0.04	0.03	0.03	0.03
批准专利(件)	Number of Patent Applications Certified(item)	3.84	6.17	5.12	5.71	7.65
公共图书馆流通人次(万人次)	Circulation of Public Libraries(10000 person－times)	1.73	1.67	1.46	1.59	1.21
印刷图书(万册)	Printed Copies of Books(10000 copies)	31.1	27.2	26.8	24.0	21.5
印刷杂志(万册)	Printed Copies of Magazines(10000 copies)	18.4	21.7	20.2	17.7	15.4
印刷报纸(万份)	Printed Copies of Newspaper(10000 copies)	189.4	201.6	191.2	203.4	201.8
诊疗人次(万人)	Total Number of Patients Treated (10000 person－times)	15.02	12.09	11.46	12.33	11.32
入院人数(万人)	Hospital Admissions (10000 patients)	0.42	0.41	0.41	0.46	0.48
工业废水排放量(万吨)	Volume of Industry Waste Water Discharged(10000 tons)	353	144	135	131	138
废气排放量(亿标立方米)	Total Volume of Waste Gas Emission (100 million cu. m)	14.9	11.9	12.6	12.7	13.3
工业固体废物产生量(万吨)	Volume of Industrial Solid Wastes Produced(10000 tons)	7.35	7.38	8.01	8.19	8.49
清运垃圾(万吨)	Volume of Garbage Disposal (10000 tons)	2.72	2.51	2.63	2.76	2.87
受理劳动争议案件(件)	Number of Labor Dispute Cases Accepted (piece)	2.00	7.81	7.96	9.45	17.60
劳动争议结案案件(件)	Number of Labor Dispute Cases Settled (piece)	1.88	7.99	7.72	9.22	16.59

2-3 居民消费水平
HOUSEHOLD CONSUMPTION

年 份 Year	绝对数(元) Value (yuan)			城乡居民水平对比(农村居民=1) Urban/Rural Consumption Ratio (Rural Households=1)	指数(上年=100) Index (preceding year=100)			指数 Index (1978=100)		
	全省居民 All House-holds	农村居民 Rural House-holds	城镇居民 Urban House-holds		全省居民 All House-holds	农村居民 Rural House-holds	城镇居民 Urban House-holds	全省居民 All House-holds	农村居民 Rural House-holds	城镇居民 Urban House-holds
1978	302	177	534	3.02				100.0	100.0	100.0
1980	375	249	591	2.38	109.9	121.9	101.8	114.7	133.5	101.9
1985	569	372	866	2.33	113.3	102.4	119.3	152.6	172.2	131.5
1990	1038	634	1588	2.50	109.7	113.5	107.4	155.8	183.2	126.5
1991	1257	741	1950	2.63	112.8	111.0	113.2	175.8	203.4	143.3
1992	1444	830	2258	2.72	106.2	105.7	106.0	186.8	215.0	151.9
1993	1748	1010	2712	2.69	108.2	115.2	104.1	202.1	247.6	158.1
1994	2334	1293	3660	2.83	105.5	104.2	105.6	213.2	258.0	166.9
1995	2650	1450	4132	2.85	104.9	103.9	104.3	223.7	268.1	174.1
1996	2994	1600	4707	2.94	105.4	104.3	105.9	235.8	279.6	184.4
1997	3210	1702	5059	2.97	103.0	103.0	102.8	242.9	288.0	189.6
1998	3276	1650	5248	3.18	101.2	97.2	102.8	245.8	279.9	194.9
1999	3431	1593	5632	3.54	107.5	99.8	110.6	264.2	279.4	215.5
2000	3669	1665	6046	3.63	108.5	107.1	108.8	286.7	299.3	234.4
2001	4029	1823	6616	3.63	108.4	108.4	107.9	310.8	324.4	252.9
2002	4337	1914	7147	3.73	108.4	105.1	109.1	336.9	340.9	275.9
2003	4645	2008	7614	3.79	108.0	103.6	108.1	363.9	353.2	298.2

2-4 按人口平均的主要工农业产品产量
PER CAPITA MAIN FARM PRODUCE AND INDUSTRIAL PRODUCTS

年 份 Year	粮豆薯(千克) Grain (kg)	油 料(千克) Oil-bearing Crops (kg)	猪牛羊肉(千克) Pork, Beef and Mutton (kg)	牛 奶(千克) Cow Milk (kg)	水产品(千克) Aquatic Products (kg)	木 材(立方米) Timber (cu. m)	钢(千克) Steel (kg)	原 煤(吨) Coal (ton)	原 油(吨) Crude Oil (ton)	发电量(千瓦时) Electricity (kwh)
1978	476.4	2.8	10.3	4.4	0.7	0.50	17.6	1.20	1.62	347
1980	459.0	7.5	11.6	3.9	0.6	0.51	16.5	1.33	1.62	405
1985	420.2	8.5	9.4	12.9	2.0	0.50	22.7	1.87	1.65	559
1990	655.7	4.9	13.0	28.8	4.2	0.43	27.0	2.34	1.58	837
1991	608.1	4.3	14.3	31.6	4.6	0.38	28.0	2.39	1.56	889
1992	658.9	6.1	14.8	33.5	5.0	0.35	32.7	2.34	1.55	966
1993	659.7	4.4	14.5	30.8	5.2	0.34	34.5	1.99	1.54	1027
1994	705.3	4.3	16.9	30.3	5.7	0.34	30.3	2.10	1.53	1044
1995	703.2	5.4	19.1	32.9	6.9	0.30	25.4	2.15	1.52	1052
1996	820.2	4.5	25.1	35.9	7.8	0.35	22.7	2.21	1.51	1105
1997	830.2	4.9	26.8	37.6	8.6	0.31	23.6	2.02	1.50	1158
1998	799.7	4.5	29.8	37.8	9.5	0.25	21.0	1.89	1.49	1127
1999	812.8	10.4	31.6	37.8	9.6	0.22	20.5	1.65	1.44	1088
2000	670.0	11.5	33.1	40.6	10.1	0.18	23.4	1.31	1.40	1123
2001	696.2	9.5	35.3	49.6	10.6	0.17	24.2	1.34	1.35	1150
2002	771.6	13.9	38.8	61.9	11.0	0.16	37.8	1.54	1.32	1205
2003	658.7	11.7	43.9	78.8	11.0	0.20	43.4	1.74	1.27	1277

2－5 国民经济和社会发展总量与速度指标

指 标	Item	总量指标 1995
人口、就业(万人)	Population and Employment (10000 persons)	
总人口	Population at the Year – end	3701
男性人口	Male	1887.5
女性人口	Female	1813.5
市镇人口	Urban	1985.9
乡村人口	Rural	1715.1
就业人员数	Employment	1543.1
#职工人数	#Staff and Workers	834.9
城镇登记失业人数	Registered Unemployed in Urban Areas	26.0
国民核算(亿元)	National Accounting (100 million yuan)	
总产出	Total Output	4235.4
全省生产总值	Gross Domestic Product	1997.6
第一产业	Primary Industry	371.2
第二产业	Secondary Industry	1054.8
第三产业	Tertiary Industry	571.6
支出法全省生产总值	Gross Domestic Product by Expenditure Approach	2006.5
#最终消费	#Total Consumption	1201.5
居民消费	Resident Consumption	976.6
政府消费	Public Consumption	224.9
资本形成总额(亿元)	Gross Capital Formation (100 million yuan)	724.5
#固定资产形成	#Fixed Capital Formation	558.8
固定资产投资(亿元)	Investment in Fixed Assets (100 million yuan)	
全社会固定资产投资	Total Investment in Fixed Assets	487.5
#国有单位	#State – Owned Units	379.9
集体单位	Collective – Owned Units	16.1
个体经济	Individuals	50.3
#基本建设	#Capital Construction	198.7
更新改造	Innovation	112.8
能源生产与消费	Production and Consumption of Energy	
能源生产总量(万吨标准煤)	Total Energy Production (10000 tons of SCE)	14014
能源消费总量(万吨标准煤)	Total Energy Consumption (10000 tons of SCE)	6261
财政、金融(亿元)	Public Finance and Banking(100million yuan)	
财政收入	Financial Revenue	182.9
#地方财政收入	#Local Financial Revenue	101.3
财政支出	Financial Expenditure	174.6
金融机构各项存款	Deposits of National Banking System	1555.9
金融机构各项贷款	Loans of National Banking System	1776.4
物价指数(上年=100)	Price Indices (preceding year = 100)	
居民消费价格总指数	General Consumer Price Index	116.1
商品零售价格总指数	General Retail Price Index	114.3
农业生产资料价格指数	Price Indices of Agricultural Means of Production	123.1
工业品出厂价格指数	Ex – Factory Price Indices of Industrial Products	116.1
农 业	Agriculture	
耕地面积(万公顷)	Cultivated Areas (10000 hectares)	899.5
乡村劳动力(万人)	Number of Rural Laborers (10000persons)	583.5
主要农产品产量(万吨)	Output of Major Farm Products (10000 tons)	
粮豆薯	Grain	2592.5
#水 稻	#Rice	469.9
玉 米	Corn	1219.1
大 豆	Soja	438.8
薯 类	Tubers	81.5

PRINCIPAL ECONOMIC AND SOCIAL INDICATORS AND THEIR GROWTH RATES

Aggregate Data				速度指标(%) Indices and Growth Rates(%)				
				指数(2003年为以下各年) Index (2003 as percentage of the following years)				年均增长 Average Annual Growth Rate
2000	2001	2002	2003	1995	2000	2001	2002	1996-2003
3807	3811	3813	3815	103.1	100.2	100.1	100.1	0.38
1945.8	1948.2	1953.0	1940.4	102.8	99.7	99.6	99.4	0.35
1861.2	1862.8	1860.0	1874.6	103.4	100.7	100.6	100.8	0.42
1977.4	1996.2	2004.5	2006.3	101.0	101.5	100.5	100.1	0.13
1829.6	1814.8	1808.9	1808.7	105.5	98.9	99.7	100.0	0.67
1600.8	1592.6	1603.1	1614.0	104.6	100.8	101.3	100.7	0.6
531.5	510.9	496.5	487.8	58.4	91.8	95.5	98.2	-6.5
25.3	35.5	41.6	35.0	134.6	138.3	98.6	84.1	3.8
7202.2	7875.0	8634.0	9107.7	226.0	134.4	123.7	111.5	10.7
3253.0	3561.0	3882.2	4430.0	203.0	133.0	121.7	110.3	9.3
357.0	409.3	447.0	500.8	138.9	119.6	110.7	102.4	4.2
1868.6	1998.7	2169.2	2532.5	215.0	136.0	123.9	111.9	10.0
1027.5	1153.0	1266.0	1396.8	222.7	132.0	121.3	110.1	10.5
3209.5	3515.7	3828.9	4233.2					
1871.5	2110.6	2287.8	2465.3	187.9	131.3	117.9	108.2	8.2
1394.2	1534.7	1653.1	1771.6	168.1	127.3	117.3	108.1	6.7
477.3	575.9	634.6	693.7	276.7	142.9	119.9	108.6	13.6
993.5	1130.5	1322.4	1307.9	163.3	128.5	113.5	96.6	6.3
926.7	1051.7	1158.3	1267.1	217.4	133.2	118.0	106.9	10.2
859.2	979.7	1086.3	1223.2	250.9	142.4	124.9	112.6	12.2
449.8	524.7	531.2	563.0	148.2	125.2	107.3	106.0	5.0
35.9	42.1	47.7	49.9	309.9	139.0	118.5	104.6	15.2
90.8	116.9	130.3	157.7	313.5	173.7	134.9	121.0	15.4
379.8	481.9	495.6	593.1	298.5	156.2	123.1	119.7	14.6
239.7	201.1	215.1	231.7	205.4	96.7	115.2	107.7	9.4
11494	11375	11717	11991	85.6	104.3	105.4	102.3	-1.9
5663	5831	6204	6310	100.8	111.4	108.2	101.7	0.1
372.6	429.2	461.6	499.1	272.9	134.0	116.3	108.1	13.4
213.9	248.5	267.1	293.4	289.6	137.2	118.1	109.8	14.2
408.7	513.4	565.9	606.2	347.2	148.3	118.1	107.1	16.8
3333.4	3742.1	4236.7	4810.0	309.1	144.3	128.5	113.5	15.2
3145.1	3358.6	3624.0	3981.3	224.1	126.6	118.5	109.9	10.6
98.3	100.8	99.3	100.9					
97.8	100.4	98.5	99.7					
98.6	98.9	99.7	101.8					
122.9	96.0	97.8	111.9					
961.7	960.1	951.2	969.0	107.7	100.8	100.9	101.9	0.9
913.2	918.8	929.2	936.1	160.4	102.5	101.9	100.7	6.1
2545.5	2651.7	2941.2	2512.3	96.9	98.7	94.7	85.4	-0.4
1042.2	1016.3	921.0	842.8	179.4	80.9	82.9	91.5	7.6
790.8	819.5	1070.5	830.9	68.2	105.1	101.4	77.6	-4.7
450.1	496.2	556.3	560.8	127.8	124.6	113.0	100.8	3.1
81.8	125.1	135.0	104.2	127.9	127.4	83.3	77.2	3.1

2-5 续表 1

指 标	Item	总量指标 1995
油 料	Oil - bearing Crops	20.1
麻 类	Fiber Crops	32.2
甜 菜	Beet roots	500.8
烟 叶	Tobacco	11.2
瓜 果	Fruits	126.6
肉 类	Meat	90.3
牛 奶	Milk	121.2
水产品	Aquatic Products	25.3
木材(万立方米)	Timber (10000 cu. m)	1123.6
工 业	**Industry**	
工业总产值(亿元)	Gross Industrial Output Value (100 million yuan)	
轻工业	Light Industry	
重工业	Heavy Industry	
工业增加值(亿元)	Value - added of the Industry (100 million yuan)	
利税总额(亿元)	Total Per - tax Profits	
#利润总额	#Profits	
主要工业产品产量	Output of Major Industrial Products	
原煤(万吨)	Coal (10000 tons)	7937.6
原油(万吨)	Crude Oil (10000 tons)	5601.5
天然气(亿立方米)	Natural Gas (100 million cu. m)	25.9
水泥(万吨)	Cement (10000 tons)	667.8
钢(万吨)	Steel (10000 tons)	93.8
成品钢材(万吨)	Steel Products (10000 tons)	87.4
汽车(万辆)	Automobile (10000 unit)	5.9
发电量(亿千瓦时)	Electricity (100 million kwh)	388.0
建筑业	**Construction**	
建筑业总产值(亿元)	Gross Output Value (100 million yuan)	205.6
房屋建筑施工面积(万平方米)	Floor Space of Buildings under Construction (10000 sq. m)	2317.5
房屋建筑竣工面积(万平方米)	Floor Space of Buildings Completed (10000 sq. m)	1192.7
交通运输和邮政	**Transportation**	
货运量(万吨)	Freight Traffic (10000 tons)	37739
铁 路	Railways	13607
公 路	Highways	19281
水 运	Waterways	626
空 运	Civil Aviation	1.0
管 道	Pipelines	4224
客运量(万人)	Passenger Traffic (10000 persons)	23499
铁 路	Railways	11881
公 路	Highways	11506
水 运	Waterways	37
空 运	Civil Aviation	75
邮政业务总量(亿元)	Business Volume of Post(100 million yuan)	
函件(万件)	Number of Letters Delivered (10000 pieces)	15525
报刊期发数(万份)	Number of Newspapers and Magazines	865
信息传输	**Post and Telecommunication Services**	
电信业务总量(亿元)	Business Volume of Telecommunications	
年末市内电话(万户)	Local (Urban) Telephone Subscribers at the(100 million yuan) Year - end (10000 subscribers)	142.0
年末乡村电话(万户)	Number of Rural Telephones Subscribers at the Year - end (10000 subscribers)	14.8
移动电话用户(万户)	Number of Mobile Telephone Subscribers (10000 subscribers)	13.2

注:工业统计口径为全部国有及销售收入500万元以上的非国有工业企业。

Note: Statistical calibre of Industry is all state - owned and the non - state - owned industrial enterprises with an annual sales income of over 5 million yuan.

CONTINUED

Aggregate Data				速度指标(%) Indices and Growth Rates(%)				
2000	2001	2002	2003	指数(2003年为以下各年) Index (2003 as percentage of the following years)				年均增长 Average Annual Growth Rate
				1995	2000	2001	2002	1996 - 2003
43.8	36.3	52.8	44.7	222.4	102.1	123.1	84.6	10.5
18.7	29.8	36.2	28.3	87.9	151.3	95.0	78.1	-1.6
254.8	329.8	437.6	71.4	14.3	28.0	21.6	16.3	-21.6
9.6	8.4	7.4	4.6	41.1	47.9	54.8	61.9	-10.5
319.4	335.9	353.2	316.5	250.0	99.1	94.2	89.6	12.1
159.9	171.2	190.0	217.2	240.5	135.8	126.9	114.3	11.6
154.3	189.0	235.8	300.5	247.9	194.8	159.0	127.4	12.0
38.2	40.2	41.8	41.9	165.6	109.7	104.2	100.3	6.5
691.5	638.5	612.6	761.2	67.7	110.1	119.2	124.3	-4.8
2460.9	2404.0	2487.6	2910.0		118.3	121.0	117.0	
442.5	457.6	530.9	586.1		132.5	128.1	110.4	
2018.4	1946.4	1956.7	2323.9		115.1	119.4	118.8	
1213.0	1246.4	1262.0	1363.1		112.4	109.4	108.0	
835.4	739.0	707.7	849.1		101.6	114.9	120.0	
564.9	493.9	459.2	575.6		101.9	116.5	125.3	
4974.4	5120.7	5882.6	6652.5	83.8	133.7	129.9	113.1	-2.2
5306.7	5161.1	5013.1	4840.1	86.4	91.2	93.8	96.5	-1.8
23.0	22.0	20.2	21.0	81.1	91.3	95.5	103.9	-2.6
903.7	910.0	957.7	1063.2	159.2	117.6	116.8	111.0	6.0
89.0	92.1	144.2	165.7	176.7	186.2	179.9	114.9	7.4
76.3	76.2	97.2	97.4	111.4	127.7	127.8	100.2	1.4
13.4	15.5	18.5	20.0	339.3	149.3	129.3	107.9	16.5
426.7	438.1	459.3	487.1	125.5	114.2	111.2	106.1	2.9
334.1	372.3	407.9	440.2	214.1	131.8	118.2	107.9	10.0
2962.6	3336.5	3325.9	3743.4	161.5	126.4	112.2	112.6	6.2
1886.9	2242.1	2120.5	2181.3	182.9	115.6	97.3	102.9	7.8
57213	58050	58006	57491	152.3	100.5	99.0	99.1	5.4
12959	13671	13258	14118	103.8	108.9	103.3	106.5	0.5
39685	39900	40317	39031	202.4	98.4	97.8	96.8	9.2
788	750	708	1052	168.1	133.5	140.3	148.6	6.7
1.7	1.3	4.1	4.7	470.0	276.5	361.5	114.6	21.3
3779	3728	3719	3285	77.8	86.9	88.1	88.3	-3.1
49806	50712	50906	47961	204.1	96.3	94.6	94.2	9.3
9819	9692	9188	8207	69.1	83.6	84.7	89.3	-4.5
39864	40900	41490	39347	342.0	98.7	96.2	94.8	16.6
45	39	137	176	475.7	391.1	451.3	128.5	21.5
78	81	91	231	308.0	296.2	285.2	253.8	15.1
10.5	16.6	18.1	20.5		195.2	123.5	113.3	
9114	9136	8291	7600	49.0	83.4	83.2	91.7	-8.5
240	435	421	412.5	47.7	171.9	94.8	98.0	-8.8
156.6	125.5	168.1	213.1		88.8	169.4	126.8	
387.9	427.7	488.4	664.0	467.6	171.2	155.2	136.0	21.3
99.0	129.9	177.6	216.0	1459.5	218.2	166.3	121.6	39.8
315.8	489.4	658.0	842.0	6378.8	266.6	172.0	128.0	68.1

2－5 续表 2

指　标	Item	总量指标 1995
批发零售贸易业(亿元)	**Wholesale and Retail Trade (100 million yuan)**	
商品购进总额	Total Purchases	884.3
商品销售总额	Total Sales	1001.8
商品库存总额	Total Inventory	281.4
社会消费品零售总额	Total Retail Sales of Consumer Goods	682.7
对外经济贸易和旅游	**Foreign Trade and International Tourism**	
进出口总额(万美元)	Total Exports and Imports (USD 10000)	238645
出口额	Exports	116641
进口额	Imports	122004
实际利用外资额(万美元)	Total Amount of Foreign Capital Actually Used (USD 10000)	74994
#外商直接投资	#Direct Foreign Investments	44868
国际旅游人数(人)	Number of Tourists from Abroad (person)	162271
国际旅游外汇收入(万美元)	Foreign Exchange Earnings from Tourism (USD 10000)	6062
教育、科技、文化	**Education, Science and Technology and Culture**	
在校学生数(万人)	Students Enrollment (10000 persons)	
普通高等学校	Institutions of Higher Education	11.4
中等专业学校	Specialized Secondary Schools	10.0
普通中学	Regular Secondary Schools	179.1
小　学	Primary Schools	372.9
专任教师数(万人)	Full－time Teachers (10000 person)	
普通高等学校	Institutions of Higher Education	1.7
中等专业学校	Specialized Secondary Schools	0.8
普通中学	Regular Secondary Schools	12.9
小　学	Primary Schools	21.5
财政教育事业费支出(亿元)	Government Expenditures on Education (100 million yuan)	25.0
科学家、工程师数(万人)	Number of Scientists and Engineers (10000 persons)	6.3
研究与发展经费支出(亿元)	Expenditures on Research and Development (100 million yuan)	4.2
批准专利数(件)	Total Patent Applications Certified (item)	1403
技术市场成交额(亿元)	Volume of Transaction in Technical Markets (100 million yuan)	11.1
电视节目制作时间(小时)	Time for TV Programs Production (hour)	9190
出版图书(万册.张)	Number of Books Published (10000 copies)	11342
出版杂志(万册)	Number of Magazines Issued (10000 copies)	6718
出版报纸(万份)	Number of Newspapers Issued (10000 copies)	69115
生　活	**People's Livelihood**	
职工平均货币工资(元)	Average Wage of Staff and Workers (yuan)	4145
城镇居民人均可支配收入(元)	Per Capita Annual Disposable Income of Urban Households (yuan)	3375
农民人均纯收入(元)	Per Capita Net Income of Rural Residents (yuan)	1766
城乡居民储蓄存款余额(亿元)	Outstanding Amount of Saving Deposits in Urban and Rural Areas (100 million yuan)	1091
人均储蓄存款(元)	Per Capita Balance of Saving Deposit (yuan)	2948
城市人均住房建筑面积(平方米)	Per Capita Gross Floor Space of Urban Residents (sq. m)	
农村人均住房面积(平方米)	Per Capita Gross Floor Space of Rural Residents (sq. m)	16.5
卫　生	**Public Health**	
卫生机构(个)	Health Institutions (unit)	7637
卫生机构床位(万张)	Beds of Health Institutions (10000 unit)	12.6
卫生技术人员(万人)	Medical Technical Personnel (10000 persons)	17.9
市政建设	**City Construction**	
自来水供应量(亿立方米)	Volume of Tap Water Supply (100 million cu. m)	14.3
下水道长度(公里)	Length of Sewer Pipelines (km)	4326
人工煤气供气量(亿立方米)	Volume of Coal Gas Supply (100 million cu. m)	1.8
液化石油气供应量(万吨)	Volume of Liquefied Petroleum Gas Supply (10000 tons)	25.6
公共交通车辆总数(辆)	Total Number of Public Buses and Trolley Buses (unit)	4759
铺装道路长度(公里)	Length of Paved Roads (km)	9337
绿地面积(公顷)	Green Areas (hectare)	30682
清运垃圾(万吨)	Volume of Garbage Disposal (10000 tons)	991.0

注:2000－2003 年商品购进、销售和库存总额为限额以上企业统计口径。

Note: The statistics on total purchases, total sales and total inventory are about the enterprises above designated scale.

CONTINUED

Aggregate Data				速度指标(%) Indices and Growth Rates(%)				
				指数(2003年为以下各年) Index (2003 as percentage of the following years)				年均增长 Average Annual Growth Rate
2000	2001	2002	2003	1995	2000	2001	2002	1996－2003
473.3	489.0	526.8	571.2	64.6	120.7	116.8	108.4	-5.3
541.0	548.9	586.5	639.7	63.9	118.2	116.5	109.1	-5.5
136.8	76.3	119.9	106.7	37.9	78.0	139.8	89.0	-11.4
1094.0	1198.9	1320.0	1376.4	201.6	125.8	114.8	104.3	9.2
298620	338454	434934	532964	223.3	178.5	157.5	122.5	10.6
145101	161218	198770	287456	246.4	198.1	178.3	144.6	11.9
153519	177236	236164	245508	201.2	159.9	138.5	104.0	9.1
110359	115114	123656	128772	171.7	116.7	111.9	104.1	7.0
83085	86114	94556	102972	229.5	123.9	119.6	108.9	10.9
551658	612270	717394	587127	361.8	106.4	95.9	81.8	17.4
18905	24990	29717	24364	401.9	128.9	97.5	82.0	19.0
20.0	27.1	33.5	39.2	345.3	195.6	144.4	117.1	16.8
11.5	11.6	12.2	12.2	122.0	105.6	104.9	100.2	2.5
248.7	252.1	256.1	247.4	138.1	99.5	98.2	96.6	4.1
283.1	258.8	243.7	240.2	64.4	84.9	92.8	98.6	-5.4
1.6	1.8	2.3	2.9	175.3	179.4	160.7	125.1	7.3
0.7	0.6	0.5	0.3	38.7	40.8	48.4	60.9	-11.2
14.4	14.7	14.9	15.0	116.0	103.9	101.8	100.6	1.9
19.3	18.3	18.1	17.8	82.8	92.2	97.3	98.4	-2.3
49.0	65.0	76.2	81.1	324.4	165.6	124.8	106.4	15.8
5.2	5.0	5.1	5.3	83.7	102.7	106.3	103.2	-2.2
13.6	17.8	18.5	27.1	647.9	199.3	152.6	146.6	26.3
2252	1869	2083	2794	199.1	124.1	149.5	134.1	9.0
15.2	11.1	12.0	12.1	109.5	79.4	109.0	100.7	1.1
21266	67769	69247	64295	699.6	302.3	94.9	92.8	27.5
9944	9779	8747	7865	69.3	79.1	80.4	89.9	-4.5
7919	7391	6459	5615	83.6	70.9	76.0	86.9	-2.2
73571	69783	74244	73639	106.5	100.1	105.5	99.2	0.8
7835	8910	9926	11038	266.3	140.9	123.9	111.2	13.0
4913	5426	6101	6679	181.0	135.0	123.2	105.5	7.7
2148	2280	2405	2509	121.4	113.6	107.3	101.4	2.4
2286	2578	2916	3342	306.3	146.2	129.6	114.6	15.0
6003	6766	7649	8761	297.2	145.9	129.5	114.5	14.6
17.2	18.0	18.8	19.7		114.5	109.4	104.8	
18.3	18.9	19.3	19.6	118.8	107.1	103.7	101.6	2.2
8038	7944	8755	8469	109.1	103.7	104.9	95.2	1.3
12.0	11.8	12.0	11.6	91.7	96.3	98.3	97.0	-1.1
17.1	17.0	15.5	15.0	83.9	87.6	88.3	97.0	-2.2
15.4	16.0	15.8	15.3	106.8	99.2	95.9	96.8	0.8
4877	5000	5282	5465	126.3	112.1	109.3	103.5	3.0
3.0	3.0	3.2	3.6	202.2	118.6	119.4	112.5	9.2
19.9	19.8	17.9	22.2	86.7	111.6	112.1	124.0	-1.8
9314	9061	9347	10210	214.5	109.6	112.7	109.2	10.0
8286	8261	8333	8839	94.7	106.7	107.0	106.1	-0.7
33768	34784	36476	38023	123.9	112.6	109.3	104.2	2.7
917.6	959.5	1007.0	1046.0	105.5	114.0	109.0	103.9	0.7

2－6 国民经济和社会发展结构指标
STRUCTURAL INDICATORS ON NATIONAL ECONOMIC AND SOCIAL DEVELOPMENT

单位:%　　　　(%)

指　标	Item	2000	2001	2002	2003
人口、就业	**Population and Employment**				
人口性别结构	Sexual Structure				
男	Male	51.1	51.1	51.2	50.9
女	Female	48.9	48.9	48.8	49.1
人口城乡结构	Structure of Urban and Rural Population				
城　镇	Urban	51.9	52.4	52.6	52.6
乡　村	Rural	48.1	47.6	47.4	47.4
就业人员产业结构	Industrial Structure of Employment				
第一产业	Primary Industry	50.2	50.5	50.4	51.3
第二产业	Secondary Industry	21.7	21.3	21.1	19.6
第三产业	Tertiary Industry	28.1	28.2	28.5	29.1
国民核算	**National Accounting**				
生产总值产业结构	Structure of Gross Domestic Product				
第一产业	Primary Industry	11.0	11.5	11.5	11.3
第二产业	Secondary Industry	57.4	56.1	55.9	57.2
第三产业	Tertiary Industry	31.6	32.4	32.6	31.5
固定资产投资	**Investment in Fixed Assets**				
管理渠道结构	Structure of Channel of Management				
基本建设	Capital Construction	44.2	49.2	45.6	48.5
更新改造	Innovation	27.9	20.5	19.8	18.9
房地产开发	Real Estate Development	12.1	15.0	13.4	13.4
其　他	Others	15.8	15.3	21.2	19.2
登记注册类型结构	Structure of Registration Status				
国　有	State - Owned	52.4	53.6	48.9	46.0
集　体	Collective - Owned	4.2	4.3	4.4	4.1
个　体	Individuals	9.8	11.9	12.0	12.9
其　他	Others	33.6	30.2	34.7	37.0
资金来源结构	Structure of Source of Funds				
国家预算内投资	State Budgetary Appropriation	4.7	7.5	7.0	6.8
国内贷款	Domestic Loans	17.3	16.5	14.5	15.3
债　券	Bonds	2.5	1.6	1.5	1.5
利用外资	Foreign Investment	2.5	1.5	1.7	1.6
自　筹	Fundraising	57.1	56.6	62.5	63.4
其他投资	Others	16.0	16.3	12.8	11.4
能源生产与消费	**Energy Production and Consumption**				
能源生产总量结构	Structure of Total Energy Production				
原　煤	Coal	30.9	32.2	35.9	39.6
原　油	Petroleum Crude Oil	66.0	64.8	61.3	57.7
天然气	Natural Gas	2.7	2.6	2.3	2.3
水　电	Hydropower	0.4	0.4	0.5	0.4
能源消费总量结构	Structure of Total Energy Consumption				
原　煤	Coal	57.8	56.5	59.9	60.2
原　油	Petroleum Crude Oil	37.0	38.1	35.1	35.3
天然气	Natural Gas	4.3	4.6	4.0	3.7
水　电	Hydropower	0.9	0.8	1.0	0.8

2-6 续表1　CONTINUED

单位:%　　　　　　　　　　　　　　　　　　　　　　　　　　　　　　(%)

指　标	Item	2000	2001	2002	2003
金　融	**Finance**				
金融机构资金来源结构	Structure of Sources of Funds in State Banks				
各项存款	Deposits		103.5	108.6	110.4
金融债券	Bonds				-0.5
应付及暂收款	Payable and Temporary Receipts				1.2
同业往来	Inter - bank Transactions				1.2
各项准备	Reserves				0.3
所有者权益	Creditors′ Equity		-4.3	-3.4	-3.0
其　他	Others		1.0	-4.8	-9.2
金融机构资金运用结构	Structure of Fund Uses in State Banks				
各项贷款	Loans		92.9	92.9	91.3
有价证券及投资	Securities & Investment		2.0	2.6	2.2
应收及预付款	Receivale and Prepaytable				2.6
同业往来	Inter - bank Transactions				0.1
委托投资	Commission Investment		0.1	0.1	
金银占款	Purchase of Gold & Silver		0.1		
外汇占款	Purchase of Foreign Exchanges				
固定资产	Fixed Assets				2.8
库存现金	Storage Cash		0.9	1.0	0.9
其　他	Others		4.1	3.5	
农　业	**Agriculture**				
农林牧渔业总产值结构	Structure of Gross Output Value of Farming, Forestry, Animal Husbandry and Fishery				
农　业	Farming	66.3	63.4	62.8	55.7
林　业	Forestry	2.9	2.2	2.1	6.5
牧　业	Animal Husbandry	28.1	31.6	32.4	32.6
渔　业	Fishery	2.7	2.8	2.7	2.6
农林牧渔服务业	Svice Industry of Farming, Forestry, Animal Husbandry and Fishery				2.7
工　业	**Industry**				
工业总产值结构	Structure of Gross Output Value of Industry				
国有及国有控股工业	State - owned and State Holding Majority Shares Enterprises	84.2	83.0	79.6	79.4
其他工业	Others	15.8	17.0	20.4	20.6
工业总产值轻重工业结构	Structure of Gross Output Value of Industry Grouped by Light & Heavy Industry				
轻工业	Light Industry	18.0	19.0	21.3	20.1
重工业	Heavy Industry	82.0	81.0	78.7	79.9
交通运输业	**Transportation**				
货运量结构	Structure of Freight Traffic				
铁　路	Railways	22.7	23.6	22.9	24.6
公　路	Highways	69.4	68.7	69.5	67.9
水　运	Waterways	1.4	1.3	1.2	1.8
管道输油(气)	Pipelines	6.6	6.4	6.4	5.7
客运量结构	Structure of Passenger Traffic				
铁　路	Railways	19.7	19.1	18.0	17.1
公　路	Highways	80.0	80.7	81.5	82.0
水　运	Waterways	0.1	0.1	0.3	0.4
民用航空	Civil Aviation	0.1	0.2	0.2	0.5

注:1.国有及国有控股工业总产值比重1990年和1995年为国有工业总产值比重。

2.2003年起执行新的国民经济行业分类标准,农林牧渔业新增加了农林牧渔服务业,林业中新增加了林木采伐(下同)。

Note:a)1990 and 1995 the percentage of gross output value of state - owned and state holding majority shares industrial enterprises is the percentage of gross output value of state - owned industrial enterprises.

b)Since 2003, the new category standard of national economy industry is implemented, the relative service industry is newly added to farming, forestry, annimal husbandry and fishery, forest - cutting is newly added to forestry .

2-6 续表2 CONTINUED

单位:% (%)

指 标	Item	2000	2001	2002	2003
对外经济贸易	**Foreign Trade**				
进出口总额结构	Structure of Total Exports and Imports				
出 口	Exports	48.6	47.6	45.7	53.9
进 口	Imports	51.4	52.4	54.3	46.1
国际旅游	**International Tourism**				
国际游客人数结构	Structure of Tourists				
外国人	Foreigners	91.5	92.3	93.3	93.1
港澳台同胞	Compatriots form Hong Kong, Macao and Taiwan	8.5	7.7	6.7	6.9
国内贸易	**Domestic Trade**				
社会消费品零售总额	Total Retail Sale of Consumer Goods				
地区结构	Structure of Location of Retailers				
市	City	71.8	72.3	72.7	74.1
县	County	14.7	14.3	14.1	13.6
县以下	Under County level	13.6	13.3	13.2	12.4
行业结构	Structure of Sector				
批发零售贸易业	Wholesale and Retail Trade				86.6
餐饮业	Catering Trade				11.1
其 他	Others				2.3
商品类别结构	Structure of Type of Goods				
食品类	Food	44.4	44.0	43.5	42.3
衣着类	Clothing	21.2	20.9	21.2	21.5
用品类	Articles	30.2	30.1	29.8	30.9
燃料类	Fuels	4.2	5.0	5.6	5.2
教 育	**Education**				
在校学生结构	Structure of Students Enrollment				
大学生	College and University Students	3.5	4.9	6.0	7.2
中学生	Secondary School Students	47.2	48.7	50.0	48.9
小学生	Primary School Students	49.3	46.4	44.0	43.9
专任教师结构	Full - time Teachers by Type				
普通高等学校	College and Universities	4.4	5.0	6.3	7.8
中等学校	Secondary Schools	43.4	44.5	44.2	43.7
小 学	Primary Schools	52.3	50.5	49.5	48.6
生 活	**People's Lifelihood**				
城镇居民消费结构	Consumption Structure of Urban Residents				
食品类	Food	38.4	37.2	35.5	35.6
衣着类	Clothing	13.3	12.7	13.7	13.9
用品及其他	Articles for Daily Use and Others	38.9	39.8	39.4	39.7
居 住	Residence	9.4	10.3	11.4	10.8
农村居民消费结构	Consumption Structure of Rural Residents				
食品类	Food	44.3	42.7	41.6	40.7
衣着类	Clothing	6.8	6.6	6.8	7.2
用品及其他	Articles for Daily Use and Others	29.1	31.7	30.7	33.5
居 住	Residence	19.7	19.0	20.9	18.6

注:2003年起社会消费品零售总额不再包括"制造业"企业的科、室对居民及社会集团的零售额和"农业生产者"对非农业居民的零售额。

Note: The total retail sales of consumer goods do not include the retail sales of residents and social groups sold by unit of manufacturing and the retail sales sold by farmers to non - agricultural residents.

2-7 国民经济和社会发展比例与效益指标

INDICATORS ON PROPORTIONS AND EFFICIENCY IN NATIONAL ECONOMIC AND SOCIAL DEVELOPMENT

指 标	Item	2000	2001	2002	2003
人口、就业	**Population and Employment**				
出生率(‰)	Birth Rate (‰)	9.43	8.48	7.98	7.48
死亡率(‰)	Death Rate (‰)	5.50	5.49	5.44	5.45
自然增长率(‰)	Natural Growth Rate (‰)	3.93	2.99	2.54	2.03
每一就业人员负担人口(含本人)(人)	Dependency Ratio (including the labour self)(person)	2.38	2.39	2.38	2.36
三次产业就业人员比例(第一产业=100)	Employment Ratio by Type of Industry (Employment in primary industry=100)				
第二产业	Secondary Industry	43.2	42.1	41.9	38.3
第三产业	Tertiary Industry	56.0	55.8	56.6	56.7
城镇登记失业率(%)	Unemployment Rate in Urban Areas (%)	3.3	4.7	4.9	4.2
国民核算	**National Accounting**				
三次产业增加值比例(第一产业=100)	Ratio of Value-added by Type of Industry (Value added in primary industry=100)				
第二产业	Secondary Industry	523.4	488.3	485.3	505.7
第三产业	Tertiary Industry	287.8	281.7	283.2	278.9
全社会劳动生产率(元/人)	Overall Labor Productivity (yuan/person)	19988	22302	24296	27540
第一产业	Primary Industry	4430	5090	5545	6125
第二产业	Secondary Industry	51676	58271	64064	77281
第三产业	Tertiary Industry	22332	25648	27941	30159
固定资产投资	**Investment in Fixed Assets**				
全社会固定资产投资相当于GDP比例(%)	Proportion of Investment in Fixed Assets to GDP (%)	26.4	27.5	28.0	27.6
全社会固定资产交付使用率(%)	Rate of Fixed Assets Completed and Put Into Use (%)	82.5	89.2	83.8	75.8
全社会房屋建筑竣工率(%)	Rate of Total Floor Space of Buildings Completed in Construction (%)	73.3	70.5	70.7	65.2
能 源	**Energy**				
能源生产弹性系数	Elasticity Ratio of Energy Production	-1.05	-0.11	0.29	0.22
能源消费弹性系数	Elasticity Ratio of Energy Consumption	-1.35	0.31	0.62	0.17
每万元GDP消耗的能源(吨)	Energy Consumption per 10000 yuan GDP (ton)	1.74	1.64	1.60	1.42
财 政	**Public Finance**				
人均地方财政收入(元/人)	Per Capita Local Financial Revenue (yuan/person)	563	652	700	769
地方财政收入相当于GDP比例(%)	Proportion of Local Financial Revenue to GDP (%)	6.6	7.0	6.9	6.6
财政支出相当于GDP比例(%)	Proportion of Financial Expenditure to GDP (%)	12.6	14.4	14.6	13.7
地方财政预算外资金收入相当于预算收入比例(%)	Proportion of Extra-budgetary Receipt to Government Revenue (%)	33.6	31.9	30.0	29.3
金 融	**Finance**				
金融机构存款增加额相当于GDP比例(%)	Increaseing Deposits as Percentage of GDP (%)	9.7	11.5	12.7	12.9
金融机构贷款增加额相当于GDP比例(%)	Increaseing Loans as Percentage of GDP (%)	1.3	6.0	6.8	8.1
百元存款相应的贷款(元)	Loans to Per 100 yuan Deposits (yuan)	94.4	89.8	85.5	82.8
金融机构现金支出相当于现金收入比例(%)	Proportion of Cash Outlay to Cash Receipt in Bank (%)	100.9	100.8	100.5	100.4
农 业	**Agriculture**				
人均耕地面积(公顷)	Per Capita Cultivated Land (hectare)	0.25	0.25	0.25	0.25
农业从业者人均耕地面积(公顷)	Cultivated Land per Agricultural Laborer (hectare)	1.29	1.29	1.28	1.31
每公顷耕地农业机械化总动力(千瓦)	Total Power of Agricultural Machinery per Hectare of Cultivated Land (kw)	1.68	1.72	1.83	1.87
每公顷耕地用电量(千瓦小时)	Electric Power Consumption per Hectare of Cultivated Land (kwh)	286.0	298.9	309.1	316.8
每公顷耕地化肥施用量(折纯量,公斤)	Chemical Fertilizer Consumption per Hectare of Cultivated Land (Computation Based on Purity Deduction,kg)	126.4	128.3	136.4	129.7
每公顷耕地生产的农业产值(元)	Agricultural Output Value per Hectare of Cultivated Land (yuan)	4309	4693	5101	5238
农业从业者人均农产品产量(公斤)	Output of Farm Products per Agricultural Laborer (kg)				
粮豆薯	Grain	3420	3567	3952	3393
油 料	Oil-bearing Crops	58.8	48.8	71.0	60.4
亚 麻	Flax	24.2	37.9	47.9	36.1
甜 菜	Beet Roots	342	444	588	96.4

2-7 续表 CONTINUED

指　标	Item	2000	2001	2002	2003
烤　烟	Flue - Cured Tobacco	10.9	9.8	8.4	6.1
肉　类	Meat	214.8	230.3	255.3	293.4
水产品	Aquatic Products	51.3	54.1	56.1	56.6
工　业	**Industry**				
资产负债率(%)	Assets - Liability Ratio (%)	58.1	59.0	56.3	55.8
成本费用利润率(%)	Ratio of Profits to Industrial Cost (%)	31.4	26.7	22.8	25.1
流动资产周转率(次/年)	Number of Times of Annual of Turnover Circulating Funds (times/year)	1.6	1.5	1.5	1.8
全员劳动生产率(按增加值计算,元/人)	Overall Labor Productivity (in terms of value - added per employee, yuan/person)	62152	69273	74756	102382
产品销售率(%)	Proportion of Products Sold (%)	98.1	97.6	97.9	98.1
建筑业	**Construction**				
技术装备率(元/人)	Value of Machinery per Laborer (yuan/person)	10478	12102	17013	18694
动力装备率(千瓦/人)	Power of Machines per Laborer (kw/person)	7.1	7.1	8.0	8.8
产值利税率(%)	Ratio of Pre - tax Profit to Gross Output Value (%)	4.0	4.5	4.7	5.7
全员劳动生产率(按增加值计算,元/人)	Overall Labor Productivity (in terms of value - added per employee, yuan/person)	13950	15513	16950	14834
交通运输、信息传输	**Transportation**				
货运量弹性系数	Elasticity of Freight Traffic	0.14	0.16	-0.01	-0.09
客运量弹性系数	Elasticity of Passenger Traffic	0.32	0.20	0.04	-0.56
铁路网密度(公里/万平方公里)	Railway Density (km/10000 sq. km)	120.4	120.4	120.4	118.3
公路网密度(公里/万平方公里)	Highway Density (km/10000 sq. km)	1108	1387	1389	1434
铁路货运密度(万吨公里/公里)	Railway Freight Traffic Density (10000 ton/km)	1315	1367	1370	1468
公路货运密度(万吨公里/公里)	Highway Freight Traffic Density (10000 ton/km)	32.2	26.4	26.6	25.0
电话普及率(部/百人)	Access to Telephones (set/100 persons)	22.0	28.3	34.8	45.2
国内商业	**Domestic Trade**				
人均消费品零售额(元)	Per Capita Retail Sales of Consumer Goods (yuan)	2879	3148	3463	3609
对外经济贸易	**Foreign Trade**				
进出口总额相当于国内生产总值比例(%)	Proportion of Total Imports & Exports to GDP (%)	7.6	7.9	9.3	10.0
实际利用外资占签订利用外资额比例(%)	Proportion of Foreign Capital for Utilization by Signed Contracts or Agreements (%)	101.7	96.9	87.4	77.9
每一国际游客花费(美元)	Per Capita Expenditure of International Tourists(USD)	342.7	408.2	414.2	415.0
教育、科技、文化	**Education, Science and Technology and Culture**				
学龄儿童入学率(%)	Rate of School - age Children Enrollment (%)	98.8	96.9	97.6	91.1
小学升学率(%)	Rate of Graduates of Primary Schools Entering Junior Secondary Schools (%)	95.9	96.1	98.4	98.9
学校教师负担系数	Student - teacher Ratio (in percentage) (%)				
高等学校	Colleges and Universities	12.4	15.0	14.6	13.5
中等学校	Secondary Schools	16.9	16.9	17.2	16.6
小　学	Primary Schools	14.7	14.1	13.5	13.5
教育事业费支出相当于国内生产总值比例(%)	Expenditures for Operating Expenses of Education as Percentage of GDP (%)	1.5	1.8	2.0	1.8
研究与发展经费相当于国内生产总值比例(%)	R&D Expenditures as Percentage of GDP (%)	0.4	0.5	0.5	0.2
生　活	**People's Livelihood**				
城镇居民家庭恩格尔系数(%)	Engle Coefficient of Urban Households (%)	38.4	37.2	35.5	35.6
农村居民家庭恩格尔系数(%)	Engle Coefficient of Rural Households (%)	44.3	42.7	41.6	40.7
卫生及其他	**Health Care and Others**				
每万人拥有卫生技术人员(人)	Number of Doctors per 10000 Persons (person)	45.0	44.6	40.6	39.3
每万人拥有卫生机构床位(张)	Number of Hospital Beds per 10000 Persons (unit)	31.6	31.0	31.4	30.4
离婚率(‰)	Divorce Rate (‰)	3.9	4.0	3.8	4.1
城市人口用水普及率(%)	Percentage of Households with Access to Tap Water(%)	74.7	77.6	80.5	80.0
燃气普及率(%)	Percentage of Households with Access to Tap Gas (%)	59.3	64.1	66.7	67.2
人均公共绿地(平方米)	Per Capita Public Green Areas (sq. m)	5.4	5.9	6.1	6.5

2－8 全省生产总值
GROSS DOMESTIC PRODUCT

年份 Year	全省生产总值（亿元）Gross Domestic Product (100 million yuan)	第一产业 Primary Industry	第二产业 Secondary Industry	工业 Industry	建筑业 Construction	第三产业 Tertiary Industry	#交通运输仓储邮电通信业 Transport, Post & Telecommunication Services	#批发零售贸易餐饮业 Wholesale, Retail Trade & Catering Services	人均地区生产总值（元）Per Capita GDP (yuan)
1952	26.0	11.9	7.9	7.0	0.9	6.2	1.6	2.5	238
1953	32.0	12.9	10.7	9.3	1.4	8.4	2.1	3.4	278
1954	36.7	15.0	13.1	11.5	1.6	8.5	2.1	3.1	300
1955	38.2	16.6	12.1	10.6	1.6	9.4	2.3	3.7	297
1956	42.2	18.0	13.2	11.4	1.8	11.1	2.5	4.2	308
1957	44.4	17.2	15.0	13.4	1.6	12.3	2.7	4.4	307
1958	61.6	18.2	29.7	26.9	2.9	13.7	3.5	5.4	405
1959	73.5	17.4	38.1	34.7	3.4	18.0	5.3	6.5	453
1960	80.5	11.7	48.1	43.6	4.5	20.7	6.5	6.6	461
1961	54.2	10.9	25.5	23.3	2.1	17.8	4.7	5.0	292
1962	54.6	14.5	23.1	21.2	1.9	17.0	4.5	4.8	288
1963	61.8	17.9	28.1	25.2	3.0	15.8	3.6	4.1	320
1964	68.2	16.8	33.0	29.4	3.6	18.3	4.4	5.4	339
1965	78.9	19.6	40.1	36.4	3.7	19.1	4.8	5.5	377
1966	92.1	23.3	48.6	44.1	4.5	20.2	5.6	5.6	426
1967	90.9	26.0	45.1	41.0	4.1	19.9	5.3	5.5	409
1968	88.9	25.2	44.5	40.6	3.9	19.2	5.3	5.4	386
1969	101.0	24.4	55.9	51.0	4.9	20.7	6.4	5.7	422
1970	111.2	25.6	64.0	58.5	5.6	21.6	6.9	5.7	448
1971	115.6	25.9	66.7	60.9	5.8	23.0	7.4	5.6	449
1972	115.7	27.5	64.6	59.1	5.5	23.6	7.1	5.5	433
1973	123.5	30.1	69.3	63.9	5.4	24.1	7.2	5.5	446
1974	131.4	32.6	73.6	67.8	5.8	25.3	7.6	5.7	460
1975	141.5	33.4	81.6	74.8	6.8	26.5	8.5	6.2	484
1976	144.2	33.9	85.0	79.2	5.8	25.3	7.6	5.6	482
1977	155.7	38.0	92.1	86.2	5.9	25.7	7.7	5.7	511
1978	174.8	41.0	106.6	100.6	6.1	27.2	9.6	5.0	564
1979	187.2	44.3	113.9	107.3	6.6	29.0	11.0	5.7	594
1980	221.0	55.3	131.1	122.5	8.6	34.7	12.2	6.5	694
1981	228.3	57.8	132.4	122.6	9.8	38.1	11.9	8.5	709
1982	248.4	63.8	140.8	127.3	13.5	43.9	13.4	7.2	762
1983	276.9	78.9	150.7	135.4	15.3	47.3	14.9	7.2	841
1984	318.3	86.0	175.0	154.9	20.1	57.3	16.9	9.9	959
1985	355.0	77.1	205.1	180.9	24.2	72.9	20.1	15.3	1062
1986	400.8	92.7	212.6	187.0	25.6	95.5	24.7	17.8	1189
1987	454.6	90.7	261.6	231.9	29.7	102.3	26.4	20.7	1335
1988	552.0	94.3	295.7	258.6	37.1	162.1	36.3	47.4	1602
1989	630.6	93.9	345.5	307.0	38.5	191.2	40.5	50.4	1808
1990	715.2	160.3	362.7	323.9	38.8	192.2	34.5	48.0	2028
1991	822.3	148.3	413.3	369.5	43.8	260.7	46.0	79.9	2311
1992	959.7	167.0	493.1	440.0	53.1	299.6	49.2	97.4	2672
1993	1198.4	198.4	649.7	580.4	69.3	350.2	56.9	113.6	3307
1994	1607.5	305.2	853.0	764.3	88.7	449.3	70.7	144.8	4397
1995	1997.6	371.2	1054.8	949.1	105.7	571.6	86.4	174.6	5419
1996	2380.9	444.2	1281.0	1160.0	121.0	655.8	104.1	197.3	6410
1997	2683.8	460.2	1449.3	1304.9	144.4	774.4	143.2	231.1	7177
1998	2798.9	429.1	1506.8	1332.0	174.8	863.0	160.1	246.6	7440
1999	2897.4	377.2	1587.8	1399.9	187.9	932.4	170.0	255.7	7660
2000	3253.0	357.0	1868.6	1664.4	204.2	1027.5	203.1	320.0	8562
2001	3561.0	409.3	1998.7	1767.8	230.9	1153.0	239.1	350.2	9349
2002	3882.2	447.0	2169.2	1916.1	253.1	1266.0	264.9	385.6	10184
2003	4430.0	500.8	2532.5	2248.6	283.9	1396.8	278.3	424.5	11615

注：本表按当年价格计算。

Note: Data in value terms in this table are calculated at current prices.

2-9 全省生产总值构成
COMPOSITION OF GROSS DOMESTIC PRODUCT

单位:% (%)

年份 Year	全省生产总值 Gross Domestic Product	第一产业 Primary Industry	第二产业 Secondary Industry	工业 Industry	建筑业 Construction	第三产业 Tertiary Industry	#交通运输仓储邮电通信业 Transport, Post and Telecommuni-cation Services	#批发零售贸易餐饮业 Wholesale, Retail Trade & Catering Services
1952	100.0	45.8	30.4	26.9	3.5	23.8	6.2	9.6
1953	100.0	40.3	33.4	29.1	4.4	26.3	6.6	10.6
1954	100.0	40.9	35.7	31.3	4.4	23.2	5.7	8.4
1955	100.0	43.5	31.7	27.7	4.2	24.6	6.0	9.7
1956	100.0	42.7	31.3	27.0	4.3	26.3	5.9	10.0
1957	100.0	38.7	33.8	30.2	3.6	27.7	6.1	9.9
1958	100.0	29.5	48.2	43.7	4.7	22.2	5.7	8.8
1959	100.0	23.7	51.8	47.2	4.6	24.5	7.2	8.8
1960	100.0	14.5	59.8	54.2	5.6	25.7	8.1	8.2
1961	100.0	20.1	47.0	43.0	3.9	32.8	8.7	9.2
1962	100.0	26.6	42.3	38.8	3.5	31.1	8.2	8.8
1963	100.0	29.0	45.5	40.8	4.9	25.6	5.8	6.6
1964	100.0	24.6	48.4	43.1	5.3	26.8	6.5	7.9
1965	100.0	24.8	50.8	46.1	4.7	24.2	6.1	7.0
1966	100.0	25.3	52.8	47.9	4.9	21.9	6.1	6.1
1967	100.0	28.6	49.6	45.1	4.5	21.9	5.8	6.1
1968	100.0	28.3	50.1	45.7	4.4	21.6	6.0	6.1
1969	100.0	24.2	55.3	50.5	4.9	20.5	6.3	5.6
1970	100.0	23.0	57.6	52.6	5.0	19.4	6.2	5.1
1971	100.0	22.4	57.7	52.7	5.0	19.9	6.4	4.8
1972	100.0	23.8	55.8	51.1	4.8	20.4	6.1	4.8
1973	100.0	24.4	56.1	51.7	4.4	19.5	5.8	4.5
1974	100.0	24.8	56.0	51.6	4.4	19.3	5.8	4.3
1975	100.0	23.6	57.7	52.9	4.8	18.7	6.0	4.4
1976	100.0	23.5	58.9	54.9	4.0	17.5	5.3	3.9
1977	100.0	24.4	59.2	55.4	3.8	16.5	4.9	3.7
1978	100.0	23.5	61.0	57.6	3.5	15.6	5.5	2.9
1979	100.0	23.7	60.8	57.3	3.5	15.5	5.9	3.0
1980	100.0	25.0	59.3	55.4	3.9	15.7	5.5	2.9
1981	100.0	25.3	58.0	53.7	4.3	16.7	5.2	3.7
1982	100.0	25.7	56.7	51.2	5.4	17.7	5.4	2.9
1983	100.0	28.5	54.4	48.9	5.5	17.1	5.4	2.6
1984	100.0	27.0	55.0	48.7	6.3	18.0	5.3	3.1
1985	100.0	21.7	57.8	51.0	6.8	20.5	5.7	4.3
1986	100.0	23.1	53.0	46.7	6.4	23.8	6.2	4.4
1987	100.0	20.0	57.5	51.0	6.5	22.5	5.8	4.6
1988	100.0	17.1	53.6	46.8	6.7	29.4	6.6	8.6
1989	100.0	14.9	54.8	48.7	6.1	30.3	6.4	8.0
1990	100.0	22.4	50.7	45.3	5.4	26.9	4.8	6.7
1991	100.0	18.0	50.3	44.9	5.3	31.7	5.6	9.7
1992	100.0	17.4	51.4	45.8	5.5	31.2	5.1	10.1
1993	100.0	16.6	54.2	48.4	5.8	29.2	4.7	9.5
1994	100.0	19.0	53.1	47.5	5.5	28.0	4.4	9.0
1995	100.0	18.6	52.8	47.5	5.3	28.6	4.3	8.7
1996	100.0	18.7	53.8	48.7	5.1	27.5	4.4	8.3
1997	100.0	17.1	54.0	48.6	5.4	28.9	5.3	8.6
1998	100.0	15.3	53.8	47.6	6.2	30.8	5.7	8.8
1999	100.0	13.0	54.8	48.3	6.5	32.2	5.9	8.8
2000	100.0	11.0	57.4	51.2	6.3	31.6	6.2	9.8
2001	100.0	11.5	56.1	49.6	6.5	32.4	6.7	9.8
2002	100.0	11.5	55.9	49.4	6.5	32.6	6.8	9.9
2003	100.0	11.3	57.2	50.8	6.4	31.5	6.3	9.6

2－10 全省生产总值指数(上年＝100)
INDICES OF GROSS DOMESTIC PRODUCT(PRECEDING YEAR = 100)

年份 Year	全省生产总值 Gross Domestic Product	第一产业 Primary Industry	第二产业 Secondary Industry	工业 Industry	建筑业 Construction	第三产业 Tertiary Industry	人均国内生产总值 Per Capita GDP
1953	110.3	98.4	137.1	133.9	161.4	120.8	104.6
1954	110.4	106.1	128.6	130.3	118.6	102.9	104.1
1955	106.7	111.1	95.9	94.8	103.6	109.0	101.3
1956	106.5	95.8	122.3	122.1	123.6	115.7	100.0
1957	108.5	106.8	110.8	114.7	113.5	109.1	102.6
1958	140.5	133.4	175.9	178.7	153.7	114.1	133.7
1959	119.0	93.3	125.0	126.1	115.0	128.9	104.5
1960	108.2	66.1	123.9	123.3	130.6	113.3	92.6
1961	58.3	74.8	43.4	43.9	38.2	70.4	54.9
1962	98.0	120.6	89.1	101.5	106.5	93.2	102.8
1963	115.2	121.9	117.4	113.6	157.0	103.6	113.0
1964	114.6	100.5	115.4	116.1	109.3	115.2	110.2
1965	115.4	116.7	121.5	123.8	102.9	104.6	110.8
1966	116.6	118.7	121.1	121.1	120.6	105.7	113.1
1967	101.4	111.6	92.6	92.9	91.1	97.9	98.5
1968	97.5	96.9	98.7	98.9	96.5	96.9	94.3
1969	109.5	96.9	125.6	125.7	124.5	107.3	105.3
1970	110.1	110.9	121.4	121.5	120.9	108.5	110.7
1971	102.5	100.3	103.0	102.9	103.6	105.7	98.8
1972	99.1	85.8	106.0	106.3	103.3	108.4	95.4
1973	106.3	109.3	107.4	108.1	99.8	99.4	102.7
1974	106.6	108.2	106.1	106.1	106.6	104.9	103.4
1975	107.6	110.2	109.4	110.3	99.1	98.6	105.0
1976	101.0	94.5	105.5	105.9	100.2	101.3	98.9
1977	108.2	111.9	108.3	108.8	101.3	101.6	106.1
1978	111.1	105.3	118.2	119.1	105.2	100.6	109.2
1979	103.0	92.9	108.6	108.5	110.9	103.7	101.4
1980	110.0	112.1	108.1	107.2	122.8	113.3	108.7
1981	103.8	102.8	103.8	102.9	117.1	105.3	102.7
1982	106.6	107.8	104.8	102.4	135.3	111.0	105.3
1983	108.6	124.5	102.1	101.4	108.1	102.8	107.5
1984	111.1	102.0	116.2	114.5	131.2	113.7	110.3
1985	106.0	87.4	112.3	111.9	115.3	120.0	105.2
1986	103.5	117.9	91.9	91.6	94.1	120.5	102.7
1987	108.6	95.5	114.3	115.2	107.6	112.6	107.5
1988	108.6	97.6	101.6	100.2	112.3	138.5	107.4
1989	106.3	89.6	111.2	112.6	101.4	110.8	105.0
1990	105.8	141.8	97.4	97.7	94.7	97.7	104.6
1991	106.6	91.9	110.7	111.6	103.7	113.1	105.6
1992	106.5	105.8	106.4	106.4	107.3	107.0	105.5
1993	107.4	104.3	108.7	108.3	111.7	107.6	106.5
1994	108.4	107.2	108.8	109.0	107.7	108.6	107.5
1995	109.2	106.8	110.2	110.0	111.9	109.0	108.3
1996	110.2	110.8	110.5	110.2	112.3	109.3	109.4
1997	110.0	106.2	110.1	109.5	115.0	112.7	109.3
1998	108.3	99.0	110.0	108.6	120.1	111.5	107.6
1999	107.5	103.0	107.6	107.5	107.9	109.9	106.9
2000	108.2	96.8	109.8	110.0	109.0	111.8	107.7
2001	109.3	108.0	109.8	109.5	112.6	108.8	109.0
2002	110.3	108.1	110.7	111.0	108.5	110.2	110.2
2003	110.3	102.4	111.9	112.2	109.2	110.1	110.2

注:本表按可比价格计算。

Note: The indices in this table are calculated at comparable prices.

2-11 全省生产总值指数(1978=100)
INDICES OF GROSS DOMESTIC PRODUCT

年份 Year	全省生产总值 Gross Domestic Product	第一产业 Primary Industry	第二产业 Secondary Industry			第三产业 Tertiary Industry	人均国内生产总值 Per Capita GDP
				工业 Industry	建筑业 Construction		
1952	20.2	46.1	8.1	6.6	11.3	30.1	59.6
1953	22.3	45.4	11.1	8.9	18.2	36.3	62.4
1954	24.6	48.1	14.3	11.5	21.6	37.4	64.9
1955	26.3	53.5	13.7	10.9	22.4	40.8	65.8
1956	28.0	51.2	16.8	13.4	27.6	47.2	65.8
1957	30.4	54.7	18.6	15.3	31.4	51.5	67.5
1958	42.7	73.0	32.7	27.4	48.2	58.7	90.2
1959	50.8	68.1	40.9	34.5	55.4	75.7	94.2
1960	55.0	45.0	50.6	42.6	72.4	85.7	87.3
1961	32.0	33.7	22.0	18.7	27.7	60.4	47.9
1962	31.4	40.6	19.6	19.0	29.5	56.3	49.2
1963	36.2	49.5	23.0	21.6	46.2	58.3	55.7
1964	41.5	49.7	26.5	25.0	50.5	67.1	61.3
1965	47.9	58.0	32.2	31.0	52.0	70.2	67.9
1966	55.8	68.9	39.0	37.5	62.7	74.2	76.8
1967	56.6	76.9	36.1	34.9	57.1	72.7	75.7
1968	55.2	74.5	35.7	34.5	55.1	70.4	71.3
1969	60.4	72.2	44.8	43.3	68.7	75.6	75.1
1970	66.5	80.1	54.4	52.7	83.0	82.0	83.1
1971	68.2	80.3	56.0	54.2	86.0	86.7	82.1
1972	67.6	68.9	59.4	57.6	88.8	93.9	78.3
1973	71.8	75.3	63.8	62.3	88.6	93.4	80.4
1974	76.5	81.5	67.7	66.1	94.5	98.0	83.1
1975	82.4	89.8	74.0	72.9	93.6	96.6	87.3
1976	83.2	84.9	78.1	77.2	93.8	97.8	86.3
1977	90.0	95.0	84.6	84.0	95.1	99.4	91.6
1978	100.0	100.0	100.0	100.0	100.0	100.0	100.0
1979	103.0	92.9	108.6	108.5	110.9	103.7	101.4
1980	113.3	104.1	117.4	116.3	136.2	117.5	110.3
1981	117.6	107.1	121.9	119.7	159.5	123.7	113.2
1982	125.4	115.4	127.7	122.6	215.8	137.3	119.2
1983	136.1	143.7	130.4	124.3	233.2	141.2	128.2
1984	151.3	146.6	151.5	142.3	306.0	160.5	141.4
1985	160.3	128.1	170.1	159.2	352.8	192.6	148.8
1986	165.9	151.0	156.4	145.9	332.0	232.1	152.7
1987	180.2	144.2	178.7	168.0	357.3	261.3	164.2
1988	195.7	140.8	181.6	168.4	401.2	362.0	176.3
1989	208.0	126.1	201.9	189.6	406.8	401.1	185.1
1990	220.1	178.8	196.7	185.2	385.3	391.8	193.7
1991	234.6	164.3	217.7	206.7	399.5	443.2	206.1
1992	249.8	173.8	231.7	219.9	428.7	474.2	217.3
1993	268.3	181.3	251.8	238.2	478.8	510.2	231.5
1994	290.9	194.4	274.0	259.6	515.7	554.1	248.7
1995	317.5	207.6	301.9	285.6	577.1	604.0	269.2
1996	350.0	230.1	333.6	314.7	648.0	660.1	294.5
1997	385.1	244.3	367.3	344.6	745.2	743.9	321.9
1998	416.8	241.9	404.0	374.2	895.0	829.4	346.3
1999	448.1	249.2	434.7	402.3	965.7	911.5	370.2
2000	484.7	241.2	477.3	442.4	1052.5	1019.1	398.6
2001	529.8	260.5	524.1	484.4	1185.1	1108.8	434.6
2002	584.4	281.6	580.2	537.7	1285.8	1221.9	478.9
2003	644.6	288.4	649.2	603.3	1404.1	1345.3	527.7

注:本表按可比价格计算。

Note: The indices in this table are calculated at comparable prices.

2-12 第三产业增加值
VALUE-ADDED OF THE TERTIARY INDUSTRY

单位:亿元 (100 million yuan)

年 份 Year	总 计 Total	农林牧渔服务业 Farming, Forestry, Animal Husbandry and Fishery Services	地质勘查水利管理业 Geological Prospecting and Water Conservancy	交通运输仓储及邮电通信业 Transport, Storage, Post & Telecommunication Services	批发和零售贸易餐饮业 Wholesale and Retail Trade & Catering Services	金融、保险业 Banking and Insurance
1978	27.2			9.6	5.0	3.4
1980	34.7			12.2	6.5	3.5
1985	72.9			20.1	15.3	11.8
1990	192.2	1.5	2.1	34.5	48.0	40.2
1991	260.7			46.0	79.9	49.7
1992	299.6			49.2	97.4	51.5
1993	350.2	2.7	4.0	56.9	113.6	65.9
1994	449.3	4.5	6.0	70.7	144.8	77.8
1995	571.6	5.8	7.2	86.4	174.6	104.3
1996	655.8	6.4	8.0	104.1	197.3	118.2
1997	774.4	7.3	9.0	143.2	231.1	109.2
1998	863.0	8.6	11.4	160.1	246.6	115.3
1999	932.4	9.6	13.5	170.0	255.7	117.8
2000	1027.5	10.1	13.9	203.1	320.0	32.0
2001	1153.0	10.7	14.5	239.1	350.2	33.7
2002	1266.0	11.1	15.3	264.9	385.6	35.4
2003	1396.8	12.0	16.7	278.3	424.5	37.5

2-12 续表 CONTINUED

年 份 Year	房地产业 Real Estate	社 会服务业 Social Services	卫生体育和社会福利业 Health Care, Sports and Social Welfare	教育文化艺术及广播电影电视业 Education, Culture and Arts, Radio, Film and Television	科学研究和综合技术服务业 Scientific Research and Polytechnic Services	国家机关政党机关社会团体 Government Agencies, Parties Agencies and Social Organizations	其他行业 Others
1978	1.5	0.9	1.0	2.9	0.7	2.0	0.3
1980	1.7	1.8	1.1	3.7	0.9	2.4	0.8
1985	4.0	3.8	2.8	5.7	3.2	4.4	1.9
1990	11.0	10.2	6.9	15.4	2.1	15.8	4.5
1991	12.8	11.1	9.0	18.5	7.5	21.2	5.1
1992	15.6	14.7	10.7	21.2	8.8	24.5	6.1
1993	17.2	16.2	12.8	22.6	4.6	26.5	7.3
1994	21.7	23.0	19.7	27.1	7.5	36.8	9.9
1995	32.8	29.8	25.4	32.2	9.1	50.7	13.3
1996	36.4	39.3	27.6	37.6	9.8	56.6	14.7
1997	45.6	52.0	32.8	47.6	11.5	65.2	19.9
1998	53.0	68.7	34.6	58.1	13.5	72.1	21.2
1999	57.6	84.2	37.6	69.8	14.7	78.8	23.2
2000	104.7	104.4	41.9	74.4	16.2	84.0	22.7
2001	108.2	118.1	47.9	86.7	18.5	97.4	28.0
2002	115.9	130.6	51.9	98.9	20.4	107.3	28.9
2003	123.3	148.7	59.1	114.9	23.0	118.8	40.0

注:1. 本表按当年价格计算。

2. 2000年以后,金融、保险业核算口径与以前年份不同,将其中居民储蓄利息支出分列到各行业中。

Note: a) Data in value terms in this table are calculated at current prices.

b) Statistical coverage of Finance and Insurance has adjusted since 2000, interests expenditure for residents saving deposits have been put in every sectors.

2-13 第三产业增加值构成
COMPOSITION OF VALUE-ADDED OF THE TERTIARY INDUSTRY

单位:% (%)

年 份 Year	总 计 Total	农林牧渔服务业 Farming, Forestry, Animal Husbandry and Fishery Services	地质勘查水利管理业 Geological Prospecting and Water Conservancy	交通运输仓储及邮电通信业 Transport, Storage, Post & Telecommunication Services	批发和零售贸易餐饮业 Wholesale and Retail Trade & Catering Services	金融、保险业 Banking and Insurance
1978	100.0			35.3	18.4	12.5
1980	100.0			35.2	18.7	10.1
1985	100.0			27.6	21.0	16.2
1990	100.0	0.8	1.1	18.0	25.0	20.9
1991	100.0			17.6	30.6	19.1
1992	100.0			16.4	32.5	17.2
1993	100.0	0.8	1.1	16.2	32.4	18.8
1994	100.0	1.0	1.3	15.7	32.2	17.3
1995	100.0	1.0	1.3	15.1	30.5	18.2
1996	100.0	1.0	1.2	15.9	30.1	18.0
1997	100.0	0.9	1.2	18.5	29.8	14.1
1998	100.0	1.0	1.3	18.6	28.6	13.4
1999	100.0	1.0	1.4	18.2	27.4	12.6
2000	100.0	1.0	1.4	19.8	31.1	3.1
2001	100.0	0.9	1.3	20.7	30.4	2.9
2002	100.0	0.9	1.2	20.9	30.5	2.8
2003	100.0	0.9	1.2	20.0	30.4	2.7

2-13 续表 CONTINUED

年 份 Year	房地产业 Real Estate	社会服务业 Social Services	卫生体育和社会福利业 Health Care, Sports and Social Welfare	教育文化艺术及广播电影电视业 Education, Culture and Arts, Radio, Film and Television	科学研究和综合技术服务业 Scientific Research and Polytechnic Services	国家机关政党机关社会团体 Government Agencies, Parties Agencies and Social Organizations	其他行业 Others
1978	5.5	3.3	3.7	10.7	2.6	7.4	1.1
1980	4.9	5.2	3.2	10.7	2.6	6.9	2.3
1985	5.5	5.2	3.8	7.8	4.4	6.0	2.6
1990	5.7	5.3	3.6	8.0	1.1	8.2	2.3
1991	4.9	4.3	3.5	7.1	2.9	8.1	2.0
1992	5.2	4.9	3.6	7.1	2.9	8.2	2.0
1993	4.9	4.6	3.7	6.5	1.3	7.6	2.1
1994	4.8	5.1	4.4	6.0	1.7	8.2	2.2
1995	5.7	5.2	4.4	5.6	1.6	8.9	2.3
1996	5.6	6.0	4.2	5.7	1.5	8.6	2.2
1997	5.9	6.7	4.2	6.1	1.5	8.4	2.6
1998	6.1	8.0	4.0	6.7	1.6	8.4	2.5
1999	6.2	9.0	4.0	7.5	1.6	8.5	2.5
2000	10.2	10.1	4.1	7.2	1.6	8.2	2.2
2001	9.4	10.2	4.2	7.5	1.6	8.5	2.4
2002	9.2	10.3	4.1	7.8	1.6	8.5	2.3
2003	8.8	10.6	4.2	8.2	1.6	8.5	2.9

2－14 第三产业增加值指数(上年＝100)
INDICES OF VALUE ADDED OF THE TERTIARY INDUSTRY(PRECEDING YEAR＝100)

单位:%　　　　(%)

年 份 Year	总 计 Total	农林牧渔服务业 Farming, Forestry, Animal Husbandry and Fishery Services	地质勘查水利管理业 Geological Prospecting and Water Conservancy	交通运输仓储及邮电通信业 Transport, Storage, Post & Telecommunication Services	批发和零售贸易餐饮业 Wholesale and Retail Trade & Catering Services	金融、保险业 Banking and Insurance
1978	100.6			128.0	94.1	
1980	113.3			105.5	107.3	121.2
1985	120.0			112.4	145.4	135.3
1990	97.7			82.7	92.6	89.6
1991	113.1			111.2	138.7	103.2
1992	107.0			99.6	113.5	96.4
1993	107.6			110.6	108.8	109.8
1994	108.6			107.9	104.6	106.0
1995	109.0	112.2	104.3	108.8	105.5	113.0
1996	109.3	104.4	105.5	117.5	108.4	107.8
1997	112.7	109.7	106.7	121.6	109.7	96.8
1998	111.5	99.3	106.2	117.6	108.4	107.3
1999	109.9	106.0	107.8	109.3	108.0	104.0
2000	111.8	104.6	104.0	116.9	109.7	106.0
2001	108.8	103.0	100.7	109.2	109.0	104.8
2002	110.2	104.2	106.5	110.0	112.0	105.0
2003	110.1	107.6	108.0	109.4	110.4	104.4

2－14 续表 CONTINUED

年 份 Year	房地产业 Real Estate	社 会服务业 Social Services	卫生体育和社会福利业 Health Care, Sports and Social Welfare	教育文化艺术及广播电影电视业 Education, Culture and Arts, Radio, Film and Television	科学研究和综合技术服务业 Scientific Research and Polytechnic Services	国家机关政党机关社会团体 Government Agencies, Parties Agencies and Social Organizations	其他行业 Others
1978							
1980	104.0	163.1	106.9	118.8	120.3	117.4	229.3
1985	119.2	103.8	117.4	101.1	118.5	103.3	110.6
1990	125.6	119.3	114.0	116.7	109.6	124.8	116.8
1991	97.2	90.1	108.1	100.0	109.8	112.0	94.7
1992	113.6	123.8	110.4	106.7	109.3	107.5	111.4
1993	104.0	101.7	110.6	98.7	119.6	100.1	109.6
1994	106.8	118.0	112.7	116.8	113.7	115.3	116.3
1995	109.1	113.0	112.5	103.8	114.5	111.4	117.8
1996	105.7	110.8	103.1	111.1	104.0	106.0	104.6
1997	107.9	116.7	106.2	114.8	114.2	108.0	229.8
1998	118.1	117.0	107.0	111.3	119.1	112.3	109.6
1999	110.0	117.1	110.3	118.8	112.9	113.8	114.9
2000	114.0	112.0	112.5	108.6	110.5	118.5	101.0
2001	102.9	109.9	111.0	113.1	110.9	112.5	103.1
2002	106.7	108.8	110.4	114.7	110.7	111.0	103.2
2003	105.7	112.8	114.6	114.1	112.0	109.7	103.5

注:本表按可比价格计算。

Note: The indices in this table are calculated at comparable prices.

2-15 各地区生产总值、构成和指数(2003)
GROSS DOMESTIC PRODUCT AND ITS COMPOSITION AND ITS INDICES BY REGION

项目	Item	地区生产总值 Gross Domestic Product	第一产业 Primary Industry	第二产业 Secondary Industry	工业 Industry	建筑业 Construction	第三产业 Tertiary Industry	#交通运输仓储及邮电通信业 Transport, Post and Telecommunication Services	#批发零售贸易及餐饮业 Wholesale, Retail Trade & Catering Services	人均地区生产总值(元) Per Capita GDP (yuan)
绝对数(亿元)	**Absolute Figure (100 million yuan)**									
哈尔滨	Harbin	1414.8	222.0	524.5	421.3	103.2	668.3	125.4	226.2	14872
齐齐哈尔	Qiqihar	342.4	72.8	125.3	91.1	34.2	144.4	51.0	31.7	6559
鸡西	Jixi	169.1	45.6	70.0	57.6	12.5	53.5	16.2	14.2	8695
鹤岗	Hegang	88.0	23.5	36.3	29.0	7.3	28.2	6.2	9.4	7947
双鸭山	Shuangyashan	114.9	31.9	47.1	41.1	6.0	35.8	8.6	9.2	7614
大庆	Daqing	1125.6	34.2	960.4	922.5	37.9	131.0	23.1	32.6	43927
伊春	Yichun	95.1	22.1	41.6	36.7	4.9	31.4	12.1	5.2	7216
佳木斯	Jiamusi	200.9	53.9	57.0	36.7	20.3	89.9	27.7	18.9	8226
七台河	Qitaihe	79.7	9.5	40.0	35.1	4.9	30.2	8.3	7.3	9171
牡丹江	Mudanjiang	266.9	34.7	112.2	99.8	12.4	120.0	34.8	27.2	9866
黑河	Heihe	97.1	31.3	21.0	12.2	8.8	44.9	7.9	16.6	5593
绥化	Suihua	349.9	104.2	90.3	74.2	16.1	155.5	46.1	49.6	6299
大兴安岭	Daxinganling	52.6	15.7	16.3	12.3	3.9	20.7	6.5	4.8	9946
构成(%)	**Composition (%)**									
哈尔滨	Harbin	100.0	15.7	37.1	29.8	7.3	47.2	8.9	16.0	
齐齐哈尔	Qiqihar	100.0	21.2	36.6	26.6	10.0	42.2	14.9	9.3	
鸡西	Jixi	100.0	27.0	41.4	34.0	7.4	31.6	9.6	8.4	
鹤岗	Hegang	100.0	26.7	41.2	33.0	8.2	32.1	7.0	10.6	
双鸭山	Shuangyashan	100.0	27.8	41.0	35.8	5.2	31.2	7.5	8.0	
大庆	Daqing	100.0	3.0	85.4	82.0	3.4	11.6	2.1	2.9	
伊春	Yichun	100.0	23.2	43.8	38.6	5.2	33.0	12.8	5.4	
佳木斯	Jiamusi	100.0	26.9	28.4	18.3	10.1	44.7	13.8	9.4	
七台河	Qitaihe	100.0	11.9	50.2	44.0	6.2	37.9	10.4	9.2	
牡丹江	Mudanjiang	100.0	13.0	42.0	37.4	4.6	45.0	13.0	10.2	
黑河	Heihe	100.0	32.2	21.6	12.6	9.0	46.2	8.1	17.1	
绥化	Suihua	100.0	29.8	25.8	21.2	4.6	44.4	13.2	14.2	
大兴安岭	Daxinganling	100.0	29.8	30.9	23.5	7.5	39.3	12.4	9.1	
指数(上年=100)	**Indices (preceding year=100)**									
哈尔滨	Harbin	113.5	106.5	117.7	117.7	117.7	112.7	111.2	112.7	113.1
齐齐哈尔	Qiqihar	102.3	76.3	113.2	114.4	109.9	110.9	108.1	107.4	109.8
鸡西	Jixi	110.5	113.6	111.6	112.0	109.5	107.0	101.4	108.3	111.4
鹤岗	Hegang	110.7	106.4	114.9	115.2	114.0	109.0	111.5	109.6	111.1
双鸭山	Shuangyashan	110.7	100.3	118.6	119.8	110.3	109.9	113.0	107.0	110.4
大庆	Daqing	109.5	108.0	108.8	109.0	105.7	116.1	107.3	115.9	108.3
伊春	Yichun	109.7	108.7	114.7	115.7	107.6	104.2	108.4	109.0	110.0
佳木斯	Jiamusi	108.2	105.1	109.7	106.2	116.7	109.1	111.2	111.5	107.3
七台河	Qitaihe	112.0	107.0	114.0	115.7	103.4	110.9	111.0	112.0	111.4
牡丹江	Mudanjiang	109.2	108.1	110.3	110.8	106.0	108.5	107.7	109.3	109.5
黑河	Heihe	107.2	98.5	113.2	116.9	108.2	111.0	111.5	109.7	107.0
绥化	Suihua	109.0	100.3	112.2	114.7	102.1	113.8	115.9	109.2	107.8
大兴安岭	Daxinganling	107.5	108.7	108.2	114.9	90.1	106.1	105.7	106.4	107.6

注:本表绝对数按当年价格计算,指数按可比价计算。

Note: Absolute Figure in this table are calculated at current prices, the indices are calculated at comparable prices.

2－16 总产出和指数
TOTAL OUTPUT AND ITS INDICES

年份 Year	总产出 Gross Domestic Product	第一产业 Primary Industry	第二产业 Secondary Industry	工业 Industry	建筑业 Construction	第三产业 Tertiary Industry	#交通运输仓储邮电通信业 Transport, Post and Telecommunication Services	#批发零售贸易餐饮业 Wholesale, Retail Trade & Catering Services
绝对数(亿元) Absolute Figure (100 million yuan)								
1978	337.2	60.9	232.9	212.1	20.7	43.4	12.4	11.0
1979	369.2	69.9	254.5	230.7	23.8	44.7	13.1	12.0
1980	409.3	85.6	271.9	244.2	27.7	51.8	16.2	13.6
1985	705.9	114.3	464.1	392.0	72.1	127.5	31.8	35.0
1986	839.8	137.2	545.0	468.6	76.5	157.6	36.2	41.0
1987	984.7	137.0	650.1	564.0	86.2	197.6	42.9	55.7
1988	1233.6	151.7	793.6	686.1	107.5	288.3	58.4	92.3
1989	1451.8	162.2	923.3	804.8	118.5	366.4	68.2	117.6
1990	1651.0	245.4	980.7	863.5	117.2	424.9	76.9	139.2
1991	1852.4	244.3	1125.0	983.7	141.3	483.1	89.2	163.7
1992	2150.3	278.0	1291.0	1103.1	187.9	581.3	100.9	201.2
1993	2643.8	318.0	1621.6	1394.4	227.3	704.3	114.8	235.1
1994	3457.4	509.5	2099.1	1814.3	284.8	848.9	138.9	276.9
1995	4235.4	623.5	2577.7	2236.7	341.0	1034.2	187.7	308.5
1996	5040.0	740.8	3080.6	2697.6	383.0	1218.6	224.0	372.0
1997	5620.3	772.3	3463.5	2990.1	473.4	1384.5	236.2	431.0
1998	5908.7	736.3	3635.9	3072.2	563.7	1536.5	252.4	467.5
1999	6317.9	651.9	3976.4	3362.4	614.0	1689.6	272.1	495.8
2000	7202.2	625.1	4692.0	4023.0	669.0	1885.1	318.8	536.7
2001	7875.0	711.1	4978.1	4220.5	757.6	2185.8	430.2	600.4
2002	8634.0	776.7	5457.4	4626.4	831.0	2399.9	471.0	669.2
2003	9820.1	879.3	6289.0	5359.2	929.9	2651.8	495.5	737.5
指数 Indices (1978＝100)								
1979	105.0	100.3	107.5	106.6	115.1	101.5	107.0	106.8
1980	112.9	109.1	114.8	112.3	134.1	110.5	124.4	114.9
1985	162.7	131.6	171.0	164.1	228.6	179.0	195.7	162.3
1986	177.0	149.3	183.9	177.1	240.8	194.6	216.8	169.5
1987	192.0	145.4	202.9	196.5	255.7	224.8	231.8	245.4
1988	216.0	151.9	230.3	225.0	274.4	264.0	262.8	275.1
1989	223.5	146.0	241.5	238.7	264.2	278.0	274.6	273.4
1990	234.9	182.7	246.0	243.1	270.8	276.6	271.6	267.6
1991	248.3	181.8	260.0	255.3	299.4	312.1	308.7	309.5
1992	263.9	192.0	280.3	271.2	355.7	313.4	315.1	344.9
1993	282.6	194.5	300.5	289.1	395.2	352.6	378.5	397.7
1994	318.5	218.8	332.2	316.2	464.5	413.6	428.7	472.0
1995	353.9	235.0	370.8	352.5	522.3	463.2	464.6	525.9
1996	398.5	259.9	421.2	403.7	567.7	516.0	534.2	603.2
1997	445.7	278.4	477.6	453.8	676.1	572.8	606.3	684.0
1998	492.1	278.7	536.8	505.5	798.5	636.4	688.7	753.8
1999	539.3	287.1	591.6	558.1	872.8	705.8	747.9	831.4
2000	595.0	285.2	663.3	627.9	960.3	782.0	852.6	921.2
2001	646.8	303.5	719.0	676.2	1082.3	860.2	943.0	1026.2
2002	717.3	328.1	801.0	756.7	1175.4	951.4	1045.8	1163.7
2003	799.1	336.3	905.9	860.4	1281.2	1050.3	1156.7	1285.9

注：本表绝对数按当年价格计算，指数按可比价计算。

Note: Absolute Figure in this table are calculated at current prices, the indices are calculated at comparable prices.

2-17 支出法全省生产总值
GROSS DOMESTIC PRODUCT BY EXPENDITURE APPROACH

年份 Year	全省生产总值 Gross Domestic Product by Expenditure Approach	最终消费 Final Consumption Expenditure	居民消费 Households Consumption Expenditure	农村居民 Rural Households	城镇居民 Urban Households	政府消费 Government Consumption Expenditure	资本形成总额 Gross Capital Formation	固定资产形成总额 Gross Fixed Capital Formation	存货增加 Changes in Inventories	货物和服务净出口 Net Export of Goods and Services
绝对数(亿元) Absolute Figure (100 million yuan)										
1978	174.8	103.2	93.8	35.5	58.3	9.4	41.2	26.9	14.3	30.4
1979	187.2	112.2	101.4	39.5	61.8	10.8	45.2	28.6	16.6	29.8
1980	221.0	132.3	119.5	50.0	69.6	12.7	48.0	38.0	10.0	40.7
1981	228.3	140.7	131.7	56.9	74.8	9.0	57.2	46.6	10.6	30.4
1982	248.4	145.3	135.6	59.4	76.2	9.7	77.3	62.1	15.2	25.8
1983	276.9	157.9	145.7	65.6	80.1	12.2	93.5	70.8	22.6	25.5
1984	318.3	180.3	164.7	69.6	95.1	15.7	108.9	87.0	21.8	29.1
1985	355.0	209.2	190.4	74.7	115.7	18.8	136.2	109.9	26.3	9.6
1986	400.8	227.2	205.2	80.1	125.0	22.0	164.2	121.6	42.6	9.4
1987	454.6	261.6	229.8	91.3	138.5	31.8	181.8	138.6	43.2	11.2
1988	552.0	331.2	284.9	103.7	181.2	46.2	209.8	159.5	50.2	11.0
1989	630.6	390.0	328.1	116.2	211.9	61.9	235.4	157.0	78.3	5.2
1990	715.2	435.9	366.2	129.0	237.2	69.8	272.8	169.3	103.6	6.5
1991	824.2	538.8	447.2	151.2	296.0	91.6	280.1	196.2	83.9	5.3
1992	964.0	617.7	518.9	169.8	349.1	98.8	338.6	246.2	92.4	7.7
1993	1203.2	763.2	633.4	207.4	426.0	129.7	431.4	335.0	96.4	8.6
1994	1617.8	1019.2	853.2	265.0	588.2	166.1	566.2	435.7	130.5	32.4
1995	2006.5	1201.5	976.6	295.3	681.3	224.9	724.5	558.8	165.7	80.5
1996	2341.6	1413.7	1112.2	327.7	784.4	301.6	867.0	653.6	213.4	60.9
1997	2640.2	1552.6	1200.5	350.4	850.2	352.1	918.3	724.4	193.9	169.3
1998	2832.8	1624.2	1232.4	340.1	892.3	391.8	1097.3	865.3	232.0	111.3
1999	2874.5	1730.8	1297.7	328.3	969.4	433.1	961.2	859.1	102.1	182.5
2000	3209.5	1871.5	1394.2	343.2	1051.1	477.3	993.5	926.7	66.8	344.5
2001	3515.7	2110.6	1534.7	374.7	1160.0	575.9	1130.5	1051.7	78.8	274.6
2002	3828.9	2287.8	1653.1	391.7	1261.4	634.6	1322.4	1158.3	164.0	218.8
2003	4233.2	2465.3	1771.6	405.7	1366.0	693.7	1307.9	1267.1	40.8	460.0
构成 Indices (%)										
1978	100.0	59.0	53.7	20.3	33.4	5.4	23.6	15.4	8.2	17.4
1980	100.0	59.9	54.1	22.6	31.5	5.8	21.7	17.2	4.5	18.4
1985	100.0	58.9	53.6	21.0	32.6	5.3	38.4	31.0	7.4	2.7
1990	100.0	61.0	51.2	18.0	33.2	9.8	38.1	23.7	14.5	0.9
1991	100.0	65.4	54.3	18.4	35.9	11.1	34.0	23.8	10.2	0.6
1992	100.0	64.1	53.8	17.6	36.2	10.3	35.1	25.5	9.6	0.8
1993	100.0	63.4	52.6	17.2	35.4	10.8	35.9	27.8	8.0	0.7
1994	100.0	63.0	52.7	16.4	36.4	10.3	35.0	26.9	8.1	2.0
1995	100.0	59.9	48.7	14.7	34.0	11.2	36.1	27.9	8.3	4.0
1996	100.0	60.4	47.5	14.0	33.5	12.9	37.0	27.9	9.1	2.6
1997	100.0	58.8	45.5	13.3	32.2	13.3	34.8	27.4	7.3	6.4
1998	100.0	57.3	43.5	12.0	31.5	13.8	38.7	30.5	8.2	4.0
1999	100.0	60.2	45.1	11.4	33.7	15.1	33.4	29.9	3.5	6.4
2000	100.0	58.3	43.4	10.7	32.7	14.9	31.0	28.9	2.1	10.7
2001	100.0	60.0	43.7	10.7	33.0	16.3	32.2	29.9	2.3	7.8
2002	100.0	59.8	43.2	10.3	32.9	16.6	34.5	30.3	4.2	5.7
2003	100.0	58.2	41.9	9.6	32.3	16.3	30.9	29.9	1.0	10.9

2－18　最终消费和资本形成总额指数

INDICES OF FINAL CONSUMPTION EXPENDITURE AND GROSS CAPITAL FORMATION

年　份 Year	最终消费 Final Consumption Expenditure	居民消费 Households Consumption Expenditure	农业居民 Rural Households	非农业居民 Urban Households	政府消费 Government Consumption Expenditure	资本形成总额 Gross Capital Formation	#固定资产形成总额 Gross Fixed Capital Formation
1978 = 100							
1979	106.6	105.9	110.2	103.4	113.3	108.2	105.0
1980	118.6	117.9	133.9	108.5	126.1	114.6	138.5
1981	123.7	127.3	149.6	114.2	87.5	134.1	167.4
1982	124.2	127.6	152.4	113.0	91.5	179.1	220.5
1983	132.3	134.3	165.7	115.9	112.8	210.3	245.9
1984	144.6	144.2	169.0	129.6	150.0	243.3	289.4
1985	150.8	150.0	172.2	137.5	172.0	273.9	326.2
1986	159.1	158.1	178.7	145.9	170.2	311.7	341.8
1987	166.6	162.2	182.7	152.0	218.8	343.9	389.7
1988	175.6	166.8	184.8	160.2	273.5	383.1	432.5
1989	185.3	171.6	187.6	166.1	293.2	415.6	410.0
1990	197.5	182.6	197.4	184.6	316.1	438.1	418.2
1991	227.7	207.8	219.7	212.8	389.4	423.2	450.9
1992	240.7	223.0	232.9	229.8	381.2	462.9	496.4
1993	265.7	243.5	269.2	242.5	444.1	492.6	547.5
1994	281.7	259.5	280.0	261.9	458.4	533.0	602.3
1995	304.2	274.3	289.2	280.2	548.7	597.4	670.3
1996	328.9	291.6	303.4	299.8	638.6	679.3	758.1
1997	347.6	302.1	314.3	310.9	728.6	740.4	871.8
1998	361.9	307.5	306.2	323.3	824.1	867.8	1033.1
1999	396.6	332.1	305.6	362.1	947.7	764.5	1029.0
2000	435.4	362.0	327.3	397.8	1062.4	759.3	1093.6
2001	484.6	393.1	353.8	432.8	1266.4	859.5	1234.7
2002	528.2	426.5	370.1	475.2	1398.1	1009.9	1363.1
2003	571.5	461.0	378.6	522.2	1518.3	975.6	1457.2
上年 = 100 preceding year = 100							
1978	99.8	106.3	105.0	107.1	61.7	149.4	112.3
1980	111.3	111.3	121.5	104.9	111.3	105.9	131.9
1985	104.3	104.0	101.9	106.1	114.7	112.6	112.7
1990	106.6	106.4	105.2	111.1	107.8	105.4	102.0
1991	115.3	113.8	111.3	115.3	123.2	96.6	107.8
1992	105.7	107.3	106.0	108.0	97.9	109.4	110.1
1993	110.4	109.2	115.6	105.5	116.5	106.4	110.3
1994	106.0	106.6	104.0	108.0	103.2	108.2	110.0
1995	108.0	105.7	103.3	107.0	119.7	112.1	111.3
1996	108.1	106.3	104.9	107.0	116.4	113.7	113.1
1997	105.7	103.6	103.6	103.7	114.1	109.0	115.0
1998	104.1	101.8	97.4	104.0	113.1	117.2	118.5
1999	109.6	108.0	99.8	112.0	115.0	88.1	99.6
2000	109.8	109.0	107.1	109.9	112.1	99.3	106.3
2001	111.3	108.6	108.1	108.8	119.2	113.2	112.9
2002	109.0	108.5	104.6	109.8	110.4	117.5	110.4
2003	108.2	108.1	102.3	109.9	108.6	96.6	106.9

2-19 各地区最终消费、资本形成总额和指数(2003) FINAL CONSUMPTION EXPENDITURE, GROSS CAPITAL FORMATION AND THEIR INDICES BY REGION

项目	Item	最终消费 Final Consumption Expenditure	居民消费 Households Consumption Expenditure	农业居民 Rural Households	非农业居民 Urban Households	政府消费 Government Consumption Expenditure	资本形成总额 Gross Capital Formation	#固定资产形成总额 Gross Fixed Capital Formation
绝对数(亿元)	**Absolute Figure (100 million yuan)**							
哈尔滨	Harbin	870.7	662.0	165.1	497.0	208.6	587.2	456.2
齐齐哈尔	Qiqihar	221.1	181.0	62.4	118.6	40.1	105.9	101.4
鸡西	Jixi	116.0	93.7	25.9	67.8	22.3	83.4	51.0
鹤岗	Hegang	48.6	38.4	6.5	31.9	10.2	32.7	30.2
双鸭山	Shuangyashan	60.1	47.8	9.1	38.8	12.2	47.6	28.9
大庆	Daqing	159.1	126.1	22.2	103.9	33.0	249.3	232.2
伊春	Yichun	74.4	65.2	3.6	61.6	9.2	16.1	19.0
佳木斯	Jiamusi	116.1	89.5	33.9	55.5	26.6	82.4	72.4
七台河	Qitaihe	43.3	35.8	12.1	23.7	7.5	28.5	25.9
牡丹江	Mudanjiang	156.6	124.8	36.6	88.2	31.8	105.7	73.5
黑河	Heihe	61.2	42.0	16.6	25.4	19.2	33.8	30.9
绥化	Suihua	185.9	149.4	84.5	65.0	36.5	107.7	80.9
大兴安岭	Daxinganling	31.9	25.6	1.0	24.6	6.3	20.8	19.7
指数 (上年=100)	**Indices (preceding year=100)**							
哈尔滨	Harbin	111.7	110.8	105.8	112.6	114.8	110.2	118.6
齐齐哈尔	Qiqihar	104.8	104.6	96.1	109.7	105.6	99.4	114.9
鸡西	Jixi	109.3	109.3	111.5	108.4	109.3	107.5	111.6
鹤岗	Hegang	109.1	107.9	105.4	108.5	113.6	115.7	106.7
双鸭山	Shuangyashan	110.2	110.9	104.0	112.7	107.3	114.5	117.8
大庆	Daqing	111.3	110.9	106.7	111.8	112.9	119.8	104.8
伊春	Yichun	105.7	106.4	106.3	106.4	100.8	77.9	102.0
佳木斯	Jiamusi	108.6	107.3	105.6	108.3	113.2	103.7	116.8
七台河	Qitaihe	115.3	114.1	106.5	118.3	121.8	109.1	112.2
牡丹江	Mudanjiang	102.3	100.8	108.9	97.8	108.8	140.1	105.2
黑河	Heihe	107.8	104.1	94.2	111.7	117.2	106.1	108.8
绥化	Suihua	105.2	104.5	104.0	105.1	108.5	103.6	101.6
大兴安岭	Daxinganling	110.8	109.5	100.7	109.8	116.6	101.5	92.7

主要统计指标解释

可比价格 指计算各种总量指标所采用的扣除了价格变动因素的价格,可进行不同时期总量指标的对比。按可比价格计算总量指标有两种方法:一种是直接用产品产量乘某一年的不变价格计算;另一种是用价格指数进行缩减。

不变价格 指以同类产品某年的平均价格作为固定价格,用于计算各年的产品价值。按不变价格计算的产品价值消除了价格变动因素,不同时期对比可以反映生产的发展速度。新中国成立后,随着工农业产品价格水平的变化,国家统计局先后五次制定了全国统一的工业产品不变价格和农业产品不变价格。从1952年到1957年使用1952年工(农)业产品不变价格,从1957年到1970年使用1957年不变价格,从1971年到1980年使用1970年不变价格,从1981年到1990年使用1980年不变价格,从1991年开始使用1990年不变价格。

平均增长速度 我国计算平均增长速度有两种方法:一种是习惯上经常使用的"水平法",又称几何平均法,是以间隔期最后一年的水平同基期水平对比来计算平均每年增长(或下降)速度;另一种是"累计法",又称代数平均法或方程法,是以间隔期内各年水平的总和同基期水平对比来计算平均每年增长(或下降)速度。在一般正常情况下,两种方法计算的平均每年增长速度比较接近;但在经济发展不平衡、出现大起大落时,两种方法计算的结果差别较大。

本《年鉴》内所列的平均增长速度,除固定资产投资用"累计法"计算外,其余均用"水平法"计算。从某年到某年平均增长速度的年份,均不包括基期年在内。如建国四十三年以来的平均增长速度是以1949年为基期计算的,则写为1950－1992年平均增长速度,其余类推。

企业(单位)登记注册类型 是以在工商行政管理机关登记注册的各类企业为划分对象,以工商行政管理部门对企业登记注册的类型为依据,将企业登记注册类型分为内资企业、港澳台商投资企业和外商投资企业三大类。内资企业包括国有企业、集体企业、股份合作企业、联营企业、有限责任公司、股份有限公司、私营公司和其他企业;港澳台商投资企业和外商投资企业分别包括合资经营企业、合作经营企业、独资经营企业和股份有限公司。对不在工商行政管理部门进行登记注册的行政机关、事业单位和社会团体,主要按其经费来源和管理方式进行划分。

国有企业 指企业全部资产归国家所有,并按《中华人民共和国企业法人登记管理条例》规定登记注册的非公司制的经济组织。不包括有限责任公司中的国有独资公司。

集体企业 指企业资产归集体所有,并按《中华人民共和国企业法人登记管理条例》规定登记注册的经济组织。

股份合作企业 指以合作制为基础,由企业职工共同出资入股,吸收一定比例的社会资产投资组建,实行自主经营,自负盈亏,共同劳动,民主管理,按劳分配与按股分红相结合的一种集体经济组织。

联营企业 指两个及两个以上相同或不同所有制性质的企业法人或事业单位法人,按自愿、平等、互利的原则,共同投资组成的经济组织。联营企业包括国有联营企业、集体联营企业、国有与集体联营企业和其他联营企业。

有限责任公司 指根据《中华人民共和国公司登记管理条例》规定登记注册,由两个以上、五十个以下的股东共同出资,每个股东以其所认缴的出资额对公司承担有限责任,公司以其全部资产对其债务承担责任的经济组织。有限责任公司包括国有独资公司以及其他有限责任公司。

股份有限公司 指根据《中华人民共和国公司登记管理条例》规定登记注册,其全部注册资本由等额股份构成并通过发行股票筹集资本,股东以其认购的股份对公司承担有限责任,公司以其全部资产对其债务承担责任的经济组织。

私营企业 指由自然人投资设立或由自然人控股,以雇佣劳动为基础的营利性经济组织。包括按照《公司法》、《合伙企业法》、《私营企业暂行条例》规定登记注册的私营有限责任公司、私营股份有限公司、私营合伙企业和私营独资企业。

其他企业 指上述企业之外的其他内资经济组织。

与港澳台商合资经营企业 指港澳台地区投资者与内地企业依照《中华人民共和国中外合资经营企业法》及有关法律的规定,按合同规定的比例投资设立、分享利润和分担风险的企业。

与港澳台商合作经营企业 指港澳台地区投资者与内地企业依照《中华人民共和国中外合作经营企业法》及有关法律的规定，依照合作合同的约定进行投资或提供条件设立、分配利润和分担风险的企业。

港澳台商独资经营企业 指依照《中华人民共和国外资企业法》及有关法律的规定，在内地由港澳台地区投资者全额投资设立的企业。

港澳台商投资股份有限公司 指根据国家有关规定，经外经贸部依法批准设立，其中港、澳、台商的股本占公司注册资本的比例达25% 以上的股份有限公司。凡其中港、澳、台商的股本占公司注册资本的比例小于25%的，属于内资企业中的股份有限公司。

中外合资经营企业 指外国企业或外国人与中国内地企业依照《中华人民共和国中外合资经营企业法》及有关法律的规定，按合同规定的比例投资设立、分享利润和分担风险的企业。

中外合作经营企业 指外国企业或外国人与中国内地企业依照《中华人民共和国中外合作经营企业法》及有关法律的规定，依照合作合同的约定进行投资或提供条件设立、分配利润和分担风险的企业。

外资企业 指依照《中华人民共和国外资企业法》及有关法律的规定，在中国内地由外国投资者全额投资设立的企业。

外商投资股份有限公司 指根据国家有关规定，经外经贸部依法批准设立，其中外资的股本占公司注册资本的比例达 25% 以上的股份有限公司。凡其中外资股本占公司注册资本的比例小于 25%的，属于内资企业中的股份有限公司。

行政机关、事业单位和社会团体 参照企业登记注册类型，主要按其经费来源和管理方式划分。具体规定如下：

⑴行政机关：包括国家机关和政党机关，原则上均列为"国有"。但有特殊规定的，如供销社等，则列为"集体"。

⑵事业单位：包括经国家机构编制部门和有关业务主管部门批准成立的各类事业单位，不包括实行企业化管理的事业单位。事业单位的划分办法如下：

①由国家财政预算拨款或列入财政预算外资金管理以及经费主要来源于国有主管部门或国有上级单位的事业单位，列为"国有"。

②经费主要来源于集体单位的事业单位，列为"集体"。

③公民个人（或个人合伙）开办的事业单位，列为"私营"。

④上述以外的其他事业单位，如果其经费来源不明确，按管理方式进行归类。

⑶社会团体：包括经民政部门批准成立以及未纳入社会团体管理条例范围的工会、妇联等各类社会团体。社会团体的划分办法如下：

①未纳入民政部社会团体管理条例范围的工会、妇联、共青团、青联、工商联、科协、侨联等社会团体，国家拨款设立的基金会或基金管理组织以及经费主要来源于国有业务主管部门或国有上级单位的社会团体，列为"国有"。

②经费主要来源于集体单位的社会团体，列为"集体"。

③公民个人（或个人合伙）开办的社会团体，划为"私营"。

④上述以外的其他社会团体，如果其经费来源不明确，改按管理方式进行归类。

国民生产总值（GNP） 指一个国家（或地区）所有常住单位在一定时期内收入初次分配的最终结果。一国常住单位从事生产活动所创造的增加值在初次分配中主要分配给该国的常住单位，但也有一部分以生产税及进口税（扣除生产和进口补贴）、劳动者报酬和财产收入等形式分配给非常住单位；同时，国外生产所创造的增加值也有一部分以生产税及进口税（扣除生产和进口补贴）、劳动者报酬和财产收入等形式分配给该国的常住单位，从而产生了国民生产总值的概念。它等于国内生产总值加上来自国外的净要素收入。与国内生产总值不同，国民生产总值是个收入概念，而国内生产总值是个生产概念。

国内生产总值（GDP） 指一个国家（或地区）所有常住单位在一定时期内生产活动的最终成果。国内生产总值有三种表现形态，即价值形态、收入形态和产品形态。从价值形态看，它是所有常住单位在一定时期内生产的全部货物和服务价值超过同期中间投入的全部非固定资产货物和服务价值的差额，即所有常住单位的增加值之和；从收入形态看，它是所有常住单位在一定时期内创造并分配给常住单位和非常住单位的初次收入分配之和；从产品形态看，它是所有常住单位在一定时期内最终使用的货物和服务价值与货物和服务净出口价值之和。在实际核算中，国内生产总值有三种计算方法，即生产法、收入法和支出法。三种方法分别从不同的方面反映国内生产总值及其构成。2004 年起各地区国内生产总值改称"地区生产总值"。

三次产业 是根据社会生产活动历史发展的顺序对产业结构的划分,产品直接取自自然界的部门称为第一产业,对初级产品进行再加工的部门称为第二产业,为生产和消费提供各种服务的部门称为第三产业。它是世界上较为通用的产业结构分类,但各国的划分不尽一致。

我国的三次产业划分是:

第一产业:农业(包括种植业、林业、牧业、渔业和农林牧渔服务业)。

第二产业:工业(包括采掘业,制造业,电力、煤气及水的生产和供应业)和建筑业。

第三产业:除第一、第二产业以外的其他各业。包括交通运输、仓储及邮政业、信息传输、计算机服务和软件业、批发和零售业、住宿和餐饮业、金融业、房地产业、租赁和商务服务业、科学研究、技术服务和地质勘查业、水利、环境和公共设施管理业、居民服务和其他服务业、教育、卫生、社会保障和社会福利业、文化、体育和娱乐业、公共管理和社会组织和国际组织。

支出法国内生产总值 指一个国家(或地区)所有常住单位在一定时期内用于最终消费、资本形成总额,以及货物和服务的净出口总额,它反映本期生产的国内生产总值的使用及构成。

最终消费 指常住单位在一定时期内对于货物和服务的全部最终消费支出,也就是常住单位为满足物质、文化和精神生活的需要,从本国经济领土和国外购买的货物和服务的支出;不包括非常住单位在本国经济领土内的消费支出。最终消费分为居民消费和政府消费。

居民消费 指常住住户对货物和服务的全部最终消费支出。居民消费按市场价格计算,即按居民支付的购买者价格计算。购买者价格是购买者取得货物所支付的价格,包括购买者支付的运输和商业费用。居民消费除了直接以货币形式购买货物和服务的消费之外,还包括以其他方式获得的货物和服务的消费支出,即所谓的虚拟消费支出。居民虚拟消费支出包括以下几种类型:单位以实物报酬及实物转移的形式提供给劳动者的货物和服务;住户生产并由本住户消费了的货物和服务,其中的服务仅指住户的自有住房服务;金融机构提供的金融媒介服务;保险公司提供的保险服务。

政府消费 指政府部门为全社会提供公共服务的消费支出和免费或以较低价格向住户提供的货物和服务的净支出。前者等于政府服务的产出价值减去政府单位所获得的经营收入的价值,政府服务的产出价值等于它的经常性业务支出加上固定资产折旧;后者等于政府部门免费或以较低价格向住户提供的货物和服务的市场价值减去向住户收取的价值。

资本形成总额 指常住单位在一定时期内获得的减去处置的固定资产加存货的变动,包括固定资本形成总额和存货增加。

固定资本形成总额 指常住单位购置、转入和自产自用的固定资产,扣除固定资产的销售和转出后的价值,分有形固定资产形成总额和无形固定资产形成总额。有形固定资产形成总额包括一定时期内完成的建筑工程、安装工程和设备工器具购置(减处置)价值,以及土地改良、新增役、种、奶、毛、娱乐用牲畜和新增经济林木价值。无形固定资产形成总额包括矿藏的勘探、计算机软件、娱乐和文学艺术品原件等获得减处置。

存货增加 指常住单位存货实物量变动的市场价值,即期末价值减期初价值的差额。存货增加可以是正值,也可以是负值;正值表示存货上升,负值表示存货下降。它包括生产单位购进的原材料、燃料和储备物资等存货,以及生产单位生产的产成品、在制品等存货等。

货物和服务净出口 指货物和服务出口减货物和服务进口的差额。出口包括常住单位向非常住单位出售或无偿转让的各种货物和服务的价值;进口包括常住单位从非常住单位购买或无偿得到的各种货物和服务的价值。由于服务活动的提供与使用同时发生,因此服务的进出口业务并不发生出入境现象,一般把常住单位从国外得到的服务作为进口,非常住单位从本国得到的服务作为出口。货物的出口和进口都按离岸价格计算。

EXPLANATORY NOTES ON MAIN STATISTICAL INDICATORS

Comparable Prices refer to prices that are used to remove the factors of price change in calculating economic aggregates, so as to facilitate comparison of aggregates over time. Two methods are used for calculating economic aggregates at comparable prices: 1. Multiplying the output of products by their constant prices of certain year; 2. Deflation of data at current prices by relevant price index.

Constant Price refers to the average price of a given product in certain year, which is used for comparison of output value over time. As the output value at constant prices removes the factor of price changes, it reflects the trend of production development over time. Since 1949, with the changes in general price level, National Bureau of Statistics has issued nationally unified constant prices five times: the 1952 constant prices for 1949 - 1957; the 1957 constant prices for 1957 - 1971; the 1970 constant prices for 1971 - 1981; the 1980 constant prices for 1981 - 1990; and the 1990 constant prices have been used since 1991.

Average Annual Growth Rate Two methods for calculating average annual growth rate are applied in China, one is often called "level approach", or the method of calculating geometric average, which is derived by comparing the level of the last year of the interval with that of the beginning year; the other is called "accumulative approach" or algebraic average or equation method, which is derived by the summation of the actual figure of each year in the interval divided by the figure in the base year.

Usually the results calculated by the two methods are fairly close, but they differed sharply when uneven economic development occurred with striking fluctuations in growth.

The average annual growth rates listed in this statistical yearbook are calculated by "level approach" except for the growth rate of investment in fixed assets. The base years are not listed when the years are listed for average annual growth rates. For instance, the average annual growth rate of 43 years since 1949 is listed as average annual growth rate of 1950 - 1992 without listing the base year 1949. And the analogy of this is also the same for the rest of the years.

Registration Status of Enterprises Enterprises are classified into 3 categories, namely domestic - funded enterprises, enterprises with investment from Hong Kong, Macau and Taiwan, and enterprises with foreign investment, in the light of the registration status of an enterprise in industrial and commercial administration agencies. Domestic - funded enterprises include state - owned enterprises, collective - owned enterprises, cooperative enterprises, joint ownership enterprises, limited liability corporations, share - holding corporations Ltd., private enterprises and other enterprises. Included in the enterprises with investment from Hong Kong, Macau and Taiwan and enterprises with foreign investment are joint - venture enterprises, cooperative enterprises, sole investment enterprises and share - holding corporations Ltd. For government agencies, institutions and social organizations that are not requested to be registered in industrial and commercial administration agencies, they are classified mainly by their sources of funds and way of management.

State - owned Enterprises refer to non - corporation economic units where the entire assets are owned by the state and which have registered in accordance with the Regulation of the People's Republic of China on the Management of Registration of Corporate Enterprises. Excluded from this category are sole state - funded corporations in the limited liability corporations.

Collective - owned Enterprises refer to economic units where the assets are owned collectively and which have registered in accordance with the Regulation of the People's Republic of China on the Management of Registration of Corporate Enterprises.

Cooperative Enterprises refer to a form of collective economic units (enterprises) where capitals come mainly from employees as their shares, with certain proportion of capital from the outside, where production is organized on the basis of independent operation, independent accounting for profits and losses, joint work, democratic management, and a distribution system that integrates remuneration according to work with dividend according to capital share.

Joint Ownership Enterprises refer to economic units established by two or more corporate enterprises or corporate institutions of the same or different ownership, through joint investment on the basis of equality, voluntary participation and mutual benefits. They include state joint ownership enterprises, collective joint ownership enterprises, joint state – collective enterprises, other joint ownership enterprises.

Limited Liability Corporations refer to economic units established with investment from 2 – 50 investors and registered in accord ance with the Regulation of the People's Republic of China on the Management of Registration of Corporations, each investor bearing limited liability to the corporation depending on its share of investment, and the corporation bearing liability to its debt to the maximum of its total assets. Limited liability corporations include exclusive state – funded limited liability corporations and other limited liability corporations.

Share – holding Corporations Ltd. Refer to economic units registered in accordance with the Regulation of the People's Republic of China on the Management of Registration of Corporations, with total registered capitals divided into equal shares and raised through issuing stocks. Each investor bears limited liability to the corporation depending on the holding of shares, and the corporation bears liability to its debt to the maximum of its total assets.

Private Enterprises refer to profit – making economic units invested and established by natural persons, or controlled by natural persons using employed labour. Included in this category are private limited liability corporations, private share – holding corporations Ltd. , private partnership enterprises and private – funded enterprises registered in accordance with the Corporation Law, Partnership Enterprises Law and Interim Regulations on Private Enterprises .

Other Domestic – funded Enterprises refer to domestic – funded economic units other than those mentioned above.

Cooperative Enterprises with Funds from Hong Kong, Macau and Taiwan established by investors from Hong Kong, Macau and Taiwan with enterprises in the mainland of China in accordance with the Law of the Peoples Republic of China on Sino – foreign Cooperative Enterprises and other relevant laws, where the investment or provision of facilities, and the share of profits and risks is stipulated in the cooperative contract.

Enterprises with Sole (exclusive) Investment from Hong Kong, Macau and Taiwan refer to enterprises established in the mainland of China with exclusive investment from investors from Hong Kong, Macau and Taiwan in accordance with the Law of the People's Republic of China on Foreign – Funded Enterprises and other relevant laws.

Share – holding Corporations Ltd. with Investment from Hong Kong, Macau and Taiwan refer to share – holding corporations Ltd. established with the approval from the Ministry of Foreign Trade and Economic Relations in line with relevant state regulations, where the share of investment from Hong Kong, Macau or Taiwan businessmen exceeds 25% of the total registered capital of the corporation. In case the share of investment from Hong Kong, Macau or Taiwan is less than 25% of the total registered capital, the enterprise is to be classified as domestic – funded share – holding corporation Ltd.

Joint – venture Enterprises with Foreign Investment refer to enterprises jointly established by foreign enterprises or foreigners with enterprises in the mainland of China in accordance with the Law of the People's Republic of China on Sino – foreign Joint Venture Enterprises and other relevant laws, where the share of investment, profits and risks is stipulated in the contract.

Cooperation Enterprises with Foreign Investment refer to enterprises jointly established by foreign enterprises or foreigners with enterprises in the mainland of China in accordance with the Law of the People's Republic of China on Sino – foreign Cooperative Enterprises and other relevant laws, where the investment or provision of facilities, and the share of profits and risks is stipulated in the cooperative contract.

Enterprises with Sole (exclusive) Foreign Investment refer to enterprises established in the mainland of China with exclusive investment from foreign investors in accordance with the Law of the People's Republic of China on Foreign – Funded Enterprises and other relevant laws.

Share – holding Corporations Ltd. with Foreign Investment refer to share – holding corporations Ltd. established with the approval from the Ministry of Foreign Trade and Economic Relations in line with relevant state regulations, where the share of investment from foreign investors exceeds 25% of the total registered capital of the corporation. In case the share of foreign investment is less than 25% of the total registered capital, the enterprise is to be classified as domestic – funded share – holding corporation Ltd.

Government Agencies, Institutions and Social Organizations are classified into following categories by source of funds and way of management taking reference of the registration status of enterprises:

(1) Government agencies: include state and party agencies, classified in principle as "state – owned". There are exceptions, such as supply and marketing cooperatives, which are classified as "collective – owned".

(2) Institutions: include institutions of various types established with the approval by organization and staffing departments of the government, but exclude institutions where enterprise management system is introduced. Institutions are further classified as follows:

(a) Institutions whose main budget is listed in the government budget appropriations or extra – budget funds, or allocated from the budget of their competent government agencies. Such institutions are classified as "state – owned".

(b) Institutions whose budget mainly comes from collective units. Such institutions are classified as "collective – owned".

(c) Institutions other than those mentioned above whose source of budget are not clear. Such institutions are classified by way of management.

(3) Social organizations: include social organizations established with the approval from the Ministry of Civil Affairs, and organizations that are not covered by social organization management regulations such as trade unions, women's federations etc.. Social organizations are further classified as follows:

(a) Social organizations that are not covered by social organization management regulations of the Ministry of Civil Affairs such as trade unions, women's federations, communist youth leagues, youth associations, industrial and commerce associations, scientists associations, overseas Chinese associations, etc., foundations and fund management organizations established with funds from the state, and social organizations whose funds mainly come from the budget of their competent government agencies. Such institutions are classified as "state – owned".

(b) Social organizations whose budget mainly comes from collective units. Such institutions are classified as "collective – owned".

(c) Social organizations established by individual or a group of citizens, which are classified as "private".

(d) Social organizations other than those mentioned above whose source of budget are not clear. Such organizations are classified by way of management.

Gross National Product (GNP) refers to the final result of the primary distribution of the income created by all the resident units of a country (or a region) during a certain period of time. The value – added created by the resident units of a country engaged in production activities is mainly distributed to the resident units of that country while a part of it is distributed to the non – resident units in the form of production tax and import duties (minus subsidies to production and import), remuneration for the labourers and property income. At the meantime, a part of the value – added created abroad is distributed to the resident units of the country in the form of production tax and import duties (minus subsidies to production and import), remuneration for the labourers and property income. Thus the concept of gross national product is formed, which equals to gross domestic product plus net factor income from abroad. Unlike gross domestic product, which is a concept of production, gross national product is a concept of income.

Gross Domestic Product (GDP) refers to the final products of all resident units in a country (or a region) during a certain period of time. Gross domestic product is expressed in three different forms, i.e. value, income, and products respectively. The form of value refers to the total value of all products and services produced by all resident units during a certain period of time minus total value of intimidate input of materials and services of the nature of non – fixed assets or the summation of the value – added of all resident units;

the form of income includes all the income created by all resident units and distributed primarily to all resident and non - resident units; the form of products refers to the value of all final goods and services for final use by all resident units plus the value of net exports of goods and services during a given period of time. In the practice of national accounting, gross domestic product is calculated with three approaches, i. e. production approach, income approach, and expenditure approach, which reflect gross domestic product and its composition from different aspects. Gross domestic product in every area will rename as "Regional gross domestic product" from 2004.

Three Industries Industry structure has been classified according to the historical sequence of development. Primary industry refers to extraction of natural resources; secondary industry involves processing of primary products; and tertiary industry provides services of various kinds for production and consumption. The above classification is universal although it varies to some extent form country to country. Industry in China comprises:

Primary industry agriculture (including farming, forestry, animal husbandry, fishery and Service trade of farming, forestry, husbandary and fishing).

Secondary industry Industry (including mining and quarrying, manufacturing, production and supply of electricity, water and gas) and construction.

Tertiary industry Tertiary industry: All other industries not included in primary or secondary industry. Including Traffic, transport, storage and post, Information transfer, computer services and software, Wholesale and retail trade, Accommodation and restaurants, Finance, Real estate, Tenancy and business services, Scientific research, technical service and geologic perambulation, Management of water conservancy, environment and public establishment, Resident services and other services, Education, Sanitation, social security and social welfare, Culture, sports and enterainment, Public management and social organization, International organizations.

GDP Calculated with Expenditure Approach refers to total expenditure on final consumption, total capital formation and net export of goods and services by resident units of a country in a certain period of time. It reflects the composition of GDP by its use.

Final Consumption refers to the total expenditure of resident units on final consumption of goods and services in a certain period, namely the expenditure of the resident units for purchases of goods and services from domestic economic territory and abroad to meet the requirements of material, cultural and spiritual life. It excludes the expenditure of non – resident units on consumption in the economic territory of the country. The final consumption is classified into household consumption and government consumption.

Households Consumption refers to the total expenditure of resident households on the final consumption of goods and services. The household's consumption is calculated at market prices, namely the purchaser's prices that the households pay; the purchasers prices of goods are the prices the households pay when they obtain the goods, including the transport and commercial expenses paid by the households. In addition to the consumption of goods and services bought by the households directly with money, the expenditure on goods and services obtained by the households in other ways, i. e. the so – called imputed expenditure on consumption, is also included in the households´consumption. The imputation expenditure of the households on consumption includes the following types: (a) the goods and services provided to the households by the units in the form of payment in kind and transfer in kind; (b) the goods and services produced and consumed by the households themselves, in which the services refer only to the services provided by the residential buildings owned by the households; (c) the services of financial intermediary provided by the financial institutions; (d) the insurance services provided by the insurance companies.

Government Consumption refers to the expenditure on the consumption of the public services provided by the government to the whole society and the net expenditure on the goods and services provided by the government to the households at free charge or lower prices. The former equals to the output value of the government services minus the value of operating income obtained by the government departments. (The output value of the government services equals to its current operating expenditure plus depreciation of fixed assets). The latter equals to the market value of the goods and services provided by the government free of charge or at low prices to the households minus the value received by the government from the households.

Total Capital Formation refers to the fixed assets acquired minus those disposed and the change in inventory, including the total fixed assets formation and the increase in inventory.

Total Fixed Capital Formation refers to the value of fixed assets purchased, transferred in by the resident units and those produced and used by themselves deducting the value of fixed assets sold and transferred out. It can be classified into total tangible assets formation and total intangible assets formation. The total tangible assets formation include the value of the construction projects, installation projects completed and the equipment, apparatus and instruments purchased as well as the value of land improved, the value of draught animals, breeding stock, milk, wool and recreational animals and the newly increased economic forest in a certain period. The total intangible assets formation includes the prospecting of minerals, the acquisition of computer software, the originals of recreational works and works of literature and arts minus the disposal of them.

Increase in Inventory refers to the market value of the change in inventory, i. e. the difference of value between the beginning and the end of the period. The increase in inventory can be positive or negative. A positive value indicates the increase in inventory while a negative value indicates the decrease in stock. The inventory includes the raw materials, fuels and reserve materials purchased by the production units as well as the inventory of finished products, semi – finished products, work – in – progress, etc.

Net Export of Goods and Services refers to the difference of the exports of goods and services minus the imports of goods and services. The imports include the value of various goods and services sold or gratuitously transferred by the resident units to the non – resident units. The imports include the value of various goods and services purchased or gratuitously acquired by the resident units from the non – resident units. Because the provision of services and the use of them happen simultaneously, the import and export of services do not appear to have the phenomena of crossing the border of the country. The acquisition of services by the resident units from abroad is usually treated as import while the acquisition of services by non – resident units in this country is usually treated as export. The export and import of goods are calculated at FOB.

三、人口、从业人员和职工工资

POPULATION, EMPLOYMENT AND WAGE

3－1　人口和就业基本情况

BASIC STATISTICS ON POPULATION AND EMPLOYMENT

指　标	Item	2000	2001	2002	2003
人　口	**Population**				
总人口(万人)	Total Population (10000 persons)	3807	3811	3813	3815
男	Male	1946	1948	1953	1940
女	Female	1861	1863	1860	1875
市　镇	Urban	1977	1996	2004	2006
乡　村	Rural	1830	1815	1809	1809
性别比(女性＝100)	Sex ratio (Female＝100)	104.6	104.6	105.0	103.5
出生率(‰)	Birth Rate (‰)	9.43	8.48	7.98	7.48
死亡率(‰)	Death Rate (‰)	5.50	5.49	5.44	5.45
自然增长率(‰)	Natural Growth Rate (‰)	3.93	2.99	2.54	2.03
就　业	**Employment**				
就业人员合计(万人)	Total Number of Employed Persons (10000 persons)	1600.8	1592.6	1603.1	1614.0
第一产业	Primary Industry	803.7	804.6	807.6	827.7
第二产业	Secondary Industry	347.3	338.7	338.5	316.9
第三产业	Tertiary Industry	449.8	449.3	456.9	469.4
就业人员构成(％)	Composition of Employed Persons (％)				
第一产业	Primary Industry	50.2	50.5	50.4	51.3
第二产业	Secondary Industry	21.7	21.3	21.1	19.6
第三产业	Tertiary Industry	28.1	28.2	28.5	29.1
按城乡分就业人员(万人)	Number of Employed Persons by Urban and Rural Areas (10000 persons)				
城镇就业人员	Urban Employed Persons	722.8	713.7	713.8	717.8
国有单位	State－owned Units	411.4	390.9	369.8	342.8
城镇集体单位	Urban Collective－owned Units	76.2	69.2	62.1	55.9
其他单位	Units of Other Types of Ownership	67.7	75.2	107.5	145.7
私营企业	Private Enterprises	40.5	47.7	52.6	52.5
个　体	Self－employed Individuals	127.0	130.7	121.8	120.9
乡村就业人员	Rural Employed Persons	877.9	878.9	889.2	896.1
职工人数(万人)	Number of Staff and Workers (10000 persons)	531.5	510.9	496.5	487.8
国有单位	State－owned Units	390.2	369.0	347.3	321.3
城镇集体单位	Urban Collective－owned Units	75.0	68.0	60.9	55.2
其他单位	Units of Other Types of Ownership	66.3	73.9	88.2	111.2
女性单位就业人员(万人)	Number of Female Employment in Units (10000 persons)	200.6	191.4	191.9	183.7
城镇登记失业人数(万人)	Number of Registered Unemployed Persons in Urban Areas (10000 persons)	25.3	35.5	41.6	35.0
城镇登记失业率(％)	Registered Unemployment Rate in Urban Areas (％)	3.3	4.7	4.9	4.2
职工工资总额(亿元)	Total Wages of Staff and Workers (100 million yuan)	421.5	455.4	489.4	535.4
职工平均工资(元)	Average Wage of Staff and Workers (yuan)	7835	8910	9926	11038
国有单位	State－owned Units	7792	8924	9921	11034
城镇集体单位	Urban Collective－owned Units	4708	4917	5100	5425
其他单位	Units of Other Types of Ownership	11499	12490	13232	13871

注:2003 年起执行新的国民经济行业分类标准,三次产业的划分有所调整,相关的历史数据未作调整。

Note:Form 2003, the new criteria for classification of national economy trade will be performed, accordingly the division of industry will change, the relevant historical data have not been adjusted.

3-2 年末人口数
NUMBER OF POPULATION AT THE YEAR-END

单位:万人、% (10000 persons,%)

年 份 Year	总人口 Total Population	按性别分 By Sex				按城乡分 By Residence			
		男 Male		女 Female		城镇 Urban		乡村 Rural	
		人口数 Population	比 重 Proportion	人口数 Population	比 重 Proportion	人口数 Population	比 重 Proportion	人口数 Population	比 重 Proportion
1952	1110.5	599.5	54.0	511.0	46.0	319.8	28.8	790.7	71.2
1953	1189.7	646.4	54.3	543.3	45.7	378.9	31.8	810.8	68.2
1954	1250.2	676.2	54.1	574.0	45.9	416.7	33.3	833.5	66.7
1955	1321.2	714.2	54.1	607.0	45.9	433.8	32.8	887.4	67.2
1956	1418.2	770.9	54.4	647.3	45.6	496.0	35.0	922.2	65.0
1957	1478.5	796.8	53.9	681.7	46.1	545.1	36.9	933.4	63.1
1958	1563.7	842.2	53.9	721.5	46.1	587.1	37.5	976.6	62.5
1959	1682.0	908.1	54.0	773.9	46.0	741.9	44.1	940.1	55.9
1960	1807.1	973.4	53.9	833.7	46.1	877.6	48.6	929.5	51.4
1961	1897.1	1018.4	53.7	878.7	46.3	900.1	47.4	997.0	52.6
1962	1893.5	1001.8	52.9	891.7	47.1	811.2	42.8	1082.3	57.2
1963	1972.0	1041.0	52.8	931.0	47.2	796.0	40.4	1176.0	59.6
1964	2053.3	1078.7	52.5	974.6	47.5	811.5	39.5	1241.8	60.5
1965	2133.9	1116.8	52.3	1017.1	47.7	805.6	37.8	1328.3	62.2
1966	2188.6	1143.9	52.3	1044.7	47.7	822.2	37.6	1366.4	62.4
1967	2258.9	1179.6	52.2	1079.3	47.8	842.0	37.3	1416.9	62.7
1968	2343.4	1218.8	52.0	1124.6	48.0	867.2	37.0	1476.2	63.0
1969	2440.8	1264.7	51.8	1176.1	48.2	865.9	35.5	1574.9	64.5
1970	2522.6	1306.9	51.8	1215.7	48.2	907.3	36.0	1615.3	64.0
1971	2627.2	1361.6	51.8	1265.6	48.2	936.7	35.7	1690.5	64.3
1972	2723.4	1409.7	51.8	1313.7	48.2	1007.3	37.0	1716.1	63.0
1973	2818.6	1459.4	51.8	1359.2	48.2	1034.0	36.7	1784.6	63.3
1974	2894.0	1496.6	51.7	1397.4	48.3	1059.1	36.6	1834.9	63.4
1975	2958.1	1528.7	51.7	1429.4	48.3	1078.8	36.5	1879.3	63.5
1976	3019.4	1558.3	51.6	1461.1	48.4	1093.7	36.2	1925.7	63.8
1977	3072.5	1585.3	51.6	1487.2	48.4	1118.2	36.4	1954.3	63.6
1978	3129.6	1614.2	51.6	1515.4	48.4	1122.9	35.9	2006.7	64.1
1979	3168.7	1629.2	51.4	1539.5	48.6	1181.4	37.3	1987.3	62.7
1980	3203.8	1642.4	51.3	1561.4	48.7	1232.7	38.5	1971.1	61.5
1981	3239.3	1660.3	51.3	1579.0	48.7	1275.3	39.4	1964.0	60.6
1982	3281.1	1677.9	51.1	1603.2	48.9	1309.4	39.9	1971.7	60.1
1983	3306.0	1692.0	51.2	1614.0	48.8	1356.8	41.0	1949.2	59.0
1984	3331.0	1706.0	51.2	1625.0	48.8	1398.0	42.0	1933.0	58.0
1985	3357.0	1718.2	51.2	1638.8	48.8	1440.5	42.9	1916.5	57.1
1986	3385.0	1733.6	51.2	1651.4	48.8	1485.3	43.9	1899.7	56.1
1987	3424.0	1753.0	51.2	1671.0	48.8	1536.0	44.9	1888.0	55.1
1988	3466.0	1774.4	51.2	1691.6	48.8	1589.9	45.9	1876.1	54.1
1989	3510.0	1796.6	51.2	1713.4	48.8	1646.5	46.9	1863.5	53.1
1990	3543.0	1812.0	51.1	1731.0	48.9	1699.2	48.0	1843.8	52.0
1991	3575.0	1827.5	51.1	1747.5	48.9	1753.2	49.0	1821.8	51.0
1992	3608.0	1844.0	51.1	1764.0	48.9	1809.1	50.1	1798.9	49.9
1993	3640.0	1861.1	51.1	1778.9	48.9	1866.2	51.3	1773.8	48.7
1994	3672.0	1873.0	51.0	1799.0	49.0	1924.9	52.4	1747.1	47.6
1995	3701.0	1887.5	51.0	1813.5	49.0	1985.9	53.7	1715.1	46.3
1996	3728.0	1901.3	51.0	1826.7	49.0	2007.5	53.8	1720.5	46.2
1997	3751.0	1912.0	51.0	1839.0	49.0	2021.8	53.9	1729.2	46.1
1998	3773.0	1923.5	51.0	1849.5	49.0	2037.4	54.0	1735.6	46.0
1999	3792.0	1933.2	51.0	1858.8	49.0	2055.3	54.2	1736.7	45.8
2000	3807.0	1945.8	51.1	1861.2	48.9	1977.4	51.9	1829.6	48.1
2001	3811.0	1948.2	51.1	1862.8	48.9	1996.2	52.4	1814.8	47.6
2002	3813.0	1953.0	51.2	1860.0	48.8	2004.5	52.6	1808.5	47.4
2003	3815.0	1940.4	50.9	1874.6	49.1	2006.3	52.6	1808.7	47.4

3－3　人口出生率、死亡率、自然增长率
BIRTH RATE, DEATH RATE AND NATURAL GROWTH RATE OF POPULATION

单位：‰　　(‰)

年份 Year	全省 Provincial 出生率 Birth Rate	全省 死亡率 Death Rate	全省 自然增长率 Natural Growth Rate	市 City 出生率 Birth Rate	市 死亡率 Death Rate	市 自然增长率 Natural Growth Rate	县 County 出生率 Birth Rate	县 死亡率 Death Rate	县 自然增长率 Natural Growth Rate
1957	36.59	10.45	26.14	48.33	9.50	38.83	33.01	10.74	22.27
1962	35.46	8.62	26.84	38.94	8.08	30.86	33.79	8.87	24.92
1965	40.38	8.00	32.38	40.11	6.08	34.03	40.47	8.67	31.80
1970	34.80	5.81	28.99	30.78	5.21	25.57	36.04	6.00	30.04
1975	21.98	5.43	16.55	16.21	5.11	11.10	23.70	5.53	18.17
1978	16.84	4.68	12.16	14.12	4.91	9.21	17.64	4.61	13.03
1980	13.49	4.86	8.63	11.74	4.77	6.97	14.07	4.89	9.18
1985	15.04	4.76	10.28	13.39	5.22	8.17	16.86	3.86	13.00
1990	18.11	6.35	11.76	15.43	5.92	9.51	20.71	6.79	13.92
1991	15.89	5.70	10.19	12.30	5.42	6.88	17.05	5.73	11.32
1992	16.25	6.12	10.13	12.88	5.40	7.48	17.65	6.55	11.10
1993	15.90	5.52	10.38	15.37	5.88	9.49	16.10	5.65	10.45
1994	15.15	5.47	9.68	14.91	5.06	9.85	15.39	6.18	9.21
1995	13.23	5.33	7.90	12.09	5.30	6.79	13.72	5.34	8.38
1996	12.40	5.05	7.35	12.28	5.02	7.26	12.43	5.06	7.37
1997	12.02	5.17	6.85	11.46	5.02	6.44	12.91	5.35	7.56
1998	11.68	5.32	6.36	10.24	4.67	5.57	13.31	6.07	7.25
1999	10.55	5.49	5.06	9.56	4.68	4.87	11.23	5.86	5.37
2000	9.43	5.50	3.93	8.76	4.94	3.82	10.11	6.10	4.01
2001	8.48	5.49	2.99	7.56	5.31	2.25	9.44	5.82	3.62
2002	7.98	5.44	2.54	7.30	5.29	2.01	9.12	5.61	3.51
2003	7.48	5.45	2.03	5.80	4.60	1.20	9.30	6.40	2.90

3－4　人口年龄构成和负担系数
AGE COMPOSITION AND DEPENDENCY RATE OF POPULATION

年份 Year	人口数（万人） Total Population (10000 persons)	0－14 岁 Age 0－14	15－64 岁 Age 15－64	65 岁及以上 Age 65＋	总负担系数（%） Dependency Rate(%)	负担少儿 Children Dependency	负担老人 The Aged Dependency
1985	3357	1054	2175	128	54.3	48.5	5.9
1986	3385	1021	2231	134	51.8	45.8	6.0
1987	3424	993	2306	125	48.5	43.1	5.4
1988	3466	931	2403	131	44.2	38.7	5.5
1989	3510	957	2412	141	45.5	39.7	5.8
1990	3543	944	2464	135	43.8	38.3	5.5
1991	3575	991	2439	145	46.6	40.6	6.0
1992	3608	985	2474	149	45.8	39.8	6.0
1993	3640	882	2613	145	39.3	33.8	5.6
1994	3672	869	2650	153	38.6	32.8	5.8
1995	3701	868	2663	169	38.9	32.6	6.4
1996	3728	802	2732	193	36.4	29.4	7.1
1997	3751	799	2757	195	36.1	29.0	7.1
1998	3773	776	2801	196	34.7	27.7	7.0
1999	3792	778	2809	205	35.0	27.7	7.3
2000	3807	719	2876	212	32.4	25.0	7.4
2001	3811	699	2882	230	32.2	24.3	8.0
2002	3813	648	2922	243	30.5	22.2	8.3
2003	3815	604	2957	254	29.0	20.4	8.6

3－5 按年龄和性别分人口数
POPULATION BY AGE AND SEX

年 龄	Age	合计 Total			男 Male			女 Female		
		1995	2002	2003	1995	2002	2003	1995	2002	2003
人口数	**Population**									
(万人)	**(10000 persons)**									
总 计	**Total**	**3701.0**	**3813.0**	**3815.0**	**1887.5**	**1953.0**	**1940.4**	**1813.5**	**1860.0**	**1874.6**
0－4岁	Age 0－4	217.9	146.4	142.4	113.1	76.2	77.3	104.8	70.3	65.0
5－9岁	Age 5－9	336.5	201.6	187.1	173.3	106.8	98.7	163.3	94.8	88.4
10－14岁	Age 10－14	313.6	300.1	274.8	160.8	159.0	144.7	152.9	141.0	130.2
15－19岁	Age 15－19	297.6	339.3	313.9	152.6	176.5	164.3	145.0	162.7	149.6
20－24岁	Age 20－24	371.0	280.3	283.8	188.7	144.7	144.6	182.3	135.6	139.3
25－29岁	Age 25－29	396.0	326.7	309.3	202.3	166.2	156.7	193.7	160.5	152.6
30－34岁	Age 30－34	369.8	418.1	409.5	188.0	214.1	208.6	181.8	204.0	200.9
35－39岁	Age 35－39	320.0	398.7	403.6	161.0	203.8	203.2	159.0	194.8	200.3
40－44岁	Age 40－44	298.1	327.1	340.9	150.2	165.6	174.2	147.9	161.6	166.7
45－49岁	Age 45－49	208.3	304.5	319.5	103.8	155.2	159.8	104.5	149.3	159.7
50－54岁	Age 50－54	148.3	245.8	275.1	72.9	118.2	133.6	75.4	127.6	141.6
55－59岁	Age 55－59	142.6	149.1	172.0	72.3	73.2	83.3	70.3	75.9	88.7
60－64岁	Age 60－64	111.8	132.8	129.5	59.4	63.8	63.1	52.4	69.0	66.4
65－69岁	Age 65－69	79.5	111.1	113.4	42.6	59.1	55.7	36.9	52.0	57.7
70－74岁	Age 70－74	49.2	69.7	77.6	26.3	38.8	42.2	22.9	30.9	35.4
75－79岁	Age 75－79	23.5	36.8	39.1	12.2	19.0	19.5	11.3	17.8	19.6
80－84岁	Age 80－84	12.4	16.6	15.5	6.0	8.6	8.0	6.4	8.0	7.4
85－89岁	Age 85－89	3.9	6.5	5.0	1.7	3.4	2.1	2.1	3.2	2.9
90岁及以上	Age 90 and Over	1.0	1.8	3.0	0.4	0.8	0.9	0.6	1.0	2.1
构成(%)	**Composition(%)**									
总 计	**Total**	**100.0**	**100.0**	**100.0**	**100.0**	**100.0**	**100.0**	**100.0**	**100.0**	**100.0**
0－4岁	Age 0－4	5.9	3.8	3.7	6.0	3.9	4.0	5.8	3.8	3.5
5－9岁	Age 5－9	9.1	5.3	4.9	9.2	5.5	5.1	9.0	5.1	4.7
10－14岁	Age 10－14	8.5	7.9	7.2	8.5	8.1	7.5	8.4	7.6	6.9
15－19岁	Age 15－19	8.0	8.9	8.2	8.1	9.0	8.5	8.0	8.7	8.0
20－24岁	Age 20－24	10.0	7.4	7.4	10.0	7.4	7.5	10.1	7.3	7.4
25－29岁	Age 25－29	10.7	8.6	8.1	10.7	8.5	8.1	10.7	8.6	8.1
30－34岁	Age 30－34	10.0	11.0	10.7	10.0	11.0	10.7	10.0	11.0	10.7
35－39岁	Age 35－39	8.6	10.5	10.6	8.5	10.4	10.5	8.8	10.5	10.7
40－44岁	Age 40－44	8.1	8.6	8.9	8.0	8.5	9.0	8.2	8.7	8.9
45－49岁	Age 45－49	5.6	8.0	8.4	5.5	8.0	8.2	5.8	8.0	8.5
50－54岁	Age 50－54	4.0	6.4	7.2	3.9	6.1	6.9	4.2	6.9	7.6
55－59岁	Age 55－59	3.9	3.9	4.5	3.8	3.7	4.3	3.9	4.1	4.7
60－64岁	Age 60－64	3.0	3.5	3.4	3.1	3.3	3.3	2.9	3.7	3.5
65－69岁	Age 65－69	2.1	2.9	3.0	2.3	3.0	2.9	2.0	2.8	3.1
70－74岁	Age 70－74	1.3	1.8	2.0	1.4	2.0	2.2	1.3	1.7	1.9
75－79岁	Age 75－79	0.6	1.0	1.0	0.6	1.0	1.0	0.6	0.9	1.0
80－84岁	Age 80－84	0.3	0.4	0.4	0.3	0.4	0.4	0.4	0.4	0.4
85－89岁	Age 85－89	0.1	0.1	0.1	0.1	0.2	0.1	0.1	0.2	0.2
90岁及以上	Age 90 and Over			0.1						0.1

3-6　各地区年末人口数(2003)
POPULATION AT THE YEAR-END BY REGION

单位:万人,%　　(10000 persons,%)

地　区 Region	总人口 Total Population	按性别分 By Sex				按城乡分 By Residence			
		男 Male		女 Female		城镇 Urban		乡村 Rural	
		人口数 Population	比重 Proportion	人口数 Population	比重 Proportion	人口数 Population	比重 Proportion	人口数 Population	比重 Proportion
哈尔滨 Harbin	954.31	483.74	50.69	470.57	49.31	756.42	79.26	197.89	20.74
齐齐哈尔 Qiqihar	541.08	276.31	51.07	264.78	48.93	363.65	67.21	177.44	32.79
鸡　西 Jixi	194.51	98.86	50.83	95.65	49.17	150.31	77.28	44.19	22.72
鹤　岗 Hegang	110.58	56.00	50.64	54.58	49.36	85.30	77.14	25.28	22.86
双鸭山 Shuangyashan	150.84	77.03	51.06	73.82	48.94	105.39	69.86	44.31	29.38
大　庆 Daqing	257.86	130.87	50.75	127.00	49.25	196.32	76.13	61.55	23.87
伊　春 Yichun	130.35	65.81	50.48	64.55	49.52	115.43	88.55	14.92	11.45
佳木斯 Jiamusi	244.73	124.45	50.85	120.28	49.15	186.68	76.28	58.06	23.72
七台河 Qitaihe	87.44	45.29	51.80	42.15	48.20	72.33	82.73	15.10	17.27
牡丹江 Mudanjiang	270.02	136.51	50.56	133.51	49.44	215.54	79.82	54.48	20.18
黑　河 Heihe	173.55	88.57	51.03	84.98	48.97	90.81	52.33	82.74	47.67
绥　化 Suihua	555.49	282.77	50.90	272.72	49.10	342.23	61.61	213.26	38.39
大兴安岭 Daxinganling	52.78	27.21	51.55	25.57	48.45	44.19	83.73	8.59	16.27

注:本表根据公安年报计算(下表同)。

Note: Data in this table are calculated in accordance with police annual report forms. The same as next table.

3-7　各地区人口出生率、死亡率、自然增长率
BIRTH RATE, DEATH RATE AND NATURAL GROWTH RATE BY REGION

单位:‰　　(‰)

地　区	Region	出生率 Birth Rate			死亡率 Death Rate			自然增长率 Natural Growth Rate		
		2000	2002	2003	2000	2002	2003	2000	2002	2003
哈尔滨	Harbin	9.61	8.32	7.69	6.28	4.11	4.31	3.33	4.21	3.38
齐齐哈尔	Qiqihar	10.70	7.93	8.46	5.45	3.76	7.06	5.24	4.17	1.40
鸡　西	Jixi	8.76	6.40	6.29	4.57	3.29	3.67	4.19	3.11	2.62
鹤　岗	Hegang	9.95	8.19	6.92	6.47	4.93	5.10	3.48	3.26	1.83
双鸭山	Shuangyashan	11.75	9.16	8.53	5.11	4.02	4.96	6.64	5.14	3.57
大　庆	Daqing	9.65	8.09	8.82	5.26	2.74	3.70	4.39	5.35	5.12
伊　春	Yichun	12.91	7.21	6.36	5.50	4.24	4.86	7.40	2.97	1.49
佳木斯	Jiamusi	11.37	7.30	7.59	5.69	3.09	4.00	5.68	4.21	3.59
七台河	Qitaihe	18.97	8.87	8.53	6.57	4.67	3.89	12.40	4.20	4.64
牡丹江	Mudanjiang	9.17	8.17	6.44	5.40	4.04	4.76	3.77	4.13	1.67
黑　河	Heihe	9.91	7.62	7.06	5.35	3.77	3.52	4.56	3.85	3.54
绥　化	Suihua	9.91	7.97	8.75	4.42	2.72	2.66	5.50	5.25	6.09
大兴安岭	Daxinganling	10.74	7.08	6.07	4.10	3.72	3.43	6.64	3.36	2.64

3-8 各行业年末就业人数(2003)
NUMBER OF EMPLOYEES AT THE YEAR-END BY SECTOR

单位:万人、人 (10000 persons, person)

地区	Region	总计 Total	农、林、牧、渔业 Farming, Forestry, Farming of Animals and Fishing	采矿业 Mining	制造业 Manufa-cturing	电力、燃气及水的生产供应业 Production and Distribution of Electricity, Gas and Water	建筑业 Construction	交通运输仓储及邮政业 Traffic, Transport, Storage & Post
全省	**Total**	**1614.0**	**827.7**	**39.1**	**181.7**	**15.6**	**80.4**	**69.3**
哈尔滨	Harbin	4464900	1802640	15827	807240	43571	341344	188591
齐齐哈尔	Qiqihar	2307797	1446551	640	195919	17522	71526	50409
鸡西	Jixi	639662	316421	72576	49399	7510	15531	28381
鹤岗	Hegang	332617	105609	67928	23903	2775	11697	11255
双鸭山	Shuangyashan	458632	234738	53547	27399	4371	12221	19458
大庆	Daqing	1334574	571337	93683	123788	19706	106209	53668
伊春	Yichun	382876	176342	3968	74951	5388	15018	9173
佳木斯	Jiamusi	952852	572378	855	77585	12957	29636	37967
七台河	Qitaihe	344488	130196	72391	32190	2114	12787	14136
牡丹江	Mudanjiang	1113577	566660	2488	151846	13708	39889	44368
黑河	Heihe	551666	350917	3541	26186	6415	15644	17086
绥化	Suihua	2291370	1500189	269	164351	7091	103174	92482
大兴安岭	Daxinganling	169079	90395	915	11817	5704	9350	5233
农垦总局	ARB	616363	411853	2252	48262	7227	10481	6770
其他	Others	179873	526	142	2661	250	9705	113779

3-8 续表1 CONTINUED

单位:万人、人 (10000 persons, person)

地区	Region	信息传输、计算机服务和软件业 Information Transfer, Computer Services and Software	批发和零售业 Wholesale and Retail Trade	住宿和餐饮业 Accom-modation and Catering	金融业 Finance	房地产业 Real Estate	租赁和商务服务业 Tenancy and Business Services	科学研究技术服务和地质勘查业 Scientific Rese-arch, Technical Service and Geologic Perambulation
全省	**Total**	**6.3**	**133.5**	**34.0**	**12.2**	**4.6**	**6.4**	**9.2**
哈尔滨	Harbin	22931	455913	95570	36919	25263	22283	34917
齐齐哈尔	Qiqihar	5573	190639	39361	14779	3872	4732	6147
鸡西	Jixi	2363	53661	11645	6027	624	1369	1355
鹤岗	Hegang	1210	36231	12414	3729	922	300	583
双鸭山	Shuangyashan	1781	29216	13396	4258	1222	1109	1014
大庆	Daqing	8854	117410	29261	11658	2092	4430	29740
伊春	Yichun	2055	18350	18887	4426	1205	483	1236
佳木斯	Jiamusi	3266	76561	16868	8281	1362	4138	3056
七台河	Qitaihe	828	25004	4349	2653	748	1623	1320
牡丹江	Mudanjiang	6189	101630	32059	12226	2855	5870	3075
黑河	Heihe	1288	44183	12979	5073	848	906	2437
绥化	Suihua	2084	140652	36350	9144	4170	9618	3417
大兴安岭	Daxinganling	1425	13093	7281	2209	308	1186	1292
农垦总局	ARB	2864	9572	8871	261	532	4833	2070
其他	Others	293	22747	1052	176	183	1071	355

3-8 续表 2 CONTINUED

单位:万人、人 (10000 persons, person)

地 区	Region	水利、环境和公共设施管理业 Management of Water Conservancy, Environment and Public Establishment	居民服务和其他服务业 Resident Services and Other Services	教 育 Education	卫生、社会保障和社会福利业 Sanitation, Social Security and Social Welfare	文化、体育和娱乐业 Culture, Sports and Entertainment	公共管理和社会组织 Public Management and Social Organization
全 省	**Total**	**8.0**	**58.4**	**60.4**	**22.8**	**6.3**	**38.1**
哈尔滨	Harbin	25693	157604	200094	68424	20912	99164
齐齐哈尔	Qiqihar	11527	105557	70515	27126	6744	38660
鸡 西	Jixi	3023	11303	22792	7905	8038	19739
鹤 岗	Hegang	3359	19922	11749	4734	1609	12688
双鸭山	Shuangyashan	2960	13265	16530	5698	1674	14776
大 庆	Daqing	3112	62510	49298	17849	4362	25606
伊 春	Yichun	1819	22280	8750	4876	1915	11755
佳木斯	Jiamusi	4178	24198	33916	14342	3746	27562
七台河	Qitaihe	1411	19235	9889	3645	1379	8590
牡丹江	Mudanjiang	4381	36708	39154	16916	4464	29091
黑 河	Heihe	2035	13677	19209	7846	2075	19321
绥 化	Suihua	6392	57257	81380	27270	3093	42987
大兴安岭	Daxinganling	675	4342	3386	1880	1439	7149
农垦总局	ARB	9137	36252	28516	13539	674	12398
其 他	Others			8789	6375	397	11372

3-9 各行业年末就业人数(2000-2002)
NUMBER OF EMPLOYEES AT THE YEAR-END BY SECTOR

单位:万人 (10000 persons)

行 业	Sectors	2000	2001	2002
总 计	**Total**	**1600.8**	**1592.6**	**1603.1**
农林牧渔业	Farming, Forestry, Animal Husbandry and Fishery	808.5	808.3	811.0
采掘业	Mining and Quarrying	77.5	73.9	70.2
制造业	Manufacturing	185.7	181.5	178.8
电力、煤气及水的生产和供应业	Production and Supply of Electricity, Gas and Water	14.4	14.6	15.5
建筑业	Construction	69.6	68.7	74.0
地质勘查和水利管理业	Geological Prospecting and Water Conservancy	5.7	5.4	5.7
交通运输、仓储及邮电通信业	Transport, Storage, Post and Telecommunication Services	67.8	67.3	67.5
批发零售贸易餐饮业	Wholesale and Retail Trade and Catering Services	164.5	169.0	165.4
金融保险业	Banking and Insurance	11.5	11.6	11.8
房地产业	Real Estate	4.8	5.1	6.1
社会服务业	Social Services	43.3	41.5	56.5
卫生体育和社会福利事业	Health Care, Sports and Social Welfare	18.8	18.7	18.5
教育、文化艺术和广播电视业	Education, Culture and Arts, Radio, Film and Television	51.1	50.9	50.3
科学研究和综合技术服务业	Scientific Research and Polytechnic Services	4.4	4.5	4.5
国家机关、政党机关和社会团体	Government Agencies, Party Agencies and Social Organizations	39.1	38.0	35.1
其他行业	Others	33.9	33.6	32.3

注:2003 年起执行新的国民经济行业分类,故 2003 年数据在另表列示。
Note: Since 2003, the new category standard of national economy industry is implemented, so the data of 2003 are listed on another table.

3-10 分城乡就业人数(2003)

单位:万人、人

行 业 地 区	Sector Region	合计 Total
总 计	**Total**	**1614.0**
按行业分	**By Sector**	
农、林、牧、渔业	Farming, Forestry, Farming of Animals and Fishing	827.7
采矿业	Mining	39.1
制造业	Manufacturing	181.7
电力、燃气及水的生产供应业	Production and Distribution of Electricity, Gas and Water	15.6
建筑业	Construction	80.4
交通运输、仓储及邮政业	Traffic, Transport, Storage and Post	69.3
信息传输、计算机服务和软件业	Information Transfer, Computer Services and Software	6.3
批发和零售业	Wholesale and Retail Trade	133.5
住宿和餐饮业	Accommodation and Restaurants	34.0
金融业	Finance	12.2
房地产业	Real Estate	4.6
租赁和商务服务业	Tenancy and Business Services	6.4
科学研究、技术服务和地质勘查业	Scientific Research, Technical Service and Geologic Perambulation	9.2
水利、环境和公共设施管理业	Management of Water Conservancy, Environment and Public Establishment	8.0
居民服务和其他服务业	Resident Services and Other Services	58.4
教 育	Education	60.4
卫生、社会保障和社会福利业	Sanitation, Social Security and Social Welfare	22.8
文化、体育和娱乐业	Culture, Sports and Entertainment	6.2
公共管理和社会组织	Public Management and Social Organization	38.1
国际组织	International Organizations	
按地区分	**By Region**	
哈 尔 滨	Harbin	4464900
齐齐哈尔	Qiqihar	2307797
鸡 西	Jixi	639662
鹤 岗	Hegang	332617
双 鸭 山	Shuangyashan	458632
大 庆	Daqing	1334574
伊 春	Yichun	382876
佳 木 斯	Jiamusi	952852
七 台 河	Qitaihe	344488
牡 丹 江	Mudanjiang	1113577
黑 河	Heihe	551666
绥 化	Suihua	2291370
大兴安岭	Daxinganling	169079
农垦总局	ARB	616363
其 他	Others	179873

注:按地区分组的"其他"是指哈尔滨铁路局和军队中地方从业人员。
Note: The "others" in grouped data by region means the local employed persons in Harbin Railway Bureau and the army.

NUMBER OF URBAN AND RURAL EMPLOYEES AT THE YEAR－END

（10000 persons、person）

城镇就业人员 Urban Employed Persons						
小计 Sub－total	国有单位 State－owned Units	集体单位 Urban Collective－owned Units	其他单位 Units of Other Types of Ownership	城镇私营 Urban Private Enterprises	城镇个体 Urban Self－employed Individuals	乡村就业人员 Rural Employed Persons
717.8	**342.7**	**55.8**	**145.8**	**52.5**	**120.9**	**896.1**
92.9	88.2	0.9	0.6	0.6	2.6	734.8
39.1	3.2	2.8	32.7	0.2	0.2	0.0
141.3	40.6	22.5	50.6	15.3	12.4	40.5
15.6	12.3	0.4	2.9			0.0
44.7	15.9	13.4	11.2	3.4	0.7	35.7
47.2	29.3	1.9	1.4	1.3	13.3	22.1
6.3	3.0	0.1	0.9	1.6	0.7	0.0
98.0	16.8	5.9	8.7	17.0	49.6	35.5
32.8	3.1	0.5	1.1	5.9	22.1	1.2
12.2	6.5	2.0	3.2	0.4	0.2	0.0
4.6	2.7	0.5	1.2	0.1	0.1	0.0
5.1	2.5	1.4	1.0	0.2	0.1	1.3
9.2	8.2	0.2	0.4	0.3	0.1	0.0
8.0	7.3	0.3	0.1	0.2	0.1	0.0
49.9	1.1	2.2	29.6	3.6	13.4	8.5
48.4	44.1	0.1	0.1	1.5	2.5	12.0
18.3	16.3	0.7		0.6	0.7	4.5
6.2	3.6		0.1	0.4	2.2	
38.1	38.0	0.1				
2208881	933170	354714	466440	176573	277987	2256019
669762	278424	35216	137563	37119	181439	1638035
292916	108492	19325	82862	16828	65409	346746
223292	59976	17320	85995	21262	38739	109325
202896	77804	8096	67975	16241	32780	255736
665241	268590	15416	182501	89425	109309	669333
300421	161172	30881	49453	16497	42418	82455
328263	167149	18618	47264	18523	76709	624589
186284	40176	9224	94421	9990	32473	158204
471191	185357	25879	95539	54647	109769	642386
193439	117853	5095	15900	13302	41289	358227
500404	223741	15179	60089	38423	162973	1790964
140140	96281	2957	8087	7608	25207	28939
616363	529426	1529	64389	8800	12219	
179873	179873					

3-11 三次产业年末就业人数

NUMBER OF EMPLOYEES AT THE YEAR-END BY TYPE OF INDUSTRY

年份 Year 地区 Region		就业人员数(万人,人) Number of Employed Persons (10000 persons, person)					构成(%) Composition (%)			
		合计 Total	第一产业 Primary Industry	第二产业 Secondary Industry	#工业 Industry	第三产业 Tertiary Industry	第一产业 Primary Industry	第二产业 Secondary Industry	#工业 #Industry	第三产业 Tertiary Industry
1952		376.8	279.0	53.1	44.8	44.7	74.0	14.1	11.9	11.9
1957		449.9	302.2	80.3	67.1	67.4	67.2	17.8	14.9	15.0
1962		543.3	326.2	118.6	101.2	98.5	60.0	21.8	18.6	18.1
1965		598.8	348.3	129.8	105.9	120.7	58.2	21.7	17.7	20.2
1970		725.4	416.2	184.8	163.7	124.4	57.4	25.5	22.6	17.1
1975		881.4	491.3	244.0	213.9	146.1	55.7	27.7	24.3	16.6
1978		1006.9	530.0	294.5	253.6	182.4	52.6	29.2	25.2	18.1
1980		1080.7	505.6	348.0	304.6	227.1	46.8	32.2	28.2	21.0
1985		1289.6	531.5	451.9	373.6	306.2	41.2	35.0	29.0	23.7
1990		1436.2	568.7	504.7	437.8	362.8	39.6	35.1	30.5	25.3
1991		1481.9	565.8	530.0	458.6	386.1	38.2	35.8	30.9	26.1
1992		1483.4	545.5	540.1	464.4	397.8	36.8	36.4	31.3	26.8
1993		1500.2	572.6	535.2	460.4	392.4	38.2	35.7	30.7	26.2
1994		1515.2	557.5	535.9	459.8	421.8	36.8	35.4	30.3	27.8
1995		1543.1	567.5	529.8	453.9	445.8	36.8	34.3	29.4	28.9
1996		1557.8	559.3	534.8	455.9	463.7	35.9	34.3	29.3	29.8
1997		1647.6	582.0	511.5	433.8	554.1	35.3	31.0	26.3	33.6
1998		1700.0	826.5	386.7	316.3	486.8	48.6	22.7	18.6	28.6
1999		1654.2	807.9	375.9	305.7	470.4	48.8	22.7	18.5	28.4
2000		1600.8	803.7	347.3	277.7	449.8	50.2	21.7	17.3	28.1
2001		1592.6	804.6	338.7	270.0	449.3	50.5	21.3	17.0	28.2
2002		1603.1	807.6	338.5	264.4	456.9	50.4	21.1	16.5	28.5
2003		1614.0	827.7	316.9	236.5	469.4	51.3	19.6	14.7	29.1
哈尔滨	Harbin	4464903	1802640	1207985	866638	1454278	40.4	27.1	19.4	32.6
齐齐哈尔	Qiqihar	2307796	1446551	285606	214081	575639	62.7	12.4	9.3	24.9
鸡西	Jixi	639662	316421	145016	129485	178225	49.5	22.7	20.2	27.9
鹤岗	Hegang	332617	105609	106303	94606	120705	31.8	32.0	28.4	36.3
双鸭山	Shuangyashan	458632	234738	97538	85317	126356	51.2	21.3	18.6	27.6
大庆	Daqing	1334574	571337	343386	237177	419851	42.8	25.7	17.8	31.5
伊春	Yichun	382876	176342	99325	84307	107209	46.1	25.9	22.0	28.0
佳木斯	Jiamusi	952852	572378	121033	91397	259441	60.1	12.7	9.6	27.2
七台河	Qitaihe	344488	130196	119482	106695	94810	37.8	34.7	31.0	27.5
牡丹江	Mudanjiang	1113577	566660	207931	168042	338986	50.9	18.7	15.1	30.4
黑河	Heihe	551666	350917	51786	36142	148963	63.6	9.4	6.6	27.0
绥化	Suihua	2291369	1500189	274884	171711	516296	65.5	12.0	7.5	22.5
大兴安岭	Daxinganling	169079	90395	27786	18436	50898	53.5	16.4	10.9	30.1
农垦总局	ARB	616363	411853	68222	57741	136288	66.8	11.1	9.4	22.1
其他	Others	179873	526	12758	3053	166589	0.3	7.1	1.7	92.6

注:(1)1998年起从业人员中不含城镇单位离岗职工;乡村劳动力与农业普查数据衔接后,第一产业变化较大,故与以前年份不可比。
(2)2003年起执行新的国民经济行业分类标准,三次产业的划分有所调整,相关的历史数据未作调整。

Note: (a) Since 1998, the number of employed persons has excluded off-post staff and workers in urban units; rural employed persons has been adjusted in accordance with the data obtained from general investigation of agriculture, as a result, the data of primary industry employed persons are not comparable with the data of the previous years.
(b) Form 2003, the new criteria for classification of national economy trade will be performed, accordingly the division of industry will change, the relevant historical data have not been adjusted.

3-12 年末城镇私营和个体就业人数(2003)

NUMBER OF EMPLOYEES IN URBAN PRIVATE ENTERPRISES AND SELF-EMPLOYED INDIVIDUALS AT THE YEAR-END

单位:人　　(person)

地区	Region	总计 Total	农、林、牧、渔业 Farming, Forestry, Farming of Animals and Fishing	采矿业 Mining	制造业 Manufa-cturing	电力、燃气及水的生产供应业 Production and Distribution of Electricity, Gas and Water	建筑业 Construction	交通运输仓储及邮政业 Traffic, Transport, Storage & Post
全省	Total	1733958	32033	4061	276205		41354	146296
哈尔滨	Harbin	454560	2383	1132	66945		8710	39506
齐齐哈尔	Qiqihar	218558	2175	267	15327		1333	9394
鸡西	Jixi	82237	8377	55	7083		1291	11104
鹤岗	Hegang	60001	119	729	7756		2594	2775
双鸭山	Shuangyashan	49021	220	274	7153		1936	4357
大庆	Daqing	198734	10309	10	29412		2763	13657
伊春	Yichun	58915	560	177	15317		748	3598
佳木斯	Jiamusi	95232	6036	19	11568		3978	8362
七台河	Qitaihe	42463	13	316	8911		1584	5046
牡丹江	Mudanjiang	164416	650	174	38329		6982	12691
黑河	Heihe	54591	287	18	6750		1622	1868
绥化	Suihua	201396	654		48900		5175	30367
大兴安岭	Daxinganling	32815	169	293	5350		2593	2304
农垦总局	ARB	21019	81	597	7404		45	1267

3-12 续表 1　CONTINUED

单位:人　　(person)

地区	Region	信息传输、计算机服务和软件业 Information Transfer, Computer Services and Software	批发和零售业 Wholesale and Retail Trade	住宿和餐饮业 Accom-modation and Catering	金融业 Finance	房地产业 Real Estate	租赁和商务服务业 Tenancy and Business Services	科学研究技术服务和地质勘查业 Scientific Rese-arch, Technical Service and Geologic Perambulation
全省	Total	23171	665665	280420	5317	2017	2237	4016
哈尔滨	Harbin	7842	191449	60485	2856	1083	1202	2158
齐齐哈尔	Qiqihar	1634	119665	35354	158	60	66	119
鸡西	Jixi	1134	28017	10811	95	36	40	72
鹤岗	Hegang	744	28807	11667	67	25	28	51
双鸭山	Shuangyashan	589	14629	12680	143	54	60	108
大庆	Daqing	4909	72153	27186	692	262	291	522
伊春	Yichun	233	12773	17730	126	48	53	95
佳木斯	Jiamusi	1160	34702	14203	345	131	145	261
七台河	Qitaihe	234	15545	3123	13	5	6	10
牡丹江	Mudanjiang	3297	55096	28570	205	78	86	155
黑河	Heihe	795	25570	11590	69	26	29	52
绥化	Suihua	283	56671	32924	249	95	105	188
大兴安岭	Daxinganling	317	10588	7033	39	15	16	29
农垦总局	ARB			7064	261	99	110	197

3－12 续表 2 CONTINUED

单位:人 (person)

地 区	Region	水利、环境和公共设施管理业 Management of Water Conservancy, Environment and Public Establishment	居民服务和其他服务业 Resident Services and Other Services	教 育 Education	卫生、社会保障和社会福利业 Sanitation, Social Security and Social Welfare	文化、体育和娱乐业 Culture, Sports and Entertainment	公共管理和社会组织 Public Management and Social Organization
全 省	**Total**	**3479**	**169471**	**40274**	**12615**	**25327**	
哈尔滨	Harbin	1869	36706	21325	5166	3744	
齐齐哈尔	Qiqihar	103	27729	1873	822	2479	
鸡 西	Jixi	62	5192	1737	650	6480	
鹤 岗	Hegang	44	3182	638	247	529	
双鸭山	Shuangyashan	93	4774	1089	332	530	
大 庆	Daqing	452	28660	3364	1436	2655	
伊 春	Yichun	83	5220	840	401	913	
佳木斯	Jiamusi	226	9195	2554	777	1571	
七台河	Qitaihe	9	6257	627	187	577	
牡丹江	Mudanjiang	134	12158	2380	785	2647	
黑 河	Heihe	45	4092	706	319	753	
绥 化	Suihua	163	21621	1936	856	1209	
大兴安岭	Daxinganling	25	2589	169	246	1040	
农垦总局	ARB	171	2096	1036	392	200	

3－13 年末城镇私营和个体就业人数(2000－2002)

NUMBER OF EMPLOYEES IN URBAN PRIVATE ENTERPRISES AND SELF－EMPLOYED INDIVIDUALS AT THE YEAR－END

单位:人 (person)

行 业	Sectors	2000	2001	2002
总 计	**Total**	**1674998**	**1783302**	**1744785**
农林牧渔业	Farming, Forestry, Animal Husbandry and Fishery	48303	40837	45239
采掘业	Mining and Quarrying	2548	3457	3711
制造业	Manufacturing	254686	270801	255701
电力、煤气及水的生产和供应业	Production and Supply of Electricity, Gas and Water			
建筑业	Construction	27062	36034	40939
地质勘查和水利管理业	Geological Prospecting and Water Conservancy			
交通运输、仓储及邮电通信业	Transport, Storage, Post and Telecommunication Services	139582	147793	132395
批发零售贸易餐饮业	Wholesale and Retail Trade and Catering Services	964827	1017873	983776
金融保险业	Banking and Insurance			
房地产业	Real Estate			
社会服务业	Social Services	194246	217186	221200
卫生体育和社会福利事业	Health Care, Sports and Social Welfare	6332	6332	4782
教育、文化艺术和广播电视业	Education, Culture and Arts, Radio, Film and Television	4365	7659	17787
科学研究和综合技术服务业	Scientific Research and Polytechnic Services			
国家机关、政党机关和社会团体	Government Agencies, Party Agencies and Social Organizations			
其他行业	Others	33047	35330	39255

注:2003 年起执行新的国民经济行业分类,故 2003 年数据在另表列示。

Note: Since 2003, the new category standard of national economy industry is implemented, so the data of 2003 are listed on another table.

3－14　年末全部职工人数(2003)

NUMBER OF STAFF AND WORKERS AT THE YEAR－END

单位:人　　　(person)

项　　目	Item	合　计 Total	国有单位 State－owned Units	城镇集体单位 Urban Collective－owned Units	其他单位 Units of Other Types of Ownership
总　计	**Total**	**4877864**	**3213413**	**551968**	**1112483**
按隶属关系分组	**Grouped by Administrative Relationship**				
中　央	Central		696424		
省	Provincial		945967		
地(市)	Prefectural(Cities at Prefectural level)		679549		
县及县以下	County and Below County level		888058		
其　他	Others		3415		
按企业、事业、机关分组	**Grouped by Enterprises, Institutions and Agencies**				
企　业	Enterprises	3625805	1971691	541788	1112326
#地　方	#Local		1320511		
事　　业	Institutions	912089	902402	9530	157
#地　方	#Local		869034		
机　关	Agencies & Organizations	339970	339320	650	
#地　方	#Local		324029		
按行业分组	**Grouped by Sector**				
农、林、牧、渔业	Farming, Forestry, Animal Husbandry and Fishery	750989	737691	9397	3901
农　业	Farming	331611	327305	3243	1063
林　业	Forestry	361800	358314	3351	135
畜牧业	Animal Husbandry	25971	25443	161	367
渔　业	Fishery	4547	3016	12	1519
农、林、牧、渔服务业	Farming, Forestry, Animal Husbandry and Fishery Services	27060	23613	2630	817
采矿业	Mining	386130	31713	27440	326977
煤炭开采和洗选业	Mining and Washing of Coal	274112	21989	23742	228381
石油和天然气开采业	Extraction of Petroleum and Natural Gas	93673			93673
黑色金属矿采选业	Mining of Ferrous Metal Ores	683	61		622
有色金属矿采选业	Mining of Non－ferrous Metal Ores	9100	8308	225	567
非金属矿采选业	Mining and Processing of Nonmetal Ores	8547	1340	3473	3734
其他采矿业	Mining of Other Ores n. e. c	15	15		
制造业	Manufacturing	1103649	397750	222132	483767
农副食品加工业	Processing of Food from Agricultural Products	59474	22246	1382	35846
食品制造业	Manufacture of Foods	31204	6880	2579	21745
饮料制造业	Manufacture of Beverage	32309	9342	4290	18677
烟草制品业	Manufacture of Tobacco	5936	5234		702
纺织业	Manufacture of Textile	64150	25467	3103	35580
纺织服装、鞋、帽制造业	Manufacture of Textile Wearing Apparel, Footware, and Caps	6135	732	4514	889
皮革、毛皮、羽(毛)绒及其制品业	Manufacture of Leather, Fur, feather and Its Products	5069	79	3578	1412
木材加工及竹、藤、棕草制品业	Processing of Timbers, Manufacture of Wood, Bamboo, Rattan, Palm, and Straw Products	61488	15935	26272	19281
家具制造业	Manufacture of Furniture	20202	331	7014	12857
造纸及纸制品业	Manufacture of Paper and Paper Products	26832	2261	3984	20587
印刷业和记录媒介的复制	Printing, Reproduction of Recording Media	17724	7240	7581	2903
文教体育用品制造业	Manufacture of Articles for Culture, Education and Sport Activity	3779	45	1966	1768
石油加工、炼焦及核燃料加工业	Processing of Petroleum, Coking, Processing of Nucleus Fuel	59161	30971	2703	25487
化学原料及化学制品制造业	Manufacture of Chemical Raw Material and Chemical Products	55185	17532	5543	32110
医药制造业	Manufacture of Medicines	48024	6574	3028	38422
化学纤维制造业	Manufacture of Chemical Fiber	4562	42	118	4402
橡胶制品业	Manufacture of Rubber	11865	1417	3443	7005

3－14 续表1 CONTINUED

单位：人 (person)

项　目	Item	合　计 Total	国有单位 State－owned Units	城镇集体单位 Urban Collective－owned Units	其他单位 Units of Other Types of Ownership
塑料制品业	Manufacture of Plastic	14571	2273	5631	6667
非金属矿物制品业	Manufacture of Non－metallic Mineral Products	77311	27558	11655	38098
黑色金属冶炼及压延加工业	Manufacture and Processing of Ferrous Metals	33122	14474	3317	15331
有色金属冶炼及压延加工业	Manufacture and Processing of Non－ferrous Metals	12851	7660	1451	3740
金属制品业	Manufacture of Metal Products	39629	8581	24286	6762
通用设备制造业	Manufacture of General Purpose Machinery	144781	40161	41338	63282
专用设备制造业	Manufacture of Dpecial Purpose Machinery	87001	62179	6527	18295
交通运输设备制造业	Manufacture of Transport Equipment	84348	53764	23149	7435
电气机械及器材制造业	Manufacture of Electrical Machinery and Equipment	61441	19943	17116	24382
通信设备、计算机及其他电子设备业	Manufacture of Communication Equipment ,Computer and Other Electronic Equipment	10175	2464	1367	6344
仪器仪表及文化、办公用机械制造业	Manufacture of Measuring Instrument and Machinery for Cultural Activity and Office Work	18783	3595	3671	11517
工艺品及其他制造业	Manufacture of Artwork, Other Manufacture n. e. c	6420	2744	1483	2193
废弃资源和废旧材料回收加工业	Recycling and Disposal of Waste	117	26	43	48
电力、燃气及水的生产和供应业	Production and Distribution of Electricity, Gas and Water	154288	121699	3959	28630
电力、热力的生产和供应业	Production and Supply of Electric Power and Heat Power	122090	93387	3317	25386
燃气生产和供应业	Production and Distribution of Gas	9892	8695	207	990
水的生产和供应业	Production and Distribution of Water	22306	19617	435	2254
建筑业	Construction	389542	151430	132034	106078
房屋和土木工程建筑业	Construction of Building and Civil Engineering	336522	138953	116055	81514
建筑安装业	Architectural Installation	31608	11083	7316	13209
建筑装饰业	Architectural Decoration	18996	709	8092	10195
其他建筑业	Other Construction	2416	685	571	1160
交通运输、仓储和邮政业	Traffic, Transport, Storage and Post	319003	287137	18904	12962
铁路运输业	Transport Via Railway	116337	113035	3139	163
道路运输业	Transport Via Road	69570	54926	9320	5324
城市公共交通业	Urban Public Traffic	29462	25161	525	3776
水上运输业	Water Transport	5994	5695	178	121
航空运输业	Air Transport	3907	1951		1956
管道运输业	Transport Via Pipeline	541	516		25
装卸搬运和其他运输服务业	Loading, Unloading, Portage and Other Transport Services	12206	7044	4494	668
仓储业	Storage	59128	57735	464	929
邮政业	Post	21858	21074	784	
信息传输、计算机服务和软件业	Information Transfer, Computer Services and Software	38013	28594	385	9034
电信和其他信息传输服务业	Telecom and Other Information Transfer Services	34056	27950	312	5794
计算机服务业	Computer Services	2053	529	30	1494
软件业	Software Industry	1904	115	43	1746
批发和零售业	Wholesale and Retail Trade	296740	155780	58508	82452
批发业	Wholesale	145422	95452	17453	32517
零售业	Retail Trade	151318	60328	41055	49935
住宿和餐饮业	Accommodation and Restaurants	46056	30241	5026	10789
住宿业	Accommodation	35873	26750	4159	4964
餐饮业	Restaurants	10183	3491	867	5825
金融业	Finance	99654	62176	19380	18098
银行业	Bank	87382	61844	19370	6168
证券业	Securities	859	128		731
保险业	Insurance	10899			10899
其他金融活动	Other Financial Activities	514	204	10	300

3-14 续表2 CONTINUED

单位：人　　　　(person)

项　目	Item	合　计 Total	国有单位 State-owned Units	城镇集体单位 Urban Collective-owned Units	其他单位 Units of Other Types of Ownership
房地产业	Real Estate	41410	25722	4951	10737
房地产开发经营	Real Estate Exploitation Management	14117	4119	3903	6095
物业管理	Management Concerning Dwelling	18874	13538	1035	4301
房地产中介服务	Real Estate Agency Service	573	429	1	143
租赁和商务服务业	Tenancy and Business Services	47429	23644	13934	9851
租赁业	Tenancy	867	414	131	322
商业服务业	Business Service	46562	23230	13803	9529
科学研究、技术服务和地质勘查业	Scientific Research, Technical Service and Geologic Perambulation	84362	78745	1628	3989
研究与试验发展	Research and Experimental Development(R&D)	16308	15880	22	406
自然科学研究与试验发展	R&D on Physical Science	6327	6273	10	44
工程和技术研究与试验发展	R&D on Engineering and Technical Research	3973	3940		33
农业科学研究与试验发展	R&D on Agricultural Science Research	3979	3968		11
医学研究与试验发展	R&D on Medical Research	428	98	12	318
社会人文科学研究与试验发展	R&D on Social Science and Humanities	1601	1601		
专业技术服务业	Professional Technique Services	26579	22960	834	2785
气象服务	Weather Services	1585	1578	7	
地震服务	Earthquake Services	210	202		8
测绘服务	Plotting Services	2162	2120	11	31
技术检测	Technique Detection	6144	5970	52	122
环境监测	Environmental Monitoring	1168	1155	5	8
工程技术与规划管理	Engineering Technic and Programming Management	12784	10169	460	2155
科技交流和推广服务业	Services of Science and Technique Intercommunion and Generalization	6343	5325	281	737
地质勘查业	Geologic Perambulation	35132	34580	491	61
水利、环境和公共设施管理业	Management of Water Conservancy, Environment and Public Establishment	67885	64661	2545	679
水利管理业	Management of Water Conservancy	16835	16506	28	301
环境管理业	Environmental Management	32995	31019	1726	250
公共设施管理业	Management of Public Establishment	18055	17136	791	128
居民服务和其他服务业	Resident Services and Other Services	35535	10410	22343	2782
居民服务业	Resident Services	15753	7168	7268	1317
其他服务业	Other Services	19782	3242	15075	1465
教　育	Education	439268	437057	1459	752
初等教育	Primary Education	174595	174473		122
中等教育	Secondary Education	186715	186043	227	445
高等教育	Higher Education	55705	55147	548	10
卫生、社会保障和社会福利业	Sanitation, Social Security and Social Welfare	167390	160164	6845	381
卫　生	Sanitation	159168	152352	6449	367
社会保障业	Social Security	4172	3980	192	
社会福利业	Social Welfare	4050	3832	204	14
文化、体育和娱乐业	Culture, Sports and Entertainment	36420	35538	258	624
新闻出版业	Journalism and Publishing Activities	6386	6353	29	4
广播、电影、电视和音像业	Broadcasting, Movies, Television and Audiovisual	12485	12181	199	105
文化艺术业	Culture and Art	13396	13371	11	14
体　育	Sports Activities	3161	3127		34
娱乐业	Entertainment	992	506	19	467
公共管理和社会组织	Public Management and Social Organization	374101	373261	840	
中国共产党机关	Chinese Communist Party Organs	13455	13455		
国家机构	Organ of State	348865	348061	804	
人民政协和民主党派	People's Political Consultative Conference and Democratic Parties	2675	2675		
群众社团、社会团体和宗教组织	Mass Communities, Social Communities and Religion Organizations	4551	4515	36	

3-15 各地区年末全部职工人数(2003)

NUMBER OF STAFF AND WORKERS AT THE YEAR-END BY REGION

单位:万人、人 (10000 persons, person)

地区	Region	总计 Total	农、林、牧、渔业 Farming, Forestry, Farming of Animals and Fishing	采矿业 Mining	制造业 Manufa-cturing	电力、燃气及水的生产供应业 Production and Distribution of Electricity, Gas and Water	建筑业 Construction	交通运输仓储及邮政业 Traffic, Transport, Storage & Post
全省	**Total**	**487.8**	**75.1**	**38.6**	**110.4**	**15.4**	**39.0**	**31.9**
哈尔滨	Harbin	1653271	74862	14694	599247	43462	197532	73751
齐齐哈尔	Qiqihar	204577	19116	72448	20326	7502	8154	7995
鸡西	Jixi	379210	30497	373	133857	17332	20857	11780
鹤岗	Hegang	146928	11293	67190	11411	2775	7534	6341
双鸭山	Shuangyashan	144201	13920	52990	8681	4340	3418	8418
大庆	Daqing	430419	12531	93639	67523	19555	70030	24822
伊春	Yichun	219602	105810	3791	55842	4977	10676	3247
佳木斯	Jiamusi	217806	27503	835	43817	12948	11700	15453
七台河	Qitaihe	132197	6882	72070	11493	2114	5804	4387
牡丹江	Mudanjiang	282609	60377	2294	66749	13698	11393	11409
黑河	Heihe	129070	34099	3520	9332	6401	3541	10218
绥化	Suihua	271431	17139	269	41301	6791	17329	21069
大兴安岭	Daxinganling	103770	66220	622	4678	5699	5796	1851
农垦总局	ARB	393750	270214	1253	26731	6456	7806	4483
其他	Others	169023	526	142	2661	238	7972	113779

3-15 续表1 CONTINUED

单位:万人、人 (10000 persons, person)

地区	Region	信息传输、计算机服务和软件业 Information Transfer, Computer Services and Software	批发和零售业 Wholesale and Retail Trade	住宿和餐饮业 Accom-modation and Catering	金融业 Finance	房地产业 Real Estate	租赁和商务服务业 Tenancy and Business Services	科学研究技术服务和地质勘查业 Scientific Rese-arch, Technical Service and Geologic Perambulation
全省	**Total**	**3.8**	**29.7**	**4.6**	**10.0**	**4.1**	**4.7**	**8.4**
哈尔滨	Harbin	14388	153845	30454	33328	23716	16324	30493
齐齐哈尔	Qiqihar	1229	12151	481	4399	587	962	1278
鸡西	Jixi	3926	17419	1736	10917	3744	2350	5822
鹤岗	Hegang	433	4056	582	3126	897	99	532
双鸭山	Shuangyashan	1067	6649	321	3834	1167	914	899
大庆	Daqing	3689	16473	1173	7513	1743	3186	29000
伊春	Yichun	1610	2366	923	3851	1103	251	1129
佳木斯	Jiamusi	1936	15718	2049	6857	1228	3463	2769
七台河	Qitaihe	594	2621	863	2594	734	1312	1308
牡丹江	Mudanjiang	2876	16514	2552	8332	2609	4838	2899
黑河	Heihe	493	6790	1138	4119	821	469	2373
绥化	Suihua	1708	19733	1004	8632	2330	7050	3033
大兴安岭	Daxinganling	1008	1025	229	2001	244	1142	836
农垦总局	ARB	2763	7452	1556		304	4027	1636
其他	Others	293	13928	995	151	183	1042	355

3－15 续表 2　CONTINUED

单位：万人、人　　(10000 persons, person)

地　区	Region	水利、环境和公共设施管理业 Management of Water Conservancy, Environment and Public Establishment	居民服务和其他服务业 Resident Services and Other Services	教　育 Education	卫生、社会保障和社会福利业 Sanitation, Social Security and Social Welfare	文化、体育和娱乐业 Culture, Sports and Entertainment	公共管理和社会组织 Public Management and Social Organization
全　　省	**Total**	**6.8**	**3.6**	**43.9**	**16.7**	**3.6**	**37.4**
哈 尔 滨	Harbin	21411	27848	136670	47308	16659	97279
齐齐哈尔	Qiqihar	2958	153	17618	5947	1558	19715
鸡　　西	Jixi	10437	1025	47118	17935	4182	37903
鹤　　岗	Hegang	3311	161	9582	3875	1080	12650
双 鸭 山	Shuangyashan	2548	218	14225	4761	1132	14699
大　　庆	Daqing	2621	274	37095	13026	1704	24822
伊　　春	Yichun	1644	170	6211	3737	989	11275
佳 木 斯	Jiamusi	3939	324	26137	11568	2168	27394
七 台 河	Qitaihe	1402	276	6392	2383	802	8166
牡 丹 江	Mudanjiang	4183	679	27890	12576	1802	28939
黑　　河	Heihe	1989	591	16163	6649	1322	19042
绥　　化	Suihua	5902	595	56066	17388	1875	42217
大兴安岭	Daxinganling	297	42	3042	1557	398	7083
农垦总局	ARB	5243	3179	26367	12316	400	11564
其　　他	Others			8692	6364	349	11353

3－16　年末全部职工人数(2000－2002)
NUMBER OF STAFF AND WORKERS AT THE YEAR－END

单位：万人　　(10000 persons)

行　业	Sectors	2000	2001	2002
总　　计	**Total**	**531.5**	**510.9**	**496.5**
农林牧渔业	Farming, Forestry, Animal Husbandry and Fishery	46.3	46.7	44.7
采掘业	Mining and Quarrying	77.1	73.5	69.7
制造业	Manufacturing	122.1	116.6	112.8
电力、煤气及水的生产和供应业	Production and Supply of Electricity, Gas and Water	14.3	14.4	15.3
建筑业	Construction	39.1	36.5	38.0
地质勘查和水利管理业	Geological Prospecting and Water Conservancy	5.6	5.2	5.6
交通运输、仓储及邮电通信业	Transport, Storage, Post and Telecommunication Services	34.9	32.6	32.6
批发零售贸易餐饮业	Wholesale and Retail Trade and Catering Services	40.0	37.7	33.8
金融保险业	Banking and Insurance	10.5	10.6	10.4
房地产业	Real Estate	4.6	4.7	5.3
社会服务业	Social Services	22.3	19.0	18.7
卫生体育和社会福利事业	Health Care, Sports and Social Welfare	18.0	17.9	17.6
教育、文化艺术和广播电视业	Education, Culture and Arts, Radio, Film and Television	49.3	49.3	47.8
科学研究和综合技术服务业	Scientific Research and Polytechnic Services	4.3	4.3	4.3
国家机关、政党机关和社会团体	Government Agencies, Party Agencies and Social Organizations	38.8	37.7	34.5
其他行业	Others	4.1	4.1	5.4

注：2003 年起执行新的国民经济行业分类，故 2003 年数据在另表列示。

Note: Since 2003, the new category standard of national economy industry is implemented, so the data of 2003 are listed on another table.

3-17 各地区年末国有单位职工人数(2003)

NUMBER OF STAFF AND WORKERS IN STATE-OWNED UNITS AT THE YEAR-END BY REGION

单位:万人、人 (10000 persons, person)

地区	Region	总计 Total	农、林、牧、渔业 Farming, Forestry, Farming of Animals and Fishing	采矿业 Mining	制造业 Manufacturing	电力、燃气及水的生产供应业 Production and Distribution of Electricity, Gas and Water	建筑业 Construction	交通运输仓储及邮政业 Traffic, Transport, Storage & Post
全省	**Total**	**321.3**	**73.8**	**3.2**	**39.8**	**12.2**	**15.1**	**28.7**
哈尔滨	Harbin	915364	72819	11456	227666	32714	50524	58671
齐齐哈尔	Qiqihar	274018	29960	125	69809	11670	6889	8301
鸡西	Jixi	107686	17736	5391	6651	6244	2307	5036
鹤岗	Hegang	59378	10810	1160	2396	2007	342	5817
双鸭山	Shuangyashan	76531	13696	3056	1544	2121	743	7460
大庆	Daqing	264945	10998		27400	16487	57154	24084
伊春	Yichun	157397	105593	3527	4902	4770	4420	3079
佳木斯	Jiamusi	165122	27227	120	12353	11384	4568	13009
七台河	Qitaihe	39550	6819	1573	1046	816	295	3604
牡丹江	Mudanjiang	183424	54738	1043	13379	9811	1000	7327
黑河	Heihe	116427	33509	2410	5197	4724	2154	9980
绥化	Suihua	218406	17053	7	12137	6635	5726	20856
大兴安岭	Daxinganling	94834	66209	461	292	5699	2457	1711
农垦总局	ARB	371308	269998	1242	10317	6379	4879	4423
其他	Others	169023	526	142	2661	238	7972	113779

3-17 续表1 CONTINUED

单位:万人、人 (10000 persons, person)

地区	Region	信息传输、计算机服务和软件业 Information Transfer, Computer Services and Software	批发和零售业 Wholesale and Retail Trade	住宿和餐饮业 Accommodation and Catering	金融业 Finance	房地产业 Real Estate	租赁和商务服务业 Tenancy and Business Services	科学研究技术服务和地质勘查业 Scientific Research, Technical Service and Geologic Perambulation
全省	**Total**	**2.9**	**15.6**	**3.0**	**6.2**	**2.6**	**2.4**	**7.9**
哈尔滨	Harbin	7961	53144	21053	18800	14991	3398	26571
齐齐哈尔	Qiqihar	2856	11317	1088	5842	2802	1699	5383
鸡西	Jixi	1002	9611	395	3113	567	903	1133
鹤岗	Hegang	433	2790	182	2256	830	41	532
双鸭山	Shuangyashan	996	5226	238	2470	472	394	899
大庆	Daqing	3486	10053	319	4678	1617	1304	28520
伊春	Yichun	1150	1363	559	2880	159	164	1119
佳木斯	Jiamusi	1793	12300	1224	4937	812	1663	2741
七台河	Qitaihe	385	1771	354	1532	358	634	1263
牡丹江	Mudanjiang	2275	8113	848	5181	557	1381	2667
黑河	Heihe	485	5788	665	3205	540	382	2131
绥化	Suihua	1708	14730	610	5634	1302	5522	2959
大兴安岭	Daxinganling	1008	732	167	1497	239	1131	836
农垦总局	ARB	2763	4914	1544		293	3986	1636
其他	Others	293	13928	995	151	183	1042	355

3－17 续表 2　CONTINUED

单位：万人、人　(10000 persons, person)

地　区	Region	水利、环境和公共设施管理业 Management of Water Conservancy, Environment and Public Establishment	居民服务和其他服务业 Resident Services and Other Services	教　育 Education	卫生、社会保障和社会福利业 Sanitation, Social Security and Social Welfare	文化、体育和娱乐业 Culture, Sports and Entertainment	公共管理和社会组织 Public Management and Social Organization
全　省	**Total**	**6.5**	**1.0**	**43.7**	**16.0**	**3.6**	**37.3**
哈尔滨	Harbin	20230	4359	134754	43585	15819	96849
齐齐哈尔	Qiqihar	9551	625	47011	17125	4174	37791
鸡　西	Jixi	2958	142	17618	5682	1558	19639
鹤　岗	Hegang	3311	92	9560	3149	1080	12590
双鸭山	Shuangyashan	2245	191	14217	4732	1132	14699
大　庆	Daqing	2127	139	37095	12958	1704	24822
伊　春	Yichun	1644	54	6211	3548	989	11266
佳木斯	Jiamusi	3744	266	26137	11323	2168	27353
七台河	Qitaihe	1402	101	6392	2237	802	8166
牡丹江	Mudanjiang	4092	596	27752	11993	1773	28898
黑　河	Heihe	1980	148	16163	6628	1322	19016
绥　化	Suihua	5892	514	56046	17033	1870	42172
大兴安岭	Daxinganling	297	21	3042	1554	398	7083
农垦总局	ARB	5188	3162	26367	12253	400	11564
其　他	Others			8692	6364	349	11353

3－18　年末国有单位职工人数(2000－2002)
STAFF AND WORKERS IN STATE－OWNED UNITS AT THE YEAR－END

单位：万人　(10000 persons)

行　业	Sectors	2000	2001	2002
总　计	**Total**	**390.2**	**369.0**	**347.3**
农林牧渔业	Farming, Forestry, Animal Husbandry and Fishery	44.1	44.8	42.9
采掘业	Mining and Quarrying	56.9	52.6	45.9
制造业	Manufacturing	57.2	50.6	45.8
电力、煤气及水的生产和供应业	Production and Supply of Electricity, Gas and Water	12.7	12.3	12.7
建筑业	Construction	18.1	16.4	15.4
地质勘查和水利管理业	Geological Prospecting and Water Conservancy	5.2	5.2	5.5
交通运输、仓储及邮电通信业	Transport, Storage, Post and Telecommunication Services	32.0	29.7	29.6
批发零售贸易餐饮业	Wholesale and Retail Trade and Catering Services	25.5	23.2	19.5
金融保险业	Banking and Insurance	7.1	7.0	6.8
房地产业	Real Estate	3.7	3.6	3.7
社会服务业	Social Services	16.2	13.3	12.9
卫生体育和社会福利事业	Health Care, Sports and Social Welfare	17.2	17.1	16.8
教育、文化艺术和广播电视业	Education, Culture and Arts, Radio, Film and Television	49.0	49.0	47.6
科学研究和综合技术服务业	Scientific Research and Polytechnic Services	4.0	4.0	4.09
国家机关、政党机关和社会团体	Government Agencies, Party Agencies and Social Organizations	38.6	37.5	34.3
其他行业	Others	2.5	2.7	3.9

注：2003 年起执行新的国民经济行业分类，故 2003 年数据在另表列示。

Note: Since 2003, the new category standard of national economy industry is implemented, so the data of 2003 are listed on another table.

3－19　各地区年末城镇集体单位职工人数(2003)

NUMBER OF STAFF AND WORKERS IN URBAN COLLECTIVE－OWNED UNITS AT THE YEAR－END

单位:万人、人　　　　(10000 persons, person)

地　区	Region	总　计 Total	农、林、牧、渔业 Farming, Forestry, Farming of Animals and Fishing	采矿业 Mining	制造业 Manufa－cturing	电力、燃气及水的生产供应业 Production and Distribution of Electricity, Gas and Water	建筑业 Construction	交通运输仓储及邮政业 Traffic, Transport, Storage & Post
全　省	**Total**	**55.2**	**0.9**	**2.7**	**22.2**	**0.4**	**13.2**	**1.9**
哈尔滨	Harbin	351604	1288	3220	150921	1755	94278	9297
齐齐哈尔	Qiqihar	34529	233	88	16769	196	6606	1545
鸡　西	Jixi	19243	1380	9525	2264		1685	1470
鹤　岗	Hegang	17223	483	6879	2939		3954	441
双鸭山	Shuangyashan	7995	21	920	1632	157	1408	778
大　庆	Daqing	14987	69		2932	1015	6843	652
伊　春	Yichun	29915	67	191	24529	15	3567	27
佳木斯	Jiamusi	18340	265	70	4155	656	4625	2379
七台河	Qitaihe	9220		6284	366		696	472
牡丹江	Mudanjiang	25571	5411	218	8333	103	2949	1575
黑　河	Heihe	4870	37		1240		1160	55
绥　化	Suihua	14191	81		3182	62	3318	213
大兴安岭	Daxinganling	2910		45	1920		638	
农垦总局	ARB	1370	62		950		307	
其　他	Others							

3－19 续表1　CONTINUED

单位:万人、人　　　　(10000 persons, person)

地　区	Region	信息传输、计算机服务和软件业 Information Transfer, Computer Services and Software	批发和零售业 Wholesale and Retail Trade	住宿和餐饮业 Accom－modation and Catering	金融业 Finance	房地产业 Real Estate	租赁和商务服务业 Tenancy and Business Services	科学研究技术服务和地质勘查业 Scientific Rese－arch, Technical Service and Geologic Perambulation
全　省	**Total**	**0.1**	**5.9**	**0.5**	**1.9**	**0.5**	**1.4**	**0.2**
哈尔滨	Harbin	139	44365	3124	4012	3606	6604	939
齐齐哈尔	Qiqihar		3176	576	3264	13	149	32
鸡　西	Jixi	6	1300	86	1092	20	59	13
鹤　岗	Hegang		588	186	751	67	58	
双鸭山	Shuangyashan		697	10	1204	486	344	
大　庆	Daqing		874	70	1350	75	186	347
伊　春	Yichun	159	333	103	668		46	
佳木斯	Jiamusi	8	1899	471	1331	166	1761	28
七台河	Qitaihe		312	76	586	55	216	11
牡丹江	Mudanjiang	73	1354	68	2006	91	2937	
黑　河	Heihe		717	151	629	101	76	242
绥　化	Suihua		2799	94	2283	271	1490	16
大兴安岭	Daxinganling		60	11	204		8	
农垦总局	ARB		34					
其　他	Others							

3－19 续表 2　CONTINUED

单位：万人、人　　(10000 persons, person)

地　区	Region	水利、环境和公共设施管理业 Management of Water Conservancy, Environment and Public Establishment	居民服务和其他服务业 Resident Services and Other Services	教　育 Education	卫生、社会保障和社会福利业 Sanitation, Social Security and Social Welfare	文化、体育和娱乐业 Culture, Sports and Entertainment	公共管理和社会组织 Public Management and Social Organization
全　省	**Total**	**0.3**	**2.2**	**0.1**	**0.7**		**0.1**
哈 尔 滨	Harbin	967	21332	1370	3709	248	430
齐齐哈尔	Qiqihar	569	360	23	810	8	112
鸡　西	Jixi		2		265		76
鹤　岗	Hegang		69	22	726		60
双 鸭 山	Shuangyashan	284	17	8	29		
大　庆	Daqing	494	12		68		
伊　春	Yichun		37		164		9
佳 木 斯	Jiamusi	195	45		245		41
七 台 河	Qitaihe		146				
牡 丹 江	Mudanjiang	26	15	16	355		41
黑　河	Heihe		415		21		26
绥　化	Suihua	10	1	20	304	2	45
大兴安岭	Daxinganling		21		3		
农垦总局	ARB			17			
其　他	Others						

3－20　年末城镇集体单位职工人数(2000－2002)
STAFF AND WORKERS IN URBAN COLLECTIVE－OWNED UNITS AT THE YEAR－END

单位：万人　　(10000 persons)

行　业	Sectors	2000	2001	2002
总　计	**Total**	**75.0**	**68.0**	**60.9**
农林牧渔业	Farming, Forestry, Animal Husbandry and Fishery	1.8	1.7	1.2
采掘业	Mining and Quarrying	5.2	4.6	3.4
制造业	Manufacturing	28.6	26.7	24.0
电力、煤气及水的生产和供应业	Production and Supply of Electricity, Gas and Water	0.5	0.5	0.5
建筑业	Construction	16.9	15.3	14.0
地质勘查和水利管理业	Geological Prospecting and Water Conservancy	0.3		0.1
交通运输、仓储及邮电通信业	Transport, Storage, Post and Telecommunication Services	2.3	2.1	1.8
批发零售贸易餐饮业	Wholesale and Retail Trade and Catering Services	9.3	8.0	6.8
金融保险业	Banking and Insurance	2.0	1.9	1.9
房地产业	Real Estate	0.5	0.5	0.5
社会服务业	Social Services	4.7	4.0	4.0
卫生体育和社会福利事业	Health Care, Sports and Social Welfare	0.8	0.8	0.8
教育、文化艺术和广播电视业	Education, Culture and Arts, Radio, Film and Television	0.2	0.2	0.2
科学研究和综合技术服务业	Scientific Research and Polytechnic Services	0.2	0.1	0.1
国家机关、政党机关和社会团体	Government Agencies, Party Agencies and Social Organizations	0.2	0.2	0.1
其他行业	Others	1.5	1.3	1.5

注：2003 年起执行新的国民经济行业分类，故 2003 年数据在另表列示。

Note: Since 2003, the new category standard of national economy industry is implemented, so the data of 2003 are listed on another table.

3－21 年末按登记注册类型分全部职工人数(2003)

NUMBER OF STAFF AND WORKERS AT THE YEAR－END BY REGISTRATION STATUS

单位:人 (person)

地 区	Region	全部职工人数 Number of Staff and Workers	国有单位 State－owned Units	城镇集体单位 Urban Collective－owned Units	其他单位 Units of Other Types of Ownership	内资 Domestic Funded Units	股份合作 Cooperative Units
总计	**Total**	**4877864**	**3213413**	**551968**	**1112483**	**1043731**	**169821**
哈尔滨	Harbin	1653271	915364	351604	386303	352445	81441
齐齐哈尔	Qiqihar	379210	274018	34529	70663	65423	7950
鸡西	Jixi	204577	107686	19243	77648	75537	397
鹤岗	Hegang	146928	59378	17223	70327	69942	59263
双鸭山	Shuangyashan	144201	76531	7995	59675	59476	811
大庆	Daqing	430419	264945	14987	150487	147174	5839
伊春	Yichun	219602	157397	29915	32290	26672	308
佳木斯	Jiamusi	217806	165122	18340	34344	28669	2999
七台河	Qitaihe	132197	39550	9220	83427	82795	198
牡丹江	Mudanjiang	282609	183424	25571	73614	67087	2327
黑河	Heihe	129070	116427	4870	7773	7092	1351
绥化	Suihua	271431	218406	14191	38834	36284	3235
大兴安岭	Daxinganling	103770	94834	2910	6026	5680	2303
农垦总局	ARB	393750	371308	1370	21072	19455	1399
其他	Others	169023	169023				

3－21 续表 CONTINUED

地 区	Region	联营 Joint Ownership Units	有限责任公司 Limited Liability Corporations	股份有限公司 Share－Holding Corporations Ltd.	其他 Others	港澳台商投资 Funds from Hong Kong, Macao & Taiwan	外商投资 Foreign Funded Units
总计	**Total**	**17735**	**353383**	**359910**	**142882**	**34379**	**34373**
哈尔滨	Harbin	15857	67697	115958	71492	16863	16995
齐齐哈尔	Qiqihar	17	30279	16346	10831	2869	2371
鸡西	Jixi	8	69045	3920	2167	1784	327
鹤岗	Hegang	19	7009	2397	1254		385
双鸭山	Shuangyashan		3877	50999	3789	144	55
大庆	Daqing		9885	125551	5899	3127	186
伊春	Yichun	150	14727	4990	6497	3957	1661
佳木斯	Jiamusi	130	14537	5009	5994	1157	4518
七台河	Qitaihe		73322	436	8839	295	337
牡丹江	Mudanjiang	771	30047	19176	14766	2550	3977
黑河	Heihe	368	4401	689	283	137	544
绥化	Suihua	415	19574	7627	5433	1367	1183
大兴安岭	Daxinganling		1765	964	648		346
农垦总局	ARB		7218	5848	4990	129	1488
其他	Others						

3－22 年末分行业女性单位就业人员(2003)
NUMBER OF FEMALE EMPLOYED BY SCTOR AT THE YEAR－END

行 业	Sectors	女性单位就业人员(万人) Number of Female Employed (10000 persons)	占单位就业人员比重(%) Proportion of Female Employed to Total (%)
总 计	**Total**	**183.7**	**35.7**
农、林、牧、渔业	Farming, Forestry, Animal Husbandry and Fishery	29.9	33.3
采矿业	Mining	7.8	20.1
制造业	Manufacturing	43.3	38.1
电力、燃气及水的生产供应业	Production and Distribution of Electricity, Gas and Water	4.7	30.3
建筑业	Construction	9.9	24.4
交通运输、仓储及邮政业	Traffic, Transport, Storage and Post	9.5	29.1
信息传输、计算机服务和软件业	Information Transfer, Computer Services and Software	1.5	37.0
批发和零售业	Wholesale and Retail Trade	13.3	42.5
住宿和餐饮业	Accommodation and Restaurants	2.0	41.5
金融业	Finance	5.5	47.6
房地产业	Real Estate	1.4	32.7
租赁和商务服务业	Tenancy and Business Services	1.9	39.7
科学研究、技术服务和地质勘查业	Scientific Research, Technical Service and Geologic Perambulation	2.6	29.3
水利、环境和公共设施管理业	Management of Water Conservancy, Environment and Public Establishment	2.9	37.9
居民服务和其他服务业	Resident Services and Other Services	1.7	45.0
教 育	Education	23.5	52.9
卫生、社会保障和社会福利业	Sanitation, Social Security and Social Welfare	10.5	61.7
文化、体育和娱乐业	Culture, Sports and Entertainment	1.5	40.1
公共管理和社会组织	Public Management and Social Organization	10.4	27.2
国际组织	International Organizations		

3-23 年末分行业女性单位就业人员(2000-2002)
NUMBER OF FEMALE EMPLOYED BY SCTOR AT THE YEAR-END

行 业	Sectors	2000	2001	2002
女性单位就业人员(万人)	**Number of Female Employed (10000 persons)**	**200.6**	**191.4**	**191.9**
农林牧渔业	Farming, Forestry, Animal Husbandry and Fishery	22.2	22.9	22.1
采掘业	Mining and Quarrying	19.3	17.9	17.4
制造业	Manufacturing	49.6	45.1	45.1
电力、煤气及水的生产和供应业	Production and Supply of Electricity, Gas and Water	4.7	4.5	4.8
建筑业	Construction	10.4	9.8	11.2
地质勘查和水利管理业	Geological Prospecting and Water Conservancy	1.4	1.2	1.5
交通运输、仓储及邮电通信业	Transport, Storage, Post and Telecommunication Services	9.9	9.0	9.4
批发零售贸易餐饮业	Wholesale and Retail Trade and Catering Services	17.5	16.4	15.5
金融保险业	Banking and Insurance	4.8	5.0	5.3
房地产业	Real Estate	1.4	1.4	1.8
社会服务业	Social Services	10.2	8.7	8.6
卫生体育和社会福利事业	Health Care, Sports and Social Welfare	10.8	10.9	10.9
教育、文化艺术和广播电视业	Education, Culture and Arts, Radio, Film and Television	25.4	25.6	25.4
科学研究和综合技术服务业	Scientific Research and Polytechnic Services	1.5	1.4	1.5
国家机关、政党机关和社会团体	Government Agencies, Party Agencies and Social Organizations	9.9	9.9	9.3
其他行业	Others	1.7	1.7	2.1
占单位就业人员比重(%)	**Proportion of Female Employed to Total (%)**	**36.1**	**35.8**	**36.6**
农林牧渔业	Farming, Forestry, Animal Husbandry and Fishery	37.2	37.0	36.6
采掘业	Mining and Quarrying	24.9	24.4	24.8
制造业	Manufacturing	40.0	38.2	39.2
电力、煤气及水的生产和供应业	Production and Supply of Electricity, Gas and Water	32.3	31.2	31.4
建筑业	Construction	25.5	25.8	28.4
地质勘查和水利管理业	Geological Prospecting and Water Conservancy	24.7	23.1	25.8
交通运输、仓储及邮电通信业	Transport, Storage, Post and Telecommunication Services	27.8	27.1	28.1
批发零售贸易餐饮业	Wholesale and Retail Trade and Catering Services	42.6	41.5	42.9
金融保险业	Banking and Insurance	41.6	42.9	45.1
房地产业	Real Estate	28.5	27.7	30.1
社会服务业	Social Services	42.7	44.0	43.0
卫生体育和社会福利事业	Health Care, Sports and Social Welfare	59.1	60.0	60.7
教育、文化艺术和广播电视业	Education, Culture and Arts, Radio, Film and Television	50.2	51.0	52.3
科学研究和综合技术服务业	Scientific Research and Polytechnic Services	33.0	31.6	33.5
国家机关、政党机关和社会团体	Government Agencies, Party Agencies and Social Organizations	25.4	25.9	26.5
其他行业	Others	40.2	40.3	38.4

注:2003年起执行新的国民经济行业分类,故2003年数据在另表列示。
Note: Since 2003, the new category standard of national economy industry is implemented, so the data of 2003 are listed on another table.

3－24 全部职工工资总额(2003)

TOTAL WAGE OF STAFF AND WORKERS

单位:亿元、万元 (100 million yuan,10000 yuan)

地 区	Region	总 计 Total	农、林、牧、渔业 Farming, Forestry, Farming of Animals and Fishing	采矿业 Mining	制造业 Manufa－cturing	电力、燃气及水的生产供应业 Production and Distribution of Electricity, Gas and Water	建筑业 Construction	交通运输仓储及邮政业 Traffic, Transport, Storage & Post
全　　省	**Total**	**535.4**	**39.2**	**48.4**	**110.7**	**24.4**	**42.0**	**41.3**
哈 尔 滨	Harbin	1996462	43173	10279	656790	72428	233295	80494
齐齐哈尔	Qiqihar	386086	14317	146	115904	28694	17844	9533
鸡　　西	Jixi	178011	7767	45311	15802	11570	5533	7308
鹤　　岗	Hegang	132314	4864	51984	5506	6914	6545	5333
双 鸭 山	Shuangyashan	140201	7693	48759	5284	6772	4108	6216
大　　庆	Daqing	825320	6665	268496	133617	47517	81534	46093
伊　　春	Yichun	124610	35934	1801	24699	3516	7363	3170
佳 木 斯	Jiamusi	197946	14267	418	29666	15774	10004	12348
七 台 河	Qitaihe	107448	4801	50442	7061	3160	5161	3152
牡 丹 江	Mudanjiang	268528	23214	1498	52194	20496	10579	11130
黑　　河	Heihe	128933	17096	2700	5339	9806	2529	13124
绥　　化	Suihua	216344	9086	399	24161	6338	12151	12660
大兴安岭	Daxinganling	84090	40077	495	1980	4489	3919	2334
农垦总局	ARB	284637	162718	1022	25364	5794	9774	2857
其　　他	Others	282804	707	192	3185	334	10055	197209

3－24 续表 1 CONTINUED

单位:亿元,万元 (100 million yuan,10000 yuan)

地 区	Region	信息传输、计算机服务和软件业 Information Transfer, Computer Services and Software	批发和零售业 Wholesale and Retail Trade	住宿和餐饮业 Accom－modation and Catering	金融业 Finance	房地产业 Real Estate	租赁和商务服务业 Tenancy and Business Services	科学研究技术服务和地质勘查业 Scientific Rese－arch, Technical Service and Geologic Perambulation
全　　省	**Total**	**10.3**	**25.9**	**3.0**	**18.6**	**4.6**	**4.3**	**13.8**
哈 尔 滨	Harbin	53126	143385	20352	75096	27992	16469	47094
齐齐哈尔	Qiqihar	8218	11195	965	17288	3882	2027	7370
鸡　　西	Jixi	3722	9248	296	7539	677	710	1577
鹤　　岗	Hegang	575	2797	298	4584	827	90	701
双 鸭 山	Shuangyashan	1736	4861	269	6009	970	890	1194
大　　庆	Daqing	9860	14076	886	16578	2345	3939	59900
伊　　春	Yichun	3834	1498	624	6048	1772	255	1463
佳 木 斯	Jiamusi	2822	9590	1082	9785	1215	2957	3364
七 台 河	Qitaihe	1248	1805	508	3440	663	1152	1276
牡 丹 江	Mudanjiang	8220	11649	1635	15785	2510	4071	3929
黑　　河	Heihe	779	5335	624	7346	637	470	2787
绥　　化	Suihua	2918	10517	564	11113	1555	3959	3320
大兴安岭	Daxinganling	2033	1265	196	4455	306	1626	1289
农垦总局	ARB	3241	7436	827	0	266	2352	1682
其　　他	Others	480	24377	1098	507	349	2061	676

3－24 续表2 CONTINUED

单位:亿元,万元 (100million yuan,10000 yuan)

地 区	Region	水利、环境和公共设施管理业 Management of Water Conservancy, Environment and Public Establishment	居民服务和其他服务业 Resident Services and Other Services	教 育 Education	卫生、社会保障和社会福利业 Sanitation, Social Security and Social Welfare	文化、体育和娱乐业 Culture, Sports and Entertainment	公共管理和社会组织 Public Management and Social Organization
全 省	**Total**	**6.7**	**2.2**	**60.3**	**21.9**	**5.0**	**52.9**
哈尔滨	Harbin	25162	16761	212366	69655	26633	165913
齐齐哈尔	Qiqihar	10342	1104	62280	20511	5029	49437
鸡 西	Jixi	2913	163	22826	7431	1796	25820
鹤 岗	Hegang	3152	199	13912	5168	1386	17481
双鸭山	Shuangyashan	2530	238	18077	5026	1288	18280
大 庆	Daqing	3791	231	60754	23209	2201	43630
伊 春	Yichun	1803	110	9124	5011	1333	15253
佳木斯	Jiamusi	3199	245	32338	14046	2156	32670
七台河	Qitaihe	1316	192	8012	2878	872	10311
牡丹江	Mudanjiang	3230	522	37813	17365	2151	40536
黑 河	Heihe	2011	320	22467	8056	1644	25862
绥 化	Suihua	4919	585	54996	15452	1787	39867
大兴安岭	Daxinganling	445	42	5293	2561	614	10672
农垦总局	ARB	1800	1658	29757	12143	460	15489
其 他	Others			12977	10484	590	17522

3－25 全部职工工资总额(2000－2002)
TOTAL WAGES OF STAFF AND WORKERS

单位:亿元 (100 million yuan)

行 业	Sectors	2000	2001	2002
总 计	**Total**	**421.5**	**455.3**	**489.4**
农林牧渔业	Farming, Forestry, Animal Husbandry and Fishery	21.2	25.1	24.1
采掘业	Mining and Quarrying	50.5	52.2	55.8
制造业	Manufacturing	89.4	95.6	98.9
电力、煤气及水的生产和供应业	Production and Supply of Electricity, Gas and Water	16.4	19.2	21.7
建筑业	Construction	29.7	28.6	35.8
地质勘查和水利管理业	Geological Prospecting and Water Conservancy	6.9	7.1	7.5
交通运输、仓储及邮电通信业	Transport, Storage, Post and Telecommunication Services	38.9	39.5	42.6
批发零售贸易餐饮业	Wholesale and Retail Trade and Catering Services	25.7	27.4	25.9
金融保险业	Banking and Insurance	14.2	15.8	18.0
房地产业	Real Estate	4.1	4.6	5.5
社会服务业	Social Services	17.2	16.1	15.6
卫生体育和社会福利事业	Health Care, Sports and Social Welfare	16.5	18.6	21.5
教育、文化艺术和广播电视业	Education, Culture and Arts, Radio, Film and Television	45.9	54.3	62.1
科学研究和综合技术服务业	Scientific Research and Polytechnic Services	4.5	5.1	5.9
国家机关、政党机关和社会团体	Government Agencies, Party Agencies and Social Organizations	37.0	43.3	44.3
其他行业	Others	3.3	3.1	4.3

注:2003 年起执行新的国民经济行业分类,故 2003 年数据在另表列示。

Note: Since 2003, the new category standard of national economy industry is implemented, so the data of 2003 are listed on another table.

3－26 职工平均工资(2003)
AVERAGE WAGE OF STAFF AND WORKERS

单位:元 (yuan)

项 目	Item	合 计 Total	国有单位 State－owned Units	城镇集体单位 Urban Collective－owned Units	其他单位 Other
总 计	**Total**	**11038**	**11034**	**5425**	**13871**
按隶属关系分组	**Grouped by Administrative Relationship**				
中 央	Central		16865		
省	Provincial		8094		
地 区	Prefectural(Cities at Prefectural level)		11169		
县及县以下	County and Below County level		9495		
其 他	Others		10021		
按企业、事业、机关分组	**Grouped by Enterprises, Institutions and Agencies**				
企 业	Enterprises	10412	9872	5353	13872
#地 方	# Local		6515		
事 业	Institutions	12428	12459	9305	9113
#地 方	#Local		12228		
机 关	Agencies & Organizations	13955	13958	12595	
#地 方	#Local		13754		
按行业分组	**Grouped by Sector**				
农、林、牧、渔业	Farming, Forestry, Animal Husbandry and Fishery	5373	5406	2478	5676
农 业	Farming	5968	5972	3520	9723
林 业	Forestry	4677	4710	1449	4415
畜牧业	Animal Husbandry	4713	4673	5444	7103
渔 业	Fishery	5372	6534	6583	2970
农、林、牧、渔服务业	Farming, Forestry, Animal Husbandry and Fishery Services	7551	8231	2701	4467
采矿业	Mining	13466	7511	5912	14820
煤炭开采和洗选业	Mining and Washing of Coal	8230	7978	6252	8504
石油和天然气开采业	Extraction of Petroleum and Natural Gas	28990			28990
黑色金属矿采选业	Mining of Ferrous Metal Ores	5322	6066		5249
有色金属矿采选业	Mining of Non－ferrous Metal Ores	6527	6350	10221	7596
非金属矿采选业	Mining and Processing of Nonmetal Ores	5190	7121	3169	6370
其他采矿业	Mining of Other Ores n. e. c	10667	10667		
制造业	Manufacturing	10063	9590	5008	12728
农副食品加工业	Processing of Food from Agricultural Products	7862	5987	5152	9133
食品制造业	Manufacture of Foods	10487	5217	3622	13136
饮料制造业	Manufacture of Beverage	8008	7013	2010	9639
烟草制品业	Manufacture of Tobacco	17022	16231		23119
纺织业	Manufacture of Textile	7204	7199	3880	7499
纺织服装、鞋、帽制造业	Manufacture of Textile Wearing Apparel, Footware, and Caps	5625	11751	4281	6834
皮革、毛皮、羽(毛)绒及其制品业	Manufacture of Leather, Fur, feather and Its Products	3895	3709	3105	6036
木材加工及竹、藤、棕草制品业	Processing of Timbers, Manufacture of Wood, Bamboo, Rattan, Palm, and Straw Products	3754	3829	2283	5662
家具制造业	Manufacture of Furniture	5514	6178	2972	6917
造纸及纸制品业	Manufacture of Paper and Paper Products	7900	7916	6376	8209
印刷业和记录媒介的复制	Printing, Reproduction of Recording Media	7852	9138	6467	8262
文教体育用品制造业	Manufacture of Articles for Culture, Education and Sport Activity	4743	2000	2249	7553
石油加工、炼焦及核燃料加工业	Processing of Petroleum ,Coking, Processing of Nucleus Fuel	22827	22663	11102	23355
化学原料及化学制品制造业	Manufacture of Chemical Raw Material and Chemical Products	7096	7521	6781	6907
医药制造业	Manufacture of Medicines	13196	9267	2462	14705
化学纤维制造业	Manufacture of Chemical Fiber	10304	6409	6864	10439
橡胶制品业	Manufacture of Rubber	6312	4173	5134	7230
塑料制品业	Manufacture of Plastic	8313	5828	5128	11689

3 –26 续表 1 CONTINUED

单位:元 (yuan)

项 目	Item	合 计 Total	国有单位 State – owned Units	城镇集体单位 Urban Collective – owned Units	其他单位 Other
非金属矿物制品业	Manufacture of Non – metallic Mineral Products	6901	5629	5037	8359
黑色金属冶炼及压延加工业	Manufacture and Processing of Ferrous Metals	6901	3969	4452	10368
有色金属冶炼及压延加工业	Manufacture and Processing of Non – ferrous Metals	8196	11254	5540	2865
金属制品业	Manufacture of Metal Products	5011	8629	3464	5981
通用设备制造业	Manufacture of General Purpose Machinery	15937	8392	7113	26744
专用设备制造业	Manufacture of Dpecial Purpose Machinery	8291	8089	5505	9899
交通运输设备制造业	Manufacture of Transport Equipment	13550	17003	6686	8936
电气机械及器材制造业	Manufacture of Electrical Machinery and Equipment	10479	4253	4944	19383
通信设备、计算机及其他电子设备业	Manufacture of Communication Equipment ,Computer and Other Electronic Equipment	6696	3582	3558	8617
仪器仪表及文化、办公用机械制造业	Manufacture of Measuring Instrument and Machinery for Cultural Activity and Office Work	6875	5780	4802	7875
工艺品及其他制造业	Manufacture of Artwork, Other Manufacture n. e. c	6594	5346	6345	8159
废弃资源和废旧材料回收加工业	Recycling and Disposal of Waste	5703	6923	4614	6042
电力、燃气及水的生产和供应业	Production and Distribution of Electricity,Gas and Water	15702	14903	14994	19260
电力、热力的生产和供应业	Production and Supply of Electric Power and Heat Power	16556	15563	14666	20495
燃气生产和供应业	Production and Distribution of Gas	10642	10787	18000	7809
水的生产和供应业	Production and Distribution of Water	13371	13635	16085	10516
建筑业	Construction	10641	12190	5054	15350
房屋和土木工程建筑业	Construction of Building and Civil Engineering	10193	12282	4727	14521
建筑安装业	Architectural Installation	13814	11649	10446	17568
建筑装饰业	Architectural Decoration	13024	6582	4895	19964
其他建筑业	Other Construction	10398	11281	6920	11649
交通运输、仓储和邮政业	Traffic,Transport, Storage and Post	12784	13260	5500	12729
铁路运输业	Transport Via Railway	16675	16888	8286	23650
道路运输业	Transport Via Road	8757	9317	4824	9962
城市公共交通业	Urban Public Traffic	12637	13427	7378	8100
水上运输业	Water Transport	9976	10117	3899	12180
航空运输业	Air Transport	28025	23899		32358
管道运输业	Transport Via Pipeline	23523	24386		5720
装卸搬运和其他运输服务业	Loading, Unloading, Portage and Other Transport Services	9473	12491	4437	9353
仓储业	Storage	7183	7159	8038	8293
邮政业	Post	19951	20471	6302	
信息传输、计算机服务和软件业	Information Transfer, Computer Services and Software	26315	26357	8961	26923
电信和其他信息传输服务业	Telecom and Other Information Transfer Services	27643	26702	9315	33025
计算机服务业	Computer Services	12663	13811	4600	12420
软件业	Software Industry	16749	4473	9400	17708
批发和零售业	Wholesale and Retail Trade	8400	8156	3980	11785
批发业	Wholesale	7794	7734	5579	8964
零售业	Retail Trade	8996	8793	3294	13955
住宿和餐饮业	Accommodation and Restaurants	8528	6911	5192	13073
住宿业	Accommodation	6833	6965	4666	8241
餐饮业	Restaurants	12781	6660	7727	17205
金融业	Finance	18407	19457	11300	22338
银行业	Bank	17995	19437	11302	24203
证券业	Securities	30492	23180		31684
保险业	Insurance	20410			20410
其他金融活动	Other Financial Activities	25919	23232	7000	28328

3-26 续表2 CONTINUED

单位:元　　　　(yuan)

项　目	Item	合　计 Total	国有单位 State-owned Units	城镇集体单位 Urban Collective-owned Units	其他单位 Other
房地产业	Real Estate	11142	11536	11171	10222
房地产开发经营	Real Estate Exploitation Management	11955	13044	11936	11307
物业管理	Management Concerning Dwelling	10125	10825	8192	8377
房地产中介服务	Real Estate Agency Service	9725	9374	3000	10850
租赁和商务服务业	Tenancy and Business Services	9069	9325	6265	12225
租赁业	Tenancy	7217	7068	3333	9000
商业服务业	Business Service	9104	9366	6293	12327
科学研究、技术服务和地质勘查业	Scientific Research, Technical Service and Geologic Perambulation	14084	14277	9972	11225
研究与试验发展	Research and Experimental Development(R&D)	16252	16184	5773	19537
自然科学研究与试验发展	R&D on Physical Science	16871	16950	2700	8841
工程和技术研究与试验发展	R&D on Engineering and Technical Research	16396	16467		8030
农业科学研究与试验发展	R&D on Agricultural Science Research	14107	14126		7273
医学研究与试验发展	R&D on Medical Research	21060	17260	8333	22746
社会人文科学研究与试验发展	R&D on Social Science and Humanities	17633	17633		
专业技术服务业	Professional Technique Services	8911	8796	9362	10339
气象服务	Weather Services	14477	14510	6857	
地震服务	Earthquake Services	16719	17129		6375
测绘服务	Plotting Services	15565	15723		6226
技术检测	Technique Detection	12905	13019	11455	9752
环境监测	Environmental Monitoring	12952	13003	7115	8000
工程技术与规划管理	Engineering Technic and Programming Management	6418	6037	9000	10478
科技交流和推广服务业	Services of Science and Technique Intercommunion and Generalization	11197	11624	8098	10478
地质勘查业	Geologic Perambulation	19623	19727	4978	5787
水利、环境和公共设施管理业	Management of Water Conservancy, Environment and Public Establishment	9898	9912	14043	8311
水利管理业	Management of Water Conservancy	9060	9113	9936	6477
环境管理业	Environmental Management	9760	9858	6107	11951
公共设施管理业	Management of Public Establishment	10895	10753	7710	6197
居民服务和其他服务业	Resident Services and Other Services	6330	9750	14807	8853
居民服务业	Resident Services	5770	8830	4453	7139
其他服务业	Other Services	6772	11758	2578	10383
教　育	Education	13808	13797	5358	14371
初等教育	Primary Education	12527	12530	16889	8279
中等教育	Secondary Education	13241	13227		18392
高等教育	Higher Education	19649	19569	15732	7200
卫生、社会保障和社会福利业	Sanitation, Social Security and Social Welfare	13066	13251	27894	12267
卫　生	Sanitation	13092	13282	8792	12330
社会保障业	Social Security	12315	12194	8662	
社会福利业	Social Welfare	12884	13209	15053	10643
文化、体育和娱乐业	Culture, Sports and Entertainment	13977	13961	7172	14816
新闻出版业	Journalism and Publishing Activities	19979	20014	14096	3250
广播、电影、电视和音像业	Broadcasting, Movies, Television and Audiovisual	11963	11980	14655	5714
文化艺术业	Culture and Art	12820	12822	14311	6071
体　育	Sports Activities	14500	14587	19455	5172
娱乐业	Entertainment	13923	10527	8300	17822
公共管理和社会组织	Public Management and Social Organization	14097	14102	11680	
中国共产党机关	Chinese Communist Party Organs	14718	14718		
国家机构	Organ of State	14096	14102	11672	
人民政协和民主党派	People's Political Consultative Conference and Democratic Parties	16658	16670		
群众社团、社会团体和宗教组织	Mass Communities, Social Communities and Religion Organizations	15546	15576	11865	

3－27 各地区职工平均工资(2003)
AVERAGE WAGE OF STAFF AND WORKERS

单位:元 (yuan)

地 区	Region	总 计 Total	农、林、牧、渔业 Farming, Forestry, Farming of Animals and Fishing	采矿业 Mining	制造业 Manufa－cturing	电力、燃气及水的生产供应业 Production and Distribution of Electricity, Gas and Water	建筑业 Construction	交通运输仓储及邮政业 Traffic, Transport, Storage & Post
全 省	**Total**	**11038**	**5373**	**13466**	**10063**	**15702**	**10641**	**12784**
哈尔滨	Harbin	12077	5864	7030	11021	16397	11933	10834
齐齐哈尔	Qiqihar	9893	4622	3894	8458	16716	7737	7918
鸡 西	Jixi	9070	5210	6737	7512	15373	7006	8976
鹤 岗	Hegang	9116	4529	7931	4872	24862	8027	8611
双鸭山	Shuangyashan	9760	5559	9531	6247	15205	8068	7561
大 庆	Daqing	19702	5758	28960	20595	24034	13369	18207
伊 春	Yichun	5920	3659	4720	4638	7091	6456	9814
佳木斯	Jiamusi	9026	5294	5099	6845	12166	7047	7960
七台河	Qitaihe	9336	6998	9151	6194	14922	8745	7184
牡丹江	Mudanjiang	9491	4088	6543	7566	14951	8701	9658
黑 河	Heihe	9838	5046	7879	5450	15404	6787	11767
绥 化	Suihua	7848	5306	14825	6047	9364	5136	6035
大兴安岭	Daxinganling	8358	6415	8864	4114	7847	6124	13084
农垦总局	ARB	7204	5988	8172	9491	9015	11126	6414
其 他	Others	16372	13217	13420	11617	13979	12362	17029

3－27 续表1 CONTINUED

单位:元 (yuan)

地 区	Region	信息传输、计算机服务和软件业 Information Transfer, Computer Services and Software	批发和零售业 Wholesale and Retail Trade	住宿和餐饮业 Accom－modation and Catering	金融业 Finance	房地产业 Real Estate	租赁和商务服务业 Tenancy and Business Services	科学研究技术服务和地质勘查业 Scientific Rese－arch, Technical Service and Geologic Perambulation
全 省	**Total**	**26318**	**8400**	**8528**	**18407**	**11142**	**9069**	**14084**
哈尔滨	Harbin	36420	8960	10338	22471	11842	10151	10655
齐齐哈尔	Qiqihar	19563	5748	5393	15558	10915	8628	12714
鸡 西	Jixi	27533	7489	5844	16469	11538	7393	12288
鹤 岗	Hegang	13209	6876	4893	13629	9973	9040	13175
双鸭山	Shuangyashan	15073	7295	8439	15376	8308	9714	13308
大 庆	Daqing	28170	8510	7374	22116	14545	10405	20848
伊 春	Yichun	21466	6534	6667	15515	14071	10039	12950
佳木斯	Jiamusi	14704	6086	5268	14201	8776	8625	12176
七台河	Qitaihe	20528	6851	5951	14120	8754	9019	9787
牡丹江	Mudanjiang	26905	6922	6894	18424	9534	8270	13619
黑 河	Heihe	16166	7201	5463	17115	7786	9932	11796
绥 化	Suihua	17003	5375	5734	12809	6603	5615	10943
大兴安岭	Daxinganling	20308	12191	8601	21892	12520	14226	15713
农垦总局	ARB	10870	8944	4500		10885	6821	10364
其 他	Others	16616	15827	11861	35188	20639	18581	18994

3－27 续表 2 CONTINUED

单位:元 (yuan)

地 区	Region	水利、环境和公共设施管理业 Management of Water Conservancy, Environment and Public Establishment	居民服务和其他服务业 Resident Services and Other Services	教 育 Education	卫生、社会保障和社会福利业 Sanitation, Social Security and Social Welfare	文化、体育和娱乐业 Culture, Sports and Entertainment	公共管理和社会组织 Public Management and Social Organization
全 省	**Total**	**9898**	**6330**	**13808**	**13066**	**13977**	**14097**
哈尔滨	Harbin	11846	6013	15612	14796	16649	17476
齐齐哈尔	Qiqihar	9432	10582	12849	11124	11965	12941
鸡 西	Jixi	9901	10926	12955	12481	11515	13137
鹤 岗	Hegang	9814	12360	14604	13392	12835	13820
双鸭山	Shuangyashan	9986	11762	12699	10579	11315	12579
大 庆	Daqing	14432	9327	17526	17760	12942	15315
伊 春	Yichun	10987	6494	14596	13394	13439	13525
佳木斯	Jiamusi	8143	7602	12434	12131	9978	11951
七台河	Qitaihe	9409	6938	12548	12164	10877	12566
牡丹江	Mudanjiang	7708	8012	13565	13818	11906	13919
黑 河	Heihe	10123	5415	13888	12093	12495	13611
绥 化	Suihua	8347	9832	9830	8890	9530	9532
大兴安岭	Daxinganling	14495	9952	17469	16510	15463	15198
农垦总局	ARB	4059	5505	11537	9972	13023	13424
其 他	Others			14959	16285	16914	19388

3－28 全部职工平均工资(2000－2002)
AVERAGE WAGE OF STAFF AND WORKERS

单位:元 (yuan)

行 业	Sectors	2000	2001	2002
总 计	**Total**	**7835**	**8910**	**9926**
农林牧渔业	Farming, Forestry, Animal Husbandry and Fishery	4536	5323	5382
采掘业	Mining and Quarrying	6553	7321	8329
制造业	Manufacturing	7244	8255	8797
电力、煤气及水的生产和供应业	Production and Supply of Electricity, Gas and Water	11479	13276	14398
建筑业	Construction	6983	7403	9034
地质勘查和水利管理业	Geological Prospecting and Water Conservancy	11843	13323	16043
交通运输、仓储及邮电通信业	Transport, Storage, Post and Telecommunication Services	10979	11997	12941
批发零售贸易餐饮业	Wholesale and Retail Trade and Catering Services	6364	7215	7644
金融保险业	Banking and Insurance	13175	14893	17052
房地产业	Real Estate	8961	9924	10451
社会服务业	Social Services	7650	8419	8785
卫生体育和社会福利事业	Health Care, Sports and Social Welfare	9138	10407	12179
教育、文化艺术和广播电视业	Education, Culture and Arts, Radio, Film and Television	9319	11070	13089
科学研究和综合技术服务业	Scientific Research and Polytechnic Services	10351	11786	13657
国家机关、政党机关和社会团体	Government Agencies, Party Agencies and Social Organizations	9592	11388	12878
其他行业	Others			

注:2003 年起执行新的国民经济行业分类,故 2003 年数据在另表列示。

Note: Since 2003, the new category standard of national economy industry is implemented, so the data of 2003 are listed on another table.

3－29 各地区国有单位职工平均工资(2003)

AVERAGE WAGE OF STAFF AND WORKERS IN STATE－OWNED UNITS BY REGION

单位:元 (yuan)

地 区	Region	总 计 Total	农、林、牧、渔业 Farming, Forestry, Farming of Animals and Fishing	采矿业 Mining	制造业 Manufa－cturing	电力、燃气及水的生产供应业 Production and Distribution of Electricity, Gas and Water	建筑业 Construction	交通运输仓储及邮政业 Traffic, Transport, Storage & Post
全 省	**Total**	**11034**	**5406**	**7511**	**9590**	**14903**	**12190**	**13260**
哈尔滨	Harbin	12295	5870	8094	8753	15036	13356	10768
齐齐哈尔	Qiqihar	10628	4650	4320	9564	17949	7823	8863
鸡 西	Jixi	10756	5303	6845	7084	15243	6977	10828
鹤 岗	Hegang	10771	4545	6071	4481	16512	5887	8872
双鸭山	Shuangyashan	9955	5576	8170	4684	8131	7237	7794
大 庆	Daqing	17426	6163		23234	23904	14581	18371
伊 春	Yichun	6189	3656	4638	5059	7177	7935	9830
佳木斯	Jiamusi	9649	5301	5304	6011	11786	6090	8886
七台河	Qitaihe	10411	7027	10944	9523	10229	6759	7368
牡丹江	Mudanjiang	10561	4325	5201	9362	16100	7842	10870
黑 河	Heihe	10052	4999	8224	5803	14273	6806	11909
绥 化	Suihua	8393	5309	4286	5798	9468	5631	6063
大兴安岭	Daxinganling	8617	6416	9978	6575	7847	5357	13615
农垦总局	ARB	7060	5983	8204	9487	9083	13083	6411
其 他	Others	16372	13217	13420	11617	13979	12362	17029

3－29 续表1 CONTINUED

单位:元 (yuan)

地 区	Region	信息传输、计算机服务和软件业 Information Transfer, Computer Services and Software	批发和零售业 Wholesale and Retail Trade	住宿和餐饮业 Accom－modation and Catering	金融业 Finance	房地产业 Real Estate	租赁和商务服务业 Tenancy and Business Services	科学研究技术服务和地质勘查业 Scientific Rese－arch, Technical Service and Geologic Perambulation
全 省	**Total**	**26357**	**8156**	**6911**	**19457**	**11536**	**9325**	**14277**
哈尔滨	Harbin	44445	8355	7160	23479	11702	12657	10608
齐齐哈尔	Qiqihar	14060	6358	6110	16475	11913	9897	13069
鸡 西	Jixi	29006	7462	5969	18246	11908	7528	12673
鹤 岗	Hegang	13209	7544	3817	14010	10493	12073	13175
双鸭山	Shuangyashan	15175	7041	8886	17960	8214	9972	13308
大 庆	Daqing	26521	6623	7862	24024	15024	5083	20987
伊 春	Yichun	22498	7171	6598	16348	10655	9671	12943
佳木斯	Jiamusi	15000	6386	6260	16023	10557	11142	12245
七台河	Qitaihe	15313	7445	6580	14760	7941	9774	9865
牡丹江	Mudanjiang	30964	6849	7515	19462	11453	9795	13859
黑 河	Heihe	16272	7619	5598	17926	8808	10860	11979
绥 化	Suihua	17003	5589	5975	14675	8124	6214	11024
大兴安岭	Daxinganling	20308	14683	9596	23946	12531	14256	15713
农垦总局	ARB	10870	7453	4493		11056	6811	10364
其 他	Others	16616	15827	11861	35188	20639	18581	18994

3-29 续表 2　CONTINUED

单位:元　(yuan)

地区	Region	水利、环境和公共设施管理业 Management of Water Conservancy, Environment and Public Establishment	居民服务和其他服务业 Resident Services and Other Services	教育 Education	卫生、社会保障和社会福利业 Sanitation, Social Security and Social Welfare	文化、体育和娱乐业 Culture, Sports and Entertainment	公共管理和社会组织 Public Management and Social Organization
全省	**Total**	**9912**	**9750**	**13797**	**13251**	**13961**	**14102**
哈尔滨	Harbin	12042	11411	15587	15227	16738	17503
齐齐哈尔	Qiqihar	9652	14693	12863	11350	11978	12951
鸡西	Jixi	9901	11348	12955	12514	11515	13141
鹤岗	Hegang	9814	17239	14623	14242	12835	13820
双鸭山	Shuangyashan	10296	12943	12702	10607	11315	12579
大庆	Daqing	12927	12799	17526	17841	12942	15315
伊春	Yichun	10987	14537	14596	13710	13439	13528
佳木斯	Jiamusi	8362	7973	12434	12250	9978	11950
七台河	Qitaihe	9409	11149	12548	12395	10877	12566
牡丹江	Mudanjiang	7671	8670	13590	14026	11993	13921
黑河	Heihe	10124	14428	13888	12111	12495	13608
绥化	Suihua	8349	10418	9830	8948	9537	9532
大兴安岭	Daxinganling	14495	16571	17469	16519	15463	15198
农垦总局	ARB	4033	5495	11537	9988	13023	13424
其他	Others			14959	16285	16914	19388

3-30 国有单位职工平均工资(2000-2002)
AVERAGE WAGE OF STAFF AND WORKERS IN STATE-OWNED UNITS

单位:元　(yuan)

行业	Sectors	2000	2001	2002
总计	**Total**	**7792**	**8924**	**9921**
农林牧渔业	Farming, Forestry, Animal Husbandry and Fishery	4599	5401	5454
采掘业	Mining and Quarrying	4199	4904	5018
制造业	Manufacturing	7096	8055	8300
电力、煤气及水的生产和供应业	Production and Supply of Electricity, Gas and Water	10976	12675	13484
建筑业	Construction	8090	8335	9985
地质勘查和水利管理业	Geological Prospecting and Water Conservancy	11956	13394	16105
交通运输、仓储及邮电通信业	Transport, Storage, Post and Telecommunication Services	11398	12415	13301
批发零售贸易餐饮业	Wholesale and Retail Trade and Catering Services	6383	6781	7124
金融保险业	Banking and Insurance	13813	16257	18040
房地产业	Real Estate	8800	9810	10747
社会服务业	Social Services	8131	9236	9815
卫生体育和社会福利事业	Health Care, Sports and Social Welfare	9244	10535	12313
教育、文化艺术和广播电视业	Education, Culture and Arts, Radio, Film and Television	9309	11071	13092
科学研究和综合技术服务业	Scientific Research and Polytechnic Services	10547	12099	13930
国家机关、政党机关和社会团体	Government Agencies, Party Agencies and Social Organizations	9601	11396	12892
其他行业	Others			

注:2003 年起执行新的国民经济行业分类,故 2003 年数据在另表列示。

Note: Since 2003, the new category standard of national economy industry is implemented, so the data of 2003 are listed on another table.

3－31 城镇集体单位职工平均工资(2003)

AVERAGE WAGE OF STAFF AND WORKERS IN URBAN COLLECTIVE－OWNED UNITS

单位:元 (yuan)

地 区	Region	总 计 Total	农、林、牧、渔业 Farming, Forestry, Farming of Animals and Fishing	采矿业 Mining	制造业 Manufa－cturing	电力、燃气及水的生产供应业 Production and Distribution of Electricity, Gas and Water	建筑业 Construction	交通运输仓储及邮政业 Traffic, Transport, Storage & Post
全 省	**Total**	**5425**	**2478**	**5912**	**5008**	**14994**	**5054**	**5500**
哈尔滨	Harbin	4972	3780	3079	5278	12989	3870	6014
齐齐哈尔	Qiqihar	6882	2059	3831	7063	9328	6947	4544
鸡 西	Jixi	5826	2662	5006	6075		7552	3759
鹤 岗	Hegang	5691	4197	4850	3902		7062	6227
双鸭山	Shuangyashan	8117	9607	9711	6478	10891	8173	5702
大 庆	Daqing	11821	6725		11539	16907	10927	13597
伊 春	Yichun	2666	3179	6026	2058	3000	3392	7074
佳木斯	Jiamusi	6277	4313	6000	4618	22834	7554	2890
七台河	Qitaihe	8675		9417	5348		4957	6397
牡丹江	Mudanjiang	5970	1766	10844	4113	7728	11503	5360
黑 河	Heihe	6085	6135		3259		7308	3600
绥 化	Suihua	5380	4667		4237	3565	5951	3352
大兴安岭	Daxinganling	4055		1174	2272		6539	
农垦总局	ARB	5492	5516		5599		5070	

3－31 续表 1 CONTINUED

单位:元 (yuan)

地 区	Region	信息传输、计算机服务和软件业 Information Transfer, Computer Services and Software	批发和零售业 Wholesale and Retail Trade	住宿和餐饮业 Accom－modation and Catering	金融业 Finance	房地产业 Real Estate	租赁和商务服务业 Tenancy and Business Services	科学研究技术服务和地质勘查业 Scientific Rese－arch, Technical Service and Geologic Perambulation
全 省	**Total**	**8961**	**3980**	**5192**	**11300**	**11171**	**6265**	**9972**
哈尔滨	Harbin	8560	3679	5829	11801	12728	5732	8492
齐齐哈尔	Qiqihar		3722	4075	11209	8250	6426	7879
鸡 西	Jixi	8750	7735	5233	10497	1050	5293	8429
鹤 岗	Hegang		5971	5990	10313	3970	6897	
双鸭山	Shuangyashan		5820	3750	10213	10584	10803	
大 庆	Daqing		8589	7643	11539	6173	11731	14468
伊 春	Yichun	10258	5486	7738	12438		9022	
佳木斯	Jiamusi	11000	4611	2104	8584	5238	6255	5357
七台河	Qitaihe		5170	5440	11673	8673	7378	11455
牡丹江	Mudanjiang	6712	4236	4783	14832	5033	7811	
黑 河	Heihe		4282	3848	12373	5989	5658	10202
绥 化	Suihua		3970	2745	9099	3550	3421	8313
大兴安岭	Daxinganling		5864	7000	14842		12111	
农垦总局	ARB		6824					

3－31 续表 2　CONTINUED

单位:元　　　　(yuan)

地　区	Region	水利、环境和公共设施管理业 Management of Water Conservancy, Environment and Public Establishment	居民服务和其他服务业 Resident Services and Other Services	教　育 Education	卫生、社会保障和社会福利业 Sanitation, Social Security and Social Welfare	文化、体育和娱乐业 Culture, Sports and Entertainment	公共管理和社会组织 Public Management and Social Organization
全　省	**Total**	**9936**	**4453**	**16889**	**8792**	**14096**	**11680**
哈尔滨	Harbin	7748	4505	17560	9778	14444	11654
齐齐哈尔	Qiqihar	7417	3643	1080	6361	6000	9712
鸡　西	Jixi		6000		11758		12160
鹤　岗	Hegang		5855	6545	9680		13790
双鸭山	Shuangyashan	7533	3824	7875	6000		
大　庆	Daqing	20832	6167		7222		
伊　春	Yichun		2541		6329		9778
佳木斯	Jiamusi	3949	6067		6611		12707
七台河	Qitaihe				8549		
牡丹江	Mudanjiang	5115	2733	10875	6178		12238
黑　河	Heihe		2277		6238		16385
绥　化	Suihua	7200	6000	10700	5954	9000	9488
大兴安岭	Daxinganling		3333		12000		
农垦总局	ARB		7294				

3－32　城镇集体单位职工平均工资(2000－2002)

AVERAGE WAGE OF STAFF AND WORKERS IN URBAN COLLECTIVE－OWNED UNITS

单位:元　　　　(yuan)

行　业	Sectors	2000	2001	2002
总　计	**Total**	**4708**	**4917**	**5100**
农林牧渔业	Farming, Forestry, Animal Husbandry and Fishery	3133	3368	2604
采掘业	Mining and Quarrying	4804	4274	4374
制造业	Manufacturing	3985	4476	4949
电力、煤气及水的生产和供应业	Production and Supply of Electricity, Gas and Water	13606	14559	14091
建筑业	Construction	4987	4951	4831
地质勘查和水利管理业	Geological Prospecting and Water Conservancy	10097	11220	13962
交通运输、仓储及邮电通信业	Transport, Storage, Post and Telecommunication Services	5189	5262	4683
批发零售贸易餐饮业	Wholesale and Retail Trade and Catering Services	3694	4101	3919
金融保险业	Banking and Insurance	9794	9901	10844
房地产业	Real Estate	10423	11031	9914
社会服务业	Social Services	4891	4648	4507
卫生体育和社会福利事业	Health Care, Sports and Social Welfare	6990	7746	9082
教育、文化艺术和广播电视业	Education, Culture and Arts, Radio, Film and Television	8513	11009	12763
科学研究和综合技术服务业	Scientific Research and Polytechnic Services	7786	7912	7719
国家机关、政党机关和社会团体	Government Agencies, Party Agencies and Social Organizations	7831	9495	8980
其他行业	Others			

注:2003 年起执行新的国民经济行业分类,故 2003 年数据在另表列示。

Note: Since 2003, the new category standard of national economy industry is implemented, so the data of 2003 are listed on another table.

主要统计指标解释

人口数 指一定时点、一定地区范围内的有生命的个人的总和。

年度统计的年末人口数指每年 12 月 31 日 24 时的人口数。年度统计的全国人口总数内未包括台湾省和港澳同胞以及海外华侨人数。

城镇人口和乡村人口 其定义有三种口径：

第一种口径(按行政建制)

城镇人口是指市辖区内和县辖镇的全部人口；

乡村人口是指县辖乡人口。

第二种口径(按常住人口划分)

城镇人口是指设区的市的区人口和不设区的市所辖的街道人口以及不设区的市所辖镇的居民委员会人口和县辖镇的居民委员会人口；

乡村人口是除上述人口以外的全部人口。

第三种口径

城乡人口的划分是按照国家统计局 1999 年发布的《关于统计上划分城乡的规定(试行)》计算的。

1952 –1980 年数据为第一种口径的数据，1982 –1999 年的数据为第二种口径的数据。2000 年人口普查数据的城乡人口的划分是第三种口径。

出生率(又称粗出生率) 指在一定时期内(通常为一年)一定地区的出生人数与同期内平均人数(或期中人数)之比。一般用千分率表示。本资料中的出生率指年出生率，其计算公式为：

出生率 = 年出生人数/年平均人数 ×1000‰

式中：出生人数指活产婴儿，即胎儿脱离母体时(不管怀孕月数)，有过呼吸或其他生命现象。年平均人数指年初、年底人口数的平均数，也可用年中人口数代替。

死亡率(又称粗死亡率) 指在一定时期内(通常为一年)一定地区的死亡人数与同期内平均人数(或期中人数)之比，一般用千分率表示。本资料中的死亡率指年死亡率，其计算公式为：

死亡率 = 年死亡人数/年平均人数 ×1000‰

人口自然增长率 指在一定时期内(通常为一年)人口自然增加数(出生人数减死亡人数)与该时期内平均人数(或期中人数)之比，一般用千分率表示。计算公式为：

人口自然增长率 = (本年出生人数 – 本年死亡人数)/年平均人数 ×1000‰ = 人口出生率 – 人口死亡率

总负担系数 指被抚养人口(0 –14 岁和 65 岁以上人口)与 15 –64 岁人口的比例。计算公式为：

总负担系数 = 被抚养人口/15 –64 岁人口 ×100%

负担老年系数 指老年人口(65 岁以上人口)与 15 –64 岁人口的比例。计算公式为：

负担老年系数 = 老年人口/15 –64 岁人口 ×100%

负担少年系数 指少年儿童与 15 –64 岁人口的比例。计算公式为：

负担少年系数 = 少年儿童人口/15 –64 岁人口 ×100%

经济活动人口 指在 16 岁以上，有劳动能力，参加或要求参加社会经济活动的人口；包括从业人员和失业人员。

从业人员 指从事一定社会劳动并取得劳动报酬或经营收入的人员，包括全部职工、再就业的离退休人员、私营业主、个体户主、私营和个体从业人员、乡镇企业从业人员、农村从业人员、其他从业人员(包括民办教师、宗教职业者、现役军人等)。这一指标反映了一定时期内全部劳动力资源的实际利用情况，是研究我国基本国情国力的重要指标。

各单位的从业人员　指在各级国家机关、政党机关、社会团体及企业、事业单位中工作，取得工资或其他形式的劳动报酬的全部人员。包括在岗职工、再就业的离退休人员、民办教师以及在各单位中工作的外方人员和港澳台方人员、兼职人员、借用的外单位人员和第二职业者。不包括离开本单位仍保留劳动关系的职工。各单位的从业人员反映了各单位实际参加生产或工作的全部劳动力。

城镇私营和个体从业人员　城镇私营从业人员指在工商管理部门注册登记，其经营地址设在县城关镇(含城关镇)以上的私营企业从业人员；包括私营企业投资者和雇工。城镇个体从业人员指在工商管理部门注册登记，并持有城镇户口或在城镇长期居住，经批准从事个体工商经营的从业人员；包括个体经营者和在个体工商户劳动的家庭帮工和雇工。

城镇登记失业人员　指有非农业户口，在一定的劳动年龄内，有劳动能力，无业而要求就业，并在当地就业服务机构进行求职登记的人员。

城镇登记失业率　指城镇登记失业人数同城镇从业人数与城镇登记失业人数之和的比。计算公式为：

城镇登记失业率 = 城镇登记失业人数/(城镇从业人数 + 城镇登记失业人数) ×100%

职工　指在国有经济、城镇集体经济、联营经济、股份制经济、外商和港、澳、台投资经济、其他经济单位及其附属机构工作，并由其支付工资的各类人员，不包括返聘的离退休人员、民办教师、在国有经济单位工作的外方人员和港、澳、台人员(1998 年以后的数据均为在岗职工数据，其他相关指标如职工工资总额，职工平均工资等指标也从 1998 年按此口径进行了相应调整)。

国有单位职工　指在国有经济单位及其附属机构工作，并由其支付工资的各类人员。

城镇集体单位职工　指在城镇集体经济单位及其管理部门工作，并由其支付工资的各类人员。

其他单位职工　指在联营经济、股份制经济、外商投资经济、港、澳、台投资经济单位工作，并由其支付工资的各类人员。

在岗职工　指在本单位工作并由单位支付工资的人员，以及有工作岗位，但由于学习、病伤产假等原因暂未工作，仍由单位支付工资的人员。

职工工资总额　指各单位在一定时期内直接支付给本单位全部职工的劳动报酬总额。工资总额的计算原则应以直接支付给职工的全部劳动报酬为根据。各单位支付给职工的劳动报酬以及其他根据有关规定支付的工资，不论是计入成本的还是不计入成本的，不论是按国家规定列入计征奖金税项目的，还是未列入计征奖金税项目的，不论是以货币形式支付的还是以实物形式支付的，均包括在工资总额内。

职工平均工资　指企业、事业、机关单位的职工在一定时期内平均每人所得的货币工资额。它表明一定时期职工工资收入的高低程度，是反映职工工资水平的主要指标。计算公式为：

职工平均工资 = 报告期实际支付的全部职工工资总额/报告期全部职工平均人数

EXPLANATORY NOTES ON MAIN STATISTICAL INDICATORS

Total Population refers to the total number of people alive at a certain point of time within a given area.

The annual statistics on total population is taken at midnight, the 31st of December, not including residents in Taiwan province, Chinese compatriots in Hong Kong and Macao and overseas Chinese.

Urban Population and Rural Population There are three definitions.

The first definition (by the administrative system):

Urban Population refers to total population under the jurisdiction of city and the population of towns under the jurisdiction of counties.

Rural Population refers to total population of townships under the jurisdiction of counties.

The second definition (by the permanent residence):

Urban Population refers to total population of districts under the jurisdiction of a city with district establishment, the population of street committees under the jurisdiction of a city without district establishment, population of resident – committees of towns under the jurisdiction of a city without district establishment, and the of resident – committees of towns under the jurisdiction of a county.

Rural Population refers to total population except urban population.

The third definition (based on the statistical classification)

Urban Population/ Rural Population are classified according to the Regulation of Statistics Classification on Urban and Rural Population (Draft), formulated by the National Bureau of Statistics in 1999.

Data from 1952 to 1980 are the figures according to the first definition. Data from 1982 to 1999 are the figures according to the second definition. Urban/rural population in 2000 is the figure according to the third definition.

Birth Rate or (Crude Birth Rate) refers to the ratio of the number of births to the average population (or mid – period population) during a certain period of time (usually a year) which is often expressed in ‰. Birth rate in the chapter refers to annual birth rate. The following formula is used:

Birth Rate = Number of Births/Average Number of Population × 1000‰

Number of births refers to live births i. e. the births when babies had showed any vital phenomena regardless of the length of pregnancy.

Annual Average Number of Population is the average of the number of population at the beginning of the year and that at the end of the year. Sometimes it is substituted for with the mid year population.

Death Rate (or Crude Death Rate) refers to the ratio of the number of deaths to the average population (or mid – period population) during a certain period of time (usually a year) which is often expressed in ‰. Death rate in the chapter refers to annual death rate. The following formula is used:

Death Rate = Number of Deaths/Annual Average Number of Population × 1000‰

Natural Growth Rate of Population refers to the ratio of natural increase in population (number of births minus number of deaths) in a certain period of time (usually a year) to the average population (or mid – period population) of the same period which is often expressed in ‰. The following formulas are applied:

Natural Growth of Population = (Number of Births – Number of Deaths)/Average Number of Population × 1000‰

Natural Growth Rate of Population = Birth Rate – Death Rate

Total Dependency Ratio refers to the ratio of number of dependents to the total population aged 15 – 64, the number of dependents being population aged 0 – 14 and population aged 65 and over. The total dependency ratio is calculated as follows:

Total Dependency Ratio = Number of Dependents/Population Aged 15 – 64 × 100%

The Aged Dependency Ratio refers to the ratio of the number of the aged population to the total population aged 15 – 64, the aged being population aged 65 and over. The aged dependency ratio is calculated as follows:

The Aged Dependency Ratio = Number of the Aged Population/ Population Aged 15 – 64 × 100%

The Juvenile and Children Dependency Ratio refers to the ratio of the number of the juvenile and children to the total population aged 15 – 64, the juvenile and children being population aged 0 – 14. The juvenile and children dependency ratio is calculated as follows:

The Juvenile and Children Dependency Ratio = Number of Juvenile and Children/ Population Aged 15 – 64 × 100%

Economically Active Population refers to the population aged 16 and over who are capable to work, are participating in or willing to participate in economic activities, including employed persons and unemployed persons.

Employed Persons refer to the persons who are engaged in social working and receive remuneration payment or earn business income, including total staff and workers, re – employed retirees, employers of private enterprises, self – employed workers, employees in private enterprises and individual economy, employees in township enterprises, employed persons in the rural areas, and other employed persons (including teachers in the schools run by the local people, people engaged in religious profession and the servicemen, etc.). This indicator reflects the actual utilization of total labour force during a certain period of time and is often used for the research on China's economic situation and national power.

Persons Employed in Various Units refer to all the persons working in government agencies of various levels, political and party organizations, social organizations, enterprises and institutions, and receiving wages or other forms of payment. They include fully – employed staff and workers, re – employed retirees, teachers in schools run by the local people, foreigners and Chinese compatriots from Hong Kong, Macao, and Taiwan working in various units, part – time employees, employees of other units working temporarily at current posts, and employees holding the second job, but exclude staff and workers who have left their working units while keeping their labour contract (employment relation) unchanged. This indicator reflects the total number of laborers actually engaged in production or other operations in various units.

Persons Employed in Private Enterprises and Self – Employed Individuals in Urban Areas Persons employed in private enterprises refer to the persons employed in the private enterprises which have been registered at the departments of industrial and commercial administration and are situated at a county town (i. e. a town where the county government is located) for business operation or at urban areas with the level higher than a county town. The self – employed individuals in urban areas refer to persons who hold the certificates of residence in urban areas or have resided in the urban areas for a long time and have been registered at the departments of industrial and commercial administration and approved to be engaged in individual industrial or commercial business, including self – employed persons as well as helpers and hired labourers who work in the individual households engaged in industrial or commercial business.

Registered Urban Unemployed Persons The registered unemployed persons in urban areas refer to the persons who are registered as permanent residents in the urban areas engaged in non – agricultural activities, aged within the range of working age, capable to labour, unemployed but desirous to be employed and have been registered at the local employment service agencies to apply for a job.

Registered Urban Unemployment Rate Registered unemployment rate in urban areas refers to the ratio of the number of the registered unemployed persons to the sum of the number of employed persons and the registered unemployed persons. The formula is as follows:

Registered urban unemployment rate = number of registered urban unemployed persons ÷ (number of urban employed persons +

number of registered urban unemployed persons) × 100%.

Staff and Workers refer to the persons who work in (and receive payment therefrom) enterprises and institutions of state ownership, collective ownership, joint ownership, share holding, foreign ownership, and ownership by entrepreneurs from Hong Kong, Macao, and Taiwan, and other types of ownership and their affiliated units, excluding the retired persons invited to work in the units again, teachers in the schools run by the local people and foreigners and persons coming from Hong Kong, Macao and Taiwan and working in the state - owned economic units. (Number of staff and workers in this yearbook include only fully employed staff and workers, excluding those who have left their working units while keeping their labour contract/employment relation unchanged).

Staff and Workers in State - owned Economic Units refer to the persons who work in the state - owned economic units or their attached units and are listed in their payrolls.

Staff and Workers of Collective Owned Units in Urban Areas refer to the persons who work in collective owned units in urban areas and their administration departments and receive payment therefrom.

Staff and Workers in Units of Other types of Ownership refer to those who work in (and receive payment therefrom) enterprises and institutions of joint ownership, share holding, foreign ownership, and ownership by entrepreneurs from Hong Kong, Macao, and Taiwan.

Fully Employed Staff and Workers refer to persons who work in, and receive wages from their working units, as well as persons who have their work posts, but are temporarily absent from work for reasons of study or on sick, injury or maternal leave and still receive wages from their working units.

Total Wages of Staff and Workers refer to the total remuneration payment to staff and workers in various units during a certain period of time. The calculation of total wages is based on the total remuneration payment to the staff and workers. Therefore, all the wages and salaries and other payments to staff and workers are included in the total wages regardless of their sources, category, and forms (in kind or cash). (Total wages of staff and workers in this yearbook include only total wages of fully employed staff and workers, excluding the living allowances distributed to those who have left their working units while keeping their labour contract/employment relation unchanged).

Average Wage of Staff and Workers refers to the average wage in money terms per person during a certain period of time for staff and workers in enterprises, institutions, and government agencies, which reflects the general level of wage income during a certain period of time and is calculated as follows:

Average Wage of Staff and Workers = Total Wages of Staff and Workers in Reference Period/Average Number of Staff and Workers in Reference Period.

四、固定资产投资

INVESTMENT IN FIXED ASSETS

4-1　全社会固定资产投资
TOTAL INVESTMENT IN FIXED ASSETS

单位:亿元　　　　(100 million yuan)

年　份 Year	投资总额 Total Investment	国有经济 State - owned Units	集体经济 Collective - owned Units	个体经济 Individuals Economy	其他经济 Others	#基本建设投资 Capital Construction	#更新改造投资 Innovation
1978	27.0	25.5	0.2	1.3		21.4	4.1
1979	26.9	26.6	0.3			22.6	4.0
1980	38.5	37.9	0.6			28.3	4.7
"六五"时期合计 **The Sixth Five - Year Plan Period**	**382.1**	**321.3**	**23.2**	**37.7**		**176.1**	**68.2**
1981	47.0	39.3	3.6	4.2		24.5	10.5
1982	62.9	53.5	5.8	3.6		30.6	12.9
1983	71.9	65.4	4.6	1.9		34.7	16.8
1984	88.5	73.9	3.5	11.1		38.3	12.0
1985	111.8	89.2	5.7	16.9		48.0	16.0
"七五"时期合计 **The Seventh Five - Year Plan Period**	**745.4**	**612.9**	**34.2**	**98.1**		**320.1**	**161.3**
1986	123.6	101.5	7.2	14.8		57.1	23.0
1987	140.3	115.5	7.9	16.9		64.3	28.6
1988	160.6	132.1	8.0	20.4		67.9	39.3
1989	158.0	129.2	5.6	23.2		63.7	35.2
1990	162.9	134.6	5.5	22.8		67.1	35.2
"八五"时期合计 **The Eighth Five - Year Plan Period**	**1655.2**	**1384.3**	**52.8**	**142.2**	**76.0**	**700.7**	**346.7**
1991	189.6	162.6	5.9	21.2		76.0	39.2
1992	244.2	215.9	6.8	21.6		104.3	44.4
1993	328.6	290.7	9.3	19.8	8.7	151.2	51.3
1994	405.3	335.2	14.7	29.3	26.1	170.5	99.0
1995	487.5	379.9	16.1	50.3	41.2	198.7	112.8
"九五"时期合计 **The Ninth Five - Year Plan Period**	**3685.2**	**2577.8**	**150.9**	**404.0**	**552.6**	**1604.8**	**837.0**
1996	568.6	427.6	32.3	59.5	49.3	232.2	119.1
1997	669.9	531.0	23.3	69.0	46.6	344.3	117.5
1998	801.6	606.5	28.1	95.2	71.8	308.5	219.5
1999	785.9	562.9	31.3	89.5	102.2	340.0	141.2
2000	859.2	449.8	35.9	90.8	282.7	379.8	239.7
"十五"时期合计 **The Tenth Five - Year Plan Period**							
2001	979.7	524.7	42.1	116.9	296.0	481.9	201.1
2002	1086.3	531.2	47.7	130.3	377.1	495.6	215.1
2003	1223.2	563.0	49.9	157.7	452.6	593.1	231.7

注:1997 年及以后投资总额中不含基本建设、更新改造和其他投资计划总投资在 50 万元以下项目(下同)。

Note:Since 1997, the total investment exclude the investment statistics of investment in capital construction, investment in innovation and other investment, which under an investment of 500000 yuan. The same as in the following tables.

4－2 固定资产投资资金来源
CAPITAL SOURCE OF FIXED ASSETS INVESTMENT

指 标	Item	资金来源(万元) Total Investment (100 million yuan)			构成(%) Proportion (%)		
		2001	2002	2003	2001	2002	2003
本年资金来源合计	**Sources of Fund**	**8155113**	**8880176**	**9973209**	**100.0**	**100.0**	**100.0**
国家预算内资金	State Budget	610943	620662	678178	7.5	7.0	6.8
国内贷款	Domestic Loans	1347468	1288179	1525901	16.5	14.5	15.3
债 券	Bonds	132954	131472	149598	1.6	1.5	1.5
利用外资	Foreign Investment	120524	150347	159571	1.5	1.7	1.6
自筹资金	Fundraising	4619235	5548903	6323015	56.7	62.5	63.4
其他资金	Others	1323989	1140613	1136946	16.2	12.8	11.4

4－3 全社会固定资产投资和房屋建筑面积
TOTAL INVESTMENT IN FIXED ASSETS AND FLOOR SPACE OF BUILDINGS

指 标	Item	2000	2001	2002	2003
投资总额(亿元)	**Total Investment (100 million yuan)**	**859.2**	**979.7**	**1086.3**	**1223.2**
#住 宅	#Residential Buildings	205.5	213.5	236.7	237.5
按登记注册类型分	**Grouped by Registration Status**				
国 有	State－Owned Units	449.8	524.7	531.2	563.0
集 体	Collective－Owned Units	35.9	42.1	47.7	49.9
#农 村	#Rural	23.6	25.0	40.2	42.8
个 体	Individuals Economy	90.8	116.9	130.3	157.7
#农 村	#Rural	61.3	66.0	87.3	92.9
股份合作	Cooperative	3.1	9.8	5.2	6.9
联 营	Joint Ownership Economy Units	1.9	0.5	0.4	1.2
有限责任公司	Limited Liability Corporations	47.5	74.2	88.8	159.3
股份有限公司	Share－holding Corporations Ltd.	202.9	193.6	230.2	221.7
港澳台商投资	Enterprises with Funds from Hong Kong, Macao and Taiwan	9.9	6.9	7.7	9.4
外商投资	Foreign Funded Enterprises	3.7	8.2	12.8	13.2
其 他	Others	13.7	2.8	32.0	40.9
按管理渠道分	**Grouped by Channel of Management**				
基本建设	Capital Construction	379.8	481.9	495.6	593.1
更新改造	Innovation	239.7	201.1	215.1	231.7
房地产开发	Real Estate Development	104.1	147.1	145.8	163.3
其他投资	Others	135.6	149.6	229.8	235.1
按构成分	**Grouped by Use of Funds**				
建筑安装工程	Construction and Installation	586.3	674.5	747.9	789.5
设备工器具购置	Purchase of Equipment and Instruments	194.8	200.6	222.4	268.5
其他费用	Others	78.1	104.6	116.0	165.2
按隶属关系分	**Grouped by Administrative Relationship**				
#中 央	#Central Government Projects	305.6	296.2	293.8	290.6
地 方	Local Projects	516.3	618.5	792.5	932.6
按建设性质分	**Grouped by Type of Construction**				
#新 建	#New Construction	246.1	289.1	402.0	635.3
扩 建	Expansion	281.1	311.9	220.0	246.3
改 建	Reconstruction	59.9	79.5	87.6	92.4
新增固定资产(亿元)	**Newly Increased Fixed Assets (100 million yuan)**	**708.9**	**874.2**	**910.0**	**927.6**
固定资产交付使用率(%)	**Rate of Fixed Assets Completed and Put Into Use (%)**	**82.5**	**89.2**	**83.8**	**75.8**
施工房屋面积(万平方米)	**Floor Space under Construction (10000 sq. m)**	**5077.0**	**5481.6**	**5568.0**	**6118.7**
#住 宅	#Residential Buildings	3360.3	3552.0	3606.7	3616.7
竣工房屋面积(万平方米)	**Floor Space Completed (10000 sq. m)**	**3721.2**	**3862.6**	**3935.0**	**3988.0**
#住 宅	#Residential Buildings	2580.3	2722.2	2773.0	2817.9
竣工房屋价值(亿元)	**Value of Buildings Completed (100 million yuan)**	**266.6**	**282.6**	**287.9**	**304.9**
#住 宅	#Residential Buildings	174.6	185.1	199.6	207.7

4－4　国有单位固定资产投资
INVESTMENT IN FIXED ASSETS OF STATE－OWNED UNITS

指　　标	Item	2000	2001	2002	2003
投资总额(亿元)	**Total Investment (100 million yuan)**	**449.8**	**524.7**	**531.2**	**563.0**
#住　宅	#Residential Buildings	98.1	88.6	46.7	56.1
按管理渠道分	**Grouped by Channel of Management**				
基本建设	Capital Construction	318.1	360.3	335.8	4.5
更新改造	Innovation	86.2	111.4	127.0	114.4
房地产开发	Real Estate Development	40.1	44.5	23.0	22.9
其他投资	Others	5.4	8.5	45.4	41.2
按构成分	**Grouped by Use of Funds**				
建筑安装工程	Construction and Installation	311.2	380.4	341.4	371.0
设备、工器具购置	Purchase of Equipment and Instruments	92.3	87.0	134.6	129.5
其他费用	Others	46.3	57.3	55.2	62.5
按隶属关系分	**Grouped by Administrative Relationship**				
中　央	Central Government Projects	151.2	167.8	156.1	145.8
地　方	Local Projects	298.6	356.9	375.1	417.2
按建设性质分	**Grouped by Type of Construction**				
#新　建	New Construction	186.0	169.7	208.0	243.5
扩　建	Expansion	142.5	220.1	180.7	186.2
改　建	Reconstruction	45.2	60.8	65.9	60.6
按行业分	**Grouped by Sector**				
农、林、牧、渔业	Farming, Forestry, Farming of Animals and Fishing	10.3	17.8	20.6	30.3
采矿业	Mining	21.0	27.8	20.8	8.0
制造业	Manufacturing	36.4	38.9	50.2	41.1
电力、燃气及水的生产供应业	Production and Distribution of Electricity, Gas and Water	62.7	65.8	52.4	63.3
建筑业	Construction	12.1	6.2	3.8	6.8
交通运输、仓储及邮政业	Traffic, Transport, Storage and Post	135.3	175.9	163.1	118.4
信息传输、计算机服务和软件业	Information Transfer, Computer Services and Software	1.8	5.4	30.1	72.5
批发和零售业	Wholesale and Retail Trade	6.2	4.4	16.5	1.6
住宿和餐饮业	Accommodation and Restaurants				1.0
金融业	Finance	3.9	2.5	2.0	3.0
房地产业	Real Estate	41.7	46.6	23.6	24.5
租赁和商务服务业	Tenancy and Business Services	38.3	39.5	41.3	2.1
科学研究、技术服务和地质勘查业	Scientific Research, Technical Service and Geologic Perambulation	0.8	0.8	2.2	5.5
水利、环境和公共设施管理业	Management of Water Conservancy, Environment and Public Establishment	11.7	8.9	11.6	55.8
居民服务和其他服务业	Resident Services and Other Services				0.4
教　育	Education	22.0	27.8	33.6	46.4
卫生、社会保障和社会福利业	Sanitation, Social Security and Social Welfare	4.1	4.5	6.1	7.1
文化、体育和娱乐业	Culture, Sports and Entertainment				12.0
公共管理和社会组织	Public Management and Social Organization	41.5	51.9	53.3	63.2
国际组织	International Organizations				
新增固定资产(亿元)	**Newly Increased Fixed Assets (100 million yuan)**	**355.3**	**465.6**	**452.7**	**414.9**
固定资产交付使用率(%)	**Rate of Fixed Assets Completed and Put Into Use (%)**	**79.0**	**88.7**	**85.2**	**72.3**
房屋建筑面积(万平方米)	**Floor Space of Buildings (10000 sq. m)**				
施工面积	Floor Space under Construction	2180.7	1998.0	1647.0	1776.3
竣工面积	Floor Space Completed	1448.4	1334.5	1006.4	1077.1
#住　宅	#Residential Buildings	980.5	886.9	526.6	525.3

4-5 按构成和建设性质分的国有单位固定资产投资

INVESTMENT IN FIXED ASSETS OF STATE-OWNED UNITS BY USE OF FUNDS AND TYPE OF CONSTRUCTION

单位:亿元 (100 million yuan)

年份 Year 地区 Region		投资总额 Total	按构成分 By Use of Funds				按建设性质分 By Type of Construction		
			#住宅 Residential Buildings	建筑安装工程 Construction and Installation	设备、工器具购置 Purchase of Equipment and Instrument	其他费用 Others	#新建 New Construction	#扩建 Expansion	#改建 Recon-struction
1981		40.6	7.9	29.1	10.2	1.3	14.3	13.4	11.9
1982		53.5	9.0	39.0	11.5	3.0	13.0	16.3	23.7
1983		65.4	8.7	43.8	17.2	4.4	20.4	27.3	17.1
1984		72.7	8.5	48.9	19.6	4.2	17.0	39.3	12.4
1985		89.2	12.4	58.8	25.1	5.3	18.6	52.2	10.5
1986		101.1	11.6	63.0	30.2	7.9	24.3	55.6	14.9
1987		115.5	11.4	72.1	34.0	9.5	28.7	15.4	64.5
1988		132.1	11.8	82.2	37.4	12.5	29.0	76.5	20.7
1989		129.2	12.0	85.0	35.3	8.9	23.4	81.0	18.3
1990		134.6	14.8	93.2	32.3	9.1	19.7	85.7	17.7
1991		162.6	19.9	109.2	39.0	14.4	20.3	104.1	22.9
1992		215.9	33.9	144.2	49.9	21.8	38.5	121.6	27.6
1993		290.7	54.9	209.1	53.1	28.6	52.5	164.0	30.9
1994		335.2	56.0	233.5	69.8	32.0	60.7	199.8	32.5
1995		379.9	59.9	249.2	99.5	31.2	72.1	226.5	37.6
1996		427.6	57.6	280.6	107.1	39.8	91.9	239.3	39.9
1997		531.0	63.9	355.4	127.0	48.6	143.5	299.4	38.4
1998		606.5	91.9	399.3	154.8	52.4	137.6	354.7	41.2
1999		562.9	90.4	397.8	118.9	46.2	128.9	296.9	53.1
2000		449.8	98.1	311.2	92.3	46.3	186.0	142.5	45.2
2001		524.7	88.6	380.4	87.0	57.3	169.7	220.1	60.8
2002		531.2	46.7	341.4	134.5	55.2	208.0	180.7	65.9
2003		563.0	56.1	371.0	129.5	62.5	243.5	186.2	60.6
哈尔滨	Harbin	202.0	28.9	125.8	42.4	33.8	112.3	36.3	15.3
齐齐哈尔	Qiqihar	32.2	6.6	24.2	4.2	3.8	3.1	21.4	2.7
鸡西	Jixi	15.0	2.1	11.9	1.7	1.4	6.9	4.6	1.9
鹤岗	Hegang	14.9	2.2	11.1	3.1	0.7	10.1	0.8	3.4
双鸭山	Shuangyashan	8.6	0.6	6.4	0.8	1.4	4.2	2.2	1.6
大庆	Daqing	60.9	1.4	40.2	19.2	1.5	32.3	5.3	14.6
伊春	Yichun	8.8	0.2	6.9	1.4	0.5	4.3	2.0	2.2
佳木斯	Jiamusi	21.6	1.7	16.9	3.0	1.7	3.2	9.3	7.2
七台河	Qitaihe	6.4	1.0	4.9	0.7	0.8	4.3	0.8	0.8
牡丹江	Mudanjiang	31.6	4.4	18.0	11.9	1.7	10.2	12.3	0.9
黑河	Heihe	17.7	2.3	11.9	3.7	2.1	6.7	7.7	0.3
绥化	Suihua	16.0	2.2	11.2	3.1	1.7	0.2	15.2	
大兴安岭	Daxinganling	15.6	0.6	7.9	1.2	6.5	10.5	2.5	2.4
不分地区	Not Classified by Region	111.7	1.9	73.7	33.1	4.9	35.2	65.8	7.3

4-6　城镇集体单位固定资产投资
INVESTMENT IN FIXED ASSETS OF URBAN COLLECTIVE-OWNED UNITS

指　标	Item	2000	2001	2002	2003
投资总额（万元）	**Total Investment (10000 yuan)**	**123128**	**170679**	**74493**	**70587**
#住　宅	#Residential Buildings	56958	101806	25653	34000
按构成分	**Grouped by Use of Funds**				
建筑安装工程	Construction and Installation	97651	137620	59986	49057
设备、工器具购置	Purchase of Equipment and Instruments	12918	11670	9416	11500
其他费用	Others	12559	21389	5091	10030
按建设性质分	**Grouped by Type of Construction**				
#新　建	#New Construction	43294	26198	36577	27000
扩　建	Expansion	29895	19712	29311	12000
改　建	Reconstruction	1046	3503	2040	6400
按行业分	**Grouped by Sector**				
农、林、牧、渔业	Farming, Forestry, Farming of Animals and Fishing	1615	1210	412	1600
采矿业	Mining	860		1546	4600
制造业	Manufacturing	26434	14734	19223	14167
电力、燃气及水的生产供应业	Production and Distribution of Electricity, Gas and Water	892		100	
建筑业	Construction	23529	24790	16465	14880
交通运输、仓储及邮政业	Traffic, Transport, Storage and Post	1781	168	796	
信息传输、计算机服务和软件业	Information Transfer, Computer Services and Software	4077	5297	3030	
批发和零售业	Wholesale and Retail Trade	18070	10232	10244	5060
住宿和餐饮业	Accommodation and Restaurants				
金融业	Finance	6203	705	218	1042
房地产业	Real Estate	34399	108481	700	23071
租赁和商务服务业	Tenancy and Business Services	1080	1570	2470	3011
科学研究、技术服务和地质勘查业	Scientific Research, Technical Service and Geologic Perambulation				
水利、环境和公共设施管理业	Management of Water Conservancy, Environment and Public Establishment				
居民服务和其他服务业	Resident Services and Other Services				
教　育	Education	1992	3492	4450	
卫生、社会保障和社会福利业	Sanitation, Social Security and Social Welfare	243		117	
文化、体育和娱乐业	Culture, Sports and Entertainment				
公共管理和社会组织	Public Management and Social Organization	1953		14722	3156
国际组织	International Organizations				
新增固定资产（万元）	**Newly Increased Fixed Assets (10000 yuan)**	**115660**	**154288**	**69488**	**65587**
固定资产交付使用率（%）	**Rate of Fixed Assets Completed and Put Into Use (%)**	**93.9**	**90.4**	**93.3**	**92.9**
房屋建筑面积（万平方米）	**Floor Space of Buildings (10000 sq. m)**				
施工面积	Floor Space under Construction	177	178	81	89
竣工面积	Floor Space Completed	112	60	67	68
#住　宅	#Residential Buildings	71	39	35	45

4-7 城镇集体单位固定资产投资和房屋建筑面积
INVESTMENT IN FIXED ASSETS OF URBAN COLLECTIVE-OWNED UNITS AND FLOOR SPACE OF BUILDINGS

年份 Year 地区 Region	投资总额（万元）Total (10000 yuan)	#住宅 Residential Buildings	按构成分 By Use of Funds: 建筑安装工程 Construction and Installation	设备、工器具购置 Purchase of Equipment and Instrument	其他费用 Others	房屋建筑面积（万平方米）Floor Space of Buildings (10000 sq. m): 施工面积 Floor Space under Construction	#住宅 Residential Buildings	竣工面积 Floor Space Completed	#住宅 Residential Buildings
1985	24422	3624	14081	9734	607	84.4		49.1	17.2
1986	26286	4844	13478	11347	1461	69.6		48.5	21.6
1987	31009	3478	16844	12961	1204	71.3		42.1	14.6
1988	38470	4295	23509	13610	1351	77.3		50.7	14.5
1989	27443	3215	16000	10383	1060	48.7		36.4	8.0
1990	14901	3355	9200	5050	651	32.2		23.4	9.6
1991	19644	4326	13226	5628	790	33.2		23.2	7.7
1992	27348	3809	18066	7725	1557	39.2		12.4	8.4
1993	36234	8505	25263	9270	1701	45.9	16.8	30.6	12.4
1994	37943	9674	24876	11235	1832	46.1	23.0	22.2	12.2
1995	80383	42731	69568	7811	3004	110.4	75.9	48.7	33.4
1996	153184	26079	89305	46887	16992	117.0	64.9	58.8	31.6
1997	71734	32817	52749	9503	9482	112.1	63.5	59.2	38.8
1998	73167	27470	59595	8791	4781	114.7	65.1	58.2	38.0
1999	94523	41077	65603	17196	11724	118.5	79.3	67.5	46.6
2000	123128	56958	97651	12918	12559	177.4	111.4	112.3	70.7
2001	170679	101806	137620	11670	21389	177.9	123.7	59.8	38.9
2002	74493	25653	59986	9416	5091	80.7	42.9	66.6	35.4
2003	70587	33098	50088	12004	8495	32.1	23.3	16.8	13.2
哈尔滨 Harbin	21641	6700	13944	4521	3176	9.3	4.9	2.8	2.4
齐齐哈尔 Qiqihar	2981	2300	2256	500	225				
鸡西 Jixi	3551	1205	1551	2000					
鹤岗 Hegang	2022	30	48	1914	60	0.8	0.6		
双鸭山 Shuangyashan	4666	3716	4400		266	3.9	3.9	0.9	0.9
大庆 Daqing	4102	3065	3936	166					
伊春 Yichun	744	295	662		82				
佳木斯 Jiamusi	5660	3270	4470		1190	7.3	6.0	6.7	5.4
七台河 Qitaihe	550		97	453					
牡丹江 Mudanjiang	14984	6561	11392	2450	1142	4.4	3.5		
黑河 Heihe	3031	1346	2212		819	2.4	1.6	2.4	1.6
绥化 Suihua	1520	970	1250		270				
大兴安岭 Daxinganling	5135	3640	3870		1265	4.0	2.9	4.0	2.9

4-8 农村集体经济固定资产投资

INVESTMENT IN FIXED ASSETS OF RURAL COLLECTIVE-OWNED UNITS

年份 Year	投资额（万元） Total Investment (10000 yuan)	农、林、牧、渔业 Farming, Forestry, Animal Husbandry and Fishery	工业 Industry	建筑业 Construction	地质勘查业、水利管理业 Geological Prospecting and Water Conservancy	运输邮电业 Transport, Post & Telecommu-nication	批发和零售贸易、餐饮业 Wholesale and Retail Trade & Catering Services	卫生、社会福利业 Health Care, Social Welfare
1985	32654	1210	7227					10921
1990	40278	13283	8663	112		857		1584
1991	39782	15782	7994	75		168		1267
1992	40719	10491	14650	167		316		56
1993	56893	14665	20469	233		442		118
1994	70239	12137	34131	387	3470	2436	5015	1364
1995	80187	13872	38987	441	3881	2782	5725	1556
1996	169329	29294	82294	847	8128	5757	12530	3217
1997	161008	38400	77360		7376	1680	5002	2980
1998	208056	49621	99964		9531	2171	6465	3851
1999	218100	55613	96017	5541	9500	3010	6635	2425
2000	236000	6723	123417	48178		3331	593	3253
2001	250000	29857	96248	26743	7297	5387	9409	5749
2002	402000	48010	154767	43003	11734	8662	15130	9244
2003	428000	51838	265687	24722	3686	10090	2571	10000

4-8 续表 CONTINUED

年份 Year	文化、教育事业 Education, Culture and Arts	社会服务业 Social Services	科学研究和综合技术服务业 Scientific Research and Polytechnic Services	其他行业 Others	新增固定资产（万元） Newly Increased Fixed Assets (10000 yuan)	房屋建筑面积（万平方米） Floor Space of Buildings (10000 sq. m) 施工面积 Floor Space under Construction	竣工面积 Floor Space Completed	#住宅 Residential Buildings
1985				13296	32654	122	110	14
1990	12966			2813	40278	112	75	
1991	6876			7620	39782	56	56	
1992	7780			7259	40719	84	51	
1993	10870			10096	56893	37	18	
1994	10276	332		691	66769	59	58	
1995	11731	379		833	76226	65	63	
1996	24722		847	1693	149259	128	112	20
1997	25778		810	1622	141924	126	121	23
1998	33310		1047	2096	183396	163	157	29
1999	36004	258	989	2108	199259	172	160	30
2000	8914	4754		36837	215600	186	173	39
2001	26288	5731	139	37152	230000	190	180	42
2002	42271	9215	224	59740	369840	310	270	65
2003	2956	1038	19	55393	413000	230	225	61

4－9 城镇和工矿区私人建房
BUILDING CONSTRUCTION BY INDIVIDUALS IN CITIES AND TOWNS AND ININDUSTRIAL AND MINING AREAS

年份 Year	城镇工矿区数量（个）Number of Cities, Towns, Industrial and Mining Areas (unit)	建房户数（户）Number of Households with Building Construction (household)	竣工房屋建筑面积（万平方米）Floor Space of Buildings Completed (10000 sq. m)	#住宅 Residential Buildings	竣工房屋造价（元/平方米）Value of Buildings Completed (yuan/sq. m)	#住宅 Residential Buildings
1985			261.2	261.2	90.5	90.5
1990			230.4	206.8	219.8	192.6
1991			190.7	181.2	192.6	191.4
1992			238.6	225.0	197.3	197.1
1993	218	30718	228.5	215.5	219.1	218.9
1994	218	29289	205.0	193.4	249.1	248.8
1995	157	26000	195.2	181.1	528.4	472.3
1996	165	20430	179.0	155.3	534.6	483.2
1997	165	36600	311.0	268.0	517.9	477.7
1998	165	61834	525.0	454.0	518.4	476.4
1999	252	55373	511.0	495.0	450.1	424.2
2000	320	50418	540.0	441.5	428.1	429.6
2001	383	49260	480.5	402.5	515.8	496.5
2002	381	58330	619.5	540.0	493.3	491.8
2003	397	64320	637.4	560.7	509.7	507.7

4－10 农村个体固定资产投资和私人建房
INDIVIDUAL INVESTMENT IN FIXED ASSETS AND BUILDING CONSTRUCTION IN RURAL AREAS

年份 Year	投资额（万元）Total Investment (10000 yuan)	#竣工房屋投资 Investment in Buildings Completed	#住宅 Residential Buildings	#购置生产性固定资产投资 Investment In Productive Fixed Assets	竣工房屋建筑面积（万平方米）Floor Space of Buildings Completed (10000 sq. m)	#住宅 Residential Buildings	竣工房屋造价（元/平方米）Value of Buildings Completed (yuan sq. m)	#住宅 Residential Buildings
1985	145350	58235	58209	87115	865.3	865.3	67.3	67.3
1990	176780	107240	99670	69540	1006.0	931.5	106.6	107.0
1991	175187	106282	78296	68905	1043.0	689.0	101.9	113.6
1992	168431	73315	68145	95116	613.0	501.0	119.6	136.0
1993	147695	48258	43922	99437	314.0	259.0	153.7	169.6
1994	241567	83780	75021	143886	496.6	391.7	168.7	191.5
1995	400000	141183	137985	237412	819.4	646.3	172.3	213.5
1996	499293	321333	317260	144447	1078.3	969.9	298.0	327.1
1997	526784	270961	267301	163526	826.1	719.4	328.0	371.6
1998	680000	349770	345046	211088	982.5	795.4	356.0	433.8
1999	620000	318908	314109	192462	816.8	675.2	390.4	465.2
2000	613000	315407	297884	259000	801.6	637.6	393.8	497.2
2001	660000	320000	305000	260000	803.1	638.2	398.5	477.9
2002	873000	423000	403000	344000	998.2	790.1	396.6	488.2
2003	929000	429000	405000	367000	1000	810.1	428.9	499.9

4－11　按构成和隶属关系分的基本建设投资

INVESTMENT IN CAPITAL CONSTRUCTION BY USE OF FUNDS AND ADMINISTRATIVE RELATIONSHIP

单位:亿元　　(100 million yuan)

年份 Year 地区 Region	合计 Total	#住宅 Residential Buildings	按构成分 Grouped by Use of Funds 建筑安装工程 Construction and Installation	设备、工器具购置 Purchase of Equipment and Instrument	其他费用 Others	按隶属关系分 Grouped by Administrative Relationship 中央 Central Government Projects	地方 Local Projects
1985	48.0	9.9	34.3	9.3	4.4	31.0	17.0
1986	57.1	9.0	38.9	12.3	6.0	35.4	21.8
1987	64.3	9.5	43.5	14.6	6.2	41.8	22.5
1988	67.9	9.4	47.2	14.2	6.6	41.4	26.5
1989	63.7	9.5	45.3	13.8	4.6	33.7	30.0
1990	67.1	7.1	49.8	12.4	4.9	41.8	25.3
1991	76.0	9.4	53.4	14.3	8.3	41.0	35.0
1992	104.3	14.4	72.7	18.9	12.7	51.7	52.7
1993	151.2	28.1	114.0	20.7	16.5	56.0	95.2
1994	170.5	3.1	127.7	23.2	19.6	65.5	105.0
1995	198.7	36.5	138.9	35.6	24.1	95.7	103.0
1996	232.2	30.7	154.8	48.1	29.3	114.7	117.5
1997	344.3	35.7	244.2	62.8	37.3	194.7	149.6
1998	308.5	46.8	227.8	40.8	39.9	105.2	200.7
1999	340.0	59.4	257.9	50.0	32.2	80.9	259.1
2000	379.8	74.0	286.5	53.0	40.4	110.8	269.0
2001	481.9	63.7	365.1	54.2	62.6	148.4	333.5
2002	495.6	38.6	387.6	50.8	57.2	140.0	355.5
2003	593.1	53.1	442.5	77.4	73.2	145.1	448.0
哈尔滨 Harbin	203.1	25.2	143.4	17.9	41.8	19.3	183.8
齐齐哈尔 Qiqihar	30.0	4.4	23.2	2.8	4.0	3.8	26.2
鸡西 Jixi	12.4	1.5	11.1	0.7	0.6	0.6	11.8
鹤岗 Hegang	10.2	2.1	7.6	1.9	0.7	0.6	9.6
双鸭山 Shuangyashan	17.8	1.5	11.8	2.7	3.3	0.3	17.5
大庆 Daqing	134.8	2.1	107.6	24.6	2.6	91.5	43.3
伊春 Yichun	8.5	0.2	6.5	1.9	0.1	0.2	8.3
佳木斯 Jiamusi	19.9	1.2	16.2	2.1	1.6	2.8	17.1
七台河 Qitaihe	12.3	0.9	8.0	2.6	1.7	0.2	12.1
牡丹江 Mudanjiang	24.6	4.5	18.7	4.2	1.7	2.2	22.4
黑河 Heihe	17.6	2.2	11.4	4.0	2.2	0.5	17.1
绥化 Suihua	20.6	3.9	17.7	1.1	1.8	0.7	19.9
大兴安岭 Daxinganling	14.9	1.0	7.7	0.7	6.5	8.9	6.0
不分地区 Not Classified by Region	66.4	2.4	51.6	10.2	4.6	13.5	52.9

4-12 各行业基本建设投资(2003)
INVESTMENT IN CAPITAL CONSTRUCTION BY SECTOR

单位:万元 (10000 yuan)

行 业	Sector	投资额 Total Investment	建筑安装工程 Construction and Installation	设备、工器具购置 Purchase of Equipment and Instrument	其他费用 Others
总 计	**Total**	**5930769**	**4424571**	**773908**	**732290**
农、林、牧、渔业	Farming, Forestry, Animal Husbandry and Fishery	318210	184767	31401	102042
农 业	Farming	139325	107932	18163	13230
林 业	Forestry	128316	41499	6734	80083
畜牧业	Animal Husbandry	28105	17500	4128	6477
渔 业	Fishery	1124	956	114	54
农、林、牧、渔服务业	Farming, Forestry, Animal Husbandry and Fishery Services	21340	16880	2262	2198
采矿业	Mining	917669	741658	168223	7788
煤炭开采和洗选业	Mining and Washing of Coal	55759	33657	17695	4407
石油和天然气开采业	Extraction of Petroleum and Natural Gas	856322	705376	147705	3241
黑色金属矿采选业	Mining of Ferrous Metal Ores	740	640	100	
有色金属矿采选业	Mining of Non - ferrous Metal Ores	597	487	110	
非金属矿采选业	Mining and Processing of Nonmetal Ores	4251	1498	2613	140
其他采矿业	Mining of Other Ores n. e. c				
制造业	Manufacturing	659922	386052	220743	53127
农副食品加工业	Processing of Food from Agricultural Products	79553	42606	33743	3204
食品制造业	Manufacture of Foods	96985	49139	42875	4971
饮料制造业	Manufacture of Beverage	8885	6026	2605	254
烟草制品业	Manufacture of Tobacco	2246	2140	106	
纺织业	Manufacture of Textile	15636	11312	3508	816
纺织服装、鞋、帽制造业	Manufacture of Textile Wearing Apparel, Footware, and Caps	1195	570	464	161
皮革、毛皮、羽(毛)绒及其制品业	Manufacture of Leather, Fur, feather and Its Products	761	586		175
木材加工及竹、藤、棕草制品业	Processing of Timbers, Manufacture of Wood, Bamboo, Rattan, Palm, and Straw Products	35468	10708	23071	1689
家具制造业	Manufacture of Furniture	4131	2617	1384	130
造纸及纸制品业	Manufacture of Paper and Paper Products	7329	5188	1640	501
印刷业和记录媒介的复制	Printing, Reproduction of Recording Media	1865	930	570	365
文教体育用品制造业	Manufacture of Articles for Culture, Education and Sport Activity	300	300		
石油加工、炼焦及核燃料加工业	Processing of Petroleum , Coking, Processing of Nucleus Fuel	35436	15067	11729	8640
化学原料及化学制品制造业	Manufacture of Chemical Raw Material and Chemical Products	64525	39897	19870	4758
医药制造业	Manufacture of Medicines	57671	42519	10893	4259
化学纤维制造业	Manufacture of Chemical Fiber				
橡胶制品业	Manufacture of Rubber	2100	1084	954	62
塑料制品业	Manufacture of Plastic	17567	5728	10570	1269
非金属矿物制品业	Manufacture of Non - metallic Mineral Products	31086	16791	12707	1588
黑色金属冶炼及压延加工业	Manufacture and Processing of Ferrous Metals	49310	31557	10827	6926
有色金属冶炼及压延加工业	Manufacture and Processing of Non - ferrous Metals	850	47	803	
金属制品业	Manufacture of Metal Products	25265	10967	12977	1321
通用设备制造业	Manufacture of General Purpose Machinery	13711	6890	3769	3052
专用设备制造业	Manufacture of Dpecial Purpose Machinery	26872	19054	4868	2950
交通运输设备制造业	Manufacture of Transport Equipment	49430	43392	4553	1485
电气机械及器材制造业	Manufacture of Electrical Machinery and Equipment	12524	7828	3860	836

4-12 续表1 continued

单位:万元 (10000 yuan)

行业	Sector	投资额 Total Investment	建筑安装工程 Construction and Installation	设备、工器具购置 Purchase of Equipment and Instrument	其他费用 Others
通信设备、计算机及其他电子设备业	Manufacture of Communication Equipment, Computer and Other Electronic Equipment	5891	2913	921	2057
仪器仪表及文化、办公用机械制造业	Manufacture of Measuring Instrument and Machinery for Cultural Activity and Office Work	9252	7838	774	640
工艺品及其他制造业	Manufacture of Artwork, Other Manufacture n. e. c	4078	2358	702	1018
废弃资源和废旧材料回收加工业	Recycling and Disposal of Waste				
电力、燃气及水的生产和供应业	Production and Distribution of Electricity, Gas and Water	461136	255220	116590	89326
电力、热力的生产和供应业	Production and Supply of Electric Power and Heat Power	320580	172129	105985	42466
燃气生产和供应业	Production and Distribution of Gas	10036	8030	289	1717
水的生产和供应业	Production and Distribution of Water	130520	75061	10316	45143
建筑业	Construction	188430	163028	6915	18487
房屋和土木工程建筑业	Construction of Building and Civil Engineering	176723	152121	6115	18487
建筑安装业	Architectural Installation	3621	2821	800	
建筑装饰业	Architectural Decoration	8086	8086		
其他建筑业	Other Construction				
交通运输、仓储和邮政业	Traffic, Transport, Storage and Post	892554	767324	44272	80958
铁路运输业	Transport Via Railway	87908	56819	30989	100
道路运输业	Transport Via Road	768625	686280	5701	76644
城市公共交通业	Urban Public Traffic	3326	2638	316	372
水上运输业	Water Transport	3103	2585		518
航空运输业	Air Transport	7262	4765	1825	672
管道运输业	Transport Via Pipeline	283	283		
装卸搬运和其他运输服务业	Loading, Unloading, Portage and Other Transport Services	15668	9404	4388	1876
仓储业	Storage	6379	4550	1053	776
邮政业	Post				
信息传输、计算机服务和软件业	Information Transfer, Computer Services and Software	203468	136954	56895	9619
电信和其他信息传输服务业	Telecom and Other Information Transfer Services	197168	132699	56296	8173
计算机服务业	Computer Services	200	112	8	80
软件业	Software Industry	6100	4143	591	1366
批发和零售业	Wholesale and Retail Trade	200017	132675	8454	58888
批发业	Wholesale	76118	64530	4798	6790
零售业	Retail Trade	123899	68145	3656	52098
住宿和餐饮业	Accommodation and Restaurants	19429	17478	1110	841
住宿业	Accommodation	13975	12984	240	751
餐饮业	Restaurants	5454	4494	870	90
金融业	Finance	31512	27979	207	3326
银行业	Bank	27500	24008	207	3285
证券业	Securities				
保险业	Insurance	4012	3971		41
其他金融活动	Other Financial Activities				
房地产业	Real Estate	45120	40720	303	4097
房地产开发经营	Real Estate Exploitation Management	34474	31132	82	3260
物业管理	Management Concerning Dwelling	7883	6938	200	745
房地产中介服务	Real Estate Agency Service	420	360		60
租赁和商务服务业	Tenancy and Business Services	113218	86243	13344	13631

4-12 续表 2 CONTINUED

单位:万元 (10000 yuan)

行业	Sector	投资额 Total Investment	建筑安装工程 Construction and Installation	设备、工器具购置 Purchase of Equipment and Instrument	其他费用 Others
租赁业	Tenancy	350	350		
商业服务业	Business Service	112868	85893	13344	13631
科学研究、技术服务和地质勘查业	Scientific Research, Technical Service and Geologic Perambulation	47599	43752	2120	1727
研究与试验发展	Research and Experimental Development(R&D)	39269	37591	816	862
自然科学研究与试验发展	R&D on Physical Science	1635	1440		195
工程和技术研究与试验发展	R&D on Engineering and Technical Research	2116	1404	710	2
农业科学研究与试验发展	R&D on Agricultural Science Research	4755	4212		543
医学研究与试验发展	R&D on Medical Research	500	500		
社会人文科学研究与试验发展	R&D on Social Science and Humanities	30263	30035	106	122
专业技术服务业	Professional Technique Services	6458	4593	1280	585
气象服务	Weather Services	2123	1112	1001	10
地震服务	Earthquake Services	957	786		171
测绘服务	Plotting Services				
技术检测	Technique Detection				
环境监测	Environmental Monitoring				
工程技术与规划管理	Engineering Technic and Programming Management	3378	2695	279	404
科技交流和推广服务业	Services of Science and Technique Intercommunion and Generalization	1872	1568	24	280
地质勘查业	Geologic Perambulation				
水利、环境和公共设施管理业	Management of Water Conservancy, Environment and Public Establishment	596812	401930	18806	176076
水利管理业	Management of Water Conservancy	161019	140279	7599	13141
环境管理业	Environmental Management	25241	18454	2294	4493
公共设施管理业	Management of Public Establishment	410552	243197	8913	158442
居民服务和其他服务业	Resident Services and Other Services	8787	7704	811	272
居民服务业	Resident Services	6538	6074	342	122
其他服务业	Other Services	2249	1630	469	150
教育	Education	433029	398963	7806	26260
#初等教育	#Primary Education	11996	11169	428	399
中等教育	Secondary Education	104505	94918	2569	7018
高等教育	Higher Education	305746	284661	4719	16366
卫生、社会保障和社会福利业	Sanitation, Social Security and Social Welfare	61573	53389	2234	5950
卫生	Sanitation	57878	49798	2225	5855
社会保障业	Social Security	180	176		4
社会福利业	Social Welfare	3515	3415	9	91
文化、体育和娱乐业	Culture, Sports and Entertainment	136265	93359	16409	26497
新闻出版业	Journalism and Publishing Activities	15744	12564	2400	780
广播、电影、电视和音像业	Broadcasting, Movies, Television and Audiovisual	53081	40971	11100	1010
文化艺术业	Culture and Art	12132	10959	926	247
体育	Sports Activities	16062	14762	80	1220
娱乐业	Entertainment	39246	14103	1903	23240
公共管理和社会组织	Public Management and Social Organization	596019	485376	57265	53378
#中国共产党机关	#Chinese Communist Party Organs	580377	472199	57077	51101
国家机构	Organ of State	4569	4251	18	300
人民政协和民主党派	People's Political Consultative Conference and Democratic Parties	3383	3053		330
群众社团、社会团体和宗教组织	Mass Communities, Social Communities and Religion Organizations	240	239		1

4－13　各行业基本建设投资(1985－2002)
INVESTMENT IN CAPITAL CONSTRUCTION BY SECTOR

单位:万元　　(10000 yuan)

年份 Year 地区 Region	农、林、牧、渔业 Farming, Forestry, Farming of Animals and Fishing	采掘业 Mining and Quarrying	制造业 Manufacturing	电力煤气及水的生产和供应业 Production and Supply of Electricity Gas and Water	建筑业 Construction	地质勘查业水利管理业 Geological Prospecting and Water Conservancy	交通运输仓储及邮电通信业 Transport, Storage, Post & Telecommunication Services	批发和零售贸易餐饮业 Wholesale and Retail Trade & Catering Services
1985	17922	116529	138637	31330	13673	4228	35952	15882
1990	29884	210984	105023	138922	2157	5217	70373	17330
1991	42411	148554	132006	187748	2620	7288	103101	25615
1992	45173	141535	169243	256766	7585	17856	97222	88225
1993	44628	239721	203310	300358	54077	14507	135640	118095
1994	50232	197170	288351	320771	33959	13878	286687	95123
1995	87269	396963	343688	294239	16119	21740	286650	86763
1996	81056	375737	438879	452541	23258	20149	344009	86379
1997	88393	951396	433081	680522	23395	24656	604053	74441
1998	117239	199302	282278	637903	34379	60485	797322	104144
1999	210006	230894	203306	495434	110912	134690	784182	99172
2000	104262	324185	243890	618717	145498	115009	933514	105038
2001	170627	866375	328910	531347	93640	95393	1165062	84365
2002	201085	905160	414987	407279	70738	124626	1046928	110247

注:2003 年起执行新的国民经济行业分类,故 2003 年数据在另表列示。

Note:Since 2003, the new category standard of national economy industry is implemented, so the data of 2003 are listed on another table.

4－13 续表 CONTINUED

年份 Year 地区 Region	金融、保险业 Finance and Insurance	房地产业 Real Estate	社会服务业 Social Services	卫生、体育和社会福利业 Health Care, Sports & Social Welfare	教育、文化艺术及广播电影电视业 Education, Culture and Arts, Radio, Film and Television	科学研究和综合技术服务业 Scientific Research and Polytechnic Services	国家机关政党机关社会团体 Governments, Parties and Social Organization	其他行业 Others
1985	3424	5653	15245	6616	30239	5777	21162	17472
1990	7308	4594	5759	11005	34811	3423	23536	420
1991	9376	6966	11436	8540	33927	5953	33648	493
1992	19441	13435	32352	8986	43043	2898	81663	17920
1993	31858	29939	48454	18313	56009	7226	148877	61193
1994	28734	21422	62438	29262	72891	8721	146765	48468
1995	39415	9767	66269	29474	100584	6226	134093	67626
1996	34124	12516	138878	18972	77871	2310	183764	31587
1997	61141	9858	119462	18402	98570	3230	207392	45322
1998	50143	16503	105455	26856	125042	17145	448609	62073
1999	71339	22414	233360	32883	149672	15913	511502	94521
2000	39225	18303	413888	41260	226944	14103	416077	38316
2001	27617	47813	460738	45897	283133	28234	518090	71682
2002	19487	27216	605601	66761	341607	26059	527118	60681

4-14 各地区基本建设投资(2003)
INVESTMENT IN CAPITAL CONSTRUCTION BY REGION

单位:亿元 (100 million yuan)

地 区	Region	总 计 Total	农、林、牧、渔业 Farming, Forestry, Farming of Animals and Fishing	采矿业 Mining	制造业 Manufa-cturing	电力、燃气及水的生产供应业 Production and Distribution of Electricity, Gas and Water	建筑业 Construction	交通运输仓储及邮政业 Traffic, Transport, Storage & Post
全 省	**Total**	**593.1**	**31.8**	**91.8**	**66.0**	**46.1**	**18.8**	**89.3**
哈尔滨	Harbin	203.1	2.3	2.2	28.1	19.2	1.5	27.8
齐齐哈尔	Qiqihar	30.0	0.7		1.1	3.2	0.8	3.6
鸡 西	Jixi	12.4	0.2	0.7	0.7	1.4	0.3	3.4
鹤 岗	Hegang	10.2		0.9	0.1	0.2	1.2	0.1
双鸭山	Shuangyashan	17.8	0.5	0.3	7.2	0.5	3.4	0.4
大 庆	Daqing	134.8	2.3	84.1	11.9	5.8	5.5	0.2
伊 春	Yichun	8.5	1.6		1.2	1.6	0.1	1.2
佳木斯	Jiamusi	19.9	1.0			2.2		6.3
七台河	Qitaihe	12.3	0.3	2.8	3.6	0.1	0.1	3.4
牡丹江	Mudanjiang	24.6	1.1	0.7	2.3	2.0	1.9	2.2
黑 河	Heihe	17.6	0.6	0.1	0.2	1.8	0.5	6.7
绥 化	Suihua	20.6	1.1		1.7	2.2	2.1	4.1
大兴安岭	Daxinganling	14.9	7.7			1.2	0.9	
农垦总局	ARB	26.8	12.4		7.9	0.3	0.5	0.1
其 他	Others	39.6				4.4		29.8

4-14 续表1 CONTINUED

地 区	Region	信息传输、计算机服务和软件业 Information Transfer, Computer Services and Software	批发和零售业 Wholesale and Retail Trade	住宿和餐饮业 Accom-modation and Catering	金融业 Finance	房地产业 Real Estate	租赁和商务服务业 Tenancy and Business Services	科学研究技术服务和地质勘查业 Scientific Rese-arch, Technical Service and Geologic Perambulation
全 省	**Total**	**20.3**	**20.0**	**1.9**	**3.2**	**4.5**	**11.3**	**4.8**
哈尔滨	Harbin	12.5	12.5	0.3	1.0	2.5	8.9	1.0
齐齐哈尔	Qiqihar	0.2	2.7	0.5	0.4		0.2	
鸡 西	Jixi	0.1	0.7	0.2			0.3	
鹤 岗	Hegang	1.8						1.5
双鸭山	Shuangyashan	0.1	0.3	0.2	0.3	0.6		0.3
大 庆	Daqing	0.9	0.3			0.3		1.2
伊 春	Yichun	0.1	0.1	0.1	0.1			
佳木斯	Jiamusi	0.9	0.5	0.1	0.1			0.2
七台河	Qitaihe		0.1		0.2			0.2
牡丹江	Mudanjiang	1.8	1.2	0.2	0.5	0.2	0.4	0.1
黑 河	Heihe	0.4	0.1		0.2	0.1	0.3	
绥 化	Suihua		1.5		0.2	0.1	0.4	
大兴安岭	Daxinganling	0.1		0.1	0.2	0.3	0.8	
农垦总局	ARB					0.3		
其 他	Others	1.4		0.2		0.1		0.3

4－14 续表 2　CONTINUED

单位：亿元　　(100 million yuan)

地　区	Region	水利、环境和公共设施管理业 Management of Water Conservancy, Environment and Public Establishment	居民服务和其他服务业 Resident Services and Other Services	教　育 Education	卫生、社会保障和社会福利业 Sanitation, Social Security and Social Welfare	文化、体育和娱乐业 Culture, Sports and Entertainment	公共管理和社会组织 Public Management and Social Organization
全　省	**Total**	**59.7**	**0.9**	**43.3**	**6.2**	**13.6**	**59.6**
哈尔滨	Harbin	32.6	0.3	23.7	2.8	9.1	14.8
齐齐哈尔	Qiqihar	4.8	0.2	4.1	0.6	2.4	4.4
鸡　西	Jixi	2.5		0.4	0.1	0.4	1.0
鹤　岗	Hegang	1.0		0.2		0.1	3.1
双鸭山	Shuangyashan	2.0		0.1	0.1		1.5
大　庆	Daqing	1.6		9.3	0.3	0.6	10.5
伊　春	Yichun	0.1		0.6	0.2	0.2	1.3
佳木斯	Jiamusi	5.4	0.2	1.1	0.5	0.1	1.3
七台河	Qitaihe	0.2		0.2	0.1	0.1	0.9
牡丹江	Mudanjiang	2.7	0.1	1.0	0.4	0.4	5.4
黑　河	Heihe	0.3		0.5	0.1		5.7
绥　化	Suihua	2.4		1.3	0.1	0.1	3.3
大兴安岭	Daxinganling	0.7			0.1	0.1	2.6
农垦总局	ARB	0.1		0.7	0.8		3.7
其　他	Others	3.3	0.1	0.1			0.1

4－15　各地区基本建设新增固定资产(2003)

INVESTMENT IN CAPITAL CONSTRUCTION AND NEWLY INCREASED FIXED ASSETS BY REGION

单位：万元　　(10000 yuan)

地　区	Region	总　计 Total	农、林、牧、渔业 Farming, Forestry, Farming of Animals and Fishing	采矿业 Mining	制造业 Manufa－cturing	电力、燃气及水的生产供应业 Production and Distribution of Electricity, Gas and Water	建筑业 Construction
全　省	**Total**	**4272994**	**213696**	**887149**	**470357**	**303390**	**156572**
哈尔滨	Harbin	1166003	18139	21810	220988	75865	12052
齐齐哈尔	Qiqihar	205057	5535		10034	35924	5595
鸡　西	Jixi	157642	1570	63	6425	37782	3142
鹤　岗	Hegang	92457		8580	1328	1712	7662
双鸭山	Shuangyashan	73316	3317	275	8425	208	17554
大　庆	Daqing	1234334	20474	836316	78473	53252	56029
伊　春	Yichun	72658	14419		11769	625	1513
佳木斯	Jiamusi	207727	15389		3871	19056	
七台河	Qitaihe	103421	2010	14108	26167	1000	1920
牡丹江	Mudanjiang	191607	9553	5400	35342	7680	15566
黑　河	Heihe	98122	5039	597	192	7473	2225
绥　化	Suihua	190202	9881		23224	19081	18650
大兴安岭	Daxinganling	120695	5410			10652	9579
农垦总局	ARB	211564	102960		44119	3080	5085
其　他	Others	148189				30000	

4－15 续表 1 CONTINUED

单位：万元 (10000 yuan)

地 区	Region	交通运输仓储及邮政业 Traffic, Transport, Storage & Post	信息传输、计算机服务和软件业 Information Transfer, Computer Services and Software	批发和零售业 Wholesale and Retail Trade	住宿和餐饮业 Accom－modation and Catering	金融业 Finance	房地产业 Real Estate	租赁和商务服务业 Tenancy and Business Services
全 省	**Total**	**364789**	**149138**	**132305**	**19109**	**28683**	**32602**	**129180**
哈尔滨	Harbin	50280	79475	56280	2190	7347	13704	112575
齐齐哈尔	Qiqihar	13460	1999	19063	138	3792	657	1500
鸡 西	Jixi	41151	1254	14993	2300	510	75	
鹤 岗	Hegang	784	17575		164	355	15000	
双鸭山	Shuangyashan	4078	510	937	3947	4107	5482	
大 庆	Daqing	2778	8661	3721			2700	
伊 春	Yichun	14187	960	433	1070			150
佳木斯	Jiamusi	63901	8377	9441	5600	996		160
七台河	Qitaihe	39823		1235		500		
牡丹江	Mudanjiang	7655	6313	12485	3150	5669	1920	4203
黑 河	Heihe	3858	6056	1168	350	1685	507	2027
绥 化	Suihua	19644	73	12481	200	1502	704	4814
大兴安岭	Daxinganling	118	2885			2220	3405	3751
农垦总局	ARB	683		68			3448	
其 他	Others	102389	15000					

4－15 续表 2 CONTINUED

地 区	Region	科学研究技术服务和地质勘查业 Scientific Rese－arch, Technical Service and Geologic Perambulation	水利、环境和公共设施管理业 Management of Water Conservancy, Environment and Public Establishment	居民服务和其他服务业 Resident Services and Other Services	教 育 Education	卫生、社会保障和社会福利业 Sanitation, Social Security and Social Welfare	文化、体育和娱乐业 Culture, Sports and Entertainment	公共管理和社会组织 Public Management and Social Organization
全 省	**Total**	**46213**	**359134**	**6287**	**350399**	**39666**	**50105**	**534220**
哈尔滨	Harbin	10002	166400	1760	199076	15103	22007	80950
齐齐哈尔	Qiqihar	468	23601	402	14476	3402	7835	57176
鸡 西	Jixi	50	30043		4068	536	4087	9593
鹤 岗	Hegang		10426		2014		418	26659
双鸭山	Shuangyashan	2767	4588		4679	394	82	11966
大 庆	Daqing	12172	16904	275	63991	3003	6000	69585
伊 春	Yichun		701		8136	1277	2475	14943
佳木斯	Jiamusi	1988	49771	1760	14171	3221		10025
七台河	Qitaihe	2447	2255		2366	480	1040	8070
牡丹江	Mudanjiang	685	11869	550	9460	2605	5070	46432
黑 河	Heihe	519	263		6834	273	691	58365
绥 化	Suihua	105	34997	520	14387	930	400	28609
大兴安岭	Daxinganling		6668		176	870		74961
农垦总局	ARB	230	648	220	6565	7572		36886
其 他	Others			800				

4－16　各行业基本建设新增固定资产（1985－2002）
INVESTMENT IN CAPITAL CONSTRUCTION AND NEWLY INCREASED FIXED ASSETS BY SECTOR

单位：万元　　(10000 yuan)

年份 Year / 地区 Region	农、林、牧、渔业 Farming, Forestry, Farming of Animals and Fishing	采掘业 Mining and Quarrying	制造业 Manufacturing	电力煤气及水的生产和供应业 Production and Supply of Electricity Gas and Water	建筑业 Construction	地质勘查业水利管理业 Geological Prospecting and Water Conservancy	交通运输仓储及邮电通信业 Transport, Storage, Post & Teleco－mmunication Services	批发和零售贸易餐饮业 Wholesale and Retail Trade & Catering Services
1985	15447	86642	118952	17268	10340	3073	23355	8922
1990	20456	181487	88935	106754	2311	9237	48676	19728
1991	27556	119666	164158	84806	3178	8006	96229	22759
1992	26388	120469	147393	159454	4732	5867	115913	47714
1993	31388	193795	144576	188605	48878	3524	72685	84675
1994	37218	150540	177664	89455	32574	3330	173468	87272
1995	61381	424820	191962	92380	16905	7041	292771	75216
1996	68145	232471	376181	128635	18527	7384	138454	75600
1997	72949	792541	418977	402345	23804	14455	479354	41705
1998	103417	159373	407738	909690	29341	31339	637827	116996
1999	167829	180783	200327	676547	91980	68378	379499	82147
2000	90509	243222	167347	377756	86903	73388	618237	120877
2001	157308	692897	508674	380425	93289	36164	1077428	91204
2002	164434	514084	249305	795797	53005	101648	941024	69091

注：2003 年起执行新的国民经济行业分类，故 2003 年数据在另表列示。

Note：Since 2003，the new category standard of national economy industry is implemented，so the data of 2003 are listed on another table.

4－16 续表 CONTINUED

年份 Year / 地区 Region	金融、保险业 Finance and Insurance	房地产业 Real Estate	社会服务业 Social Services	卫生、体育和社会福利业 Health Care, Sports & Social Welfare	教育、文化艺术及广播电影电视业 Education, Culture and Arts, Radio, Film and Television	科学研究和综合技术服务业 Scientific Research and Polytechnic Services	国家机关政党机关社会团体 Governments, Parties and Social Organization	其他行业 Others
1985	1815	4274	9533	5899	24510	4637	15974	15182
1990	6731	2590	5862	12075	39308	3984	24543	503
1991	7088	6792	5958	7597	31650	3277	27567	205
1992	26060	10372	26961	6947	42467	1650	66475	9580
1993	26722	23523	34110	15013	41173	4133	116668	44333
1994	22002	22970	50893	12651	60937	7275	140044	39273
1995	32999	5832	36519	25610	95090	4258	120259	58612
1996	41064	8064	64771	18959	66379	2395	165316	23310
1997	45421	5711	74394	19419	87844	2857	192632	35602
1998	38017	18557	124288	25760	120152	10710	431402	30090
1999	79379	21599	125495	36562	160035	16271	430564	77858
2000	48530	18239	390994	35438	214952	8777	333207	73565
2001	29944	39576	548330	36189	271655	10220	450080	47017
2002	18405	17040	379744	50789	270656	8063	363634	71967

4-17 按建设性质分的基本建设投资和房屋建筑面积
INVESTMENT IN CAPITAL CONSTRUCTION BY TYPE OF CONSTRUCTION AND FLOOR SPACE OF BUILDINGS

年份 Year 地区 Region	按建设性质分基本建设投资(万元) By Type of Construction(10000 yuan)			基本建设房屋建筑面积(万平方米) Floor Space of Buildings of Capital Construction(10000 sq. m)			
	#新建 New Construction	#扩建 Expansion	#改建 Reconstruction	施工面积 Floor Space under Construction	#住宅 Residential Buildings	竣工面积 Floor Space Completed	#住宅 Residential Buildings
1985	183071	223393	21319	1687.2	760.7	896.4	
1990	182349	26585	423239	709.8	272.2	410.9	180.4
1991	198145	459040	54412	815.6	335.6	486.6	220.7
1992	368144	537018	71224	1079.9	405.6	618.9	277.3
1993	502713	843505	57167	1255.6	582.2	689.2	382.4
1994	649631	836898	77058	1309.2	652.5	774.5	449.2
1995	752994	1018606	73185	960.8	697.3	402.7	321.2
1996	1031022	996701	97652	1119.1	550.2	658.9	336.7
1997	1447514	1671036	117118	1166.8	611.3	706.2	417.3
1998	1632208	1022476	167269	1687.2	760.7	896.4	515.8
1999	1637188	1238218	172801	1646.3	993.2	1126.4	756.9
2000	2031612	1197275	262387	1807.7	1034.9	1209.7	757.1
2001	2632109	1618015	274220	1738.2	872.5	1152.7	683.9
2002	3277677	1181200	269475	1712.0	646.6	970.5	446.2
2003	4030504	1325955	321861	2298.5	782.6	1292.3	559.0
哈尔滨 Harbin	1494143	236836	151132	1117.5	345.7	473.1	205.5
齐齐哈尔 Qiqihar	42484	253273	2986	165.7	54.8	96.8	42.1
鸡西 Jixi	85227	15894	21310	47.9	26.4	34.9	16.6
鹤岗 Hegang	90152	8745	1102	43.3	32.7	38.4	30.0
双鸭山 Shuangyashan	144291	19919	9714	90.0	19.6	38.1	16.4
大庆 Daqing	1234781	94623	15674	228.5	40.9	149.0	39.0
伊春 Yichun	65155	11245	7421	33.8	4.1	27.3	3.1
佳木斯 Jiamusi	35769	79740	72208	61.8	20.7	43.8	16.3
七台河 Qitaihe	99426	15980	5772	44.0	12.3	28.0	10.2
牡丹江 Mudanjiang	135379	98576	4648	137.4	77.4	102.3	59.0
黑河 Heihe	78956	65611	2022	71.7	39.5	47.4	26.2
绥化 Suihua	15463	180409		141.1	60.3	113.9	52.4
大兴安岭 Daxinganling	112533	12271	24476	37.7	17.5	22.0	11.8
不分地区 Not Classified by Region	396745	232833	3396	78.2	30.8	77.4	30.4

4－18 基本建设项目和新增固定资产
CAPITAL CONSTRUCTION PROJECTS AND NEWLY INCREASED FIXED ASSETS

年份 Year 地区 Region		施工项目（个）Number of Projects under Construction (unit)	#本年新开工 Started This Year	全部建成投产项目（个）Number of Projects Com－pleted and Put into Use (unit)	项目建成投产率（%）Rate of Projects Completed and Put into Use (%)	投资总额（万元）Total Investment (10000 yuan)	新增固定资产（万元）Newly Increased Fixed Assets (10000 yuan)	固定资产交付使用率（%）Rate of Fixed Assets Put into Use (%)
	1985	3017		1968	65.2	479741	365823	76.3
	1990	2245		1558	69.4	670746	573180	85.5
	1991	2348		1532	65.2	759682	616492	81.2
	1992	2644		1825	69.0	1043343	818442	78.4
	1993	2494	1788	1581	63.4	1512215	1073801	71.0
	1994	2217	1401	1456	65.7	1704872	1107566	65.0
	1995	1829	1246	1112	60.8	1986885	1541655	77.6
	1996	1906	1354	1314	68.9	2322030	1435655	61.8
	1997	1855	1264	1101	59.4	3443314	2710010	78.7
	1998	2265	1635	1604	70.8	3084878	3194697	103.6
	1999	2562	1905	1753	68.4	3400200	2795253	82.2
	2000	2603	1867	1880	72.2	3798229	2901941	76.4
	2001	2570	1890	1788	69.6	4818923	4470400	92.8
	2002	2954	2330	2085	70.6	4955580	4068686	82.1
	2003	3126	2544	2170	69.4	5930769	4272994	72.0
哈尔滨	Harbin	861	699	591	68.6	2030966	1166003	57.4
齐齐哈尔	Qiqihar	257	188	147	57.2	299546	205057	68.5
鸡西	Jixi	114	88	97	85.1	124166	157642	127.0
鹤岗	Hegang	64	48	41	64.1	101695	92457	90.9
双鸭山	Shuangyashan	200	153	118	59.0	177549	73316	41.3
大庆	Daqing	199	165	140	70.4	1347806	1234334	91.6
伊春	Yichun	128	114	102	79.7	85343	72658	85.1
佳木斯	Jiamusi	248	190	180	72.6	199110	207727	104.3
七台河	Qitaihe	124	105	81	65.3	123046	103421	84.1
牡丹江	Mudanjiang	250	212	188	75.2	245929	191607	77.9
黑河	Heihe	150	119	92	61.3	176082	98122	55.7
绥化	Suihua	233	196	182	78.1	205880	190202	92.4
大兴安岭	Daxinganling	76	61	60	78.9	149280	120695	80.9
不分地区	Not Classified by Region	222	206	151	68.0	664371	359753	54.1

4－19 按登记注册类型分基本建设投资
INVESTMENT IN CAPITAL CONSTRUCTION BY REGISTRATION STATUS

单位:万元 (10000 yuan)

年份 Year / 地区 Region		国有 State－Owned Units	联营 Joint Ownership Economy Units	有限责任公司 Limited Liability Corporations	股份有限公司 Share－holding Corporations Ltd.	港澳台商投资 Enterprises with Funds from Hong Kong, Macao and Taiwan	外商投资 Foreign Funded Enterprises	其他 Others
1998		2748587	1531	108787	137874	27269	45524	15306
1999		2994236	2710	174657	139739	32725	24537	31596
2000		3180643	4113	166533	410900	18024	15556	2460
2001		3603208	1920	249380	917274	2314	26808	17899
2002		3357781	3345	303920	1190084	11141	47745	41564
2003		3844976	2807	634608	1175662	17184	34876	272716
哈尔滨	Harbin	1444455		257818	200642	9353	22073	96625
齐齐哈尔	Qiqihar	242406		41401	14645		1094	
鸡西	Jixi	100475	1437	10650	2600		1465	7539
鹤岗	Hegang	90995		3351	5206	1561		582
双鸭山	Shuangyashan	65723		72233	33796			5797
大庆	Daqing	373348		64401	876569		3409	30079
伊春	Yichun	55939		17166	8186		320	3732
佳木斯	Jiamusi	190667	320	5186	2937			
七台河	Qitaihe	53146		35502			3180	31218
牡丹江	Mudanjiang	178407	1050	33920	6020	5600	905	20027
黑河	Heihe	161440		3567	8873			2202
绥化	Suihua	128016		58544	13850		2430	3040
大兴安岭	Daxinganling	140139		1221	1738			6182
不分地区	Not Classified by Region	619820		29648	600	670		65693

4－20 基本建设投资资金来源
CAPITAL SOURCE OF INVESTMENT IN CAPITAL CONSTRUCTION

单位:万元 (10000 yuan)

年份 Year / 地区 Region		本年资金来源合计 Total Capital Source of the Year	上年末结余资金 A Balance at End of Previous Year	本年资金来源 Sources of Fund					
				国家预算内资金 State Budgetary Appropriation	国内贷款 Domestic Loans	债券 Bonds	利用外资 Foreign Investment	自筹资金 Fundraising	其他资金 Others
1999		3343366	80041	385290	662976	168180	138963	1297473	610443
2000		3619764	105144	309514	777462	164091	134244	1486975	642334
2001		4617539	119692	574399	922246	127574	83171	2188020	602437
2002		4846598	113379	540975	703097	126515	113996	2800066	448570
2003		5776399	159514	608633	793641	44155	95590	3547372	527494
哈尔滨	Harbin	2010608	72633	127799	433051	24236	18099	1187137	147653
齐齐哈尔	Qiqihar	288225	10568	59109	42776		3618	123889	48265
鸡西	Jixi	109941	3103	11008	25842	1413	2265	44156	22154
鹤岗	Hegang	101535	849	17841	18095			51094	13656
双鸭山	Shuangyashan	190313	5130	13538	30232	96		79455	61862
大庆	Daqing	1361263	12823	17419	54675	6740		1219714	49892
伊春	Yichun	81013	1793	12205	5284		8900	46311	4690
佳木斯	Jiamusi	158911	2064	41278	27275			78133	10161
七台河	Qitaihe	112894	2474	4865	31216			64971	9368
牡丹江	Mudanjiang	237394	21992	24804	23118	7230	4690	124785	30775
黑河	Heihe	181693	493	38200	1588	2500	56328	41855	40729
绥化	Suihua	207111	2236	29545	6966		500	119356	48508
大兴安岭	Daxinganling	142949	1838	82753	400	110		43219	14629
不分地区	Not Classified by Region	592549	21518	128269	93123		1190	323297	25152

4－21　基本建设新增主要产品生产能力（2003）
INVESTMENT IN CAPITAL CONSTRUCTION BY SECTOR

能力名称	Item	建设规模 Constr－uction Scale	本年施工规模 This Year Construc－tion Scale	#本年新开工 Started This Year	累计新增生产能力 Newly Increased Production Capacity	#本年新增 This Year
天然原油（万吨/年）	Petroleum Extraction（10000 tons/year）	239.2	239.2	237.7	237.7	237.7
天然气开采（亿立方米/年）	Natural Gas Extraction（100 million cu. m/year）					
天然气管输（公里）	Capacity of Natural Gas Transportation（km）	500	500	45	413	45
天然气管输（亿立方米/年）	Capacity of Natural Gas Transportation（100 million cu. m/year）	5.0	5.0	0.3	3.9	0.3
润滑油（综合能力，万吨/年）	Lube（10000 tons/year）					
冷加工钢材（万吨/年）	Cold－rolling Steel Product（10000 tons/year）	16	16	16	16	16
火力发电（万千瓦）	Thermal Power（10000 kw/year）	10.5	10.5	1.0	3.0	3.0
输电线路长度（11 万伏及以上，公里）	Length of Transmission Line（≥110000 V，km）	212	212	212	212	212
变电设备能力（11 万伏及以上，万千伏安）	Capacity of Substation Equipment（≥110000 V，10000 KVA）	12	12	12	12	12
水泥（万吨/年）	Cement（10000 tons/year）	11	11	11	11	11
锯材（万立方米/年）	Sawn－up	90.9	90.9	90.9	10.9	10.9
胶合板（万立方米/年）	Plywood（10000 cu. m/year）	0.3	0.3	0.3	0.3	0.3
人造板装饰加工板（万立方米/年）	Artifactitious Board for Ornament（10000 cu. m/year）	20	20	20	20	20
合成氨（吨/年）	Synthetic Ammonia（ton/year）	100	100		100	100
塑料树脂及共聚物（吨/年）	Plastic Resin and Copolymer（ton/year）	16500	16500	16500		
中成药（吨/年）	Traditional Chinese Medicine（ton/year）	23254	23104	23104	3002	3002
肉加工品（吨/年）	Processed Meat Products（10000 tons/year）	5760	5760	5760	5760	5760
啤酒（万吨/年）	Beer（10000 tons/year）	0.5	0.5	0.5	0.5	0.5
白酒（万吨/年）	Liquor（10000 tons/year）	3	3	3	3	3
其他酒（万吨/年）	Others Drink（10000 tons/year）	0.5	0.5	0.5	0.5	0.5
塑料制品（万吨/年）	Plastic（10000 tons/year）	0.4	0.4	0.4		
新建公路（公里）	Length of New Highways（km）	970.7	960.7	372.3	558.9	548.9
改建公路（公里）	Length of Reconstructed Highways（km）	2667.6	2354.2	2090.7	1315.4	
新建独立公路桥梁（延长米）	Newly Built Highway Bridge（extend meter）	1307	1307	1307	1299	1299
（座）	Newly Built Highway Bridge（set）	9	9	9	8	8
新（扩）建客、货运站（个）	Newly Built（enlarge）Station（unit）	2	2	1	1	1
新（扩）建客、货运站（平方米）	Newly Built（enlarge）Station（km）	19100	19100	2183	2183	2183
农牧场机具购置（台）	Purchase of Tools in Farm and Meadow（unit）	623	623	623	623	623
农牧场机具购置（千瓦）	Purchase of Tools in Farm and Meadow（kw）	16436	16436	16436	16436	16400
耕地面积（万亩）	Cultivated Area（10000 mu）	6.6	6.6	6.6	6.6	6.6
造林面积（万亩）	Area of Afforestation（10000 mu）	141.7	136.2	136.2	141.4	135.9

4-21 续表 CONTINUED

能力名称	Item	建设规模 Constr-uction Scale	本年施工规模 This Year Construc-tion Scale	#本年新开工 Started This Year	累计新增生产能力 Newly Increased Production Capacity	#本年新增 This Year
水库容量(总库容)(亿立方米)	Reservoir Capacity (100 million cu. m)	12.8	10.5	9.5	3.3	3.3
有效灌溉面积(万亩)	Effective Irrigated Area (10000 mu)	138.8	137.3	89.9	60.8	60.8
除涝面积(万亩)	Flooded Area Under Control (10000 mu)	44.8	44.8	44.8	44.8	44.8
排灌装机(万千瓦)	Installed Capacity of Drainage and Irrigation (10000 kw/year)	0.04	0.04	0.04	0.04	0.04
粮食仓库(万公斤)	Grain Storehouses (10000 kg)	34155	34155	25972	34155	34155
粮食仓库(平方米)	Grain Storehouses (sq. m)	57487	57487	42684	57487	57487
高等院校:学生席位(个)	Students Capacity of Colleges (unit)	92850	92850	63522	68900	68900
建筑面积(平方米)	Floor Space of Buildings (sq. m)	619600	619600	442370	373406	373406
中等学校:学生席位(个)	Students Capacity of Secondary Schools (unit)	69284	69284	58894	52457	52457
建筑面积(平方米)	Floor Space of Buildings (sq. m)	408780	408780	346929	339716	339716
小学校:学生席位(个)	Students Capacity of Primary Schools (unit)	28807	28807	26807	24897	24897
建筑面积(平方米)	Floor Space of Buildings (sq. m)	159050	159050	150390	140040	140040
其他院校:学生席位(个)	Students Capacity of Colleges (unit)	3700	3700	3600	3700	3700
建筑面积(平方米)	Floor Space of Buildings (sq. m)	20693	20693	19593	20693	20693
公共图书馆:藏书量(万册、件)	Collections of Public Library (10000 copies)	341	341	41	341	341
阅览室座席(个)	Seating Capacity of Reading Room (unit)	1550	1550	150	1550	1550
建筑面积(平方米)	Floor Space of Buildings (sq. m)	34856	34856	1800	34856	34856
医院病床(张)	Hospital Beds(bed)	3973	3973	2623	2943	2843
宾馆、旅馆、招待所客房数(间)	Number of Hotel Rooms (room)	1214	1214	1074	1214	1214
(平方米)	Number of Hotel Rooms (sq. m)	62760	62760	55760	62760	62760
城市自来水供水能力(万吨/日)	Tap Water Supply Capacity (10000 tons/day)	167.5	111.5	78.0	36.1	34.6
城市自来水管道长度(公里)	Length of City Tap Water Pipe (km)	549.8	528.2	448.3	263.3	242.0
城市天然气储气能力(万立方米/日)	Storage Capacity of Liquefied Gas in Urban Area (10000 cu. m/day)	26.0	13.0	2.4	15.0	3.4
城市供热能力:蒸汽(吨/小时)	Urban Heating Capacity:Steam (ton/hour)	411	353	133	191	133
热水(兆瓦/小时)	Hot Water (MW/hour)	2318.6	2318.6	2316.0	114.0	114.0
城市公共交通车辆购置(辆)	Purchase of Urban Public Vehicle (unit)	25	25	25	25	25
城市道路扩建长度(公里)	Length of City Road Extended (km)	512.8	512.8	435.0	419.9	419.9
城市道路扩建面积(万平方米)	Area of City Road Extended (10000 sq. m)	506.0	506.0	411.2	402.4	402.4
城市排水管道铺设长度(公里)	Length of Sewer Pipelines (km)	223.1	210.4	107.5	101.1	
城市污水处理能力(万吨/日)	Disposal Capacity of Sewer (10000 tons/day)	79.4	78.4	35.9	36.9	35.9
城市永久性桥梁(座)	Urban Permanent Bridges (unit)	5	5	5	4	4

4－22 按构成和建设性质分的更新改造投资

INVESTMENT IN INNOVATION BY USE OF FUNDS AND TYPE OF CONSTRUCTION

单位:万元 (10000 yuan)

年份 Year 地区 Region	合计 Total	#住宅 Residential Buildings	按构成分 By Use of Funds 建筑安装工程 Construction and Installation	设备、工器具购置 Purchase of Equipment and Instrument	其他费用 Others	按建设性质分 By Type of Construction #新建 New Construction	#扩建 Expansion	#改建 Recon－struction
1985	159598		71502	81376	6720	1581	80819	54642
1990	351763	22146	154428	175143	22192	14282	190966	132709
1991	391960	22550	166032	195541	30387	4359	215238	157005
1992	443554	20580	190259	219581	33714	17284	226225	200045
1993	513364	17870	232569	233672	47123	19430	258213	228191
1994	990267	52557	451704	449291	89272	9810	723559	232534
1995	1127866	17550	419595	661126	47145	34899	795316	275875
1996	1190809	38789	501434	626129	63246	39240	801701	267119
1997	1174769	24128	421757	685485	67527	25573	850828	277759
1998	2194693	209713	868408	1208689	117596	39224	1740936	289939
1999	1412419	91941	569874	713201	129344	19631	1055051	195084
2000	2396548	3552	1269878	1013522	113148	303361	1514726	313203
2001	2011223	1406	1091495	815128	104600	142335	1346622	496638
2002	2150605	2224	959959	1076465	114181	596304	951463	573282
2003	2316940	1386	991750	1237729	87461	721965	937760	559193
哈尔滨 Harbin	581675		179011	375111	27553	295896	184971	83194
齐齐哈尔 Qiqihar	131502		33621	87198	10683	2000	17040	112462
鸡西 Jixi	77367		34206	34716	8445	6748	45247	25216
鹤岗 Hegang	29112	200	11500	14647	2965	19873	3780	5459
双鸭山 Shuangyashan	41807	570	21968	17775	2064	818	26914	13345
大庆 Daqing	748873		482251	253542	13080	363921	162979	143584
伊春 Yichun	46669		24478	16672	5519	715	17280	28674
佳木斯 Jiamusi	56165		17319	36678	2168	11644	32654	11867
七台河 Qitaihe	36839		11691	23754	1394		11472	25367
牡丹江 Mudanjiang	70080	10	19997	46784	3299	13260	47725	9095
黑河 Heihe	17517		14901	2203	413	2090	11615	3812
绥化 Suihua	98037		15932	75518	6587	5000	93037	
大兴安岭 Daxinganling	13049	606	8799	3960	290		13049	
不分地区 Not Classified by Region	368248		116076	249171	3001		269997	97118

4-23 各行业更新改造投资(2003)
INVESTMENT IN INNOVATION BY SECTOR

单位:万元 (10000 yuan)

行 业	Sector	投资额 Total Investment	建筑安装工程 Construction and Installation	设备、工器具购置 Purchase of Equipment and Instrument	其他费用 Others
总 计	**Total**	**2316940**	**991750**	**1237729**	**87461**
农、林、牧、渔业	Farming, Forestry, Animal Husbandry and Fishery	16166	9369	5689	1108
农 业	Farming	1493		1233	260
林 业	Forestry	8813	6939	1356	518
畜牧业	Animal Husbandry	1360	1230		130
渔 业	Fishery	4500	1200	3100	200
农、林、牧、渔服务业	Farming, Forestry, Animal Husbandry and Fishery Services				
采矿业	Mining	357342	313003	40100	4239
煤炭开采和洗选业	Mining and Washing of Coal	60098	20509	35970	3619
石油和天然气开采业	Extraction of Petroleum and Natural Gas	280531	280531		
黑色金属矿采选业	Mining of Ferrous Metal Ores	14951	10851	3500	600
有色金属矿采选业	Mining of Non - ferrous Metal Ores	1262	912	330	20
非金属矿采选业	Mining and Processing of Nonmetal Ores	500	200	300	
其他采矿业	Mining of Other Ores n. e. c				
制造业	Manufacturing	1031147	350607	619387	61153
农副食品加工业	Processing of Food from Agricultural Products	53893	11854	39456	2583
食品制造业	Manufacture of Foods	78638	25156	51358	2124
饮料制造业	Manufacture of Beverage	59490	21872	34972	2646
烟草制品业	Manufacture of Tobacco	13297	3500	9797	
纺织业	Manufacture of Textile	20997	3366	16468	1163
纺织服装、鞋、帽制造业	Manufacture of Textile Wearing Apparel, Footware, and Caps				
皮革、毛皮、羽(毛)绒及其制品业	Manufacture of Leather, Fur, feather and Its Products				
木材加工及竹、藤、棕草制品业	Processing of Timbers, Manufacture of Wood, Bamboo, Rattan, Palm, and Straw Products	9565	2984	5908	673
家具制造业	Manufacture of Furniture	6460	2650	3457	353
造纸及纸制品业	Manufacture of Paper and Paper Products	36255	9540	25403	1312
印刷业和记录媒介的复制	Printing, Reproduction of Recording Media				
文教体育用品制造业	Manufacture of Articles for Culture, Education and Sport Activity				
石油加工、炼焦及核燃料加工业	Processing of Petroleum , Coking, Processing of Nucleus Fuel	233940	104575	113906	15459
化学原料及化学制品制造业	Manufacture of Chemical Raw Material and Chemical Products	29682	7776	15713	6193
医药制造业	Manufacture of Medicines	123839	55468	61224	7147
化学纤维制造业	Manufacture of Chemical Fiber	30000	13400	15600	1000
橡胶制品业	Manufacture of Rubber	598	5	593	
塑料制品业	Manufacture of Plastic	19022	3407	15614	1
非金属矿物制品业	Manufacture of Non - metallic Mineral Products	65153	22240	33972	8941
黑色金属冶炼及压延加工业	Manufacture and Processing of Ferrous Metals	54233	26965	26489	779
有色金属冶炼及压延加工业	Manufacture and Processing of Non - ferrous Metals	1355	141	1139	75
金属制品业	Manufacture of Metal Products	30	7	20	3
通用设备制造业	Manufacture of General Purpose Machinery	36357	8180	23573	4604
专用设备制造业	Manufacture of Dpecial Purpose Machinery	13029	6059	5217	1753

4－23 续表 1　CONTINUED

单位：万元　　(10000 yuan)

行　业	Sector	投资额 Total Investment	建筑安装工程 Construction and Installation	设备、工器具购置 Purchase of Equipment and Instrument	其他费用 Others
交通运输设备制造业	Manufacture of Transport Equipment	128351	14430	111247	2674
电气机械及器材制造业	Manufacture of Electrical Machinery and Equipment	16453	6942	7841	1670
通信设备、计算机及其他电子设备业	Manufacture of Communication Equipment, Computer and Other Electronic Equipment	510	90	420	
仪器仪表及文化、办公用机械制造业	Manufacture of Measuring Instrument and Machinery for Cultural Activity and Office Work				
工艺品及其他制造业	Manufacture of Artwork, Other Manufacture n. e. c				
废弃资源和废旧材料回收加工业	Recycling and Disposal of Waste				
电力、燃气及水的生产和供应业	Production and Distribution of Electricity, Gas and Water	274809	112790	151178	10841
电力、热力的生产和供应业	Production and Supply of Electric Power and Heat Power	269739	108970	150304	10465
燃气生产和供应业	Production and Distribution of Gas	794	428	248	118
水的生产和供应业	Production and Distribution of Water	4276	3392	626	258
建筑业	Construction	2515	2300		215
房屋和土木工程建筑业	Construction of Building and Civil Engineering	2515	2300		215
建筑安装业	Architectural Installation				
建筑装饰业	Architectural Decoration				
其他建筑业	Other Construction				
交通运输、仓储和邮政业	Traffic, Transport, Storage and Post	88152	28091	59018	1043
铁路运输业	Transport Via Railway	66231	27267	38964	
道路运输业	Transport Via Road				
城市公共交通业	Urban Public Traffic	16652		16652	
水上运输业	Water Transport				
航空运输业	Air Transport				
管道运输业	Transport Via Pipeline				
装卸搬运和其他运输服务业	Loading, Unloading, Portage and Other Transport Services				
仓储业	Storage	1445	824	518	103
邮政业	Post	3824		2884	940
信息传输、计算机服务和软件业	Information Transfer, Computer Services and Software	538492	172162	358341	7989
电信和其他信息传输服务业	Telecom and Other Information Transfer Services	538492	172162	358341	7989
计算机服务业	Computer Services				
软件业	Software Industry				
批发和零售业	Wholesale and Retail Trade	1969	857	454	658
批发业	Wholesale	740	459	171	110
零售业	Retail Trade	1229	398	283	548
住宿和餐饮业	Accommodation and Restaurants				
住宿业	Accommodation				
餐饮业	Restaurants				
金融业	Finance	50	50		
银行业	Bank				
证券业	Securities				
保险业	Insurance	50	50		
其他金融活动	Other Financial Activities				

4-23 续表 2 CONTINUED

单位：万元 (10000 yuan)

行业	Sector	投资额 Total Investment	建筑安装工程 Construction and Installation	设备、工器具购置 Purchase of Equipment and Instrument	其他费用 Others
房地产业	Real Estate				
房地产开发经营	Real Estate Exploitation Management				
物业管理	Management Concerning Dwelling				
房地产中介服务	Real Estate Agency Service				
租赁和商务服务业	Tenancy and Business Services				
租赁业	Tenancy				
商业服务业	Business Service				
科学研究、技术服务和地质勘查业	Scientific Research, Technical Service and Geologic Perambulation				
研究与试验发展	Research and Experimental Development(R&D)				
自然科学研究与试验发展	R&D on Physical Science				
工程和技术研究与试验发展	R&D on Engineering and Technical Research				
农业科学研究与试验发展	R&D on Agricultural Science Research				
医学研究与试验发展	R&D on Medical Research				
社会人文科学研究与试验发展	R&D on Social Science and Humanities				
专业技术服务业	Professional Technique Services				
气象服务	Weather Services				
地震服务	Earthquake Services				
测绘服务	Plotting Services				
技术检测	Technique Detection				
环境监测	Environmental Monitoring				
工程技术与规划管理	Engineering Technic and Programming Management				
科技交流和推广服务业	Services of Science and Technique Intercommunion and Generalization				
地质勘查业	Geologic Perambulation				
水利、环境和公共设施管理业	Management of Water Conservancy, Environment and Public Establishment	242	142	40	60
水利管理业	Management of Water Conservancy	242	142	40	60
环境管理业	Environmental Management				
公共设施管理业	Management of Public Establishment				
居民服务和其他服务业	Resident Services and Other Services				
居民服务业	Resident Services				
其他服务业	Other Services				
教育	Education	2398	1008	1390	
#初等教育	#Primary Education	2398	1008	1390	
中等教育	Secondary Education				
高等教育	Higher Education				
卫生、社会保障和社会福利业	Sanitation, Social Security and Social Welfare	500		500	
卫生	Sanitation	500		500	
社会保障业	Social Security				
社会福利业	Social Welfare				
文化、体育和娱乐业	Culture, Sports and Entertainment	860	230	530	100
新闻出版业	Journalism and Publishing Activities				
广播、电影、电视和音像业	Broadcasting, Movies, Television and Audiovisual	860	230	530	100
文化艺术业	Culture and Art				
体育	Sports Activities				
娱乐业	Entertainment				
公共管理和社会组织	Public Management and Social Organization	2298	1141	1102	55
#中国共产党机关	#Chinese Communist Party Organs				
国家机构	Organ of State	2298	1141	1102	55
人民政协和民主党派	People's Political Consultative Conference and Democratic Parties				
群众社团、社会团体和宗教组织	Mass Communities, Social Communities and Religion Organizations				

4-24 各行业更新改造投资(1985-2002)
INVESTMENT IN INNOVATION BY SECTOR

单位:万元　　　　(10000 yuan)

年 份 Year 地 区 Region	农、林、牧、渔业 Farming, Forestry, Farming of Animals and Fishing	采掘业 Mining and Quarrying	制造业 Manufacturing	电力煤气及水的生产和供应业 Production and Supply of Electricity Gas and Water	建筑业 Construction	地质勘查业 水利管理业 Geological Prospecting and Water Conservancy	交通运输仓储及邮电通信业 Transport, Storage, Post & Teleco-mmunication Services	批发和零售贸易餐饮业 Wholesale and Retail Trade & Catering Services
1985	5106	36737	90159	3925	345	59	17405	1038
1990	9914	102091	197454	6429	616	48	29832	3479
1991	25103	93726	211039	6681	467	55	46829	5688
1992	15954	86122	244294	8134	1595	251	81619	4309
1993	11948	91652	288845	10782	1152	247	102834	1234
1994	12745	349947	386371	18043	636	334	215914	3909
1995	13824	231726	462523	20011	51		388428	3619
1996	19571	239659	429556	32530	712		416237	1673
1997	5787	72529	477316	60251	428	361	550401	1090
1998	10028	738221	597862	23175	226		808464	3388
1999	3546	454371	563129	35114	413	976	344967	458
2000	1208	1268649	496991	90493	1104	2474	524848	1933
2001	12628	601248	553888	206887	7082	860	622697	1888
2002	10567	535898	722833	175062	5000	1495	524886	152102

注:2003 年起执行新的国民经济行业分类,故 2003 年数据在另表列示。

Note: Since 2003, the new category standard of national economy industry is implemented, so the data of 2003 are listed on another table.

4-24 续表 CONTINUED

年 份 Year 地 区 Region	金融、保险业 Finance and Insurance	房地产业 Real Estate	社 会 服务业 Social Services	卫生、体育和社会福利业 Health Care, Sports & Social Welfare	教育、文化艺术及广播电影电视业 Education, Culture and Arts, Radio, Film and Television	科学研究和综合技术服务业 Scientific Research and Polytechnic Services	国家机关政党机关社会团体 Governments, Parties and Social Organization	其他行业 Others
1985	44		1362	517	1014	437	632	818
1990			532	47	428	71	822	
1991		51	1048	220	355	33	665	
1992			347	71	485	23	350	
1993	17	450	240	156	337	119	3202	149
1994			422	86	111		1749	
1995			3716	120	746		690	2412
1996	21000		4010	23400	108		1985	368
1997			5119	100	100	480	727	80
1998			502	200			12627	
1999			7239	1156		220	230	600
2000			4336		213		3189	1110
2001			3805	60	180			
2002			17135	182	577	80	3653	1135

4－25 各地区更新改造投资(2003)

INVESTMENT IN INNOVATION BY REGION

单位:万元 (10000 yuan)

地 区	Region	总 计 Total	农、林、牧、渔业 Farming, Forestry, Farming of Animals and Fishing	采矿业 Mining	制造业 Manufa－cturing	电力、燃气及水的生产供应业 Production and Distribution of Electricity, Gas and Water	建筑业 Construction	交通运输仓储及邮政业 Traffic, Transport, Storage & Post
全 省	**Total**	**2316940**	**16166**	**357342**	**1031147**	**274809**	**2515**	**88152**
哈尔滨	Harbin	581675	170		401206	23592	195	17681
齐齐哈尔	Qiqihar	131502			108296			
鸡 西	Jixi	77367		22748	26737	13525		
鹤 岗	Hegang	29112		7380	12881	848	80	
双鸭山	Shuangyashan	41807		20413	6115	8652		
大 庆	Daqing	748873		280531	239452	207340	2000	
伊 春	Yichun	46669	1649		14670	4906		
佳木斯	Jiamusi	56165		162	50196	1063		
七台河	Qitaihe	36839	4500	23854	2310	992	240	
牡丹江	Mudanjiang	70080	1560	2020	38102	7337		
黑 河	Heihe	17517		234	3170	758		1300
绥 化	Suihua	98037	100		82873	2266		
大兴安岭	Daxinganling	13049	6794					
农垦总局	ARB	50062	1393		45139	3530		
其 他	Others	318186						69171

4－25 续表1 CONTINUED

地 区	Region	信息传输、计算机服务和软件业 Information Transfer, Computer Services and Software	批发和零售业 Wholesale and Retail Trade	住宿和餐饮业 Accom－modation and Catering	金融业 Finance	房地产业 Real Estate	租赁和商务服务业 Tenancy and Business Services	科学研究技术服务和地质勘查业 Scientific Rese－arch, Technical Service and Geologic Perambulation
全 省	**Total**	**538492**	**1969**		**50**			
哈尔滨	Harbin	137360	1229					
齐齐哈尔	Qiqihar	22406	300					
鸡 西	Jixi	14357						
鹤 岗	Hegang	7923						
双鸭山	Shuangyashan	5884						
大 庆	Daqing	19550						
伊 春	Yichun	22381			50			
佳木斯	Jiamusi	4744						
七台河	Qitaihe	4393						
牡丹江	Mudanjiang	19811	440					
黑 河	Heihe	11615						
绥 化	Suihua	12798						
大兴安岭	Daxinganling	6255						
农垦总局	ARB							
其 他	Others	249015						

4－25 续表 2　CONTINUED

单位：万元　(10000 yuan)

地　区	Region	水利、环境和公共设施管理业 Management of Water Conservancy, Environment and Public Establishment	居民服务和其他服务业 Resident Services and Other Services	教　育 Education	卫生、社会保障和社会福利业 Sanitation, Social Security and Social Welfare	文化、体育和娱乐业 Culture, Sports and Entertainment	公共管理和社会组织 Public Management and Social Organization
全　省	**Total**	**242**		**2398**	**500**	**860**	**2298**
哈尔滨	Harbin	242					
齐齐哈尔	Qiqihar				500		
鸡　西	Jixi						
鹤　岗	Hegang						
双鸭山	Shuangyashan						743
大　庆	Daqing						
伊　春	Yichun			2398			615
佳木斯	Jiamusi						
七台河	Qitaihe					550	
牡丹江	Mudanjiang					310	500
黑　河	Heihe						440
绥　化	Suihua						
大兴安岭	Daxinganling						
农垦总局	ARB						
其　他	Others						

4－26　更新改造投资资金来源
CAPITAL SOURCE OF INVESTMENT IN INNOVATION

单位：万元　(10000 yuan)

年份 地区	Year Region	本年资金来源合计 Total Capital Source of the Year	上年末结余资金 A Balance at End of Previous Year	本年资金来源 Sources of Fund: 国家预算内资金 State Budgetary Appropriation	国内贷款 Domestic Loans	债　券 Bonds	利用外资 Foreign Investment	自筹资金 Fundraising	其他资金 Others
1999		1450786	60776	4588	215271		24979	1125631	19541
2000		2483617	68318	24268	256770	12551	20416	2062435	38859
2001		2099650	89261	32246	233375	3180	28075	1667033	46480
2002		2230313	108192	70226	316728	270	25049	1532251	177597
2003		2453028	103983	78717	330145	8496	43529	1825644	62514
哈尔滨	Harbin	638629	51538	41920	143201	4278	32856	348943	15893
齐齐哈尔	Qiqihar	188097	48309	5890	30489		1500	97269	4640
鸡　西	Jixi	77780		1000	17336			59026	418
鹤　岗	Hegang	29480		4000	2859			21471	1150
双鸭山	Shuangyashan	44345	3194	5407	2695			29571	3478
大　庆	Daqing	756744			9000	1900		739892	5952
伊　春	Yichun	47739		9830	2057			29951	5901
佳木斯	Jiamusi	57452	68	1000	14705			29583	12096
七台河	Qitaihe	37324	674	2191	500	2318		30207	1434
牡丹江	Mudanjiang	74828		5950	32982		211	29255	6430
黑　河	Heihe	19222	200	283	7332			10815	592
绥　化	Suihua	99099		1026	28243		8748	59252	1830
大兴安岭	Daxinganling	13049			4233			8816	
不分地区	Not Classified by Region	382289		220	38746		214	340409	2700

4－27 按隶属关系分的更新改造投资和房屋建筑面积
INVESTMENT IN INNOVATION BY ADMINISTRATIVE RELATIONSHIP AND FLOOR SPACE OF BUILDINGS

年份 Year 地区 Region	按隶属关系分(万元) By Administrative Relationship (10000 yuan)		房屋建筑面积(万平方米) Floor Space of Buildings (10000 sq. m)			
	#中央 Central Government Projects	#地方 Local Projects	施工面积 Floor Space under Construction	#住宅 Residential Buildings	竣工面积 Floor Space Completed	#住宅 Residential Buildings
1985	75235	86363	237	70	133	48
1990	160895	190868	242	89	155	72
1991	158426	233534	243	82	154	64
1992	208783	234771	238	64	149	59
1993	235194	278170	215	38	109	26
1994	651261	337576	241	67	168	56
1995	707035	418352	166	24	121	19
1996	776051	411056	146	52	103	48
1997	815596	329375	109	24	62	22
1998	1765871	417084	305	190	187	110
1999	1068786	330847	166	94	137	92
2000	1884344	485385	97	8	55	4
2001	1327676	657965	98.2	2.4	35.4	1.5
2002	1414479	679918	98.9	2.9	60.5	1.2
2003	1359643	957297	119.6	1.1	60.0	
哈尔滨 Harbin	272772	308903	53.3		18.4	
齐齐哈尔 Qiqihar	18209	113293	9.4		0.8	
鸡西 Jixi		77367	3.1		2.9	
鹤岗 Hegang		29112	0.0			
双鸭山 Shuangyashan	4241	37566	4.8	0.6	1.8	
大庆 Daqing	683105	65768	7.0		6.3	
伊春 Yichun	22381	24288	2.1		2.1	
佳木斯 Jiamusi	4744	51421	7.1		4.9	
七台河 Qitaihe		36839	1.0		1.0	
牡丹江 Mudanjiang	15113	54967	6.0		2.9	
黑河 Heihe	1300	16217	1.8		1.4	
绥化 Suihua	12798	85239	9.7		7.0	
大兴安岭 Daxinganling	6794	6255	1.0	0.5	0.1	
不分地区 Not Classified by Region	318186	204796	19.6		16.2	

4－28　更新改造项目和新增固定资产

NUMBER OF INNOVATION PROJECTS AND NEWLY INCREASED FIXED ASSETS THROUGH INVESTMENT IN INNOVATION

年份 地区	Year Region	施工项目（个） Number of Projects under Construction (unit)	#本年新开工 Started This Year	全部建成投产项目（个） Number of Projects Completed and Put into Use (unit)	项目建成投产率（%） Rate of Projects Completed and Put into Use (%)	投资总额（万元） Total Investment (10000 yuan)	新增固定资产（万元） Newly Increased Fixed Assets (10000 yuan)	固定资产交付使用率（%） Rate of Fixed Assets Put into Use (%)
	1985					159598	122601	76.8
	1990	1456		963	66.1	351763	299932	85.3
	1991	1650		1115	67.6	391960	339007	86.5
	1992	1281		809	63.2	443554	378245	85.3
	1993	1357	916	888	65.4	513364	351633	68.5
	1994	2649	1779	880	33.2	990267	852417	86.1
	1995	1579	1259	1261	79.9	1127866	966253	85.7
	1996	1200	934	866	72.2	1190809	1022235	85.8
	1997	1324	1093	954	72.0	1174769	939511	80.0
	1998	1347	1061	1095	81.3	2194693	1800116	82.0
	1999	866	612	653	75.4	1412419	1293365	91.6
	2000	1285	1047	1032	80.3	2396548	1943424	81.1
	2001	1218	1025	945	77.6	2011223	1555574	77.3
	2002	1293	1135	990	76.6	2150605	1700524	79.1
	2003	1382	1224	1124	81.3	2316940	2075486	89.6
哈尔滨	Harbin	194	135	130	67.0	581675	548668	94.3
齐齐哈尔	Qiqihar	87	69	43	49.4	131502	90809	69.1
鸡西	Jixi	488	484	478	98.0	77367	60714	78.5
鹤岗	Hegang	27	23	11	40.7	29112	23755	81.6
双鸭山	Shuangyashan	106	99	94	88.7	41807	20437	48.9
大庆	Daqing	73	65	60	82.2	748873	708073	94.6
伊春	Yichun	40	30	25	62.5	46669	39155	83.9
佳木斯	Jiamusi	46	38	32	69.6	56165	45301	80.7
七台河	Qitaihe	41	37	34	82.9	36839	34350	93.2
牡丹江	Mudanjiang	50	44	31	62.0	70080	54179	77.3
黑河	Heihe	34	30	24	70.6	17517	11316	64.6
绥化	Suihua	80	64	54	67.5	98037	83351	85.0
大兴安岭	Daxinganling	6	6	6	100.0	13049	9455	72.5
不分地区	Not Classified by Region	110	100	102	92.7	368248	345923	93.9

4－29 更新改造限额以上项目投资额和新增固定资产(2003)
NUMBER OF INNOVATION PROJECTS, INVESTMENT AND NEWLY INCREASED FIXED ASSETS ABOVE DESIGNATED SIZE

项目	Item	施工项目 (个) Number of Projects under Construc－tion(unit)	全部建成投产项目 (个) Number of Projects Completed and Put into Use (unit)	项目建成投产率 (%) Rate of Projects Completed and Put into Use (%)	投资总额 (万元) Total Investment (10000 yuan)	新增固定资产 (万元) Newly Increased Fixed Assets (10000 yuan)	固定资产交付使用率(%) Rate of Fixed Assets Put into Use (%)
总计	**Total**	**100**	**28**	**28.0**	**898745**	**788439**	**87.7**
按隶属关系分	**Grouped by Administrative Relationship**						
#中央项目	#Central Government Projects	31	8	25.8	563649	618403	109.7
地方项目	Local Projects	69	20	29.0	335096	170036	50.7
#省属	#Provincial	15	1	6.7	102145	42698	41.8
地市属	Prefectural(Cities at Prefectural level)	46	15	32.6	213344	117321	55.0
县属	County's	8	4	50.0	19607	10017	51.1
按建设性质分	**Grouped by Type of Construction**						
#新建	#New Construction	41	11	26.8	534096	517237	96.8
扩建	Expansion	27	9	33.3	275232	193742	70.4
改建	Reconstruction	32	8	25.0	89417	77460	86.6
按国民经济行业分	**Grouped by Sector**						
煤炭开采和洗选业	Mining and Washing of Coal	1	1	100.0	1000	1000	100.0
石油和天然气开采业	Extraction of Petroleum and Natural gas	1	1	100.0	271231	271231	100.0
农副食品加工业	Processing of Food From Agricultural Products	5	2	40.0	18134	5584	30.8
食品制造业	Manufacture of Foods	9	2	22.2	44483	11434	25.7
饮料制造业	Manufacture of Beverage	5	2	40.0	37178	16799	45.2
烟草制品业	Manufacture of Tobacco	1			12000		
纺织业	Manufacture of Textile	1			1313		
造纸及纸制品业	Manufacture of Paper and Paper Products	7	1	14.3	28711	18943	66.0
石油加工、炼焦及核燃料加工业	Processing of Petroleum ,Coking,Processing of Nucleus Fuel	6	2	33.3	145329	139849	96.2
化学原料及化学制品制造业	Manufacture of Chemical Raw Material and Chemical Products	5	1	20.0	11533	8600	74.6
医药制造业	Manufacture of Medicines	8	2	25.0	32186	21037	65.4
化学纤维制造业	Manufacture of Chemical Fiber	1	1	100.0	30000	30000	100.0
塑料制品业	Manufacture of Plastic	2	1	50.0	3980	980	24.6
非金属矿物制品业	Manufacture of Non－metallic Mineral Products	3	2	66.7	29193	17993	61.6
黑色金属冶炼及压延加工业	Manufacture and Processing of Ferrous Metals	1			1494		
通用设备制造业	Manufacture of General Purpose Machinery	6			25650	19487	76.0
专用设备制造业	Manufacture of special purpose machinery	3	1	33.3	10061	2568	25.5
交通运输设备制造业	Manufacture of Transport Equipment	20	5	25.0	107107	174443	162.9
电气机械及器材制造业	Manufacture of Electrical Machinery and Equipment	4			14104	412	2.9
电力、燃气及水的生产和供应业	Production and Distribution of Electricity,Gas and Water	7	3	42.9	39012	18926	48.5
信息传输、计算机服务和软件业	Information Transfer, Computer Services and Software	4	1	25.0	35046	29153	83.2

4-30　更新改造新增主要产品生产能力(2003)
NEWLY INCREASED PRODUCTION CAPACITY THROUGH INNOVATION

能力名称	Item	建设规模 Constr-uction Scale	本年施工规模 This Year Construc-tion Scale	#本年新开工 Started This Year	累计新增生产能力 Newly Increased Production Capacity	#本年新增 This Year
火力发电(万千瓦)	Thermal Power (10000 kw/year)	10.0	10.0	10.0	10.0	10.0
水泥(万吨/年)	Cement (10000 tons/year)	472	472	432	382	382
化学农药(吨/年)	Chemical Pesticide (ton/year)	4400	4400	4400	4400	4400
塑料树脂及共聚物(吨/年)	Plastic Resin and Copolymer (ton/year)	43700	43700			
化学原料药(吨/年)	Medicine With Chemical Materials (ton/year)	1968	1968	1968		
中成药(吨/年)	Traditional Chinese Medicine (ton/year)	9870	8870	7918	2610	2460
轿车制造(辆/年)	Car (unit/year)	50000	50000	50000	50000	50000
化学纤维(吨/年)	Chemical Fiber (ton/year)	6000	6000		6000	6000
棉纺锭(锭)	Cotton Spindles (unit)	48000	48000	48000	48000	48000
丝织机(台)	Silk Loom (unit)	300	300	300	300	300
食用植物油	Edible Vegetable Oil					
日处理原料(吨)	Processed Material Per Day (ton)	311	311	311	311	311
日精炼油(吨)	Refined Oil Per Day (ton)	40	40	40	40	40
机制糖	Machine-processed Sugar					
日处理原料(吨)	Raw Materials Processing (ton)	100	100	100	100	100
年生产糖(吨)	Annual Production Capacity (ton)	3000	3000	3000	3000	3000
饼干(吨/年)	Biscuit (ton/year)	1100	1100			
奶粉(吨/年)	Milk Powder (ton/year)	7100	7100	7100	7100	7100
其他乳制品(吨/年)	Other Milk Products (ton/year)	295500	159500	157500	64500	64500
啤酒(万吨/年)	Beer (10000 tons/year)	10.5	10.5	10.5	9.0	9.0
白酒(万吨/年)	Liquor (10000 tons/year)	2.6	2.6	1.1	2.1	2.1
程控交换机(万线/年)	Program-controlled Telephone Switching Machines (10000 lines/year)	118.3	118.3	118.3	118.3	118.3
铁路机车购置(台)	Purchase of Railway Locomotives (unit)					
铁路客车购置(辆)	Purchase of Railway Passenger Coaches (unit)					
改建公路(公里)	Length of Reconstructed Highways (km)	50	50	50	50	50
长途电缆(延长公里)	Long-distance Cable (km)					
农牧场机具购置(台)	Stock-breeding Machines and Tools (unit)	3	3	3	3	3
(千瓦)	(kw)	223.8	223.8	223.8	223.8	223.8
城市自来水管道长度(公里)	Length of City Tap Water Pipe (km)	5	5	5	5	5
城市供热能力:蒸汽(吨/小时)	Urban Heating Capacity:Steam (ton/hour)	228	188	153	188	188
热水(兆瓦/小时)	Hot Water (MW/hour)	288.2	219.2	145.2	219.2	219.2
城市公共交通车辆购置(辆)	Public Transportation Vehicles (unit)	899	899	899	899	899
城市污水处理能力(万吨/日)	Disposal Capacity of Sewer (10000 tons/day)	1	1	1	1	1

4－31 按登记注册类型分的更新改造投资
INVESTMENT IN INNOVATION BY REGISTRATION STATUS

单位:万元 (10000 yuan)

年份 Year 地区 Region		国有 State－Owned Units	联营 Joint Ownership Economy Units	有限责任公司 Limited Liability Corporations	股份有限公司 Share－holding Corporations Ltd.	港澳台商投资 Enterprises with Funds from Hong Kong, Macao and Taiwan	外商投资 Foreign Funded Enterprises	其他 Others
	1998	2046101	3892	23496	44444	41098	10010	25652
	1999	1291653	1616	30106	36466	8524	8130	35924
	2000	862209	1344	114090	1389786	22125	6994	
	2001	1114088		114867	721887	24972	34489	920
	2002	1269798	200	123875	676592	28315	44431	7394
	2003	1143697	8930	324373	677502	36272	60271	65895
哈尔滨	Harbin	342382		28031	107933	15489	45071	42769
齐齐哈尔	Qiqihar	29900		63654	30651	5297	2000	
鸡西	Jixi	34735	7480	23212	4670	280	4050	2940
鹤岗	Hegang	13336		12496	980			2300
双鸭山	Shuangyashan	11535		22833	6339		955	145
大庆	Daqing	226890		14728	496345	8300		2610
伊春	Yichun	29699		9097	2503			5370
佳木斯	Jiamusi	16575		35256		1266	2568	500
七台河	Qitaihe	6175		28243				2421
牡丹江	Mudanjiang	49880		13569	3574	110	727	2220
黑河	Heihe	13847		790	2600			280
绥化	Suihua	32044	1450	38859	10914	5530	4900	4340
大兴安岭	Daxinganling	13049						
不分地区	Not Classified by Region	323650		33605	10993			

4－32 商品房屋销售情况
SELLING OF COMMERCIAL HOUSES

年份 Year 地区 Region		实际销售商品房屋(平方米) Floor Space Sold (sq. m)	住宅 Residential Buildings	办公楼 Office Buildings	商业营业用房 House for Bussiness Use	其他 Others	个人购买商品房屋(平方米) Commercial Purchased by Individuals (sq. m)	商品房屋销售额(万元) Total Sales of Commercial Houses (10000 yuan)	#住宅 Residential Buildings
	1999	3513834	2946888	94633	430949	41364	3034801	565495	418443
	2000	4998452	4244271	106813	585997	61371	4368113	869447	669929
	2001	5946410	4906264	182549	763290	94307	5391022	1060725	800169
	2002	6924691	5743325	131366	968783	81217	6598928	1248743	918213
	2003	8146447	6731129	146593	1154425	114300	7655193	1465500	1091465
哈尔滨	Harbin	3907776	3255062	90546	478693	83475	3530242	919405	710681
齐齐哈尔	Qiqihar	1280035	1082043	15843	170974	11175	1266563	173398	124938
鸡西	Jixi	99057	78657	5000	14890	510	94140	10175	7492
鹤岗	Hegang	279545	232063		46882	600	275504	26763	20475
双鸭山	Shuangyashan	128605	116633		11972		128605	11461	9625
大庆	Daqing	624272	535194	3752	80163	5163	590325	103856	80466
伊春	Yichun	240390	195728		44662		240390	24660	17393
佳木斯	Jiamusi	482463	357590	13107	103171	8595	463356	57067	35692
七台河	Qitaihe	310284	226229	1310	80361	2384	308974	40646	22525
牡丹江	Mudanjiang	419240	360319	835	55821	2265	385114	55805	36227
黑河	Heihe	46193	35990	2800	7270	133	43393	5064	3611
绥化	Suihua	163214	107811	12000	43403		163214	19946	7722
大兴安岭	Daxinganling	165373	147810	1400	16163		165373	17254	14618

4－33　房地产开发企业个数
NUMBER OF ENTERPRISES FOR REAL ESTATE DEVELOPMENT

单位:个　　　　(unit)

年份 Year 地区 Region	合计 Total	国有 State－owned	集体 Collective－owned	股份有限公司 Share－holding Corporations Ltd.	港澳台商投资 Enterprises with Funds from Hong Kong, Macao and Taiwan	外商投资 Foreign Funded Enterprises	其他 Others
1995	295	183	24	44	30	9	5
2000	439	170	32	71	25	9	132
2001	483	152	32	79	23	8	189
2002	606	142	24	111	23	18	288
2003	776	144	21	131	25	17	438
哈尔滨 Harbin	407	89	12	62	20	15	209
齐齐哈尔 Qiqihar	79	12	1	5		1	60
鸡西 Jixi	16	11		3			2
鹤岗 Hegang	31	4		6	1		20
双鸭山 Shuangyashan	13	1	1	4			7
大庆 Daqing	48	5	1	13	1	1	27
伊春 Yichun	17	1		5			11
佳木斯 Jiamusi	63	9	4				50
七台河 Qitaihe	13						13
牡丹江 Mudanjiang	35	8	1	13	3		10
黑河 Heihe	5	1		2			2
绥化 Suihua	40	3		14			23
大兴安岭 Daxinganling	9		1	4			4

4－34　房地产开发企业从业人员数
NUMBER OF EMPLOYED PERSONS IN ENTERPRISES FOR REAL ESTATE DEVELOPMENT

单位:人　　　　(person)

年份 Year 地区 Region	合计 Total	国有 State－owned	集体 Collective－owned	股份有限公司 Share－holding Corporations Ltd.	港澳台商投资 Enterprises with Funds from Hong Kong, Macao and Taiwan	外商投资 Foreign Funded Enterprises	其他 Others
1995	15473	11541	724	1005	785	320	1098
2000	23058	10756	858	5055	504	229	5656
2001	23792	9752	997	3624	521	198	8700
2002	25486	4710	623	5085	568	457	14043
2003	27465	4029	679	4302	307	385	17763
哈尔滨 Harbin	6842	1801	134	1066	170	303	3368
齐齐哈尔 Qiqihar	2315	223	20	283		10	1779
鸡西 Jixi	545	441		42			62
鹤岗 Hegang	3535	188		428	26		2893
双鸭山 Shuangyashan	2447	171	99	374			1803
大庆 Daqing	4252	423	9	426	8	72	3314
伊春 Yichun	1187	25		773			389
佳木斯 Jiamusi	2396	356	331				1709
七台河 Qitaihe	960						960
牡丹江 Mudanjiang	1137	297	56	468	103		213
黑河 Heihe	257	34		164			59
绥化 Suihua	1265	70		189			1006
大兴安岭 Daxinganling	327		30	89			208

4－35 房地产开发企业的土地开发、购置及投资规模

LAND DEVELOPMENT, PURCHASE AND INVESTMENT SCALE OF ENTERPRISES FOR REAL ESTATE DEVELOPMENT

年份 Year 地区 Region	本年完成开发土地面积（平方米）Land Space Developed This Year (sq. m)	正在开发土地面积（平方米）Land Space under Development (sq. m)	本年购置土地面积（平方米）Land Space Purchased This Year (sq. m)	实际需要的总投资（万元）Total Investment Actually Needed (10000 yuan)	开始建设累计完成投资（万元）Accumulative Investment Actually Made Since Starting of Construction (10000 yuan)	全部建成尚需投资（万元）Further Investment Required for the Completion of Construction (10000 yuan)	未完工程累计投资（万元）Accumulative Investment of incomplete Project (10000 yuan)
1995	18930	558	2064	1366222	754008	612214	289208
2000	2384064	83137	2564674	2202002	1575893	626109	435961
2001	2604897	103569	2177103	2861880	2024592	837288	468545
2002	2196513		3892116	3543170	2102119	1441051	759100
2003	4163647		4943627	3903147	2447840	1455307	1098745
哈尔滨 Harbin	2273732		2993418	2880137	1719635	1160502	887414
齐齐哈尔 Qiqihar	1036825		1166201	235697	207240	28457	40123
鸡西 Jixi	98171		44157	26221	19313	6908	3993
鹤岗 Hegang	27473		10496	159928	70135	89793	29147
双鸭山 Shuangyashan	34340		63170	38841	13484	25357	4344
大庆 Daqing	196935		169617	99480	62369	37111	9878
伊春 Yichun				36046	34479	1567	5009
佳木斯 Jiamusi	226722		166510	114397	91984	22413	29553
七台河 Qitaihe	104720		152809	63323	51047	12276	7789
牡丹江 Mudanjiang	122706		128747	198972	129787	69185	79511
黑河 Heihe	7236		13715	6830	6056	774	
绥化 Suihua				21365	20886	479	
大兴安岭 Daxinganling	34787		34787	21910	21425	485	1984

4－36 房地产开发完成投资额

ACTUALLY COMPLETED INVESTMENT OF ENTERPRISES FOR REAL ESTATE

单位：万元　　(10000 yuan)

年份 Year 地区 Region	本年完成投资额 Investment Made This Year	#商品房建设投资额 Construction of Commercial House	#土地开发投资额 Land Development	按构成分 By Use of Funds：建筑安装工程 Construction and Installation	设备、工器具购置 Purchase of Equipment and Instrument	其他费用 Others	#土地购置 Land Purchase
1995	473651	452966	5375	417508	8318	47825	30988
2000	1040979	891089	131362	782764	14412	243803	83939
2001	1470839	1290089	143601	1173669	25869	271301	109197
2002	1457937	1244084	110397	1021700	23967	412270	238993
2003	1632806	1117147	176485	1140727		461438	265734
哈尔滨 Harbin	1060366	669494	144394	684222	27967	348177	207901
齐齐哈尔 Qiqihar	180256	135947	7585	130187	742	49327	36837
鸡西 Jixi	16971	15379	1092	13611	100	3260	1256
鹤岗 Hegang	55443	30455	2308	47010	212	8221	174
双鸭山 Shuangyashan	12964	5324	435	10369		2595	111
大庆 Daqing	45369	33373	1388	39485	384	5500	4630
伊春 Yichun	31571	31571		26646	120	4805	
佳木斯 Jiamusi	59392	45840	10292	45223	236	13933	7989
七台河 Qitaihe	42265	33802	6340	33802		8463	2060
牡丹江 Mudanjiang	86842	78863	1700	73203	880	12759	3905
黑河 Heihe	6056	5127	300	5127		929	220
绥化 Suihua	14886	13077		13370		1516	
大兴安岭 Daxinganling	20425	18895	651	18472		1953	651

4－37　房地产开发建设按工程用途分的投资和新增固定资产

ACTUALLY COMPLETED INVESTMENT OF ENTERPRISES FOR REAL ESTATE BY USE AND NEWLY INCREASED FIXED ASSETS

单位：万元　　　　(10000 yuan)

年份 Year 地区 Region		按工程用途分的投资额 by Use of Projects					新增固定资产 Newly Increased Fixed Assets
		住宅 Residential Buildings	#经济适用房 Economical House	办公楼 Office Buildings	商品营业用房 House for Business Use	其他 Others	
1999		532679	210191	49827	145167	91880	679863
2000		712644	351905	35691	162186	130458	961671
2001		1016457	381565	42330	254384	157668	1274384
2002		771661	262677	76021	276203	334052	904095
2003		886210	259567	63710	351126	331760	1067546
哈尔滨	Harbin	500947	153140	49064	201327	309028	590065
齐齐哈尔	Qiqihar	136678	22744	1713	40049	1816	165777
鸡西	Jixi	12559	789	1377	2699	336	13217
鹤岗	Hegang	38323	4894	875	15928	317	32000
双鸭山	Shuangyashan	10357	6516	330	1822	455	9140
大庆	Daqing	20381	1653	750	15126	9112	48352
伊春	Yichun	26198	23033	200	5173		24711
佳木斯	Jiamusi	39049	22590	516	18999	828	61591
七台河	Qitaihe	28888	1521	737	11272	1368	42611
牡丹江	Mudanjiang	45095	3506	3874	31585	6288	36235
黑河	Heihe	3901	1305	318	908	929	3829
绥化	Suihua	8458	2500	3800	1870	758	20886
大兴安岭	Daxinganling	15376	15376	156	4368	525	19132

4－38　房地产开发企业的资金来源

CAPITAL SOURCE OF ENTERPRISES FOR REAL ESTATE DEVELOPMENT

单位：万元　　　　(10000 yuan)

年份 Year 地区 Region		本年资金来源合计 Total Capital Source of the Year	上年末结余资金 A Balance at End of Previous Year	本年资金来源 Sources of Fund				
				国家预算内资金 State Budgetary Appropriation	国内贷款 Domestic Loans	利用外资 Foreign Investment	自筹资金 Fundraising	其他资金 Others
1999		752630	39319	4021	147930	3010	276685	281665
2000		957753	38734	1000	182528	10543	362915	362033
2001		1385794	60016		159546	420	566232	599580
2002		1415734	97988	4570	236117	6233	618710	452116
2003		1721670	113689	350	260166	4050	870635	472780
哈尔滨	Harbin	1103339	86904		207097		571787	237551
齐齐哈尔	Qiqihar	209420	7939		23800		61715	115966
鸡西	Jixi	20200	128		2100		11882	6090
鹤岗	Hegang	60963	2938		7723		40565	9737
双鸭山	Shuangyashan	24854	631		2350		15732	6141
大庆	Daqing	49514	2572		3600		31081	12261
伊春	Yichun	31646	1386		1310		18726	10224
佳木斯	Jiamusi	57618			3500		43282	10836
七台河	Qitaihe	39262	2172		3834		14044	19212
牡丹江	Mudanjiang	84725	9000	350	4342	4050	33033	33950
黑河	Heihe	5281	19				3740	1522
绥化	Suihua	14886			210		9286	5390
大兴安岭	Daxinganling	19962			300		15762	3900

4－39 房地产开发建设房屋施工面积
FLOOR SPACE OF BUILDINGS UNDER CONSTRUCTION OF REAL ESTATE DEVELOPMENT

单位：平方米 (sq. m)

年份 Year 地区 Region		施工房屋建筑面积 Floor Space of Buildings Under Construction	#新开工 Started This Year	住宅 Residential Buildings	#经济适用房 Economical House	办公楼 Office Buildings	商业营业用房 House for Business Use	其他 Others
1999		11187155	7273868	8268285	2903837	630728	2065737	222405
2000		14513563	8473110	10995283	5171422	535182	2640151	342947
2001		17685892	9172691	13612689	5388079	611730	3164906	296567
2002		15895856	8685336	11647486	4394874	812504	2924268	511598
2003		19000320	11104078	13111334	3938712	792962	4154636	941388
哈尔滨	Harbin	10396070	5271317	6812916	2340467	587646	2232411	763097
齐齐哈尔	Qiqihar	2281927	1782101	1823350	238500	29226	402424	26927
鸡西	Jixi	255130	177086	185442	1826	20146	43128	6414
鹤岗	Hegang	928041	626158	733631	145658	17302	175939	1169
双鸭山	Shuangyashan	427413	301393	382869	144372	8000	33353	3191
大庆	Daqing	679123	300994	358853	16596	14116	236523	69631
伊春	Yichun	468815	468815	408244	360536	2354	58217	
佳木斯	Jiamusi	1047540	568326	670576	318761	15449	340685	20830
七台河	Qitaihe	531684	335448	408695	15177	5211	106512	11266
牡丹江	Mudanjiang	1474772	808513	943135	124255	77312	415462	38863
黑河	Heihe	69948	64948	54378	10000	2800	12770	
绥化	Suihua	187084	150084	131681	25000	12000	43403	
大兴安岭	Daxinganling	252773	248895	197564	197564	1400	53809	

4－40 房地产开发建设房屋建筑面积和造价
FLOOR SPACE OF BUILDINGS AND THEIR COST IN REAL ESTATE DEVELOPMENT

年份 Year 地区 Region		竣工房屋建筑面积（平方米） Floor Space of Buildings Completed (sq. m)	住宅 Residential Buildings	办公楼 Office Buildings	商业营业用房 House for Bussiness Use	其他 Others	竣工房屋造价（元/平方米） Cost of Buildings Completed (yuan/sq. m)	#住宅 Residential Buildings
1999		5474196	4288778	195416	889600	100402	897	820
2000		8278630	6293041	365015	1428150	192424	905	819
2001		10138189	8283706	218061	1472774	163648	944	914
2002		8035908	6398979	229070	1209003	198856	929	873
2003		8834762	6590471	257897	1573139	413255	984	906
哈尔滨	Harbin	4180952	3026642	157499	701323	295488	1182	1107
齐齐哈尔	Qiqihar	1608913	1322452	15280	251395	19786	761	692
鸡西	Jixi	143283	107079	18223	17257	724	922	897
鹤岗	Hegang	248788	185634	9291	53863		877	808
双鸭山	Shuangyashan	139413	122969	8000	5253	3191	656	666
大庆	Daqing	382908	208997	3800	106176	63935	1026	1050
伊春	Yichun	307888	267098	1464	39326		791	794
佳木斯	Jiamusi	635045	462668	15449	144470		667	679
七台河	Qitaihe	415949	305155	5211	94317	11266	688	652
牡丹江	Mudanjiang	343418	252787	7480	76744	6407	893	626
黑河	Heihe	44320	30750	2800	10770		864	835
绥化	Suihua	176084	120681	12000	43403		1186	718
大兴安岭	Daxinganling	207801	177559	1400	28842		911	900

4－41　其他固定资产投资
OTHER INVESTMENT IN FIXED ASSETS

指　　标	Item	2000	2001	2002	2003
投资总额(万元)	**Total (10000 yuan)**	**276039**	**337741**	**717109**	**678255**
按构成分	**Grouped by Use of Funds**				
建筑安装工程	Construction and Installation	202458	222017	313165	375433
设备工器具购置	Purchase of Equipment and Instruments	53310	90620	367213	259116
其它费用	Others	20271	25104	36731	43706
按行业分	**Grouped by Sector**				
农、林、牧、渔业	Farming, Forestry, Farming of Animals and Fishing	2265	3688	7423	29152
采矿业	Mining	49696	38469	61254	66553
制造业	Manufacturing	85171	73202	102817	113522
电力、燃气及水的生产供应业	Production and Distribution of Electricity, Gas and Water	1097	200	160	1061
建筑业	Construction	38618	37521	35643	22049
交通运输、仓储及邮政业	Traffic, Transport, Storage and Post	8695	84286	144997	245701
信息传输、计算机服务和软件业	Information Transfer, Computer Services and Software	8342	26226	255448	21231
批发和零售业	Wholesale and Retail Trade	52407	47897	49717	26931
住宿和餐饮业	Accommodation and Restaurants				5945
金融业	Finance	6203	705	1068	416
房地产业	Real Estate	4780	3285	7175	10539
租赁和商务服务业	Tenancy and Business Services	11717	7556	17670	320
科学研究、技术服务和地质勘查业	Scientific Research, Technical Service and Geologic Perambulation	500	640	100	8858
水利、环境和公共设施管理业	Management of Water Conservancy, Environment and Public Establishment	548		540	1616
居民服务和其他服务业	Resident Services and Other Services				250
教　育	Education	2710	9598	9037	40000
卫生、社会保障和社会福利业	Sanitation, Social Security and Social Welfare	685	128	1206	16322
文化、体育和娱乐业	Culture, Sports and Entertainment				23300
公共管理和社会组织	Public Management and Social Organization	2605	4340	22854	44489
国际组织	International Organizations				
新增固定资产(万元)	**Newly Increased Fixed Assets (10000 yuan)**	**222464**	**283652**	**620569**	**485376**
房屋建筑面积(平方米)	**Floor Space of Buildings (sq. m)**				
施工面积	Floor Space under Construction	2239478	1824509	2122664	1556459
竣工面积	Floor Space Completed	1444038	1301505	1398572	1080887
#住　宅	#Residential Buildings	714978	446881	515351	394467

主要统计指标解释

全社会固定资产投资 固定资产投资是社会固定资产再生产的主要手段。通过建造和购置固定资产的活动,国民经济不断采用先进技术装备,建立新兴部门,进一步调整经济结构和生产力的地区分布,增强经济实力,为改善人民物质文化生活创造物质条件。这对我国的社会主义现代化建设具有重要意义。

固定资产投资额是以货币表现的建造和购置固定资产活动的工作量,它是反映固定资产投资规模、速度、比例关系和使用方向的综合性指标。全社会固定资产投资按登记注册类型可分为国有、集体、个体、联营、股份制、外商、港澳台商、其他等。按照管理渠道,全社会固定资产投资总额分为基本建设、更新改造、房地产开发投资和其他固定资产投资四个部分。

基本建设投资 基本建设指企业、事业、行政单位以扩大生产能力或工程效益为主要目的的新建、扩建工程及有关工作。其综合范围为总投资 50 万元以上(含 50 万元,下同)的基本建设项目。具体包括:(1)列入中央和各级地方本年基本建设计划的建设项目,以及虽未列入本年基本建设计划,但使用以前年度基建计划内结转投资(包括利用基建库存设备材料)在本年继续施工的建设项目;(2)本年基本建设计划内投资与更新改造计划内投资结合安排的新建项目和新增生产能力(或工程效益)达到大中型项目标准的扩建项目,以及为改变生产力布局而进行的全厂性迁建项目;(3)国有单位既未列入基建计划,也未列入更新改造计划的总投资在 50 万元以上的新建、扩建、恢复项目和为改变生产力布局而进行的全厂性迁建项目,以及行政、事业单位增建业务用房和行政单位增建生活福利设施的项目。

更新改造投资 更新改造指企业、事业单位对原有设施进行固定资产更新和技术改造,以及相应配套的工程和有关工作(不包括大修理和维护工程)。其综合范围为总投资 50 万元以上的更新改造项目。具体包括:(1)列入中央和各级地方本年更新改造计划的投资单位(项目)和虽未列入本年更新改造计划,但使用上年更新改造计划内结转的投资在本年继续施工的项目;(2)本年更新改造计划内投资与基本建设计划内投资结合安排的对企、事业单位原有设施进行技术改造或更新的项目和增建主要生产车间、分厂等其新增生产能力(或工程效益)未达到大中型项目标准的项目,以及由于城市环境保护和安全生产的需要而进行的迁建工程;(3)国有企、事业单位既未列入基建计划也未列入更新改造计划,总投资在 50 万元以上的属于改建或更新改造性质的项目,以及由于城市环境保护和安全生产的需要而进行的迁建工程。

房地产开发投资 指房地产开发公司、商品房建设公司及其他房地产开发法人单位和附属于其他法人单位实际从事房地产开发或经营的活动单位统一开发的包括统代建、拆迁还建的住宅、厂房、仓库、饭店、宾馆、度假村、写字楼、办公楼等房屋建筑物和配套的服务设施,土地开发工程(如道路、给水、排水、供电、供热、通讯、平整场地等基础设施工程)的投资;不包括单纯的土地交易活动。

其他固定资产投资 指全社会固定资产投资中未列入基本建设、更新改造和房地产开发投资的建造和购置固定资产的活动。具体包括:

⑴国有单位按规定不纳入基本建设计划和更新改造计划管理,计划总投资(或实际需要总投资)在 50 万元以上的以下工程:①用油田维护费和石油开发基金进行的油田维护和开发工程;②煤炭、铁矿、森工等采掘采伐业用维简费进行的开拓延伸工程;③交通部门用公路养路费对原有公路、桥梁进行改建的工程;④商业部门用简易建筑费建造的仓库工程。

⑵城镇集体固定资产投资:指所有隶属城市、县城(城关镇)领导的集体单位(乡镇企业局管理的除外)建造和购置固定资产计划总投资(或实际需要总投资)在 50 万元以上的项目。

⑶除上述以外的其他各种企、事业单位、个体建造和购置固定资产总投资在 50 万元以上的、未列入基本建设计划和更新改造计划的项目。

城镇和工矿区私人建房投资和农村个人投资 城镇和工矿区私人建房包括市、县城、城关镇、工矿区所辖范围内的全部私人建房,不论其房主是否系本地的常住户口均应包括。农村个人投资包括农村个人建房及购置生产性固定资产的投资。

固定资产投资的资金来源 根据固定资产投资的资金来源不同,分为国家预算内资金、国内贷款、利用外资、自筹资金和其他资金来源。

⑴国家预算内资金：指中央财政和地方财政中由国家统筹安排的基本建设拨款和更新改造拨款，以及中央财政安排的专项拨款中用于基本建设的资金和基本建设拨款改贷款的资金等。

⑵国内贷款：指报告期内企、事业单位向银行及非银行金融机构借入的用于固定资产投资的各种国内借款。包括银行利用自有资金及吸收的存款发放的贷款、上级主管部门拨入的国内贷款、国家专项贷款（包括煤代油贷款、劳改煤矿专项贷款等）、地方财政专项资金安排的贷款、国内储备贷款、周转贷款等。

⑶利用外资：指报告期内收到的用于固定资产投资的国外资金，包括统借统还、自借自还的国外贷款，中外合资项目中的外资，以及对外发行债券和股票等。国家统借统还的外资指由我国政府出面同外国政府、团体或金融组织签订贷款协议、并负责偿还本息的国外贷款。

⑷自筹资金：指建设单位报告期内收到的，用于进行固定资产投资的上级主管部门、地方和企、事业单位自筹资金。

⑸其他资金来源：指报告期内收到的除以上各种拨款、借款、自筹资金以外其他用于固定资产投资的资金。

固定资产投资按国民经济行业分　建设项目归哪个行业，按其建成投产后的主要产品或主要用途及社会经济活动性质来确定。基本建设按建设项目划分国民经济行业，更新改造、国有单位其他固定资产投资及城镇集体投资根据整个企业、事业单位所属的行业来划分。一般情况下，一个建设项目或一个企业、事业单位只能属于一种国民经济行业。为了更准确地反映国民经济各行业之间的比例关系，联合企业（总厂）所属分厂属于不同行业的，原则上按分厂划分行业。

固定资产投资按建设性质分　建设项目的性质一般分为新建、扩建、改建、迁建、恢复。基本建设按建设项目划分建设性质，更新改造、国有单位其他固定资产投资及城镇集体投资等按整个企业、事业单位的建设情况确定建设性质，房地产开发单位、农村投资、城镇工矿区私人建房等投资不划分建设性质。

⑴新建：一般是指从无到有、"平地起家"新开始建设的单位。有的单位原有的基础很小，经过建设后其新增加的固定资产价值超过原有固定资产价值（原值）三倍以上的也算新建。

⑵扩建：一般是指为扩大原有产品的生产能力，在厂内或其他地点增建主要生产车间（或主要工程）、独立的生产线或分厂的企业；事业单位和行政单位在原单位增建业务用房（如学校增建教学用房、医院增建门诊部或病床用房、行政机关增建办公楼等）也作为扩建。

⑶改建：一般是指现有企业、事业单位为了技术进步，提高产品质量，增加花色品种，促进产品升级换代，降低消耗和成本，加强资源综合利用和三废治理、劳保安全等，采用新技术、新工艺、新设备、新材料等对现有设施、工艺条件进行技术改造或更新（包括相应配套的辅助性生产、生活福利设施）。有的企业为充分发挥现有生产能力，进行填平补齐而增建不增加本单位主要产品生产能力的车间等，也属于改建。

固定资产投资按构成分　固定资产投资活动按其工作内容和实现方式分为建筑安装工程，设备、工具、器具购置，其他费用三个部分。

⑴建筑安装工程（建筑安装工作量）：指各种房屋、建筑物的建造工程和各种设备、装置的安装工程。包括各种房屋建造工程，各种用途设备基础和各种工业窑炉的砌筑工程；为施工而进行的各种准备工作和临时工程以及完工后的清理工作等；铁路、道路的铺设，矿井的开凿及石油管道的架设等；水利工程；防空地下建筑等特殊工程；以及各种机械设备的安装工程；为测定安装工程质量，对设备进行的试运工作。在安装工程中，不包括被安装设备本身的价值。

⑵设备、工具、器具购置：指购置或自制达到固定资产标准的设备、工具、器具的价值，固定资产的标准按财务部门规定。新建单位、扩建单位的新建车间按照设计和计划要求购置或自制的全部设备、工具、器具，不论是否达到固定资产标准均计入"设备、工具、器具购置"中。

⑶其他费用：指在固定资产建造和购置过程中发生的，除建筑安装工程和设备、工具、器具购置以外的各种应摊入固定资产的费用。

基本建设项目按大中小型划分　基本建设划分大中小型项目原则上应按照上级批准的设计任务书或初步设计所确定的总规模或总投资划分，没有正式批准设计任务书或初步设计的，按国家或省、自治区、直辖市年度基本建设投资计划中所列的总规模或总投资划分。上述两条均不具备的,按本年计划施工工程的建设总规模或总投资划分。生产单一产品的工业项目,按产品的设计能力划分;生产多种产品的工业项目,按其主要产品的设计能力划分。品种繁多,难以按生产能力划分的,按全部计划投资额划分。划分标准以国家颁发的《大中小型建设项目划分标准》为依据。国家曾在1953年、1962年、1972年、1977年和1979年先后五次修订《大中小型建设项目划分标准》,因此各历史时期的大中型项目数不完全可比。

施工项目 指报告期内曾进行建筑或安装工程施工活动的建设项目,包括报告期内新开工项目、报告期以前开工跨入报告期继续施工的项目以及报告期施过工并在报告期内全部建成投产或停缓建的项目。

全部建成投产项目 工业项目是指设计文件规定形成生产能力的主体工程及其相应配套的辅助设施全部建成,经负荷试运转,证明具备生产设计规定合格产品的条件,并经过验收鉴定合格或达到竣工验收标准,与生产性工程配套的生活福利设施可以满足近期正常生产的需要,正式移交生产的建设项目。非工业项目是指设计文件规定的主体工程和相应的配套工程全部建成,能够发挥设计规定的全部效益,经验收鉴定合格或达到竣工验收标准,正式移交使用的建设项目。

新增生产能力 指通过固定资产投资活动而增加的设计能力或工程效益,它是用实物形态表示的固定资产投资的成果。新增生产能力的计算,是以能独立发挥生产能力或工程效益的单项工程(或项目)为对象。当单项工程(或项目)建成,经有关部门鉴定合格,正式移交投入生产,即可计算新增生产能力。

新增生产能力或工程效益有以下几种表现形式:

(1)以建设项目或单项工程建成后的年产能力表示,如煤炭开采、石油开采等。

(2)以建设项目或单项工程建成后处理原料的能力表示,如选矿工程的年处理矿石能力、洗煤厂年洗原煤能力等。

(3)以新增的主要设备数量或容量表示,如棉纺锭锭数、发电机组容量等。

(4)以建筑物容积、容量、面积或长度表示,如水库容量、铁路公路里程等。

新增生产能力的数量一般按设计能力计算。设计能力是指设计文件中规定的在正常情况下能够达到的生产能力,而不论投产后的实际产量如何。以设备数量、建筑物容积、面积、长度等表示的新增生产能力或工程效益,则按建成的实际数量计算。

房屋建筑面积 指从房屋外墙线算起的各层平面面积的总和,包括可供使用的有效面积和房屋结构(如柱、墙)占用的面积。多层建筑按各层(包括地下室)面积总和计算。

住宅建筑面积 指施工和竣工房屋建筑面积中供居住用的施工和竣工房屋建筑面积。

施工面积 指报告期内施工的全部房屋建筑面积。包括本期新开工的面积、上期跨入本期继续施工的房屋面积、上期停缓建在本期恢复施工的房屋面积、本期竣工的房屋面积及本期施工后又停缓建的房屋面积。

竣工面积 指在报告期内房屋建筑按照设计要求已全部完工,达到住人和使用条件,经验收鉴定合格,正式移交使用单位的建筑面积。

房屋建筑面积竣工率 指一定时期内房屋竣工面积占同期房屋施工面积的比率。它是从房屋建筑施工速度的角度反映投资效果和建筑业经济效益的指标。

新增固定资产 指通过投资活动所形成的新的固定资产价值,包括已经建成投入生产或交付使用的工程价值和达到固定资产标准的设备、工具、器具的价值及有关应摊入的费用。它是以价值形式表示的固定资产投资成果的综合性指标,可以综合反映不同时期、不同部门、不同地区的固定资产投资成果。

建设项目投产率 指一定时期内全部建成投入生产项目个数与同期正式施工项目个数的比率。它是从项目建设速度的角度反映投资效果的指标。

固定资产交付使用率 指一定时期新增固定资产与同期完成投资额的比率。它是反映各个时期固定资产动用速度,衡量建设过程中投资效果的一个综合性指标。

EXPLANATORY NOTES ON MAIN STATISTICAL INDICATORS

Total Investment in Fixed Assets in the Whole Country Investment in fixed assets is the essential means for social reproduction of fixed assets. By means of construction and purchase of fixed assets, more advanced technologies and equipment are adopted in the national economy, and new sectors are established, which promote the adjustment of economic structure and the regional distribution of productive forces and enhance the economic strengths so as to provide the material conditions for improving people's livelihood. This is significant for speeding up the drive of socialist modernization in China.

Amount of investment in fixed assets refers to the volume of activities in construction and purchases of fixed assets in monetary terms. It is a comprehensive indicator which shows the size, pace, proportional relations and use orientation of the investment in fixed assets. Total investment in fixed assets in the whole country includes, by registration type of ownership, the investment by the state - owned units, collective units, individuals, joint ownership units, share - holding units, as well as investment by businessmen from foreign countries and from Hong Kong, Macau and Taiwan, and by other units. According to China's current management system, the investment in fixed assets in the whole country is classified into the following four parts: investment in capital construction, investment in innovation, investment in real estates development and other investment in fixed assets.

Investment in Capital Construction Capital construction refers to the new construction projects or extension projects and the related work of the enterprises, institutions or administrative units mainly for the purpose of expanding production capacity or improving project efficiency covering only projects each with a total investment of 500,000 RMB yuan and over. It includes: (1) projects listed in the capital construction plan of the current year of the central government and the local governments at various levels as well as the projects, though not listed in the capital construction plan of the current year, but continued to be constructed in this year, using the investment listed in the plan of capital construction of previous years and carried forward to this year (also using the equipment and materials kept in stock of the capital construction); (2) new construction projects arranged both in the plan of capital construction and the plan of innovation; extension projects with the newly increased production capacity (or project efficiency) up to the standard of a large and medium - sized project; and the projects of moving the whole factory to a new site so as to improve the distribution of productive forces; (3) new construction projects, extension projects or restoration projects with the total investment of 500,000 RMB yuan and over by the state - owned units, though listed neither in the plan of capital construction nor in the plan of innovation; the projects in the state - owned units of moving the whole factory to a new site so as to improve the distribution of productive forces; and the projects of building additional business houses by the administrative units and institutions and building welfare facilities by the administrative units.

Investment in Innovation Innovation refers to the renewal of fixed assets and technological innovation of the original facilities by the enterprises and institutions as well as the corresponding supplementary projects and the related work (excluding major overhaul and maintenance projects) covering only projects each with a total investment of 500,000 RMB yuan and over. It includes: (1) projects listed in the innovation plan of the current year of the central government and the local governments at various levels as well as the projects, though not listed in the innovation plan of the current year, but continued to be constructed in this year, using the investment listed in the plan of innovation of previous years and carried forward to this year; (2) projects of technological innovation or renewal of the original facilities, arranged both in the plan of innovation and in the plan of capital construction; extension projects (main workshops or a branch of the factory) with the newly increased production capacity (or project efficiency) not up to the standard of a large and medium - sized project; and the projects of moving the whole factory to a new site so as to meet the requirements of urban environmental protection or safe production; (3) projects of reconstruction or technological innovation with the total investment of 500,000 RMB yuan and over by the state - owned units, though listed neither in the plan of capital construction nor in the plan of innovation; the projects in the state - owned units of moving the whole factory to a new site so as to meet the requirements of urban environmental protection or safe production.

Investment in Real Estate Development It includes the investment by the real estate development companies, commercial buildings construction companies and other real estate development units of various types of ownership in the construction of house buildings, such as residential buildings, factory buildings, warehouses, hotels, guesthouses, holiday villages, office buildings, and the complementary service facilities and land development projects, such as roads, water supply, water drainage, power supply, heating, telecommunications, land leveling and other projects of infrastructure. It excludes the activities in simple land transactions.

Other Investment in Fixed Assets refers to the construction and purchases of fixed assets not listed in the investment in capital construction, investment in innovation and investment in real estate development. It includes:

A) The following projects of the state - owned units with the total planned (or actually needed) investment of 500,000 yuan and over, which are not included in the plan of capital construction and the plan of innovation: (1) projects of oil fields maintenance and exploitation with the oil fields maintenance funds and petroleum development funds; (2) opening and extending projects with the maintenance funds in coal, ore and other mining enterprises and logging enterprises; (3) project of reconstruction of the original highways and bridges with the highway maintenance funds in the department of communication; (4) projects of construction of warehouses with the funds of simple construction in the commercial department.

B) The investment in fixed assets by urban collective units: refer to projects of construction and purchases of fixed assets with the planned total investment of 500,000 yuan and over by all collective units in cities and county towns and in townships which are approved by the State Council or provincial governments, excluding investment by collective units under township enterprise administration offices.

C) The projects of construction and purchases of fixed assets by the enterprises, institutions or individuals other than those mentioned above with total investment of 500,000 yuan and over, which are not included in the plan of capital construction and the plan of innovation.

Private Investment in House Construction in Urban Areas, Industrial and Mining Areas and Individual Investment in Rural Areas The private house construction in the urban areas and industrial and mining areas includes all the private house construction under the jurisdiction of cities, counties, towns and industrial and mining areas, no matter whether the owner of the house is registered as the permanent resident in the locality or not. The individual investment in the rural areas includes the investment in house construction and purchase of productive fixed assets by the individuals in the rural areas.

Sources of Funds for Investment in Fixed Assets state budgetary appropriation, domestic loans, foreign investment, self - raised funds, and others.

(1) State budgetary appropriation refers to appropriation in the budget of the central and local governments earmarked for capital construction and for innovation projects, and the special appropriation from the budget of the central government for capital construction and for the transfer fund to banks to be issued as loans for capital construction projects.

(2) Domestic loans refer to various funds borrowed by enterprises and institutions from banks and non - bank financial institutions during the reference period for the purpose of investment in fixed assets, including loans issued by banks from their self - owned funds and deposit, loans appropriated by higher responsible authorities, special loans by government (including loan for replacing petroleum with coal, special loan for reform - through - labour coal mines), loans arranged by local government from special funds, domestic reserve loan, and working loan, etc..

(3) Foreign Investment refers to foreign funds received during the reference period for the purpose of investment in fixed assets, including foreign funds borrowed and managed by the government, by individual units, foreign fund in joint venture program, and issue of bonds and stocks at the international financial markets. The foreign funds borrowed and managed by the government refer to foreign loans

borrowed by the government from foreign governments, organizations, or financial institutions under official agreements signed by both parties, under which government is responsible for the repayment of both the principal and interests of the foreign loans.

(4) Self – raised funds refer to funds received by construction enterprises from their higher responsible authorities, local governments, or raised by enterprises or institutions themselves for the purpose of investment in fixed assets during the reference period.

(5) Others refer to funds received during the reference period, which are not included in the above – mentioned sources.

Investment in Fixed Assets by Sector The classification of construction projects by sector is determined by the major products or the purpose of the projects when they are put into production or use, and by the nature of their social economic activities. The investment in capital construction is classified by construction projects, while investment in innovation, other investment by state – owned units and urban collective units are classified according to the sector which the whole enterprise or institution belongs to. In general, one project or one enterprise or institution can only belong to one sector. In order to reflect more accurately the proportions among various sectors, the branch factories of integrated complex are classified into different sectors according to their economic activities.

Investment in Fixed Assets by Type of Construction The construction projects in general can be classified by the type of construction into new construction, expansion, reconstruction and moving away. In capital construction, the type of construction is determined by the condition of the project. In investment in innovation, in other investment by state – owned units and investment by collective – owned units, the type of construction is determined by the condition of the whole enterprise or institutions. Investment by type of construction is not applied to investment by real – estate development units, investment in rural areas and investment in housing by urban individuals.

(1) New construction in general refers to newly constructed units. In the case in which the value of the original fixed assets is quite small, and the value of newly added fixed assets exceeds the original ones by three times, the expansion construction is considered as new construction.

(2) Expansion refers to construction of new major production workshop or independent production line within a factory or in other locations, or construction of a branch factory so as to increase the production capacity of the original products. Newly constructed business houses in institutions and administrative organizations (such as the newly constructed teaching buildings in schools, clinics or bed building in hospitals, and office buildings in administrative agencies, etc.) are also classified as expansion.

(3) Reconstruction refers to technical innovation and transformation of the existing equipment and technical conditions undertaken by enterprises and institutions for the purposes of technological advancement, improvement in product quality, enlarging variety of products, promoting new generation of products, reducing production consumption and cost, promoting comprehensive utilization of resources, strengthening treatment of waste gas, waste water and solid wastes, and safety in production, etc. through application of new technologies and techniques, use of new equipment and new materials (including accessory facilities for production or for living and welfare purposes). Construction of new workshops for improving existing production capacity rather than increasing production capacity is also considered as reconstruction.

Investment in Fixed Assets by Structure refers to the three major parts of investment activities, i. e. construction and installation, purchase of equipment and instrument, and other expenses.

(1) Construction and installation (work volume of construction and installation) refers to the construction of various houses and buildings and installation of various kinds of equipment and instruments, including construction of various houses, equipment foundations and industrial kilns and stoves, preparation works for project construction, and clearing up works post project construction, pavement of railways and roads, drilling of mines and putting up of oil pipes, construction of projects of water conservancy, construction of underground air – raid shelters and construction of other special projects, installation of various machinery equipment, testing operation for pre – testing the quality of installation projects. The value of equipment installed is not included in the value of installation projects.

(2) Purchase of equipment and instruments refers to the total value of equipment, tools, and vessels purchased or self - produced which come up to standards for fixed assets. Equipment, tools and vessels purchased or self - produced for new workshops by newly established or expanded units are categorized as "purchase of equipment and instruments" no matter whether they come up to the standards for fixed assets or not.

(3) Other expenses refer to expenses occurring during the construction or purchase of fixed assets other than construction, installation or purchase of equipment and instruments.

Capital Construction Projects by Size The classification of size of capital construction projects should be determined according to the total scale or total investment set in the approved construction plan by higher responsible authorities or in the tentative design, otherwise according to the total scale or total investment set in the current capital construction plan of the state, provinces, autonomous regions, and municipalities directly under central government. Industrial projects, which produce unitary products, are classified according to its design capacity of products; projects, which produce multi - products, are classified by the design capacity of the major product or by the total planned investment. Standards for the Classification of Construction Projects into large, medium - sized and small ones issued by the government are the base for size division of construction projects, which was revised five times in 1958, 1962, 1972, 1977, and 1979 respectively and therefore, data on projects by size are not entirely comparable from year to year.

Projects under Construction refer to projects having construction and installation activities undertaken in the reference period, including projects started in the reference period, or continued from the previous period, or completed and put into production or suspended in the reference period.

Projects Completed and Put into Use Industrial projects refer to the major projects and accessory facilities completed which result in forming production capacity and have been checked and accepted while the living and welfare facilities have been completed and can ensure normal production and formally put into production. Non - industrial projects refer to the major projects and accessory facilities completed which possess the designed capacity and have been checked, accepted and formally put into production.

Newly Increased Production Capacity refers to the increase of designed capacity and project efficiency through investment in fixed assets, which reflects the accomplishment of investment in fixed assets in kind. The calculation of newly increased production capacity is based on individual project, which operates independently and efficiently. When an individual project is completed and checked and accepted and put into production, it is counted as newly increased production capacity.

The newly increased production capacity and project efficiency are usually expressed in one of the following forms:

(1) annual production capacity, such as extraction of coal and petroleum;

(2) raw material processing capacity, such as ore dressing capacity of ore dressing projects, the dressing capacity of a coal washery;

(3) number or capacity of major equipment increased, such as the number of cotton spindles increased and the capacity of generating sets increased;

(4) physical measures of construction, such as volume, capacity, area, and length, for instance, the capacity of reservoirs, the length of railways or highways.

Newly increased production capacity in terms of quantity is calculated in designed capacity in general, which refers to the production capacity of a project under normal conditions designed in construction documents regardless of the actual output.

Floor Space of Buildings under Construction and Completed refers to total floor space in each story of buildings calculated from the outside line of building walls, including both usable space and the space occupied by constructions like pillars or walls. The floor space of multi - story buildings includes the total floor space of each story (including basement).

Floor Space of Residential Buildings refers to the floor space of the residential buildings under construction and completed among the total space of buildings under construction and completed.

Floor Space under Construction refers to total floor space of all buildings under construction during the reference period, including floor space of newly started buildings during the reference period, floor space of construction extended from the previous period to the current period, floor space of construction suspended during the previous period and resumed in the current period, floor space of construction completed in the current period, and floor space of construction started and then suspended in the current period.

Floor Space of Buildings Completed refers to the floor space of buildings completed in the reference period, which have come up to the designed standards and have been put into use.

Completion Rate of Floor Space of Buildings refers to the ratio of the floor space of buildings completed in certain period of time to the floor space of buildings under construction in the same period, which reflects the investment result, and economic efficiency of the construction industry from the angle of the speed of project construction.

Newly Increased Fixed Assets refer to the newly increased value of fixed assets through investment, including the value of projects completed and put into production, the value of equipment, tools, and vessels considered as fixed assets, as well as the relevant expenses as investment in fixed assets. This is a comprehensive indicator of investment in fixed assets, reflecting the achievements of investment in fixed assets in different periods, different sectors, and different regions.

Rate of Construction Projects Completed and Put into Use refers to the ratio of the number of construction projects completed and put into use in certain period of time to the number of projects under construction in the same period. This reflects the investment efficiency from the angle of the speed of projects construction.

Rate of Projects of Fixed Assets Completed and Put into Operation refers to the ratio of the newly increased fixed assets to the total investment made in the same period. This is a comprehensive indicator, reflecting the speed of the employment of fixed assets and the investment efficiency.

五、能源生产和消费

PRODUCTION AND CONSUMPTION OF ENERGY

5－1　一次能源生产总量和构成
TOTAL PRODUCTION OF PRIMARY ENERGY AND ITS COMPOSITION

年　份 Year	能源生产总　量 Total Energy Production	原　煤 Coal	原　油 Crude Oil	天然气 Natural Gas	水　电 Hydro－power
绝对数（万吨标准煤）Aggregate Data（10000 tons of SCE）					
1952	443.1	439.1			4.0
1957	957.1	946.7			10.4
1962	1917.6	1367.3	508.0	31.9	10.4
1965	2748.3	1462.9	1192.2	82.5	10.8
1970	5116.0	1877.8	3026.6	203.5	8.1
1975	9009.6	2094.2	6610.6	293.9	10.9
1978	10286.5	2648.9	7198.6	434.9	4.1
1980	10855.9	3030.9	7359.3	452.2	13.5
1985	12708.8	4459.6	7900.9	332.5	15.8
1990	13615.8	5357.9	7946.2	290.5	21.2
1995	14014.0	5669.8	8002.6	314.6	27.0
1996	14163.6	5855.7	8002.6	283.1	22.2
1997	12803.0	4473.2	8001.0	285.0	43.8
1998	13389.4	5061.1	7966.7	308.0	53.6
1999	12572.0	4450.5	7782.1	289.1	50.3
2000	11494.0	3551.6	7586.0	310.3	46.1
2001	11374.8	3657.6	7373.1	293.0	51.1
2002	11716.6	4201.9	7185.0	268.7	61.0
2003	11991.3	4751.9	6914.4	279.3	45.7
构成（%）Composition（%）					
1952	100.0	99.1			0.9
1957	100.0	98.9			1.1
1962	100.0	71.3	26.5	1.7	0.5
1965	100.0	53.2	43.4	3.0	0.4
1970	100.0	36.7	59.2	4.0	0.2
1975	100.0	23.2	73.4	3.3	0.1
1978	100.0	25.8	70.0	4.2	
1980	100.0	27.9	67.8	4.2	0.1
1985	100.0	35.1	62.2	2.6	0.1
1990	100.0	39.4	58.4	2.1	0.2
1995	100.0	40.5	57.2	2.2	0.1
1996	100.0	41.3	56.6	2.0	0.1
1997	100.0	35.2	62.5	2.0	0.3
1998	100.0	37.8	59.5	2.3	0.4
1999	100.0	35.4	61.9	2.3	0.4
2000	100.0	30.9	66.0	2.7	0.4
2001	100.0	32.2	64.8	2.6	0.4
2002	100.0	35.9	61.3	2.3	0.5
2003	100.0	39.6	57.7	2.3	0.4

5-2 一次能源消费总量和构成
TOTAL CONSUMPTION OF PRIMARY ENERGY AND ITS COMPOSITION

年 份 Year	能源消费总 量 Total Energy Consumption	原 煤 Coal	原 油 Crude Oil	天然气 Natural Gas	水 电 Hydro - power
绝对数(万吨标准煤)					
Aggregate Data					
(10000 tons of SCE)					
1952	374.9	370.9			4.0
1957	641.6	631.2			10.4
1962	1050.8	979.6	28.9	31.9	10.4
1965	1354.4	1002.8	258.3	82.5	10.8
1970	2047.0	1102.6	732.8	203.5	8.1
1975	2611.6	1454.1	852.7	293.9	10.9
1978	3338.7	1843.1	1056.6	434.9	4.1
1980	3716.4	2005.8	1244.9	452.2	13.5
1985	4581.0	2936.6	1296.1	332.5	15.8
1990	5539.7	3803.5	1424.5	290.5	21.2
1995	6261.3	4213.4	1706.3	314.6	27.0
1996	6270.5	4205.2	1729.7	313.4	22.2
1997	6635.5	4402.9	1931.8	257.0	43.8
1998	6702.1	4298.4	2062.2	287.9	53.6
1999	6390.0	3967.1	2079.2	293.4	50.3
2000	5663.1	3276.1	2097.2	243.7	46.1
2001	5830.8	3294.1	2219.6	266.0	51.1
2002	6204.2	3715.8	2180.0	247.4	61.0
2003	6309.8	3800.0	2230.0	234.1	45.7
构成(%)					
Composition (%)					
1952	100.0	98.5			1.5
1957	100.0	98.4			1.6
1962	100.0	93.2	2.8	3.0	1.0
1965	100.0	74.1	19.1	6.1	0.7
1970	100.0	53.9	35.8	9.9	0.3
1975	100.0	55.7	32.7	11.3	0.3
1978	100.0	55.2	31.7	13.0	0.1
1980	100.0	54.0	33.5	12.2	0.3
1985	100.0	64.1	28.3	7.3	0.3
1990	100.0	68.7	25.7	5.2	0.4
1995	100.0	67.4	27.2	5.0	0.4
1996	100.0	67.2	27.5	5.0	0.4
1997	100.0	66.5	29.1	3.8	0.6
1998	100.0	64.1	30.8	4.3	0.8
1999	100.0	62.1	32.5	4.6	0.8
2000	100.0	57.8	37.0	4.3	0.9
2001	100.0	56.5	38.1	4.6	0.8
2002	100.0	59.9	35.1	4.0	1.0
2003	100.0	60.2	35.3	3.7	0.8

5-3 能源生产和消费弹性系数
ELASTICITY RATIO OF ENERGY PRODUCTION AND CONSUMPTION

年 份 Year	能源生产比上年增长(%) Growth Rate of Energy Production over Preceding Year (%)	能源消费比上年增长(%) Growth Rate of Energy Consumption over Preceding Year (%)	国内生产总值比上年增长(%) Growth Rate of Gross Domestic Product over Preceding Year (%)	能源生产弹性系数 Elasticity Ratio of Energy Production	能源消费弹性系数 Elasticity Ratio of Energy Consumption
1957	20.6	7.3	8.5	2.42	0.86
1962	-1.7	-18.8	-2.0	0.85	9.40
1965	15.8	-6.6	15.4	1.03	-0.43
1970	26.8	28.9	10.1	2.65	2.86
1975	11.6	3.0	7.6	1.53	0.39
1978	4.3	9.3	11.1	0.39	0.83
1980	1.5	4.3	10.0	0.15	0.43
1985	5.1	0.5	6.0	0.85	0.08
1990	2.7	3.1	5.8	0.47	0.53
1995	1.3	8.5	9.2	0.14	0.92
1996	1.1	0.1	10.2	0.11	0.01
1997	-9.6	5.9	10.0	-0.96	0.59
1998	4.5	0.9	8.3	0.54	0.11
1999	-6.1	-4.7	7.5	-0.81	-0.63
2000	-8.6	-11.1	8.2	-1.05	-1.35
2001	-1.0	2.9	9.3	-0.11	0.31
2002	3.0	6.4	10.3	0.29	0.62
2003	2.3	1.7	10.3	0.22	0.17

5-4 工业企业主要能源购进、消费及库存
MAJOR ENERGY CONSUMPTION AND INVENTORY OF INDUSTRIAL ENTERPRISES

品 种	Category	购进量 Purchase		消费量 Consumption		年末库存 Inventory	
		2002	2003	2002	2003	2002	2003
煤 炭(万吨)	Coal (10000 tons)	5394.9	5691.7	5638.3	5724.0	627.0	812.9
洗精煤(万吨)	Coal Washing (10000 tons)	206.9	260.2	267.3	313.6	20.3	68.7
焦 炭(万吨)	Coke (10000 tons)	76.5	84.0	108.6	105.8	6.1	8.6
焦炉煤气(亿立方米)	Coking Gas (100 million cu. m)	3.4	5.1	3.4	5.1		
高炉煤气(亿立方米)	Blast Furnace Gas (100 million cu. m)	5.3	8.2	5.3	8.2		
其他煤气(亿立方米)	Other Gas (100 million cu. m)	13.2	8.8	13.2	8.8		
天然气(亿立方米)	Natural Gas (100 million cu. m)	18.6	17.6	18.6	17.6		
原 油(万吨)	Crude Oil (10000 tons)	1447.8	1444.1	1526.0	1561.1	44.4	40.5
汽 油(万吨)	Gasoline (10000 tons)	21.6	11.7	21.7	12.2	13.1	10.1
煤 油(万吨)	Kerosene (10000 tons)	0.5	0.4	0.5	0.5	0.2	0.2
柴 油(万吨)	Diesel Oil (10000 tons)	66.7	20.8	66.2	20.2	13.7	9.4
燃料油(万吨)	Fuel Oil (10000 tons)	24.6	35.3	46.6	57.7	8.5	11.4
液化石油气(万吨)	Liquefied Petroleum Gas (10000 tons)	29.6	44.5	29.6	44.5	1.1	0.9
炼厂干气(万吨)	Net Gas of Plant (10000 tons)	49.3	46.8	49.3	46.8		
热 力(亿千焦)	Heat (100 million kilo-joule)	3080.0	2984.1	3080.0	2984.1		
电 力(亿千瓦时)	Electricity (100 million kwh)	419.3	303.1	419.3	303.1		

主要统计指标解释

能源生产总量 指一定时期内全国一次能源生产量的总和,是观察全国能源生产水平、规模、构成和发展速度的总量指标。一次能源生产量包括原煤,原油,天然气,水电、核能及其他动力能(如风能、地热能等)发电量,不包括低热值燃料生产量、生物质能、太阳能等的利用和由一次能源加工转换而成的二次能源产量。

能源消费总量 指一定时期内全国物质生产部门、非物质生产部门和生活消费的各种能源的总和,是观察能源消费水平、构成和增长速度的总量指标。能源消费总量包括原煤和原油及其制品、天然气、电力,不包括低热值燃料、生物质能和太阳能等的利用。能源消费总量分为终端能源消费量、能源加工转换损失量和损失量三部分。

(1)终端能源消费量:指一定时期内全国生产和生活消费的各种能源在扣除了用于加工转换二次能源消费量和损失量以后的数量。

(2)能源加工转换损失量:指一定时期内全国投入加工转换的各种能源数量之和与产出各种能源产品之和的差额,是观察能源在加工转换过程中损失量变化的指标。

(3)能源损失量:指一定时期内能源在输送、分配、储存过程中发生的损失和由客观原因造成的各种损失量,不包括各种气体能源放空、放散量。

能源生产弹性系数 是研究能源生产增长速度与国民经济增长速度之间关系的指标。计算公式为:

能源生产弹性系数=能源生产总量年平均增长速度/国民经济年平均增长速度

国民经济年平均增长速度,可根据不同的目的或需要,用国民生产总值、国内生产总值等指标来计算,本年鉴是采用国内生产总值指标计算的。

能源消费弹性系数 是反映能源消费增长速度与国民经济增长速度之间比例关系的指标。计算公式为:

能源消费弹性系数=能源消费量年平均增长速度/国民经济年平均增长速度

EXPLANATORY NOTES ON MAIN STATISTICAL INDICATORS

Total Energy Production refers to the total production of primary energy by all energy producing enterprises in the country in a given period of time. It is a comprehensive indicator to show the capacity, scale, composition and development of energy production of the country. The production of primary energy includes that of coal, crude oil, natural gas, hydropower and electricity generated by nuclear energy and other means such as wind power and geothermal power. However, it excludes the production of fuels of low calorific value, bio – energy, solar energy and the secondary energy converted from the primary energy.

Total Domestic Energy Consumption refers to the total consumption of energy of various kinds by material production sectors, non – material production sectors and households in the country in a given period of time. It is a comprehensive indicator to show the scale, composition and development of energy consumption. The total energy consumption includes that of coal, crude oil and their products, natural gas and electricity. However, it excludes the consumption of fuel of low calorific value, bio – energy and solar energy. Total domestic energy consumption can be divided into three parts:

(1) Final Energy Consumption: It refers to the total energy consumption by material production sectors, non – material production sectors and households in the country (region) in a given period of time, but excludes the consumption in conversion of the primary energy into the secondary energy and the loss in the process of energy conversion.

(2) Loss During the Process of Energy Conversion: It refers to the total input of various kinds of energy for conversion, minus the total output of various kinds of energy in the country in a given period of time. It is an indicator to show the loss that occurs during the process of energy conversion.

(3) Loss: It refers to the total of the loss of energy during the course of energy transport, distribution and storage and the loss caused by any objective reason in a given period of time. The loss of various kinds of gas due to gas discharges and stocktaking is excluded.

Elasticity Ratio of Energy Production is an indicator to show the relationship between the growth rate of energy production and the growth rate of the national economy. The formula is:

Elasticity Ratio of Energy Production = Average Annual Growth Rate of Energy Production Average Annual Growth Rate of National Economy

The average annual growth rate of the national economy can be shown by the gross national product, gross domestic product and other indicators, depending upon the purposes or needs. The gross domestic product is used in calculation of the ratio in this chapter.

Elasticity Ratio of Energy Consumption is an indicator to show the relationship between the growth rate of energy consumption and the growth rate of the national economy. The formula is:

Elasticity Ratio of Energy Consumption = Average Annual Growth Rate of Energy Consumption Average Annual Growth Rate of National Economy

六、财政、金融和保险

FINANCE, BANKING AND INSURANCE

6－1 财政收支及增长

GOVERNMENT REVENUE AND EXPENDITURES AND THEIR INCREASE RATE

单位:亿元 (100 million yuan)

年 份 Year	财政收入 Total Revenue	#地 方 财政收入 Local Financial Revenue	财政支出 Expenditures	增长速度 Increase Rate (%) 地 方 财政收入 Local Financial Revenue	财政支出 Expenditures
1952		4.7	1.6		
1953		5.7	2.3	19.5	44.5
1954		6.6	2.6	17.2	12.0
1955		6.5	2.5	-2.6	-3.8
1956		7.3	4.6	13.7	84.1
1957		8.2	4.3	12.0	-7.8
1958		18.4	11.9	124.4	177.1
1959		21.5	12.3	16.8	3.3
1960		23.1	16.9	7.2	38.3
1961		9.3	6.7	-59.7	-60.6
1962		7.2	5.3	-23.1	-20.4
1963		8.1	7.2	13.6	34.4
1964		9.7	7.5	19.6	4.5
1965		9.9	8.0	2.1	6.6
1966		12.5	8.6	26.5	7.5
1967		10.9	7.9	12.9	-8.2
1968		10.9	7.6	-0.5	-3.4
1969		12.4	12.8	13.9	68.4
1970		14.4	15.4	16.4	20.1
1971		40.3	14.4	79.7	-5.9
1972		37.5	16.2	-7.0	12.3
1973		37.6	19.7	0.4	21.7
1974		44.3	20.8	17.6	5.4
1975		50.6	20.3	14.2	-2.5
1976		51.0	21.3	1.0	5.1
1977		52.5	21.3	2.8	-0.2
1978		63.3	31.5	20.5	48.3
1979		54.1	28.3	-14.5	-10.3
1980		17.1	25.8	-68.4	-8.9
1981		15.6	25.9	-8.3	0.4
1982		17.3	28.0	10.7	8.3
1983		21.6	30.7	24.6	9.6
1984		26.7	36.1	24.0	17.6
1985		37.4	44.6	39.9	23.6
1986		47.4	61.3	26.6	37.3
1987		53.8	66.0	13.5	7.7
1988		62.6	74.1	16.4	12.2
1989		72.3	85.4	15.6	15.3
1990		76.6	92.7	5.9	8.6
1991		94.7	110.1	23.7	18.7
1992		84.6	102.5	-10.8	-6.9
1993		108.1	124.9	27.9	21.9
1994		84.7	142.4	-21.7	14.0
1995	182.9	101.3	174.6	19.7	22.6
1996	242.6	126.9	208.9	25.2	19.6
1997	276.9	150.6	233.6	18.7	11.8
1998	314.2	179.3	280.8	19.1	20.2
1999	328.8	190.9	359.7	6.5	28.1
2000	372.6	213.9	408.7	12.1	13.6
2001	429.2	248.5	513.4	16.1	25.6
2002	461.6	267.1	565.9	7.5	10.2
2003	499.1	293.4	606.2	9.8	7.1

注:本表增长速度按自然口径计算。

Note: Data of financial revenue and expenditures of each year are not adjusted.

6-2 地方财政收入
LOCAL FINANCIAL REVENUE

单位：万元 (10000 yuan)

指　标	Item	2001	2002	2003
合　计	**Total**	**2485124**	**2670699**	**2934664**
一般预算收入	General Budgetary Financial Revenue	2136398	2318908	2488643
增值税	Value - added Tax	525551	558545	586400
营业税	Operation Tax	363088	401684	461394
企业所得税	Enterprise Income Tax	219392	136383	107808
所得税退税	Returned Tax of Income Tax of Enterprise	-75		-2
个人所得税	Private Income Tax	126150	125836	109793
资源税	Resources Tax	129349	132332	144485
固定资产投资方向调节税	Direction Adjustment Tax on Fixed Assets Investment	1590	899	1921
城市维护建设税	Tax on Urban Maintenance and Construction	161031	186841	210205
房产税	Tax on Real Estates	66157	81804	90352
印花税	Stamp Tax	8322	10852	12362
城镇土地使用税	Tax on the Use of Urban Land	31546	34555	32298
土地增值税	Land Value Added Tax	1371	1656	1630
车船使用和牌照税	Tax on the Use of Vehicles and Ships	7353	8961	8783
屠宰税	Slaughter Tax	2878	2181	
筵席税	Banquet Tax			
农业税	Agricultural Tax	102353	187675	162802
农业特产税	Tax on Special Agricultural Products	31627	24450	16652
耕地占用税	Tax on the Occupancy of Cultivated Land	4808	6692	12302
契　税	Contract Tax	35848	43852	55374
国有资产经营收益	Stated - owned Assets Profit	9924	8580	48254
国有企业计划亏损补贴	Planning Subsidies to Loss - suffering Stated - owned Enterprises	-24646	-22525	-21795
行政性收费收入	Income from Administrative Fees	96518	120373	151960
罚没收入	Penalty and Confiscator Income	85150	98933	105347
海域场地矿区使用费收入	Income on the Use of Land	373	18	4
专项收入	Expert Project Income	123281	149876	140902
其他收入	Other Revenue	27459	18455	49412
基金收入	Fund Income	348726	351791	446021

6 －3　财政支出
FINANCIAL EXPENDITURES

单位：万元　　(10000 yuan)

指　标	Item	2001	2002	2003
合　计	**Total**	**5134215**	**5143781**	**6062318**
一般预算支出	General Budgetary Financial Expenditures	4782724	4803887	5649080
基本建设支出	Expenditure for Capital Construction	475613	417468	387665
企业挖潜改造资金	Innovation Funds of Enterprises	175765	100188	127258
地质勘探费	Expenditure for Geological Prospecting	32854	18446	22600
科技三项费用	Science and Technology Promotion	53186	61223	57873
流动资金	Circulating Funds			
农业支出	Expenditures for			206589
林业支出	Expenditures for Forestry			184849
水利和气象支出	Expenditures for Water Conservancy and Meteorology			53342
工业交通等部门事业费	Operating Expenses of Department of Industry & Transportation	59836	69355	83421
流通部门事业费	Operating Expenses of Department of Commerce	17069	18542	23912
文体广播事业费	Operating Expenses of Department of Culture , Sport& Broadcasting	103141	126223	141932
教育支出	Expenditures for Education	649654	762239	810979
科学支出	Expenditures for Science	34646	27745	35049
医疗卫生支出	Expenditures for Public Health	162514	173502	230611
税务等部门事业费	Operating Expenses of Tax, etc.	313225		
其它部门事业费	Operating Expenses of Other Department		346480	383160
抚恤和社会福利救济	Pensions and Relief Funds for Social Welfare	83448	142841	188269
行政事业单位离退休支出	Retired Persons in Administrative Department	63822	132519	169275
社会保障补助支出	Expenditure on Subsidies to Social Security	514944	565276	620253
国防支出	Expenditure for National Defense	5048	6873	8035
行政管理费	Expenditure for Government Administration	344676	415547	489551
外交外事支出	Expenditure for Foreign Affairs	2247	2650	2726
武装警察部队支出	Expenditure for Armed Police Troops	13093	13652	13997
公检法司支出	Expenditure for Public Security Agency, Procuratorial Agency and Court of Justice	277902	314093	379659
城市维护费	Expenditure for City Maintenance	194422	212105	250618
政策性补贴支出	Expenditure for Price Subsidies	473188	478751	446546
#粮食风险基金	# Risk Funds of Grain			
支援不发达地区支出	Expenditure for Supporting Underdeveloped Areas	28476	33936	34312
海域开发建设和场地使用费支出	Expenditure for Developing Sea Area and Useing of Ground		182	13
专项支出	Expenditure for Special Items	113010	136748	141288
其他支出	Other Expenditure	133341	227303	155298
基金支出	Fund Expenditure	351491	339894	413238

6-4 地方财政预算外收入和支出
EXTRA-BUDGETARY REVENUE AND EXPENDITURES

单位:亿元 (100 million yuan)

指 标	Item	2000	2001	2002	2003
地方财政预算收入	**Budgetary Financial Revenue**	**213.9**	**248.5**	**267.1**	**293.4**
预算外收入	**Extra-budgetary Revenue**	**71.8**	**79.3**	**80.1**	**86.1**
地方财政预算外资金	Revenue of Local Governments				
行政事业单位预算外资金	Revenue of Administrative and Institutional Units	60.4	67.4	73.1	77.1
国有企业和主管部门预算外资金	State-owned Enterprises and Its Governing Department				
乡镇自筹、统筹资金	Revenue from Fund-raising Programs of Township Governments	4.8	5.1	0.1	0.3
政府性基金(资金、附加)收入	Revenue of Government Fund	3.3	3.4	2.5	3.6
主管部门集中收入	Revenue from Competent Departments Unified Charges	0.6	0.5	0.5	0.4
其他收入	Other Revenue	2.7	2.8	3.9	4.7
预算外收入相当于预算内比例(%)	Proportion of Extra-budgetary Revenue to Budgetary Financial Revenue(%)	33.6	31.9	30.0	29.3
财政预算支出	**Budgetary Financial Expenditures**	**408.7**	**513.4**	**565.9**	**606.2**
预算外支出	**Extra-budgetary Expenditures**	**65.7**	**72.6**	**70.6**	**79.8**
固定资产投资	Investment in Fixed Assets				
大修理支出	Overhaul				
简易建筑费支出	Facility Architecture				
福利、奖励支出	Welfare and Encouragement				
养路费支出	Maintain a Road				
城市维护支出	City Maintenance	2.5	2.8	3.7	3.7
科技三项费支出	Science and Technology Promotion				
增补流动资金支出	Subjoin Circulating Funds				
行政事业费支出	Operating and Administrative Expenses	48.1	51.3	61.3	67.4
上交国家能源交通基金	Hand in Funds for Energy Industry and Transportation				
基本建设支出	Capital Construction	6.1	7.3	3.4	5.7
乡镇自筹、统筹资金支出	Township Governments	4.8	5.2	0.1	0.3
其他支出	Other Expenditure	4.2	6.0	2.1	2.7
预算外支出相当于预算内比例(%)	Proportion of Extra-budgetary Expenditures to Budgetary Financial Expenditures(%)	16.1	14.1	12.5	13.2

6-5 各地区财政收支(2003)
GOVERNMENT REVENUE AND EXPENDITURES BY REGION

单位:万元 (10000 yuan)

地 区	Region	财政收入 Total Revenue	#地方财政收入 Local Financial Revenue	一般预算收入 General Budgetary Financial Revenue	基金收入 Fund Income	财政支出 Expenditures	一般预算支出 General Budgetary Financial Expenditures	基金支出 Fund Expenditures
哈尔滨	Harbin	1322054	850493	763600	86893	1392153	1320041	72112
齐齐哈尔	Qiqihar	231634	154443	127020	27423	494925	467504	27421
鸡 西	Jixi	102423	63110	56075	7035	221897	216350	5547
鹤 岗	Hegang	68453	37144	33298	3846	140419	136404	4015
双鸭山	Shuangyashan	54478	31960	30983	977	156335	154354	1981
大 庆	Daqing	1485011	323485	309164	14321	462824	448336	14488
伊 春	Yichun	41101	27156	24641	2515	142800	140138	2662
佳木斯	Jiamusi	92459	58867	56191	2676	288567	285519	3048
七台河	Qitaihe	55833	29863	27643	2220	83430	81037	2393
牡丹江	Mudanjiang	261045	161029	95127	65902	346536	279261	67275
黑 河	Heihe	55536	41349	36880	4469	213034	207724	5310
绥 化	Suihua	162516	103235	98202	5033	390637	384052	6585
大兴安岭	Daxinganling	25171	18813	16933	1880	78474	75229	3245

6-6 金融机构信贷资金平衡表
CREDIT FUNDS BALANCE SHEET OF FINANCIAL INSTITUTIONS

单位:亿元　　(年末余额,at the year-end)　　(100 million yuan)

指　标	Item	2001	2002	2003
资金来源合计	**All Sources**	**3615.8**	**3902.9**	**4358.8**
各项存款	Deposits	3742.1	4236.7	4810.0
企业存款	Deposits of Enterprises	955.7	1054.6	1172.5
活期存款	Current Deposits	796.8	904.8	991.5
定期存款	Fixed Deposits	158.9	149.8	181.0
财政存款	Treasury Deposits	52.4	59.3	39.4
机关团体存款	Deposits of Government Agencies and Organizations	70.2	87.0	105.1
城乡储蓄存款	Urban and Rural Savings Deposits	2578.4	2915.7	3342.4
#定期存款	#Fixed Deposits	1846.0	2033.5	2294.0
城镇储蓄存款	Saving Deposits of Urban Residents	2341.2	2654.6	3033.1
#定期存款	#Fixed Deposits	1676.0	1847.5	2066.6
农户储蓄存款	Saving Deposits of Rural Residents	237.2	261.1	309.3
#定期存款	#Fixed Deposits	170.0	186.0	227.4
农业存款	Agricultural Deposits	48.3	55.2	62.4
信托存款	Trusted Deposits	5.2	5.0	11.5
委托存款	Commission Deposits	-46.5	-30.0	-28.1
其他存款	Other Deposits	78.3	89.9	104.8
金融债券	Bonds			-20.6
国家投资债券	Nation Investment Bonds			
证券业务款项	Funds of Securities Operation			
所有者权益	Creditors' Equity	-160.7	-145.9	-145.2
#当年结益	#Settlement Equity of the Year	-59.7	-57.3	-51.0
其　他	Others	34.4	-187.9	-285.4
资金运用合计	**All Uses**	**3615.8**	**3902.9**	**4358.8**
各项贷款	Loans	3358.6	3624.0	3981.3
短期贷款	Short-term Loans	2429.3	2502.6	2534.4
工业贷款	Industrial Loans	607.4	660.3	685.2
商业贷款	Commercial Loans	1228.5	1192.5	1094.3
建筑业贷款	Construction Loans	31.9	39.6	35.8
农业贷款	Agricultural Loans	100.0	112.4	128.0
乡镇企业贷款	Loans to Township Enterprises	59.7	60.8	63.1
三资企业贷款	Loans to Sino-foreign Joint Venture and Cooperative Enterprises and Foreign-funded Enterprises	63.1	47.1	39.4
私营企业及个体贷款	Loans to Private Enterprises and Individuals	24.4	21.8	28.2
其他短期贷款	Other Short-term Loans	314.3	368.0	460.4
中期流动资金贷款	Medium-term Circulating Funds of Loans	81.1	96.5	91.0
中长期贷款	Medium-term & Long-term Loans	830.1	986.0	1226.8
#基本建设贷款	#Capital Construction	419.7	561.8	648.5
技术改造贷款	Innovation	164.6	57.3	58.2
信托贷款	Credit Loans	0.1		1.2
融资租赁	Circulating Funds Tenancy			
委托贷款	Commission Loans	1.1	0.4	0.1
票据融资	Overdue Loans			122.1
各项垫款	Other Loans			5.7
国家投资债券	Loans to Nation Investment Bonds			
有价证券及投资	Securities & Investment	71.4	101.5	96.1
证券业务占款	Purchase of Securities' Operation			
委托投资	Commission Investment	3.0	2.0	2.0
金银占款	Purchase of Gold & Silver	3.1	0.4	
外汇占款	Purchase of Foreign Exchanges	0.8	0.5	
库存现金	Storage Cash	31.7	37.1	39.7
其　他	Others	147.2	137.4	239.7

6－7 金融机构现金分项收入和支出
CASH RECEIPTS AND EXPENDITURE OF FINANCIAL INSTITUTION

单位:亿元 （年末余额,at the year－end） (100 million yuan)

指标	Item	2000	2001	2002	2003
收入合计	**Total Income**	**9907.5**	**11271.3**	**13241.6**	**16782.5**
商品销售收入	Income from Commodity Sales	956.7	1014.7	1170.2	1455.6
服务业收入	Income from Service Trade	422.5	476.8	550.3	669.3
税款收入	Income from Taxes	37.2	39.4	51.7	66.3
城乡个体经营收入	Income from Urban and Rural Individual Business	230.6	253.9	246.6	298.8
储蓄存款收入	Income from Savings Deposits	5848.1	6846.7	8749.1	11032.4
其他金融机构收入	Income from Other Financial Institutions	119.2	100.9	98.8	96.5
居民归还贷款收入	Income from Repayment of Loans by Residents	75.9	99.1	147.0	211.4
汇兑收入	Income from Remittances	335.5	394.8	319.2	271.6
有价证券收入	Income from Securities	92.1	72.5	29.0	39.5
农村信用社收入	Income from Rural Credit Cooperative				
乡镇企事业收入	Income from Township Enterprises				
其他收入	Other Income	1789.7	1972.4	1879.7	2641.1
支出合计	**Total Expenditure**	**9996.0**	**11361.8**	**13313.6**	**16848.2**
工资性支出	Wages	742.4	712.8	714.0	873.4
国家工资及奖金支出	Wages and Bonuses to the Staff and Workers From Government	395.1	405.0	431.1	522.9
国家对个人其他支出	Other Payments to Individuals from Government	261.7	216.3	183.0	226.5
部队存款支出	Expenditure from Arming Unit's Deposit	16.1	17.5	19.6	23.5
其他单位工资性支出	Other Wages Expenditure	69.6	74.0	80.2	100.5
农副产品采购支出	Purchases of Agricultural and Sideline Products	449.1	420.9	410.9	427.0
工矿及其他产品采购支出	Expenditure for Purchases of Industrial and Mineral Products	112.9	109.8	142.7	169.0
行政企事业管理费支出	Government and Enterprises Overhead	447.3	492.2	563.6	734.7
城乡个体经营支出	Expenditure for Individual Business	310.3	346.5	349.4	447.3
储蓄存款支出	Expenditure for Savings Deposits	5658.3	6677.0	8636.3	10942.2
其他金融机构支出	Expenditure for Other Financial Institutions	80.9	86.3	73.2	102.9
居民提取贷款支出	Expenditure for Loans by Residents	75.5	101.7	175.8	249.7
汇兑支出	Expenditure for Remittances	203.7	260.4	219.0	180.2
有价证券支出	Expenditure for Securities	55.1	64.3	27.1	33.3
农村信用社支出	Expenditure for Rural Credit Cooperative				
乡镇企事业支出	Expenditure for Township Enterprises				
其他支出	Other Expenditure	1860.6	2089.9	2001.6	2688.5

6－8　金融机构现金投放回笼差额
CASH STATISTICS OF FINANCIAL INSTITUTIONS

单位:亿元　　(100 million yuan)

年　份 Year	现金收入 Cash Income	现金支出 Cash Expenditures	货币投放(＋)或回笼(－) Monetary Issues(＋) Cash Withdrawn(－)	年　份 Year	现金收入 Cash Income	现金支出 Cash Expenditures	货币投放(＋)或回笼(－) Monetary Issues(＋) Cash Withdrawn(－)
1952	6.1	7.3	1.2	1989	706.1	747.3	41.2
1957	21.6	22.1	0.5	1990	755.3	801.0	45.7
1962	30.8	31.3	0.5	1991	944.7	1020.1	75.4
1965	33.5	34.6	1.1	1992	1287.2	1407.2	120.0
1970	42.4	43.6	1.2	1993	1908.9	2044.7	135.8
1975	58.9	61.1	2.3	1994	2585.9	2744.0	158.1
1980	106.1	110.1	3.9	1995	3783.5	3892.6	109.1
1981	128.7	134.5	5.8	1996	4419.9	4478.9	59.0
1982	143.8	148.9	5.2	1997	5504.4	5639.8	135.4
1983	170.9	181.6	10.8	1998	7137.2	7268.3	131.1
1984	217.4	234.4	17.1	1999	8325.0	8518.6	193.6
1985	265.0	278.3	13.3	2000	9907.5	9996.0	88.5
1986	314.5	339.5	25.0	2001	11271.3	11361.8	90.5
1987	401.9	415.1	13.2	2002	13241.6	13313.6	72.0
1988	597.7	648.1	50.4	2003	16782.5	16848.2	65.7

6－9　保险业务主要指标
MAJOR INDICATORS OF INSURANCE BUSINESS

单位:万元　　(10000 yuan)

项　目	Item	1997	1998	1999	2000	2001	2002	2003
保费收入	**Premium Income**	**255077**	**284441**	**352883**	**408166**	**532710**	**856460**	**1187242**
企业财产险	Enterprise Property Insurance	26839	30455	32999	33811	36386	37146	28312
家庭财产险	Family Property Insurance	5643	4678	3983	3666	4670	6298	5401
机动车辆险	Motor Vehicle Insurance	70908	74550	79072	84581	91345	97392	107347
船舶险	Ships Insurance	429	307	276	144	20	14	27
货物运输险	Freight Transport Insurance	8259	7708	5992	6459	7161	8228	5338
建筑安装工程保险及责任保险	Projects Responsibility Insurance	88	65	148	752	820	414	1039
责任险	Liability Insurance	1254	2860	3627	5471	6771	10137	5959
保证保险	Guarantee Insurance	62	85	63	438	456	1611	5513
出口信用险	Export Credit Insurance			12	1			
农业险	Agriculture Insurance	706	1882	1977	1569	669	807	1029
其他险	Other Insurance	1125	930	992	1926	2283	944	2334
寿　险	Personal Insurance	106321	134747	193706	223435	349512	645805	944155
健康险	Healthy Insurance	3123	2689	3500	15586	14589	27714	56275
人身意外伤害险	Accident Insurance	30320	23485	26536	30327	18028	19950	24513
赔款及给付	**Claim and Payment**	**73108**	**105955**	**80341**	**110594**	**147615**	**164766**	**199271**
企业财产险	Enterprise Property Insurance	13369	33493	14869	16584	17978	19498	20838
家庭财产险	Family Property Insurance	2814	4844	2034	1634	1909	2499	2220
机动车辆险	Motor Vehicle Insurance	40193	48559	41885	45648	48247	50738	59044
船舶险	Ships Insurance	277	365	261	1464	15	4	
货物运输险	Freight Transport Insurance	2666	2123	1513	1880	2415	3306	4568
建筑安装工程保险及责任保险	Projects Responsibility Insurance	282	56	60	16	695	250	820
责任险	Liability Insurance	552	758	1419	2044	2578	3449	3492
保证保险	Guarantee Insurance	25	27	8		6	43	248
出口信用险	Export Credit Insurance							
农业险	Agriculture Insurance	560	1767	1486	1394	357	702	1096
其他险	Other Insurance	1484	280	1497	1658	6000	2451	2826
寿　险	Personal Insurance	198	274	425	20169	44161	61528	78819
健康险	Healthy Insurance	1757	2329	2813	4034	15973	14612	19924
人身意外伤害险	Accident Insurance	8931	11080	12071	14069	7281	5686	5376

6－10 保险公司机构和人员数(2003)
RESIDENTS SAVINGS DEPOSIT IN URBAN AND RURAL AREAS

项 目	Item	保险事业机构数(个) Number of Institution (unit)	职工人数(人) Employees (person)	正式职工 Staff Workers	保险代理人 Insurance Agents
合 计	**Total**	**1346**	**56908**	**5468**	**51440**
中国人民财产保险公司黑龙江分公司	Branch Company of Heilongjiang Province of PICC	625	4134	2134	2000
太平洋财产保险公司哈尔滨分公司	Harbin Branch of China Pacific Property Insurance Co., Ltd.	66	713	226	487
平安财产保险公司哈尔滨分公司	Harbin Branch of Ping An Property Insurance Company of China	26	139	129	10
天安保险公司哈尔滨分公司	Harbin Branch of Tianan Insurance Co., Ltd	4	141	133	8
中国人寿保险公司黑龙江分公司	Harbin Branch of China Pacific Life Insurance Co., Ltd	360	24650	1670	22980
中国太平洋人寿保险公司	Life Insurance Limited Company of Pacific Ocean of China	123	9128	418	8710
平安人寿保险公司哈尔滨分公司	Harbin Branch of Ping An Life Insurance Company of China	61	6689	458	6231
新华人寿保险公司哈尔滨分公司	Harbin Branch of Limited Company of Xinhua's Life Insurance	40	7195	194	7001
泰康人寿保险公司哈尔滨分公司	Harbin Branch of Taikang Life Insurance Co., Ltd.	41	4119	106	4013

注:机构数统计中包括保险营销服务部。

Note: The number of institution include the service department of marketing.

6－11 保险事业发展情况(2003)
STATISTICS ON DEVELOPMENT OF INSURANCE

项 目	Item	保费(万元) Premium (10000 yuan)	赔款及给付(万元) Claim and Payment (10000 yuan)
合 计	**Total**	**1187242**	**199271**
中国人民财产保险公司黑龙江分公司	Branch Company of Heilongjiang Province of PICC	141087	82044
太平洋财产保险公司哈尔滨分公司	Harbin Branch of China Pacific Property Insurance Co., Ltd.	13437	7108
平安财产保险公司哈尔滨分公司	Harbin Branch of Ping An Property Insurance Company of China	11860	6129
天安保险公司哈尔滨分公司	Harbin Branch of Tianan Insurance Company Limited of China	1506	139
中国人寿保险公司黑龙江分公司	Harbin Branch of China Pacific Life Insurance Co., Ltd.	599954	87519
中国太平洋人寿保险公司	Life Insurance Limited Company of Pacific Ocean of China	149269	3172
平安人寿保险公司哈尔滨分公司	Harbin Branch of Ping An Life Insurance Company of China	177679	12768
新华人寿保险公司哈尔滨分公司	Harbin Branch of Limited Company of Xinhua's Life Insurance	67765	250
泰康人寿保险公司哈尔滨分公司	Harbin Branch of Taikang Life Insurance Co., Ltd.	24685	142

6－12　保险中介机构情况(2003)
INSURANCE AGENCY

公司名称	Name of Enterprise	成立时间 Establish Time	总部所在地 Site of General Headquarters	注册资本(万元) Registered Capital (10000 yuan)
华信保险代理有限公司	Huaxin Insurance Agent Co., Ltd	2001	哈尔滨 Haerbin	1000
竞成保险代理有限公司	Jingcheng Insurance Agent Co., Ltd	2002	大庆 Daqing	550
万通保险代理有限公司	Wantong Insurance Agent Co., Ltd	2002	大庆 Daqing	500
东泰保险代理有限公司	Dongtai Insurance Agent Co., Ltd	2002	哈尔滨 Haerbin	200
融宝保险代理有限公司	Rongbao Insurance Agent Co., Ltd	2002	哈尔滨 Haerbin	200
同信保险代理有限公司	Tongxin Insurance Agent Co., Ltd	2002	牡丹江 Mudanjiang	200
宝泰保险代理有限公司	Baotai Insurance Agent Co., Ltd	2003	哈尔滨 Haerbin	100
鹤铁保险代理有限公司	Hetie Insurance Agent Co., Ltd	2003	哈尔滨 Haerbin	200
国泰民安保险代理有限公司	Guotaiminan Insurance Agent Co., Ltd	2003	齐齐哈尔 Qiqihar	150
安心保险代理有限公司	Amxin Insurance Agent Co., Ltd	2003	哈尔滨 Haerbin	50
龙安保险代理有限公司	Longan Insurance Agent Co., Ltd	2003	哈尔滨 Haerbin	60
嘉信保险代理有限公司	Jiaxin Insurance Agent Co., Ltd	2003	哈尔滨 Haerbin	50
银丰保险公估有限公司	Yinfeng Insurance Estimate Co., Ltd	2003	大庆 Daqing	60
中齐保险公估有限公司	Zhongqi Insurance Estimate Co., Ltd	2003	齐齐哈尔 Qiqihar	50
大华保险公估有限公司	Dahua Insurance Estimate Co., Ltd	2003	哈尔滨 Haerbin	100
龙平保险公估有限公司	Longping Insurance Estimate Co., Ltd	2003	哈尔滨 Haerbin	50

6－12 续表　CONTINUED

公司名称	Name of Enterprise	员工人数(人) Employees (person)	资产总额(万元) Asset (10000 yuan)	营业利润(万元) Profit (10000 yuan)
华信保险代理有限公司	Huaxin Insurance Agent Co., Ltd	23	1155	66.9
竞成保险代理有限公司	Jingcheng Insurance Agent Co., Ltd	13	2662	1425.6
万通保险代理有限公司	Wantong Insurance Agent Co., Ltd	25	510	-1.4
东泰保险代理有限公司	Dongtai Insurance Agent Co., Ltd	16	148	-25.3
融宝保险代理有限公司	Rongbao Insurance Agent Co., Ltd	8	203	-0.2
同信保险代理有限公司	Tongxin Insurance Agent Co., Ltd	6	163	-36.2
宝泰保险代理有限公司	Baotai Insurance Agent Co., Ltd	20	108	-5.3
鹤铁保险代理有限公司	Hetie Insurance Agent Co., Ltd	12	188	1.4
国泰民安保险代理有限公司	Guotaiminan Insurance Agent Co., Ltd	4	201	-0.6
安心保险代理有限公司	Amxin Insurance Agent Co., Ltd	10	44	-6.8
龙安保险代理有限公司	Longan Insurance Agent Co., Ltd	9	60	
嘉信保险代理有限公司	Jiaxin Insurance Agent Co., Ltd	8	47	-2.9
银丰保险公估有限公司	Yinfeng Insurance Estimate Co., Ltd	5	62	-7.0
中齐保险公估有限公司	Zhongqi Insurance Estimate Co., Ltd	10	50	-0.3
大华保险公估有限公司	Dahua Insurance Estimate Co., Ltd	7	107	-10.7
龙平保险公估有限公司	Longping Insurance Estimate Co., Ltd	7	50	

6－13 金融机构、人员数(2003)
INSTITUTIONS OF FINANCIAL INSTITUTIONS AND STUFF

单位:个,人 (unit,person)

项目	Item	合计 Total 机构 Institutions	合计 Total 人员 Employees	省级 Provincial Level 机构 Institutions	省级 Provincial Level 人员 Employees
国有商业银行	State－owned Commercial Bank				
工商银行	Industrial and Commercial Bank	942	18996	1	312
农业银行	Agriculture Bank	1081	15842	1	273
中国银行	Bank of China	343	5388	1	668
建设银行	Bank of Construction	645	11581	1	842
政策性银行	Policy Bank				
国家开发银行	The Bank of State Development	1	74	1	74
农业发展银行	The Bank of Agricultural Development	88	2469	1	100
股份制银行	Shareholding System Bank				
交通银行	Bank of Communication	88	2005	2	596
光大银行	Ever Bright Bank	28	535	1	136
招商银行	Merchants Bank	5	115	1	74
广东发展银行	Development Bank of Guangdong	5	105		
城市商业银行	City Commercial Bank				
哈尔滨市商业银行	Harbin Commercial Bank	120	1537		
齐齐哈尔市商业银行	Qiqihar City Commercial Bank	19	520		
大庆市商业银行	Daqing City Commercial Bank	8	305		
城市信用社	City Credit Coorpertive	99	3264		
农村信用社	Rural Credit Coorpertive	2097	18154	1	32
其他	Others				
金融资产管理公司	Financial Management Company	4	205	4	205
邮政储汇局	Postal Deposit and Remittance	1493	5906		
东方财务公司	Orient Financial Company	1	27	1	27
中融信托投资公司	Zhongrong Trust and Investment Corporation	1	46	1	46

6－13 续表 CONTINUED

单位:个,人 (unit,person)

项目	Item	地级 Prefectural Level 机构 Institutions	地级 Prefectural Level 人员 Employees	县级 County Level 机构 Institutions	县级 County Level 人员 Employees	营业网点 Business Outlets 机构 Institutions	营业网点 Business Outlets 人员 Employees
国有商业银行	State－owned Commercial Bank						
工商银行	Industrial and Commercial Bank	13	1950	206	11384	722	5350
农业银行	Agriculture Bank	13	1706	161	7160	906	6703
中国银行	Bank of China	12	1437	33	2099	297	1184
建设银行	Bank of Construction	13	2579	123	4878	508	3282
政策性银行	Policy Bank						
国家开发银行	The Bank of State Development						
农业发展银行	The Bank of Agricultural Development	13	439	74	1930		
股份制银行	Shareholding System Bank						
交通银行	Bank of Communication	1	124	61	1162	24	123
光大银行	Ever Bright Bank			23	377	4	22
招商银行	Merchants Bank			2	41	2	
广东发展银行	Development Bank of Guangdong	1	51	2	28	2	26
城市商业银行	City Commercial Bank						
哈尔滨市商业银行	Harbin Commercial Bank	1	102	102	1332	17	103
齐齐哈尔市商业银行	Qiqihar City Commercial Bank	1	60	18	460		
大庆市商业银行	Daqing City Commercial Bank	1	96	7	209		
城市信用社	City Credit Coorpertive	2	99	97	3165		
农村信用社	Rural Credit Coorpertive	8	199	78	2339	2010	15584
其他	Others						
金融资产管理公司	Financial Management Company						
邮政储汇局	Postal Deposit and Remittance					1493	5906
东方财务公司	Orient Financial Company						
中融信托投资公司	Zhongrong Trust and Investment Corporation						

6-14 上市公司基本情况
BASIC CONDITION OF LISTED COMPANIES

公司名称	Name of Companies	上市时间 Listed Time	募集资金(万元) Floated Raised Funds(10000 yuan)				2003 年末股本(万股) Stock Capital by 2003 (10000 share)	
			首发 Initial Issue	配股 Rationed Shares	增 发 Issue Additional	可转债 Transferable Bond	总股本 Total Capital Stock	流通股本 Circulating Capital Stock
合 计	**Total**		**952193**	**522968**	**207202**	**77605**	**524666**	**1203724**
* ST 光明	Guangming Group	1996	3000	19910			18571	8344
* ST 圣方	Sunfield Science&Technology	1996	12792	13217			31163	15048
ST 佳 纸	Jiamusi Paper	1997	22800				22745	9358
天伦置业	Tianlun Real Estate	1997	5988	5962			10727	5111
* ST 龙涤	Longdi	1998	33456	23167			35207	18360
航天科技	Fenghua Aerospace Hi-Tech	1999	17850				22176	6720
阿继电器	Acheng Relay	1999	36300				29844	13430
大庆华科	Daqing Huake	2000	23895				11500	3000
捷利股份	Jielee	2000	27760				11500	3500
哈飞股份	Hafei Aviation	2000	45600	26263			25950	11400
大庆联谊	Daqing Lianyi	1997	36850				19200	6000
哈高科	Harbin High-Tech	1997	28000	19843			26156	15107
牡 丹 江	Mudanjiang	1999	34460				23000	10152
东安动力	Dongan Auto Engine	1998	55840	35622			46208	13858
黑化股份	Heihua	1998	37400				33000	10000
* ST 桦林	Hualin Tyre	1999	38640				34000	17000
黑龙股份	Black Dragon	1998	21700	17700			32723	9750
哈 空 调	Harbin Air Conditioning	1999	17514				24573	10078
亿阳信通	Bright Oceans Inter-telecom	2000	71695				10589	4000
恒丰纸业	Hengfeng Paper	2001	27080				14000	4000
华冠科技	Huaguan Science&Technology	2002	13183				15500	6200
北 大 荒	Heilongjiang Agriculture	2002	156326				146996	30000
哈药集团	Harbin Pharmaceutical Group	1993	6500	163129			95539	62331
工大高新	Gongda High-Tech	1996	12900	33425			32409	17469
北亚集团	Beiya Group	1996		17412	86202		65314	35892
龙电股份	Heilongjiang Electric Power	1996	24642		121000	77605	112126	60000
* ST 哈慈	Haci	1996	14522	37023			33846	16089
* ST 龙科	Clever Net	1997	25130				38984	17850
东方集团	Orient Group	1994	30260	88924			63150	44198
天鹅股份	Pharm Group	1994	12600				25773	6489
龙建股份	Beiman Special Steel	1994	28920				53240	16456
ST 岁宝	Snirble Electric-heat	1994	10875	7739			13659	4538
* ST 秋林	Churin Stock	1996	17715	13632			24356	12942

6-15 境外上市公司情况
LISTED COMPANIES IN HONGKONG STOCK EXCHANGE

公司名称	Name of Companies	上市时间 Listed Time	首次发行股份(万股) Initial Issue Capital Stock (10000 share)	发行募集资金(亿港币) Floated Raised Funds (HKD 100 million)	2003 年末已发行股份(万股) Stock Capital by 2003 (10000 share)	2003 年末累计筹集资金(亿港币) Floated Raised Funds by 2003 (HKD 100 million)
合 计	**Total**		**88477**	**17.60**	**287150**	**20.50**
哈尔滨动力设备股份有限公司	Harbin Motivity Equipment Co., Ltd	1994	46000	11.87	46915	11.87
光宇国际集团科技有限公司	Coslight Internet Group	1999	9077	1.14	43308	2.90
东君化工集团有限公司	Dongjun Chemic Industry Group	2001	9200	0.30	96640	0.51
哈尔滨啤酒集团有限公司	Harbin Beer Group	2002	24200	4.30	100286	5.22

主要统计指标解释

财政收入 指国家财政参与社会产品分配所取得的收入,是实现国家职能的财力保证。财政收入所包括的内容几经变化,目前主要包括:

(1)各项税收:包括增值税、营业税、消费税、土地增值税、城市维护建设税、资源税、城市土地使用税、印花税、个人所得税、企业所得税、关税、农牧业税和耕地占用税等。

(2)专项收入:包括征收排污费收入、征收城市水资源费收入、教育费附加收入等。

(3)其他收入:包括基本建设贷款归还收入、基本建设收入、捐赠收入等。

(4)国有企业亏损补贴:这项为负收入,冲减财政收入。

财政支出 国家财政将筹集起来的资金进行分配使用,以满足经济建设和各项事业的需要,主要包括:

(1)基本建设支出:指按国家有关规定,属于基本建设范围内的基本建设有偿使用、拨款、资本金支出以及经国家批准对专项和政策性基建投资贷款,在部门的基建投资额中统筹支付的贴息支出。

(2)企业挖潜改造资金:指国家预算内拨给的用于企业挖潜、革新和改造方面的资金。包括各部门企业挖潜改造资金和企业挖潜改造贷款资金,为农业服务的县办"五小"企业技术改造补助,挖潜改造贷款利息支出。

(3)地质勘探费用:指国家预算用于地质勘探单位的勘探工作费用,包括地质勘探管理机构及其事业单位经费、地质勘探经费。

(4)科技三项费用:指国家预算用于科技支出的费用,包括新产品试制费、中间试验费、重要科学研究补助费。

(5)支援农村生产支出:指国家财政支援农村集体(户)各项生产的支出。包括对农村举办的小型农田水利和打井、喷灌等的补助费,对农村水土保持措施的补助费,对农村举办的小水电站的补助费,特大抗旱的补助费,农村开荒补助费,扶持乡镇企业资金,农村农技推广和植保补助费,农村草场和畜禽保护补助费,农村造林和林木保护补助费,农村水产补助费,发展粮食生产专项资金。

(6)农林水利气象等部门的事业费用:指国家财政用于农垦、农场、农业、畜牧、农机、林业、森工、水利、水产、气象、乡镇企业的技术推广、良种推广(示范)、动植物(畜禽、森林)保护、水质监测、勘探设计、资源调查、干部训练等项费用,园艺特产场补助费,中等专业学校经费,飞播牧草试验补助费,营林机构、气象机构经费,渔政费以及农业管理事业费等。

(7)工业交通商业等部门的事业费:指国家预算支付给工交商各部门用于事业发展的经费,包括勘探设计费、中等专业学校经费、技术学校经费、干部训练费。

(8)文教科学卫生事业费:指国家预算用于文化、出版、文物、教育、卫生、中医、公费医疗、体育、档案、地震、海洋、通讯、电影电视、计划生育、党政群干部训练、自然科学、社会科学、科协等项事业的经费支出和高技术研究专项经费。主要包括工资、补助工资、福利费、离退休费、助学金、公务费、设备购置费、修缮费、业务费、差额补助费。

(9)抚恤和社会福利救济:指国家预算用于抚恤和社会福利救济事业的经费。包括由民政部门开支的烈士家属和牺牲病残人员家属的一次性、定期抚恤金,革命伤残人员的抚恤金,各种伤残补助费,烈军属、复员退伍军人生活补助费,退伍军人安置费,优抚事业单位经费,烈士纪念建筑物管理、维修费,自然灾害救济事业费和特大自然灾害灾后重建补助费等。

(10)国防支出:指国家预算用于国防建设和保卫国家安全的支出,包括国防费、国防科研事业费、民兵建设以及专项工程支出等。

(11)行政管理费:包括行政管理支出,党派团体补助支出,外交支出,公安安全支出,司法支出,法院支出,检察院支出和公检法办案费用补助。

(12)价格补贴支出:指经国家批准,由国家财政拨给的政策性补贴支出。主要包括粮食加价款,粮、棉、油差价补贴,棉花收购价外奖励款,副食品风险基金,市镇居民的肉食价格补贴,平抑市价肉食、蔬菜价差补贴等以及经国家批准的教材课本、报刊新闻纸等价格补贴。

中央财政收入和地方财政收入 指按财政体制划分的中央本级收入和地方本级收入。1994 年分税制财政体制以后,属于中央财政的收入包括关税、海关代征消费税和增值税,消费税,中央企业所得税,地方银行和外资银行及非银行金融企业所得税,铁道、银行总行、保险总公司等集中缴纳的营业税、所得税、利润和城市维护建设税，增值税的 75% 部分，证券交易税（印花税）50% 部分和海洋石油资源税。属于地方财政的收入包括营业税、地方企业所得税，个人所得税，城镇土地使用税，固定资产投资方向调节税，城镇维护建设税，房产税，车船使用税，印花税，屠宰税，农牧业税，农业特产税，耕地占用税，契税，增值税 25% 部分，证券交易税（印花税）50% 部分和除海洋石油资源税以外的其他资源税。

中央财政支出和地方财政支出　指根据政府在经济和社会活动中的不同职责，划分中央和地方政府的责权，按照政府的责权划分确定的支出。中央财政支出包括国防支出，武装警察部队支出，中央级行政管理费和各项事业费，重点建设支出以及中央政府调整国民经济结构、协调地区发展、实施宏观调控的支出。地方财政支出主要包括地方行政管理和各项事业费，地方统筹的基本建设、技术改造支出，支援农村生产支出，城市维护和建设经费，价格补贴支出等。

预算外资金收支　预算外资金指国家机关、事业单位和社会团体为履行或代行政府职能，依据国家法律、法规和具有法律效力的规章而收取、提取和安排使用的未纳入国家预算管理的各种财政性资金。其范围主要包括：法律、法规规定的行政事业性收费、基金和附加收入等；国务院或省级人民政府及其财政、计划（物价）部门审批的行政事业性收费；国务院及财政部审批建立的基金、附加收入等；主管部门所属单位集中上缴资金；用于乡镇政府开支的乡自筹和乡统筹资金；其他未纳入预算管理的财政性资金。社会保障基金在国家财政尚未建立社会保障预算制度以前，先按预算外资金管理制度进行管理，专款专用。财政部门在银行开设统一的专户，用于预算外资金收入和支出管理。部门和单位的预算外收入必须上缴同级财政专户，支出由同级财政按预算外资金收支计划和单位财务收支计划统筹安排，从财政专户中拨付，实行收支两条线管理。

信贷资金　指金融机构以信用方式积聚和分配的货币资金。金融机构信贷资金的来源有各项存款、对国际金融机构负债、流通中货币、银行自有资金及当年结益等；信贷资金的运用有各项贷款、黄金占款、外汇占款、财政借款及在国际金融机构中的资产等。

存款　指企业、机关、团体或居民根据资金必须收回的原则，把货币资金存入银行或其他信用机构保管并取得一定利息的一种信用活动形式。根据存款对象的不同可划分为企业存款、财政存款、机关团体存款、基本建设存款、城镇储蓄存款、农村存款等科目。它是银行信贷资金的主要来源。

贷款　指银行或其他信用机构根据资金必须归还的原则，按一定利率，为企业、个人等提供资金的一种信用活动形式。我国银行贷款分为流动资金贷款、固定资产贷款、城乡个体工商户贷款以及农业贷款等科目。

保险公司　在中国境内的、经过保险监督部门批准设立，并依法登记注册的各类商业保险公司。

保险金额　指保险人承担赔偿或者给付保险金责任的最高限额。

保费　指投保人为取得保险人在约定范围内所承担赔偿责任而支付给保险人的费用。

赔款　指保险人根据保险合同的规定，向被保险人支付的赔偿保险责任损失的金额。

给付　包括死伤医疗给付和满期给付。死伤医疗给付是指保险人根据人寿保险及长期健康保险合同的规定，因被保险人在保险期内发生保险责任范围内的保险事故支付给被保险人（或受益人）的金额。满期给付是指被保险人生存期满，保险人按人寿保险合同规定支付给被保险人的满期保险金额。

EXPLANATORY NOTES ON MAIN STATISTICAL INDICATORS

Government Revenue refers to the revenue of the government finance by means of participating in the distribution of the social products, which are the financial resources for ensuring the government to function. The contents of government revenue have been changed several times. Now it includes the following main items:

(1) Various tax revenues, including value added tax, business tax, consumption tax, land value added tax, tax on city maintenance and construction, resources tax, tax on use of urban land, stamp tax, personal income tax, enterprise income tax, tariff, tax on agriculture and animal husbandry and tax on occupancy of cultivated land, etc.

(2) Special revenues, including revenue collected from imposing fee on sewage treatment, revenue collected from imposing fee on urban water resources, and extra - charges for education, etc.

(3) Other revenues, including revenue from the repayment of capital construction loan, revenue from capital construction projects, and donations and grants.

(4) Planned subsidies for the losses of the state - owned enterprises. This is an item of negative revenue, used to eat up part of the government revenue.

Government Expenditure refers to the distribution and use of the funds the government finance has raised, so as to meet the needs of economic construction and various causes. It includes the following main items:

(1) Expenditure for capital construction: It refers to the non - gratuitous use and appropriation of funds for capital construction in the range of capital construction, outlay of capital as well as the loans on capital construction approved by the government for special purpose or policy purpose and the expenditure with discount paid in an overall way within the amount of the funds appropriated to the departments for capital construction.

(2) Innovation funds of the enterprises: They refer to the funds appropriated from the government budget for the enterprises to tap the latent power, upgrade the technology and carry out innovation, including the innovation fund of the departments, loan of the enterprises for innovation, subsidies on the innovation of the small fertilizer plant, small cement plant, small coal mines, small machinery plant and small steel plant, the expenditure of interest for the loan for innovation.

(3) Geological prospecting expenses: They refer to the expenses appropriated from the government budget to the geological prospecting units for the expenditure of the prospecting work, including the expenditures of the administrative agencies for geological prospecting and their institutional units as well as the geological prospecting expenditure.

(4) Expenditures for science and technology promotion: They refer to the expenses appropriated from the government budget for the scientific and technological expenditure, including new products development expenditure, expenditure for intermediate trial and subsidies on important scientific researches.

(5) Expenditure for supporting rural production: It refers to the expenditures appropriated from the government budget for supporting the various expenditures of the rural collective units or households for production, including the subsidies to the small water conservancy projects and well drilling, sprinkling irrigation projects run by the villages; subsidies on the rural water and soil conserving measures; subsidies to the small power stations run by the villages; subsidies to the expenditure for fighting against particularly severe draughts; subsidies on the rural waste land exclamation; fund for supporting the township enterprises; subsidies to the expenditure for popularization of the agricultural technologies and plant protection in the rural areas; subsidies to the expenditure for the protection of grasslands and cattle and fowls; subsidies on afforestation and forest protection in rural areas; subsidies on the rural aquatic products industry; special fund for developing grain production.

（6）Operating expenses of the departments of farming, forestry, water conservancy and meteorology etc.: They refer to the expenses appropriated from the government budget for the expenditures of agricultural reclamation, farms, agriculture, animal husbandry, agricultural machinery, forestry, timber industry, water conservancy, aquatic products industry, meteorology, technology popularization in township enterprises, popularization (demonstration) of improved varieties, plant (cattle and fowls, forest) protection, water quality monitoring, prospecting and designing, resources investigation, cadres training, subsidies to horticulture gardens, expenditure of specialized secondary schools, subsidies on the experiments of sowing herbage seeds by flights, expenditures of afforestation agencies and meteorology agencies, expenses for fishery administration and operating expenses for agricultural administration, etc.

（7）Operating expenses of the departments of industry, transport and commerce: They refer to the expenses appropriated from the government budget to the departments of industry, transport and commerce for the expenditure of business development, including expenses for prospecting and designing, expenditures of specialized secondary schools, expenditures of the technical training schools and expenditures for cadres training, etc.

（8）Operating expenses of the departments of culture, education, science and public health: They refer to the expenses appropriated from the government budget for the expenditures of the causes of culture, publication, cultural relics, education, public health, traditional Chinese medical science, free medical services, sports, archives, earthquake, ocean, communications, broadcasting, film and television, family planning; expenditure for training of cadres of government, party and mass organization; expenditures for natural sciences, social sciences, associations for science and technology and the special expenditure for the high - tech researches. They include mainly wages, extra wages, welfare funds, pension for the retirees, stipend, expenses for official business, expenses for equipment purchases, expenses for repairs, business expenses and subsidies to the units which are unable to support their expenditures by their own earnings.

（9）Pension for the disabled or for the families of the bereaved and relief funds for social welfare: They refer to the funds appropriated from the government budget for the expenditures of pension for the disabled or for the families of the bereaved and relief funds for social welfare, including the lump - sum or regular pension paid by the departments of civil affairs to the members of martyrs families and families of those who died for the public interest, pension to the revolutionary disabled, subsidies for permanent disability of various kinds, subsidies to the military martyrs dependents and the demobilized servicemen, expenditure for settling down the demobilized servicemen, operating expenses of the consoling institutions, expenses for management and repair of the commemorative buildings for the martyrs, the expenses managed by the departments of civil affairs for the retirees and those who have quitted their work, expenses for social relief in rural and urban areas, operating expenses for providing relief to the areas of natural calamity and subsidies on the reconstruction after the particularly severe natural calamities, etc.

（10）Expenditures for national defenses: They refer to the funds appropriated from the government budget for the expenditures for building up national defenses and safeguarding national security, including expenses of national defenses, expenses of scientific researches on national defense, expenses for building up people's militia and expenditure for special projects, etc.

（11）Administrative expenses: They include expenditure for administration, subsidies to the parties and mass organizations, diplomatic expenditure, expenditure for public security, judicial expenditure, law court expenditure, procuratorial expenditure and subsidies to the expenses for treating the cases by the public security departments, procuratorial organs and law courts.

（12）Expenditure for price subsidies: It refers to the expenditure appropriated, with the approval of the government, from the government budget for the policy subsidies to price adjustment, including the fund for the increase of grain prices, the subsidies to the difference between the selling prices and purchasing prices of grains, cotton and edible oil, awards in addition to the purchasing prices of cotton, risk fund for non - staple food, subsidies on the prices of meat and meat products, subsidies on the price difference for curbing the high market prices of meat, meat products and vegetables and the subsidies approved by the government on the prices of textbooks and newsprint of newspapers and periodicals.

Revenue of the central government and revenue of the local governments: In accordance with the classification of the structure of the government finance in 1994 on the basis of the classification of channels for collection of tax revenues, the revenue of the central government and the revenue of the local governments have different coverage. The revenue of the central government includes tariff, consumption tax and value added tax levied by the customs, consumption tax, income tax of the enterprises subordinate to the central government, income taxes of the local banks, foreign – funded banks and non – bank financial institutions, business tax, income tax and profits of railways, head offices of banks, head office of insurance company , which are handed over to the government in a centralized way, tax on city maintenance and construction, 75% of the value added tax, tax on ocean petroleum resources, 50% of the tax on stock dealing (stamp tax). The revenue of the local governments includes business tax, income tax of the enterprises subordinate to the local government, personal income tax, tax on the use of urban land, tax on the adjustment of the investment in fixed assets, tax on town maintenance and construction, tax on real estates, tax on the use of vehicles and ships, stamp tax, slaughter tax, tax on agriculture and animal husbandry, tax on special agricultural products, tax on the occupancy of cultivated land, contract tax, 25% of the value added tax, 50% of the tax on stock dealing (stamp tax) and tax on resources other than the ocean petroleum resources.

Expenditure of the central government and expenditure of the local governments: according to the different functions of the central government and local governments in the economic and social activities, the rights of affairs administration are classified between the central government and local governments; and the classification of the expenditure between the central government and local governments are made on the basis of the classification of the rights of affairs administration between them. The expenditure of the central government includes the expenditure for national defence, expenditure for armed police forces, the administrative expenses and various operating expenses at the level of central government, expenditure for key projects and the expenditure of the central government for adjusting the national economic structure, coordinating the development among different regions and exercising the macro – economic regulation and control. The expenditure of the local governments includes mainly the administrative expenses and various operating expenses at the level of local governments, the expenditure for capital construction and technological innovation with the funds raised by the local government, expenditure for supporting rural production, expenditure for city maintenance and construction and expenditure for price subsidies, etc.

Extra – budgetary revenue and expenditure Extra – budgetary fund refers to financial fund of various types not covered by the regular government budgetary management, which is collected, allocated or arranged by government agencies, institutions and social organizations while performing duties delegated to them or on behalf of the government in accordance with laws, rules and regulations. It mainly covers following items: administrative and institutional fees, funds and extra charges that are stipulated by laws and regulations; administrative and institutional fees approved by the State Council and provincial governments and their financial and planning (price management) departments; funds and extra charges established by the State Council and the Ministry of Finance; funds turned over to competent departments by their subordinate institutions; self – raised and collected funds by township governments for their own expenditure; and other financial funds that are not covered in budgetary management. Social security funds are treated as extra – budget fund and managed for its exclusive use, given the circumstance that separate government budgetary system for social security is yet to be designed. Special accounts are opened by the financial departments in banks for the management of revenue and expenditure of extra – budgetary fund. Extra – budgetary revenue and expenditure is managed separately, namely, revenue of institutions and departments must enter into the special accounts of the financial departments at the same administrative level, and their extra – budgetary expenditure is arranged in line with the extra – budget plans and appropriated from these accounts.

Credit Funds refer to the funds issued as loans by banking institutions. The sources of credit funds of the banking institutions included deposits, liabilities to international financial institutions, currency in circulation, self – owned funds and current retained profits, etc. The credit funds can be used in forms of loans, gold, foreign exchange, government debt and assets in the international financial institutions.

Deposit is a form of credit by which enterprises, institutions, organizations or households can put money into banks and other credit institutions for safekeeping and interest earning under the principle of free withdrawal. According to different depositors, deposits are divided into enterprise deposits, treasury deposits, deposits of government agencies and organizations, capital construction deposits, urban savings deposits, rural deposits and other deposits. Deposits are major sources of the credit funds of banks.

Loan is a form of credit by which banks and other credit institutions provide funds at certain interest rate to enterprises and individuals in the light of the principle of unconditional repayment. Loans from Chinese banks include circulating capital loans, fixed assets loans, loans to urban and rural individuals engaged in industrial and commercial business and agricultural loans.

Insurance Companies refer to commercial insurance companies of various forms registered by law and established in China with the approval of insurance regulatory agencies.

Amount Insured refers to the maximum that the insurant will get for the claim of the case insured.

Premium is the fee paid by the insurant to the insurer to obtain the obligation of compensation from the insurance within the agreed terms.

Settled Claim is the compensation paid by the insurer to the insurant in accordance with the insurance contract.

Payment includes payment for death, injury or medical treatment and mature payment. Payment for death, injury or medical treatment refers to the money paid to the insurant (or the beneficiary) in accordance with the life or health insurance contract when the insurant encounters accidents within the insured period covered in the contract. Mature payment refers to the mature payment to the insurant in accordance with the life insurance contract at the end of the insured period.

七、物价指数

PRICE INDICES

7－1　各种物价总指数
GENERAL PRICE INDICES

年　份 Year	商品零售价格指数 General Retail Price Index	居民消费价格指数 Index Consumer Price Index	城市 Urban Areas	农村 Rural Areas	建筑安装工程价格指数 Construction and Installation	固定资产投资价格指数 Price Indices of Investment In Fixed Assets	农业生产资料价格指数 General Price Index of Agricultural Means of Production	原材料、燃料、动力购进价格指数 Raw and Processed Materials, Fuels and Motive Power	工业品出厂价格指数 Ex－Factory Price Indices of Industrial Products
上年＝100 **(preceding year＝100)**									
1978	100.2		100.5						
1980	105.6		107.3						
1985	111.7	111.8	111.9	110.0					
1986	105.9	106.2	106.0	107.5					
1987	109.6	109.4	109.7	106.6					
1988	117.8	118.0	118.6	116.1			114.9		
1989	114.0	114.6	114.6	114.6			111.9		
1990	104.9	105.7	105.6	106.3	103.4		104.3		
1991	106.5	107.4	108.2	105.3	109.0	107.5	105.4		
1992	108.5	109.2	109.7	105.9	112.0	113.5	109.6	112.9	111.6
1993	114.6	114.8	115.2	113.7	132.9	128.0	124.6	139.6	141.3
1994	120.7	121.9	122.0	121.3	107.2	109.0	125.9	119.3	129.0
1995	114.3	116.1	115.9	116.2	104.8	106.5	123.1	112.7	116.1
1996	105.1	107.1	107.6	105.8	103.3	103.4	110.3	103.4	104.6
1997	102.2	104.4	104.5	103.8	103.8	102.7	100.6	104.4	102.3
1998	98.4	100.4	100.9	99.7	101.6	100.8	96.0	97.7	97.8
1999	96.1	96.8	97.0	96.3	99.7	99.7	96.5	98.2	107.4
2000	97.8	98.3	98.7	97.2	103.1	101.5	98.6	108.6	122.9
2001	100.4	100.8	100.8	100.4	100.6	100.1	98.9	99.5	96.0
2002	98.5	99.3	99.3	99.5	101.1	100.2	99.7	99.3	97.8
2003	99.7	100.9	100.8	101.2	102.7	102.3	101.8	107.6	111.9
1978＝100									
1980	107.5		110.0						
1985	134.6	100.0	138.6	100.0					
1986	142.5	106.2	146.9	107.5					
1987	156.2	116.2	161.1	114.6					
1988	184.0	137.1	191.1	133.1					
1989	209.8	157.1	219.0	152.5					
1990	220.1	166.1	231.3	162.1	100.0	100.0	100.0		
1991	234.4	178.4	250.3	170.7	109.0	107.5	105.4		
1992	254.3	194.8	274.6	180.8	122.1	122.0	115.5		
1993	291.5	223.6	316.3	205.6	162.2	156.2	143.9		
1994	351.8	272.6	385.9	249.4	173.9	170.2	181.2		
1995	402.1	316.5	447.3	289.8	182.3	181.3	223.1	100.0	100.0
1996	422.6	339.0	481.3	306.6	188.3	187.5	246.1	103.4	104.6
1997	431.9	353.9	503.0	318.3	195.4	192.5	247.5	107.9	107.0
1998	425.0	355.3	507.5	317.3	198.6	194.1	237.6	105.5	104.7
1999	408.0	343.8	491.8	305.4	198.0	193.5	229.3	103.6	112.4
2000	399.0	337.9	485.4	296.8	204.1	196.4	226.1	112.5	138.1
2001	400.6	340.6	489.3	298.0	205.3	196.6	223.6	111.9	132.6
2002	394.6	338.2	485.9	296.5	207.6	197.0	222.9	111.1	129.7
2003	393.4	341.2	489.8	300.1	213.2	201.5	226.9	119.5	145.1

注：1. 1994 年后商品零售价格指数不包括农业生产资料。

2. 居民消费价格总指数及农村居民消费价格指数以 1985 年为基期，农业生产资料、建筑安装工程价格指数和固定资产投资价格指数以 1990 年为基期，主要工业产品出厂价格指数和主要原材料、燃料、动力购进价格指数以 1995 年为 100。

Note: a) Since 1994, Retail Price Indices Exclude Agricultural Means of Production.

b) The index of year 1985 is defined as 100 in consumer price indices and rural consumer price indices, the index of year 1990 is defined as 100 in consumer price indices, build－in project price index and Price Indices of Investment In Fixed Assets, the index of year 1995 is defined as 100 in Ex－Factory Price Indices of Major Industrial Products and Price Indices of Major Raw and Processed Materials, Fuels and Motive Power.

7－2 商品零售价格分类指数(上年＝100)
RETAIL PRICE INDICES BY CATEGORY OF COMMODITIES (PRECEDING YEAR＝100)

类别	Category	全省 Total		城市 Urban		农村 Rural	
		2002	2003	2002	2003	2002	2003
商品零售价格总指数	**General Retail Price Index**	**98.5**	**99.7**	**98.4**	**99.2**	**98.7**	**101.1**
食品类	**Food**	**100.0**	**103.6**	**100.1**	**103.4**	**99.4**	**104.0**
粮　食	Grain	99.9	99.5	100.3	101.1	98.1	97.7
淀粉及薯类	Starches and Tubers		101.1		99.7		103.7
干豆类及豆制品	Bean and Its Products		109.9		104.8		126.5
油　脂	Oil or Fat	104.1	115.0	102.9	111.7	109.0	121.1
肉禽及其制品	Meal, Poultry and Their Products	101.9	101.6	102.3	101.4	99.1	102.1
蛋	Eggs		96.9		97.3		95.9
水产品	Aquatic Products	97.1	96.4	97.0	95.6	97.3	99.6
菜	Vegetables	96.1	124.5	95.7	123.8	98.0	126.0
调味品	Flavoring	100.8	101.0	101.5	101.5	97.9	100.0
糖	Carbohydrate	90.3	90.4	91.1	92.3	85.8	87.3
干鲜瓜果	Dried and Fresh Melons and Fruits	102.3	100.0	102.6	101.2	100.3	96.3
糕点饼干面包	Cake, Biscuit and Bread	100.3	98.6	100.0	98.3	102.7	99.6
奶及奶制品	Milk and Its Products	98.1	99.0	98.0	98.9	100.4	99.4
在外用膳食品	Outward Dinner	99.8	99.3	100.0	99.7	98.6	98.3
其它食品	Other Foods		96.3		97.4		92.6
饮料、烟酒	**Beverage, Tobacco and Liquor**	**101.2**	**99.2**	**100.7**	**99.1**	**105.5**	**99.6**
茶及饮料	Tea and Beverage	98.2	100.4	97.9	100.6	100.5	99.4
烟　草	Tobacco		98.2		97.8		99.9
酒	Liquor		99.5		99.4		99.5
服装、鞋帽类	**Garments, Shoes and Hats**	**95.4**	**98.8**	**95.0**	**98.4**	**98.1**	**100.0**
服　装	Garments	94.8	98.5	94.4	98.0	98.8	100.1
鞋袜帽	Shoes, Footwear and Hats	95.8	98.8	95.6	98.3	97.2	100.0
其　它	Others	98.4	109.4	98.5	111.9	98.1	99.2
纺织品类	**Textiles**	**99.0**	**98.5**	**99.2**	**98.1**	**97.8**	**99.2**
衣着材料	Clothing Material		98.1		97.7		98.8
床上用品	Bed Articles		98.9		98.5		99.7

7－2 续表　CONTINUED

类　别	Category	全省 Total 2002	全省 Total 2003	城市 Urban 2002	城市 Urban 2003	农村 Rural 2002	农村 Rural 2003
家用电器及音像器材	**Household Appliances and Sound and Video Equipment**	**92.0**	**93.0**	**91.9**	**92.0**	**92.3**	**96.3**
家庭设备	Household Facilities		94.9		94.4		96.2
文娱用耐用消费品	Durable Consumer Goods for Recreational Use		88.6		86.0		95.9
音像器材类	Sound and Video Equipment		99.1		99.0		100.0
文化办公用品	**Cultural and Official Goods**	**99.2**	**96.3**	**99.4**	**96.4**	**96.8**	**96.1**
日用品	**Articles for Daily Use**		**98.2**		**98.5**		**97.1**
日用百货	Ordinary Articles for Daily Use		98.9		98.1		103.1
日用杂品	Sundries for Daily Use	98.4	97.7	98.2	99.1	99.6	91.4
洗涤用品	Articles for Washing		96.8		98.1		92.5
其它日用品	Others		99.9		99.8		100.3
体育娱乐用品	**Sports Goods**	**98.9**	**99.2**	**98.9**	**99.4**	**98.9**	**99.1**
体育用品	Sports Goods		99.4		99.4		99.3
娱乐用品	Amusement Goods		99.2		99.3		98.7
交通、通信用品	**Transportation and Communication Articles**	**90.9**	**88.0**	**90.6**	**87.6**	**92.7**	**89.7**
交通运输机械	Transportation Facility		95.6		95.8		94.3
通讯器材类	Communication Facility		81.4		79.6		87.3
家　具	**Furniture**	**98.8**	**97.3**	**98.9**	**96.7**	**97.8**	**98.9**
化妆品类	**Cosmetics**	**98.5**	**97.3**	**98.4**	**97.1**	**99.3**	**98.2**
金银珠宝类	**Bullion and Jewelry**	**103.7**	**107.6**	**104.0**	**107.1**	**99.7**	**109.0**
中西药品及医疗保健用品	**Medicines and Health Cares Articles**	**92.4**	**94.7**	**92.9**	**94.0**	**90.0**	**96.9**
医疗器具及用品	Medical Treatment Appliance Articals	97.6	99.4	98.6	101.1	94.0	95.8
中药材及中成药	Chinese Traditional Medicines	94.9	98.1	95.0	95.4	94.2	106.0
西　药	Western Medicine	90.1	91.8	90.9	92.3	86.1	89.8
保健器具及用品	Health Care Appliances and Articles		94.4		92.4		98.1
书报杂志及电子出版物	**Newspapers , Magazines and E－journal**	**106.4**	**100.1**	**106.4**	**99.4**	**108.6**	**101.5**
教材及参考书	Teaching Materials and Reference Books		101.7		100.7		103.3
书报杂志	Newspapers and Magazines		99.7		99.6		100.0
电子音像制品	E－journal		97.8		97.4		99.1
燃料类	**Fuels**	**105.1**	**106.2**	**105.7**	**106.4**	**103.8**	**106.0**
煤炭及制品类	Coal and Their Products		105.4		106.9		104.4
石油及制品类	Oil and Their Products		106.8		106.2		107.9
建筑材料及五金电料类	**Building Materials, Hardware and Electric Materials**	**100.9**	**99.6**	**101.0**	**99.1**	**99.9**	**101.0**
建筑装潢材料	Building Decoration Materials		99.3		98.7		100.9
五金电料类	Hardware and Electric Materials		100.4		100.0		101.2

7－3 居民消费价格分类指数(上年＝100)
CONSUMER PRICE INDICES BY CATEGORY(PRECEDING YEAR＝100)

类别	Category	全省 Total 2002	全省 Total 2003	城市 Urban 2002	城市 Urban 2003	农村 Rural 2002	农村 Rural 2003
居民消费价格总指数	**General Consumer Price Index**	**99.3**	**100.9**	**99.3**	**100.8**	**99.5**	**101.2**
食　品	**Food**	**99.4**	**103.3**	**99.5**	**103.7**	**98.8**	**101.7**
粮　食	Grain	97.7	99.9	98.3	101.2	96.7	97.9
淀粉及薯类	Starches and Tubers	100.4	100.1	100.9	100.0	100.9	101.3
干豆类及豆制品	Bean and Its Products	99.7	110.8	99.4	108.6	101.3	121.8
油　脂	Oil or Fat	108.7	112.6	110.4	113.6	106.1	110.9
肉禽及其制品	Meal, Poultry and Their Products	101.2	101.7	101.6	101.8	99.2	101.0
蛋	Eggs	100.4	97.1	101.0	97.2	97.7	96.7
水产品	Aquatic Products	97.0	96.6	97.3	95.8	95.8	100.4
菜	Vegetables	89.9	124.9	88.9	126.2	95.1	115.9
调味品	Flavoring	100.2	99.5	99.3	98.8	102.4	101.1
糖	Carbohydrate	97.1	92.3	96.9	93.2	97.7	88.5
茶及饮料	Tea and Beverage	98.8	99.2	98.7	99.2	100.0	99.7
干鲜瓜果	Dried and Fresh Melons and Fruits	104.6	101.9	105.0	102.7	100.8	98.6
糕点饼干面包	Cake, Biscuit and Bread	100.7	98.7	101.1	98.6	97.2	99.5
奶及奶制品	Milk and Its Products	100.3	99.9	100.2	99.9	100.6	99.3
在外用膳食品	Outward Dinner	99.3	99.3	99.4	99.5	98.7	98.5
其它食品及食品加工服务	Other Foods and Manufacturing Services	97.5	97.7	97.7	98.2	97.2	96.6
烟酒及用品	**Tobacco, Liquor and Articles**	**101.7**	**98.8**	**100.0**	**98.3**	**104.9**	**99.8**
烟　草	Tobacco	102.9	98.7	101.0	97.9	106.8	100.3
酒	Liquor	101.0	99.2	98.8	99.0	103.8	99.4
吸烟饮酒用品	Articles for Smoking and Drinking	100.4	98.0	100.4	97.9	100.0	100.0
衣着	**Clothing**	**96.7**	**98.4**	**96.3**	**98.1**	**98.8**	**99.9**
服　装	Garments	96.4	98.3	96.0	98.0	99.0	100.2
衣着材料	Clothing Material	98.1	98.0	98.0	97.7	98.2	98.8
鞋袜帽	Footwear, Hats	97.2	98.7	96.8	98.4	98.6	99.9
衣着加工服务	Clothing Manufacturing Services	97.8	97.2	97.3	97.5	99.9	94.7
家庭设备用品及维修服务	**Household Facilities, Articles and Services**	**98.1**	**97.0**	**98.1**	**97.2**	**98.4**	**96.1**
耐用消费品	Durable Consumer Goods	95.9	95.4	96.2	95.3	94.1	95.8
室内装饰品	Interior Decorations	94.2	98.8	94.0	98.6	95.5	99.3
床上用品	Bed Articles	99.6	99.3	100.1	99.1	97.5	99.4
家庭日用杂品	Daily Use Household Articles	98.4	97.7	97.3	98.6	102.4	95.2
家庭服务及加工维修服务	Other Household Service and Manufacturing Upkeep	102.1	97.7	102.5	98.3	100.0	95.3
医疗保健和个人用品	**Health Cares & Personal Articles**	**98.1**	**99.4**	**99.1**	**99.5**	**94.8**	**99.4**
医疗保健	Medical Appliances and Articles	96.6	98.6	97.5	98.7	93.6	98.8
个人用品及服务	Personal Articles and Services	101.9	102.3	103.2	102.2	98.1	102.2
交通和通信	**Transportation and Communication**	**99.5**	**98.5**	**99.7**	**98.3**	**98.5**	**98.9**
交　通	Transportation	100.2	99.7	100.9	99.8	98.6	99.5
通　信	Communication	98.9	97.5	99.0	97.5	98.5	97.7
娱乐教育文化用品及服务	**Recreation, Education and Culture Articles and Services**	**99.4**	**101.9**	**99.3**	**100.8**	**100.0**	**105.8**
文娱用耐用消费品及服务	Durable Consumer Goods for Recreation	88.9	90.7	88.5	88.7	89.1	96.4
教　育	Education	101.2	104.2	100.8	102.8	103.1	108.4
文化娱乐用品	Culture and Recreation Articles	101.3	100.8	101.9	101.3	97.1	97.9
旅游及外出	Touring and Outgoing	97.0	100.5	96.9	100.5	99.9	99.6
居住	**Residence**	**101.7**	**101.2**	**101.4**	**101.0**	**102.1**	**101.6**
建房及装修材料	Building and Building Decoration Materials	101.4	100.4	100.6	98.5	102.0	101.8
租　房	Rent	100.9	101.1	101.0	101.2	100.0	100.0
自有住房	Private Housing	90.6	97.4	89.7	97.6	95.2	96.5
水、电、燃料	Water, Electricity and Fuels	104.5	102.5	104.9	102.6	103.0	102.1

7－4 建筑安装工程价格指数(上年＝100)
BUILD－IN PROJECT PRICE INDEX(PRECEDING YEAR＝100)

年份 Year	总指数 General Index	直接费用价格指数 Direct Cost Price Index	人工费 Manpower Cost Price Index	材料费 Material Price Index	钢材 Steel Products	木材 Timber
1990	103.4	104.2	117.0	102.3	96.6	102.3
1995	104.8	105.1	111.0	103.4	92.7	98.0
1996	103.3	102.3	115.0	102.8	98.9	100.0
1997	103.8	103.4	107.5	99.5	98.1	102.6
1998	101.6	101.5	103.4	101.4	99.0	100.0
1999	99.7	99.8	103.3	99.0	97.4	100.7
2000	103.1	103.0	104.1	103.0	104.6	101.5
2001	100.6	100.1	105.2	99.1	98.9	101.0
2002	101.1	101.1	101.5	101.2	99.2	107.9
2003	102.7		103.6	102.8	109.1	100.8

7－4 续表 CONTINUED

年份 Year	水泥 Cement	地方材料 Local Materials	化工材料 Chemical Materials	电料 Electrical Materials	其它材料 Oter Material	机械使用费 Machinery Price Index	间接费用价格指数 Indirect Cost Price Index
1990	95.2	107.3					101.5
1995	106.2	111.6					100.3
1996	102.5	104.8				107.6	112.2
1997	102.2	102.0	105.7	100.5		131.5	105.4
1998	103.4	103.8	100.1	98.0		99.6	101.9
1999	99.4	99.6	101.9	99.4		100.5	99.3
2000	102.3	103.1	109.6	103.9		102.2	103.7
2001	99.6	99.1	98.5	98.7		99.0	103.0
2002	101.1	102.8	99.3	100.1		100.1	101.1
2003	99.1	99.6	100.2	100.3	101.5	100.8	

注：从 2003 年起建筑安装工程价格指数取消了直接费用价格指数和间接费用价格指数的分组，在材料费中新增加了“其它材料”指标。

Note：Since 2003，the build－in project price index no longer be classified the direct cost price index and indirect cost price index，the other material price index is added to material price index.

7－5 固定资产投资价格指数(上年＝100)
PRICE INDICES OF INVESTMENT IN FIXED ASSETS(PRECEDING YEAR＝100)

年份 Year	总指数 General Index	建筑安装工程 Construction and Installation	设备、工器具购置 Purchase of Equipments and Instruments	其他费用 Other Expenses
1991	107.5	109.7	105.5	90.7
1992	113.5	113.8	109.3	125.8
1993	128.0	132.9	116.8	114.8
1994	109.0	108.1	111.5	112.5
1995	106.5	106.7	108.3	101.3
1996	103.4	103.3	105.0	101.3
1997	102.7	103.8	100.2	100.2
1998	100.8	101.6	98.9	100.9
1999	99.7	99.7	99.8	99.4
2000	101.5	103.1	97.3	100.7
2001	100.1	100.6	98.6	100.2
2002	100.2	101.1	96.9	101.5
2003	102.3	102.7	100.8	103.0

7-6 农业生产资料价格分类指数(上年=100)
PRICE INDICES OF AGRICULTURAL MEANS OF PRODUCTION BY CATEGORY (PRECEDING YEAR=100)

项 目	Item	2000	2001	2002	2003
农业生产资料价格指数	**Price Indices of Agricultural Means of Production**	**98.6**	**98.9**	**99.7**	**101.8**
小农具	Smalls Farm Tools	97.8	95.2	102.1	108.1
饲 料	Forage	93.4	102.6	103.2	100.7
幼禽家畜	Young Livestock & Fowls	106.2	117.6	111.0	95.3
大牲畜	Large Animals	98.2	102.9	102.4	104.7
半机械化农具	Semi - mechanized Farm Tools	95.5	96.7	97.5	98.9
机械化农具	Mechanized Farm Machinery	94.7	95.9	95.5	92.0
化学肥料	Chemical Fertilizer	89.1	97.0	97.4	103.3
农药及农药械	Pesticide & Its Appliances	94.3	94.5	97.9	103.4
化学农药	Chemical Pesticide	94.3	94.3	97.2	103.4
农药械	Pesticide Appliances	94.3	95.8	104.0	103.4
农机用油	Oil for Farm Machinery	125.4	103.7	99.4	104.9
#柴 油	#Diesel Oil	127.5	103.6	99.6	
润滑油	Lubricating Oil	103.0	103.8	97.7	
其 他	Others	99.5	96.4	99.5	107.2

7-7 主要原材料、燃料、动力购进价格指数(上年=100)
PRICE INDICES OF MAJOR RAW AND PROCESSED MATEREALS, FUELS AND MOTIVE POWER (PRECEDING YEAR=100)

类 别	Item	2000	2001	2002	2003
总指数	**General Index**	**108.6**	**99.5**	**99.3**	**107.6**
燃料、动力类	Fuels and Motive Power	116.8	98.8	100.4	108.0
黑色金属材料类	Ferrous Metals Materials	104.5	102.2	97.1	108.3
#钢 材	#Steel Products	104.4	102.5	97.0	107.7
其 他	Others	106.0	98.0	98.2	117.0
有色金属材料和电线类	Nonferrous Metals Materials and Electric Wire	108.5	96.9	96.7	101.6
化工原料类	Chemical Raw Materials	106.9	97.9	96.9	106.5
木材及纸浆类	Logging and Paper Pulp	96.5	101.0	102.7	102.1
建筑材料类及非金属矿类	Building Materials Nonmetal Minerals	100.7	99.0	101.4	98.4
其他工业原料及半成品	Others Industry Materials & Semi Finished Articles	95.4	93.9	96.0	99.9
农副产品类	Farm Products	103.3	97.8	100.2	112.1
纺织原料类	Textile Raw Materials	105.7	106.4	96.8	113.2

7-8 主要工业产品出厂价格指数(上年=100)
EX-FACTORY PRICE INDICES OF MAJOR INDUSTRIAL PRODUCTS (PRECEDING YEAR=100)

类 别	Item	2001	2002	2003
总指数	**General Index**	**96.0**	**97.8**	**111.9**
轻工业	Light Industry	97.9	99.5	101.1
以农产品为原料	Using Farm Products as Raw Materials	98.6	99.8	101.8
以非农产品为原料	Using Non－Farm Products as Raw Materials	93.6	98.8	100.0
重工业	Heavy Industry	95.6	97.5	114.8
采掘工业	Mining & Quarrying Industry	91.3	99.5	122.5
原料工业	Raw Materials Industry	101.9	96.2	109.5
加工工业	Manufacturing Industry	97.1	96.9	101.4
生产资料	Means of Production	95.7	97.5	113.0
采 掘	Mining & Quarrying Industry	91.7	99.5	122.4
原 料	Raw Materials Industry	101.5	96.4	108.8
加 工	Manufacturing Industry	97.7	97.1	100.6
生活资料	Consumer Goods	97.8	100.6	102.2
食 品	Food	98.3	101.0	102.6
衣 着	Clothing	96.1	98.1	99.9
一般日用品	Articles for Daily Use	99.3	99.5	99.8
耐用消费品	Durable Consumer Goods	94.3	98.8	99.6
冶金工业	Metallurgical Industry	99.8	98.1	105.0
电力工业	Power Industry	112.2	99.7	100.3
煤炭及炼焦工业	Coal and coking Industry	101.1	108.6	105.8
石油工业	Petroleum Industry	91.2	96.4	121.8
化学工业	Chemical Industry	95.5	98.7	101.2
机械工业	Machine Building Industry	98.6	96.9	101.0
建筑材料工业	Building Materials Industry	95.7	96.7	98.9
森林工业	Timber Industry	100.4	107.6	98.8
食品工业	Food Industry	98.3	100.9	102.9
纺织工业	Textile Industry	98.7	95.7	100.7
缝纫工业	Tailoring Industry	91.8	100.0	100.0
皮革工业	Leather Industry	99.1	97.8	99.9
造纸工业	Paper Industry	98.1	97.1	99.1
文教艺术用品工业	Cultural, Educational & Handicrafts Articles	98.7	100.4	99.2
其他工业	Others	108.0	109.0	103.4

7－9 主要工业行业产品出厂价格指数(上年＝100)
EX－FACTORY PRICE INDICES OF INDUSTRIAL PRODUCTS BY SECTOR (PRECEDING YEAR＝100)

行业	Sector	2001	2002	2003
采矿业	**Mining**			
煤炭开采和洗选业	Mining and Washing of Coal	101.1	109.3	103.9
石油和天然气开采业	Extraction of Petroleum and Natural Gas	89.1	98.1	124.1
黑色金属矿采选业	Mining of Ferrous Metal Ores			
有色金属矿采选业	Mining of Non－ferrous Metal Ores			104.3
非金属矿采选业	Mining and Processing of Nonmetal Ores	95.3	96.2	101.6
其他采矿业	Mining of Other Ores n. e. c			
制造业	**Manufacturing**			
农副食品加工业	Processing of Food from Agricultural Products			106.1
食品制造业	Manufacture of Foods	95.5	99.1	98.6
饮料制造业	Manufacture of Beverage	102.6	98.6	100.1
烟草制品业	Manufacture of Tobacco	110.1	120.6	100.0
纺织业	Manufacture of Textile	98.7	95.7	100.7
纺织服装、鞋、帽制造业	Manufacture of Textile Wearing Apparel, Footware, and Caps			100.0
皮革、毛皮、羽毛(绒)及其制品业	Manufacture of Leather, Fur, feather and Its Products	99.1	95.5	99.8
木材加工及木、竹、藤、棕草制品业	Processing of Timbers, Manufacture of Wood, Bamboo, Rattan, Palm, and Straw Products	95.0	95.9	98.5
家具制造业	Manufacture of Furniture	96.8	98.9	99.7
造纸及纸制品业	Manufacture of Paper and Paper Products	98.1	97.1	99.1
印刷业和记录媒介的复制	Printing, Reproduction of Recording Media			99.2
文教体育用品制造业	Manufacture of Articles for Culture, Education and Sport Activity	100.1	98.5	99.4
石油加工、炼焦及核燃料加工业	Processing of Petroleum ,Coking, Processing of Nucleus Fuel			116.8
化学原料及化学制品制造业	Manufacture of Chemical Raw Material and Chemical Products	94.4	101.1	104.0
医药制造业	Manufacture of Medicines	100.0	99.0	95.5
化学纤维制造业	Manufacture of Chemical Fiber	86.8	95.1	116.9
橡胶制品业	Manufacture of Rubber	96.2	99.9	99.9
塑料制品业	Manufacture of Plastic	100.2	98.1	99.6
非金属矿物制品业	Manufacture of Non－metallic Mineral Products	95.9	96.7	98.8
黑色金属冶炼及压延加工业	Manufacture and Processing of Ferrous Metals	100.7	98.2	109.5
有色金属冶炼及压延加工业	Manufacture and Processing of Non－ferrous Metals	98.8	96.7	102.9
金属制品业	Manufacture of Metal Products	97.7	100.2	99.9
通用设备制造业	Manufacture of General Purpose Machinery			103.1
专用设备制造业	Manufacture of Dpecial Purpose Machinery			98.6
交通运输设备制造业	Manufacture of Transport Equipment	97.2	96.7	101.4
电气机械及器材制造业	Manufacture of Electrical Machinery and Equipment	99.6	95.9	97.9
通信设备、计算机及其他电子设备制造业	Manufacture of Communication Equipment ,Computer and Other Electronic Equipment	80.6	93.5	96.1
仪器仪表及文化、办公用机械制造业	Manufacture of Measuring Instrument and Machinery for Cultural Activity and Office Work	100.6	98.9	100.6
工艺品及其他制造业	Manufacture of Artwork, Other Manufacture n. e. c	92.0	104.0	108.0
废弃资源和废旧材料回收加工业	Recycling and Disposal of Waste			
电力、燃气及水的生产和供应业	**Production and Distribution of Electricity, Gas and Water**			
电力、热力的生产和供应业	Production and Supply of Electric Power and Heat Power	113.1	99.7	100.3
燃气生产和供应业	Production and Distribution of Gas			131.9
水的生产和供应业	Production and Distribution of Water	108.3	113.5	103.9

主要统计指标解释

商品零售价格指数　是反映城乡商品零售价格变动趋势的一种经济指数。零售物价的调整变动直接影响到城乡居民的生活支出和国家的财政收入，影响居民购买力和市场供需平衡，影响消费与积累的比例。因此，计算零售价格指数，可以从一个侧面对上述经济活动进行观察和分析。

居民消费价格指数　是反映一定时期内城乡居民所购买的生活消费品价格和服务项目价格变动趋势和程度的相对数，是对城市居民消费价格指数和农村居民消费价格指数进行综合汇总计算的结果。利用居民消费价格指数，可以观察和分析消费品的零售价格和服务价格变动对城乡居民实际生活费支出的影响程度。

城市居民消费价格指数　是反映城市居民家庭所购买的生活消费品价格和服务项目价格变动趋势和程度的相对数。城市居民消费价格指数可以观察和分析消费品的零售价格和服务项目价格变动对职工货币工资的影响，作为研究职工生活和确定工资政策的依据。

农村居民消费价格指数　是反映农村居民家庭所购买的生活消费品价格和服务项目价格变动趋势和程度的相对数。农村居民消费价格指数可以观察农村消费品的零售价格和服务项目价格变动对农村居民生活消费支出的影响，直接反映农民生活水平的实际变化情况，为分析和研究农村居民生活问题提供依据。

工业品出厂价格指数　是反映全部工业产品出厂价格总水平的变动趋势和程度的相对数，包括工业企业售给本企业以外所有单位的各种产品和直接售给居民用于生活消费的产品。通过工业品出厂价格指数能观察出厂价格变动对工业总产值的影响。

固定资产投资价格指数　是反映固定资产投资价格变动趋势和程度的相对数。固定资产投资额是由建筑安装工程投资完成额、设备、工器具购置投资完成额和其他费用投资完成额三部分组成的。编制固定资产投资价格指数应首先分别编制上述三部分投资的价格指数，然后采用加权算术平均法求出固定资产投资价格总指数。

编制固定资产投资价格指数可以准确地反映固定资产投资中涉及的各类商品和取费项目价格变动趋势和变动幅度，消除按现价计算的固定资产投资指标中的价格变动因素，真实地反映固定资产投资的规模、速度、结构和效益，为国家科学地制定、检查固定资产投资计划并提高宏观调控水平，为完善国民经济核算体系提供科学的、可靠的依据。

EXPLANATORY NOTES ON MAIN STATISTICAL INDICATORS

Retail Price Index reflects the general change in retail prices of commodities. The change and adjustment in retail prices directly affect the living expenditure of urban and rural residents, government revenue, purchasing power of residents and the equilibrium of market supply and demand, and the ratio of consumption to accumulation. Therefore, the calculation of retail price index is useful to analyze the changes of the above economic activities.

Consumer Price Index reflects the trend and degree of changes in prices of consumer goods and services purchased by urban and rural residents, and is a composite index derived from the urban consumer price index and the rural consumer price index. Consumer price index can be used to analyze the impact of consumer price change on actual expenditure for living cost of urban and rural residents.

Urban Consumer Price Index reflects the trend and degree of changes in prices of consumer goods and services purchased by urban households. It can be used to observe and analyze the impact of price changes in consumer goods and services on money wages of staff and workers, and provide basis for policymaking concerning the living cost and wages of staff and workers.

Rural Consumer Price Index reflects the trend and degree of changes in prices of consumer goods and services purchased by rural households. It can be used to observe the impact of change in retail prices of consumer goods and service prices in rural areas on living expenditure of rural households, and to show the changes in the living standard of peasants. It provides basis for analysis and research on condition of life in rural areas.

Ex – factory Price Index of Industrial Products reflects the trend and degree of changes in general ex – factory prices of all industrial products, including sales of industrial products by an industrial enterprise to all units outside the enterprise, as well as sales of consumer goods to residents. It can be used to analyze the impact of ex – factory prices on gross industrial output value.

Price Index of Investment in Fixed Assets reflects the trend and degree of changes in prices of investment in fixed assets. The investment in fixed assets consists of three components, namely the investment in construction and installation, the investment in purchases of equipment and instrument, and the investment in other items. Price index of investment in fixed assets is calculated as the weighted arithmetic mean of the price indices of the three components of investment in fixed assets. Removing the factor of price change in the aggregates of investment at current prices, this indicator shows the changes in the prices of commodities and fees involved in the investment of fixed assets, and can be used to observe the actual size, growth, structure, and efficiency of investment in fixed assets and provides reliable and scientific data for government planning, management, decision making, and further improving the current national accounting system.

八、人民生活

PEOPLE'S LIVELIHOOD

8－1　人民物质文化生活状况
PEOPLE'S MATERIAL AND CULTURAL LIFE

项　　目	Item	2000	2001	2002	2003
就　业	**Employment**				
每一农村劳动力负担人数(人)	Number of Dependents per Rural Laborer (person)	1.4	1.4	1.4	1.3
每一城镇就业者负担人数(人)	Number of Dependents per Urban Employee (person)	2.1	2.1	2.1	2.1
城镇登记失业率(%)	Urban Registered Unemployment Rate (%)	3.3	4.7	4.9	4.2
收　入	**Income of Rural and Urban Residents**				
农民人均纯收入(元)	Annual Per Capita Net Income of Rural Residents (yuan)	2148	2280	2405	2509
指数(1985 年＝100)	Indices (1985＝100)	213.6	226.2	239.3	248.9
城镇居民人均可支配收入(元)	Annual Per Capita Disposable Income of Urban	4913	5426	6101	6679
指数(1985 年＝100)	Indices (1985＝100)	188.9	207.0	241.8	255.0
职工年平均工资(元)	Annual Average Wages of Staff and Workers (yuan)	7835	8910	9926	11038
消　费	**Consumption**				
居民年消费水平(元)	Annual Per Capita Consumption of residents (yuan)	3669	4029	4337	4645
农业居民	Rural Residents	1665	1823	1914	2008
城镇居民	Urban Residents	6046	6616	7147	7614
农村居民家庭人均生活消费支出(元)	Per Capita Annual Living Expenditure of Rural Households(yuan)	1540	1605	1674	1662
农村居民家庭恩格尔系数(%)	Engle Coefficient of Rural Households (%)	44.3	42.7	41.6	40.7
城镇居民家庭人均消费性支出(元)	Per Capita Annual Living Expenditure of Urban Households(yuan)	3824	4192	4462	5015
城镇居民家庭恩格尔系数(%)	Engle Coefficient of Urban Households (%)	38.4	37.2	35.5	35.6
储　蓄	**Savings**				
城乡居民年底储蓄存款余额(亿元)	Balance of Savings Deposit of Rural and Urban Residents at the Year－end (100 million yuan)	2286	2578	2916	3342
平均每人储蓄存款余额(元)	Per Capita Balance of Saving Deposit (yuan)	6003	6766	7649	8761
住房面积(平方米)	**Floor Space (sq. m)**				
农村平均每人住房面积	Per Capita Gross Floor Space of Rural Residents	18.3	18.9	19.3	19.6
城市平均每人建筑面积	Per Capita Gross Floor Space of Urban Residents	17.2	18.0	18.8	19.7
城市公用事业	**Public Utilities in Urban Areas**				
城市人口用水普及率(%)	Percentage of Households with Access to Tap Water(%)	74.7	77.6	80.5	80.0
燃气普及率(%)	Percentage of Households with Access to Tap Gas (%)	59.3	64.1	66.7	67.2
城市每万人拥有公共车(标台)	Number of Utility Car per 10000 Persons in Cities (unit)	5.7	5.9	6.3	6.7
人均公共绿地(平方米)	Per Capita Public Green Areas (sq. m)	5.4	5.9	6.1	6.5
教育、文化、卫生	**Education, Culture and Public Health**				
学龄儿童入学率(%)	Enrollment Ratio of School－Age Children (%)	98.8	96.9	97.6	91.1
每万人口在校大学生数(人)	Number of University Students per 10000 Persons (person)	52.6	71.2	87.8	102.8
城镇每百户拥有彩色电视机(台)	Number of Color TV Sets per 100 Households in Urban Areas(unit)	102	106	108	110
农村每百户拥有彩色电视机(台)	Number of TV Sets per 100 Households in Rural Areas(unit)	59	65	71	78
每万人拥有卫生机构病床数(张)	Number of Hospital Beds per 10000 Persons (unit)	31.6	31.0	31.4	30.4
每万人拥有卫生技术人员数(人)	Number of Medical Personnel per 10000 Persons (person)	45.0	44.6	40.6	39.3

注：2000 年及以前城市公用事业指标为城市非农业人口平均情况，2001 年起为城市全部人口平均情况。

Note: Since 2001, the indicators of public utilities in urban Areas are caculated in terms of average of urban total population, the year befor it are of urban non－caculated by averagefarming population.

8－2 城乡居民人均收入和恩格尔系数

PER CAPITA ANNUAL INCOME AND ENGLE COEFFICIENT OF URBAN AND RURAL HOUSEHOLDS

年 份 Year	农民人均纯收入 Per Capital Annual Net Income of Rural Residents		城镇居民人均可支配收入 Per Capital Annual Disposable Income of Urban Residents		农村居民家庭恩格尔系数(%) Engle Coefficient of Rural Households(%)	城镇居民家庭恩格尔系数(%) Engle Coefficient of Urban Households (%)
	绝对数(元) Absolute Figure (yuan)	指数 Index (1985＝100)	绝对数(元) Absolute Figure (yuan)	指数 Index (1985＝100)		
1978	172	56.3			61.8	42.9
1980	208	61.7			57.7	56.7
1985	398	100.0	742	100.0	57.7	52.8
1990	760	144.3	1211	97.7	56.6	51.1
1991	735	135.5	1389	103.6	57.7	50.6
1992	949	160.5	1630	110.9	62.0	49.9
1993	1028	163.8	1960	115.7	61.0	49.2
1994	1394	175.6	2597	125.6	64.4	50.8
1995	1766	199.9	3375	140.9	55.0	48.2
1996	2182	213.1	3768	146.2	55.5	46.2
1997	2308	219.1	4091	151.9	54.8	45.9
1998	2253	217.1	4269	157.1	55.0	43.5
1999	2166	211.9	4595	174.2	52.8	40.5
2000	2148	213.6	4913	188.9	44.3	38.4
2001	2280	226.2	5426	207.0	42.7	37.2
2002	2405	239.3	6101	241.8	41.6	35.5
2003	2509	242.6	6679	255.0	40.7	35.6

8－3 年末城乡储蓄存款余额

BALANCE OF SAVINGS DEPOSIT IN URBAN AND RURAL AREAS AT THE YEAR－END

年 份 Year	城乡储蓄存款余额(亿元) Balance of Savings Deposit of Rural and Urban Residents (100 million yuan)	城 镇 Urban Areas	乡 村 Rural Areas	全省人均储蓄存款(元) Per Capita Balance of Saving Deposit (yuan)	城 镇 Urban Areas	乡 村 Rural Areas
1978	9.2	7.3	2.0	30	65	10
1980	18.8	14.9	3.9	59	121	20
1985	70.1	57.4	12.7	209	398	67
1990	308.8	269.7	39.1	872	1587	212
1991	388.8	340.8	48.1	1088	1944	264
1992	475.9	419.3	56.7	1319	2318	315
1993	582.9	515.7	67.3	1602	2763	379
1994	790.5	706.4	84.2	2153	3670	482
1995	1091.1	982.0	109.1	2948	4945	636
1996	1418.9	1288.6	130.4	3806	6419	758
1997	1689.7	1528.1	161.6	4505	7558	935
1998	1906.7	1730.2	176.5	5054	8492	1017
1999	2119.2	1928.5	190.7	5589	9383	1081
2000	2285.5	2071.6	213.9	6003	10476	1169
2001	2578.4	2341.2	237.2	6766	11728	1307
2002	2915.7	2654.6	261.1	7649	13216	1448
2003	3342.4	3033.1	309.3	8761	15120	1710

8－4 城镇居民家庭基本情况
BASIC CONDITIONS OF URBAN HOUSEHOLDS

单位：元 (yuan)

项 目	Item	2000	2001	2002	2003
调查户数（户）	**Number of Households Surveyed (household)**	**2000**	**2000**	**2050**	**2050**
平均每户家庭人口（人）	Average Household Size (person)	3.1	3.0	3.0	2.9
平均每户就业人口（人）	Average Number of Employed Persons per Household (person)	1.5	1.4	1.4	1.4
平均每户就业面（%）	Percentage of Employment per Household (%)	47.5	47.4	47.3	47.9
平均每一就业者负担人数	Number of Persons Supported by Each Employee	2.1	2.1	2.1	2.1
期初人均手存现金	**Per Capita Cash Available at the Year - beginning**	**175.1**	**435.7**	**426.0**	**564.6**
家庭人均总收入	**Per Capita Household Total Income**	**4922.4**	**5439.9**	**6333.7**	**6968.0**
#人均可支配收入	#Per Capita Disposable Income	4912.9	5425.9	6101.0	6678.9
工薪收入	Salary Income	3230.2	3434.3	3953.6	4489.4
经营净收入	Business Net Income	293.5	357.0	418.2	511.7
财产性收入	Property Income	32.9	30.2	23.4	38.0
转移性收入	Transfer Income	1365.8	1618.4	1938.5	1928.9
#养老金或离退休金	#Pension	1177.3	1313.5	1549.9	1638.3
赡养收入	Income from Support	61.5	50.3	42.1	55.9
捐赠收入	Income from Donation and Presentation	94.1	127.8	97.4	168.8
人均出售财物收入	**Income from Sale of Property**	**23.1**	**21.8**	**40.4**	**26.4**
人均借贷收入	**Loan Income**	**880.5**	**830.1**	**844.0**	**795.6**
#提取储蓄存款	#Saving Withdrawal	702.8	682.5	706.9	727.8
借入款	Borrowing	140.5	91.9	82.6	54.5
家庭人均总支出	**Per Capita Household Total Expenditure**	**4771.4**	**5128.4**	**5737.7**	**6327.0**
消费支出	Living Expenditure for Consumption	3824.4	4192.4	4461.7	5015.2
购房与建房支出	Housing Expenditure for Purchasing and Construction	290.2	231.9	187.1	133.9
转移性支出	Transfer Income	656.8	704.0	889.6	925.6
#赡养支出	#Expenditure for Support	112.4	109.7	203.0	196.5
捐赠支出	Expenditure for Presentation	481.2	535.4	642.2	684.4
财产性支出	Property Expenditure		0.1	3.8	1.6
社会保障支出	Social Security Expenditure			195.5	250.7
借贷支出	**Expenditure for Debit and Credit**	**755.7**	**1116.6**	**1364.3**	**1386.9**
#存入储蓄款	#Deposit	558.3	881.0	1145.9	1227.5
借出款	Loan	21.7	26.2	18.8	25.8
购买有价证券	Securities Purchasing	10.0	4.3	58.6	13.0
期末人均手存现金	**Per Capita Cash Available at the Year - end**	**474.0**	**482.5**	**542.1**	**570.9**

8－5 城镇居民家庭基本情况(2003 年,按收入等级分组)

单位:元

项　目	Item	总平均 Average
调查户数(户)	**Number of Households Surveyed (household)**	**2050**
平均每户家庭人口(人)	Average Household Size (person)	2.9
平均每户就业人口(人)	Average Number of Employees per Household (person)	1.4
平均每户就业面(%)	Percentage of Employed Persons per Household (%)	47.9
平均每一就业者负担人数(包括就业者本人)(人)	Number of Persons Supported by Per Employee (including the employee himself or herself) (person)	2.1
期初人均手存现金	**Per Capita Cash Available at the Year - beginning**	**564.6**
家庭人均总收入	**Per Capita Household Total Income**	**6968.0**
#人均可支配收入	Per Capita Disposable Income	6678.9
工薪收入	Salary Income	4489.4
经营净收入	Business Net Income	511.7
财产性收入	Property Income	38.0
转移性收入	Transfer Income	1928.9
#养老金或离退休金	#Pension	1638.3
赡养收入	Income from Support	55.9
捐赠收入	Income from Presentation	168.8
人均出售财物收入	**Income from Sold Property**	**26.4**
人均借贷收入	**Loan Income**	**795.6**
#提取储蓄存款	#Saving Withdrawal	727.8
借入款	from Lending	54.5
家庭人均总支出	**Per Capita Household Total Expenditure**	**6327.0**
消费支出	Living Expenditure for Consumption	5015.2
购房与建房支出	Housing Expenditure for Purchasing and Construction	133.9
转移性支出	Transfer Income	925.6
#赡养支出	#Expenditure for Support	196.5
捐赠支出	Expenditure for Presentation	684.4
财产性支出	Property Expenditure	1.6
社会保障支出	Social Security Expenditure	250.7
借贷支出	**Expenditure for Debit and Credit**	**1386.9**
#存入储蓄款	#Deposit	1227.5
借出款	Loan	25.8
购买有价证券	Securities Purchasing	13.0
期末人均手存现金	**Per Capita Cash Available at the Year - end**	**570.9**

BASIC CONDITIONS OF URBAN HOUSEHOLDS (2003, BY LEVEL OF INCOME)

(yuan)

最低收入户 Lowest Income Households	低收入户 Low Income Households	中等偏下收入户 Lower Middle Income Households	中等收入户 Middle Income Households	中等偏上收入户 Upper Middle Income Households	高收入户 High Income Households	最高收入户 Highest Income Households
205	205	410	410	410	205	205
3.3	3.1	3.0	2.9	2.9	2.7	2.5
1.1	1.3	1.4	1.5	1.6	1.4	1.3
33.2	42.7	45.5	50.3	54.5	53.8	51.6
3.0	2.3	2.2	2.0	1.8	1.9	1.9
269.5	**362.1**	**438.1**	**520.3**	**652.6**	**799.5**	**1061.5**
2231.1	**3249.1**	**4417.9**	**6067.4**	**8349.2**	**11030.7**	**16733.7**
2014.3	**3148.4**	**4289.0**	**5823.3**	**8006.2**	**10564.2**	**16014.1**
1512.6	2165.4	2869.6	4108.0	5929.2	7108.7	8980.4
181.6	339.0	402.2	408.0	436.7	472.5	1731.6
3.8	7.7	24.8	28.1	26.6	20.9	201.6
533.1	737.1	1121.4	1523.2	1956.7	3428.6	5820.1
406.4	616.9	996.8	1303.1	1707.8	3099.3	4601.1
26.8	26.9	38.0	61.5	59.0	51.1	146.3
27.2	41.4	44.2	104.8	147.2	199.1	886.6
0.6	**1.3**	**77.7**	**11.9**	**27.7**	**20.3**	**6.1**
383.9	**318.9**	**429.3**	**454.3**	**761.1**	**1456.3**	**2679.9**
267.4	250.3	408.8	429.4	698.2	1376.9	2480.4
111.2	58.4	13.3	22.4	49.8	40.8	164.7
2469.6	**3204.0**	**4245.5**	**5524.1**	**7460.6**	**9802.2**	**14345.9**
2020.7	2708.1	3476.3	4487.4	5887.4	7935.1	10537.6
36.2	35.4	129.1	88.5	59.1	9.0	745.5
223.2	383.0	534.1	734.2	1207.0	1440.4	2439.3
40.4	62.5	99.6	114.1	293.9	302.4	585.0
172.0	312.9	394.9	595.6	853.3	1076.8	1726.3
		2.0	1.0	2.0	1.8	4.1
189.4	77.6	104.0	213.0	305.0	416.0	619.4
164.9	**308.0**	**638.0**	**933.7**	**1574.7**	**2647.9**	**4829.1**
139.7	279.6	571.1	847.2	1391.8	2314.8	4250.5
3.7	1.4	15.6	26.5	40.9	34.1	57.8
	1.2	8.3	0.7	20.2	34.7	38.2
268.0	**366.9**	**441.5**	**526.6**	**661.2**	**804.3**	**1081.9**

8－6 城镇居民人均全年消费性支出(2003年,按收入等级分组)

单位:元

项　目	Item	总平均 Average	最　低 收入户 Lowest Income Households
消费支出总计	**Total Living Expenditures**	**5015.2**	**2020.7**
食　品	**Food**	**1784.0**	**920.7**
粮　食	Grain	200.6	185.0
淀粉及薯类	Starches and Tubers	21.6	20.7
干豆类及豆制品	Beans and Bean Products	29.2	23.9
油脂类	Oil and Fats	72.4	70.9
肉禽及其制品	Meat, Poultry and Related Product	326.6	156.2
蛋　类	Eggs	57.1	43.0
水产品类	Aquatic Products	85.0	38.1
菜　类	Vegetables	175.8	110.2
调味品	Condiments	30.4	22.4
糖　类	Sugar	22.7	10.4
烟草类	Tobacco	76.2	29.2
酒和饮料	Liquor and Beverages	69.0	32.7
干鲜瓜果类	Dried and Fresh Melons and Fruits	165.1	69.4
糕点类	Cake	33.9	12.6
奶及奶制品	Milk and Dairy Products	101.4	30.0
其他食品	Other Food	44.9	13.9
在外用餐	Dining Out	245.2	44.8
食品加工服务费	Food Processing Service Fees	1.3	0.5
衣　着	**Clothing**	**696.2**	**183.4**
服　装	Garments	483.9	106.9
衣着材料	Clothing Materials	9.4	4.7
鞋、袜、帽及其他衣着	Foot, Wear, Hats and Other Clothing	195.0	69.4
衣着加工服务费	Tailoring and Laundering Service Fees	7.9	2.4
家庭设备、用品及服务	**Household Facilities, Articles and Service**	**217.0**	**56.5**
耐用消费品	Durable Consumer Goods	92.2	6.9
室内装饰品	Room Decorations	11.6	1.3
床上用品	Bed Articles	20.9	5.2
家庭日用杂品	Household Articles for Daily Use	75.9	38.8
家具材料	Furniture Materials	1.5	0.1
家庭服务	Households Services	15.0	4.1
医疗保健	**Medicine and Medical Services**	**456.3**	**133.9**
交通和通讯	**Transport and Communication Services**	**499.7**	**135.3**
交　通	Transport	174.5	35.2
通　讯	Communication Services	325.2	100.1
娱乐、教育文化服务	**Recreation Education and Cultural Services**	**644.5**	**237.9**
文娱用耐用消费品	Recreational Durable Consumer Goods	153.2	36.9
教　育	Education	396.6	184.5
文化娱乐	Recreation	94.7	16.6
居　住	**Residence**	**539.5**	**294.6**
住　房	Housing	145.7	27.2
水、电、燃料及其他	Water, Electricity, Fuels and Others	367.9	261.8
杂项商品和服务	**Miscellaneous Commodities and Services**	**178.0**	**58.4**
杂项商品	Miscellaneous Commodities	107.0	26.3
服　务	Services	71.1	32.1

COMPOSITION OF PER CAPITA ANNUAL LIVING EXPENDITURE OF URBAN HOUSEHOLDS
(2003, BY LEVEL OF INCOME)

(yuan)

低收入户 Low Income Households	中等偏下收入户 Lower Middle Income Households	中等收入户 Middle Income Households	中等偏上收入户 Upper Middle Income Households	高收入户 High Income Households	最高收入户 Highest Income Households
2708.1	**3476.3**	**4487.4**	**5887.5**	**7935.1**	**10537.6**
1187.5	**1436.9**	**1749.8**	**2016.3**	**2582.4**	**2934.3**
191.2	200.4	203.9	197.7	219.0	209.1
20.4	21.5	19.0	20.8	25.3	27.3
27.5	28.7	28.8	30.4	32.8	33.3
76.0	75.3	72.2	63.8	82.6	72.7
230.0	271.9	338.7	372.9	470.2	476.1
51.8	52.2	58.5	61.9	68.1	65.5
53.8	65.4	88.0	100.7	131.1	128.5
138.2	155.1	182.5	192.0	226.8	236.5
24.1	28.0	29.7	32.2	38.3	41.7
13.8	15.9	20.7	29.3	37.4	36.5
45.5	63.0	70.9	88.1	122.1	130.4
45.8	58.5	66.9	77.7	105.8	106.6
105.9	129.5	161.5	195.4	242.8	280.0
20.2	27.1	32.8	42.7	49.9	54.9
44.6	69.4	107.1	129.2	170.0	173.1
20.8	30.2	42.7	51.4	75.9	97.1
65.7	125.5	202.9	298.9	438.6	704.6
2.4	1.4	1.5	1.2	0.8	1.2
310.0	**412.0**	**639.1**	**903.8**	**1142.4**	**1539.8**
194.6	263.1	424.9	638.8	821.8	1155.6
4.9	9.5	8.9	9.3	12.4	18.0
105.9	133.0	199.2	245.3	294.8	352.7
4.7	6.4	6.1	10.4	13.5	13.6
93.6	**119.2**	**163.3**	**217.5**	**450.9**	**617.9**
29.6	33.6	64.9	88.2	242.3	296.0
2.6	3.8	4.4	12.9	42.0	31.0
8.1	14.4	13.4	16.3	27.0	85.3
50.5	61.1	69.7	86.5	104.3	139.3
0.4	0.5	1.6	0.6	0.3	9.4
2.5	5.9	9.3	13.0	35.0	56.6
212.6	**269.5**	**341.8**	**544.5**	**817.7**	**1174.7**
205.5	**317.3**	**432.4**	**649.5**	**782.5**	**1163.5**
66.8	114.9	128.0	211.9	283.4	485.1
138.7	202.4	304.3	437.6	499.1	678.4
306.0	**416.8**	**518.2**	**801.6**	**1037.5**	**1496.2**
48.8	66.4	99.6	156.5	320.9	520.2
233.2	312.8	353.9	517.5	521.3	702.2
24.0	37.7	64.6	127.6	195.3	273.9
318.6	**398.9**	**500.8**	**542.8**	**788.8**	**1183.0**
30.0	48.8	100.9	103.7	315.4	625.5
279.2	334.3	376.2	404.1	426.5	504.7
74.4	**105.8**	**142.2**	**211.5**	**333.0**	**428.6**
43.7	56.1	78.5	121.1	244.5	266.2
30.6	49.8	63.7	90.4	88.5	162.4

8－7 城镇居民人均全年消费性支出
COMPOSITION OF PER CAPITA ANNUAL LIVING EXPENDITURE OF URBAN HOUSEHOLDS

项　目	Item	2000	2001	2002	2003
消费性支出(元)	**Total Living Expenditure (yuan)**	**3824.4**	**4192.4**	**4461.7**	**5015.2**
食　品	Food	1469.5	1561.0	1584.6	1784.0
#粮　食	#Grain	194.4	202.8	198.4	200.6
肉禽及其制品	Meat, Poultry and Related Products	287.8	313.2	304.2	326.6
蛋　类	Eggs	56.5	59.2	56.8	57.1
水产品	Aquatic Products	75.2	77.0	75.7	85.0
奶及奶制品	Milk and Dairy Products	57.6	68.1	76.8	101.4
衣　着	Clothing	508.9	532.0	610.8	696.2
#服　装	#Garments	340.0	350.8	404.6	483.9
家庭设备、用品及服务	Household Facilities, Articles and Services	227.5	259.6	200.8	217.0
#耐用消费品	#Durable Consumer Goods	109.1	129.5	91.2	92.2
医疗保健	Medicine and Medical Services	341.9	353.5	415.2	456.3
交通和通讯	Transport, Post and Communication Services	288.9	318.3	411.0	499.7
娱乐、教育、文化服务	Recreation, Education and Cultural Services	457.6	534.2	590.3	644.5
#文娱用耐用消费品	#Durable Consumer Goods for Recreational Use	60.2	70.2	120.1	153.2
居　住	Residence	360.6	432.1	508.2	539.5
#住　房	#Housing	74.9	110.1	141.8	145.7
杂项商品	Miscellaneous Commodities and Services	169.7	201.6	140.9	178.0
消费支出构成(%)	**Composition of Living Expenditure (%)**	**100.0**	**100.0**	**100.0**	**100.0**
食　品	Food	38.4	37.2	35.5	35.6
#粮　食	#Grain	5.1	4.8	4.4	4.0
肉禽及其制品	Meat, Poultry and Related Products	7.4	7.5	6.8	6.5
蛋　类	Eggs	1.5	1.4	1.3	1.1
水产品	Aquatic Products	2.0	1.8	1.7	1.7
奶及奶制品	Milk and Dairy Products	1.5	1.6	1.7	2.0
衣　着	Clothing	13.3	12.7	13.7	13.9
#服　装	#Garments	8.9	8.4	9.1	9.6
家庭设备、用品及服务	Household Facilities, Articles and Services	5.9	6.2	4.5	4.3
#耐用消费品	#Durable Consumer Goods	2.8	3.1	2.0	1.8
医疗保健	Medicine and Medical Services	8.9	8.4	9.3	9.1
交通和通讯	Transport, Post and Communication Services	7.6	7.6	9.2	10.0
娱乐、教育、文化服务	Recreation, Education and Cultural Services	12.0	12.7	13.2	12.8
#文娱用耐用消费品	#Durable Consumer Goods for Recreational Use	1.6	1.7	2.7	3.0
居　住	Residence	9.4	10.3	11.4	10.8
#住　房	#Housing	2.0	2.6	3.2	2.9
杂项商品	Miscellaneous Commodities and Services	4.5	4.9	3.2	3.5

8－8　城镇居民人均全年购买的主要商品数量
PER CAPITA ANNUAL PURCHASES OF MAJOR COMMODITIES IN URBAN HOUSEHOLDS

品　　名	Item	2000	2001	2002	2003
粮食(千克)	Grain (kg)	87.4	86.3	87.1	87.3
鲜菜(千克)	Fresh Vegetables (kg)	121.2	124.9	115.7	116.9
食用植物油(千克)	Edible Vegetable Oil (kg)	10.6	10.0	10.2	10.4
猪肉(千克)	Pork (kg)	14.1	13.3	13.7	14.2
牛羊肉(千克)	Beef and Mutton (kg)	3.8	3.9	3.6	3.9
禽及禽制品(千克)	Poultry and Related Products (kg)	3.0	2.8	4.6	4.5
鲜蛋(千克)	Fresh Eggs (kg)	13.7	12.6	12.5	13.0
鱼虾(千克)	Fish and Shrimps (kg)	5.0	5.3	7.6	7.9
卷烟(盒)	Cigarettes (pack)	25.0	26.0		
白酒(千克)	Liquor (kg)	3.4	3.3	3.1	3.1
果酒(千克)	Fruit Wine (kg)	0.3	0.3	0.4	0.5
啤酒(千克)	Beer (kg)	11.3	11.4	10.7	11.4
碳酸饮料(千克)	Carbonated Drinks and Coke (kg)	1.9	2.3	2.5	2.7
果蔬饮料(千克)	Fruit and Vegitable Beverage (kg)	0.1	0.1	0.7	0.8
瓶装饮用水(千克)	Drinkable Water Bottled (kg)	0.1	0.1	6.0	8.4
干鲜瓜果类(千克)	Dried and Fresh Melons and Fruits (kg)	63.4	61.0	55.1	38.0
糕点(千克)	Cake (kg)	2.5	2.6	3.0	3.3
乳制品(千克)	Dairy Products (kg)	8.7	10.6	14.2	19.9
奶粉(千克)	Milk Powder (kg)	0.6	0.5	0.6	0.6
煤炭(千克)	Coal (kg)	225.7	223.3	246.6	229.1

8－9　城镇居民家庭平均每百户年末主要消费品拥有量
NUMBER OF MAIN CONSUMER GOODS PER 100 URBAN HOUSEHOLDS AT THE YEAR－END

品　　名	Item	2000	2001	2002	2003
摩托车(辆)	Motorcycle(unit)	6	7	7	9
家用汽车(辆)	Automobile(unit)			1	1
洗衣机(台)	Washing Machine(set)	83	85	88	90
电风扇(台)	Electric Fan(set)	47	52	56	57
家用电冰箱(台)	Refrigerator(set)	66	68	70	73
彩色电视机(台)	Color TV Set(set)	102	106	108	110
影碟机(台)	Video Disc Player(set)	26	30	37	43
录音机(台)	Tape Recorder(set)	42	46	46	50
录放像机(台)	Video －recorder(set)	15	16	14	15
家用电脑(台)	Computer(set)	5	6	10	14
组合音响(台)	HI－Fi Stereo Component System(set)	16	17	13	14
摄像机(台)	Pickup Camera(set)	1	1	2	3
照相机(架)	Camera(set)	25	26	28	31
其他中高档乐器(件)	Other Medium and Top Grade Musical Instrument(unit)	3	4	4	5
微波炉(台)	Microwave Oven(set)	6	8	13	16
空调器(台)	Air Conditioner(set)	2	2	4	5
淋浴热水器(个)	Shower(unit)	20	21	23	27
排油烟机(台)	Smoke Absorber(set)	62	65	67	70
消毒碗柜(台)	Disinfectant Cupboard(set)			2	3
饮水机(台)	Water Fountain(set)			15	21
吸尘器(台)	Dust Catcher(set)	14	14	12	14
健身器材(套)	Healthy Equipment(set)	1	2	2	2
普通电话(部)	Telephone(set)			88	89
移动电话(部)	Mobile Telephone(unit)	13	19	40	56

8－10 城镇居民人均全年购买的主要商品数量(2003 年,按收入等级分组)

PER CAPITA ANNUAL PURCHASES OF MAJOR COMMODITIES OF URBAN HOUSEHOLDS (2003, BY LEVEL OF INCOME)

项目	Item	总平均 Average	最低收入户 Lowest Income Households	低收入户 Low Income Households	中等偏下收入户 Lower Middle Income Households
粮食(千克)	Grain (kg)	87.3	92.3	90.8	93.2
鲜菜(千克)	Fresh Vegetables (kg)	116.9	108.7	109.3	117.9
食用植物油(千克)	Edible Vegetable Oil (kg)	10.4	10.5	11.2	11.0
猪肉(千克)	Pork (kg)	14.2	8.4	12.2	13.2
牛羊肉(千克)	Beef and Mutton (kg)	3.9	2.0	2.3	3.0
禽及禽制品(千克)	Poultry and Poultry Products (kg)	4.5	2.4	3.1	3.9
鲜蛋(千克)	Fresh Eggs (kg)	13.0	10.1	12.5	12.3
鱼虾(千克)	Fish and Shrimps (kg)	7.9	5.0	6.5	7.6
白酒(千克)	Liquor (kg)	3.1	3.2	3.5	3.3
果酒(千克)	Fruit Wine (kg)	0.5	0.2	0.2	0.3
啤酒(千克)	Beer (kg)	11.4	5.4	8.2	11.1
碳酸饮料(千克)	Carbonated Drinks and Coke (kg)	2.7	1.3	1.8	2.1
果蔬饮料(千克)	Fruit and Vegitable Beverage (kg)	0.8	0.3	0.4	0.4
瓶装饮用水(千克)	Drinkable Water Bottled (kg)	8.4	0.5	4.1	7.6
干鲜瓜果类(千克)	Dried and Fresh Melons and Fruits (kg)	38.0	18.7	28.1	33.2
糕点(千克)	Cake (kg)	3.3	1.6	2.5	3.1
乳制品(千克)	Dairy Products (kg)	19.9	5.6	9.2	15.3
奶粉(千克)	Milk Powder (kg)	0.6	0.3	0.3	0.4
煤炭(千克)	Coal (kg)	229.1	420.8	408.4	308.7

8－10 续表 CONTINUED

项目	Item	中等收入户 Middle Income Households	中等偏上收入户 Upper Middle Income Households	高收入户 High Income Households	最高收入户 Highest Income Households
粮食(千克)	Grain (kg)	89.0	80.7	83.7	79.1
鲜菜(千克)	Fresh Vegetables (kg)	118.4	111.6	127.1	129.9
食用植物油(千克)	Edible Vegetable Oil (kg)	10.4	9.0	11.4	10.1
猪肉(千克)	Pork (kg)	15.2	15.0	17.5	17.5
牛羊肉(千克)	Beef and Mutton (kg)	4.3	4.7	6.0	4.6
禽及禽制品(千克)	Poultry and Poultry Products (kg)	4.5	5.1	6.2	6.4
鲜蛋(千克)	Fresh Eggs (kg)	13.2	13.9	14.6	13.8
鱼虾(千克)	Fish and Shrimps (kg)	8.4	8.6	10.1	8.7
白酒(千克)	Liquor (kg)	3.1	2.8	2.7	3.0
果酒(千克)	Fruit Wine (kg)	0.4	1.0	0.8	0.6
啤酒(千克)	Beer (kg)	11.5	13.2	15.8	14.4
碳酸饮料(千克)	Carbonated Drinks and Coke (kg)	2.6	3.0	4.5	4.3
果蔬饮料(千克)	Fruit and Vegitable Beverage (kg)	0.6	1.0	1.4	2.0
瓶装饮用水(千克)	Drinkable Water Bottled (kg)	6.7	11.1	12.9	17.1
干鲜瓜果类(千克)	Dried and Fresh Melons and Fruits (kg)	39.8	43.9	50.0	53.3
糕点(千克)	Cake (kg)	3.3	3.9	4.6	4.4
乳制品(千克)	Dairy Products (kg)	21.0	26.0	32.2	29.8
奶粉(千克)	Milk Powder (kg)	0.8	0.6	0.9	1.1
煤炭(千克)	Coal (kg)	222.2	101.8	78.5	81.4

8－11 城镇居民家庭平均每百户年末主要消费品拥有量(2003 年,按收入等级分组)

POSSESSION OF CONSUMER GOODS PER 100 URBAN HOUSEHOLDS AT THE YEAR END POSSE (2003, BY LEVEL OF INCOME)

项　目	Item	总平均 Average	最　低收入户 Lowest Income Households	低收入户 Low Income Households	中等偏下收入户 Lower Middle Income Households
摩托车(辆)	Motorcycle(unit)	9	6	7	12
家用汽车(辆)	Automobile(unit)	1			
洗衣机(台)	Bicycle(set)	90	69	86	86
电风扇(台)	Electric Fan(set)	57	32	40	48
家用电冰箱(台)	Refrigerator(set)	73	35	55	60
彩色电视机(台)	Color TV Set(set)	110	88	100	100
影碟机(台)	Video Disc Player(set)	43	22	22	35
录音机(台)	Tape Recorder(set)	50	37	44	50
录放像机(台)	Video －recorder(set)	15	3	8	9
家用电脑(台)	Computer(set)	14	2	2	6
组合音响(台)	HI－Fi Stereo Component System(set)	14	7	7	13
摄像机(台)	Pickup Camera(set)	3	1		1
照相机(架)	Camera(set)	31	8	13	17
其他中高档乐器(件)	Other Medium and Top Grade Musical Instrument(unit)	5		2	4
微波炉(台)	Microwave Oven(set)	16	1	4	6
空调器(台)	Air Conditioner(set)	5		1	1
淋浴热水器(个)	Shower(unit)	27	4	8	11
排油烟机(台)	Smoke Absorber(set)	70	32	49	58
消毒碗柜(台)	Disinfectant Cupboard(set)	3			
饮水机(台)	Water Fountain(set)	21	2	10	10
吸尘器(台)	Dust Catcher(set)	14	3	7	6
健身器材(套)	Healthy Equipment(set)	2			1
移动电话(部)	Mobile Telephone(unit)	56	13	21	31

8－11 续表 CONTINUED

项　目	Item	中　等收入户 Middle Income Households	中等偏上收入户 Upper Middle Income Households	高收入户 High Income Households	最　高收入户 Highest Income Households
摩托车(辆)	Motorcycle(unit)	9	10	7	6
家用汽车(辆)	Automobile(unit)	1	1	2	4
洗衣机(台)	Bicycle(set)	88	97	97	100
电风扇(台)	Electric Fan(set)	57	67	76	75
家用电冰箱(台)	Refrigerator(set)	76	88	93	95
彩色电视机(台)	Color TV Set(set)	110	117	126	131
影碟机(台)	Video Disc Player(set)	42	54	57	63
录音机(台)	Tape Recorder(set)	47	50	62	57
录放像机(台)	Video －recorder(set)	46	19	24	26
家用电脑(台)	Computer(set)	9	18	26	36
组合音响(台)	HI－Fi Stereo Component System(set)	14	17	22	19
摄像机(台)	Pickup Camera(set)	2	3	5	8
照相机(架)	Camera(set)	26	41	57	58
其他中高档乐器(件)	Other Medium and Top Grade Musical Instrument(unit)	3	7	8	9
微波炉(台)	Microwave Oven(set)	14	20	32	38
空调器(台)	Air Conditioner(set)	4	4	12	17
淋浴热水器(个)	Shower(unit)	24	39	46	54
消毒碗柜(台)	Disinfectant Cupboard(set)	2	4	6	6
排油烟机(台)	Smoke Absorber(set)	73	83	93	92
饮水机(台)	Water Fountain(set)	17	27	44	38
吸尘器(台)	Dust Catcher(set)	13	17	26	24
健身器材(套)	Healthy Equipment(set)	1	3	5	4
移动电话(部)	Mobile Telephone(unit)	55	70	90	107

8－12 城镇居民家庭居住情况
LIVING CONDITION OF URBAN HOUSEHOLDS

项　目	Item	2000	2001	2002	2003
居住面积(平方米)	**Per Capita Net Living Space (sq. m)**				
平均每人	Per Capita				
现住房建筑面积	Built Space Prensently	20.7	20.7	21.6	22.4
现住房使用面积	Living Space Presently	15.5	15.5	15.8	16.4
居住条件	**Living Condition**				
按房屋产权分(%)	Grouped by Property of Dwelling(%)				
租赁公房	Rent Public Housing	19.8	15.6	9.6	9.6
租赁私房	Rent Private Housing	3.4	2.5	3.9	3.4
自有私房	Self－owned Private Housing	76.7	81.8	84.2	84.8
其　他	Others	0.1	0.1	2.3	2.2
按自来水使用情况分(%)	Grouped by Using of Tap Water(%)				
无自来水	No Tap Water	0.1	0.3	0.2	0.2
独用自来水	Private Tap Water	97.8	97.9	98.7	98.7
公用自来水	Public shared Tap Water	2.1	1.8	1.1	1.1
按卫生设备拥有情况分(%)	Grouped by Sanitary Equipment(%)				
无卫生设备	No Sanitary Equipment	29.7	28.3	26.6	24.1
有浴室厕所	With Shower Room and Toilet	23.8	24.4	33.5	35.3
有厕所无浴室	With Toilet No Shower Room	45.2	46.2	39.1	40.0
公用卫生设备	Public Sanitary Equipment	1.3	1.1	0.8	0.6
按取暖设备拥有情况分(%)	Grouped by Possession of Heating Installation(%)				
无取暖设备	No Heating Installation	0.1	0.1	0.7	0.3
空调设备	Air Conditioner	0.2	0.2	0.4	0.6
暖　气	Flue	80.0	80.7	75.0	77.8
其　他	Others	19.7	19.0	23.9	21.3
按燃料使用情况分(%)	Grouped by Using of Fuel(%)				
管道煤气	Pipeline Coal Gas	30.6	30.0	26.7	27.8
液化石油气	Liquefied Petroleum Gas	41.3	44.8	47.9	48.1
煤	Coal	25.7	22.4	22.8	21.1
其　他	Others	2.4	2.8	2.6	3.0
按电话拥有情况分(%)	Grouped by Possession of Telephone(%)				
无	No Telephone	19.9	18.1	10.1	6.9
有	Have Telephone	80.1	81.9	89.9	93.1
按住宅建筑式样分(%)	Grouped by Types of House Constructions(%)				
家庭单栋配套住宅	Independent House	0.1	0.3	0.4	0.5
单元式配套住宅	Flat	66.3	67.4	69.7	72.5
一居室	Single Room	7.8	8.4	6.2	6.4
二居室	Two Rooms	43.2	44.4	45.5	48.3
三居室	Three Rooms	14.3	13.7	17.4	17.1
四居室及以上	Four and more than Four Rooms	1.0	0.9	0.6	0.7
普通楼房	Ordinary Multi Storey Building	3.3	2.2	3.3	3.2
普通平房	Ordinary Single Storey Building	30.3	30.1	26.6	23.8

8－13　农民家庭基本情况
BASIC CONDITIONS OF RURAL HOUSEHOLDES

项目	Item	2000	2001	2002	2003
调查户数(户)	**Number of Households Surveyed (household)**	**2240**	**2240**	**2240**	**2240**
调查户人口(人)	**Number of Residents Surveyed (person)**				
常住人口	Number of Permanent Residents in the Households Surveyed	8743	8589	8475	8391
平均每户常住人口	Average Number of Permanent Residents per Household	3.9	3.8	3.8	3.8
平均每户整、半劳动力	Average Number of Able－bodied and Semi－able－bodied Laborers per Household	2.8	2.7	2.8	2.8
平均每个劳动力负担人口	Average Number of Persons Supported by a Laborer (person)	1.4	1.4	1.4	1.3
平均每户经营耕地面积(公顷)	Area of Cultivated Land under Management each Household (hectare)	2.2	2.3	2.3	2.4
平均每人全年总收支(元)	**Per Capita Annual Income and Expenditure(yuan)**				
总收入	**Total Income**	**3712.6**	**4059.9**	**4195.1**	**4268.2**
#纯收入	#Net Income	2148.2	2280.3	2405.2	2508.9
工资性收入	Wages Income	338.0	333.4	376.6	394.2
家庭经营收入	Household Business Income	3195.0	3486.0	3606.5	3676.5
#农业收入	#Farming	2658.5	2784.7	2892.1	2928.4
#种植业	#Planting	2497.7	2677.5	2770.1	2797.5
牧业收入	Animal Husbandry	371.6	516.1	561.4	630.8
财产性收入	Property Income	60.6	96.9	95.6	139.1
转移性收入	Transfer Income	119.1	143.6	116.5	58.4
#家庭非常驻人口寄回或带回	#Sent Back or Taken Back by Non－permanent Residents in Households	21.9	18.6	38.0	7.6
亲友赠送	Presented by Relatives	65.1	97.3	40.4	40.5
总支出	**Total Expenditure**	**3390.1**	**3695.7**	**3857.1**	**3863.9**
家庭经营费用支出	Expenditure for Household Business	1077.8	1259.2	1373.4	1375.7
#农业生产	#Farming	826.2	914.8	1004.8	1016.0
#种植业	#Planting	823.0	907.1	998.8	
牧业生产	Animal Husbandry	204.0	295.2	321.9	325.7
购置生产性固定资产支出	Expenditure for Purchasing Productive Fixed Assets	103.5	198.7	239.5	220.5
税费支出	Expenditure for Tax	315.8	301.4	239.1	198.8
#缴纳生产税	#Tax Paid for Production	103.3	107.5	190.4	168.3
村提留	Drawn by Collective	130.5	108.4	15.4	0.2
乡统筹	Drawing and Apportion Cash by Township	42.3	39.9	3.1	
生活消费支出	Expenditure for Consumption	1540.4	1604.5	1674.2	1661.7
财产性支出	Property Expenditure	101.4	46.5	74.0	126.7
转移性支出	Transfer Expenditure	251.1	285.3	257.0	279.8
#赠送亲友	#Presented to Relatives	219.0	253.6	227.9	238.8

8-14 农民家庭人均全年纯收入
PER CAPITA ANNUAL INCOME OF RURAL HOUSEHOLDS

单位:元 (yuan)

项目	Item	2000	2001	2002	2003
纯收入	**Net Income**	**2148.2**	**2280.3**	**2405.2**	**2508.9**
工资性收入	Income from Labour Reward	338.0	333.4	376.6	394.2
家庭经营收入	Income from Household Business	1699.4	1802.7	1861.1	1950.2
农业收入	Farming	1456.4	1493.2	1541.4	1628.2
林业收入	Forestry	-1.6	-0.3	1.5	-5.1
牧业收入	Animal Husbandry	143.3	186.1	218.9	247.5
渔业收入	Fishery	-4.1	-0.4	-1.2	3.9
手工业收入	Handcraft				
采集捕猎收入	Gathering and Hunting				
工业收入	Industry	13.7	12.6	9.3	1.6
建筑业收入	Construction	4.3	9.6	3.2	5.3
运输业收入	Transportation	21.5	25.3	20.7	20.6
商业收入	Commerce	12.1	15.7	12.0	11.8
饮食业收入	Catering				
服务业收入	Service Trade	6.7	7.4	5.3	6.5
文教卫生收入	Culture, Education and Medicine		8.6	8.5	11.6
其他收入	Others	47.1	44.9	41.6	18.2
财产性收入	Property Income	60.6	96.9	95.6	139.1
#利息收入	#Interest	5.2	2.4	2.2	0.9
租金收入	Rental	2.8	5.2	4.0	3.8
转移性收入	Transfer Income	50.1	47.4	72.0	25.5
#在外人口寄回和带回	#Sent Back or Taken Back by Outsiders	21.9	18.6	38.1	7.6
农村外部亲友赠送收入	Presented by Relatives and Friends in External Rural Areas	5.1	11.6	6.1	7.5
按收入性质分	**Grouped by Type of Income**				
生产性收入	Productive Income	2037.3	2136.0	2237.5	2344.4
第一产业收入	Primary Industry	1594.0	1678.6	1760.6	1874.6
第二产业收入	Secondary Industry	18.0	22.2	12.4	7.0
第三产业收入	Tertiary Industry	87.4	101.9	88.1	68.6
工资性收入	Laborer's Reward	338.0	333.4	376.6	394.2
非生产性收入	Non-productive Income	110.9	144.2	167.6	164.6
按纯收入分组户数占调查户比重	Grouped by Net Income Proportion				
100元以下	Below 100 yuan	2.8	2.9	2.3	2.9
100-200(元)	100-200 yuan	0.7	0.5	0.6	0.6
200-300(元)	200-300 yuan	1.2	0.6	0.8	0.8
300-400(元)	300-400 yuan	1.6	0.8	0.8	0.9
400-500(元)	400-500 yuan	1.7	0.8	0.7	1.5
500-600(元)	500-600 yuan	2.2	1.3	1.4	1.2
600-800(元)	600-800 yuan	5.6	4.3	3.7	4.1
800-1000(元)	600-800 yuan	7.5	6.2	5.6	5.0
1000-1200(元)	1000-1200 yuan	7.2	6.2	6.7	5.9
1200-1300(元)	1200-1300 yuan	4.3	3.0	3.3	2.7
1300-1500(元)	1300-1500 yuan	6.4	7.8	6.2	5.1
1500-1700(元)	1500-1700 yuan	6.8	6.9	6.4	6.9
1700-2000(元)	1700-2000 yuan	9.3	9.9	8.4	7.9
2000-2500(元)	2000-2500 yuan	13.3	13.3	12.8	13.5
2500-3000(元)	2500-3000 yuan	8.3	10.1	10.4	10.5
3000-3500(元)	3000-3500 yuan	6.5	7.1	8.9	7.1
3500-4000(元)	3500-4000 yuan	4.3	5.8	6.3	5.6
4000-4500(元)	4000-4500 yuan	2.9	3.8	4.2	4.0
4500-5000(元)	4500-5000 yuan	1.9	2.3	2.6	3.9
5000元以上	Above 5000 yuan	5.5	6.6	7.9	10.0

8-15　农民家庭人均全年现金收入和支出
PER CAPITA CASH INCOME AND EXPENDITURE OF RURAL HOUSEHOLDS

单位：元　　　　(yuan)

品　　名	Item	2000	2001	2002	2003
期内现金收入	**Cash Income**	**2654.6**	**3077.1**	**3124.5**	**3700.1**
工资性收入	Wages Income	337.3	333.3	376.5	394.2
家庭经营收入	Net Income from Household Business	2175.0	2577.5	2587.3	3211.6
#出售产品收入	#from Sale of Farming Products	2022.0	2407.9	2442.3	3067.5
#农　业	#Farming	1717.0	1988.0	1962.9	2516.7
#种植业	#Planting	1706.9	1980.0	1955.4	
牧　业	Animal Husbandry	288.5	396.8	462.6	577.4
财产性收入	Property Income	24.6	26.1	44.6	36.5
转移性收入	Transfer Income	117.7	140.3	116.1	57.7
#亲友赠送	#Presented by Relatives and Friends	65.0	97.2	40.4	40.5
非收入所得	**Got Except Earnings**	**944.9**	**1113.8**	**1223.0**	**1184.2**
#借入款	#from Lending	509.5	563.6	502.3	412.5
收回借出款	from Payback	256.0	310.8	308.0	285.6
期内现金支出	**Cash Expenditure**	**2821.1**	**3224.8**	**3393.9**	**3482.4**
生产费用支出	Expenditure on Production	1045.4	1285.1	1453.8	1474.8
家庭经营费用支出	Expenditure for Household Business	941.9	1086.4	1214.3	1253.5
#农业生产	#Farming	757.9	836.5	929.9	951.3
#种植业	#Planting	754.8	832.7	924.0	
牧业生产	Animal Husbandry	136.4	201.7	237.7	268.3
购置生产性固定资产	Productive Fixed Assets Purchasing	103.5	198.7	239.5	220.5
#农林牧渔业机械	#Farming, Forestry, Animal Husbandry and Fishery Machinery	36.7	84.6	102.8	125.7
运输机械	Transportation Machinery	26.1	43.9	36.8	13.5
役　畜	Livestock	13.6	15.1	27.3	60.3
税费支出	Expenditure for Tax	315.5	301.3	238.8	198.7
#缴纳生产税	#Tax Paid for Production	103.0	107.5	190.2	168.3
#第一产业	#Primary Industry	101.8	106.2	189.3	166.7
村提留	Drawn by Collective	130.5	108.3	15.4	
乡统筹	Drawing and Apportion Cash by Township	42.3	39.9	3.1	
生活消费支出	Expenditure for Consumption	1187.6	1307.4	1370.9	1404.4
财产性支出	Property Expenditure	21.8	46.5	74.0	126.7
转移性支出	Transfer Expenditure	250.9	284.6	256.4	277.7
#赠送亲友	#Presented to Relatives	218.9	253.3	227.4	238.7
非消费性现金付出	**Expenditure for Non - Consumption**	**725.5**	**715.8**	**853.8**	**940.7**
#归还银行信用社贷款	#Return Banks´Loans	84.1	112.5	193.3	214.8
借出款	Lendings	96.4	70.2	99.0	114.8
归还借款	Payback	438.2	449.8	425.0	374.7
存入银行信用社	Savings	106.3	83.0	98.3	165.6
期末金融资产金额	**Balance of Financial Assets at the Year - end**	**1011.4**	**1257.6**	**1433.2**	**1739.4**
#银行存款	#Deposits	164.3	182.9	238.0	245.6
手存现金	Cash	845.8	1074.7	1195.1	1493.7
期末债务余额	**Debt Balance at the Year - end**	**496.9**	**530.0**	**548.9**	**550.7**
#银行信用社贷款	#Loans to Bank and Credit Union	65.7	64.2	118.1	156.8
乡村集体组织、企业借款	Loans to Collective Organization and Enterprises	50.8	39.0	31.6	36.0
个人借(欠)款	Individual Loans	376.9	424.0	395.2	353.5

8-16 农民家庭人均全年生活消费支出
PER CAPITA ANNUAL LIVING EXPENDITURE OF RURAL HOUSEHOLDS

项目	Item	2000	2001	2002	2003
生活消费支出(元)	**Total Living Expenditures**	**1540.4**	**1604.5**	**1674.2**	**1661.7**
食品	Food	682.8	685.7	696.5	676.1
#主食	#Staple Food	273.7	262.3	250.2	
副食	Non-staple Food	245.2	248.0	271.6	
其他食品	Other Food	118.7	128.0	128.0	
衣着	Clothing	105.3	106.2	114.1	119.1
居住	Residence	304.2	304.6	349.3	309.5
家庭设备、用品及服务	Household Facilities, Articles and Services	50.9	57.1	57.5	48.6
医疗保健	Medicine and Medical Services	117.2	126.6	120.2	135.2
交通和运输	Communication and Transportation	84.2	112.4	125.1	157.9
文化教育、娱乐用品及服务	Culture, Educational and Recreational Articles and Services	150.7	161.6	172.7	188.2
其他商品和服务	Other Commodities and Services	45.2	50.5	38.9	27.1
生活消费支出构成(%)	**Composition of Living Expenditures(%)**	**100.0**	**100.0**	**100.0**	**100.0**
食品	Food	44.3	42.7	41.6	40.7
#主食	#Staple Food	17.8	16.3	14.9	
副食	Non-staple Food	15.9	15.5	16.2	
其他食品	Other Food	7.7	8.0	7.6	
衣着	Clothing	6.8	6.6	6.8	7.2
居住	Residence	19.7	19.0	20.9	18.6
家庭设备、用品及服务	Household Facilities, Articles and Services	3.3	3.6	3.4	2.9
医疗保健	Medicine and Medical Services	7.6	7.9	7.2	8.1
交通和运输	Communication and Transportation	5.5	7.0	7.5	9.5
文化教育、娱乐用品及服务	Culture, Educational and Recreational Articles and Services	9.8	10.1	10.3	11.3
其他商品和服务	Other Commodities and Services	2.9	3.1	2.3	1.6

8-17 农民家庭人均主要食品消费量
PER CAPITA CONSUMPTION OF MAIN FOOD IN RURAL HOUSEHOLDES

单位:千克 (kg)

项目	Item	2000	2001	2002	2003
粮食	Grain	252.3	227.0	222.5	195.9
豆类及豆制品	Beans and Related Products	16.5	14.1	13.2	8.6
#大豆	#Soybean	14.5	11.8	11.1	6.6
蔬菜及菜制品	Fresh Vegetable and Related Products	110.5	103.0	103.6	111.7
油脂类	Oil and Fats	7.5	6.7	7.7	7.6
#植物油	#Vegetable Oil	7.1	6.4	7.4	7.4
肉禽及其制品	Meats, Poultry and Related Products	11.2	9.8	10.8	11.3
#猪肉	#Pork	8.2	6.7	7.3	7.5
家禽	Poultry	2.1	2.1	2.5	2.6
蛋类及蛋制品	Eggs and Related Products	7.0	6.2	6.5	6.3
奶及奶制品	Milk and Dairy Products	0.3	0.5	0.5	0.7
水产品	Aquatic Products	2.9	3.2	3.6	3.4
#鱼类	#Fish	2.7	3.0	3.4	3.2
食糖	Sugar	0.9	0.9	1.0	0.9
酒和饮料	Liquor and Beverages	19.6	21.4	21.9	15.1
#白酒	#Liquor	6.7	6.7	6.9	6.5
水果及水果制品	Fruits and Related Products	24.5	23.7	22.8	13.3

8－18　农民家庭平均每百户耐用消费品拥有量
NUMBER OF DURABLE CONSUMER GOODS OWNED PER 100 RURAL HOUSEHOLD

项　目	Item	2000	2001	2002	2003
洗衣机(台)	Washing Machine (unit)	48.3	50.6	52.9	54.2
电风扇(台)	Electric Fan (unit)	13.8	14.8	15.7	16.9
电冰箱(台)	Refrigerator (unit)	7.2	9.2	9.9	11.0
抽油烟机(台)	Smoke Absorber (unit)	1.7	1.9	2.3	2.1
微波炉(台)	Microwave Oven (unit)	0.2	0.1	0.2	0.1
热水器(台)	Shower (unit)	1.3	0.6	1.0	1.0
摩托车(辆)	Motorcycle (unit)	15.8	18.1	19.4	24.1
电话机(部)	Telephone (unit)	24.1	35.0	42.7	53.5
移动电话(部)	Mobile Telephone (unit)	3.2	6.1	9.4	18.7
寻呼机(台)	Beep Pager (unit)	5.0	5.9	6.1	4.2
彩色电视机(台)	Color TV Set (unit)	58.9	64.7	71.3	77.6
黑白电视机(台)	Black and White TV Set (unit)	47.6	43.7	38.0	29.9
录放像机(台)	Video－recorder (unit)	2.5	2.8	2.1	2.2
影碟机(台)	Video Disc Player (unit)	10.4	13.4	17.8	23.4
组合音响(台)	Hi－Fi Stereo Component System (unit)	11.4	10.9	10.3	9.0
收录机(台)	Tape Recorder (unit)	20.3	19.6	18.1	13.2
照相机(台)	Camera (unit)	3.4	2.7	3.0	2.6

8－19　农民家庭居住情况
HOUSE CONDITION OF RURAL HOUSEHOLDS

项　目	Item	2000	2001	2002	2003
住房情况	**House Conditions**				
住房面积(平方米/人)	Floor Space (sq. m/person)	18.3	18.9	19.3	19.6
#砖瓦平房面积	#Tile Single Storey Building	11.5	11.8	12.7	13.2
#钢筋混凝土结构	#Reinforced Concrete Structure	0.5	0.5	0.5	0.4
砖木结构	Brick and Wood Structure	11.1	11.5	12.1	13.1
住房价值(元/平方米)	Value of House (yuan/sq. m)	227.6	238.6	245.7	257.4
本年新建住房情况	**House Newly Built Within the Year**				
新建住房面积(平方米/人)	Floor Space of Newly Built House (sq. m/person)	0.3	0.5	0.5	0.4
#砖瓦平房面积	#Tile Single Storey Building	0.3	0.4	0.5	0.4
#砖木结构面积	#Brick and Wood Structure	0.3	0.4	0.4	0.4
新建住房价值(元/平方米)	Value of Newly Built House (yuan/sq. m)	368.7	333.2	340.4	371.2

主要统计指标解释

城市居民家庭全部收入 指被调查城市居民家庭全部的实际收入，包括经常或固定得到的收入和一次性收入。不包括周转性收入，如提取银行存款、向亲友借款、收回借出款以及其他各种暂收款。

城市居民家庭可支配收入 指被调查的城市居民家庭在支付个人所得税、记账补贴、家庭副业生产支出后所余下的实际收入。

城市居民家庭消费性支出 指被调查的城市居民家庭用于日常生活的全部支出，包括购买商品支出和文化生活、服务等非商品性支出。不包括罚没、丢失款和缴纳的各种税款（如个人所得税、牌照税、房产税等），也不包括个体劳动者生产经营过程中发生的各项费用。

城市居民家庭购买商品支出 指被调查的城市居民家庭购买商品的全部支出，包括从商店、工厂、饮食业、工作单位食堂、集市以及直接从农民手中购买各种商品的开支。商品支出分为以下八类：食品；衣着；家庭设备用品及服务；医疗保健；交通与通信；娱乐、教育、文化服务；居住；杂项商品和服务。

农村居民家庭纯收入 指农村常住居民家庭总收入中，扣除从事生产和非生产经营费用支出、缴纳税款和上交承包集体任务金额以后剩余的，可直接用于进行生产性、非生产性建设投资、生活消费和积蓄的那一部分收入。农村居民家庭纯收入包括从事生产性和非生产性的经营收入，取自在外人口寄回带回和国家财政救济、各种补贴等非经营性收入；既包括货币收入，又包括自产自用的实物收入。但不包括向银行、信用社和向亲友借款等属于借贷性的收入。

农村居民家庭生活消费支出 指农村常住居民家庭用于日常生活的全部开支，是反映和研究农民家庭实际生活消费水平高低的重要指标。

全国城乡居民储蓄存款余额 指某一时点城乡居民存入银行及农村信用社的储蓄金额，包括城镇居民储蓄存款和农民个人储蓄存款，不包括居民的手存现金和工矿企业、部队、机关、团体等单位存款。

EXPLANATORY NOTES ON MAIN STATISTICAL INDICATORS

Total Income of Urban Households refers to the total actual income of the sample households, including regular or fixed income and occasional income. The income of a circulating nature such as withdrawal from bank deposits, loans borrowed from relatives or friends, repayment of loans received and various temporary collection of money are excluded.

Disposable Income of Urban Households refers to the actual income of the sample households which can be used for daily expenses, i. e. , total income minus personal income tax, sample household subsidy and expenditure on household sideline production.

Expenditure for Consumption of Urban Households refers to total expenditure of the sample households for consumption in daily life, including expenditure for various commodities and expenses for non – commodity items such as culture and service, etc. ,but excluding fines and confiscation, loss, tax payments (such as income tax, license tax, real estates tax, etc.) and various expenses by individual laborers for business purposes.

Expenditure for Purchases of Commodities of Urban Households refers to total expenses of the sample households for the purchases of commodities from shops, factories, catering trade, canteens, markets and from the peasants. Such expenditure is classified into eight categories: food, clothing, household appliances and services, health care and medical services, transport and communications, recreation, education and cultural services, housing, miscellaneous goods and services.

Net Income of Rural Households refers to the total income of the permanent residents of the rural households during a year after the deduction of the expenses for productive and non – productive business operation, the payment for taxes and the payment for collective units for their contracted tasks, which can then be spent for investments in productive and non – productive construction, for consumption in daily life and for savings deposit. It is a comprehensive indicator to show the actual level of the income of the peasants′ household. The net income of the rural households includes not only the income from the productive and non – productive business operation, but also the income from the non – business operation, such as the money remitted or brought back by the members of the household who are in other places, the government relief payment and various subsidies. It includes not only the money income, but also the income in kind. But the income from borrowing from banks, friends and relatives is excluded.

Expenditure of Rural Households for Consumption refers to total expenses of rural households on daily life, including expenses on food, clothing, housing, fuel, articles for daily use, and expenses on cultural life and services. This indicator is used to show the actual consumption level of peasants.

The Savings Deposits of Urban and Rural Residents refers to the total value of savings deposits of urban and rural households in banks and rural credit cooperatives at a given point of time, including the savings deposit of urban residents and the savings deposit of rural residents. The cash in hand by residents and the deposits of organizations such as enterprises, military units, government agencies, institutions, etc. are not included.

九、城市概况

GENERAL SURVEY OF CITIES

9－1　城市公用事业基本情况
BASIC STATISTICS ON URBAN PUBLIC UTILITIES

指　　标	Item	2000	2001	2002	2003
城市供水	**Water Supply of City**				
自来水全年供水总量(亿立方米)	Annual Supply of Tap Water (100 million cu. m)	15.4	16.0	15.8	15.3
#生活用水量	#Water Consumption for Residential use	5.7	5.3	5.3	5.3
平均每人日生活用水(升)	Per Capita Water Consumption for Residential Daily Use (liter)	149.7	174.9	165.2	166.2
城市人口用水普及率(%)	Percentage of Population of City with Access to Water (%)	74.7	77.6	80.5	80.0
公共交通	**Public Transportation**				
公共交通车辆总数(辆)	Number of Public Transportation Vehicles (unit)	9314	9061	9347	10210
平均每万人拥有(标台)	Number of Public vehicles Per 10000 Persons (unit)	5.7	5.9	6.3	6.7
出租汽车数量(万辆)	Number of Taxi (10000 unit)	5.0	5.3	5.7	5.7
市政工程	**Municipal Engineering**				
铺装道路长度(公里)	Length of Paved Roads (km)	8286	8261	8333	8839
平均每万人拥有道路长度(公里)	Length of Paved Roads per 10000 Persons (km)	5.9	6.1	6.2	6.4
铺装道路面积(万平方米)	Area of Paved Roads (10000 sq. m)	7725	9655	9901	10654
人均拥有道路面积(平方米)	Per Capita Area of Paved Roads (sq. m)	5.5	7.2	7.4	7.8
下水道长度(公里)	Length of Sewer Pipelines (km)	4877	5000	5282	5465
平均每万人拥有(公里)	Length of Sewer Pipelines per 10000 Population (km)	3.5	3.7	3.9	4.0
煤气、液化石油气	**Coal Gas and Liquefied Petroleum Gas**				
煤气全年供气量(亿立方米)	Annual Supply of Coal Gas (100 million cu. m)	3.0	3.0	3.2	3.6
#家庭用量	#Consumption for Residential Use	1.4	1.5	1.6	1.8
供气管道长度(公里)	Length of Gas Pipelines (km)	1949	2499	2930	3463
液化气全年供气量(万吨)	Annual Supply of LPG (10000 tons)	19.9	19.8	17.9	22.2
#家庭用量	#Consumption for Residential Use	18.0	15.7	13.3	16.0
燃气普及率(%)	Percentage of Households with Access to Tap Gas (%)	59.3	64.1	66.7	67.2
集中供热总量	**Total Number of Heated Area**				
蒸气(万吉焦)	Steam (10 billion joule)	1422	2772	2390	2524
热水(万吉焦)	Hot Water (10 billion joule)	12653	16631	18875	20814
集中供热面积(万平方米)	Heated Area (10000 sq. m)	14321	18624	18435	19944
城市绿化	**Afforestation in Cities**				
绿地面积(公顷)	Public Green Areas (hectare)	33768	34784	36476	38023
人均公共绿地面积(平方米)	Per Capita Public Green Areas (sq. m)	5.4	5.9	6.1	6.5
公园、动物园个数(个)	Number of Parks and Zoos (unit)	118	125	124	145
公园、动物园面积(公顷)	Area of Parks and Zoos (hectare)	4010	4185	4212	4406
清洁卫生	**Cleaning Program**				
清运垃圾(万吨)	Volume of Garbage Disposal (10000 tons)	918	960	1007	1046
清运粪便(万吨)	Volume of Excrement and Urine Disposal (10000 tons)	245	264	257	256
每万人拥有公共厕所(座)	Number of Public Lavatories per 10000 Persons (unit)	7.4	7.6	7.5	7.5

9-2 城市建设情况(2003)
BUILDING CONSTRUCTION AND HOUSING CONDITION

名 称	City	建成区面积(平方公里) Developed Areas (sq. m)	城市人口密度(人/平方公里) Population Density of Urban Districts (person/sq. km)	铺装道路长度(公里) Length of Paved Reads (km)	铺装道路面积(万平方米) Area of Paved Roads (10000 sq. m)	年底自来水生产能力(万吨/日) Production Capacity of Tap Water at Year-end (10000 tons/day)
总 计	**Total**	**1362.5**	**355**	**8839**	**10654.5**	**685.1**
地级市合计	**Total Number of Cities at Prefectural Level**	**1076.5**	**306**	**6765**	**8416.7**	**601.8**
哈尔滨	Harbin	225.1	1898	1015	1997.3	107.1
齐齐哈尔	Qiqihar	103.2	327	515	762.0	55.5
鸡 西	Jixi	73.3	397	361	320.1	29.0
鹤 岗	Hegang	58.2	151	256	282.0	23.6
双鸭山	Shuangyashan	58.8	285	300	172.0	15.1
大 庆	Daqing	144.4	231	2124	2432.7	200.0
伊 春	Yichun	158.0	58	532	421.3	21.5
佳木斯	Jiamusi	55.5	763	246	334.2	41.2
七台河	Qitaihe	72.4	285	350	358.0	20.8
牡丹江	Mudanjiang	59.3	573	746	807.0	55.4
黑 河	Heihe	44.9	1483	171	341.0	12.7
绥 化	Suihua	23.4	7512	149	189.1	19.9
县级市合计	**Total Number of Cities at County Level**	**286.0**	**1523**	**2074**	**2237.8**	**83.3**
阿 城	Acheng	19.6	4734	177	156.6	31.5
双 城	Shuangcheng	24.8	3790	98	152.5	2.7
尚 志	Shangzhi	17.0	822	85	105.4	2.6
五 常	Wuchang	15.3	2077	86	95.0	1.5
讷 河	Nehe	8.5	5280	36	50.0	1.4
密 山	Mishan	22.0	1225	192	168.1	4.6
虎 林	Hulin	10.6	753	50	55.0	1.1
铁 力	Tieli	16.5	5710	238	174.6	2.6
同 江	Tongjiang	10.0	3400	82	85.0	0.7
富 锦	Fujin	14.5	3779	178	144.0	1.5
绥芬河	Suifenhe	12.2	135	66	88.0	2.7
海 林	Hailin	9.9	2927	124	151.5	1.7
宁 安	Ningan	8.0	593	75	62.7	3.0
穆 棱	Muling	10.3	388	133	94.1	2.4
北 安	Beian	17.6	6239	101	222.0	5.6
五大连池	Wudalianchi	6.0	3820	19	16.2	0.5
安 达	Anda	25.0	5929	152	172.1	5.7
肇 东	Zhaodong	20.0	5200	133	183.5	6.0
海 伦	Hailun	18.2	2053	49	61.5	5.5

9－2 续表 1 COUNTINUED

名 称	City	年底供水管道长度（公里）Length of Water Supply Pipelines at the Year－end (km)	全年供水总量（万吨）Total Annual Volume of Water Supply (10000 tons)	#居民家庭用水 For Residential Use	#生产用水 For Production Use	用水人口（万人）Number of Residents with Access to Tap Water (10000 persons)	人均日生活用水量（升）Per Capita Consumption of Tap Water for Residential Use (liter)
总 计	**Total**	**9066**	**153387**	**53181**	**73218**	**1099.9**	**166.2**
地级市合计	**Total Number of Cities at Prefectural Level**	**7200**	**140397**	**47932**	**68212**	**885.5**	**185.5**
哈尔滨	Harbin	1068	31756	19925	5322	264.0	221.1
齐齐哈尔	Qiqihar	1013	10968	3793	4420	110.5	162.3
鸡 西	Jixi	1145	6370	2565	3225	73.0	109.3
鹤 岗	Hegang	506	4173	1707	1183	56.9	139.3
双鸭山	Shuangyashan	261	1991	900	460	44.5	81.9
大 庆	Daqing	930	56000	10170	42110	82.0	376.1
伊 春	Yichun	583	4210	1363	2161	39.6	114.2
佳木斯	Jiamusi	439	7489	2540	3678	67.0	150.6
七台河	Qitaihe	342	3362	1988	675	37.0	184.5
牡丹江	Mudanjiang	370	10895	2059	3548	61.1	200.7
黑 河	Heihe	206	1192	220	317	24.5	60.6
绥 化	Suihua	337	1991	702	1113	25.4	92.5
县级市合计	**Total Number of Cities at County Level**	**1866**	**12990**	**5249**	**5006**	**214.4**	**86.3**
阿 城	Acheng	215	2910	965	1465	20.2	164.8
双 城	Shuangcheng	148	1250	520	710	18.3	80.1
尚 志	Shangzhi	75	765	206	435	12.0	74.9
五 常	Wuchang	100	475	213	140	12.5	55.9
讷 河	Nehe	52	202	124	42	8.4	48.9
密 山	Mishan	219	769	347	310	10.9	113.6
虎 林	Hulin	170	255	102	61	6.8	77.6
铁 力	Tieli	168	333	107	50	8.0	53.9
同 江	Tongjiang	39	135	68	12	2.9	94.5
富 锦	Fujin	61	300	180	50	8.0	71.9
绥芬河	Suifenhe	62	531	192	142	4.6	195.7
海 林	Hailin	70	420	224	121	13.1	59.4
宁 安	Ningan	113	930	320	445	7.8	125.6
穆 棱	Muling	74	427	273	130	7.2	110.4
北 安	Beian	53	480	200	80	14.5	45.4
五大连池	Wudalianchi	51	72	54	6	2.5	66.9
安 达	Anda	49	760	590	145	18.4	90.8
肇 东	Zhaodong	108	1470	350	500	25.3	81.2
海 伦	Hailun	39	506	214	162	13.0	51.4

9－2 续表2 COUNTINUED

名 称	City	人工煤气年供应量（万立方米）Supply Capacity of Coal Gas (10000 cu. m)	#家庭用量 for Residential Use	煤气管道长度（公里）Length of Gas Pipelines (km)	液化石油气全年供气量（万吨）Total Annual Supply of LPG (10000 tons)	#家庭用量 for Residential Use
总 计	**Total**	**36183**	**17697**	**3463**	**221888**	**160204**
地级市合计	**Total Number of Cities at Prefectural Level**	**36183**	**17697**	**3453**	**176170**	**119718**
哈尔滨	Harbin	32873	15270	1826	76000	41100
齐齐哈尔	Qiqihar	680	580	559	15125	12680
鸡 西	Jixi	616	526	187	1600	980
鹤 岗	Hegang			70	3030	2490
双鸭山	Shuangyashan	105	68	28	590	496
大 庆	Daqing			464	37000	32000
伊 春	Yichun				11163	10507
佳木斯	Jiamusi	909	253	132	7100	5900
七台河	Qitaihe	1000	1000	48	2000	1500
牡丹江	Mudanjiang			139	12694	8249
黑 河	Heihe				3429	3261
绥 化	Suihua				6439	555
县级市合计	**Total Number of Cities at County Level**			**10**	**45718**	**40486**
阿 城	Acheng			4	5120	4880
双 城	Shuangcheng				4750	4600
尚 志	Shangzhi				953	843
五 常	Wuchang				6300	4200
讷 河	Nehe				1180	1100
密 山	Mishan				793	771
虎 林	Hulin				800	350
铁 力	Tieli				7500	7350
同 江	Tongjiang				415	305
富 锦	Fujin				1000	1000
绥芬河	Suifenhe				850	600
海 林	Hailin				1400	1400
宁 安	Ningan				600	450
穆 棱	Muling				450	450
北 安	Beian				2950	2950
五大连池	Wudalianchi				107	107
安 达	Anda				4150	3330
肇 东	Zhaodong			6	4400	4000
海 伦	Hailun				2000	1800

9－2 续表 3　COUNTINUED

名　称	City	城市园林绿地面积（公顷）Total Area of Parks, Gardens and Green Areas in Cities (hectare)	公共绿地面积（公顷）Public Green Parks (hectare)	公园（个）Number of Parks (unit)	公园面积（公顷）Area of Parks (hectare)	年游人量（万人次）Number of Visitors to Parks and Zoos in the Year (10000 person times)
总　计	**Total**	**38023**	**8997**	**145**	**4406**	**6373.3**
地级市合计	**Total Number of Cities at Prefectural Level**	**31870**	**7359**	**105**	**3717**	**6035.2**
哈尔滨	Harbin	5834	1823	21	535	5391.0
齐齐哈尔	Qiqihar	4595	631	12	386	133.0
鸡　西	Jixi	1982	475	3	154	25.0
鹤　岗	Hegang	1613	797	5	626	150.0
双鸭山	Shuangyashan	1638	378	6	92	58.0
大　庆	Daqing	6003	649	8	168	81.0
伊　春	Yichun	3520	1131	19	1034	18.2
佳木斯	Jiamusi	2124	375	9	117	30.0
七台河	Qitaihe	725	460	4	115	9.0
牡丹江	Mudanjiang	2642	414	8	386	60.0
黑　河	Heihe	588	158	7	71	20.0
绥　化	Suihua	606	68	3	33	60.0
县级市合计	**Total Number of Cities at County Level**	**6153**	**1638**	**40**	**689**	**338.1**
阿　城	Acheng	361	110	1	18	12.0
双　城	Shuangcheng	979	142	2	38	18.5
尚　志	Shangzhi	272	144	3	112	33.0
五　常	Wuchang	440	255	3	8	11.6
讷　河	Nehe	216	64	1	46	35.0
密　山	Mishan	617	59	3	59	
虎　林	Hulin	104	46	3	8	30.0
铁　力	Tieli	429	92	3	27	72.0
同　江	Tongjiang	126	58	3	58	3.0
富　锦	Fujin	272	26	1	3	6.0
绥芬河	Suifenhe	349	61	5	37	
海　林	Hailin	98	45	2	22	4.0
宁　安	Ningan	137	41	1	33	11.0
穆　棱	Muling	125	55	1	39	15.0
北　安	Beian	346	78	1	27	20.0
五大连池	Wudalianchi	46	42			
安　达	Anda	318	73	4	23	12.0
肇　东	Zhaodong	637	179	2	110	50.0
海　伦	Hailun	281	68	1	21	5.0

9－2 续表 4 COUNTINUED

名 称	City	清扫面积（万平方米）Area under Cleaning Program (10000 sq. m)	生活垃圾清运量（万吨）Volume of Garbage Disposal (10000 tons)	粪便清运量（万吨）Volume of Excrement and Urine Disposal (10000 tons)	市容环卫专用车辆（台）Environmental Sanitation Vehicles (unit)	公共厕所（座）Number of Public Lavatories (unit)
总 计	**Total**	**9438.1**	**1046**	**256.1**	**3304**	**10369**
地级市合计	**Total Number of Cities at Prefectural Level**	**8031.8**	**772**	**195.4**	**2612**	**8172**
哈尔滨	Harbin	3050.0	128	32.9	453	361
齐齐哈尔	Qiqihar	761.2	75	40.3	287	1475
鸡 西	Jixi	310.0	91	15.9	214	1780
鹤 岗	Hegang	275.0	86	6.6	100	508
双鸭山	Shuangyashan	131.0	66	8.2	123	589
大 庆	Daqing	1632.0	29	10.6	560	219
伊 春	Yichun	347.1	105	17.8	215	462
佳木斯	Jiamusi	416.0	43	15.0	105	1023
七台河	Qitaihe	320.2	55	21.0	296	250
牡丹江	Mudanjiang	450.0	34	11.0	146	809
黑 河	Heihe	201.3	20	13.1	34	410
绥 化	Suihua	138.0	40	3.0	79	286
县级市合计	**Total Number of Cities at County Level**	**1406.3**	**274**	**60.7**	**692**	**2197**
阿 城	Acheng	165.0	24	3.4	64	181
双 城	Shuangcheng	120.0	15	3.6	45	295
尚 志	Shangzhi	69.0	8	1.6	37	38
五 常	Wuchang	61.0	8		50	30
讷 河	Nehe	45.4	14	4.2	62	172
密 山	Mishan	50.0	12	1.8	20	133
虎 林	Hulin	49.6	8	1.2	22	54
铁 力	Tieli	52.0	7	2.7	38	40
同 江	Tongjiang	25.0	8	1.4	38	30
富 锦	Fujin	70.0	11	1.2	42	74
绥芬河	Suifenhe	93.0	12	0.7	32	36
海 林	Hailin	60.0		1.1	16	31
宁 安	Ningan	68.6	8	1.0	15	115
穆 棱	Muling	44.0	9	1.8	19	77
北 安	Beian	76.7	10	10.0	7	310
五大连池	Wudalianchi	17.0	4	1.0	16	55
安 达	Anda	90.0	54	12.0	71	94
肇 东	Zhaodong	200.0	55	10.0	90	380
海 伦	Hailun	50.0	7	2.0	8	52

9－2 续表 5 CONTINUED

名　称	City	城市人口用水普及率(%) Percentage of Population with Access to Water (%)	燃气普及率(%) Percentage of Households with Access to Tap Gas (%)	每万人拥有公共交通车(标台) Number of Utility Car Per 10000 Persons (unit)	人均拥有铺装道路面积(平方米) Per Capita Area of Paved Roads (sq. m)	人均公共绿地面积(平方米) Per Capita Public Green Areas (sq. m)	水冲公厕比率(%) Percentage of Public Toilet with Water (%)
总　计	**Total**	**80.0**	**67.2**	**6.7**	**7.8**	**6.5**	**8.7**
地级市合计	**Total Number of Cities at Prefectural Level**	**71.1**	**50.7**	**7.1**	**7.4**	**6.5**	**8.5**
哈尔滨	Harbin	83.8	98.1	13.1	6.3	5.8	50.1
齐齐哈尔	Qiqihar	77.4	72.5	2.9	5.3	4.4	1.0
鸡　西	Jixi	79.9	29.6	5.3	3.5	5.2	4.5
鹤　岗	Hegang	82.6	28.4	4.5	4.1	11.6	1.0
双鸭山	Shuangyashan	88.3	17.5	2.7	3.4	7.5	2.0
大　庆	Daqing	69.5	73.9	8.8	20.6	5.5	59.4
伊　春	Yichun	52.6	17.2	2.1	5.6	15.0	1.3
佳木斯	Jiamusi	81.7	49.4	4.3	4.1	4.6	4.9
七台河	Qitaihe	73.5	48.3	3.1	7.1	9.1	4.4
牡丹江	Mudanjiang	78.9	64.9	9.2	10.4	5.4	20.6
黑　河	Heihe	67.3	29.7	4.6	9.4	4.4	2.9
绥　化	Suihua	88.5	75.4	4.6	6.6	2.4	4.9
县级市合计	**Total Number of Cities at County Level**	**87.2**	**68.8**	**4.9**	**9.3**	**6.9**	**9.4**
阿　城	Acheng	98.8	90.9	4.7	7.7	5.4	33.2
双　城	Shuangcheng	97.4	86.2	14.0	8.1	7.6	1.0
尚　志	Shangzhi	96.0	65.2	12.0	8.4	11.5	23.7
五　常	Wuchang	85.9	77.0	5.0	6.5	17.5	16.7
讷　河	Nehe	79.6	60.4	3.3	4.7	6.0	8.1
密　山	Mishan	97.9	71.7		15.1	5.3	8.3
虎　林	Hulin	100.0	59.0	3.7	8.1	6.8	3.7
铁　力	Tieli	66.9	75.6	4.4	14.6	7.7	
同　江	Tongjiang	56.9	90.8		16.7	11.5	
富　锦	Fujin	73.0	63.9	2.9	13.1	2.4	16.2
绥芬河	Suifenhe	79.8	80.7	3.5	15.4	10.6	11.1
海　林	Hailin	89.8	55.6	1.0	10.4	3.1	12.9
宁　安	Ningan	98.1	87.5	3.9	7.8	5.0	6.1
穆　棱	Muling	97.7	59.7	3.7	12.8	7.5	11.7
北　安	Beian	91.1	37.7	6.3	14.0	4.9	2.3
五大连池	Wudalianchi	65.5	28.8		4.2	11.1	
安　达	Anda	91.5	73.6	1.3	8.6	3.6	8.5
肇　东	Zhaodong	97.3	84.6	2.3	7.1	6.9	14.5
海　伦	Hailun	93.8	57.7	0.9	4.4	4.9	15.4

9－3 12个省辖城市社会经济主要指标
（2003，不含所辖县及县级市）

指 标	Item	哈尔滨 Harbin	齐齐哈尔 Qiqihar
人口、就业及土地面积	**Population, Employment and Land Areas**		
年末总人口(万人)	Total Population at the Year－end (10000 persons)	315.19	142.67
#非农业人口	#Non－agricultural Population	277.05	111.74
年出生人口(人)	Annual Birth Population (person)	17429	8091
年死亡人口(人)	Annual Death Population (person)	20075	10994
年末总户数(万户)	Total Households at the Year－end (10000 households)	103.54	50.75
年末单位就业人员数(万人)	Total Number of Employed Persons at the Year－end (10000 persons)	159.52	26.4
私营和个体就业人员(万人)	Number of Employed Persons of Private and Individuals (10000 persons)	33.23	14.71
年末城镇登记失业人员数(万人)	Number of Registered Unemployed Persons in Urban Areas at the Year－end (10000 persons)	3.50	2.21
行政区域土地面积(平方公里)	Total Area of Administration Region(sq. km)	1660	4310
#建成区面积	#Area of Developed Region	225	103
综合经济	**Total Economy**		
国内生产总值(亿元)	Gross Domestic Product (100 million yuan)	821.27	167.5
第一产业	Primary Industry	42.62	9.28
第二产业	Secondary Industry	321.01	74.49
#工 业	#Industry	255.03	51.92
第三产业	Tertiary Industry	457.65	83.73
人均国内生产总值(元)	Per Capita GDP (yuan)	26198	11691
国内生产总值增长率(%)	Growth Rate of GDP (%)	13.4	13.5
财政、金融、保险(亿元)	Finance, Banking and Insurance (100 million yuan)		
地方财政预算内收入	Local Budgetary Revenue	59.79	7.44
地方财政预算内支出	Local Budgetary Expenditure	84.19	13.78
#教育事业费支出	#Education Expenses	11.16	3.18
年末金融机构存款余额	Balance of Deposits of National Banking System at the Year－end	1711.44	237.00
#城乡居民储蓄	#Balance of Deposits of Urban and Rural Residence	908.37	175.39
年末金融机构各项贷款余额	Balance of Loans of National Banking System at the Year－end	1627.24	186.67
保费收入	Premium	9.43	3.30
工 业	**Industry**		
工业企业数(个)	Number of Industrial Enterprises (unit)	499	164
内资企业	Domestic Funded Enterprises	451	153
港、澳、台商投资企业	Enterprises with Funds from Hong Kong, Macao and Taiwan	14	4
外商投资企业	Foreign Funded Enterprises	34	7
工业总产值(亿元)	Gross Industrial Output Value (100 million yuan)	556.75	142.74
就业人员年平均人数(万人)	Annual Average Number of persons Employed (10000 persons)	26.86	12.30
流动资产年平均余额(亿元)	Annual Average Balance of Circulating Funds (100 million yuan)	476.30	131.46
固定资产净值年平均余额(亿元)	Annual Average Balance of Net Value of Fixed Assets (100 million yuan)	359.75	130.40
产品销售收入(亿元)	Sales Income (100 million yuan)	554.58	140.88
利润总额(亿元)	Total Profits (100 million yuan)	16.06	-6.03
邮电、通信、电力	**Post, Telecommunication and Electric Power**		
年末邮电局(所)数(处)	Number of Post and Telecommunications Offices (unit)	141	102
邮政业务收入(亿元)	Business Volume of Post (100 million yuan)	4.15	0.90
电信业务收入(亿元)	Business Volume of Telecommunication Services (100 million yuan)	37.92	3.36
固定电话用户数(万户)	Local Telephone Subscribers at the Year－end (10000 subscribers)	196.20	44.61
移动电话用户数(万户)	Mobil Telephone Subscribers (10000 subscriber)	172.4	46.4
国际互联网用户数(万户)	Internet Subscribers (10000 subscriber)	53.7	11.0
全年用电量(亿千瓦时)	Annual Electricity Consumption (100 million kwh)	63.9	35.6
#工业用电	#Industry Electricity Consumption	27.8	28.1
城乡居民生活用电	Living Electricity Consumption by Urban and Rural Residents	16.3	5.5

MAJOR SOCIAL AND ECONOMIC INDICATORS OF 12 PROVINCIAL CAPITALS
(2003, NOT INCLUDING THE CITIES AT COUNTY LEVEL AND COUNTIES)

鸡　西 Jixi	鹤　岗 Hegang	双鸭山 Shuangyashan	大　庆 Daqing	伊　春 Yichun	佳木斯 Jiamusi	七台河 Qitaihe	牡丹江 Mudanjiang	黑　河 Heihe	绥　化 Suihua
91.32	68.91	50.42	118.00	83.74	81.97	50.31	77.45	19.39	86.60
75.50	59.45	43.87	92.00	79.79	58.62	33.49	64.63	13.51	28.84
5704	4407	4162	7370	4698	6541	4841	3581	1014	7260
4030	3669	2736	4249	4729	4622	1725	3788	857	2634
32.80	25.74	18.71	39.80	29.86	28.35	16.41	26.35	6.55	26.39
13.59	13.19	8.86	36.72	17.83	14.65	10.24	12.98	4.35	2.72
6.05	5.46	2.08	11.88	4.41	5.97	4.17	6.72	2.34	8.89
0.46	1.32	0.30	2.59	2.30	1.74	0.92	0.72	0.09	0.16
2300	4551	1767	5107	19566	1874	1767	1351	14448	2743
73	58	59	144	158	56	72	59	17	23
66.42	47.68	58.08	1062.61	62.31	102.57	60.24	106.50	17.69	50.63
10.62	3.82	2.64	8.86	11.65	5.63	2.79	1.73	1.96	16.73
36.81	28.47	33.03	942.69	27.68	38.01	35.32	50.26	5.04	11.00
28.63	23.30	29.29	909.15	24.30	25.62	31.51	46.14	1.50	10.00
18.98	15.38	22.42	111.07	22.98	58.93	22.13	54.52	10.69	22.90
7230	6747	11490	91778	7417	12480	12137	13491	9263	5600
8.2	11.1	14.0	9.4	9.41	112.5	11.6	8.27	6.0	9.1
2.28	2.28	1.62	26.97	1.73	2.97	2.16	4.85	0.89	0.92
5.98	7.73	5.74	29.51	9.00	10.19	4.96	12.31	5.12	2.69
1.28	1.54	0.99	1.78	1.01	1.46	0.77	1.50	0.74	1.13
98.96	70.32	57.00	641.99	114.47	156.65	63.55	202.24	35.25	63.62
95.11	64.38	43.67	393.72	106.16	123.98	49.37	161.70	26.17	51.44
80.46	69.86	62.29	168.75	92.31	91.66	44.96	114.47	27.20	63.28
2.21	2.34	1.77	7.65	2.01	4.65	1.06	6.66	0.43	2.02
85	29	27	239	77	99	46	140	16	18
80	28	27	222	71	94	45	119	14	15
1			8	2	3	1	6		2
4	1		9	4	2		15	2	1
43.60	35.71	30.01	1412.10	35.58	46.01	37.97	64.42	3.10	3.46
10.17	6.51	4.17	19.97	3.35	4.54	5.64	5.96	0.42	0.39
66.63	31.81	36.45	378.34	23.39	40.30	40.70	54.67	3.81	2.26
60.16	81.06	60.83	902.21	24.07	64.81	87.67	54.55	7.97	0.94
44.08	35.30	28.41	1435.93	32.20	55.61	35.62	64.10	1.66	2.78
3.23	2.41	0.99	585.62	0.48	7.44	-1.22	-3.06	-0.06	0.26
61	35	36	96	52	13	32	76	27	32
0.72	0.37	0.32	1.69	0.71	0.87	0.25	1.01	0.50	0.28
1.46	1.06	2.00	9.51	1.33	2.31	1.96	2.91	0.83	1.21
19.81	16.00	19.00	54.18	21.43	29.67	12.04	30.25	4.92	15.54
20.3	18.9	11.0	58.6	10.5	35.0	14.5	29.5	5.8	34.4
3.3	2.5	3.0	24.2	2.5		1.9	10.9	1.6	0.4
19.0	12.8	9.3	140.8	8.6	11.1	8.1	19.8	1.3	2.9
16.3	9.4	7.6	130.7	7.0	7.2	6.4	13.4	0.3	0.6
1.8	2.1	1.6	4.7	1.2	3.4	1.0	3.6	0.2	1.3

9-3 续表

指标	Item	哈尔滨 Harbin	齐齐哈尔 Qiqihar
贸易、外经	**Domestic and Foreign Trade**		
批发零售贸易业商品销售总额(亿元)	Wholesale and Retail Trade(100 million yuan)	947.18	24.01
社会消费品零售额(亿元)	Total Retail Sale of Consumer Goods (100 million yuan)	460.70	93.49
当年实际使用外资金额(万美元)	Foreign Capital Actual Used (USD 10000)	22300	1804
固定资产投资	**Total Investment in Fixed Assets**		
固定资产投资总额(亿元)	Investment Made in Fixed Assets (100 million yuan)	350.33	45.88
#房地产开发投资完成额(亿元)	#Real Estate Development (100 million yuan)	103.00	17.76
#住宅	#Residential Buildings	48.75	13.50
全年新增固定资产(亿元)	Newly Increased Fixed Assets (100 million yuan)	187.74	48.62
本年施工住宅面积(万平方米)	Floor Space of Buildings under Construction (10000 sq. m)	863.28	195.87
本年竣工住宅面积(万平方米)	Floor Space of Buildings Completed (10000 sq. m)	404.86	145.64
商品房屋销售面积(万平方米)	Floor Space of Selling House (10000 sq. m)	380.86	127.29
#销售给个人	#Sold to Individual	344.37	125.95
商品房屋空置面积(万平方米)	Floor Space of Buildings Unused (10000 sq. m)	353.57	84.57
商品房屋销售额(亿元)	Total Sales of Commercial Houses (100 million yuan)	90.41	17.28
#销售给个人	#Sold to Individual	81.11	16.96
教育、科技、卫生	**Education, Science and Technology, Health**		
学校数(所)	Number of Schools (unit)		
高等学校	Regular Institutions of Higher Education	31	3
中等职业学校	Specialized Secondary Schools	51	6
普通中学	Regular Secondary Schools	256	100
小学	Primary Schools	384	229
专任教师数(人)	Number of Full-time Teachers (person)		
高等学校	Regular Institutions of Higher Education	18871	1146
中等职业学校	Specialized Secondary Schools	2453	775
普通中学	Regular Secondary Schools	15911	6719
小学	Primary Schools	11192	5028
在校学生数	Student Enrollment		
高等学校(人)	Regular Institutions of Higher Education (person)	256067	25111
中等职业学校(人)	Specialized Secondary Schools (person)	67091	8707
普通中学(万人)	Regular Secondary Schools (10000 persons)	21	7
小学(万人)	Primary Schools (10000 persons)	17	7
成人高等教育学校在校学生数(人)	Student Enrollment in Adult Education Schools (person)	33711	22000
各类专业技术人员数(万人)	Number of Specialized Personnel (10000 persons)	26.09	2.88
#中级技术职称以上	#the Secondary Title and above	13.11	1.59
医院、卫生院数(个)	Number of Hospitals (unit)	177	56
医院、卫生院床位数(张)	Number of Beds in Health Institutions (unit)	24192	7571
医生数(人)	Number of Doctors (person)	10221	3212
人民生活	**People's Livelihood**		
居民人均可支配收入(元)	Per Capita Disposable Income (yuan)	7907	5774
居民人均消费支出(元)	Per Capita Living Expenditure (yuan)	6229	4465
恩格尔系数	Engle Coefficient (%)	38.8	36.1
居民消费价格指数(上年=100)	Consumer Price Index (preceding year=100)	100	102
基本养老保险参保人数(万人)	Active Contributors of Basic Endowment Insurance (10000 persons)	75.30	23.22
基本医疗保险参保人数(万人)	Active Contributors of Basic Medical Treatment Insurance (10000 persons)	84.70	33.84
失业保险参保人数(万人)	Active Contributors of Unempolyment Insurance (10000 persons)	168.00	37.50
社会福利院数(个)	Number of Social Welfare Institutions (unit)	28	27
社会福利院床位数(张)	Number of Beds in Social Welfare Institutions (unit)	3499	1827
社会治安	**Public Order**		
交通事故件数(件)	Number of Traffic Accidents (unit)	673	1279
交通事故死亡人数(人)	Death Toll of Traffic Accident (person)	245	139
刑事案件立案数(件)	Number of Criminal Cases Registered (unit)	17016	11060
犯罪人数(人)	Number of Criminals (person)	2998	1368

CONTINUED

鸡西 Jixi	鹤岗 Hegang	双鸭山 Shuangyashan	大庆 Daqing	伊春 Yichun	佳木斯 Jiamusi	七台河 Qitaihe	牡丹江 Mudanjiang	黑河 Heihe	绥化 Suihua
22.51	6.34	6.75	32.05	1.38	21.38	4.80	20.46	11.01	1.88
30.27	19.40	15.34	91.17	17.90	46.33	15.99	53.48	5.83	16.08
502	12		1839	177	41	1100	1857	85	
15.41	20.30	16.00	201.49	12.86	21.96	22.17	25.68	13.20	2.64
1.65	4.55	1.20	4.15	2.61	4.11	3.90	7.65	0.56	0.79
1.24	2.93	0.94	1.67	2.18	3.16	2.57	4.01	0.33	0.32
10.72	13.77	5.43	189.14	10.34	18.67	19.61	17.77	6.29	1.19
24.06	88.80	41.60	73.89	37.28	76.00	38.87	181.93	19.58	5.18
12.40	44.60	13.50	57.02	22.20	53.29	33.69	49.69	11.92	5.18
6.79	26.30	11.72	62.43	19.27	37.39	25.53	37.73	2.42	5.90
6.70	25.90	11.72	59.03	19.27	36.08	25.40	34.32	2.20	5.90
7.95	9.20	4.35	44.57	22.81	16.03	7.50	35.26	1.62	0.90
1.02	2.49	1.05	10.39	2.09	4.66	3.86	5.21	0.38	0.70
0.99	2.47	1.05	9.83	2.09	4.52	3.83	4.49	0.24	0.70
1	1		3	3	2	1	6	1	1
1	1	2	16	3	17	3	19	10	5
62	39	44	85	59	59	43	46	14	47
131	62	91	223	115	141	88	75	8	237
205	305		1809	300	1517	110	1742	142	301
65	68	160	671	151	792	76	763	302	300
4019	2609	2279	6983	3732	3525	2554	3093	890	3133
4317	3070	2183	5828	3798	4132	2311	3391	852	4435
8100	1055		32019	1318	25959	870	21159	1650	4123
389	1463	635	6063	3560	10088	977	6945	2521	2530
6	4	4	11	5	5	4	5	1	6
5	5	3	9	5	7	3	5	1	5
259	2590	2221	6183	416	16025	1304	2337	386	
3.03	2.15	0.86	11.34	3.04	4.01	1.23	1.87	0.58	1.17
0.56	1.24	0.46	5.09	2.14	2.61	0.60	0.40	0.20	0.50
118	30	30	73	45	50	22	33	19	33
4506	3073	2496	6952	4367	3812	1852	5608	719	1023
1851	1519	1012	4087	2291	2162	799	2350	515	558
6012	5714	5227	11029	6001	5709	5719	6068		4808
4544	4212	3586	7558	4682	4027	4283	4742		2825
33.7	35.6	31.7	29.9	34.7	42.2	32.3	40.1		38.8
101	102	102	101	100	102	101	102	100	101
7.33	3.61	3.44	14.27	24.73	10.42	7.10	16.98	1.16	4.30
3.72	14.83	10.59	48.05	16.35	18.95	6.06	25.94	0.99	2.80
16.21	9.90	5.63	12.44	13.70	15.71	5.51	15.39	0.93	3.86
13	8	1	14	27	25	2	2	6	20
400	639	486	754	593	943	175	230	156	620
806	996	119	208	44	1441	546	746	199	744
71	53	34	156	46	59	45	44	56	72
3221	502	2291	12945	923	3830	3169	4558	512	331
744	572	376	1739	2055		873	703	516	400

主要统计指标解释

年末自来水生产能力 指年底城建部门管理的自来水厂和自备水源的社会单位取水、净化、送水、出厂输水干管等环节的实际生产能力。

年末供水管道长度 指从送水泵到用户水表之间所有管道的长度。

全年供水总量 指公用自来水厂和自备水源的社会单位全年的供水总量,包括有效供水量及损失水量。

生活用水量 指居民日常生活与公共福利设施的用水量,包括居民、饮食店、旅馆、医院、理发店、浴池、洗衣店、游泳池、商店、学校、机关、部队等单位的用水量。

城市人口用水普及率 指城市用水的非农业人口数(不包括临时人口和流动人口)与城市非农业人口总数之比。计算公式为:

用水普及率 = 城市用水的非农业人口数/城市非农业人口数 ×100%

人工煤气生产能力 指城市煤气厂制气、净化、输送等环节的综合实际生产能力。

输气管道长度 指由压缩机、鼓风机、储气罐的出口到用户煤气表之间的全部管道长度。

全年供气总量 指全年售给各类用户的全部煤气量,包括工业用量、家庭用量和其他用量。

城市用气普及率 指使用煤气(包括人工煤气、液化石油气、天然气)的城市非农业人口数(不包括临时人口和流动人口)与城市非农业人口总数之比。计算公式为:

城市煤气普及率 = 城市用气的非农业人口数/城市非农业人口总数 ×100%

城市供热能力 指热电厂、热力公司和达到标准的集中采暖锅炉房向城市输送的供热源的设计能力,即每小时向城市输送蒸汽、热水的能力。

城市供热总量 指热电厂、热力公司和达到标准的集中采暖锅炉房向城市输送的全部蒸汽、热水量。

城市供热管道长度 指热电厂、热力公司和达到标准的集中采暖锅炉房管理的集中供热热源到用户之间的全部供气、供热水的管道长度。

年底实有铺装道路长度 指除土路外,路面经过铺装宽度在3.5米以上的道路,包括高级、次高级道路和普通道路。

城市桥梁 指城市范围内,修建在河道上的桥梁和道路与道路立交、道路跨越铁路的立交桥及人行天桥。包括永久性桥和半永久性桥,不包括临时性桥、铁路桥、涵洞。

城市下水道总长度 指所有排水总管、干管、支管及暗渠、检查井、连接井进出水口等长度之和。

城市污水日处理能力 指污水处理厂每昼夜处理污水量的设计能力。

年末实有公共汽(电)车 指年底可参加营运的全部车辆数,包括营运车辆数和库存查封未参加营运的车辆。不包括非营运车辆,如架线车、油罐车、工程车、货车及其他专用车辆和借入的客运车辆。

城市园林绿地面积 指城市公共绿地、专用绿地、生产绿地、防护绿地、郊区风景名胜区的全部面积。

公共绿地 指供游览休息的各种公园、动物园、植物园、陵园以及花园、游园和供游览休息用的林荫道绿地、广场绿地,不包括一般栽植的行道树及林荫道的面积。

EXPLANATORY NOTES ON MAIN STATISTICAL INDICATORS

Production Capacity of Tap Water at the Year – end refers to the actual comprehensive production capacity of the waterworks administered by the urban construction department and those owned by enterprises or institutions, taking the capacity of the main links, such as water inflow, purification, conveyance and outflow of the trunk pipelines into account.

Length of Water Supply Pipelines at the Year – end refers to the total length of all the pipelines between the water pumps and the user's water meters.

Annual Volume of Water Supply refers to the total volume of water supplied by the public water – works and those owned by individual enterprises and institutions during the whole year, including both the effective water supply and loss during the water supply.

Consumption of Water for Residential Use refers to the water consumption of households for daily life and the water consumption of public welfare facilities, including the consumption of restaurants, hotels, hospitals, barber shops, public bathhouses, laundries, swimming pools, shops, schools, institutions, army units and other units.

Percentage of Urban Population with Access to Tap Water refers to the ratio of the urban non – agricultural population (excluding temporary and mobile population) with access to tap water to the total urban non – agricultural population. The formula is:

Percentage of Population with Access to Tap Water = (Urban Non – agricultural Population with Access to Tap Water) / (Urban Non – agricultural Population)

Production Capacity of Gasworks´Gas refers to the actual comprehensive production capacity of the urban gasworks in gas generation, purification and delivery.

Length of Gas Pipelines refers to the total length of pipelines between the outlet of the compressor, blower or gas tank and the gas meters of users.

Volume of Gas Supply refers to the total volume of gas sold to users in a year, including the volume for industrial use, residential use and other uses.

Percentage of Urban Population with Access to Gas refers to the ratio of the urban non – agricultural population with access to gas (including gas, liquefied petroleum gas and natural gas) to the urban non – agricultural population (excluding temporary and mobile population). The formula is:

Percentage of Population with Access to Gas = (Urban Non – agricultural Population with Access to Gas × 100%) / Urban Non – agricultural Population)

Heating Capacity in Urban Area refers to the capacity of hourly supply of steam and hot water to cities by thermal power plants, heating corporations and centralized heating boiler rooms, which meet certain standard.

Heating Volume in Urban Area refers to the total volume of steam and hot water supplied to cities every year by thermal power plants, heating corporations and centralized heating boiler rooms, which meet certain standard.

Length of Heating Pipelines refers to the total length of pipelines for centralized supply of steam and hot water from the thermal power plants, heating corporations and centralized heating boiler rooms, which meet certain standard to the users.

Length of Paved Roads at the Year – end refers to the length of roads with a paved surface, and with a width of more than 3 – 5 meters, including high quality, medium quality and ordinary roads.

Urban Bridges refer to bridges over river courses, great separated junctions and overpasses in urban areas. Permanent bridges and semi – permanent bridges are included. Temporary bridges, railway bridges and culverts are excluded.

Length of Urban Sewage Pipes refers to the total length of general drainage, trunks. Branch and blind drainage, inspection wells, connection wells, inlets and outlets, etc.

Daily Disposal Capacity of Urban Sewage refers to the designed 24 – hour capacity of sewage disposal at the sewage treatment works.

Number of Public Vehicles (Buses and Trolley buses) at the Year – end refers to the total number of operational buses available at the year – end, including the year – end operational vehicles and vehicles in stock. Non – operational vehicles such as stringing cars, tank cars, machine shop cars, trucks and other special vehicles and the borrowed passenger vehicles are excluded.

Area of Urban Gardens and Green Areas refers to the total area of urban public green land, special green land, production green land, protection green land and suburban scenic spots.

Public Green Area refers to green areas of various parks, zoos, botanical gardens, cemeteries, amusement parks, tree – flanked boulevards and green squares for tourism and relaxing. Areas with trees planted along side the streets and boulevards are excluded.

十、农　业

AGRICULTURE

10－1 乡村户数和劳动力
NUMBER OF RURAL HOUSEHOLDS AND LABOR FORCE

单位：万人、人 (10000 persons, person)

年份 Year 地区 Region	乡村户数(万户) Number of Rural Households (10000 housholds)	乡村劳动力 Number of Rural Laborers	男 Male	女 Female	农林牧渔业 Farming, Forestry, Animal Husbandry & Fishery	工业 Industry	建筑业 Construc－tion	交通运输仓储及邮电通讯业 Transport, Storage, Post and Telecommuni－cation Services	批发零售贸易业餐饮业 Wholesale Retail Trade and Catering Services	其他非农行业 Other Non－ag－ricultural Trades
1985	386.7	489.3	353.7	135.6	425.6	22.2	7.3	5.1	4.4	24.7
1986	391.5	492.1	357.7	134.4	427.0	24.7	8.2	5.8	5.0	21.6
1987	388.9	488.2	356.2	131.9	420.2	25.4	8.3	6.5	5.3	22.4
1988	391.1	485.7	352.5	133.2	414.1	25.7	9.0	7.0	6.2	23.6
1989	397.4	517.3	359.5	157.8	445.3	25.0	8.7	6.8	6.4	25.0
1990	419.7	538.2	371.7	166.5	463.9	27.0	8.8	7.0	7.0	24.5
1991	425.0	566.5	382.4	184.1	484.0	29.8	10.3	8.2	8.1	26.1
1992	422.5	548.5	370.1	178.4	465.5	31.4	10.9	7.8	8.7	24.2
1993	420.6	564.2	377.0	187.2	471.5	32.5	13.5	10.2	12.1	24.3
1994	419.5	575.4	375.8	199.6	470.2	33.9	16.5	12.8	15.2	26.8
1995	422.0	583.5	377.2	206.3	480.2	33.9	16.5	12.3	15.9	24.6
1996	426.7	599.4	387.1	212.3	494.8	34.0	17.4	12.9	16.3	24.0
1997	427.8	688.1	427.2	260.8	579.0	32.9	18.2	13.5	18.4	26.2
1998	437.7	904.3	527.1	377.2	760.3	34.3	21.5	15.8	23.8	48.6
1999	446.7	894.9	519.1	375.8	744.7	33.6	22.6	16.9	24.9	52.2
2000	458.3	913.2	524.3	388.9	744.1	36.2	26.4	18.1	26.8	61.6
2001	465.8	918.8	526.9	391.9	742.5	36.5	27.3	19.2	27.6	65.7
2002	474.7	929.2	533.1	396.2	745.9	38.1	30.6	20.7	31.0	62.9
2003	479.1	936.1	535.8	400.3	734.8	40.5	35.7	22.1	35.5	67.5
哈尔滨 Harbin	128.4	2390486	1342490	1047996	1723143	131361	129505	72264	107137	227076
齐齐哈尔 Qiqihar	87.6	1708964	973641	735323	1413487	45082	48794	28861	52962	119778
鸡西 Jixi	19.3	358171	206464	151707	288926	21939	6066	9282	12664	19294
鹤岗 Hegang	6.3	114368	66495	47873	94179	4657	1540	2139	3336	8517
双鸭山 Shuangyashan	13.7	259775	155684	104091	220462	11361	6859	6377	7895	6821
大庆 Daqing	34.0	698318	386138	312180	548451	24807	32419	15188	28505	48948
伊春 Yichun	4.6	87515	51258	36257	69937	2375	1652	1911	3095	8545
佳木斯 Jiamusi	31.1	640888	376853	264035	538333	21351	13777	14062	25840	27525
七台河 Qitaihe	9.0	167630	103704	63926	123301	11709	5279	4630	6793	15918
牡丹江 Mudanjiang	31.0	671384	377495	293889	505625	46011	21313	19558	29908	48969
黑河 Heihe	20.2	365755	218431	147324	316274	9902	10478	4687	11701	12713
绥化 Suihua	92.5	1868188	1082061	786127	1481707	72482	78959	40807	63824	130409
大兴安岭 Daxinganling	1.5	29514	17007	12507	24006	1669	584	845	1439	971

10－2 耕地面积
CULTIVATED AREA

年 份 Year 地 区 Region	年末实有耕地面积（万公顷）Cultivated Area at the Year－end (10000 hectares)	水 田 Paddy Field	旱 田 Glebe	年内减少耕地面积（公顷）Decrease of Cultivated Land in the Year (hectares)	#国 家基建占地 State Occupation for Capital Construction	#乡村集体基建占地 Collective Occupation for Capital Construction	#农民个人建房占地 Individual Occupation for House－building
1978	845.8	22.9	822.9				
1979	866.3	22.0	844.3				
1980	872.6	21.5	851.1	61733	12067		
1981	875.5	22.9	852.6	157133	8467		
1982	872.0	24.5	847.4	139733	5600		
1983	875.1	25.5	849.6	117400	5600		
1984	890.9	28.7	862.2	458133	6467		
1985	893.1	39.4	853.7	189400	11133		
1986	886.9	51.1	835.9	162612	10951	2722	1350
1987	885.9	57.8	828.1	111950	9831	2271	795
1988	883.4	56.4	827.0	87933	5000		
1989	882.7	60.9	821.7	55041	10169	2569	454
1990	883.1	68.1	815.0	51623	7367	2960	310
1991	884.7	75.6	809.1	40130	5951	2462	334
1992	890.0	79.1	810.9	25213	4429	3766	401
1993	890.8	78.1	812.7	19138	3118	3237	276
1994	890.9	77.0	813.9	28838	3704	3514	328
1995	899.5	86.9	812.6	23439	5158	8914	478
1996	917.5	114.1	803.4	29129	4158	2141	772
1997	922.4	139.9	782.5	72697	4736	2900	716
1998	924.0	156.3	767.7	65303	728	1864	52
1999	926.5	161.5	765.1	60775	5784	1455	187
2000	961.7	164.7	797.0	48494	4823	2311	28
2001	960.1	159.8	800.3	41557	3670	287	43
2002	951.2	159.1	792.1	94051	7521	195	51
2003	969.0	131.5	837.5	94571	3282	41	70
哈尔滨 Harbin	135.3	23.7	111.6	12454	1034	8	7
齐齐哈尔 Qiqihar	168.0	7.4	160.5	15772			
鸡 西 Jixi	27.2	6.6	20.6	3006	60	3	58
鹤 岗 Hegang	12.2	1.7	10.6	1259			
双鸭山 Shuangyashan	37.7	2.0	35.7	1265	260	5	2
大 庆 Daqing	49.6	2.8	46.7	6756	1176		
伊 春 Yichun	11.6	1.7	9.9	3506			
佳木斯 Jiamusi	61.0	13.0	48.0	4259		15	
七台河 Qitaihe	11.9	1.0	10.9	1599	7	2	3
牡丹江 Mudanjiang	40.4	3.8	36.5	6192	14	7	
黑 河 Heihe	59.8	0.5	59.3	674	333		
绥 化 Suihua	143.1	11.8	131.4	4195	370	1	
大兴安岭 Daxinganling	8.8		8.8	5			
农垦总局 ARB	202.6	55.4	147.1	33629	28		

10－3 农林牧渔业总产值

GROSS OUTPUT VALUE OF FARMING, FORESTRY, ANIMAL HUSBANDRY AND FISHERY

单位:亿元、万元 (100 million yuan, 10000 yuan)

年份 Year 地区 Region		总产值 Total	农业 Farming	林业 Forestry	牧业 Animal Husbandry	渔业 Fishery	农林牧渔服务业 Svice Industry of Farming, Forestry, Animal Husbandry and Fishery
	1978	60.9	51.0	2.6	7.2	0.1	
	1980	85.6	69.6	3.5	12.2	0.3	
	1985	114.3	84.6	7.0	21.5	1.2	
	1990	245.4	183.7	7.6	49.3	4.7	
	1991	244.3	175.0	8.2	55.9	5.2	
	1992	278.0	204.3	10.3	57.1	6.3	
	1993	318.0	235.4	10.2	64.5	7.9	
	1994	509.6	381.5	12.4	106.0	9.7	
	1995	623.6	462.2	14.7	134.3	12.4	
	1996	740.8	558.7	16.8	151.5	13.8	
	1997	772.3	571.1	17.1	168.7	15.4	
	1998	736.3	517.6	17.7	184.5	16.5	
	1999	660.5	459.9	18.3	165.9	16.4	
	2000	625.1	414.4	18.3	175.7	16.8	
	2001	711.0	450.6	15.7	224.6	20.1	
	2002	776.7	487.5	16.2	252.1	20.9	
	2003	903.3	502.9	59.1	294.2	23.1	24.0
哈尔滨	Harbin	3510538	1669810	138404	1554468	63982	83874
齐齐哈尔	Qiqihar	1110796	465633	30458	582429	30260	2016
鸡西	Jixi	413540	234410	32680	121327	23192	1931
鹤岗	Hegang	142445	82235	13335	42069	4030	776
双鸭山	Shuangyashan	217160	143228	10266	55087	7011	1568
大庆	Daqing	721741	283857	11955	380595	42402	2932
伊春	Yichun	342296	128013	129316	80298	3645	1024
佳木斯	Jiamusi	676444	434659	33048	173974	29261	5502
七台河	Qitaihe	138872	75564	6110	55308	1890	
牡丹江	Mudanjiang	600800	342796	82441	148530	13995	13038
黑河	Heihe	326402	229505	29523	58942	6008	2424
绥化	Suihua	1637751	863914	41011	652416	71126	9284
大兴安岭	Daxinganling	233061	48098	145547	36998	1319	1099
农垦总局	ARB	1855748	1331122	21316	472756	14802	15752

注:2003 年起执行新的国民经济行业分类标准,农林牧渔业新增加了农林牧渔服务业,林业中新增加了林木采伐(下同)。

Note: Since 2003, the pew category standard of national economy industry is implemented, the relative service industry is newly added to farming, forestry, annimal husbadry and fishery, forest－cutting is newly added to forestry.

10－4 农林牧渔业增加值
VALUE－ADDED OF FARMING,FORESTRY,ANIMAL HUSBANDRY AND FISHERY

单位:亿元、万元 (100 million,10000 yuan)

年份 Year / 地区 Region		总产值 Total	农业 Farming	林业 Forestry	牧业 Animal Husbandry	渔业 Fishery	农林牧渔服务业 Svice Industry of Farming,Forestry,Animal Husbandry and Fishery
	1990	160.3	128.1	4.8	23.7	3.7	
	1995	371.2	308.7	7.4	49.2	5.9	
	1996	444.1	378.9	7.9	50.7	6.6	
	1997	460.2	387.1	8.1	57.5	7.5	
	1998	429.1	351.9	7.8	62.4	7.0	
	1999	377.2	304.8	7.6	57.9	6.9	
	2000	353.6	271.6	7.7	67.0	7.3	
	2001	409.3	306.8	5.9	88.0	8.6	
	2002	447.0	331.0	6.1	101.0	8.9	
	2003	512.8	340.2	30.3	120.1	10.2	12.0
哈尔滨	Harbin	2110893	1022200	94712	900370	42131	51480
齐齐哈尔	Qiqihar	486245	176146	22767	265189	20127	2016
鸡西	Jixi	220874	132303	19091	53097	14452	1931
鹤岗	Hegang	70087	47735	4314	15764	1535	739
双鸭山	Shuangyashan	103204	67244	5908	24921	3563	1568
大庆	Daqing	343082	135943	7004	172426	24851	2858
伊春	Yichun	200205	82122	77968	37068	2399	648
佳木斯	Jiamusi	369580	252089	21710	76843	16233	2705
七台河	Qitaihe	75832	45280	4414	24796	1342	
牡丹江	Mudanjiang	337170	217131	41326	63653	7890	7170
黑河	Heihe	164972	117933	17013	25364	3738	924
绥化	Suihua	977314	553761	24990	342770	46509	9284
大兴安岭	Daxinganling	156635	27908	107256	19386	986	1099
农垦总局	ARB	1011680	744212	10872	240777	7882	7937

10－5 农村居民家庭平均每人经营耕地情况
PER CAPITA AREA OF CULTIVATED LAND UNDER MANAGEMENT OF HOUSEHOLDS

单位:亩 (mu)

项目	Item	2000	2001	2002	2003
经营耕地情况	**Cultivated Land under Management**				
耕地面积	Cultivated Area	8.57	9.01	9.16	9.43
#自留地面积	#Family Plots	0.20	0.14	0.17	0.09
山地面积	Hilly Area	0.05	0.07	0.03	
园地面积	Area of Garden			0.02	0.01
牧草地面积	Area of Grassland				
养殖水面面积	Water Area for Breeding Aquatics		0.01	0.01	
耕地流转情况	**Transfer of Cultivated Land**				
年初经营耕地面积	Area of Cultivated Land under Management at the Year－beginning	7.38	8.28	8.41	8.20
年内转入耕地面积	Cultivated Area Transferred from other places in Current Year	0.89	1:15	1.12	1.67
年内转出耕地面积	Cultivated Area Transferred to Other Places in Current Year	0.28	0.37	0.39	0.44
年末经营耕地面积	Area of Cultivated Land under Management at the Year－end	8.20	9.07	9.14	9.43

10－6 农业机械和农产品加工机械拥有量

POSSESSION OF AGRICULTURAL MACHINERY AND MACHINERY FOR PROCESSING FARM

年份 地区 Year Region	农业机械总动力（万千瓦）Total Power of Agriculture Machinery (10000 kw)	农用大中型拖拉机 Large and Medium Agriculture Tractors		小型拖拉机 Mini－Tractors		大中型拖拉机配套农具（万台、台）Number of Large and Medium Tractor Towing Farm Machinery (10000 units, unit)	小型拖拉机配套农具（万台、台）Number of Mini－Tractor Towing Farm Machinery (10000 units, unit)
		台 unit	万千瓦 10000 kw	万台、台 10000 units, unit	万千瓦 10000 kw		
1980	709.3	68473	272.1	3.1	28.7	24.6	0.8
1981	760.4	78268	316.5	4.2	38.5	27.2	1.8
1982	814.1	82895	332.6	4.9	43.2	28.6	2.5
1983	861.6	88485	349.9	7.9	70.0	27.7	3.4
1984	901.7	92080	350.7	11.8	104.6	24.5	4.6
1985	949.5	90306	354.0	15.0	134.0	26.9	6.3
1986	935.2	91590	334.0	19.8	185.0	21.2	8.6
1987	1093.5	82159	371.0	27.0	243.0	25.4	14.0
1988	1105.2	90106	366.2	31.7	286.5	19.3	18.2
1989	1162.8	91770	367.8	35.7	320.0	21.8	24.2
1990	1173.4	88942	359.6	36.8	324.4	20.1	26.6
1991	1179.5	88602	357.1	37.7	333.1	19.8	29.4
1992	1172.6	87634	352.3	37.8	334.5	19.7	29.6
1993	1185.3	84816	348.3	38.7	337.0	19.6	31.4
1994	1190.0	82028	341.6	40.5	359.5	17.5	33.9
1995	1226.1	79356	332.6	44.4	395.7	17.1	38.1
1996	1254.8	73000	308.1	44.4	408.1	18.6	40.1
1997	1285.4	71440	303.9	45.0	422.5	19.2	49.3
1998	1454.5	69905	304.7	63.3	583.8	17.2	51.4
1999	1559.7	74801	326.8	65.1	610.5	18.2	58.9
2000	1613.8	75553	322.8	65.2	624.6	19.2	62.8
2001	1648.3	78177	324.9	65.3	627.8	18.9	64.6
2002	1741.8	85266	330.3	68.0	668.9	19.4	69.4
2003	1807.7	99462	351.8	69.5	691.3	20.1	76.3
哈尔滨 Harbin	313.4	13611	44.9	124130	117.1	18674	104998
齐齐哈尔 Qiqihar	260.3	12052	41.3	131418	135.2	21980	158654
鸡西 Jixi	76.3	3957	11.5	32274	31.1	6771	51960
鹤岗 Hegang	35.1	2357	6.8	17277	18.4	2889	27666
双鸭山 Shuangyashan	59.8	3225	11.3	26658	26.6	5732	36744
大庆 Daqing	112.7	5105	15.7	61040	62.1	4841	50700
伊春 Yichun	34.0	2278	6.6	17756	16.5	2705	12958
佳木斯 Jiamusi	134.2	7217	24.1	60737	65.1	13253	87425
七台河 Qitaihe	27.7	1339	4.6	10312	10.9	1576	8629
牡丹江 Mudanjiang	100.8	5905	17.6	50627	40.2	6120	53671
黑河 Heihe	104.5	11207	34.7	38173	43.7	20174	60504
绥化 Suihua	192.3	6315	27.6	82168	79.0	14938	78272
大兴安岭 Daxinganling	23.2	2041	8.0	6105	6.9	4565	3880
农垦总局 ARB	323.0	22042	93.3	33958	35.4	74273	25620

10－6 续表1 CONTINUED

年份 Year 地区 Region		农用排灌动力机械 Draining Machinery for Agricultural Use				
		柴油机 Diesel Engines		电动机 Electromotors		农用水泵 Pumps	节水灌溉机械 Irrigation Equiqment
		台 unit	万千瓦 10000 kw	台 unit	万千瓦 10000 kw	万台、台 10000 units, unit	台(套) unit
1980		30523	37.7	32501	36.9	5.8	
1981		29337	36.8	30317	36.3	6.9	
1982		32011	41.2	31347	37.5	6.2	
1983		31711	44.7	33081	40.2	5.1	
1984		27421	40.4	35165	36.3	4.5	
1985		27067	36.8	28180	32.5	4.2	
1986		41562	47.7	28384	39.8	5.4	
1987		54629	55.9	27234	34.5	6.9	
1988		52232	51.8	33333	38.9	6.8	
1989		81375	71.3	34407	37.8	9.5	
1990		117600	100.3	33700	34.2	12.8	
1991		122000	105.4	33000	34.3	13.0	
1992		122400	94.8	38000	36.1	13.0	
1993		120305	100.0	32371	32.5	14.2	
1994		122805	102.7	31140	31.3	14.5	
1995		123370	103.7	31961	31.8	13.8	
1996		136712	111.2	33984	35.0	16.6	
1997		147558	123.3	43676	38.3	18.6	
1998		139453	116.7	37645	31.9	29.3	
1999		152488	136.3	41924	39.5	29.1	
2000		166961	149.1	44471	41.6	29.7	
2001		171142	156.4	49918	42.4	30.8	
2002		185881	170.5	51443	45.5	31.6	
2003		188788	171.6	51363	44.9	32.3	15307
哈尔滨	Harbin	54995	43.0	7964	7.6	77385	540
齐齐哈尔	Qiqihar	20543	17.6	13914	10.0	64194	1858
鸡西	Jixi	7953	7.9	4652	2.8	7972	626
鹤岗	Hegang	2645	2.3	310	0.5	3459	151
双鸭山	Shuangyashan	3212	3.2	312	0.2	5330	6
大庆	Daqing	10707	8.8	3476	2.5	29611	1517
伊春	Yichun	3413	3.2	392	0.3	3819	35
佳木斯	Jiamusi	8510	8.0	1511	2.0	12078	527
七台河	Qitaihe	1059	0.9	775	0.4	1746	63
牡丹江	Mudanjiang	1492	1.4	1394	1.3	7034	787
黑河	Heihe	1181	1.2	343	0.3	2020	316
绥化	Suihua	33344	29.4	11582	9.4	65461	451
大兴安岭	Daxinganling	31	0.0	167	0.0	232	86
农垦总局	ARB	39345	44.1	4276	6.8	41619	8332

10－6 续表2 CONTINUED

年份 地区	Year Region	联合收割机 Combine Harvester		自走式机动割晒机(台) self－propelled Flexible Swather (unit)	机动脱粒机(台) Motorized Thr－eshing Machines (unit)	喷雾机(部) Motorized Sprayer (unit)	农用运输车 Tracks for Agricultural Use		推土机(台) Bulldozer (unit)
		台 unit	万千瓦 10000 kw				辆 unit	万千瓦 10000 kw	
	1980	14081	61.8	781	3807				234
	1981	17924	89.9	980		3000			5115
	1982	19483	99.9	7343	20346	4000			1738
	1983	20740	99.4	7085	22776	1600			2568
	1984	21130	103.2	6120	30257	1700			2445
	1985	20311	105.6	5368	36802	3247			2256
	1986	16970	83.6	7542	53367	1538			1701
	1987	18853	107.4	6814	63057	1031	150	0.5	1270
	1988	17442	100.8	6870	60045	2749	455	1.3	1765
	1989	16930	103.5	6249	67189	3372	587	1.1	1791
	1990	15910	104.0	7008	73581	2193	2874	4.3	2240
	1991	15191	106.7	6934	77447	4400	2279	4.1	2054
	1992	14818	108.8	7405	76417	6500	2393	3.6	3510
	1993	14564	108.1	650	77440	6056	3735	13.9	3405
	1994	13679	105.6	689	81273	4483	4618	17.1	3900
	1995	13366	105.2	547	82268	3874	11821	13.1	3053
	1996	12430	102.0	177	77604	6632	15625	19.7	1614
	1997	11920	97.5	538	83052	9357	12177	19.4	3450
	1998	15005	104.3	814	112459	11459	29491	45.2	2469
	1999	12889	102.5	1729	115579	13811	31612	51.8	2905
	2000	13306	107.9	1886	119231	16798	31837	53.8	3378
	2001	12615	76.7	2020	125170	20753	137188	154.0	2125
	2002	16835	123.2	3701	128232	20132	144299	160.6	2295
	2003	17756	128.0	3808	133809	23779	153215	175.7	2131
哈尔滨	Harbin	850	3.2	696	33039	2103	45858	48.5	433
齐齐哈尔	Qiqihar	1136	7.1	88	16731	565	19869	24.1	
鸡 西	Jixi	861	4.0	24	5788	1099	9000	10.7	115
鹤 岗	Hegang	314	2.1	8	1956	1935	1934	2.6	5
双鸭山	Shuangyashan	928	6.0		3183	854	8061	8.3	89
大 庆	Daqing	215	1.3	42	6864	80	14111	13.0	27
伊 春	Yichun	277	0.4	126	2349	1509	2000	2.4	73
佳木斯	Jiamusi	1840	12.3	26	7242	2666	6092	6.3	257
七台河	Qitaihe	210	1.2	87	1418	75	5267	7.3	22
牡丹江	Mudanjiang	560	2.0	120	8688	241	11149	15.0	333
黑 河	Heihe	1685	13.8	231	6550	8380	1717	2.8	65
绥 化	Suihua	440	1.7	91	20353	44	22553	23.9	53
大兴安岭	Daxinganling	326	1.9	9	94	138	1175	3.7	8
农垦总局	ARB	7813	68.4	2240	19380	4090	4429	6.9	651

10－7 农业生产条件
CONDITION FOR AGRICULTURAL PRODUCTION

项 目	Item	2000	2001	2002	2003
化肥施用量(万吨)	Consumption of Chemical Fertilizers (10000 tons)	121.6	123.2	129.7	125.7
氮 肥	Nitrogenous Fertilizer	52.4	52.2	52.6	50.4
磷 肥	Phosphate Fertilizer	28.7	28.4	30.8	28.4
钾 肥	Potash Fertilizer	10.5	11.8	13.4	13.8
复合肥	Compound Fertilizer	29.9	30.7	32.9	33.1
农村用电量(亿千瓦时)	Electricity Consumed in Rural Areas (10000 million kwh)	27.5	28.7	29.4	30.7
乡村办水电站(个)	Hydropower Station in Rural Areas (unit)	15	26	12	11
装机容量(万千瓦)	Capacity of Power Generating Sets (10000 kw)	1.0	1.1	1.1	1.1
发电量(万千瓦时)	Generating Capacity (10000 kwh)	4600	4753	4834	4810
农用塑料薄膜使用量(万吨)	Consumption of Agricultural Films (10000 tons)	5.3	5.2	4.9	5.0
#地膜使用量	#Consumption of Ground Films	2.2	2.1	2.2	2.4
地膜覆盖面积(千公顷)	Ground Film Covered Areas (1000 tons)	265.8	267.5	301.9	303.1
农用柴油使用量(万吨)	Consumption of Agricultural Diesel Oil (10000 tons)	79.9	81.6	82.3	85.4
农药使用量(万吨)	Consumption of Pesticide (10000 tons)	2.9	3.1	3.5	3.7
有效灌溉面积(万公顷)	Effective Irrigated Area (10000 hectares)	203.2	209.0	218.5	211.2
机电排灌面积(万公顷)	Drainage and Irrigation Areas of Electrical and Mechanical Devices (10000 hectares)	221.3	229.5	235.7	228.4
666.7 公顷(万亩)以上灌区(处)	Number of Irrigated region 666.7 hectares and over	321	324	318	319
666.7 公顷以上灌区有效灌溉面积(万公顷)	Irrigated Area of Irrigated Region Region 666.7 hectares and over	47.4	47.5	54.3	54.3
水库(座)	Number of Reservoirs (unit)	609	610	612	622
大型水库(1 亿立方米以上)	Large (above 100 million cu. m)	17	17	17	17
中型水库(1 千万－1 亿立方米)	Medium－sized (10 million－100 million cu. m)	59	59	61	61
小型水库(10 万－1 千万立方米)	Small (100000－100 million cu. m)	533	534	534	544
水库库容量(亿立方米)	Capacity of Reservoirs (100 million cu. m)	84.2	84.6	85.3	86.5
大型水库	Large	52.5	52.9	53.2	53.9
中型水库	Medium－sized	18.6	18.6	19	19.1
小型水库	Small	13.2	13.2	13.1	13.5
机电井数(万眼)	Number of Electrical and Mechanical Well (10000 unit)	17.1	17.6	18.9	19.8
机电井灌溉面积(万公顷)	Irrigated Area of Electrical and Mechanical Well (10000 hectares)	101.8	103.0	104.6	105.7
易涝面积(万公顷)	Area Liable to Flooding or Water Logging (10000 hectares)	428.0	428.4	428.5	428.5
除涝面积(万公顷)	Area with Flood Prevention Measures (10000 hectares)	313.8	315.7	318.9	320.8
占易涝面积比重(%)	Proportion to Flooding or Water Logging (%)	73.3	73.7	74.4	74.9
水土流失面积(万公顷)	Area of Soil Erosion (10000 hectares)	1345.4	1345.4	1345.4	1345.4
治理水土流失面积(万公顷)	Area of Soil Erosion under Control (10000 hectares)	322.7	343.4	360.5	377.0
占流失面积比重(%)	Proportion to Area of Soil Erosion (%)	24.0	25.5	26.8	28.0
盐碱耕地面积(万公顷)	Area of Saline－Alkaline Land (10000 hectares)	56.7	56.7	56.7	56.7
治碱面积(万公顷)	Improved Area of Saline－Alkaline Land (10000 hectares)	19.7	19.7	19.7	19.7
占盐碱耕地面积比重(%)	Proportion to Area of Saline－Alkaline Land (%)	34.7	34.7	34.7	34.7
堤防长度(公里)	Total Length of Dikes (km)	11748	11828	11986	12074
堤防保护面积(万公顷)	Area of Land Protected by Dikes (10000 hectares)	262.7	273.2	275.7	278.4

10－8 各地区农村用电量和农用化肥施用量(2003)

ELECTRICITY CONSUMED IN RURAL AREAS AND CONSUMPTION OF CHEMICAL FERTILIZERS IN AGRICULTURE BY REGION

地 区	Region	农村用电量(万千瓦时) Electricity Consumed in Rural Areas (10000 kwh)	化肥施用量(实物量,吨) Consumption of Chemical Fertilizers (ton)	化肥施用折纯量 Consumption of Chemical Fertilizers (10000 tons Converting the Gross Weight into Weight Containing 100% Efficacious Component)				
				合 计 Total	氮 肥 Nitrogenous Fertilizer	磷 肥 Phosphate Fertilizer	钾 肥 Potash Fertilizer	复合肥 Compound Fertilizer
全 省	**Total**	**307402**	**2978328**	**1257426**	**504034**	**283552**	**138224**	**331616**
哈 尔 滨	Harbin	91507	609985	245458	111205	34459	31506	68288
齐齐哈尔	Qiqihar	36561	445090	177368	68260	41735	17814	49559
鸡 西	Jixi	14770	65424	28916	12044	8721	2981	5170
鹤 岗	Hegang	1723	37225	8004	2603	2480	1459	1462
双 鸭 山	Shuangyashan	10024	65961	29218	11153	6836	3912	7317
大 庆	Daqing	15941	205256	78893	34598	15854	5609	22832
伊 春	Yichun	4045	22604	8658	3292	2326	535	2505
佳 木 斯	Jiamusi	25235	180636	78169	34809	18205	9493	15662
七 台 河	Qitaihe	6116	37965	18983	8981	5581	1606	2815
牡 丹 江	Mudanjiang	27721	119797	54565	19509	8502	5866	20688
黑 河	Heihe	10893	99379	46106	14421	15902	4106	11677
绥 化	Suihua	45066	540673	216963	84306	53105	20343	59209
大兴安岭	Daxinganling	526	9373	4507	1849	796	213	1649
农垦总局	ARB	17274	538960	261618	97004	69050	32781	62783

10－9 各地区除涝、治碱面积和农田水利情况(2003)

FLOOD PREVENTION, IMPROVEMENT OF SALINE－ALKALINE LADN AND WATER CONSERVANCY FACILITIES BY REGION

地 区	Region	水库数(座) Number of Reservoirs (unit)	水库库容量(万立方米) Capacity of Reservoirs (10000 cu. m)	除涝面积(万公顷) Area with Flood Prevention Measures (10000 hectares)	除涝面积占易涝面积(%) Percentage of Area with Flood Prevention Measures (%)	治碱面积(万公顷) Improved Area of Saline－Alkaline Land (10000 hectares)	治碱面积占盐碱地面积(%) Percentage of Improved Area of Saline－Alkaline Land (%)
全 省	**Total**	**622**	**865217**	**320.8**	**74.9**	**19.7**	**34.7**
哈 尔 滨	Harbin	151	157081	32.6	80.9	2.6	67.1
齐齐哈尔	Qiqihar	65	87012	29.2	65.0	1.7	17.0
鸡 西	Jixi	35	69431	4.0	55.3		
鹤 岗	Hegang	6	5464	8.9	76.6		
双 鸭 山	Shuangyashan	8	2833	13.1	66.7		
大 庆	Daqing	9	13502	11.7	70.9	4.4	30.6
伊 春	Yichun	8	3518	2.6	75.9		
佳 木 斯	Jiamusi	17	22850	22.0	45.7		
七 台 河	Qitaihe	19	34110	2.2	81.7		
牡 丹 江	Mudanjiang	30	35169	4.2	60.4		
黑 河	Heihe	34	58499	6.6	57.3		
绥 化	Suihua	84	65564	42.0	81.9	10.7	42.4
大兴安岭	Daxinganling			1.0	54.3		
农垦总局	ARB	150	102204	135.0	87.3	0.3	11.0
省 直	Directly under Province	6	207980	5.7	75.3		

10－10 农民家庭平均每户年末生产性固定资产原值
ORIGINAL VALUE OF PRODUCTIVE FIXED ASSETS OF AVERAGE RURAL HOUSEHOLDS

单位:元 (yuan)

项 目	Item	2000	2001	2002	2003
合 计	**Total**	**5969**	**7059**	**7543**	**8536**
役畜、产品畜	Draught and Commodity Animals	785	1146	1452	1903
大中型铁木农具	Large and Medium Iron－wood Dead Stock	408	450	444	533
农林牧渔业机械	Machinery of Farming, Forestry, Animal Husbandry and Fishery	2713	3035	3399	3559
工业机械	Industry Machinery	29	72	87	55
运输机械	Transportation Machinery	267	339	291	131
生产用房	Productive House	1339	1673	1483	1955
其 他	Others	428	344	387	400

10－11 农民家庭每百户拥有主要生产性固定资产数量
POSSESSION OF MAJOR PRODUCTIVE FIXED ASSETS PER 100 RURAL HOUSEHOLDS AT THE YEAR－END

项 目	Item	2000	2001	2002	2003
汽车(辆)	Motor Vehicles (unit)	0.6	0.5	0.5	0.4
大中型拖拉机(台)	Large and Medium Tractors (unit)	3.5	4.6	5.5	5.6
小型及手扶拖拉机(台)	Mini and Walking Tractors (unit)	38.5	41.1	41.7	43.8
机动脱粒机(台)	Motorized Threshing Machines (unit)	6.6	7.1	7.2	5.8
胶轮大车(辆)	Carts with Rubber Tires (unit)	10.6	10.5	11.5	8.8
农用水泵(台)	Pumps (unit)	18.4	19.9	19.4	19.9
役畜(头)	Draught Animals (unit)	35.7	34.7	35.5	32.2
产品畜(头)	Commodity Animals (unit)	37.9	58.8	85.6	47.7

10－12 主要农作物播种面积
SOWN AREAS OF MAJOR FARM CROPS

单位:万公顷、公顷 (10000 hectares, hectare)

年份 地区 Year Region	农作物总播种面积 Total Sown Areas of Farm Crops	谷物 Cereal	#水稻 Rice	#小麦 Wheat	#玉米 Corn	#谷子 Millet	#高粱 Jowar
1980	872.4		21.0	210.5	188.4	76.9	27.1
1981	872.7		22.4	219.0	157.7	76.9	29.5
1982	847.9		23.9	190.4	136.3	72.3	29.0
1983	860.7		24.6	209.6	164.2	74.8	31.4
1984	862.2		27.8	198.0	192.0	63.3	29.3
1985	858.2		39.0	203.8	157.7	49.3	14.5
1986	846.3		50.7	196.9	168.9	41.0	17.5
1987	851.5		58.1	158.7	197.6	30.8	17.3
1988	823.3		55.3	123.9	182.8	24.5	17.2
1989	845.3		60.4	168.2	190.4	21.3	17.5
1990	855.9		67.4	178.1	216.9	17.5	15.9
1991	861.5	507.0	74.7	173.7	223.0	14.0	13.6
1992	848.0	491.3	77.8	161.5	216.6	13.2	14.1
1993	864.7	425.1	73.6	133.7	177.7	12.6	16.6
1994	867.0	433.1	74.8	119.5	196.4	10.8	16.2
1995	864.7	467.6	83.5	111.6	241.1	8.8	13.4
1996	888.4	534.0	110.9	123.7	266.6	7.3	17.1
1997	903.5	529.9	139.7	107.4	254.5	6.7	13.5
1998	919.4	526.8	156.3	95.9	248.6	7.0	11.7
1999	926.2	549.1	161.5	95.3	265.2	7.1	12.4
2000	932.9	427.9	160.6	59.0	180.1	8.2	11.6
2001	941.2	434.9	157.7	38.3	211.0	7.0	11.0
2002	940.0	439.4	157.1	24.5	223.7	7.4	11.6
2003	955.1	381.4	129.5	21.4	203.5	5.6	9.2
哈尔滨 Harbin	1321035	746808	222404	61	506843	4594	7060
齐齐哈尔 Qiqihar	1676256	474987	66077	10481	339584	17457	29551
鸡西 Jixi	282499	120432	73173	1165	44376	440	362
鹤岗 Hegang	128218	34051	17348	1399	15304		
双鸭山 Shuangyashan	373154	83528	20220	2537	59238	78	395
大庆 Daqing	490743	257988	28224	2051	173783	12554	33505
伊春 Yichun	119615	33467	17277	326	15752	17	
佳木斯 Jiamusi	597518	246030	125998	24235	93167	187	361
七台河 Qitaihe	118711	31276	12482	982	16643	110	158
牡丹江 Mudanjiang	367375	127827	38373	2909	84852	144	147
黑河 Heihe	585201	66629	4963	32128	28605	234	13
绥化 Suihua	1435024	671610	114640	2744	502344	19936	18320
大兴安岭 Daxinganling	87738	8608		8363	200		
农垦总局 ARB	1967419	910432	553540	124719	154178	90	2193

10－12 续表1 CONTINUED

单位：万公顷、公顷 (10000 hectares, hectare)

年份 地区	Year Region	豆类 Soybean	#大豆 Soja	薯类 Tuber	油料 Oil－bearing Crops	#油菜籽 Rapeseeds	#葵花籽 Helianthus	#白瓜籽 Pumpkin Seeds	甜菜 Beetsroots
1980			163.0	23.7	24.4	0.4	19.2		24.3
1981			180.0	21.9	31.5	0.2	26.7		23.4
1982			213.6	22.6	26.5	0.7	21.7		24.4
1983			169.3	26.1	22.5	0.8	19.0		33.7
1984			179.5	23.5	22.4	0.9	20.7		30.5
1985			216.7	22.2	39.2	2.0	33.8		29.2
1986			219.7	20.9	18.3	3.0	13.8		30.6
1987			240.0	21.4	16.9	5.4	10.6		26.3
1988			242.9	24.7	16.5	8.1	7.4		42.7
1989			226.4	23.3	13.4	5.8	6.2		31.4
1990			207.9	21.8	14.2	6.6	6.5		35.8
1991		215.4	209.4	20.3	13.7	6.5	6.5		41.6
1992		221.2	216.0	22.3	18.3	9.8	7.4		33.2
1993		307.2	297.9	23.5	15.5	6.6	7.3		28.4
1994		294.8	279.6	22.2	17.4	5.5	7.4		34.4
1995		258.9	251.3	23.5	14.7	4.5	6.8		32.8
1996		221.9	216.1	23.7	12.8	3.1	7.6		29.1
1997		245.4	239.4	24.2	14.2	2.1	8.8		25.1
1998		254.7	246.0	26.8	20.9	3.4	11.2		23.1
1999		229.2	215.3	31.6	29.3	7.2	13.9		12.4
2000		317.8	286.8	39.5	36.3	8.0	18.3		14.6
2001		319.6	287.4	41.2	30.2	1.3	18.0		18.2
2002		300.6	263.1	43.3	37.4	0.4	23.4	10.7	19.9
2003		366.1	324.2	38.8	46.3	0.2	25.7	15.1	11.9
哈尔滨	Harbin	382572	374039	40758	12118	64	7466	3616	5262
齐齐哈尔	Qiqihar	605285	456647	133034	168687		137783	17585	46463
鸡西	Jixi	96919	80689	3969	22716	10	1126	20928	965
鹤岗	Hegang	78501	75857	3266	1103		888	25	27
双鸭山	Shuangyashan	214719	210215	10205	25004		3825	20939	3748
大庆	Daqing	81641	39082	20405	34461		21592	603	11880
伊春	Yichun	65393	64881	1502	1330		596	733	82
佳木斯	Jiamusi	257337	252760	13408	21822		6229	15449	8806
七台河	Qitaihe	32655	29513	5689	10683		3653	6727	991
牡丹江	Mudanjiang	136362	128090	11313	21765		5495	15155	4144
黑河	Heihe	468870	451984	23913	2164	815	1235	114	5793
绥化	Shuihua	397255	366474	111346	50270		45927	3351	15627
大兴安岭	Daxinganling	60129	49558	8910	344	120	224		
农垦总局	ARB	783512	661744		90804	1474	21273	45710	14967

10-12 续表2 CONTINUED

单位:万公顷、公顷　　　　(10000 hectares, hectare)

年份 地区	Year Region	麻类 Fiber Crops	#亚麻 Flax	药材 Herb	烟叶 Tobacco	#烤烟 Flue - cured	蔬菜 Vegetables	瓜果类 Melon	饲料作物 Feed Crops
	1980	13.7	8.9		1.0		33.0	6.6	
	1981	11.4	8.0			1.7	29.5	7.8	
	1982	7.8	5.3			4.0	31.0	5.8	
	1983	6.2	5.3		3.2	2.8	29.6	6.0	
	1984	7.1	6.5		3.4	3.1	27.3	5.9	
	1985	7.8	7.4		5.0	4.3	24.9	7.7	
	1986	8.2	7.9		5.0	4.2	25.1	7.7	
	1987	12.3	12.1		5.9	5.1	22.8	7.6	
	1988	14.1	13.9		8.3	7.6	24.8	7.1	
	1989	8.9	8.8		13.8	13.0	24.5	7.6	
	1990	8.2	8.1		12.5	11.6	23.0	3.4	
	1991	9.8	9.7		13.2	12.3	21.8	3.1	
	1992	7.1	7.0		9.7	9.2	23.4	3.8	
	1993	6.5	6.4		8.4	7.8	26.3	5.0	
	1994	8.3	8.2		7.1	6.6	26.3	5.0	
	1995	10.1	10.0		6.8	6.5	29.3	5.0	
	1996	8.5	8.4		10.2	9.8	29.4	5.0	
	1997	5.5	5.4		10.8	10.3	29.9	6.0	
	1998	3.6	3.5		5.9	5.4	35.4	7.8	
	1999	5.0	4.9		6.4	6.1	44.6	8.2	
	2000	9.5	8.8		4.9	4.5	44.6	12.6	
	2001	12.9	12.4		4.6	4.1	42.7	13.0	
	2002	10.3	10.1	2.4	4.5	4.0	43.2	14.1	14.9
	2003	11.3	11.1	3.3	3.7	3.3	40.0	13.4	29.7
哈尔滨	Harbin	9797	9671	1928	5714	5044	61705	23094	19036
齐齐哈尔	Qiqihar	16427	16426	1708	917	100	59473	18958	127644
鸡西	Jixi	125	125	435	2148	1946	14722	5765	9730
鹤岗	Hegang	71	71	697	1001	1001	6078	990	1374
双鸭山	Shuangyashan			437	3863	3716	12995	5517	10389
大庆	Daqing			2525	895	895	37411	14160	25767
伊春	Yichun	950	950	3344	62	10	11230	913	1057
佳木斯	Jiamusi	643	643	573	2512	2289	25506	6855	11534
七台河	Qitaihe	1830	1830	808	1436	1436	13318	5949	7499
牡丹江	Mudanjiang	1268	1183	1599	12022	10574	33748	8838	1584
黑河	Heihe	2537	2537	1379	88		9253	2195	1731
绥化	Suihua	13320	12750	7151	5907	5557	85008	30953	26881
大兴安岭	Daxinganling	5388	5388	321			3103	333	221
农垦总局	ARB	60523	58968	10424	57	57	26036	9225	52764

10-13 主要农产品产量
YIELD OF MAJOR FARM CROPS

单位:万吨 (10000 tons)

年份 Year 地区 Region		粮食 Grain	谷物 Cereal	#水稻 Rice	#小麦 Wheat	#玉米 Corn	#谷子 Millet	#高粱 Jowar
1980		1462.4		79.6	394.6	520.0	103.6	63.1
1981		1250.0		55.7	314.1	455.0	99.7	64.9
1982		1150.0		70.9	268.2	352.6	87.6	54.2
1983		1549.0		91.5	451.0	463.5	125.7	76.9
1984		1757.5		124.0	382.5	642.0	115.5	100.5
1985		1405.0		162.9	376.8	386.8	63.2	34.0
1986		1776.3		220.8	355.9	632.0	60.1	55.1
1987		1737.6		225.7	299.8	646.1	40.2	48.0
1988		1768.0		243.5	250.4	700.6	35.5	55.2
1989		1668.9		231.7	367.3	615.2	22.7	43.8
1990		2312.5	1901.0	314.4	474.8	1008.3	31.3	53.3
1991		2164.3	1789.6	316.2	381.1	1007.5	23.7	45.8
1992		2366.3	1936.6	376.6	424.8	1042.8	24.3	51.4
1993		2390.8	1799.5	388.3	340.0	956.6	27.2	73.3
1994		2578.7	1971.3	410.4	275.3	1146.4	24.3	86.4
1995		2592.5	2062.8	469.9	293.4	1219.1	20.9	47.9
1996		3046.5	2512.4	636.0	329.5	1445.0	21.5	65.5
1997		3104.5	2434.9	860.9	328.4	1165.9	14.4	48.3
1998		3008.5	2483.4	925.8	285.2	1199.7	9.0	51.7
1999		3074.6	2524.8	944.3	284.2	1228.4	13.6	39.6
2000		2545.5	1974.1	1042.2	95.8	790.8	8.7	26.0
2001		2651.7	1989.1	1016.3	93.8	819.5	10.3	28.5
2002		2941.2	2195.5	921.0	89.4	1070.5	16.2	52.3
2003		2512.3	1792.0	842.8	39.7	830.9	12.9	39.8
哈尔滨	Harbin	690.5	581.2	189.5		383.2	1.3	3.9
齐齐哈尔	Qiqihar	190.1	126.4	27.5	1.0	89.5	1.8	5.5
鸡西	Jixi	98.3	77.8	49.9	0.5	26.8	0.1	0.2
鹤岗	Hegang	31.2	17.2	9.5	0.3	7.4		
双鸭山	Shuangyashan	83.6	44.0	9.4	0.3	34.1		0.1
大庆	Daqing	127.6	113.6	12.4	0.1	82.6	2.3	14.8
伊春	Yichun	28.8	17.3	10.2	0.1	7.0		
佳木斯	Jiamusi	195.9	119.2	71.5	6.8	40.3		0.1
七台河	Qitaihe	24.5	17.5	7.7	0.2	9.5		
牡丹江	Mudanjiang	92.2	60.6	15.3	0.6	44.4		0.1
黑河	Heihe	69.0	13.1	1.2	3.7	8.1	0.1	
绥化	Suihua	399.3	306.5	62.8	0.4	228.9	4.7	7.3
大兴安岭	Daxinganling	5.7	0.6		0.6			
农垦总局	ARB	755.3	569.3	424.2	26.8	100.5		1.3

注:因资料来源不同,粮食产量地区汇总数不等于全省数。

Note: The data of grain by region unequal to that by province, for the sources of data are difference.

10－13 续表1 CONTINUED

单位:万吨 (10000 tons)

年份 Year 地区 Region		豆类 Soybean	#大豆 Mung Bean	薯类 Tuber	油料 Oil－bearing Crops	#油菜籽 Rapeseeds	#葵花籽 Helianthus	#白瓜籽 Pumpkin Seeds
1980			220.5	51.0	23.9		22.6	
1981			188.3	44.9	37.4		40.0	
1982			245.5	43.3	34.4		41.3	
1983			238.5	61.5	32.2		28.9	
1984			290.5	62.5	26.0		24.6	
1985			313.7	43.8	28.4		25.2	
1986			378.0	47.5	19.0		16.4	
1987			383.5	67.2	12.6		6.5	
1988			384.4	71.0	13.0		7.0	
1989			291.8	73.4	13.1		6.5	
1990		337.4	325.8	74.1	17.2	7.0	8.1	
1991		317.4	309.8	57.3	15.2	7.0	6.6	
1992		354.0	349.1	75.7	21.9	9.9	10.3	
1993		505.3	491.5	86.0	16.1	4.3	9.5	
1994		532.8	513.6	74.6	15.6	4.0	9.4	
1995		448.2	438.8	81.5	20.1	5.3	9.0	
1996		435.6	413.5	98.5	16.8	3.3	10.5	
1997		588.7	576.2	80.9	18.2	2.9	11.6	
1998		458.6	444.6	66.5	16.9	3.2	7.6	
1999		474.1	446.6	75.7	39.3	7.7	22.6	
2000		489.6	450.1	81.8	43.8	6.8	26.0	
2001		537.5	496.2	125.1	36.3	1.5	20.8	
2002		610.7	556.3	135.0	52.8	0.5	36.8	10.9
2003		616.1	560.8	104.1	44.7	0.3	21.0	15.2
哈尔滨	Harbin	81.2	79.6	28.1	2.8		1.9	0.4
齐齐哈尔	Qiqihar	50.7	42.2	12.9	10.8		7.8	0.9
鸡西	Jixi	18.5	15.5	2.0	2.1		0.2	1.8
鹤岗	Hegang	12.4	12.1	1.6	0.1		0.1	
双鸭山	Shuangyashan	36.1	35.7	3.5	3.0		0.5	2.5
大庆	Daqing	7.8	4.9	6.1	4.4		2.3	
伊春	Yichun	10.8	10.7	0.7	0.3		0.1	0.1
佳木斯	Jiamusi	68.6	68.1	8.1	3.2		1.2	1.9
七台河	Qitaihe	5.4	4.9	1.5	0.7		0.3	0.5
牡丹江	Mudanjiang	26.1	24.6	5.5	3.5		1.2	2.1
黑河	Heihe	53.4	52.0	2.5	0.2	0.1	0.1	
绥化	Suihua	61.4	59.0	31.3	3.2		2.8	0.2
大兴安岭	Daxinganling	4.0	3.0	1.1				
农垦总局	ARB	186.1	165.9		10.3	0.2	2.7	4.6

10－13 续表2 CONTINUED

单位:万吨 (10000 tons)

年份 Year 地区 Region		麻类 Fiber Crops	#亚麻 Flax	甜菜 Beetsroots	烟叶 Tobacco	#烤烟 Flue－cured Tobacco	蔬菜 Vegetables	瓜果类 Melon
1980		19.0	17.5	287.6	2.8	2.2	523.6	
1981		19.2	18.3	312.7	4.4	3.4		
1982		6.5	5.9	274.3	8.0	6.9		
1983		13.5	13.1	515.2	5.7	4.4		
1984		19.0	18.6	422.8	7.1	6.1		
1985		15.0	14.8	315.2	8.9	7.0	485.1	
1986		20.7	20.4	389.8	10.5	8.1	585.0	
1987		31.2	31.1	330.4	10.4	8.8	463.9	
1988		35.4	35.5	555.1	14.0	12.4	526.5	
1989		22.4	22.3	397.5	23.1	12.4	526.1	
1990		22.4	22.3	632.0	21.9	19.3	563.7	76.5
1991		26.8	26.7	620.3	18.5	16.8	484.0	46.5
1992		19.6	19.5	539.8	13.6	12.6	578.1	72.4
1993		17.2	17.0	298.7	13.1	11.6	672.3	94.9
1994		21.7	21.7	322.7	10.0	8.9	679.6	104.0
1995		32.2	32.0	500.8	11.2	10.1	883.6	126.6
1996		23.7	23.6	491.9	18.1	16.9	916.7	129.1
1997		13.3	13.1	447.7	17.5	16.3	990.0	158.7
1998		9.1	9.0	310.2	9.4	8.3	998.5	160.0
1999		14.8	14.6	203.6	11.2	10.3	1187.3	221.9
2000		18.7	18.0	254.8	9.6	8.1	1325.6	319.4
2001		29.8	28.1	329.8	8.4	7.3	1250.2	335.9
2002		36.2	35.7	437.6	7.4	6.3	1324.7	353.2
2003		28.3	26.7	71.4	4.6	4.5	1198.3	316.5
哈尔滨	Harbin	2.7	2.7	9.4	1.2	1.1	184.8	53.8
齐齐哈尔	Qiqihar	2.5	2.5	32.6	0.1		137.7	25.9
鸡西	Jixi			2.4	0.4	0.3	56.2	10.2
鹤岗	Hegang			0.1	0.1	0.1	23.4	3.7
双鸭山	Shuangyashan			5.1	0.8	0.7	44.0	21.6
大庆	Daqing			18.5	0.2	0.2	116.0	35.7
伊春	Yichun	0.4	0.4	0.2			36.1	2.6
佳木斯	Jiamusi	0.2	0.2	15.8	0.4	0.3	116.4	17.2
七台河	Qitaihe	0.2	0.2	1.2	0.1	0.1	19.0	12.7
牡丹江	Mudanjiang	0.3	0.2	3.3	2.2	1.8	105.0	22.1
黑河	Heihe	0.4	0.4	5.8			21.2	3.2
绥化	Suihua	2.6	2.6	21.1	1.0	0.9	258.5	78.0
大兴安岭	Daxinganling	2.0	2.0				10.0	0.4
农垦总局	ARB	16.8	15.4	26.9			70.0	29.5

10－14　主要农产品单位面积产量
YIELD OF MAJOR FARM CROPS PER HECTARE

单位:千克/公顷　　　　(kg/hectare)

年份 Year 地区 Region		水稻 Rice	小麦 Wheat	玉米 Corn	大豆 Soybean	薯类 Tuber	亚麻 Flax	甜菜 Beetsroots	烤烟 Flue－cured Tobacco
	1980	3803	1868	2768	1350	2160	1980	11813	2678
	1981	2498	1440	2453	1058	2048	2273	13343	2003
	1982	2970	1418	2183	1148	1913		11228	1755
	1983	3713	2138	2835	1418	2363	2475	15278	1598
	1984	4478	1935	2533	1620	2655	1148	13860	2025
	1985	4185	1845	2610	1463	1980	2003	10800	1598
	1986	4343	1823	3758	1733	2273	2565	12713	1913
	1987	3893	1890	3780	1598	3128	2588	12578	1733
	1988	4410	2025	3848	1643	2880	2543	13028	1643
	1989	3825	2183	3218	1283	3150	2543	12668	1643
	1990	4658	2678	4658	1575	3398	2745	17663	1665
	1991	4230	2183	4523	1485	2835	2768	14918	1373
	1992	4838	2631	4815	1616	3690	2790	16268	1373
	1993	5279	2543	5384	1650	3646	2676	10512	1500
	1994	5485	2304	5836	1837	3679	2634	9390	1354
	1995	5626	2628	5056	1746	3468	3205	15246	1567
	1996	5739	2665	5421	1914	4155	3557	16922	1735
	1997	6163	3075	4581	2408	3345	2447	17808	1583
	1998	5909	2967	4823	1808	2479	2558	13450	1550
	1999	5851	2982	4632	2074	2396	3013	16421	1696
	2000	6489	1623	4390	1569	2071	2039	17482	1810
	2001	6444	2450	3884	1726	3039	2262	18112	1769
	2002	5861	3643	4785	2115	3116	3516	21999	1585
	2003	6510	1854	4083	1730	2685	2416	6011	1379
哈尔滨	Harbin	8519	2213	7561	2129	6895	2821	23130	2215
齐齐哈尔	Qiqihar	4164	934	2637	924	972	1537	7017	
鸡　西	Jixi	6818	3882	6036	1917	5105	2752	24411	1595
鹤　岗	Hegang	5480	1984	4831	1596	4801	4310	27000	1413
双鸭山	Shuangyashan	4643	1053	5755	1267	3441		13625	1773
大　庆	Daqing	4400	389	4756	1250	3013		15586	1849
伊　春	Yichun	5892	2518	4436	1654	4780	4063	27354	2100
佳木斯	Jiamusi	5679	2810	4324	2696	6013	3439	17975	1325
七台河	Qitaihe	6135	2174	5695	1668	2636	1044	12199	914
牡丹江	Mudanjiang	3979	2125	5232	1922	4887	1831	7897	1695
黑　河	Heihe	2339	1149	2821	1150	1038	1747	10083	
绥　化	Shuihua	5475	1403	4557	1611	2812	2027	13471	1675
大兴安岭	Daxinganling		734	1245	604	1225	3694		
农垦总局	ARB	7663	2153	6516	2508		2604	17959	2439

10－15 水果生产情况
YIELD OF FRUITS

年份 Year / 地区 Region		果园面积(公顷) Area of Orchards (hectare)				水果产量(吨) Yield of Fruits (ton)		
		总计 Total	#苹果 Apples	#梨 Pears	#葡萄 Grapes	总计 Total	#苹果 Apples	#梨 Pears	#葡萄 Grapes
1980		17285	266		200	27881	3400		250
1985		14657	5266	266	933	31008	15557	469	938
1990		19000	11267	1000	1000	49451	20904	10840	3099
1995		55503	31870	5717	1925	127005	75873	13141	10154
2000		50833	30555	5809	2040	196032	115591	26309	9680
2001		40666	25198	5269	1643	212484	109689	27965	10513
2002		48719	28826	6809	1587	319708	183067	44863	14506
2003		41443	18366	5709	2099	401839	169115	35379	19122
哈尔滨	Harbin	7186	2266	387	963	80284	30913	2499	7645
齐齐哈尔	Qiqihar	4119	505	84	251	20254	2237	71	940
鸡西	Jixi	5506	2723	941	250	87349	25067	11401	1855
鹤岗	Hegang	34	24			582	283		4
双鸭山	Shuangyashan	1965	752	227	35	17575	6074	2164	616
大庆	Daqing	2090	232		372	26223	1763		6822
伊春	Yichun	222	21	17		1216	311	2	
佳木斯	Jiamusi	988	141	57	14	7707	2089	801	232
七台河	Qitaihe	821	195	419	23	8041	602	2564	165
牡丹江	Mudanjiang	12924	8318	3306	65	109091	81931	14711	345
黑河	Heihe	1				75			
绥化	Suihua	3178	1308	177	98	34180	12761	1030	440
大兴安岭	Daxinganling	333				3775			
农垦总局	ARB	2076	1881	94	28	5487	5084	136	58

10－16 蔬菜生产情况
YIELD OF VEGETABLE

年份 Year / 地区 Region		播种面积(公顷) Sown Areas (hectare)				产量(吨) Yield (ton)			
		总计 Total	#白菜 Chinese Cabbage	#黄瓜 Cucumber	#萝卜 Radish	总计 Total	#白菜 Chinese Cabbage	#黄瓜 Cucumber	#萝卜 Radish
2001		426965	157154	24260	21267	12501911	5818029	812675	654831
2002		431951	158559	26675	21602	13247433	5890257	864482	666935
2003		399586	133553	24965	19853	11982711	4968835	808441	626513
哈尔滨	Harbin	61705	20150	4234	2663	1847683	788921	131027	83991
齐齐哈尔	Qiqihar	59473	15797	2039	1221	1376715	538206	52721	30596
鸡西	Jixi	14722	4697	1031	861	561908	320396	34659	32721
鹤岗	Hegang	6078	1796	244	385	234316	86457	10684	14977
双鸭山	Shuangyashan	12995	5187	652	965	440325	193809	22170	30735
大庆	Daqing	37411	12720	2252	1795	1159932	477077	72758	57726
伊春	Yichun	11230	3036	471	809	361029	133849	17426	30842
佳木斯	Jiamusi	25506	8702	1691	1249	1164187	433065	58848	50048
七台河	Qitaihe	13318	3867	1485	617	189608	68915	24202	9102
牡丹江	Mudanjiang	33748	10829	2262	2724	1050043	412674	84554	97556
黑河	Heihe	9253	3528	652	619	211910	79960	23530	15814
绥化	Suihua	85008	33738	7203	4228	2584520	1138871	250463	121928
大兴安岭	Daxinganling	3103	1210	269	325	100182	33150	10429	10753
农垦总局	ARB	26036	8296	480	1392	700353	263485	14970	39724

10－17 牲畜饲养情况
NUMBER OF LIVESTOCK

单位:万头、头　　（年末数，at the Year－end）　　（10000 heads，head）

年 份 Year 地 区 Region		大牲畜数量 Large Animals	#农役畜 Dtaught Animals	黄牛及肉牛 Oxes	奶 牛 Milk Cow	马 Horses	驴 Donkeys	骡 Mules
1978		286.9	170.9	105.1	6.2	164.5	4.8	6.3
1980		257.8	149.0	95.6	7.8	143.6	4.6	6.2
1985		305.5	195.1	149.9	25.8	117.9	6.4	5.5
1986		314.0	191.9	156.7	31.9	113.3	6.5	5.6
1987		314.6	183.3	155.9	40.3	106.5	6.4	5.5
1988		318.1	183.4	157.7	47.0	101.3	6.6	5.5
1989		324.1	183.8	165.0	49.2	98.0	6.2	5.7
1990		348.2	193.7	182.8	54.0	99.2	6.3	5.9
1991		358.7	191.3	192.4	57.9	95.7	6.4	6.3
1992		365.3	186.8	200.6	61.1	90.1	7.0	6.5
1993		376.4	190.0	221.2	55.1	86.7	7.2	6.3
1994		420.2	193.4	265.9	56.4	83.4	8.2	6.5
1995		485.7	223.6	326.6	61.7	81.9	8.9	6.8
1996		540.6	220.6	376.7	65.8	81.2	9.8	7.1
1997		545.3	201.5	383.1	67.2	78.7	9.3	6.9
1998		549.5	213.5	388.1	68.5	77.8	8.9	6.3
1999		549.0	216.1	389.6	68.6	76.6	8.3	5.9
2000		547.7	209.6	391.5	69.8	72.8	7.9	5.6
2001		558.3	206.5	400.4	77.8	66.6	8.1	5.3
2002		598.3	195.2	432.3	93.3	60.0	7.6	5.1
2003		690.3	177.6	506.8	117.6	53.0	7.7	5.1
哈尔滨	Harbin	1617484	486210	1224169	256514	112384	11750	12667
齐齐哈尔	Qiqihar	1165508	318300	792312	225744	107591	26296	13565
鸡 西	Jixi	271799	59721	239098	17407	12691	551	2052
鹤 岗	Hegang	67846	3425	56000	9748	2046	48	4
双鸭山	Shuangyashan	117761	16206	101743	11267	4265	286	200
大 庆	Daqing	526547	77272	229528	205877	74489	14430	2223
伊 春	Yichun	82551	14574	69786	7070	5248	335	112
佳木斯	Jiamusi	406832	77264	384689	10839	9507	880	917
七台河	Qitaihe	122129	33559	114985	1107	3890	520	1627
牡丹江	Mudanjiang	544613	235492	489291	7327	33812	2450	11733
黑 河	Heihe	187337	29806	136118	31781	18430	813	195
绥 化	Suihua	1211050	413185	834849	220017	133728	16442	6014
大兴安岭	Daxinganling	44378	2211	34386	2230	7521	175	66
农垦总局	ARB	586676	9229	360755	219571	3886	2348	116

10－17 续表 CONTINUED

年份 Year 地区 Region		肉猪出栏数量（万头，头）Slaughtered Fattened Hogs (10000 heads, head)	猪年末数量（万头，头）Hogs (10000 heads, head)	羊年末数量（万只，只）Sheep and Goats (10000 heads, head)	山羊 Goats	绵羊 Sheep	家禽（万只，只）Poultry (10000 heads, head)
1978		403.7	835.0	218.7	11.7	207.0	
1980		446.0	716.7	303.0	32.6	270.4	
1985		383.5	592.9	229.6	30.8	198.8	
1986		392.4	564.8	210.4	25.1	185.3	
1987		371.6	438.4	218.5	23.5	195.0	
1988		334.8	486.8	236.7	24.5	212.2	
1989		350.5	548.7	264.3	28.1	236.2	
1990		458.6	654.9	283.3	34.2	249.1	
1991		511.7	683.7	291.0	35.8	255.2	
1992		524.4	678.6	281.7	35.6	246.1	
1993		509.4	665.0	279.8	45.0	234.8	
1994		573.8	719.0	326.0	61.3	264.7	
1995		672.4	855.9	389.2	94.7	294.5	
1996		882.4	900.7	431.6	124.0	307.6	
1997		936.5	932.2	440.5	122.1	318.4	
1998		1063.1	958.1	462.8	121.5	341.3	
1999		1123.2	1014.4	481.1	120.2	360.9	
2000		1206.6	1085.4	507.4	123.8	383.6	13144.5
2001		1300.2	1123.0	567.8	147.3	420.4	13739.4
2002		1395.4	1163.0	749.1	228.7	520.4	14783.4
2003		1599.6	1326.4	1029.5	403.0	626.5	15987.7
哈尔滨	Harbin	3699632	2686839	694119	257786	436333	51840298
齐齐哈尔	Qiqihar	2472195	2091504	2115083	431260	1683823	19009693
鸡西	Jixi	551069	447503	287818	122111	165707	5755496
鹤岗	Hegang	190756	176255	130951	37988	92963	2401383
双鸭山	Shuangyashan	280316	252419	277281	156123	121158	3589628
大庆	Daqing	780772	765245	1163443	108108	1055335	8107134
伊春	Yichun	364218	227893	261842	237569	24273	3911651
佳木斯	Jiamusi	1240672	1048487	414056	79605	334451	9842084
七台河	Qitaihe	294089	238384	155507	55593	99914	3794401
牡丹江	Mudanjiang	796255	643019	628425	188254	440171	6845608
黑河	Heihe	251469	233651	480903	223053	257850	2313655
绥化	Suihua	3706610	3211487	1339566	239168	1100398	30215334
大兴安岭	Daxinganling	94996	78623	241671	211730	29941	711708
农垦总局	ARB	1272712	1163034	2103886	1681323	422563	11539200

10－18 畜产品产量
OUTPUT OF LIVESTOCK PRODUCTS

单位：万吨、吨　　（年末数，at the Year－end）　　（10000 tons, ton）

年份 Year 地区 Region	肉类产量 Output of Meat	#猪牛羊肉产量 Output of Pork, Beef and Mutton	猪肉 Pork	牛肉 Beef	羊肉 Mutton	#禽肉 Meat of Poultry	奶类 Milk	#牛奶 Cow Milk
1978		31.9						
1980		37.1	34.8	1.6	0.7		13.9	12.4
1985	34.9	31.5	29.7	1.0	0.8	3.4	45.5	43.0
1986	36.4	33.1	31.1	1.5	0.5	3.3	56.3	53.8
1987	36.3	32.1	29.1	2.4	0.6	4.2	68.1	66.3
1988	37.9	32.0	28.6	2.7	0.7	5.9	83.1	81.8
1989	40.9	33.2	29.5	2.9	0.7	7.4	88.2	87.1
1990	55.9	46.0	39.5	5.2	1.3	9.7	102.7	101.7
1991	62.7	50.9	43.4	6.1	1.4	11.3	114.2	112.6
1992	66.3	53.2	44.4	7.3	1.5	12.4	122.5	120.4
1993	65.4	52.4	42.6	8.4	1.4	12.3	113.3	111.6
1994	77.7	61.7	47.5	12.4	1.8	14.9	113.1	110.8
1995	90.3	70.3	53.4	15.0	1.9	18.8	121.2	121.2
1996	116.0	93.2	68.9	21.9	2.5	21.4	136.2	133.3
1997	125.9	100.1	74.1	23.5	2.6	25.9	143.0	140.5
1998	142.7	112.2	83.5	25.7	3.0	29.0	144.5	142.1
1999	150.9	119.5	89.0	27.3	3.2	30.0	145.0	142.8
2000	159.9	125.9	95.4	27.1	3.5	32.4	156.5	154.3
2001	171.2	134.4	101.4	29.0	3.9	34.5	192.4	189.0
2002	190.0	147.9	110.9	32.3	4.7	40.0	239.8	235.8
2003	217.2	167.5	125.0	35.8	6.7	47.7	304.0	300.5
哈尔滨 Harbin	585746	405117	295200	104650	5267	178353	727027	716033
齐齐哈尔 Qiqihar	358193	282796	196143	69068	17585	69901	497488	492976
鸡西 Jixi	71751	59344	41043	16086	2215	11555	50059	48708
鹤岗 Hegang	25448	19507	14135	4207	1165	5880	21856	21842
双鸭山 Shuangyashan	40056	28963	22010	5348	1605	10956	26397	26319
大庆 Daqing	129003	88283	61713	17079	9491	36722	567085	567085
伊春 Yichun	57637	35415	28321	5966	1128	21454	21160	17306
佳木斯 Jiamusi	132744	112327	92850	16951	2526	20074	13517	13353
七台河 Qitaihe	42300	29865	22056	6664	1145	12294	2315	2315
牡丹江 Mudanjiang	97869	84731	58741	22197	3793	12114	16536	16242
黑河 Heihe	31833	27355	19109	5790	2456	4037	64875	63788
绥化 Suihua	424811	358239	292269	55890	10080	63275	467677	455285
大兴安岭 Daxinganling	12457	10092	7758	1779	555	1963	5222	5222
农垦总局 ARB	162244	133254	98807	26770	7677	28160	558811	558787

10－18 续表 CONTINUED

单位:吨 (ton)

年份 Year 地区 Region	绵羊毛 Sheep Wool	#细羊毛 Fine Wool	#半细羊毛 Semi－Fine Wool	山羊毛 Goat Wool	羊绒 Cashmere	禽蛋(万吨) Poultry Eggs (10000 ton)	蜂蜜 Honey	蚕茧 Silkworm Cocoons
1978							4770	2079
1980	9635	4409	5043	102	4		5290	2469
1985	7564	3476	3992	57	5	20.5	5458	1069
1986	6542	2830	3593	30	11	18.6	3932	1197
1987	7086	3019	4002	26	19	20.5	4933	683
1988	7474	3295	4067	68	15	23.8	4529	779
1989	8503	3390	4942	125	11	24.3	4012	1052
1990	9614	3672	5852	93	4	30.9	3052	1451
1991	9737	3980	5757	75	4	36.8	2640	1427
1992	9330	3503	5827	92	2	37.8	2600	1069
1993	8329	3192	5137	112	1	36.8	2899	1021
1994	8817	3399	5418	99	2	40.8	2801	1052
1995	9751	3114	6637	96	6	48.6	3038	863
1996	11847	4004	7843	115	12	62.4	2964	879
1997	13014	3820	9194	91	18	67.5	2934	843
1998	12921	3956	8965	91	19	71.2	2678	1049
1999	12793	3548	9245	108	17	74.9	2956	1395
2000	13550	4365	9185	62	22	75.3	3765	1382
2001	14540	4423	10117	182	58	80.3	7331	1923
2002	17505	4576	12212	251	181	85	7781	2670
2003	20606	6107	13154	713	393	90.3	7016	3112
哈尔滨 Harbin	1425	272	1153	58	8.2	30.3	933	
齐齐哈尔 Qiqihar	6163	2950	2513	55	8.9	11.9	238	401
鸡西 Jixi	382	29	161	47	8.7	3.0	538	221
鹤岗 Hegang	176	2	52	226	3.4	1.3	128	
双鸭山 Shuangyashan	433		433		58.1	1.8	1468	99
大庆 Daqing	4176	1380	2595	48	5.0	4.4	42	
伊春 Yichun	44		36	31	45.8	2.4	1135	45
佳木斯 Jiamusi	1376	12	1364	10	7.8	5.8	87	296
七台河 Qitaihe	343		332	6	7.4	2.3	115	124
牡丹江 Mudanjiang	1021		1021	73	17.0	4.0	1487	966
黑河 Heihe	654	35	616	18	37.3	1.4	46	960
绥化 Suihua	3422	1214	2103	90	2.9	17.9	19	
大兴安岭 Daxinganling	7		4		9.8	0.4	24	
农垦总局 ARB	984	213	771	51	172.9	3.5	757	1

10－19　林业生产情况
BASIC STATISTICS ON FORESTRY

指　　标	Item	2000	2001	2002	2003
营林情况(千公顷)	**Area of Afforestation (1000 hectares)**				
当年造林面积	Area of Afforestation in Current Year	328.7	212.7	245.1	308.5
#人工造林	#Artifical Afforestation	323.0	208.6	244.4	308.5
按用途分	Grouped by Use				
用材林	Timber Forest	183.4	113.1	76.9	94.3
经济林	Economic Forest	20.9	12.0	16.5	9.8
防护林	Shelter－forest	103.2	74.5	147.3	194.8
薪炭林	Charcoal Forest	15.5	7.0	1.7	2.8
特种用途林	Special Use Forest	5.7	6.0	2.7	6.9
迹地更新面积	Slash Reforestation Areas	47.3	69.2	22.6	14.0
育苗面积	Grow Seedlings Areas	18.4	18.3	19.6	21.7
幼林抚育作业面积(千公顷次)	Area of Tending Young Forest(1000 hectare－times)	1497.3	1524.2	1088.3	1184.1
成林抚育面积	Mature Timber Fostering Areas	277.5	270.7	230.9	231.7
零星植树(万株)	Oddly Tree Planting (10000 roots)	2608	5721	3685	6788.3
林木采伐(万平方米)	**Forest Cutting(10000 cu. m)**	**691.5**	**638.5**	**612.6**	**761.2**

10－20　水产品产量
OUTPUT OF AQUATIC PRODUCTS

单位:吨　　(ton)

年份 Year 地区 Region		总产量 Total	#鱼类 Fish	#虾蟹类 Shrimps	#贝类 Shell－fish	#人工养殖 Artificially Cultured	#鱼类 Fish
1980		20172	20122	31	19	8953	8953
1985		66389	65527	759	103	38205	38205
1990		147869	146916	892	52	99929	99929
1991		163812	163001	775	36	107408	107408
1992		178467	177856	561	43	129711	129711
1993		189452	188672	698	82	141569	141569
1994		208922	207812	1033	72	157600	157580
1995		252900	251536	1253	108	200688	200676
1996		290209	287973	2164	67	238313	238281
1997		323450	321708	1419	71	274878	274588
1998		357033	351773	5221	37	283922	281916
1999		364998	362808	2151	37	312753	312418
2000		382153	380586	1522	43	324516	324230
2001		401892	399823	2019	47	364882	364586
2002		417786	416256	1121	48	365589	365031
2003		418915	415578	3229	99	371105	368678
哈尔滨	Harbin	83377	82807	521	48	79131	78744
齐齐哈尔	Qiqihar	47588	47513	75		36364	36339
鸡西	Jixi	31503	31101	399		28055	27700
鹤岗	Hegang	5453	5448	3	1	4993	4990
双鸭山	Shuangyashan	8820	8819	1		6970	6969
大庆	Daqing	67000	65260	1740		53600	52388
伊春	Yichun	3115	3111	4		2620	2616
佳木斯	Jiamusi	41371	41362	9		38881	38872
七台河	Qitaihe	2704	2704			2694	2694
牡丹江	Mudanjiang	15889	15870	15		15119	15100
黑河	Heihe	6267	6266	1		4685	4684
绥化	Suihua	104928	104417	461	50	97408	96997
大兴安岭	Daxinganling	900	900			585	585

10－21 特种作物生产情况
PRODUCTION OF SPECIAL CROPS

指 标	Item	播种面积(公顷) Sown Area(hectare)		产量(吨) Yield(ton)	
		2002	2003	2002	2003
药 材	Herb	24368	33329		
#人 参	#Panax	476	815	986	1741
甘 草	Liquorice	2703	2533	6862	6329
枸 杞	Medlar	20	209	86	134
龙胆草	Gentian	532	824	677	1586
月苋草	Evening Primrose	6929	3726	18396	5472
白瓜籽	Pumpkin seeds	107498	150935	109137	151695
万寿菊	Marigold	11978	19711	166582	207080
甜叶菊	Stevia Rebaudiana	783	1056	1636	3334
甜葫芦	Sweet Calabash	2406	1750	6219	4294
花 卉	Flower	3286	3417		

10－21 续表 CONTINUED

指 标	Item	产 量 Yield	
		2002	2003
食用菌(吨)	Edible Mushroom(ton)	22280	32406
黑木耳(干品)	Jew's－ear (dry)	11166	13086
香菇(干品)	Lentinus Eddoes (dry)	768	674
蘑菇类(鲜品)	Others(fresh)	10346	18646
鲜切花(万枝)	Fresh Flower and Ikebana (10000 branch)	98	164
盆栽观赏植物(包括盆景)(万盆)	Potted Ornamental (include bonsai)(basin)	302	448

10－22 特色养殖生产情况
PRODUCTION OF CHARACTERISTIC BREEDING

指 标	Item	年末存栏 Stock at Year－end		指 标	Item	产 量 Output	
		2002	2003			2002	2003
熊(只)	Beer (head)	1363	1481	熊胆汁(千克)	Beer Bile (kg)	20371	24491
鹿(只)	Deer (head)	31693	45795	鹿茸(千克)	Deer horn(kg)	8604	32517
鸵鸟(只)	Ostrich (head)	1513	1654	山鸡(只)	Wild Chicken (head)	496039	483874
山鸡(只)	Wild Chicken (heads)			笨鸡(万只)	Domestic Chicken	2078	2956
貉子(只)	Racoon Dog (head)	105842	182647		(10000 heads)		
鹧鸪(只)	Francolin (head)	237880	44115	乌鸡(只)	Silkie fowl (head)		68069
肉犬(只)	Slaughtered Dog (head)			肉犬(只)	Slaughtered Dog(head)		156986
狐(只)	Fox (head)	175831	282002	林蛙(千克)	Rana Japonoca		
笨鸡(万只)	Domestic Chicken	2500	2513		Guenlher(kg)	896637	880133
	(10000 heads)			蚕茧(吨)	Pod (ton)	2670	3112
				河蟹(吨)	River Crab(ton)		1235

10－23　绿色种植业和山特产品情况(2003)
BASIC STATISTICS ON GREEN FOOD AND SPECIAL MOUNTAIN－PRODUCTS

单位:万公顷,万吨　　　　(10000hectars,10000ton)

指　标	Item	AA 级 Grade AA		A 级 Grade A		有机食品 Organic Food	
		面积	产量	面积	产量	面积	产量
种植业合计	**Total Crops**	**1.1**		**63.0**		**7.8**	
水　稻	Rice			21.9	138.9	0.6	2.1
小　麦	Wheat			2.4	6.1	0.1	0.1
玉　米	Corn			7.5	42.5	0.1	0.6
谷　子	Millet			0.9	2.5	0.3	0.3
大　豆	Soja	0.1	0.1	16.3	31.5	2.4	3.3
绿　豆	Mung bean			1.5	0.9	1.3	0.5
马铃薯	Tubers			1.7	13.6		
甜　菜	Beetroots			1.4	19.6		
蔬　菜	Vegetables			0.9	23.6	0.1	2.8
其　它	Others	1.0	1.1	8.5	63.9	2.9	6.0
山特产品合计	**Total Special Mountain－Product**	**0.1**		**13.7**		**0.2**	
山野菜	Potherb			7.3	0.3	0.07	0.02
食用菌	Edible Mushroom	0.1	0.15	6.3	0.1	0.07	0.03
其　它	Others			0.1		0.06	0.02

10－24　绿色食品养殖业情况
BREED AQUATICS OF GREEN FOOD

项　目	Item	2001	2002	2003
牵动农户(户)	Number of Affected Households (household)	170695	228364	353584
生猪存栏(头)	Hogs in Stock (head)	80000	86480	72480
生猪出栏(头)	Slaughtered Fattened Hogs (head)	60000	118510	124193
猪肉产量(吨)	Output of Porks (ton)	4800	7852	9455
肉牛存栏(头)	Oxes in Stock (head)	60145	98005	108797
肉牛出栏(头)	Slaughtered Fattened Beef (head)	30278	51125	78621
牛肉产量(吨)	Output of Beef (ton)	4635	7697	11825
奶牛存栏(头)	Milch Cow in Stock (head)	288355	420896	504339
牛奶产量(吨)	Output of Milk (ton)	662885	1028785	1193398
肉羊存栏(只)	Goats and Sheep in Stock (head)	125901	179510	360470
肉羊出栏(只)	Output of Goats and Sheep (head)	29994	46820	180960
羊肉产量(吨)	Output of Mutton (ton)	401	674	3204
鹅存栏(只)	Goose in Stock (head)	854031	1080390	1577739
鹅出栏(只)	Slaughtered Fattened Goose (head)	3972074	3362394	3553711

10 -25 绿色食品加工企业情况
BASIC STATISTICS ON GREEN FOOD PROCESSING

指　标	Item	2000	2001	2002	2003
企业个数(个)	Number of Enterprises (unit)	82	195	197	221
职工人数(万人)	Number of Staff and Workers (10000 persons)	3.3	4.3	4.7	5.1
#技术人员	#Technicians	0.5	0.8	0.9	1.0
#中级职称以上	#the Secondary Title and Above	0.2	0.3	0.4	0.4
资产总额(亿元)	Total Assets (100 million yuan)	68.6	97.7	129.4	187.8
流动资产(亿元)	Circulating Funds (100 million yuan)	30.1	45.1	55.2	105.8
固定资产(亿元)	Fixed Assets (100 million yuan)	36.9	52.8	92.2	72.0
投资额度(亿元)	Investment Amount (100 million yuan)	14.4	21.7	26.2	35.7
国家预算内投资	State Budgetary Approriation	1.5	2.3	0.5	0.4
国内贷款	Domestic Loans	7.0	7.9	7.9	12.0
利用外资	Foreign Investment	0.5	2.9	4.2	2.6
自筹资金	Fundraising	5.4	8.6	13.5	18.0
其他投资	Others			0.1	2.7
产品产量(万吨)	Yield of Products (10000 tons)	120.0	222.0	319.8	345.2
产值(亿元)	Output Value (100 million yuan)	24.2	53.7	83.9	106.8
利税(亿元)	Profit and Revenue (100 million yuan)	4.7	7.6	11.6	13.2
定单数量(万吨)	Amount of Orders (10000 tons)	52.5	181.1	224.2	241.0
#省　内	#Inside the Province	16.2	60.6	76.1	76.9
省　外	Outside the Province	25.8	104.8	131.3	141.7
国　外	at Abroad	10.2	14.8	16.8	22.4

10 -26 受灾面积和成灾面积
AREAS COVERED AND AFFECTED BY NATURAL DISASTER

地　区	Region	受灾面积(千公顷) Areas Covered (1000 hectares)		成灾面积(千公顷) Areas of Affected (1000 hectares)		成灾面积占受灾面积(%) Percentage of Disaster Areas Affected to Areas Covered(%)	
		2002	2003	2002	2003	2002	2003
全　省	**Total**	**4671.5**	**5914.9**	**3329.1**	**4887.0**	**71.3**	**82.6**
哈尔滨	Harbin	917.3	1369.3	654.2	1053.5	71.3	76.9
齐齐哈尔	Qiqihar	1021.8	1381.6	692.5	1154.6	67.8	83.6
鸡　西	Jixi	245.7	235.0	160.8	187.7	65.5	79.9
鹤　岗	Hegang	81.9	96.6	62.7	93.0	76.6	96.3
双鸭山	Shuangyashan	174.0	160.2	155.7	144.0	89.5	89.9
大　庆	Daqing	282.7	400.0	193.2	326.7	68.3	81.7
伊　春	Yichun	44.3	86.9	39.2	73.0	88.3	84.0
佳木斯	Jiamusi	539.0	552.4	411.2	496.9	76.3	89.9
七台河	Qitaihe	69.5	106.3	53.8	85.6	77.4	80.6
牡丹江	Mudanjiang	140.7	216.7	90.6	171.5	64.4	79.1
黑　河	Heihe	188.7	405.0	130.5	334.3	69.1	82.5
绥　化	Suihua	948.0	873.4	671.0	735.7	70.8	84.2
大兴安岭	Daxinganling	18.0	31.6	14.0	30.5	77.6	96.6

10－27 农垦系统农牧场基本情况

BASIC STATISTICS ON LAND RECLAMATION SYSTEM

指 标	Item	2000	2001	2002	2003
农牧场数(个)	Number of Farms and Pastures (unit)	103	104	104	104
职工人数(万人)	Number of Staff and Workers (10000 persons)	43.4	41.4	40.5	39.7
耕地面积(千公顷)	Cultivated Area (1000 hectares)	2045.1	2067.9	2053.6	2025.5
农业机械总动力(万千瓦)	Total Power of Agricultural Machinery (10000 kw)	331.6	466.0	318.1	370.9
大中型农用拖拉机(万台)	Large and Medium Agricultural Tractors (10000 units)	2.3	2.3	1.9	2.3
小型拖拉机(万台)	Mini Tractors (10000 units)	6.0	6.6	3.7	7.1
联合收割机(台)	Combine Harvesters (units)	7258	7519	7393	8115
农用载重汽车(辆)	Trucks for Agricultural Use (unit)	1139	1352	4560	4356
农用化肥施用折纯量(万吨)	Consumption of Chemical Fertilizers (10000 tons, Converting the gross weight into weight containing 100% effective component)	25.9	25.9	26.1	26.2
农业总产值(亿元)	Gross Agricultural Output Value (100 million yuan)	144.0	155.4	156.1	185.6
农林牧渔业增加值(亿元)	Value－added of Farming, Forestry, Animal Husbandry and Fishery (100 million yuan)	79.2	86.6	87.4	101.2
农林牧渔业商品产值(亿元)	Commodity Output Value of Farming, Forestry, Animal Husbandry and Fishery (100 million yuan)	112.2	124.7	123	148.3
商品率(%)	Commodity Ratio (%)	77.9	80.2	78.8	87.3
粮食交售量(万吨)	Sale Amount of Grain (10000 tons)	643.5	698.1	634.2	659.7
肥猪交售量(万吨)	Sale Amount of Hogs (10000 tons)	4.7			9.5
农作物总播种面积(千公顷)	Sown Area of Farm Crops (1000 hectares)	1980.6	2011.4	2012.1	1967.4
粮 食	Grain	1818.6	1831.8	1792.7	1693.9
甜 菜	Beetroots	12.3	25.6	33.0	15.0
油 料	Oil－bearing Crops	79.6	47.7	64.5	90.8
烤烟(公顷)	Flue－cured Tobacco (hectares)	210	305	47.0	57.0
亚麻(公顷)	Flax (hectares)	6201	32668	38442	58968
主要农产品产量	Yield of Major Farm Crops				
粮食(万吨)	Grain (10000 tons)	814.1	860.8	810.6	755.3
#大 豆	#Soja	149.4	163.6	159.4	165.9
油料(万吨)	Oil－bearing Crops (10000 tons)	7.5	6.9	7.6	10.3
甜菜(万吨)	Beetroots (10000 tons)	30.7	61.2	97.4	27
亚麻(吨)	Flax (ton)	18096	97500	160760	153532
烤烟(吨)	Flue－cured Tobacco (ton)	405	902	87	139
畜牧业生产情况	Production of Animal Husbandry				
大牲畜年底头数(万头)	Number of Large Animals at the Year－end (10000 heads)	26.9	33.8	44.3	58.7
猪年底头数(万头)	Number of Hogs (10000 heads)	61.1	65.5	74.2	116.3
羊年底只数(万只)	Number of Sheep and Goats (10000 heads)	29.9	38.5	86.7	210.4
#绵 羊	#Sheep	20.0	23.5	30.7	42.3
猪牛羊肉产量(万吨)	Pork, Beef and Mutton (10000 tons)	8.2	8.7	9.7	13.3
#猪肉产量	#Pork	6.1	6.3	7.1	9.9
牛奶产量(万吨)	Milk (10000 tons)	28.0	34.9	46.3	55.9
禽蛋产量(万吨)	Poultry Eggs (10000 tons)	2.8	2.8	3.0	3.5
绵羊毛产量(吨)	Sheep Wool (ton)	576	698	926	984
水产品产量(吨)	Output of Aquatic Products (ton)	12079	13328	14585	16795

主要统计指标解释

农林牧渔业总产值 指以货币表现的农、林、牧、渔和农林牧渔服务业全部产品和劳务的总量，它反映一定时期内农业生产总规模和总成果。农业总产值的计算方法通常是按农林牧渔业产品及其副产品的产量分别乘以各自单位产品价格求得；少数生产周期较长，当年没有产品或产品产量不易统计的，则采用间接方法匡算其产值；然后将四业产品产值相加即为农业总产值。1957 年以前的农业总产值中包括了厩肥和农民自给性手工业（如农民自制衣服、鞋、袜，自己从事粮食初步加工等）。1958 年及以后的农业总产值，林业中增加了村及村以下竹木采伐产值；牧业中取消了厩肥产值；副业中取消了农民自给性手工业产值，增加了村及村以下办的工业产值；渔业中增加了海洋捕捞水产品产值。1980 年及以后的农业总产值，在副业中增加了农民家庭兼营工业商品部分的产值。从 1984 年起村及村以下工业产值划归工业。从 1993 年起取消副业，将野生动物的捕猎划入牧业、野生植物采集和农民家庭兼营商品性工业划归农业。1996 年第一次农业普查以后，由于畜牧业产品年报数据与普查数据之间存在一定的差距，国家统计局农调总队对畜牧业年报数据与普查数据进行衔接，相应的畜牧业产值进行调整。2004 年起执行新的国民经济行业分类，农林牧渔业总产值中新增加了林木采伐和农林牧渔服务业产值。

粮食产量 指全社会的产量。包括国有经济经营的、集体统一经营的和农民家庭经营的粮食产量，还包括工矿企业办的农场和其他生产单位的产量。粮食除包括稻谷、小麦、玉米、高粱、谷子及其他杂粮外，还包括薯类和豆类。其产量计算方法，豆类按去豆荚后的干豆计算；薯类（包括甘薯和马铃薯，不包括芋头和木薯）1963 年以前按每 4 公斤鲜薯折 1 公斤粮食计算，从 1964 年开始改为按 5 公斤鲜薯折 1 公斤粮食计算。城市郊区作为蔬菜的薯类（如马铃薯等）按鲜品计算，并且不作粮食统计。其他粮食一律按脱粒后的原粮计算。

油料产量 指全部油料作物的生产量。包括花生、油菜籽、芝麻、向日葵籽、胡麻籽（亚麻籽）和其他油料。不包括大豆、木本油料和野生油料。花生以带壳干花生计算。

水产品产量 指人工养殖的水产品和天然生长的水产品的捕捞量。包括海水的鱼类、虾蟹类、贝类和藻类以及内陆水域的鱼类、虾蟹类和贝类，不包括淡水生植物。

猪、牛、羊肉产量 指当年出栏并已屠宰、除去头蹄下水后带骨肉（即胴体重）的重量。

期初（末）畜禽存栏头（只）数 指报告期初（末）农村各种合作经济组织和国营农场、农民个人、机关、团体、学校、工矿企业、部队等单位以及城镇居民饲养的大牲畜、猪、羊、家禽等畜禽的存栏数。

耕地面积 指可以用来种植农作物、经常进行耕锄的田地，包括熟地、当年新开荒地、连续撂荒未满三年的耕地和当年的休闲地（轮歇地），还包括以种植农作物为主并附带种植桑树、茶树、果树和其他林木的土地，以及沿海、沿湖地区已围垦利用的"海涂"、"湖田"等面积。不包括属于专业性的桑园、茶园、果园、果木苗圃、林地、芦苇地、天然或人工草地面积。南方小于一米、北方小于两米宽的渠、路、田埂，包括在耕地中。

农作物播种面积 指实际播种或移植有农作物的面积。凡是实际种植有农作物的面积，不论种植在耕地上还是种植在非耕地上，均包括在农作物播种面积中。在播种季节基本结束后，因遭灾而重新改种和补种的农作物面积，也包括在内。

有效灌溉面积 指具有一定的水源，地块比较平整，灌溉工程或设备已经配套，在一般年景下当年能够进行正常灌溉的耕地面积。在一般情况下，有效灌溉面积应等于灌溉工程或设备已经配备，能够进行正常灌溉的水田和水浇地面积之和。

农用化肥施用量 指本年内实际用于农业生产的化肥数量，包括氮肥、磷肥、钾肥和复合肥。化肥施用量要求按折纯量计算数量。折纯量是指把氮肥、磷肥、钾肥分别按含氮、含五氧化二磷、含氧化钾的百分之一百成份进行折算后的数量。复合肥按其所含主要成分折算。

农业机械总动力 指主要用于农、林、牧、渔业的各种动力机械的动力总和。包括耕作机械、排灌机械、收获机械、农用运输机械、植物保护机械、牧业机械、林业机械、渔业机械和其他农业机械〔内燃机按引擎马力折成瓦（特）计算、电动机按功率折成瓦（特）计算〕。不包括专门用于乡、镇、村、组办工业、基本建设、非农业运输、科学试验和教学等非农业生产方面用的动力机械与作业机械。

农林牧渔业劳动力 指全社会直接参加农林牧渔业生产活动的劳动力。

EXPLANATORY NOTES ON MAIN STATISTICAL INDICATORS

Gross Output Value of Farming, Forestry, Animal Husbandry and Fishery refers to the total value of products of agriculture, forest, herds, the fishing and general quantity of all farming, forestry, husbandary and fishing, which reflects the total scale and result of agricultural production during a given period. Gross output value of agriculture is obtained by first multiplying the output of each product or by product by its price, resulting in the output value of each single item. For a small number of products, annual output of which is not available or difficult to get due to the long production growing process involved, the output value is estimated through an indirect approach. The sum of output value of all products of farming, forestry, animal husbandry, and fishery is then equal to the gross output value of agriculture. Prior to 1957, Chinas gross agricultural output value included barnyard manure and handicraft products for self – consumption (clothes, shoes, stockings, and initial grain processing undertaken by peasants). Since 1958, cutting and felling of bamboo and trees by villages and other cooperative organizations under villages have been included in forestry; value of barnyard manure has been excluded from animal husbandry; self consumed handicrafts has been excluded from sideline occupations, while the output value of industries run by villages and cooperative organizations under village had been included in sideline occupations and the output value of fish catches by motor fishing boats has been added to fishery. Since 1980, the value of handicraft products made for sale by individuals in households had been added to sideline occupations. Since 1984, industries run by villages and under villages have been included in the sector of industry. Since 1993, the subdivision of sideline occupations has been canceled, and the hunting of wild animals has been classified into animal husbandry, and the gathering of wild plants and commodity industry run by rural household have been included in farming. The first agriculture census of China in 1996 revealed some discrepancy between the production of animal products from the annual reports and that from the census. Efforts were made by the Rural Socio – economic Survey Organization of NBS to adjust the output value of animal husbandry to make the figures from the annual reports consistent with the census data. Would carry out the new national economy trade classification from 2004, China and Singapore of gross output value of the agriculture, forestry, animal husbandry and fishery increases the output value of service trade of felling and farming, forestry, husbandary and fishing of the forest.

Grain Yield refers to the yield in the whole country including grains produced by state farms, collective units, industrial enterprises and mines. Grain includes rice, wheat, corn, sorghum, millet and other miscellaneous grains as well as tubers and beans. Output of beans refers to dry beans without pods. The output of tubers (sweet potatoes and potatoes, not including taros and cassava) was converted into that of grain at the ratio 4:1, i. e. 4 kilograms of fresh tubers was equivalent to 1 kilogram of grain up to 1963. Since 1964 the ratio for conversion has been 5:1. Tubers supplied as vegetables (such as potatoes) in cities and suburbs are calculated as fresh vegetables and their output is not included in the output of grain. Output of all other grains refers to husked grain.

Yield of Oil – bearing Crops refers to the total yield of oil – bearing crops of various kinds, including peanuts, (dry, in shell) rapeseeds, sesame, sunflower seeds, flax seeds, and other oil – bearing crops. Soybeans, oil – bearing woody plants, and wild oil – bearing crops are not included.

Output of Aquatic Products refers to catches of both artificially cultured and naturally grown aquatic products, including fish, shrimps, crabs and shellfish in sea and inland water as well as seaweed. Freshwater plants are not included.

Output of Pork, Beef, and Mutton refers to the meat of slaughtered hogs, cattle, sheep and goats with head, feet, and offal taken away.

Number of Livestock or Poultry in Stock at Beginning (or End) refers to the total number of large animals, pigs, sheep, fowls, etc. raised by rural cooperative organizations, state farms, rural individuals, government agencies, schools, industrial and mining enterprises, army, and urban residents at the beginning (or end) of the reference period.

Cultivated Area (Area under cultivation) refers to farmland which is plowed constantly for growing crops, including cultivated land, newly cultivated land in the current year, farmland left without cultivation for less than three years and fallow land in the current year, rotation land, rotation land of grass and crops, farmland with some fruit trees, mulberry trees and other trees and cultivated seashore land, lake land, and etc. The land of mulberry fields, tea plantations, orchards, nurseries of young plants, forestland, reed land, natural and man – made grassland and other land are not included in cultivated land. Ditches, roads and ridges between cultivated fields that are less than 1 meter in width in the south or less than 2 meters in width in the north are included in the cultivated land.

Sown Area of Crops refers to area of land sown or transplanted with crops regardless of being in cultivated area or non – cultivated area. Area of land re – sown due to natural disasters is also included.

Irrigated Area refers to areas that are effectively irrigated, i. e. level land, which has water source and complete sets of irrigation facilities to lift and move adequate water for irrigation purpose under normal conditions. Under normal conditions, irrigated area is the sum of watered fields and irrigated fields where irrigation systems or equipment have been installed for regular irrigation purpose.

Consumption of Chemical Fertilizers in Agriculture refers to the quantity of chemical fertilizers applied in agriculture in the year, including nitrogenous fertilizer, phosphate fertilizer, potash fertilizer, and compound fertilizer. The consumption of chemical fertilizers is required in calculation to convert the gross weight into weight containing 100% effective component (e. g. 100% nitrogen content in nitrogenous fertilizer, 100% phosphorous pentoxide contents in phosphate fertilizer, 100% potassium oxide contents in potash fertilizer). Compound fertilizer is converted with its major component.

Total Power of Farm Machinery refers to total mechanical power of machinery used in farming, forestry, animal husbandry, and fishery, including ploughing, irrigation and drainage, harvesting, transport, plant protection, stock breeding, forestry and fishery. The power of internal combustion engines is required to convert horsepower into watts and the power of electric motors is required to be converted into watts. Machinery employed for non – agricultural purposes, such as the machines used in township run and village – run industry, construction, non – agricultural transport, scientific experiments and teaching, is excluded.

Labour Force Engaged in Farming, Forestry, Animal Husbandry and Fishery refers to the total laborers who are directly engaged in production of farming, forestry, animal husbandry and fishery.

十一、工　　业

INDUSTRY

11－1　工业企业单位数
NUMBER OF INDUSTRY ENTERPRISES

单位:个　　　　(unit)

类　别	Category	1998	1999	2000	2001	2002	2003
总　　计	**Total**	**3524**	**2957**	**2666**	**2500**	**2593**	**2567**
#亏损企业	#Loss – making Enterprises	1273	972	826	782	785	743
国有及国有控股企业	#State – owned and State – holding Enterprises	2524	2015	1588	1328	1233	970
#农村工业	#County Enterprises	358	305	295	252	179	109
按登记注册类型分	**Grouped by Status of Registration**						
内资企业	Domestic Funded Enterprises	3333	2801	2517	2353	2421	2387
国有企业	State – owned Industry	2186	1662	1269	1015	915	665
#中央企业	#Central Industry	317	237	126	110	162	78
集体企业	Collective – owned Enterprises	568	439	396	333	281	257
股份合作企业	Cooperative Enterprises	65	74	80	61	77	78
联营企业	Joint Ownership Enterprises	19	10	12	15	14	5
有限责任公司	Limited Liability Corporations	320	366	431	472	496	560
股份有限公司	Share Holding Enterprises	91	98	112	138	172	206
私营企业	Private Enterprises	84	152	217	319	465	612
私营独资企业	Private Proprietorship	48	72	88	113	114	134
私营合伙企业	Private Partnership	2	14	14	14	16	27
私营有限责任公司	Private Limited Liability Corporations	30	58	102	176	312	423
私营股份有限公司	Private Share Holding Enterprises	4	8	13	16	23	28
其他企业	Other Enterprises					1	4
港、澳、台商投资企业	Enterprises with Funds from Hong Kong, Macao and Taiwan	96	64	65	62	63	59
外商投资企业	Foreign Funded Enterprises	95	92	84	85	109	121
按轻重工业分	**Grouped by Light and Heavy Industry**						
轻工业	Light Industry	1772	1453	1268	1193	1201	1117
重工业	Heavy Industry	1752	1504	1398	1307	1392	1450
按企业规模分	**Grouped by Size of Enterprises**						
大　型	Large – sized	280	284	276	281	273	49
中　型	Medium – sized	491	361	325	308	292	330
小　型	Small – sized	2741	2310	2065	1911	2028	2188
按行业分	**Grouped by Sector**						
采矿业	Mining and Quarrying	278	234	219	192	192	142
#煤炭开采和洗选业	#Coal Mining and Dressing	137	99	80	71	79	80
石油和天然气开采业	Petroleum and Natural Gas Extraction	3	2	2	2	2	12
制造业	Manufacturing	2972	2468	2207	2071	2128	2155
电力、燃气及水的生产和供应业	Production and Supply of Electric Power, Gas and Water	274	255	240	237	273	270

注:1. 本部分统计口径为全部国有及销售收入 500 万元以上的非国有工业企业。
2. 2003 年起企业规模划分标准改变,大、中、小型企业统计数据与以前年份不可比(下同)。

Note: a) Statistical calibre in this part is all state – owned and the non – state – owned industrial enterprises with an annual sales income of over 5 million yuan.
b) The division standard of enterprise size is changed from 2003, the statistical data of large, medium and small sized enterprises are not compared with the data before (the same as following table).

11－2 工业总产值
GROSS INDUSTRIAL OUTPUT VALUE

单位:亿元 (100 million yuan)

类 别	Category	1998	1999	2000	2001	2002	2003
总 计	**Total**	**1739.7**	**1854.6**	**2460.9**	**2404.0**	**2487.6**	**2910.0**
#亏损企业	#Loss－making Enterprises	489.4	301.4	540.5	457.5	473.7	413.1
#国有及国有控股企业	#State－owned and State－holding Enterprises	1448.8	1560.8	2071.1	1995.7	1980.0	2311.9
#农村工业	#County Enterprises	87.6	82.7	94.1	81.1	63.5	39.8
按登记注册类型分	**Grouped by Status of Registration**						
内资企业	Domestic Funded Enterprises	1636.6	1742.4	2331.7	2289.1	2326.2	2730.5
国有企业	State－owned Industry	1136.6	1254.1	494.3	402.6	389.9	492.8
#中央企业	#Central Industry	808.2	964.2	240.8	186.2	190.7	273.1
集体企业	Collective－owned Enterprises	120.8	102.7	106.0	93.2	83.3	65.3
股份合作企业	Cooperative Enterprises	9.9	16.2	19.3	20.2	10.1	15.8
联营企业	Joint Ownership Enterprises	3.4	2.8	4.0	3.3	2.9	1.7
有限责任公司	Limited Liability Corporations	147.3	245.0	311.4	449.4	592.2	645.4
股份有限公司	Share Holding Enterprises	202.9	101.2	1357.0	1256.5	1141.5	1346.0
私营企业	Private Enterprises	15.7	20.6	39.7	63.9	106.0	162.0
私营独资企业	Private Proprietorship	8.2	7.9	16.3	21.7	20.7	25.4
私营合伙企业	Private Partnership	0.2	1.1	2.0	1.9	2.4	3.7
私营有限责任公司	Private Limited Liability Corporations	6.5	9.9	17.8	37.3	74.4	122.7
私营股份有限公司	Private Share Holding Enterprises	0.7	1.7	3.6	3.0	8.6	10.1
其他企业	Other Enterprises					0.3	1.5
港、澳、台商投资企业	Enterprises with Funds from Hong Kong, Macao and Taiwan	48.6	47.2	44.8	47.0	55.3	49.6
外商投资企业	Foreign Funded Enterprises	54.5	64.9	84.4	67.8	106.1	129.9
按轻重工业分	**Grouped by Light and Heavy Industry**						
轻工业	Light Industry	401.8	418.8	442.5	457.6	530.9	586.1
重工业	Heavy Industry	1337.9	1435.8	2018.4	1946.4	1956.7	2323.9
按企业规模分	**Grouped by Size of Enterprises**						
大 型	Large－sized	1250.0	1386.4	1942.1	1863.2	1885.5	1976.2
中 型	Medium－sized	189.8	160.2	158.0	156.3	156.5	497.6
小 型	Small－sized	299.6	308.0	360.8	384.5	445.6	436.2
按行业分	**Grouped by Sector**						
采矿业	Mining and Quarrying	661.7	773.8	1058.6	924.3	877.7	973.8
#煤炭开采和洗选业	#Coal Mining and Dressing	79.5	75.0	69.9	76.8	87.8	99.8
石油和天然气开采业	Petroleum and Natural Gas Extraction	516.6	639.2	927.5	796.0	738.7	864.7
制造业	Manufacturing	958.1	971.5	1236.8	1280.8	1373.6	1635.7
电力、燃气及水的生产和供应业	Production and Supply of Electric Power, Gas and Water	119.9	109.3	165.4	198.9	236.3	300.4

11－3 工业增加值
VALUE－ADDED OF INDUSTRY

单位:亿元 (100 million yuan)

类别	Category	1998	1999	2000	2001	2002	2003
总 计	**Total**	**814.7**	**923.1**	**1213.0**	**1246.4**	**1262.0**	**1363.1**
#亏损企业	#Loss－making Enterprises	139.2	66.0	123.7	125.6	102.7	97.3
#国有及国有控股企业	#State－owned and State－holding Enterprises	728.9	840.8	1102.5	1128.5	1106.6	1181.6
#农村工业	#County Enterprises	22.1	21.9	24.1	22.8	18.5	12.0
按登记注册类型分	**Grouped by Status of Registration**						
内资企业	Domestic Funded Enterprises	786.0	888.2	1171.7	1209.7	1205.1	1302.4
国有企业	State－owned Industry	639.0	749.2	155.3	161.5	137.4	186.4
#中央企业	#Central Industry	544.6	653.1	71.3	91.4	64.4	114.9
集体企业	Collective－owned Enterprises	36.9	31.0	30.9	26.4	25.5	20.1
股份合作企业	Cooperative Enterprises	2.3	4.1	4.8	6.0	3.1	6.1
联营企业	Joint Ownership Enterprises	1.0	0.9	0.8	0.7	0.9	0.3
有限责任公司	Limited Liability Corporations	37.2	74.3	89.1	112.5	194.6	181.9
股份有限公司	Share Holding Enterprises	64.5	22.2	878.3	882.4	811.7	857.4
私营企业	Private Enterprises	5.0	6.3	12.5	20.3	31.8	49.8
私营独资企业	Private Proprietorship	2.5	2.1	5.3	7.1	5.7	7.4
私营合伙企业	Private Partnership	0.1	0.4	0.6	0.3	0.8	1.0
私营有限责任公司	Private Limited Liability Corporations	2.1	3.1	5.1	11.7	22.8	38.3
私营股份有限公司	Private Share Holding Enterprises	0.3	0.6	1.5	1.2	2.5	3.2
其他企业	Other Enterprises					0.2	0.4
港、澳、台商投资企业	Enterprises with Funds from Hong Kong, Macao and Taiwan	16.4	15.5	15.4	15.8	20.6	17.8
外商投资企业	Foreign Funded Enterprises	12.4	19.4	26.0	20.9	36.4	42.9
按轻重工业分	**Grouped by Light and Heavy Industry**						
轻工业	Light Industry	106.5	129.7	131.9	136.3	163.1	172.1
重工业	Heavy Industry	708.2	793.4	1081.2	1110.1	1098.9	1191.0
按企业规模分	**Grouped by Size of Enterprises**						
大 型	Large－sized	669.7	780.0	1056.2	1077.1	1069.7	1053.2
中 型	Medium－sized	51.6	51.2	52.6	54.2	55.6	156.5
小 型	Small－sized	93.4	91.9	104.3	115.1	136.7	153.4
按行业分	**Grouped by Sector**						
采矿业	Mining and Quarrying	509.9	600.2	850.4	844.2	786.3	795.2
#煤炭开采和洗选业	#Coal Mining and Dressing	30.1	31.7	28.1	32.3	36.7	42.9
石油和天然气开采业	Petroleum and Natural Gas Extraction	445.3	536.4	791.7	785.3	722.6	748.8
制造业	Manufacturing	250.2	260.7	299.2	315.5	351.5	411.0
电力、燃气及水的生产和供应业	Production and Supply of Electric Power, Gas and Water	54.6	62.1	63.5	86.7	124.2	156.9

11－4 工业企业主要经济指标(2003)

单位:万元

类别	Category	单位数(个) Number of Enterprises (unit)	#亏损企业 Loss－making Enterprises	工业总产值 Gross Industrial Output Value
总计	**Total**	**2567**	**743**	**29099828**
#亏损企业	#Loss－making Enterprises	743	743	4130795
#国有及国有控股企业	#State－owned and State－holding Enterprises	970	375	23119430
#农村工业	#Rural Industry	109	14	398485
按登记注册类型分	**Grouped by Status of Registration**			
内资企业	Domestic Funded Enterprises	2387	685	27304545
国有企业	State－owned Industry	665	291	4927738
#中央企业	#Central Industry	78	33	2730958
集体企业	Collective－owned Enterprises	257	59	652966
股份合作企业	Cooperative Enterprises	78	17	157769
联营企业	Joint Ownership Enterprises	5	3	17481
有限责任公司	Limited Liability Corporations	560	150	6453821
国有独资公司	Sole State－funded Corporations	41	16	3051352
其他有限责任公司	Other Limited Liability Corporations	519	134	3402469
股份有限公司	Share Holding Enterprises	206	46	13459756
私营企业	Private Enterprises	612	118	1619823
私营独资企业	Private Proprietorship	134	15	254336
私营合伙企业	Private Partnership	27	5	37284
私营有限责任公司	Private Limited Liability Corporations	423	93	1227415
私营股份有限公司	Private Share Holding Enterprises	28	5	100788
其他企业	Other Enterprises	4	1	15193
港、澳、台商投资企业	Enterprises with Funds from Hong Kong, Macao and Taiwan	59	18	496081
外商投资企业	Foreign Funded Enterprises	121	40	1299202
按经济组织类型分	**Grouped by Type of Economic Organizations**			
独资企业	Proprietorship	1097	379	6173235
国有企业	State－owned Industry	665	291	4927738
集体企业	Collective－owned Enterprises	257	59	652966
私营独资企业	Private Proprietorship	134	15	254336
港澳台商独资经营企业	Proprietorship from Hong Kong, Macao and Taiwan	16	7	56769
外资企业	Foreign Funded Enterprises	25	7	281426
合作、合伙企业	Cooperative Enterprises and Partnership	125	27	247143
股份合作企业	Cooperative Enterprises	78	17	157769
国有联营企业	State Joint Ownership Enterprises	2	2	1363
集体联营企业	Collective Joint Ownership Enterprises	1		3044
国有与集体联营企业	State and Collective Joint Ownership Enterprises	2	1	13073
其他联营企业	Other Joint Ownership Enterprises			
私营合伙企业	Private Partnership	27	5	37284
港或澳、台资合作经营企业	Cooperative Enterprises with Funds from Hong Kong, Macao and Taiwan	4		6767
中外合作经营企业	Sino－foreign Cooperative Enterprises	7	1	12650
其他企业(内资)	Other Enterprises (Domestic Funded)	4	1	15193
股份有限公司	Share Holding Enterprises	245	56	13828109
股份有限公司(内资)	Share Holding Enterprises (Domestic Funded)	206	46	13459756
私营股份有限公司	Private Share Holding Enterprises	28	5	100788
港澳台商投资股份有限公司	Share Holding Enterprises with Funds from Hong Kong, Macao and Taiwan	5	1	212106
外商投资股份有限公司	Foreign Funded Share Holding Enterprises	6	4	55459
有限责任公司	Limited Liability Corporations	1100	281	8851341
国有独资公司	Sole State－funded Corporations	41	16	3051352
私营有限责任公司	Private Limited Liability Corporations	423	93	1227415
港澳台合资经营企业	joint venture Enterprises of Hong Kong, Macao and Taiwan	34	10	220438
中外合资经营企业	Sino－foreign Cooperative joint venture Enterprises	83	28	949667
其他有限责任公司	Other Limited Liability Corporations	519	134	3402469

MAJOR INDICATORS OF INDUSTRIAL ENTERPRISES

(10000 yuan)

工 业 增加值 Value - added of Industry	工业销 售产值 Sale Output Value of Industry	资产总计 Total Assets	流动资产 平均余额 Average Balance of Circulating Funds	流动资产 合 计 Circulating Funds	#存 货 stock - in - trade	长期投资 Long - term Investment	固定资产 合 计 Total Fixed Assets	固定资产 原 价 Value of Fixed Assets
13630961	**28548817**	**44990034**	**16444197**	**17677675**	**4515701**	**1079332**	**24262543**	**40528334**
972807	4062043	9681874	3088869	3183197	973914	354017	5837086	7884963
11816495	22804318	37039218	12653109	13661806	3251056	879016	20971742	36387573
119726	390846	447522	204982	250155	64193	3513	177352	195526
13023530	26834380	42304704	15170695	16358973	4104060	1053754	23024403	38840287
1864005	4866176	10044677	3672191	3773200	1036537	136932	5942411	8581245
1149270	2778245	4290984	1204405	1153283	343104	46267	3067781	4812223
200936	636491	797205	455950	470459	161344	22999	265900	353024
60752	157393	164129	82801	83928	33848	5249	66582	87684
2552	16260	9786	5950	5226	1242		4276	4678
1818884	6276206	14773626	5638926	6750036	1819035	572677	6490418	9587804
970209	3024117	8485026	3344705	3510663	773415	446395	3783293	6057143
848675	3252088	6288600	2294220	3239374	1045620	126282	2707125	3530661
8574321	13308989	14647314	4486976	4350495	724393	277849	9448186	19317768
497695	1562117	1845273	821231	918303	324579	38049	795728	897616
73743	242625	202378	98241	108507	39203	2312	85504	104165
9561	34725	26145	12588	13310	5238	6	12712	14875
382745	1179795	1486450	662021	744625	256931	27268	637845	711019
31646	104973	130301	48381	51862	23207	8463	59667	67557
4385	10748	22694	6671	7325	3083		10903	10468
178395	479488	777236	319387	339156	90973	8609	393714	553143
429036	1234949	1908095	954115	979547	320667	16969	844427	1134904
2230161	6065386	11308698	4316074	4455993	1282445	162243	6440328	9226772
1864005	4866176	10044677	3672191	3773200	1036537	136932	5942411	8581245
200936	636491	797205	455950	470459	161344	22999	265900	353024
73743	242625	202378	98241	108507	39203	2312	85504	104165
12088	52504	75121	24957	29126	14365		42058	60144
79389	267590	189318	64736	74700	30996		104455	128193
80150	237774	303119	137514	138492	48218	5327	140573	151201
60752	157393	164129	82801	83928	33848	5249	66582	87684
277	1025	1222	765	719	300		484	663
1022	2818	400	250	13			123	130
1253	12417	8164	4935	4494	942		3670	3885
9561	34725	26145	12588	13310	5238	6	12712	14875
2429	6452	22358	8248	9992	2565		10932	12106
472	12197	58008	21257	18712	2243	72	35169	21390
4385	10748	22694	6671	7325	3083		10903	10468
8699609	13663341	15274530	4738293	4612578	793261	298594	9756470	19765886
8574321	13308989	14647314	4486976	4350495	724393	277849	9448186	19317768
31646	104973	130301	48381	51862	23207	8463	59667	67557
92153	202355	297673	117983	135462	11251	5490	136729	202608
1489	47023	199243	84952	74759	34410	6794	111889	177953
2621041	8582316	18103687	7252316	8470613	2391777	613168	7925172	11384476
970209	3024117	8485026	3344705	3510663	773415	446395	3783293	6057143
382745	1179795	1486450	662021	744625	256931	27268	637845	711019
71726	218176	382085	168199	164575	62793	3120	203995	278285
347686	908139	1461527	783171	811376	253018	10104	592914	807368
848675	3252088	6288600	2294220	3239374	1045620	126282	2707125	3530661

11－4 续表1

单位:万元

类 别	Category	单位数(个) Number of Enterprises (unit)	#亏损企业 Loss－making Enterprises	工业总产值 Gross Industrial Output Value
按轻重工业分	**Grouped by Light and Heavy Industry**			
轻工业	Light Industry	1117	311	5861074
重工业	Heavy Industry	1450	432	23238754
按行业分	**Grouped by Sector**			
采矿业	Mining and Quarrying	142	31	9738393
煤炭开采和洗选业	Coal Mining and Dressing	80	21	998442
石油和天然气开采业	Petroleum and Natural Gas Extraction	12	1	8647104
黑色金属矿采选业	Ferrous Metals Mining and Dressing	4	1	3114
有色金属矿采选业	Nonferrous Metals Mining and Dressing	12	1	44557
非金属矿采选业	Nonmetal Minerals Mining and Dressing	34	7	45177
其他采选业	Other Mining and Dressing			
制造业	Manufacturing	2155	586	16357433
农副食品加工业	Food Processing	292	63	1587907
食品制造业	Food Manufacturing	132	34	1011859
饮料制造业	Beverage Manufacturing	114	29	671375
烟草制品业	Tobacco Processing	6	1	137180
纺织业	Textile Industry	70	20	311681
纺织服装及其他纤维制品制造业	Garments and Other Fiber Products	9	3	14214
皮革、毛皮、羽毛(绒)及其制品业	Leather, Furs, Down and Related Products	10	3	13507
木材加工及木、竹、藤、棕草制品业	Timber Processing, Bamboo, Cane, Palm Fiber and Straw Products	121	32	286588
家具制造业	Furniture Manufacturing	46	12	138272
造纸及纸制品业	Papermaking and Paper Products	88	23	376954
印刷业和记录媒介的复制	Printing and Record Medium Reproduction	57	24	52111
文教体育用品制造业	Cultural, Educational and Sports Goods	10	5	16457
石油加工、炼焦及核燃料加工业	Petroleum Processing and Coking	59	14	4338859
化学原料及化学制品制造业	Raw Chemical Materials and Chemical Products	156	44	777598
医药制造业	Medical and Pharmaceutical Products	92	26	996002
化学纤维制造业	Chemical Fiber	2	1	210390
橡胶制品业	Rubber Products	17	8	46055
塑料制品业	Plastic Products	78	20	204097
非金属矿物制品业	Nonmetal Mineral Products	203	51	465727
黑色金属冶炼及压延加工业	Smelting and Pressing of Ferrous Metals	37	10	551420
有色金属冶炼及压延加工业	Smelting and Pressing of Nonferrous Metals	8	1	128415
金属制品业	Metal Products	60	14	210752
通用设备制造业	Ordinary Machinery	119	27	708697
专用设备制造业	Special Purpose Equipment	121	40	595977
交通运输设备制造业	Transport Equipment	88	31	1783015
电气机械及器材制造业	Electric Equipment and Machinery	100	34	467078
通信设备、计算机及其他电子设备制造业	Electronic and Telecommunications Equipment	29	8	196493
仪器仪表及文化、办公用机械制造业	Instruments, Meters, Cultural and Office Machinery	21	7	43303
工艺品及其他制造业	Arts and crafts and other Manufacturing	9	1	15451
废弃资源和废旧材料回收加工业	Recycling and Disposal of Waste	1		
电力、燃气及水的生产和供应业	Production and Supply of Electric Power, Gas and Water	270	126	3004001
电力、热力的生产和供应业	Production and Supply of Electric Power, Steam and Hot Water	179	80	2827880
燃气生产和供应业	Production and Supply of Gas	9	5	81489
水的生产和供应业	Production and Supply of Tap Water	82	41	94632

CONTINUED

(10000 yuan)

工　业 增加值 Value - added of Industry	工业销 售产值 Sale Output Value of Industry	资产总计 Total Assets	流动资产 平均余额 Average Balance of Circulating Funds	流动资产 合　计 Circulating Funds	#存　货 stock - in - trade	长期投资 Long - term Investment	固定资产 合　计 Total Fixed Assets	固定资产 原　价 Value of Fixed Assets
1721186	5645781	8244131	3789444	4156434	1336427	162926	3582368	4551810
11909775	22903035	36745903	12654753	13521241	3179274	916406	20680174	35976525
7952038	9676105	12334161	3682858	3596041	342968	72030	8342877	16824211
429124	928511	3198991	1291588	1343391	239759	32560	1729125	2457945
7487911	8650785	8959991	2319094	2176507	90883	35057	6544260	14261090
627	6880	43944	18141	18141	727		7200	7407
18494	45512	87815	33592	37218	5682	2783	41635	69377
15882	44417	43421	20443	20784	5916	1631	20657	28392
4110011	15852487	23449751	10351067	11712339	3953309	662592	10084012	14516981
346560	1545311	1692642	856140	963060	316449	14012	644007	744447
301537	975833	978968	395291	443195	115736	8436	477944	580883
265157	650694	883666	343213	340591	114979	10761	468447	631422
67946	141444	293254	194540	196175	95014	5287	84339	121606
93190	287921	410898	223711	242611	133225	5720	156027	212004
2518	12573	15080	8524	9415	3549		5192	7697
4697	10434	35749	16235	16555	8849	894	15829	20425
102120	268860	458352	168415	175696	64594	3205	264057	310989
41490	131780	221090	127543	133854	53879	3028	73732	110662
89713	369112	1005397	406249	438559	88380	58602	490609	561317
18823	49686	85013	42088	42685	15433	700	40825	61684
4865	14855	51069	39742	40188	15160	1154	9588	16560
952121	4256334	3172868	789792	741756	303792	36158	2140047	4022843
194370	766044	971541	381471	403685	129488	11393	519063	930051
344435	935295	1472523	699619	784959	233677	16675	605092	743269
12820	209299	306322	131550	159353	90880	1991	144745	221366
-2106	36334	197887	86737	74840	29844	10504	105875	168310
60401	193072	361973	147338	160151	45031	12377	174979	209777
155944	453267	1046738	423451	430133	143980	22934	540780	739727
134380	544920	944315	378783	378697	136109	54934	444471	362572
23235	126178	277881	150108	153770	52516	2178	121159	195881
53307	207225	419510	227858	267755	68024	15181	106678	144675
191082	652991	2025164	1240936	1585757	536110	14160	378118	572869
139842	580540	1866762	875922	947324	321784	194115	645402	918152
310532	1746366	2441425	827881	1336101	428756	88544	972742	1251890
128064	441928	1076597	671424	755794	253486	39244	244276	355834
54198	187650	638149	441460	434561	136141	12249	185652	265257
12845	40722	78675	44014	44246	14861	17940	15973	24325
5927	15819	20245	11033	10876	3582	218	8366	10488
1568912	3020225	9206122	2410272	2369295	219424	344710	5835653	9187143
1461361	2848451	8704586	2298588	2237710	212395	324578	5495884	8721654
53333	83268	137622	37323	46328	4408		88088	96630
54218	88506	363914	74361	85257	2621	20132	251681	368859

11－4 续表2

单位：万元

类　别	Category	累计折旧 Total Depreciation	固定资产净　值 Net Value of Fixed Assets	固定资产净值年平均余额 Annual Average Balance of Net Value of Fixed Assets
总　计	**Total**	**16812740**	**23699343**	**22453150**
#亏损企业	#Loss－making Enterprises	2429959	5455003	5394609
#国有及国有控股企业	#State－owned and State－holding Enterprises	15797521	20573801	19486420
#农村工业	#Rural Industry	35004	160522	162620
按登记注册类型分	**Grouped by Status of Registration**			
内资企业	Domestic Funded Enterprises	16312264	22511771	21295159
国有企业	State－owned Industry	2973366	5607879	5573575
#中央企业	#Central Industry	1771749	3040474	3032893
集体企业	Collective－owned Enterprises	119755	233270	238833
股份合作企业	Cooperative Enterprises	25088	62597	60286
联营企业	Joint Ownership Enterprises	447	4231	3574
有限责任公司	Limited Liability Corporations	3134709	6436843	6084047
国有独资公司	Sole State－funded Corporations	2118291	3938852	3695466
其他有限责任公司	Other Limited Liability Corporations	1016418	2497991	2388581
股份有限公司	Share Holding Enterprises	9906695	9411073	8612914
私营企业	Private Enterprises	151204	746412	712306
私营独资企业	Private Proprietorship	15390	88775	82020
私营合伙企业	Private Partnership	2606	12269	12003
私营有限责任公司	Private Limited Liability Corporations	122825	588195	558424
私营股份有限公司	Private Share Holding Enterprises	10384	57173	59859
其他企业	Other Enterprises	1001	9467	9626
港、澳、台商投资企业	Enterprises with Funds from Hong Kong, Macao and Taiwan	178753	374390	389388
外商投资企业	Foreign Funded Enterprises	321723	813182	768603
按经济组织类型分	**Grouped by Type of Economic Organizations**			
独资企业	Proprietorship	3152529	6074242	6037832
国有企业	State－owned Industry	2973366	5607879	5573575
集体企业	Collective－owned Enterprises	119755	233270	238833
私营独资企业	Private Proprietorship	15390	88775	82020
港澳台商独资经营企业	Proprietorship from Hong Kong, Macao and Taiwan	18129	42016	42636
外资企业	Foreign Funded Enterprises	25890	102303	100770
合作、合伙企业	Cooperative Enterprises and Partnership	39195	112006	109085
股份合作企业	Cooperative Enterprises	25088	62597	60286
国有联营企业	State Joint Ownership Enterprises	179	484	424
集体联营企业	Collective Joint Ownership Enterprises	52	78	123
国有与集体联营企业	State and Collective Joint Ownership Enterprises	216	3670	3028
其他联营企业	Other Joint Ownership Enterprises			
私营合伙企业	Private Partnership	2606	12269	12003
港或澳、台资合作经营企业	Cooperative Enterprises with Funds from Hong Kong, Macao and Taiwan	1252	10854	11288
中外合作经营企业	Sino－foreign Cooperative Enterprises	8802	12588	12309
其他企业(内资)	Other Enterprises (Domestic Funded)	1001	9467	9626
股份有限公司	Share Holding Enterprises	10043315	9722571	8938236
股份有限公司(内资)	Share Holding Enterprises (Domestic Funded)	9906695	9411073	8612914
私营股份有限公司	Private Share Holding Enterprises	10384	57173	59859
港澳台商投资股份有限公司	Share Holding Enterprises with Funds from Hong Kong, Macao and Taiwan	66461	136147	148936
外商投资股份有限公司	Foreign Funded Share Holding Enterprises	59775	118178	116527
有限责任公司	Limited Liability Corporations	3577702	7790523	7367997
国有独资公司	Sole State－funded Corporations	2118291	3938852	3695466
私营有限责任公司	Private Limited Liability Corporations	122825	588195	558424
港澳台合资经营企业	Joint venture Enterprises of Hong Kong, Macao and Taiwan	92912	185373	186529
中外合资经营企业	Sino－foreign Cooperative joint venture Enterprises	227256	580112	538997
其他有限责任公司	Other Limited Liability Corporations	1016418	2497991	2388581

CONTINUED

(10000 yuan)

无形及递延资产 Intangible and Deferred Assets	负债总计 Total Liabilities	流动负债 Liquid Liabilities	长期负债 Long－term Liabilities	所有者权益 Creditors′ Equity	#实收资本 Capitals Hold	#国家资本 State Capital	#法人资本 Corporation Capital	#个人资本 Individual Capital
492351	**25098943**	**18420312**	**6502384**	**19451555**	**14586417**	**5036835**	**7941023**	**822783**
151867	7261281	4606108	2611286	2420593	2976643	1755667	791773	193562
259648	20125187	14214418	5817008	16474494	12214837	4959271	6998724	101109
11987	253520	222828	25442	194003	109328	1189	65673	19090
413479	23223654	16817252	6244840	18641513	13819719	4940160	7826458	781007
37076	7624411	5196917	2353734	2254945	2730347	2136460	575232	18464
12006	2888556	1688223	1159160	1402428	1561149	1081138	480011	
12817	615142	543697	52988	182063	174142	999	22511	7186
5101	107043	92864	8466	57085	46318	3015	23910	13188
	10824	10824		－1038	1012	515	100	100
209777	10091178	6927255	3131919	4408230	3071370	1763956	1061550	184248
91924	5611734	3533120	2066558	2599075	1683283	1424473	258709	101
117853	4479445	3394134	1065361	1809155	1388087	339483	802841	184147
88527	3743766	3158556	582768	10903549	7141227	1029115	5932547	123031
60181	1018220	882180	106858	827053	646495	2181	209851	430660
3675	94730	80348	11026	107648	77622	269	23234	53151
62	15316	15246	70	10829	9091		4123	4867
47543	850941	732551	92926	635509	510475	1912	171364	334614
8902	57234	54034	2836	73067	49308		11130	38028
	13069	4961	8108	9625	8808	3920	758	4130
29417	460236	385062	73933	317000	202453	36295	44041	1402
49455	1415053	1217998	183611	493042	564245	60380	70524	40374
61133	8507831	5990054	2421619	2635547	3097930	2137727	626034	78801
37076	7624411	5196917	2353734	2254945	2730347	2136460	575232	18464
12817	615142	543697	52988	182063	174142	999	22511	7186
3675	94730	80348	11026	107648	77622	269	23234	53151
1981	31913	31130	198	43208	38086		1027	
5585	141635	137962	3673	47683	77734		4030	
8518	179014	147021	25679	124105	114663	19084	42363	22469
5101	107043	92864	8466	57085	46318	3015	23910	13188
	1423	1423		－200	515	515		
				400	400		100	100
	9401	9401		－1238	97			
62	15316	15246	70	10829	9091		4123	4867
1421	7003	6469	－66	15354	14184	1000	520	87
1934	25758	16657	9101	32250	35251	10634	12953	97
	13069	4961	8108	9625	8808	3920	758	4130
122858	4154574	3531259	620509	11119957	7310278	1050056	5962189	178338
88527	3743766	3158556	582768	10903549	7141227	1029115	5932547	123031
8902	57234	54034	2836	73067	49308		11130	38028
19628	186189	162678	23512	111483	73875	18568	12617	280
5801	167385	155992	11394	31857	45868	2373	5895	17000
299842	12257524	8751978	3434577	5571947	4063546	1829967	1310437	543175
91924	5611734	3533120	2066558	2599075	1683283	1424473	258709	101
47543	850941	732551	92926	635509	510475	1912	171364	334614
6387	235130	184785	50288	146955	76309	16727	29877	1035
36135	1080275	907387	159444	381252	405392	47373	47646	23278
117853	4479445	3394134	1065361	1809155	1388087	339483	802841	184147

11－4 续表3

单位:万元

类别	Category	累计折旧 Total Depreciation	固定资产净值 Net Value of Fixed Assets	固定资产净值年平均余额 Annual Average Balance of Net Value of Fixed Assets
按轻重工业分	**Grouped by Light and Heavy Industry**			
轻工业	Light Industry	1184832	3350726	3180932
重工业	Heavy Industry	15627908	20348617	19272218
按行业分	**Grouped by Sector**			
采矿业	Mining and Quarrying	8602969	8221242	7570171
煤炭开采和洗选业	Coal Mining and Dressing	797479	1660466	1654219
石油和天然气开采业	Petroleum and Natural Gas Extraction	7762585	6498505	5856192
黑色金属矿采选业	Ferrous Metals Mining and Dressing	1431	5976	3667
有色金属矿采选业	Nonferrous Metals Mining and Dressing	33116	36261	36632
非金属矿采选业	Nonmetal Minerals Mining and Dressing	8358	20033	19461
其他采选业	Other Mining and Dressing			
制造业	Manufacturing	5072617	9428113	8930314
农副食品加工业	Food Processing	126447	618000	582106
食品制造业	Food Manufacturing	148119	432764	425040
饮料制造业	Beverage Manufacturing	171275	460147	437974
烟草制品业	Tobacco Processing	49096	72510	75011
纺织业	Textile Industry	59673	152330	140069
纺织服装及其他纤维制品制造业	Garments and Other Fiber Products	2456	5241	4618
皮革、毛皮、羽毛(绒)及其制品业	Leather, Furs, Down and Related Products	3229	17196	11416
木材加工及木、竹、藤、棕草制品业	Timber Processing, Bamboo, Cane, Palm Fiber and Straw Products	54012	256977	240658
家具制造业	Furniture Manufacturing	34652	76009	77573
造纸及纸制品业	Papermaking and Paper Products	112897	448420	417659
印刷业和记录媒介的复制	Printing and Record Medium Reproduction	22175	39509	35533
文教体育用品制造业	Cultural, Educational and Sports Goods	7662	8898	6920
石油加工、炼焦及核燃料加工业	Petroleum Processing and Coking	1902980	2119863	2149622
化学原料及化学制品制造业	Raw Chemical Materials and Chemical Products	249393	680658	501245
医药制造业	Medical and Pharmaceutical Products	197789	545480	487342
化学纤维制造业	Chemical Fiber	78690	142675	136415
橡胶制品业	Rubber Products	54429	113881	112253
塑料制品业	Plastic Products	44602	148924	160263
非金属矿物制品业	Nonmetal Mineral Products	238247	501480	493861
黑色金属冶炼及压延加工业	Smelting and Pressing of Ferrous Metals	104869	257702	241021
有色金属冶炼及压延加工业	Smelting and Pressing of Nonferrous Metals	84336	111546	79279
金属制品业	Metal Products	55306	89369	87279
通用设备制造业	Ordinary Machinery	275127	297741	307504
专用设备制造业	Special Purpose Equipment	353844	564309	550291
交通运输设备制造业	Transport Equipment	378007	873883	787300
电气机械及器材制造业	Electric Equipment and Machinery	163427	192407	184363
通信设备、计算机及其他电子设备制造业	Electronic and Telecommunications Equipment	87383	177875	175600
仪器仪表及文化、办公用机械制造业	Instruments, Meters, Cultural and Office Machinery	10013	14312	14089
工艺品及其他制造业	Arts and crafts and other Manufacturing	2481	8007	8011
废弃资源和废旧材料回收加工业	Recycling and Disposal of Waste			
电力、燃气及水的生产和供应业	Production and Supply of Electric Power, Gas and Water	3137154	6049988	5952666
电力、热力的生产和供应业	Production and Supply of Electric Power, Steam and Hot Water	2995861	5725793	5636645
燃气生产和供应业	Production and Supply of Gas	14816	81814	80875
水的生产和供应业	Production and Supply of Tap Water	126477	242382	235145

continued

(10000 yuan)

无形及递延资产 Intangible and Deferred Assets	负债总计 Total Liabilities	流动负债 Liquid Liabilities	长期负债 Long - term Liabilities	所有者权益 Creditors' Equity	#实收资本 Capitals Hold	#国家资本 State Capital	#法人资本 Corporation Capital	#个人资本 Individual Capital
192992	5300306	4364609	851745	2917865	2105127	669988	745781	313431
299359	19798637	14055703	5650638	16533689	12481290	4366847	7195242	509352
14689	3400234	3138824	258099	8525750	5506877	658312	4787983	45643
10103	2090418	1861565	228181	700396	685223	623309	15203	37851
4111	1212613	1204624	7980	7747378	4774540	14496	4757913	800
	22759	22759		21185	5500		3500	2000
318	50815	32126	18101	37000	22620	16865	1550	1423
158	23630	17750	3838	19791	18993	3642	9818	3568
457887	15621553	12697311	2775677	7802238	6665786	2750552	2531378	706454
33915	1256737	1110757	127825	435906	424741	67383	218197	81485
23425	628245	518715	88423	350724	309255	49858	97897	26153
47874	594832	495708	78138	288834	198150	48876	44803	34106
3075	217780	199533	18247	75474	66818	63103	309	591
4810	275339	209646	65631	135559	108224	20411	44558	28515
469	11928	10652	1276	3151	6243	1798	2275	
83	37758	33713	3085	-2009	5866	200	719	3773
5925	330727	202691	126347	127625	154932	53759	39765	37809
1856	161820	152215	8342	59270	51862	14499	15636	11277
5361	621075	398375	219417	358362	261721	150823	61354	27339
438	47555	42121	2483	37458	24674	10301	6052	2626
34	37793	37088	705	13275	13311	2512	5080	149
24209	1263612	847181	383858	1909257	1726568	951988	724279	49146
12832	738622	624374	101805	232919	351335	185165	115233	31647
45462	820412	686590	123308	652111	322754	75443	187620	48021
230	216877	170438	46439	89445	17892	17840		52
6049	179559	175684	1487	18327	44914	713	7188	18015
8636	203048	169538	31641	158925	124225	32109	67785	11125
25727	635356	539471	91083	411383	266069	105238	74353	64853
58652	744424	556284	187227	199891	216591	131668	10382	72409
767	159751	132529	23590	118130	104529	101538	1072	1066
18333	292382	268796	22276	127129	106496	24428	30312	45040
42977	1694934	1590818	102222	330229	397524	128272	211773	12091
26178	1447327	1159508	286497	419435	447680	203134	173692	33463
28292	1652466	1269489	382304	788959	480262	237702	212841	13828
27071	821400	658816	160769	255197	228400	26806	148997	39497
4844	482834	395794	86735	155315	163815	17782	25744	6226
362	37834	33619	4215	40840	35985	27205	1939	4920
3	9125	7172	303	11119	4953		1525	1234
19775	6077156	2584177	3468607	3123567	2413754	1627971	621662	70686
15019	5859626	2450105	3386577	2839560	2197859	1467900	603145	67973
2273	87065	53264	33027	50558	43338	24892		2000
2482	130464	80808	49003	233449	172557	135179	18518	713

11-4 续表4

单位：万元

类别	Category	产品销售收入 Sales Revenue	#产品销售成本 Sales Cost	#产品销售费用 Sales Expenses
总计	**Total**	**29419160**	**19670492**	**835852**
#亏损企业	#Loss - making Enterprises	4052630	3641873	109834
#国有及国有控股企业	#State - owned and State - holding Enterprises	23759566	15040538	550139
#农村工业	#Rural Industry	390522	323458	17578
按登记注册类型分	**Grouped by Status of Registration**			
内资企业	Domestic Funded Enterprises	27716944	18432521	704516
国有企业	State - owned Industry	4667975	4068018	104194
#中央企业	#Central Industry	2601843	2335764	23785
集体企业	Collective - owned Enterprises	630153	556191	10711
股份合作企业	Cooperative Enterprises	160683	132824	8024
联营企业	Joint Ownership Enterprises	16377	15211	556
有限责任公司	Limited Liability Corporations	7418062	6186702	319783
国有独资公司	Sole State - funded Corporations	4207382	3489147	196255
其他有限责任公司	Other Limited Liability Corporations	3210680	2697555	123528
股份有限公司	Share Holding Enterprises	13259267	6154999	189377
私营企业	Private Enterprises	1555683	1312134	70998
私营独资企业	Private Proprietorship	246070	211784	12289
私营合伙企业	Private Partnership	32204	28946	869
私营有限责任公司	Private Limited Liability Corporations	1166001	978703	53896
私营股份有限公司	Private Share Holding Enterprises	111408	92701	3944
其他企业	Other Enterprises	8744	6443	874
港、澳、台商投资企业	Enterprises with Funds from Hong Kong, Macao and Taiwan	510345	355050	38951
外商投资企业	Foreign Funded Enterprises	1191871	882921	92385
按经济组织类型分	**Grouped by Type of Economic Organizations**			
独资企业	Proprietorship	5879725	5131244	149193
国有企业	State - owned Industry	4667975	4068018	104194
集体企业	Collective - owned Enterprises	630153	556191	10711
私营独资企业	Private Proprietorship	246070	211784	12289
港澳台商独资经营企业	Proprietorship from Hong Kong, Macao and Taiwan	77292	66478	7206
外资企业	Foreign Funded Enterprises	258235	228773	14794
合作、合伙企业	Cooperative Enterprises and Partnership	238681	196587	10452
股份合作企业	Cooperative Enterprises	160683	132824	8024
国有联营企业	State Joint Ownership Enterprises	1077	904	71
集体联营企业	Collective Joint Ownership Enterprises	2869	2670	75
国有与集体联营企业	State and Collective Joint Ownership Enterprises	12431	11637	410
其他联营企业	Other Joint Ownership Enterprises			
私营合伙企业	Private Partnership	32204	28946	869
港或澳、台资合作经营企业	Cooperative Enterprises with Funds from Hong Kong, Macao and Taiwan	8038	2675	42
中外合作经营企业	Sino - foreign Cooperative Enterprises	12634	10488	87
其他企业(内资)	Other Enterprises (Domestic Funded)	8744	6443	874
股份有限公司	Share Holding Enterprises	13624264	6410175	217051
股份有限公司(内资)	Share Holding Enterprises (Domestic Funded)	13259267	6154999	189377
私营股份有限公司	Private Share Holding Enterprises	111408	92701	3944
港澳台商投资股份有限公司	Share Holding Enterprises with Funds from Hong Kong, Macao and Taiwan	207578	117635	21147
外商投资股份有限公司	Foreign Funded Share Holding Enterprises	46010	44840	2583
有限责任公司	Limited Liability Corporations	9676490	7932486	459157
国有独资公司	Sole State - funded Corporations	4207382	3489147	196255
私营有限责任公司	Private Limited Liability Corporations	1166001	978703	53896
港澳台合资经营企业	joint venture Enterprises of Hong Kong, Macao and Taiwan	217437	168261	10557
中外合资经营企业	Sino - foreign Cooperative joint venture Enterprises	874992	598820	74921
其他有限责任公司	Other Limited Liability Corporations	3210680	2697555	123528

CONTINUED

(10000 yuan)

#产品销售税金及附加 Sales Tax and Addition	从业人员平均人数(人) Average Number of Persons Employed (person)	管理费用 Overhead Expenses	财务费用 Financial Expenses	#利息支出 Expenditure for Interests	利润总额 Total Profits	亏损企业亏损额 Total Losses Made by Enterprises - in - red	利税总额 Total Profits
639083	**1331382**	**1953748**	**441156**	**421759**	**5755596**	**427245**	**8490716**
116588	313399	371401	179614	173300	-427245	427245	-132220
581569	965340	1631678	336744	331104	5555287	298865	7991393
2378	15145	11985	6577	5750	30340	1477	51996
607541	1256847	1850263	397541	381232	5684507	353003	8297380
110399	435328	339711	138009	135220	-40462	145357	318966
90905	105784	110046	62239	62867	-33741	84064	200110
5933	64975	41108	7301	6298	10912	9448	43350
1761	18788	12231	1843	1128	3401	1495	12426
226	696	506	-41	-42	-128	195	810
90580	404646	631319	205327	197025	82715	143637	526773
49536	212122	399251	131134	130025	8216	98438	279054
41044	192524	232068	74193	67001	74499	45200	247718
382988	228274	755239	21474	21213	5563130	41075	7252715
15594	103344	69259	23232	19995	64542	11794	141532
3449	18290	7069	2128	1706	11138	1129	23863
547	3140	971	202	186	613	102	1708
10337	76809	56736	19308	16549	45210	10225	101674
1261	5105	4484	1593	1554	7582	337	14287
60	796	890	397	396	398	3	808
20227	23756	37801	13453	12737	36484	6443	89781
11315	50779	65683	30163	27790	34605	67799	103555
120575	530118	396398	150099	145676	-16026	168077	397228
110399	435328	339711	138009	135220	-40462	145357	318966
5933	64975	41108	7301	6298	10912	9448	43350
3449	18290	7069	2128	1706	11138	1129	23863
23	2819	1870	436	429	-177	3931	2277
771	8706	6641	2226	2024	2562	8213	8771
2594	24705	16495	2864	2140	6813	3945	19322
1761	18788	12231	1843	1128	3401	1495	12426
114	227	94	2	2	-115	115	87
59	105				66		216
53	364	412	-43	-43	-79	81	508
547	3140	971	202	186	613	102	1708
	379	676	45	43	2287		2753
	906	1221	419	428	242	2150	817
60	796	890	397	396	398	3	808
400870	251868	799038	35587	34913	5545367	89957	7276435
382988	228274	755239	21474	21213	5563130	41075	7252715
1261	5105	4484	1593	1554	7582	337	14287
15777	7119	19810	4832	4761	22189	65	54975
844	11370	19504	7687	7385	-47533	48480	-45542
115045	524691	741817	252606	239030	219441	165265	797731
49536	212122	399251	131134	130025	8216	98438	279054
10337	76809	56736	19308	16549	45210	10225	101674
4428	13439	15446	8140	7504	12184	2448	29776
9700	29797	38317	19831	17953	79333	8955	139508
41044	192524	232068	74193	67001	74499	45200	247718

11－4 续表5

单位:万元

类别	Category	产品销售收入 Sales Revenue	#产品销售成本 Sales Cost	#产品销售费用 Sales Expenses
按轻重工业分	**Grouped by Light and Heavy Industry**			
轻工业	Light Industry	5708383	4319547	504297
重工业	Heavy Industry	23710777	15350945	331555
按行业分	**Grouped by Sector**			
采矿业	Mining and Quarrying	9601415	3006768	103303
煤炭开采和洗选业	Coal Mining and Dressing	903371	690914	47789
石油和天然气开采业	Petroleum and Natural Gas Extraction	8605193	2252292	51097
黑色金属矿采选业	Ferrous Metals Mining and Dressing	4026	2066	124
有色金属矿采选业	Nonferrous Metals Mining and Dressing	45870	27748	835
非金属矿采选业	Nonmetal Minerals Mining and Dressing	42955	33749	3458
其他采选业	Other Mining and Dressing			
制造业	Manufacturing	15883303	13043208	717863
农副食品加工业	Food Processing	1542186	1388348	48144
食品制造业	Food Manufacturing	984139	681362	130162
饮料制造业	Beverage Manufacturing	620728	407845	55527
烟草制品业	Tobacco Processing	140489	79470	6748
纺织业	Textile Industry	302778	261170	10159
纺织服装及其他纤维制品制造业	Garments and Other Fiber Products	13264	11235	438
皮革、毛皮、羽毛(绒)及其制品业	Leather, Furs, Down and Related Products	10760	8824	356
木材加工及木、竹、藤、棕草制品业	Timber Processing, Bamboo, Cane, Palm Fiber and Straw Products	247347	214717	14272
家具制造业	Furniture Manufacturing	126368	101499	8502
造纸及纸制品业	Papermaking and Paper Products	358365	286839	18937
印刷业和记录媒介的复制	Printing and Record Medium Reproduction	46887	38644	1085
文教体育用品制造业	Cultural, Educational and Sports Goods	14137	11678	987
石油加工、炼焦及核燃料加工业	Petroleum Processing and Coking	4329247	3755889	25535
化学原料及化学制品制造业	Raw Chemical Materials and Chemical Products	786323	698306	17506
医药制造业	Medical and Pharmaceutical Products	1067995	645371	200160
化学纤维制造业	Chemical Fiber	187996	178073	3870
橡胶制品业	Rubber Products	35485	35766	3522
塑料制品业	Plastic Products	194131	155899	6875
非金属矿物制品业	Nonmetal Mineral Products	462802	389473	17097
黑色金属冶炼及压延加工业	Smelting and Pressing of Ferrous Metals	528240	485596	6280
有色金属冶炼及压延加工业	Smelting and Pressing of Nonferrous Metals	132383	114143	2550
金属制品业	Metal Products	195146	163565	5762
通用设备制造业	Ordinary Machinery	630722	522017	17285
专用设备制造业	Special Purpose Equipment	553574	456675	16825
交通运输设备制造业	Transport Equipment	1690145	1409854	69029
电气机械及器材制造业	Electric Equipment and Machinery	443652	346151	21359
通信设备、计算机及其他电子设备制造业	Electronic and Telecommunications Equipment	185790	154889	4871
仪器仪表及文化、办公用机械制造业	Instruments, Meters, Cultural and Office Machinery	38942	29547	2735
工艺品及其他制造业	Arts and crafts and other Manufacturing	13283	10364	1286
废弃资源和废旧材料回收加工业	Recycling and Disposal of Waste			
电力、燃气及水的生产和供应业	Production and Supply of Electric Power, Gas and Water	3934443	3620515	14686
电力、热力的生产和供应业	Production and Supply of Electric Power, Steam and Hot Water	3799168	3516826	9030
燃气生产和供应业	Production and Supply of Gas	55174	44119	2069
水的生产和供应业	Production and Supply of Tap Water	80101	59570	3587

CONTINUED

(10000 yuan)

#产品销售税金及附加 Sales Tax and Addition	从业人员平均人数(人) Average Number of Persons Employed (person)	管理费用 Overhead Expenses	财务费用 Financial Expenses	#利息支出 Expenditure for Interests	利润总额 Total Profits	亏损企业亏损额 Total Losses Made by Enterprises - in - red	利税总额 Total Profits
120106	324813	392006	119205	114540	232724	81694	618685
518977	1006569	1561742	321951	307219	5522872	345550	7872032
229713	351063	629635	3468	3386	5479652	3389	6920402
11364	244520	166753	40537	40573	18138	1938	112668
217283	92050	450601	-38707	-38705	5449508	3	6790293
42	970	320	276	204	920	55	1188
400	7821	8362	1030	1024	10046	102	12488
623	5702	3600	332	290	1041	1292	3764
380239	806538	1205003	281066	265026	278915	335554	1291365
4144	58453	46116	29019	30199	29918	10524	60089
3693	35375	42796	13706	12310	56066	21328	117378
47531	30193	47358	12935	12207	37864	4522	126508
33188	4596	22978	5335	5320	4802	786	49880
827	50535	18100	6575	5755	8109	1986	20264
54	5727	874	205	4	400	134	672
12	1876	849	232	66	-453	678	-292
2173	30020	11339	4805	2786	3658	4701	13535
1306	14366	9748	3946	3666	-1902	7967	3672
1576	23376	23840	18874	18696	13785	9486	33997
392	5999	5696	185	147	833	982	4259
75	2031	1751	897	857	-1659	2548	-1216
213771	51053	224066	21160	20955	77614	30560	437344
3007	34112	41974	9629	10685	18924	6862	47554
25504	45579	134585	14540	12262	74465	5216	175396
161	4064	6394	8102	8102	-8469	8500	-8113
1903	8010	13319	4334	4333	-49449	49544	-45012
828	16431	17576	3877	3748	10347	3998	18944
4580	59999	53061	10863	9313	3748	12930	40348
2728	32759	57834	21177	19550	-48648	70137	-22588
325	11138	10147	3798	3607	3816	212	7430
1402	19033	16072	3157	3003	4675	3738	17118
3345	61385	64664	16615	15805	13212	11014	40514
2771	79639	98982	25240	25369	-32001	46835	-8477
21828	72654	170946	21076	16691	22057	6923	95766
2199	32854	46719	17802	16846	25539	10829	47433
570	8054	11497	1602	1382	10357	561	15039
216	3261	4846	1274	1249	662	1983	2206
132	3966	879	106	113	644	71	1718
29132	173781	119109	156622	153346	-2972	88302	278949
27838	150328	97993	150321	150251	-5300	82034	266606
468	3276	5121	6347	1535	2270	1686	6580
825	20177	15995	-47	1561	58	4583	5764

11－5 大中型工业企业主要经济指标(2003)

单位:万元

类　别	Category	单位数(个) Number of Enterprises (unit)	#亏损企业 Loss－making Enterprises	工业总产值 Gross Industrial Output Value
总　计	**Total**	**379**	**107**	**24737986**
#亏损企业	#Loss－making Enterprises	107	107	3296202
#国有及国有控股企业	#State－owned and State－holding Enterprises	212	75	21885347
#大　型	#Large－Sized Enterprises	49	12	19761602
按登记注册类型分	**Grouped by Status of Registration**			
内资企业	Domestic Funded Enterprises	345	99	23403504
国有企业	State－owned Industry	113	54	4120476
#中央企业	#Central Industry	26	16	2468949
集体企业	Collective－owned Enterprises	16	6	163627
股份合作企业	Cooperative Enterprises	6	1	55012
联营企业	Joint Ownership Enterprises			
有限责任公司	Limited Liability Corporations	108	25	5501119
国有独资公司	Sole State－funded Corporations	28	9	3034354
其他有限责任公司	Other Limited Liability Corporations	80	16	2466766
股份有限公司	Share Holding Enterprises	57	9	13029680
私营企业	Private Enterprises	44	4	524496
私营独资企业	Private Proprietorship	3	1	18683
私营合伙企业	Private Partnership			
私营有限责任公司	Private Limited Liability Corporations	38	3	475792
私营股份有限公司	Private Share Holding Enterprises	3		30022
其他企业	Others	1		9093
港、澳、台商投资企业	Enterprises with Funds from Hong Kong, Macao and Taiwan	14	2	383101
外商投资企业	Foreign Funded Enterprises	20	6	951381
按经济组织类型分	**Grouped by Type of Economic Organizations**			
独资企业	Proprietorship	140	64	4476837
国有企业	State－owned Industry	113	54	4120476
集体企业	Collective－owned Enterprises	16	6	163627
私营独资企业	Private Proprietorship	3	1	18683
港澳台商独资经营企业	Proprietorship from Hong Kong, Macao and Taiwan	3	2	32070
外资企业	Foreign Funded Enterprises	5	1	141980
合作、合伙企业	Cooperative Enterprises and Partnership	7	1	64105
股份合作企业	Cooperative Enterprises	6	1	55012
国有联营企业	State Joint Ownership Enterprises			
集体联营企业	Collective Joint Ownership Enterprises			
国有与集体联营企业	State and Collective Joint Ownership Enterprises			
其他联营企业	Other Joint Ownership Enterprises			
私营合伙企业	Private Partnership			
港或澳、台资合作经营企业	Cooperative Enterprises with Funds from Hong Kong, Macao and Taiwan			
中外合作经营企业	Sino－foreign Cooperative Enterprises			
其他企业(内资)	Other Enterprises (Domestic Funded)	1		9093
股份有限公司	Share Holding Enterprises	64	10	13306557
股份有限公司(内资)	Share Holding Enterprises(Domestic Funded)	57	9	13029680
私营股份有限公司	Private Share Holding Enterprises	3		30022
港澳台商投资股份有限公司	Share Holding Enterprises with Funds from Hong Kong, Macao and Taiwan	2		196369
外商投资股份有限公司	Foreign Funded Share Holding Enterprises	2	1	50487
有限责任公司	Limited Liability Corporations	168	32	6890487
国有独资公司	Sole State－funded Corporations	28	9	3034354
私营有限责任公司	Private Limited Liability Corporations	38	3	475792
港澳台合资经营企业	joint venture Enterprises of Hong Kong, Macao and Taiwan	9		154662
中外合资经营企业	Sino－foreign Cooperative joint venture Enterprises	13	4	758914
其他有限责任公司	Other Limited Liability Corporations	80	16	2466766

MAJOR INDICATORS OF LARGE AND MEDIUM－SIZED INDUSTRIAL ENTERPRISES

（10000 yuan）

工　业 增加值 Value－added of Industry	工业销 售产值 Sale Output Value of Industry	资产总计 Total Assets	流动资产 平均余额 Average Balance of Circulating Funds	流动资产 合　计 Circulating Funds	#存　货 stock－in－trade	长期投资 Long－term Investment	固定资产 合　计 Total Fixed Assets	固定资产 原　价 Value of Fixed Assets
12096689	**24363196**	**37809903**	**13056956**	**14164959**	**3410816**	**952077**	**21052242**	**36625659**
728071	3253880	7130204	2066934	2126238	620437	311305	4495046	6256974
11220013	21583548	33963796	11342754	12335167	2873414	839186	19354413	34455871
10531533	19503339	28099949	9299970	10183252	2251900	547453	16044800	29868674
11623399	23080201	36257791	12443934	13512954	3210166	931943	20247749	35513063
1414917	4072389	7995581	2815988	2918873	802009	115041	4815366	7247187
918251	2514913	4042979	1043041	997021	317829	43337	2981332	4701243
49828	162717	326485	187285	186326	59799	13699	109139	143010
27860	56865	50260	26360	26448	12393		22026	29543
1513687	5364226	13210898	4975745	6030667	1612960	525651	5807752	8747560
965102	3008073	8343516	3312499	3469830	762012	446365	3687666	5944972
548585	2356153	4867382	1663245	2560838	850948	79285	2120087	2802588
8441897	12904667	13955193	4161395	4011873	600288	258685	9157749	18982068
173064	514776	709300	275085	336479	122398	18868	327958	356397
7300	17320	35822	19290	19331	3659	651	13439	15578
156387	461041	610077	234528	292416	109461	10488	290266	311443
9377	36415	63401	21268	24732	9278	7729	24253	29376
2147	4562	10073	2076	2288	320		7759	7298
149314	378741	571963	220497	234327	58499	7599	301113	429805
323976	904253	980149	392525	417678	142150	12534	503380	682791
1509764	4421449	8486959	3069295	3180443	890723	129391	5000949	7494876
1414917	4072389	7995581	2815988	2918873	802009	115041	4815366	7247187
49828	162717	326485	187285	186326	59799	13699	109139	143010
7300	17320	35822	19290	19331	3659	651	13439	15578
5239	32380	38139	13764	13745	7021		22319	33833
32480	136644	90931	32968	42169	18235		40687	55268
30007	61426	60334	28436	28736	12712		29785	36842
27860	56865	50260	26360	26448	12393		22026	29543
2147	4562	10073	2076	2288	320		7759	7298
8538047	13172917	14472668	4363367	4224468	649680	278130	9411743	19367810
8441897	12904667	13955193	4161395	4011873	600288	258685	9157749	18982068
9377	36415	63401	21268	24732	9278	7729	24253	29376
88198	190008	275615	108958	126523	8497	5490	124245	188747
－1425	41827	178458	71746	61340	31617	6227	105496	167620
2018872	6707403	14789943	5595858	6731312	1857701	544555	6609765	9726131
965102	3008073	8343516	3312499	3469830	762012	446365	3687666	5944972
156387	461041	610077	234528	292416	109461	10488	290266	311443
55877	156354	258208	97776	94059	42981	2110	154549	207225
292922	725782	710760	287810	314170	92298	6307	357198	459903
548585	2356153	4867382	1663245	2560838	850948	79285	2120087	2802588

11－5 续表1

单位:万元

类别	Category	单位数(个) Number of Enterprises (unit)	#亏损企业 Loss－making Enterprises	工业总产值 Gross Industrial Output Value
按轻重工业分	**Grouped by Light and Heavy Industry**			
轻工业	Light Industry	133	23	4022580
重工业	Heavy Industry	246	84	20715406
按行业分	**Grouped by Sector**			
采矿业	Mining and Quarrying	28	7	9529641
煤炭开采和洗选业	Coal Mining and Dressing	21	6	883264
石油和天然气开采业	Petroleum and Natural Gas Extraction	2		8605035
黑色金属矿采选业	Ferrous Metals Mining and Dressing	1		1931
有色金属矿采选业	Nonferrous Metals Mining and Dressing	3		34727
非金属矿采选业	Nonmetal Minerals Mining and Dressing	1	1	4684
其他采选业	Other Mining and Dressing			
制造业	Manufacturing	284	70	12684190
农副食品加工业	Food Processing	29	2	981283
食品制造业	Food Manufacturing	23	6	768533
饮料制造业	Beverage Manufacturing	15	2	442542
烟草制品业	Tobacco Processing	4	1	120094
纺织业	Textile Industry	19	3	206458
纺织服装及其他纤维制品制造业	Garments and Other Fiber Products			
皮革、毛皮、羽毛(绒)及其制品业	Leather, Furs, Down and Related Products			
木材加工及木、竹、藤、棕草制品业	Timber Processing, Bamboo, Cane, Palm Fiber and Straw Products	8	5	72924
家具制造业	Furniture Manufacturing	7	3	79755
造纸及纸制品业	Papermaking and Paper Products	10	3	265727
印刷业和记录媒介的复制	Printing and Record Medium Reproduction			
文教体育用品制造业	Cultural, Educational and Sports Goods			
石油加工、炼焦及核燃料加工业	Petroleum Processing and Coking	21	4	4192736
化学原料及化学制品制造业	Raw Chemical Materials and Chemical Products	17	4	437234
医药制造业	Medical and Pharmaceutical Products	17	1	812602
化学纤维制造业	Chemical Fiber	1	1	207097
橡胶制品业	Rubber Products	2	2	29592
塑料制品业	Plastic Products	7	2	80590
非金属矿物制品业	Nonmetal Mineral Products	23	6	252951
黑色金属冶炼及压延加工业	Smelting and Pressing of Ferrous Metals	10	2	470749
有色金属冶炼及压延加工业	Smelting and Pressing of Nonferrous Metals	2		114021
金属制品业	Metal Products	9	3	113290
通用设备制造业	Ordinary Machinery	16	4	556130
专用设备制造业	Special Purpose Equipment	19	10	481675
交通运输设备制造业	Transport Equipment	10	2	1629499
电气机械及器材制造业	Electric Equipment and Machinery	9	3	281715
通信设备、计算机及其他电子设备制造业	Electronic and Telecommunications Equipment	4		65288
仪器仪表及文化、办公用机械制造业	Instruments, Meters, Cultural and Office Machinery	1	1	14093
工艺品及其他制造业	Arts and crafts and other Manufacturing	1		7610
废弃资源和废旧材料回收加工业	Recycling and Disposal of Waste			
电力、燃气及水的生产和供应业	Production and Supply of Electric Power, Gas and Water	67	30	2524156
电力、热力的生产和供应业	Production and Supply of Electric Power, Steam and Hot Water	61	28	2431407
燃气生产和供应业	Production and Supply of Gas	3	1	36221
水的生产和供应业	Production and Supply of Tap Water	3	1	56528

CONTINUED

(10000 yuan)

工 业 增加值 Value - added of Industry	工业销 售产值 Sale Output Value of Industry	资产总计 Total Assets	流动资产 平均余额 Average Balance of Circulating Funds	流动资产 合 计 Circulating Funds	#存 货 stock - in - trade	长期投资 Long - term Investment	固定资产 合 计 Total Fixed Assets	固定资产 原 价 Value of Fixed Assets
1190129	3918745	5467326	2551827	2863692	887095	130273	2308797	3040248
10906560	20444451	32342577	10505129	11301267	2523721	821803	18743446	33585411
7848701	9473473	12071151	3590554	3491955	319238	69509	8189169	16632528
380403	818511	3055630	1234713	1276251	222660	31857	1655189	2364042
7452804	8608794	8903799	2308244	2165007	90077	34957	6499831	14205063
501	5715	37206	17386	17386	529		1217	2565
12987	35836	65937	27479	30257	4500	2695	27407	50641
2006	4617	8580	2733	3055	1472		5525	10217
3043742	12343173	17420375	7221042	8483257	2883767	541894	7702962	11569222
206394	971986	1061895	555887	651573	198834	6695	363918	415440
238497	742879	626862	272774	311461	79686	6644	280878	367912
194301	430675	599390	206062	222728	54567	5392	334243	453485
66139	126110	251420	165706	163600	79156	5287	76300	110025
65592	188704	293172	158391	173047	98972	4638	110864	159599
26399	70099	197654	62915	62880	13431	2357	125321	158328
23672	76541	131199	73100	75738	37860	2836	42898	72224
57312	259820	741289	327892	353464	58014	58369	324474	387352
921703	4112696	3040681	723954	667744	279560	33215	2091438	3961498
100012	422409	605596	183604	205584	54918	2385	377624	754357
267214	776438	1116456	542048	623204	179817	15004	448397	560761
12097	206006	303054	128839	156671	90065	1991	144159	220723
-7578	20770	168736	70684	58520	25409	10156	94264	153928
26159	77489	109562	47271	46112	11734	4352	55847	68648
81928	249477	613346	216838	229352	73810	13698	348264	481792
116868	465387	890707	346478	347683	126187	54932	422982	334382
18068	111897	259317	140931	144931	47590	2178	112164	183418
28857	109252	207756	116204	137511	45248	2361	66993	92472
134447	505009	1625559	1006900	1341501	440847	6552	242758	394580
104438	473575	1595193	711680	772563	261019	186579	564692	802962
269643	1589424	2094105	610560	1120601	388933	81507	858643	1109704
66473	267946	737973	470356	540985	211932	14242	165577	251349
18601	67437	102777	57736	53989	16198	3501	43258	61163
4458	12630	36300	18712	16664	8122	17023	2479	7687
2050	8521	10377	5518	5152	1856		4527	5435
1204246	2546550	8318376	2245360	2189747	207811	340674	5160111	8423910
1159364	2454978	7998702	2167111	2095044	203223	322592	4953984	8117408
11142	38367	108065	32324	40964	3638		66534	73936
33741	53206	211609	45925	53739	950	18082	139593	232566

11－5 续表2

单位:万元

类 别	Category	累计折旧 Total Depreciation	固定资产净值 Net Value of Fixed Assets	固定资产净值年平均余额 Annual Average Balance of Net Value of Fixed Assets
总 计	**Total**	**15817033**	**20792375**	**19567825**
#亏损企业	#Loss－making Enterprises	2029105	4227870	4172859
#国有及国有控股企业	#State－owned and State－holding Enterprises	15266602	19173018	18076247
#大 型	#Large－Sized Enterprises	13891339	15977335	15077191
按登记注册类型分	**Grouped by Status of Registration**			
内资企业	Domestic Funded Enterprises	15486879	20009933	18816063
国有企业	State－owned Industry	2595767	4651420	4578128
#中央企业	#Central Industry	1743047	2958196	2939455
集体企业	Collective－owned Enterprises	48575	94435	94498
股份合作企业	Cooperative Enterprises	8242	21301	17650
联营企业	Joint Ownership Enterprises			
有限责任公司	Limited Liability Corporations	2934453	5796857	5465966
国有独资公司	Sole State－funded Corporations	2094259	3850713	3604118
其他有限责任公司	Other Limited Liability Corporations	840193	1946144	1861847
股份有限公司	Share Holding Enterprises	9837092	9144976	8374628
私营企业	Private Enterprises	61776	294621	278691
私营独资企业	Private Proprietorship	2619	12959	12640
私营合伙企业	Private Partnership			
私营有限责任公司	Private Limited Liability Corporations	54008	257436	236413
私营股份有限公司	Private Share Holding Enterprises	5150	24227	29637
其他企业	Others	975	6323	6503
港、澳、台商投资企业	Enterprises with Funds from Hong Kong, Macao and Taiwan	146674	283131	298664
外商投资企业	Foreign Funded Enterprises	183481	499310	453098
按经济组织类型分	**Grouped by Type of Economic Organizations**			
独资企业	Proprietorship	2673263	4821613	4748884
国有企业	State－owned Industry	2595767	4651420	4578128
集体企业	Collective－owned Enterprises	48575	94435	94498
私营独资企业	Private Proprietorship	2619	12959	12640
港澳台商独资经营企业	Proprietorship from Hong Kong, Macao and Taiwan	11514	22319	23588
外资企业	Foreign Funded Enterprises	14788	40480	40030
合作、合伙企业	Cooperative Enterprises and Partnership	9217	27624	24153
股份合作企业	Cooperative Enterprises	8242	21301	17650
国有联营企业	State Joint Ownership Enterprises			
集体联营企业	Collective Joint Ownership Enterprises			
国有与集体联营企业	State and Collective Joint Ownership Enterprises			
其他联营企业	Other Joint Ownership Enterprises			
私营合伙企业	Private Partnership			
港或澳、台资合作经营企业	Cooperative Enterprises with Funds from Hong Kong, Macao and Taiwan			
中外合作经营企业	Sino－foreign Cooperative Enterprises			
其他企业(内资)	Other Enterprises (Domestic Funded)	975	6323	6503
股份有限公司	Share Holding Enterprises	9962790	9405020	8650772
股份有限公司(内资)	Share Holding Enterprises (Domestic Funded)	9837092	9144976	8374628
私营股份有限公司	Private Share Holding Enterprises	5150	24227	29637
港澳台商投资股份有限公司	Share Holding Enterprises with Funds from Hong Kong, Macao and Taiwan	64770	123977	136366
外商投资股份有限公司	Foreign Funded Share Holding Enterprises	55779	111841	110141
有限责任公司	Limited Liability Corporations	3171763	6538116	6144016
国有独资公司	Sole State－funded Corporations	2094259	3850713	3604118
私营有限责任公司	Private Limited Liability Corporations	54008	257436	236413
港澳台合资经营企业	Joint venture Enterprises of Hong Kong, Macao and Taiwan	70389	136836	138710
中外合资经营企业	Sino－foreign Cooperative joint venture Enterprises	112914	346989	302928
其他有限责任公司	Other Limited Liability Corporations	840193	1946144	1861847

CONTINUED

(10000 yuan)

无形及递延资产 Intangible and Deferred Assets	负债总计 Total Liabilities	流动负债 Liquid Liabilities	长期负债 Long－term Liabilities	所有者权益 Creditors' Equity	#实收资本 Capitals Hold	#国家资本 State Capital	#法人资本 Corporation Capital	#个人资本 Individual Capital
339423	**20088949**	**14629870**	**5385825**	**17281417**	**12315504**	**4386894**	**7205868**	**341777**
109230	5270653	3136597	2120652	1859551	2111906	1355861	565644	64857
229973	17589969	12507358	5027108	15934290	11327314	4342140	6792634	78790
198330	13211586	9988782	3178969	14448825	9967100	3543902	6286848	34663
278867	18996849	13678293	5254025	16821405	11945904	4335773	7160484	305229
25402	5696533	3972472	1681092	2133729	2271389	1754864	501059	15466
11091	2706360	1595262	1069925	1336619	1472988	1044699	428289	
5489	290841	262901	24645	35644	68445		5273	242
740	37666	32016	3999	12595	14093		5923	8170
158040	9204534	6193790	2998536	3732147	2505703	1600728	828194	45512
91836	5574847	3497492	2065300	2494452	1574794	1317128	257565	101
66204	3629687	2696298	933237	1237695	930909	283601	570629	45411
68966	3348945	2848215	499490	10606248	6876381	976261	5769173	82165
20229	417028	367597	46263	292272	201893		50863	149594
1762	12941	9851	3090	22882	12024			12024
12410	381488	335983	42570	228589	167674		46423	119815
6057	22599	21762	603	40802	22195		4440	17755
	1302	1302		8771	8000	3920		4080
23851	349628	297448	51851	222335	120559	28546	19688	866
36705	742472	654129	79948	237678	249041	22574	25695	35682
37981	6106487	4351124	1708827	2215152	2403440	1754864	510172	27732
25402	5696533	3972472	1681092	2133729	2271389	1754864	501059	15466
5489	290841	262901	24645	35644	68445		5273	242
1762	12941	9851	3090	22882	12024			12024
840	21247	20975		16892	17546			
4487	84926	84926		6006	34036		3840	
740	38968	33318	3999	21366	22093	3920	5923	12250
740	37666	32016	3999	12595	14093		5923	8170
	1302	1302		8771	8000	3920		4080
99492	3684815	3155571	527770	10787853	6994884	993505	5778753	117200
68966	3348945	2848215	499490	10606248	6876381	976261	5769173	82165
6057	22599	21762	603	40802	22195		4440	17755
19073	174598	155146	19452	101017	55448	17244	248	280
5396	138672	130447	8225	39786	40860		4893	17000
201210	10258679	7089857	3145229	4257047	2895087	1634605	911019	184595
91836	5574847	3497492	2065300	2494452	1574794	1317128	257565	101
12410	381488	335983	42570	228589	167674		46423	119815
3938	153783	121327	32399	104425	47565	11302	19441	586
26822	518874	438757	71723	191886	174145	22574	16962	18682
66204	3629687	2696298	933237	1237695	930909	283601	570629	45411

11－5 续表3

单位:万元

类别	Category	累计折旧 Total Depreciation	固定资产净值 Net Value of Fixed Assets	固定资产净值年平均余额 Annual Average Balance of Net Value of Fixed Assets
按轻重工业分	**Grouped by Light and Heavy Industry**			
轻工业	Light Industry	861362	2162634	2032447
重工业	Heavy Industry	14955671	18629740	17535378
按行业分	**Grouped by Sector**			
采矿业	Mining and Quarrying	8553970	8078557	7433714
煤炭开采和洗选业	Coal Mining and Dressing	771585	1592456	1584919
石油和天然气开采业	Petroleum and Natural Gas Extraction	7750957	6454106	5815966
黑色金属矿采选业	Ferrous Metals Mining and Dressing	1349	1217	1217
有色金属矿采选业	Nonferrous Metals Mining and Dressing	24953	25688	26497
非金属矿采选业	Nonmetal Minerals Mining and Dressing	5127	5090	5115
其他采选业	Other Mining and Dressing			
制造业	Manufacturing	4325994	7226976	6756903
农副食品加工业	Food Processing	66932	348509	321611
食品制造业	Food Manufacturing	104636	263276	253775
饮料制造业	Beverage Manufacturing	122286	331199	307472
烟草制品业	Tobacco Processing	44672	65353	68348
纺织业	Textile Industry	51040	108559	95847
纺织服装及其他纤维制品制造业	Garments and Other Fiber Products			
皮革、毛皮、羽毛(绒)及其制品业	Leather, Furs, Down and Related Products			
木材加工及木、竹、藤、棕草制品业	Timber Processing, Bamboo, Cane, Palm Fiber and Straw Products	28879	129449	113821
家具制造业	Furniture Manufacturing	26321	45903	49026
造纸及纸制品业	Papermaking and Paper Products	91626	295726	263743
印刷业和记录媒介的复制	Printing and Record Medium Reproduction			
文教体育用品制造业	Cultural, Educational and Sports Goods			
石油加工、炼焦及核燃料加工业	Petroleum Processing and Coking	1889480	2072017	2101157
化学原料及化学制品制造业	Raw Chemical Materials and Chemical Products	205746	548611	387086
医药制造业	Medical and Pharmaceutical Products	159446	401315	357149
化学纤维制造业	Chemical Fiber	78600	142122	135911
橡胶制品业	Rubber Products	51629	102299	100692
塑料制品业	Plastic Products	13381	39015	49128
非金属矿物制品业	Nonmetal Mineral Products	167073	314719	309556
黑色金属冶炼及压延加工业	Smelting and Pressing of Ferrous Metals	99323	235060	219836
有色金属冶炼及压延加工业	Smelting and Pressing of Nonferrous Metals	80801	102616	69874
金属制品业	Metal Products	41372	51101	47164
通用设备制造业	Ordinary Machinery	201367	193213	193312
专用设备制造业	Special Purpose Equipment	308003	494960	462237
交通运输设备制造业	Transport Equipment	344727	764977	685913
电气机械及器材制造业	Electric Equipment and Machinery	121501	129847	119531
通信设备、计算机及其他电子设备制造业	Electronic and Telecommunications Equipment	20730	40434	37801
仪器仪表及文化、办公用机械制造业	Instruments, Meters, Cultural and Office Machinery	5207	2480	2685
工艺品及其他制造业	Arts and crafts and other Manufacturing	1216	4219	4228
废弃资源和废旧材料回收加工业	Recycling and Disposal of Waste			
电力、燃气及水的生产和供应业	Production and Supply of Electric Power, Gas and Water	2937069	5486841	5377208
电力、热力的生产和供应业	Production and Supply of Electric Power, Steam and Hot Water	2831933	5285474	5175071
燃气生产和供应业	Production and Supply of Gas	9269	64667	64491
水的生产和供应业	Production and Supply of Tap Water	95867	136699	137646

CONTINUED

(10000 yuan)

无形及递延资产 Intangible and Deferred Assets	负债总计 Total Liabilities	流动负债 Liquid Liabilities	长期负债 Long - term Liabilities	所有者权益 Creditors' Equity	#实收资本 Capitals Hold	#国家资本 State Capital	#法人资本 Corporation Capital	#个人资本 Individual Capital
104073	3540866	2999463	513881	1900500	1119912	355156	452287	94162
235350	16548083	11630407	4871944	15380917	11195592	4031737	6753580	247615
13849	3223865	2996054	227810	8439110	5426210	639393	4758423	22272
9708	1982259	1774623	207635	665194	640286	607382	6423	22272
3995	1181426	1173446	7980	7722373	4764496	14496	4750000	
	20022	20022		17184	2000		2000	
146	33146	20952	12195	32791	16239	16239		
	7012	7012		1568	3189	1276		
312248	11429579	9286754	2080543	5964836	4701770	2270996	1841440	287767
16823	796931	751247	42392	264965	229202	33764	132246	25255
12493	397326	339425	52912	229536	188827	34327	61255	10543
34883	414130	364968	40769	185260	107761	33103	10065	6140
3075	176528	172028	4500	74892	63296	59581	309	591
3595	200661	143342	57258	92512	54724	13225	18591	18846
	162122	72783	89339	35532	33452	17835	7493	586
1585	104729	100143	4552	26470	31245	9324	9746	5592
4149	473078	304261	168817	242250	118543	28244	53587	19411
23396	1192293	782121	380172	1848388	1672439	951217	686356	34754
4087	504507	426374	78014	101089	232236	176380	51606	3929
24243	634961	550595	75319	481495	193312	46734	135138	7174
230	214449	169274	45175	88605	17840	17840		
5795	151133	149973	1160	17603	40534		6356	17040
1346	57959	43900	14058	51603	30358	6002	18616	3066
20305	338034	290063	47971	275313	143143	73183	36046	33915
58518	706684	525630	180922	184023	198139	121995	7304	67149
42	143588	120517	19438	115729	99582	99582		
665	158972	146712	12256	48783	41683	21251	16231	1848
32116	1211549	1159265	52282	414010	300595	99268	181780	
21475	1236152	970437	265292	359041	377096	172154	154923	20692
25345	1424125	1123801	300111	669980	360026	205039	143035	6720
16402	648828	513297	135532	89145	117188	11243	105828	117
1550	63552	51148	12114	39225	23157	14153	3691	3800
134	11044	11044		25256	25774	25554	220	
	6245	4406	189	4132	1619		1019	600
13326	5435505	2347062	3077472	2877471	2187524	1476505	606005	31738
12571	5306877	2259659	3036247	2686425	2065341	1389001	587783	31727
568	66553	41311	25242	41513	33021	16575		
187	62075	46092	15983	149534	89162	70929	18222	11

11-5 续表4

单位:万元

类 别	Category	产品销售收入 Sales Revenue	#产品销售成本 Sales Cost	#产品销售费用 Sales Expenses
总 计	**Total**	**25534555**	**16400516**	**677640**
#亏损企业	#Loss - making Enterprises	3267555	2922947	73979
#国有及国有控股企业	#State - owned and State - holding Enterprises	22795833	14238475	510167
#大 型	#Large - Sized Enterprises	20680218	12526518	410479
按登记注册类型分	**Grouped by Status of Registration**			
内资企业	Domestic Funded Enterprises	24272984	15526803	567792
国有企业	State - owned Industry	4126651	3601418	82934
#中央企业	#Central Industry	2557727	2299480	20208
集体企业	Collective - owned Enterprises	160078	141845	1597
股份合作企业	Cooperative Enterprises	57856	51593	2840
联营企业	Joint Ownership Enterprises			
有限责任公司	Limited Liability Corporations	6518018	5446106	288252
国有独资公司	Sole State - funded Corporations	4194281	3477013	195497
其他有限责任公司	Other Limited Liability Corporations	2323737	1969093	92755
股份有限公司	Share Holding Enterprises	12873755	5837198	170518
私营企业	Private Enterprises	532157	445255	21369
私营独资企业	Private Proprietorship	19899	14533	790
私营合伙企业	Private Partnership			
私营有限责任公司	Private Limited Liability Corporations	466315	394886	19087
私营股份有限公司	Private Share Holding Enterprises	45944	35836	1492
其他企业	Others	4469	3389	282
港、澳、台商投资企业	Enterprises with Funds from Hong Kong, Macao and Taiwan	402825	264495	35240
外商投资企业	Foreign Funded Enterprises	858747	609218	74608
按经济组织类型分	**Grouped by Type of Economic Organizations**			
独资企业	Proprietorship	4487297	3918113	102559
国有企业	State - owned Industry	4126651	3601418	82934
集体企业	Collective - owned Enterprises	160078	141845	1597
私营独资企业	Private Proprietorship	19899	14533	790
港澳台商独资经营企业	Proprietorship from Hong Kong, Macao and Taiwan	57284	49105	6722
外资企业	Foreign Funded Enterprises	123386	111213	10517
合作、合伙企业	Cooperative Enterprises and Partnership	62325	54983	3122
股份合作企业	Cooperative Enterprises	57856	51593	2840
国有联营企业	State Joint Ownership Enterprises			
集体联营企业	Collective Joint Ownership Enterprises			
国有与集体联营企业	State and Collective Joint Ownership Enterprises			
其他联营企业	Other Joint Ownership Enterprises			
私营合伙企业	Private Partnership			
港或澳、台资合作经营企业	Cooperative Enterprises with Funds from Hong Kong, Macao and Taiwan			
中外合作经营企业	Sino - foreign Cooperative Enterprises			
其他企业(内资)	Other Enterprises (Domestic Funded)	4469	3389	282
股份有限公司	Share Holding Enterprises	13152350	6015653	195357
股份有限公司(内资)	Share Holding Enterprises(Domestic Funded)	12873755	5837198	170518
私营股份有限公司	Private Share Holding Enterprises	45944	35836	1492
港澳台商投资股份有限公司	Share Holding Enterprises with Funds from Hong Kong, Macao and Taiwan	191556	102214	20903
外商投资股份有限公司	Foreign Funded Share Holding Enterprises	41096	40405	2444
有限责任公司	Limited Liability Corporations	7832583	6411767	376602
国有独资公司	Sole State - funded Corporations	4194281	3477013	195497
私营有限责任公司	Private Limited Liability Corporations	466315	394886	19087
港澳台合资经营企业	joint venture Enterprises of Hong Kong, Macao and Taiwan	153985	113177	7616
中外合资经营企业	Sino - foreign Cooperative joint venture Enterprises	694265	457599	61648
其他有限责任公司	Other Limited Liability Corporations	2323737	1969093	92755

CONTINUED

(10000 yuan)

#产品销售税金及附加 Sales Tax and Addition	从业人员平均人数(人) Average Number of Persons Employed (person)	管理费用 Overhead Expenses	财务费用 Financial Expenses	#利息支出 Expenditure for Interests	利润总额 Total Profits	亏损企业亏损额 Total Losses Made by Enterprises - in - red	利税总额 Total Profits
600194	**958353**	**1671589**	**364561**	**357569**	**5680463**	**310984**	**8216192**
107281	177676	267622	146796	143492	-310984	310984	-56785
572713	801450	1518124	306975	302117	5573150	234345	7950325
515795	608503	1321545	173813	169957	5619534	113200	7799246
570632	907884	1594195	329264	323567	5623718	253298	8052686
106440	315249	264757	113494	113638	-6383	102037	321869
90537	90723	101122	60894	61376	-29791	78711	201594
1426	21105	11438	2030	1928	2560	3134	10876
158	7263	3077	241	174	1408	12	3986
77194	324668	563249	189341	184231	39514	122579	427560
49450	208200	396690	133436	129879	11109	95311	281297
27744	116468	166559	55905	54352	28405	27269	146264
379704	204066	728531	13131	12927	5556804	24923	7228176
5693	35183	22713	11028	10670	29461	613	59667
188	2477	942	272	271	3165	224	5300
4792	30605	20093	10125	9769	21199	389	46347
713	2101	1678	631	631	5097		8020
18	350	431	-1	-1	353		552
20194	17683	31276	11391	11094	34354	2841	83573
9367	32786	46118	23907	22909	22392	54845	79933
108077	344708	280783	117595	117685	-3297	114837	340808
106440	315249	264757	113494	113638	-6383	102037	321869
1426	21105	11438	2030	1928	2560	3134	10876
188	2477	942	272	271	3165	224	5300
	1260	822	199	203	-323	2841	1517
23	4617	2824	1600	1646	-2315	6602	1245
176	7613	3507	241	173	1761	12	4538
158	7263	3077	241	174	1408	12	3986
18	350	431	-1	-1	353		552
397036	222531	768766	25416	25335	5537352	72533	7245814
379704	204066	728531	13131	12927	5556804	24923	7228176
713	2101	1678	631	631	5097		8020
15777	6540	19652	4556	4685	22140		54541
843	9824	18905	7098	7093	-46689	47610	-44923
94905	383501	618534	221310	214376	144646	123602	625032
49450	208200	396690	133436	129879	11109	95311	281297
4792	30605	20093	10125	9769	21199	389	46347
4418	9883	10803	6635	6207	12537		27515
8501	18345	24389	15209	14170	71396	633	123611
27744	116468	166559	55905	54352	28405	27269	146264

11－5 续表5

单位：万元

类别	Category	产品销售收入 Sales Revenue	#产品销售成本 Sales Cost	#产品销售费用 Sales Expenses
按轻重工业分	**Grouped by Light and Heavy Industry**			
轻工业	Light Industry	4016768	2928304	412634
重工业	Heavy Industry	21517787	13472212	265006
按行业分	**Grouped by Sector**			
采矿业	Mining and Quarrying	9402196	2866634	92995
煤炭开采和洗选业	Coal Mining and Dressing	796435	607724	40887
石油和天然气开采业	Petroleum and Natural Gas Extraction	8563240	2234111	50914
黑色金属矿采选业	Ferrous Metals Mining and Dressing	3120	1394	44
有色金属矿采选业	Nonferrous Metals Mining and Dressing	35886	20447	474
非金属矿采选业	Nonmetal Minerals Mining and Dressing	3515	2958	677
其他采选业	Other Mining and Dressing			
制造业	Manufacturing	12443150	10131866	574797
农副食品加工业	Food Processing	951524	862084	24379
食品制造业	Food Manufacturing	753633	493968	117069
饮料制造业	Beverage Manufacturing	411754	249440	44758
烟草制品业	Tobacco Processing	125093	68931	4412
纺织业	Textile Industry	198762	165665	7305
纺织服装及其他纤维制品制造业	Garments and Other Fiber Products			
皮革、毛皮、羽毛(绒)及其制品业	Leather, Furs, Down and Related Products			
木材加工及木、竹、藤、棕草制品业	Timber Processing, Bamboo, Cane, Palm Fiber and Straw Products	66763	58505	4960
家具制造业	Furniture Manufacturing	74100	61806	5607
造纸及纸制品业	Papermaking and Paper Products	257954	199030	15859
印刷业和记录媒介的复制	Printing and Record Medium Reproduction			
文教体育用品制造业	Cultural, Educational and Sports Goods			
石油加工、炼焦及核燃料加工业	Petroleum Processing and Coking	4181513	3619374	21018
化学原料及化学制品制造业	Raw Chemical Materials and Chemical Products	435960	393381	7530
医药制造业	Medical and Pharmaceutical Products	931162	557675	180598
化学纤维制造业	Chemical Fiber	184625	175627	3300
橡胶制品业	Rubber Products	20585	24329	1954
塑料制品业	Plastic Products	81409	63980	2784
非金属矿物制品业	Nonmetal Mineral Products	261034	211780	10901
黑色金属冶炼及压延加工业	Smelting and Pressing of Ferrous Metals	452372	415075	4773
有色金属冶炼及压延加工业	Smelting and Pressing of Nonferrous Metals	118962	101826	2475
金属制品业	Metal Products	105672	86043	3904
通用设备制造业	Ordinary Machinery	488526	403628	13347
专用设备制造业	Special Purpose Equipment	447785	368215	12511
交通运输设备制造业	Transport Equipment	1551169	1287954	65848
电气机械及器材制造业	Electric Equipment and Machinery	258185	197678	14567
通信设备、计算机及其他电子设备制造业	Electronic and Telecommunications Equipment	66149	52018	2252
仪器仪表及文化、办公用机械制造业	Instruments, Meters, Cultural and Office Machinery	10963	8272	1694
工艺品及其他制造业	Arts and crafts and other Manufacturing	7498	5582	993
废弃资源和废旧材料回收加工业	Recycling and Disposal of Waste			
电力、燃气及水的生产和供应业	Production and Supply of Electric Power, Gas and Water	3689210	3402016	9848
电力、热力的生产和供应业	Production and Supply of Electric Power, Steam and Hot Water	3605446	3338534	6826
燃气生产和供应业	Production and Supply of Gas	37460	28273	1567
水的生产和供应业	Production and Supply of Tap Water	46304	35210	1456

CONTINUED

(10000 yuan)

#产品销售税金及附加 Sales Tax and Addition	从业人员平均人数(人) Average Number of Persons Employed (person)	管理费用 Overhead Expenses	财务费用 Financial Expenses	#利息支出 Expenditure for Interests	利润总额 Total Profits	亏损企业亏损额 Total Losses Made by Enterprises - in - red	利税总额 Total Profits
98086	176995	279648	88874	87620	199070	39835	501643
502108	781358	1391942	275688	269949	5481393	271149	7714549
226461	323367	611763	175	399	5458972	1088	6879803
9718	224726	156915	38032	38332	12992	818	96897
216257	90827	447599	-38887	-38907	5435692		6770068
21	522	120	199	144	947		1175
362	6062	6724	816	816	9612		11698
103	1230	405	14	14	-270	270	-34
346419	493654	962141	221396	213764	217517	235437	1064525
1830	29826	22815	18491	19931	26770	1275	42153
2014	21370	28205	8121	8079	48550	14660	98469
33881	15483	34786	10113	10333	31478	387	97648
33086	4067	20492	4502	4487	3929	786	47628
562	36303	13648	5681	5130	7557	392	16470
539	4643	3011	1607	555	1025	1332	4732
656	7555	5983	3095	2911	-2531	6137	431
902	11536	17238	16634	16566	14320	5768	29629
213015	46848	217993	19820	19625	79283	19465	434064
1577	16669	22842	2850	4596	9429	1067	24304
24611	33715	118042	11113	9442	65841	1192	156845
142	3645	5800	8100	8100	-8500	8500	-8358
667	6274	12210	4245	4245	-48594	48594	-46914
232	5744	6913	1789	1684	5805	119	8571
2908	27504	33573	6859	5898	6274	4521	30628
1958	27694	54562	20875	19257	-48501	68134	-26330
312	10458	9340	3680	3499	3711		7048
848	12172	9966	2428	2294	3109	1792	11781
2215	34442	47942	11343	11808	14512	2074	33736
2207	59137	82643	23036	23144	-28687	39004	-10673
21326	50707	155608	19488	15209	23878	1908	90948
569	19300	32090	15420	14863	4576	6941	13880
300	5134	4276	1011	1011	5425		8147
26	1068	1648	997	1000	-1391	1391	-1289
38	2360	519	97	97	250		980
27314	141332	97686	142991	143407	3974	74458	271863
26696	130820	85724	140544	141215	1506	73306	262157
379	2079	3614	1433	1449	2064	413	6186
239	8433	8348	1015	743	404	740	3520

11－6 国有及国有控股工业企业主要经济指标(2003)

单位:万元

类　　别	Category	单位数(个) Number of Enterprises (unit)	#亏损企业 Loss－making Enterprises	工业总产值 Gross Industrial Output Value
总　　计	**Total**	**970**	**375**	**23119430**
#亏损企业	#Loss－making Enterprises	375	375	3140267
#大中型企业	#Large and Medium－sized Enterprises	212	75	21885347
按轻重工业分	**Grouped by Light and Heavy Industry**			
轻工业	Light Industry	387	145	2813326
重工业	Heavy Industry	583	230	20306103
按行业分	**Grouped by Sector**			
采矿业	Mining and Quarrying	60	16	9539601
煤炭开采和洗选业	Coal Mining and Dressing	35	10	858962
石油和天然气开采业	Petroleum and Natural Gas Extraction	4		8633828
黑色金属矿采选业	Ferrous Metals Mining and Dressing			
有色金属矿采选业	Nonferrous Metals Mining and Dressing	9	1	39114
非金属矿采选业	Nonmetal Minerals Mining and Dressing	12	5	7696
其他采选业	Other Mining and Dressing			
制造业	Manufacturing	674	247	10713612
农副食品加工业	Food Processing	77	18	546776
食品制造业	Food Manufacturing	42	14	373988
饮料制造业	Beverage Manufacturing	29	10	348575
烟草制品业	Tobacco Processing	5	1	124920
纺织业	Textile Industry	20	6	121300
纺织服装及其他纤维制品制造业	Garments and Other Fiber Products	3	1	9012
皮革、毛皮、羽毛(绒)及其制品业	Leather, Furs, Down and Related Products	4	1	2939
木材加工及木、竹、藤、棕草制品业	Timber Processing, Bamboo, Cane, Palm Fiber and Straw Products	29	13	60860
家具制造业	Furniture Manufacturing	10	5	19110
造纸及纸制品业	Papermaking and Paper Products	25	11	173663
印刷业和记录媒介的复制	Printing and Record Medium Reproduction	41	19	31192
文教体育用品制造业	Cultural, Educational and Sports Goods	6	4	9197
石油加工、炼焦及核燃料加工业	Petroleum Processing and Coking	12	3	3985798
化学原料及化学制品制造业	Raw Chemical Materials and Chemical Products	37	11	332929
医药制造业	Medical and Pharmaceutical Products	27	7	707887
化学纤维制造业	Chemical Fiber	1	1	207097
橡胶制品业	Rubber Products	6		3504
塑料制品业	Plastic Products	18	5	53793
非金属矿物制品业	Nonmetal Mineral Products	73	26	229717
黑色金属冶炼及压延加工业	Smelting and Pressing of Ferrous Metals	9	5	264347
有色金属冶炼及压延加工业	Smelting and Pressing of Nonferrous Metals	3		120740
金属制品业	Metal Products	14	5	82155
通用设备制造业	Ordinary Machinery	41	14	516085
专用设备制造业	Special Purpose Equipment	54	31	439531
交通运输设备制造业	Transport Equipment	45	16	1613750
电气机械及器材制造业	Electric Equipment and Machinery	28	12	269076
通信设备、计算机及其他电子设备制造业	Electronic and Telecommunications Equipment	10	4	48221
仪器仪表及文化、办公用机械制造业	Instruments, Meters, Cultural and Office Machinery	5	4	17450
工艺品及其他制造业	Arts and crafts and other Manufacturing			
废弃资源和废旧材料回收加工业	Recycling and Disposal of Waste			
电力、燃气及水的生产和供应业	Production and Supply of Electric Power, Gas and Water	236	112	2866217
电力、热力的生产和供应业	Production and Supply of Electric Power, Steam and Hot Water	151	67	2706312
燃气生产和供应业	Production and Supply of Gas	7	4	67418
水的生产和供应业	Production and Supply of Tap Water	78	41	92487

MAJOR INDICATORS OF STATE－OWNED AND STATE－HOLDING INDUSTRIAL ENTERPRISES

(10000 yuan)

工业增加值 Value－added of Industry	工业销售产值 Sale Output Value of Industry	资产总计 Total Assets	流动资产平均余额 Average Balance of Circulating Funds	流动资产合计 Circulating Funds	#存货 stock－in－trade	长期投资 Long－term Investment	固定资产合计 Total Fixed Assets	固定资产原价 Value of Fixed Assets
11816495	**22804318**	**37039218**	**12653109**	**13661806**	**3251056**	**879016**	**20971742**	**36387573**
732864	3096886	7589146	2144304	2235809	662880	282644	4887433	6610376
11220013	21583548	33963796	11342754	12335167	2873414	839186	19354413	34455871
766630	2735243	4779880	2237143	2484177	779989	80482	2102301	2719093
11049866	20069076	32259337	10415967	11177629	2471066	798534	18869442	33668481
7873864	9480864	12065565	3585123	3474705	318740	67223	8226503	16684112
373848	795673	3028520	1228907	1258325	221216	29468	1653432	2365567
7481693	8637587	8940637	2314345	2171377	90100	34957	6530299	14242507
15048	40222	78388	32700	36001	5255	2783	33855	61058
3274	7382	18020	9171	9002	2170	15	8917	14979
2421024	10440704	16169718	6779955	7940631	2729228	473491	7173541	10859715
67593	536906	854791	527687	593142	164918	4352	238508	275715
81874	357831	441351	179368	196838	56796	5772	213730	229835
148724	336343	536132	201965	217652	53757	6741	281176	382072
63723	129748	282581	188343	189914	92783	5287	79927	113493
35853	112882	190420	112484	111942	69033	1821	75855	118342
1132	7124	8530	5976	6086	2149		2386	4473
1228	3300	8237	5146	5308	1421	268	2632	3961
22105	60669	263139	85907	86856	17979	2490	166029	200464
6711	17053	59702	34587	36829	5015	405	22387	26997
42517	170281	662844	239700	267754	54920	18948	370098	414047
11774	29327	64046	32607	32211	12133	698	30621	49323
2591	8117	44566	35622	36010	13252	1154	7304	12344
868144	3906620	2772452	595434	543685	258438	27796	1971085	3815218
79968	333549	489988	156497	170030	61175	4252	306675	658436
224653	688749	899771	433420	509132	150476	9632	364143	476034
12097	206006	303054	128839	156671	90065	1991	144159	220723
1518	2801	9413	2568	2505	1211		6889	7298
18497	52474	113098	44918	47118	13705	3353	59361	70233
73070	231463	649919	248850	247246	82035	7092	366514	513606
54969	267470	667707	235387	215187	78172	51934	345503	276756
18755	118494	267231	143998	147556	48301	2178	117412	190944
19873	82568	181181	117380	126587	47563	2716	51563	72648
119661	465589	1735317	1067533	1403555	469234	7435	290289	454427
94958	433694	1544174	675608	744208	255649	187113	556420	799926
268158	1571575	2239320	735038	1234755	391291	81431	889557	1148377
61113	246063	741162	469409	540559	212981	18118	167299	264584
14313	48207	92911	51749	49584	15820	3352	38393	44448
5452	15805	46683	23937	21712	8957	17165	7629	14992
1521607	2882751	8803934	2288032	2246470	203087	338301	5571699	8843747
1418222	2728738	8393956	2196734	2138729	198174	318170	5296283	8441430
50515	67401	61071	18527	25555	2329		34197	44745
52871	86611	348907	72770	82187	2585	20132	241219	357573

11－6 续表1

单位:万元

类别	Category	累计折旧 Total Depreciation	固定资产净值 Net Value of Fixed Assets	固定资产净值年平均余额 Annual Average Balance of Net Value of Fixed Assets
总计	**Total**	**15797521**	**20573801**	**19486420**
#亏损企业	#Loss－making Enterprises	2088155	4522221	4496410
#大中型企业	#Large and Medium－sized Enterprises	15266602	19173018	18076247
按轻重工业分	**Grouped by Light and Heavy Industry**			
轻工业	Light Industry	779446	1923396	1819848
重工业	Heavy Industry	15018076	18650405	17666573
按行业分	**Grouped by Sector**			
采矿业	Mining and Quarrying	8570695	8113417	7469210
煤炭开采和洗选业	Coal Mining and Dressing	776996	1588572	1585230
石油和天然气开采业	Petroleum and Natural Gas Extraction	7757933	6484574	5842779
黑色金属矿采选业	Ferrous Metals Mining and Dressing			
有色金属矿采选业	Nonferrous Metals Mining and Dressing	29283	31775	33009
非金属矿采选业	Nonmetal Minerals Mining and Dressing	6483	8496	8192
其他采选业	Other Mining and Dressing			
制造业	Manufacturing	4179029	6664434	6291584
农副食品加工业	Food Processing	49470	226245	208037
食品制造业	Food Manufacturing	57079	172757	169240
饮料制造业	Beverage Manufacturing	102058	280014	259697
烟草制品业	Tobacco Processing	45389	68104	70661
纺织业	Textile Industry	43449	74893	76699
纺织服装及其他纤维制品制造业	Garments and Other Fiber Products	1892	2582	1668
皮革、毛皮、羽毛(绒)及其制品业	Leather, Furs, Down and Related Products	1333	2628	1731
木材加工及木、竹、藤、棕草制品业	Timber Processing, Bamboo, Cane, Palm Fiber and Straw Products	37513	162951	147405
家具制造业	Furniture Manufacturing	4644	22353	21693
造纸及纸制品业	Papermaking and Paper Products	74839	339208	303581
印刷业和记录媒介的复制	Printing and Record Medium Reproduction	18906	30416	26816
文教体育用品制造业	Cultural, Educational and Sports Goods	5730	6614	4520
石油加工、炼焦及核燃料加工业	Petroleum Processing and Coking	1849196	1966023	1998028
化学原料及化学制品制造业	Raw Chemical Materials and Chemical Products	180366	478070	318684
医药制造业	Medical and Pharmaceutical Products	159930	316104	291164
化学纤维制造业	Chemical Fiber	78600	142122	135911
橡胶制品业	Rubber Products	454	6844	6914
塑料制品业	Plastic Products	14261	39721	56030
非金属矿物制品业	Nonmetal Mineral Products	181849	331758	332470
黑色金属冶炼及压延加工业	Smelting and Pressing of Ferrous Metals	98358	178398	167653
有色金属冶炼及压延加工业	Smelting and Pressing of Nonferrous Metals	83080	107864	75280
金属制品业	Metal Products	38258	34390	33655
通用设备制造业	Ordinary Machinery	228485	225942	237722
专用设备制造业	Special Purpose Equipment	316345	483581	472301
交通运输设备制造业	Transport Equipment	352894	795483	716947
电气机械及器材制造业	Electric Equipment and Machinery	134919	129665	119518
通信设备、计算机及其他电子设备制造业	Electronic and Telecommunications Equipment	12262	32187	29769
仪器仪表及文化、办公用机械制造业	Instruments, Meters, Cultural and Office Machinery	7475	7517	7792
工艺品及其他制造业	Arts and crafts and other Manufacturing			
废弃资源和废旧材料回收加工业	Recycling and Disposal of Waste			
电力、燃气及水的生产和供应业	Production and Supply of Electric Power, Gas and Water	3047798	5795950	5725626
电力、热力的生产和供应业	Production and Supply of Electric Power, Steam and Hot Water	2910231	5531199	5466754
燃气生产和供应业	Production and Supply of Gas	11916	32829	34087
水的生产和供应业	Production and Supply of Tap Water	125651	231922	224786

CONTINUED

(10000 yuan)

无形及递延资产 Intangible and Deferred Assets	负债总计 Total Liabilities	流动负债 Liquid Liabilities	长期负债 Long－term Liabilities	所有者权益 Creditors' Equity	#实收资本 Capitals Hold	#国家资本 State Capital	#法人资本 Corporation Capital	#个人资本 Individual Capital
259648	**20125187**	**14214418**	**5817008**	**16474494**	**12214837**	**4959271**	**6998724**	**101109**
85206	5663276	3216185	2406329	1925870	2312536	1721673	548089	21254
229973	17589969	12507358	5027108	15934290	11327314	4342140	6792634	78790
70272	3180188	2597056	554288	1573732	1027906	624289	294035	30838
189376	16944999	11617363	5262721	14900762	11186931	4334981	6704689	70271
10144	3253282	3007186	245080	8404107	5419834	657959	4756062	44
5899	1995626	1775116	220359	624717	626811	622956		
3995	1200990	1193010	7980	7739647	4768331	14496	4753835	
176	45241	28246	16406	33148	16959	16865	50	44
73	11424	10813	335	6596	7732	3642	2177	
234479	11053953	8799090	2186489	5089806	4497297	2684145	1642476	78592
10652	670477	607503	59066	184313	175259	56036	113745	3802
10448	335126	261781	64569	106225	117552	40370	66465	6193
27810	381995	333255	46729	154137	88536	37805	9345	690
3075	210377	192130	18247	72204	65918	63103		
339	136782	97218	39503	53638	49666	19198	20133	4598
58	7688	6371	1317	842	4179	1798	1000	
29	13305	11987	357	－5068	1693	200	454	640
389	233987	112191	121526	29152	64029	51751	6461	1123
58	35910	34156	1753	23793	15178	13759	299	88
16	391851	225272	166468	245033	194395	145741	35769	10081
240	37375	32750	1674	26670	18111	10301	3162	1864
5	33143	32539	604	11423	8126	2512	5000	
6709	1081069	675560	375509	1691383	1606202	951798	654403	
4512	407609	377665	29036	82379	224135	183747	36204	2215
15718	530088	470872	50164	369683	93197	72445	17264	878
230	214449	169274	45175	88605	17840	17840		
2	11967	9251	327	－2554	1371	713	603	55
1011	65301	49164	16137	47797	46543	31809	5742	4698
14590	390609	329094	61307	259311	151311	100417	36670	11120
51068	572658	385960	186567	95049	138380	131568	6654	158
84	150416	123781	23002	116815	102391	101538		
235	148274	133135	15139	32907	28137	24428	3611	
32368	1517446	1434634	81051	217871	312806	127414	180483	2068
13776	1210905	959627	250345	333269	357046	192173	147712	17141
25065	1498691	1135717	362681	740629	440941	237672	190094	6838
14838	679762	535443	144318	61400	127308	26256	97633	2617
1013	66428	44173	22241	26482	19471	14551	3350	1570
143	20265	18588	1677	26418	27579	27203	220	156
15025	5817952	2408142	3385439	2980582	2297706	1617167	600186	22473
13631	5641168	2304262	3313962	2747389	2118346	1464630	581854	22128
387	48037	24789	22474	13034	18701	18701		
1008	128748	79091	49003	220159	160660	133836	18332	345

11－6 续表 2

单位：万元

类 别	Category	产品销售收入 Sales Revenue	#产品销售成本 Sales Cost	#产品销售费用 Sales Expenses
总 计	**Total**	**23759566**	**15040538**	**550139**
#亏损企业	#Loss－making Enterprises	3115659	2794016	57789
#大中型企业	#Large and Medium－sized Enterprises	22795833	14238475	510167
按轻重工业分	**Grouped by Light and Heavy Industry**			
轻工业	Light Industry	2851091	2095386	298450
重工业	Heavy Industry	20908475	12945153	251689
按行业分	**Grouped by Sector**			
采矿业	Mining and Quarrying	9409551	2859660	91194
煤炭开采和洗选业	Coal Mining and Dressing	769887	587679	38582
石油和天然气开采业	Petroleum and Natural Gas Extraction	8592210	2242811	50914
黑色金属矿采选业	Ferrous Metals Mining and Dressing			
有色金属矿采选业	Nonferrous Metals Mining and Dressing	40273	23685	646
非金属矿采选业	Nonmetal Minerals Mining and Dressing	7181	5484	1053
其他采选业	Other Mining and Dressing			
制造业	Manufacturing	10553970	8682696	445099
农副食品加工业	Food Processing	546755	500046	13104
食品制造业	Food Manufacturing	346300	260701	60350
饮料制造业	Beverage Manufacturing	325578	202561	33113
烟草制品业	Tobacco Processing	128749	72050	6128
纺织业	Textile Industry	118492	98935	5203
纺织服装及其他纤维制品制造业	Garments and Other Fiber Products	7022	5698	184
皮革、毛皮、羽毛(绒)及其制品业	Leather, Furs, Down and Related Products	3851	3510	84
木材加工及木、竹、藤、棕草制品业	Timber Processing, Bamboo, Cane, Palm Fiber and Straw Products	57432	51959	3780
家具制造业	Furniture Manufacturing	19684	16480	2049
造纸及纸制品业	Papermaking and Paper Products	163745	123210	9965
印刷业和记录媒介的复制	Printing and Record Medium Reproduction	29142	23038	645
文教体育用品制造业	Cultural, Educational and Sports Goods	7722	6127	474
石油加工、炼焦及核燃料加工业	Petroleum Processing and Coking	3971791	3439650	18114
化学原料及化学制品制造业	Raw Chemical Materials and Chemical Products	349282	312802	5398
医药制造业	Medical and Pharmaceutical Products	846463	514887	158559
化学纤维制造业	Chemical Fiber	184625	175627	3300
橡胶制品业	Rubber Products	2481	2088	53
塑料制品业	Plastic Products	53831	44573	1326
非金属矿物制品业	Nonmetal Mineral Products	229226	187230	9899
黑色金属冶炼及压延加工业	Smelting and Pressing of Ferrous Metals	264139	249811	3820
有色金属冶炼及压延加工业	Smelting and Pressing of Nonferrous Metals	125129	107463	2475
金属制品业	Metal Products	75408	58970	3286
通用设备制造业	Ordinary Machinery	453393	379121	12391
专用设备制造业	Special Purpose Equipment	412687	339028	12580
交通运输设备制造业	Transport Equipment	1527628	1265677	66660
电气机械及器材制造业	Electric Equipment and Machinery	242612	192733	9487
通信设备、计算机及其他电子设备制造业	Electronic and Telecommunications Equipment	47059	37985	939
仪器仪表及文化、办公用机械制造业	Instruments, Meters, Cultural and Office Machinery	13746	10737	1735
工艺品及其他制造业	Arts and crafts and other Manufacturing			
废弃资源和废旧材料回收加工业	Recycling and Disposal of Waste			
电力、燃气及水的生产和供应业	Production and Supply of Electric Power, Gas and Water	3796045	3498183	13846
电力、热力的生产和供应业	Production and Supply of Electric Power, Steam and Hot Water	3680945	3409487	8422
燃气生产和供应业	Production and Supply of Gas	38297	30644	1837
水的生产和供应业	Production and Supply of Tap Water	76803	58052	3586

CONTINUED

(10000 yuan)

#产品销售税金及附加 Sales Tax and Addition	从业人员平均人数(人) Average Number of Persons Employed (person)	管理费用 Overhead Expenses	财务费用 Financial Expenses	#利息支出 Expenditure for Interests	利润总额 Total Profits	亏损企业亏损额 Total Losses Made by Enterprises - in - red	利税总额 Total Profits
581569	**965340**	**1631678**	**336744**	**331104**	**5555287**	**298865**	**7991393**
101611	217358	281097	146743	142352	-298865	298865	-55821
572713	801450	1518124	306975	302117	5573150	234345	7950325
85350	161265	260013	65486	66944	91713	42695	324801
496219	804075	1371665	271258	264160	5463574	256170	7666593
227065	327452	615427	-154	158	5467042	2165	6890773
9476	226381	158058	37628	37943	9510	1372	91013
216975	91044	448732	-38715	-38713	5448456		6787863
373	7296	7550	857	851	9703	102	11988
241	2731	1086	76	77	-626	691	-91
326574	476722	909591	189034	181477	91449	213502	833470
848	16553	19008	12671	14769	9181	4453	16010
1814	19993	24385	5537	4992	-4997	9653	16917
25253	13874	27082	8538	8041	23627	2640	73280
33113	4056	20643	5116	5101	3699	786	47951
271	23396	9248	4323	3768	1466	1011	6369
14	4491	665	171		319	39	348
7	1081	473	166		-347	373	-280
676	8710	4031	2023	963	-2160	2679	2198
260	3068	2420	560	554	-599	766	1130
816	12516	14778	11309	11106	6607	4767	17301
332	4771	4517	113	99	220	902	2832
35	1619	1409	772	740	-1109	1897	-788
209143	41170	206324	19201	19077	67479	17322	407391
1196	13696	18826	3508	3440	8709	3445	20379
21386	28481	109537	7049	6996	58070	1605	139306
142	3645	5800	8100	8100	-8500	8500	-8358
18	462	294	15	15	42		243
232	4812	4707	1236	1140	2512	883	5528
2220	33992	34012	6210	5272	-3336	10386	17193
1469	23939	52652	15648	15641	-59209	69747	-42492
312	10668	9736	3777	3596	3744		7138
483	10009	10459	2257	2333	436	1714	5261
2170	41344	49707	13931	13486	2590	8051	20288
2169	63552	82594	22869	23072	-34980	44985	-17252
21181	57823	152558	17336	13124	19850	5358	87382
777	22258	35367	14589	13980	-1437	9408	6925
194	4650	5679	914	974	1487	216	2894
45	2093	2678	1095	1098	-1913	1917	-1624
27929	161166	106660	147864	149470	-3204	83198	267150
26849	139076	87875	146548	146533	-3116	77343	258900
273	2216	3241	1366	1382	1204	1273	4052
808	19874	15545	-50	1555	-1292	4583	4198

11 -7 集体工业企业主要经济指标(2003)

单位:万元

类别	Category	单位数(个) Number of Enterprises (unit)	#亏损企业 Loss - making Enterprises	工业总产值 Gross Industrial Output Value
总计	**Total**	**257**	**59**	**652966**
#亏损企业	#Loss - making Enterprises	59	59	137273
#大中型企业	#Large and Medium - sized Enterprises	16	6	163627
按轻重工业分	**Grouped by Light and Heavy Industry**			
轻工业	Light Industry	68	11	142248
重工业	Heavy Industry	189	48	510717
按行业分	**Grouped by Sector**			
采矿业	Mining and Quarrying	26	4	93304
煤炭开采和洗选业	Coal Mining and Dressing	15	3	66829
石油和天然气开采业	Petroleum and Natural Gas Extraction	3		5915
黑色金属矿采选业	Ferrous Metals Mining and Dressing			
有色金属矿采选业	Nonferrous Metals Mining and Dressing	1		3213
非金属矿采选业	Nonmetal Minerals Mining and Dressing	7	1	17346
其他采选业	Other Mining and Dressing			
制造业	Manufacturing	227	54	537145
农副食品加工业	Food Processing	17	1	61121
食品制造业	Food Manufacturing	2		7739
饮料制造业	Beverage Manufacturing	2	1	727
烟草制品业	Tobacco Processing			
纺织业	Textile Industry	1		546
纺织服装及其他纤维制品制造业	Garments and Other Fiber Products	2	1	1818
皮革、毛皮、羽毛(绒)及其制品业	Leather, Furs, Down and Related Products	2	1	1154
木材加工及木、竹、藤、棕草制品业	Timber Processing, Bamboo, Cane, Palm Fiber and Straw Products	10	3	28055
家具制造业	Furniture Manufacturing	5		18125
造纸及纸制品业	Papermaking and Paper Products	15	2	27274
印刷业和记录媒介的复制	Printing and Record Medium Reproduction	6	2	9334
文教体育用品制造业	Cultural, Educational and Sports Goods			
石油加工、炼焦及核燃料加工业	Petroleum Processing and Coking	6	1	25927
化学原料及化学制品制造业	Raw Chemical Materials and Chemical Products	20	2	29449
医药制造业	Medical and Pharmaceutical Products			
化学纤维制造业	Chemical Fiber			
橡胶制品业	Rubber Products	5	3	7245
塑料制品业	Plastic Products	9	5	10501
非金属矿物制品业	Nonmetal Mineral Products	19	4	27026
黑色金属冶炼及压延加工业	Smelting and Pressing of Ferrous Metals	9	3	26068
有色金属冶炼及压延加工业	Smelting and Pressing of Nonferrous Metals			
金属制品业	Metal Products	15	3	31533
通用设备制造业	Ordinary Machinery	28	9	65968
专用设备制造业	Special Purpose Equipment	13	2	33126
交通运输设备制造业	Transport Equipment	13	4	69323
电气机械及器材制造业	Electric Equipment and Machinery	23	5	49844
通信设备、计算机及其他电子设备制造业	Electronic and Telecommunications Equipment			
仪器仪表及文化、办公用机械制造业	Instruments, Meters, Cultural and Office Machinery	3	1	4296
工艺品及其他制造业	Arts and crafts and other Manufacturing	2	1	946
废弃资源和废旧材料回收加工业	Recycling and Disposal of Waste			
电力、燃气及水的生产和供应业	Production and Supply of Electric Power, Gas and Water	4	1	22517
电力、热力的生产和供应业	Production and Supply of Electric Power, Steam and Hot Water	4	1	22517
燃气生产和供应业	Production and Supply of Gas			
水的生产和供应业	Production and Supply of Tap Water			

MAJOR INDICATORS OF COLLECTIVE－OWNED INDUSTRIAL ENTERPRISES

(10000 yuan)

工 业 增加值 Value－added of Industry	工业销 售产值 Sale Output Value of Industry	资产总计 Total Assets	流动资产 平均余额 Average Balance of Circulating Funds	流动资产 合 计 Circulating Funds	#存 货 stock－in－trade	长期投资 Long－term Investment	固定资产 合 计 Total Fixed Assets	固定资产 原 价 Value of Fixed Assets
200936	**636491**	**797205**	**455950**	**470459**	**161344**	**22999**	**265900**	**353024**
39625	132596	273959	151821	150665	49561	16419	86585	124298
49828	162717	326485	187285	186326	59799	13699	109139	143010
38804	138660	183308	94098	100646	46170	748	73955	88756
162132	497831	613897	361851	369813	115174	22251	191945	264268
34000	88643	55462	28959	28504	5191	24	26000	35353
24836	63662	45829	25252	24404	4546	24	20823	30240
3634	5915	5406	2722	3048	202		2326	4494
2318	3213	3086	150	176	45		2681	350
3211	15853	1141	836	876	399		170	268
156226	525331	725836	414908	429781	155433	22831	237080	309923
15158	61017	56972	31100	33919	17886	5	20845	25543
1874	7309	32627	11620	11621	4372		18603	22243
272	725	2511	1138	1138	632		1286	1305
230	518	2548	1856	1846	988		701	724
503	2188	1580	737	1382	617		199	322
306	1142	5716	4390	4321	1549	612	518	1040
10659	26914	13838	6213	8216	4936		5509	6643
4753	16552	14416	5028	7090	3907	128	7189	8489
6498	26168	30563	17789	17203	7671	1	11849	12942
3542	9334	9416	4654	4684	1323	3	4599	5413
4487	23711	28287	13888	15457	6320	19	12800	12050
9311	29543	23693	15158	17360	4533	60	5543	7588
1235	7235	59446	27672	25687	6922	10246	22329	31538
2209	9708	23441	11995	12749	5531	3137	6217	10711
8515	24692	33046	21821	22213	7430	129	9889	15224
7457	23849	10543	6453	6144	1675		4337	5302
9236	31668	28286	19047	19181	5894		6953	12106
26249	65406	107300	54354	56991	22448	2680	42141	46279
12133	31587	141266	98627	96973	25317	4585	28971	46438
16749	75064	45813	25387	28874	12516	297	11158	15364
12453	45924	46214	30071	30734	11545	931	13127	19238
2066	4214	5414	3221	3364	897		2050	2759
331	864	2901	2689	2633	523		268	664
10711	22517	15908	12082	12175	720	144	2820	7749
10711	22517	15908	12082	12175	720	144	2820	7749

11－7 续表1

单位:万元

类 别	Category	累计折旧 Total Depreciation	固定资产净值 Net Value of Fixed Assets	固定资产净值年平均余额 Annual Average Balance of Net Value of Fixed Assets
总 计	**Total**	**119755**	**233270**	**238833**
#亏损企业	#Loss－making Enterprises	44338	79960	78995
#大中型企业	#Large and Medium－sized Enterprises	48575	94435	94498
按轻重工业分	**Grouped by Light and Heavy Industry**			
轻工业	Light Industry	23757	64999	72334
重工业	Heavy Industry	95998	168271	166499
按行业分	**Grouped by Sector**			
采矿业	Mining and Quarrying	12518	22834	25267
煤炭开采和洗选业	Coal Mining and Dressing	9472	20768	20569
石油和天然气开采业	Petroleum and Natural Gas Extraction	2143	2352	2204
黑色金属矿采选业	Ferrous Metals Mining and Dressing			
有色金属矿采选业	Nonferrous Metals Mining and Dressing	824	－474	2234
非金属矿采选业	Nonmetal Minerals Mining and Dressing	79	189	260
其他采选业	Other Mining and Dressing			
制造业	Manufacturing	102310	207613	210694
农副食品加工业	Food Processing	5695	19848	20246
食品制造业	Food Manufacturing	3354	18889	18889
饮料制造业	Beverage Manufacturing	1010	295	1286
烟草制品业	Tobacco Processing			
纺织业	Textile Industry	23	701	701
纺织服装及其他纤维制品制造业	Garments and Other Fiber Products	123	199	198
皮革、毛皮、羽毛(绒)及其制品业	Leather, Furs, Down and Related Products	421	619	663
木材加工及木、竹、藤、棕草制品业	Timber Processing, Bamboo, Cane, Palm Fiber and Straw Products	1163	5480	5323
家具制造业	Furniture Manufacturing	3307	5182	7294
造纸及纸制品业	Papermaking and Paper Products	5402	7539	11432
印刷业和记录媒介的复制	Printing and Record Medium Reproduction	1615	3798	3750
文教体育用品制造业	Cultural, Educational and Sports Goods			
石油加工、炼焦及核燃料加工业	Petroleum Processing and Coking	2936	9114	8967
化学原料及化学制品制造业	Raw Chemical Materials and Chemical Products	2277	5311	5044
医药制造业	Medical and Pharmaceutical Products			
化学纤维制造业	Chemical Fiber			
橡胶制品业	Rubber Products	8307	23230	23202
塑料制品业	Plastic Products	4668	6043	5502
非金属矿物制品业	Nonmetal Mineral Products	5818	9407	7350
黑色金属冶炼及压延加工业	Smelting and Pressing of Ferrous Metals	703	4599	3893
有色金属冶炼及压延加工业	Smelting and Pressing of Nonferrous Metals			
金属制品业	Metal Products	5283	6823	7107
通用设备制造业	Ordinary Machinery	16061	30218	29204
专用设备制造业	Special Purpose Equipment	19899	26539	26039
交通运输设备制造业	Transport Equipment	4359	11005	10465
电气机械及器材制造业	Electric Equipment and Machinery	8538	10700	12006
通信设备、计算机及其他电子设备制造业	Electronic and Telecommunications Equipment			
仪器仪表及文化、办公用机械制造业	Instruments, Meters, Cultural and Office Machinery	950	1809	1851
工艺品及其他制造业	Arts and crafts and other Manufacturing	396	268	284
废弃资源和废旧材料回收加工业	Recycling and Disposal of Waste			
电力、燃气及水的生产和供应业	Production and Supply of Electric Power, Gas and Water	4926	2822	2871
电力、热力的生产和供应业	Production and Supply of Electric Power, Steam and Hot Water	4926	2822	2871
燃气生产和供应业	Production and Supply of Gas			
水的生产和供应业	Production and Supply of Tap Water			

CONTINUED

(10000 yuan)

无形及递延资产 Intangible and Deferred Assets	负债总计 Total Liabilities	流动负债 Liquid Liabilities	长期负债 Long-term Liabilities	所有者权益 Creditors' Equity	#实收资本 Capitals Hold	#国家资本 State Capital	#法人资本 Corporation Capital	#个人资本 Individual Capital
12817	**615142**	**543697**	**52988**	**182063**	**174142**	**999**	**22511**	**7186**
7297	267048	235306	31435	6911	65607		13794	2814
5489	290841	262901	24645	35644	68445		5273	242
3932	120556	95517	9325	62752	41448	481	1410	1261
8885	494586	448179	43663	119311	132694	517	21101	5925
56	35980	33437	1953	19481	14346		643	1282
46	31438	29100	1817	14391	9939		637	1046
10	3581	3573		1824	1332			
	202	202		2885	2782			
	759	563	136	382	295		6	236
12761	566004	497195	50942	159832	154988	999	21532	5905
1057	37808	28771	2484	19163	13048		402	76
2063	14996	7509		17631	8400	400		
	3723	2719	1004	-1212	695			495
	3481	3031	450	-934	85	50		
	1407	1383	25	173	610			
	7339	7048	291	-1623	825		50	
5	7649	6484	893	6189	3794		5	1504
	11304	10381	294	3112	2442	31		564
398	19702	16469	3173	10861	6220		117	126
122	4630	3916	714	4786	2716		164	
10	15995	13982	2014	12292	11529		10334	40
138	18000	16715	769	5693	4127	386	115	
1126	66055	66055		-6610	7875		4463	40
159	22516	19875	2641	925	3515		503	
72	23968	22665	489	9078	6421		500	36
	5409	5319	60	5134	2561		985	1215
456	22592	19900	1944	5695	6179		30	45
4560	76780	66658	10059	30520	34661		860	200
2241	126884	106620	20264	14382	23179		991	
62	43760	42398	1362	2053	3838	129		
292	27955	25277	1983	18260	10147		2015	489
	3186	3157	29	2228	1420	2		1074
	866	866		2035	701			
	13158	13065	93	2750	4807		336	
	13158	13065	93	2750	4807		336	

11－7 续表 2

单位：万元

类 别	Category	产品销售收入 Sales Revenue	#产品销售成本 Sales Cost	#产品销售费用 Sales Expenses
总 计	**Total**	**630153**	**556191**	**10711**
#亏损企业	#Loss－making Enterprises	120370	111219	1386
#大中型企业	#Large and Medium－sized Enterprises	160078	141845	1597
按轻重工业分	**Grouped by Light and Heavy Industry**			
轻工业	Light Industry	138458	116720	3389
重工业	Heavy Industry	491695	439471	7322
按行业分	**Grouped by Sector**			
采矿业	Mining and Quarrying	89410	74631	2954
煤炭开采和洗选业	Coal Mining and Dressing	65328	53910	2809
石油和天然气开采业	Petroleum and Natural Gas Extraction	5898	4847	101
黑色金属矿采选业	Ferrous Metals Mining and Dressing			
有色金属矿采选业	Nonferrous Metals Mining and Dressing	3213	2298	19
非金属矿采选业	Nonmetal Minerals Mining and Dressing	14971	13577	25
其他采选业	Other Mining and Dressing			
制造业	Manufacturing	518844	460350	7755
农副食品加工业	Food Processing	66863	59163	1246
食品制造业	Food Manufacturing	6664	4592	242
饮料制造业	Beverage Manufacturing	731	543	79
烟草制品业	Tobacco Processing			
纺织业	Textile Industry	518	363	67
纺织服装及其他纤维制品制造业	Garments and Other Fiber Products	2427	2140	68
皮革、毛皮、羽毛(绒)及其制品业	Leather, Furs, Down and Related Products	1257	239	1
木材加工及木、竹、藤、棕草制品业	Timber Processing, Bamboo, Cane, Palm Fiber and Straw Products	25508	23108	663
家具制造业	Furniture Manufacturing	15174	10035	700
造纸及纸制品业	Papermaking and Paper Products	25800	23417	244
印刷业和记录媒介的复制	Printing and Record Medium Reproduction	5656	4878	76
文教体育用品制造业	Cultural, Educational and Sports Goods			
石油加工、炼焦及核燃料加工业	Petroleum Processing and Coking	27747	24596	389
化学原料及化学制品制造业	Raw Chemical Materials and Chemical Products	32833	29361	334
医药制造业	Medical and Pharmaceutical Products			
化学纤维制造业	Chemical Fiber			
橡胶制品业	Rubber Products	6969	6425	156
塑料制品业	Plastic Products	7710	7154	237
非金属矿物制品业	Nonmetal Mineral Products	25013	22588	537
黑色金属冶炼及压延加工业	Smelting and Pressing of Ferrous Metals	21634	20475	125
有色金属冶炼及压延加工业	Smelting and Pressing of Nonferrous Metals			
金属制品业	Metal Products	28256	26077	350
通用设备制造业	Ordinary Machinery	61313	53144	427
专用设备制造业	Special Purpose Equipment	28653	25161	327
交通运输设备制造业	Transport Equipment	71305	66407	195
电气机械及器材制造业	Electric Equipment and Machinery	51880	46608	1218
通信设备、计算机及其他电子设备制造业	Electronic and Telecommunications Equipment			
仪器仪表及文化、办公用机械制造业	Instruments, Meters, Cultural and Office Machinery	4052	3117	72
工艺品及其他制造业	Arts and crafts and other Manufacturing	883	759	3
废弃资源和废旧材料回收加工业	Recycling and Disposal of Waste			
电力、燃气及水的生产和供应业	Production and Supply of Electric Power, Gas and Water	21900	21209	2
电力、热力的生产和供应业	Production and Supply of Electric Power, Steam and Hot Water	21900	21209	2
燃气生产和供应业	Production and Supply of Gas			
水的生产和供应业	Production and Supply of Tap Water			

CONTINUED

(10000 yuan)

#产品销售税金及附加 Sales Tax and Addition	从业人员平均人数(人) Average Number of Persons Employed (person)	管理费用 Overhead Expenses	财务费用 Financial Expenses	#利息支出 Expenditure for Interests	利润总额 Total Profits	亏损企业亏损额 Total Losses Made by Enterprises - in - red	利税总额 Total Profits
5933	**64975**	**41108**	**7301**	**6298**	**10912**	**9448**	**43350**
1052	24381	16573	1155	946	-9448	9448	-3393
1426	21105	11438	2030	1928	2560	3134	10876
1256	11166	6064	2593	2182	6477	548	11674
4677	53809	35044	4707	4116	4435	8900	31676
1404	9654	4952	2337	2087	3757	996	10440
1219	8407	2822	2258	2067	3671	406	9747
154	390	672	-3	-3	124		476
13	200	555	10	10	317		330
19	657	903	72	14	-354	590	-113
4326	53683	35593	4967	4213	7128	8285	30959
222	1813	970	623	250	2970	27	4399
22	347	230	1414	1414	165		447
117	273	62			-38	38	145
	310	8	79	79			67
24	485	89	30	-1	29	35	112
3	215	170	1	1	-117	153	-105
325	5135	854	185	99	263	220	929
595	1919	1949	253	222	1622		2554
124	1958	1135	133	131	974	43	2169
21	402	528	-1	7	258	62	604
126	888	1828	188	191	670	724	1581
212	2703	2185	113	113	700	135	2641
95	1423	1292	83	83	-1041	1087	-667
22	1065	1265	148	148	-789	817	-598
287	2274	1237	95	82	851	455	2357
541	1046	1136	2	2	260	163	1868
310	3415	1404	213	207	-572	1408	1271
465	11573	6722	571	411	-635	1284	3001
184	6998	3577	271	270	504	675	2627
156	6307	5853	119	62	-535	809	1426
451	2735	2526	408	411	1365	76	3601
18	231	431	49	31	156	4	364
6	168	144	-9		68	71	168
202	1638	563	-3	-3	26	167	1951
202	1638	563	-3	-3	26	167	1951

11－8　各地区工业企业单位数
MUMBER OF INDUSTRIAL ENTERPRISES BY REGION

单位:个　　　　(unit)

年　份 地　区	Year Region	总　计 Total	#国有及国有控股 State－owned and State	#集　体 Collective－owned	大　型 Large	中　型 Medium	小　型 Small	轻工业 Light Industry	重工业 Heavy Industry
	1998	3524	2524	568	280	491	2741	1772	1752
	1999	2957	2015	439	284	361	2312	1453	1504
	2000	2666	1588	396	276	325	2065	1268	1398
	2001	2500	1328	333	281	308	1911	1193	1307
	2002	2593	1233	281	273	292	2028	1201	1392
	2003	2567	970	257	49	330	2188	1117	1450
哈尔滨	Harbin	759	325	89	20	95	644	354	405
齐齐哈尔	Qiqihar	270	130	16	9	36	225	136	134
鸡　西	Jixi	131	58	18	2	23	106	35	96
鹤　岗	Hegang	36	18	3	1	1	34	17	19
双鸭山	Shuangyashan	80	36	3	2	9	69	44	36
大　庆	Daqing	286	45	60	7	30	249	72	214
伊　春	Yichun	102	32	6	1	12	89	46	56
佳木斯	Jiamusi	207	84	16		29	178	97	110
七台河	Qitaihe	70	9	4	1	12	57	19	51
牡丹江	Mudanjiang	291	60	30	2	35	254	115	176
黑　河	Heihe	88	48	1		4	84	43	45
绥　化	Suihua	160	73	10	1	21	138	89	71
大兴安岭	Daxinganling	11	9	1		3	8	6	5
农垦总局	ARB	75	42		2	20	53	44	31

注:分地市资料中不含省电力有限公司所属工业企业,所以合计不等于全省数(下同)。

Note: The data by region exclude industrial enterprises belong to Electric Power Ltd. of Heilongjiang Province. Therefore, the total unequal to province. The same as following tables.

11－9　各地区工业总产值
GROSS INDUSTRIAL OUTPUT VALUE BY REGION

单位:亿元、万元　　　　(100 million yuan,10000 yuan)

年　份 地　区	Year Region	总　计 Total	#国有及国有控股 State－owned and State	#集　体 Collective－owned	大　型 Large	中　型 Medium	小　型 Small	轻工业 Light Industry	重工业 Heavy Industry
	1998	1739.7	1448.8	120.8	1249.9	189.8	299.6	401.8	1337.9
	1999	1854.6	1560.8	102.7	1386.4	160.2	308.0	418.8	1435.8
	2000	2460.9	2071.1	106.0	1942.1	158.0	360.8	442.5	2018.4
	2001	2404.0	1995.7	93.2	1863.2	156.3	384.5	457.6	1946.4
	2002	2487.6	1980.0	83.3	1885.5	156.5	445.6	530.9	1956.7
	2003	2910.0	2311.9	65.3	1976.2	497.6	436.2	586.1	2323.9
哈尔滨	Harbin	7137766	5183177	194685	3962677	1716707	1458382	2726195	4411571
齐齐哈尔	Qiqihar	1764887	1214893	61438	826056	532306	406525	549349	1215538
鸡　西	Jixi	600507	315891	85719	214513	229479	156515	94173	506334
鹤　岗	Hegang	368649	314155	6586	226741	58323	83585	47383	321266
双鸭山	Shuangyashan	404656	295566	1641	214194	75616	114847	88352	316304
大　庆	Daqing	14280634	13148139	137125	12901607	663448	715579	318901	13961732
伊　春	Yichun	417714	244532	23190	152755	112666	152293	107481	310233
佳木斯	Jiamusi	644231	299171	43648		375517	268713	252832	391399
七台河	Qitaihe	443513	295089	9661	220689	141768	81056	36626	406887
牡丹江	Mudanjiang	1068032	345051	61305	95072	518919	454041	408075	659957
黑　河	Heihe	127243	71652	640		48132	79110	42211	85032
绥　化	Suihua	622952	276548	25788	97768	231905	293279	436749	186203
大兴安岭	Daxinganling	35551	30473	1541		24971	10580	12635	22917
农垦总局	ARB	809354	710952		475390	246629	87335	740114	69240

11-10 工业企业主要经济指标
MAJOR INDICATORS OF INDUSTRIAL ENTERPRISES

单位:亿元 (100 million yuan)

年份 地区	Year Region	工业增加值 Value-added of Industry	工业销售产值 Sales Value of Industry	资产总计 Total Assets	流动资产平均余额 Average Balance of Circulating Funds	流动资产合计 Circulating Funds	#存货 Stock-in-trade	长期投资 Long-term Investment
	1998	814.7	1667.2	3641.7	1463.6	1533.3	482.8	96.8
	1999	923.1	1793.4	3687.8	1502.5	1551.7	451.1	162.9
	2000	1213.0	2414.7	4080.4	1538.8	1567.1	431.9	117.5
	2001	1246.4	2347.4	4244.0	1609.8	1661.9	447.3	133.0
	2002	1262.0	2435.3	4391.6	1692.7	1716.3	454.3	145.9
	2003	1363.1	2854.9	4499.0	1644.4	1767.8	451.6	107.9
哈尔滨	Harbin	215.31	696.13	1233.18	553.00	663.45	209.55	36.52
齐齐哈尔	Qiqihar	50.51	175.12	347.94	146.06	154.55	51.30	9.10
鸡西	Jixi	22.54	54.86	161.36	66.75	72.29	16.13	1.55
鹤岗	Hegang	17.59	33.56	115.42	32.28	32.44	9.36	1.96
双鸭山	Shuangyashan	12.94	40.14	1194.74	42.39	44.82	7.57	0.82
大庆	Daqing	886.20	1417.06	1398.55	384.14	364.66	59.69	9.54
伊春	Yichun	15.85	40.18	68.85	27.10	29.74	10.42	3.69
佳木斯	Jiamusi	18.27	61.37	142.50	48.42	52.65	14.22	20.95
七台河	Qitaihe	17.82	43.02	140.73	45.42	48.00	10.72	0.72
牡丹江	Mudanjiang	30.41	102.28	197.07	70.94	69.29	22.88	4.03
黑河	Heihe	5.31	12.28	38.37	10.83	11.04	2.82	0.27
绥化	Suihua	23.11	59.88	110.94	40.55	42.43	12.95	0.96
大兴安岭	Daxinganling	1.69	3.77	12.20	5.09	5.39	1.78	0.15
农垦总局	ARB	14.52	77.82	111.25	61.26	70.39	21.14	1.12

11-10 续表 1 CONTINUED

单位:亿元 (100 million yuan)

年份 地区	Year Region	固定资产合计 Total Fixed Assets	固定资产原价 Original Value of Fixed Assets	累计折旧 Total Depreciation	固定资产净值 Net Value of Fixed Assets	固定资产净值年平均余额 Annual Average Balance of Net Value of Fixed Assets	无形及递延资产 Intangeble and Deferred Assets	负债总计 Total Liabilities
	1998	1851.6	2507.5	897.9	1609.7	1566.7	124.3	2481.3
	1999	1838.9	2571.9	959.4	1612.6	1522.3	108.5	2363.3
	2000	2284.7	3233.5	1159.6	2073.9	1961.3	73.1	2369.5
	2001	2328.4	3480.0	1370.6	2109.4	2087.7	80.1	2504.6
	2002	2426.4	3814.5	1534.2	2280.3	2245.1	64.8	2474.4
	2003	2426.3	4052.8	1681.3	2369.9	2245.3	49.2	2509.9
哈尔滨	Harbin	500.15	685.05	228.52	454.91	441.99	22.39	831.38
齐齐哈尔	Qiqihar	172.89	231.91	85.92	145.99	145.59	8.88	262.69
鸡西	Jixi	76.35	100.13	28.62	71.51	65.98	1.33	136.87
鹤岗	Hegang	79.30	105.15	30.83	74.32	77.66	0.36	80.41
双鸭山	Shuangyashan	71.16	104.64	35.93	68.70	67.52	0.67	65.40
大庆	Daqing	977.21	2008.42	1037.61	970.82	903.21	4.15	342.77
伊春	Yichun	33.63	44.16	13.42	30.74	29.47	0.32	46.11
佳木斯	Jiamusi	64.92	98.35	28.21	70.14	54.93	2.31	100.16
七台河	Qitaihe	89.58	113.14	25.28	87.86	90.76	1.54	84.90
牡丹江	Mudanjiang	113.86	159.14	49.02	110.12	102.93	2.75	139.10
黑河	Heihe	26.32	35.62	10.87	24.75	26.26	0.45	33.62
绥化	Suihua	60.35	67.37	11.15	56.22	48.46	2.37	83.52
大兴安岭	Daxinganling	6.62	9.12	3.11	6.01	6.08	0.04	9.22
农垦总局	ARB	36.27	39.99	8.92	31.06	26.22	1.39	82.90

11－10 续表 2 CONTINUED

单位:亿元 (100 million yuan)

年 份 Year 地 区 Region		流动负债 Liquid Liabilities	长期负债 Long－term Liabilities	产品销售收入 Sales Revenue	#产品销售成本 Sales Cost	#产品销售费用 Sales Expenses	#产品销售税金及附加 Sales Tax and Addition
1998		1646.5	786.5	1663.7	1285.1	45.7	53.0
1999		1612.3	739.6	1793.5	1302.6	46.2	53.6
2000		1654.2	708.7	2464.2	1524.3	63.9	58.0
2001		1754.4	727.1	2402.3	1593.5	57.2	62.9
2002		1789.2	654.9	2538.7	1729.0	68.0	67.1
2003		1842.0	650.2	2941.9	1967.0	83.6	63.9
哈尔滨	Harbin	668.24	155.30	691.44	535.37	42.17	15.69
齐齐哈尔	Qiqihar	193.63	68.12	175.71	152.02	5.31	2.20
鸡西	Jixi	101.73	35.12	53.84	44.01	3.15	0.69
鹤岗	Hegang	56.15	24.25	31.03	24.84	1.11	0.49
双鸭山	Shuangyashan	53.47	11.91	38.73	32.01	1.16	0.37
大庆	Daqing	299.75	42.88	1412.33	715.11	9.62	39.12
伊春	Yichun	36.81	9.20	38.23	32.34	1.37	0.45
佳木斯	Jiamusi	68.04	32.12	58.45	51.73	2.36	0.58
七台河	Qitaihe	52.39	32.29	42.43	33.28	1.99	0.50
牡丹江	Mudanjiang	78.83	56.75	102.76	84.11	4.69	1.64
黑河	Heihe	18.86	13.57	12.42	10.09	0.37	0.15
绥化	Suihua	49.57	30.78	60.00	48.69	3.86	0.76
大兴安岭	Daxinganling	5.30	3.92	3.40	2.82	0.16	0.03
农垦总局	ARB	70.88	11.57	77.18	64.90	6.17	0.22

11－10 续表 3 CONTINUED

单位:亿元 (100 million yuan)

年 份 Year 地 区 Region		所有者权益合计 Creditors' Equity	管理费用 Overhead Expenses	财务费用 Financial Expenses	利润总额 Total Profits	亏损企业亏损额 Total Losses Made by Enterprises－in－red	利税总额 Total Profits and Taxes	从业人员平均人数（万人） Average Number of Persons Employed (10000 persons)
1998		1160.4	143.7	76.3	82.7	78.2	249.6	253.0
1999		1324.5	147.7	63.9	195.8	43.5	380.4	218.4
2000		1708.8	165.8	46.0	564.9	53.0	835.4	195.2
2001		1739.3	159.4	40.4	493.9	36.9	739.0	179.9
2002		1900.1	176.3	42.8	459.2	33.5	707.7	168.8
2003		1945.2	195.4	44.1	575.6	42.7	849.1	133.1
哈尔滨	Harbin	401.80	58.78	12.68	24.62	9.89	71.11	35.41
齐齐哈尔	Qiqihar	85.25	17.52	4.87	-4.85	9.39	6.26	14.54
鸡西	Jixi	24.49	5.38	1.97	0.24	1.69	5.02	11.60
鹤岗	Hegang	18.48	5.19	2.64	-0.71	1.06	2.81	6.58
双鸭山	Shuangyashan	54.07	5.97	1.71	0.98	0.29	3.93	5.35
大庆	Daqing	1055.77	71.15	-1.19	555.80	4.35	728.34	20.76
伊春	Yichun	22.74	2.34	1.54	0.78	0.90	3.33	4.17
佳木斯	Jiamusi	42.33	4.84	1.99	-3.03	4.23	0.42	6.00
七台河	Qitaihe	31.55	5.18	3.10	-0.88	2.11	3.37	6.26
牡丹江	Mudanjiang	55.37	8.97	4.69	-2.07	7.02	4.61	8.80
黑河	Heihe	4.75	1.29	0.92	-0.33	0.59	0.78	2.02
绥化	Suihua	27.42	2.82	2.18	1.80	0.96	5.26	4.73
大兴安岭	Daxinganling	2.98	0.38	0.35	-0.05	0.07	0.33	0.80
农垦总局	ARB	28.35	3.46	1.46	2.16	0.17	4.49	3.02

11－11 大中型工业企业主要经济指标

MAJOR INDICATORS OF LARGE AND MEDIUM－SIZED INDUSTRIAL ENTERPRISES

单位:亿元 (100 million yuan)

年份 地区	Year Region	工业增加值 Value－added of Industry	工业销售产值 Sales Value of Industry	资产总计 Total Assets Total Assets	流动资产平均余额 Average Balance of Circulating Funds	流动资产合计 Circulating Funds	#存货 Stock－in－trade	长期投资 Long－term Investment
	1998	721.2	1391.9	3149.1	1225.3	1277.3	384.7	89.3
	1999	831.2	1509.7	3170.4	1255.2	1288.3	363.8	153.4
	2000	1108.8	2080.6	3526.5	1276.6	1285.7	339.0	103.3
	2001	1131.3	1987.4	3680.9	1357.5	1388.9	355.8	120.0
	2002	1125.4	2008.3	3764.5	1413.5	1421.8	358.6	132.4
	2003	1209.7	2436.3	3781.0	1305.7	1416.5	341.1	95.2
哈尔滨	Harbin	163.80	553.59	955.57	401.59	507.58	165.22	30.18
齐齐哈尔	Qiqihar	35.19	135.14	281.29	115.20	122.20	39.10	7.43
鸡西	Jixi	15.58	40.21	129.28	54.22	58.62	12.00	0.79
鹤岗	Hegang	14.36	25.11	104.15	28.39	28.02	7.74	1.91
双鸭山	Shuangyashan	10.24	29.10	104.94	35.50	37.17	5.27	0.69
大庆	Daqing	863.72	1349.95	1321.83	347.77	324.74	48.74	7.32
伊春	Yichun	8.39	25.99	49.83	20.17	22.20	7.21	3.54
佳木斯	Jiamusi	9.98	36.85	98.64	31.93	36.63	8.53	20.82
七台河	Qitaihe	14.90	35.25	124.11	38.34	40.01	7.28	0.69
牡丹江	Mudanjiang	15.86	58.96	139.95	43.86	42.11	13.68	3.61
黑河	Heihe	2.02	4.69	11.75	2.68	2.84	0.56	0.13
绥化	Suihua	11.09	31.82	50.39	17.44	19.29	4.51	0.37
大兴安岭	Daxinganling	1.25	2.47	7.42	3.03	3.06	1.02	0.04
农垦总局	ARB	12.27	69.79	100.64	55.38	65.40	19.17	1.12

11－11 续表1 CONTINUED

单位:亿元 (100 million yuan)

年份 地区	Year Region	固定资产合计 Total Fixed Assets	固定资产原价 Original Value of Fixed Assets	累计折旧 Total Depreciation	固定资产净值 Net Value of Fixed Assets	固定资产净值年平均余额 Annual Average Balance of Net Value of Fixed Assets	无形及递延资产 Intangeble and Deferred Assets	负债总计 Total Liabilities
	1998	1647.2	2267.0	841.6	1425.4	1386.3	113.6	2110.2
	1999	1611.9	2329.5	900.5	1429.0	1342.9	96.3	1979.4
	2000	2049.8	2965.7	1093.9	1871.8	1761.1	58.4	1968.2
	2001	2079.1	3200.4	1304.1	1896.3	1880.6	68.1	2123.4
	2002	2137.7	3462.3	1448.5	2013.8	1985.6	43.7	2048.5
	2003	2105.2	3662.6	1581.7	2079.2	1956.8	33.9	2008.9
哈尔滨	Harbin	398.44	555.71	192.65	361.43	352.01	14.88	643.98
齐齐哈尔	Qiqihar	143.56	196.62	76.64	119.98	119.16	7.11	200.74
鸡西	Jixi	59.27	80.56	24.50	56.06	51.66	1.15	113.76
鹤岗	Hegang	72.87	97.69	26.77	70.92	71.90	0.04	73.09
双鸭山	Shuangyashan	64.83	97.43	34.41	63.03	61.88	0.38	55.01
大庆	Daqing	944.07	1966.28	1027.31	938.97	872.18	3.33	297.80
伊春	Yichun	22.63	32.00	11.17	20.83	19.51	0.19	33.58
佳木斯	Jiamusi	39.56	68.91	22.53	46.38	31.93	1.40	72.85
七台河	Qitaihe	81.82	104.08	23.64	80.44	83.32	1.23	75.25
牡丹江	Mudanjiang	88.57	128.96	39.97	88.99	81.67	1.49	101.58
黑河	Heihe	8.46	12.43	4.05	8.38	8.58	0.12	10.66
绥化	Suihua	28.07	31.01	4.32	26.68	19.23	1.12	38.22
大兴安岭	Daxinganling	4.29	6.46	2.73	3.73	3.79	0.03	6.17
农垦总局	ARB	31.15	33.77	7.14	26.63	21.71	1.17	75.37

11－11 续表 2 CONTINUED

单位:亿元 (100 million yuan)

年 份 地 区	Year Region	流动负债 Liquid Liabilities	长期负债 Long－term Liabilities	产品销售收入 Sales Revenue	#产品销售成本 Sales Cost	#产品销售费用 Sales Expenses	#产品销售税金及附加 Sales Tax and Addition
	1998	1360.3	717.9	1386.5	1054.0	33.5	49.2
	1999	1314.8	658.0	1511.6	1066.4	34.5	49.7
	2000	1347.3	617.7	2135.1	1246.9	49.9	54.7
	2001	1468.2	636.9	2046.3	1289.2	43.2	59.4
	2002	1471.2	555.6	2110.3	1364.1	50.3	63.1
	2003	1463.0	538.6	2553.5	1640.1	67.8	60.0
哈尔滨	Harbin	519.17	119.28	564.17	430.42	36.78	14.78
齐齐哈尔	Qiqihar	142.24	57.86	137.43	119.56	4.17	1.65
鸡西	Jixi	85.42	28.32	38.85	31.60	2.14	0.50
鹤岗	Hegang	51.69	21.39	23.60	18.67	0.84	0.25
双鸭山	Shuangyashan	45.53	9.48	28.23	23.08	0.53	0.22
大庆	Daqing	259.48	38.33	1350.99	660.40	8.08	38.77
伊春	Yichun	27.80	5.78	26.17	21.93	0.89	0.27
佳木斯	Jiamusi	48.58	24.27	36.48	32.27	1.54	0.40
七台河	Qitaihe	43.74	31.51	34.87	27.37	1.56	0.38
牡丹江	Mudanjiang	51.84	48.60	60.75	48.97	2.57	1.14
黑河	Heihe	6.51	4.15	4.64	3.76	0.11	0.05
绥化	Suihua	23.99	14.23	31.73	26.31	2.69	0.39
大兴安岭	Daxinganling	3.79	2.38	1.98	1.58	0.05	0.02
农垦总局	ARB	64.82	10.55	69.59	58.40	5.71	0.16

11－11 续表 3 CONTINUED

单位:亿元 (100 million yuan)

年 份 地 区	Year Region	所有者权益合计 Creditors' Equity	管理费用 Overhead Expenses	财务费用 Financial Expenses	利润总额 Total Profits	亏损企业亏损额 Total Losses Made by Enterprises－in－red	利税总额 Total Profits and Taxes	从业人员平均人数(万人) Average Number of Persons Employed (10000 persons)
	1998	1038.9	122.4	65.2	80.8	66.9	231.3	196.0
	1999	1191.0	126.3	55.3	193.1	33.7	361.2	169.3
	2000	1556.3	143.7	38.7	556.8	44.9	809.2	151.6
	2001	1557.5	137.0	34.6	484.6	28.8	710.3	139.7
	2002	1698.8	149.5	34.9	449.7	23.2	676.2	128.6
	2003	1728.1	167.2	36.5	568.0	31.1	821.6	95.8
哈尔滨	Harbin	311.60	48.80	10.75	21.04	6.02	61.99	24.33
齐齐哈尔	Qiqihar	80.55	14.18	4.14	-5.45	8.32	3.10	9.97
鸡西	Jixi	15.51	4.19	1.77	-0.07	1.34	3.54	9.49
鹤岗	Hegang	14.53	4.65	2.54	-0.82	0.89	2.18	5.70
双鸭山	Shuangyashan	49.94	5.38	1.34	0.82	0.04	3.14	4.30
大庆	Daqing	1024.03	67.92	-1.86	554.75	2.26	724.77	18.14
伊春	Yichun	16.25	1.74	1.29	0.72	0.56	2.74	1.98
佳木斯	Jiamusi	25.79	3.20	1.53	-2.66	3.49	-0.23	3.29
七台河	Qitaihe	24.58	4.39	2.82	-0.98	1.97	2.69	5.31
牡丹江	Mudanjiang	35.77	6.01	3.72	-3.03	5.96	1.57	5.12
黑河	Heihe	1.09	0.21	0.45	0.03		0.54	0.38
绥化	Suihua	12.16	1.11	1.08	0.59	0.19	2.20	1.76
大兴安岭	Daxinganling	1.25	0.27	0.29	-0.03	0.03	0.26	0.59
农垦总局	ARB	25.27	3.02	1.38	2.04	0.03	4.10	2.37

11－12　国有及国有控股工业企业主要经济指标

MAJOR INDICATORS OF STATE OWNED AND STATE HOLDING INDUSTRIAL ENTERPRISES

单位:亿元　　　　(100 million yuan)

年份 地区	Year Region	工业增加值 Value－added of Industry	工业销售产值 Sales Value of Industry	资产总计 Total Assets Total Assets	流动资产平均余额 Average Balance of Circulating Funds	流动资产合计 Circulating Funds	#存货 Stock－in－trade	长期投资 Long－term Investment
	1998	728.9	1395.9	3221.0	1251.2	1314.9	400.4	82.2
	1999	840.8	1516.1	3244.1	1279.4	1319.5	377.3	147.4
	2000	1102.5	2049.9	3559.5	1268.9	1284.0	338.2	103.4
	2001	1128.5	1967.8	3628.5	1323.3	1358.9	347.6	120.1
	2002	1106.6	1951.7	3718.5	1367.1	1373.1	344.1	124.6
	2003	1181.6	2280.4	1421.4	1265.3	1366.2	325.1	87.9
哈尔滨	Harbin	150.95	505.01	516.97	406.35	509.25	163.75	30.79
齐齐哈尔	Qiqihar	32.86	119.96	159.54	120.99	125.74	40.74	6.32
鸡　西	Jixi	12.68	29.23	76.85	45.58	49.08	8.80	0.41
鹤　岗	Hegang	16.01	28.02	53.30	29.39	29.29	7.99	1.96
双鸭山	Shuangyashan	10.95	29.31	45.86	35.53	37.18	5.39	0.68
大　庆	Daqing	857.73	1308.97	229.08	321.73	299.16	42.48	5.26
伊　春	Yichun	7.86	23.88	24.60	17.78	19.78	5.17	3.53
佳木斯	Jiamusi	9.68	28.91	43.18	23.67	27.66	7.54	16.86
七台河	Qitaihe	12.43	29.00	39.72	35.49	35.86	6.64	0.37
牡丹江	Mudanjiang	10.63	33.68	29.45	29.18	28.41	6.96	3.50
黑　河	Heihe	3.51	6.94	13.25	7.02	7.43	1.53	0.11
绥　化	Shuihua	12.56	27.49	30.00	21.12	20.27	6.54	0.52
大兴安岭	Daxinganling	1.47	3.28	5.07	4.80	5.10	1.67	0.15
农垦总局	ARB	11.33	69.36	66.19	56.48	65.34	18.86	0.89

11－12 续表 1　CONTINUED

单位:亿元　　　　(100 million yuan)

年份 地区	Year Region	固定资产合计 Total Fixed Assets	固定资产原价 Original Value of Fixed Assets	累计折旧 Total Depreciation	固定资产净值 Net Value of Fixed Assets	固定资产净值年平均余额 Annual Average Balance of Net Value of Fixed Assets	无形及递延资产 Intangeble and Deferred Assets	负债总计 Total Liabilities
	1998	1684.6	2314.5	861.2	1453.3	1413.4	114.8	2202.9
	1999	1664.4	2369.3	918.2	1451.1	1372.2	97.2	2066.4
	2000	2092.8	2998.5	1104.2	1894.3	1778.5	56.4	2018.6
	2001	2058.4	3208.3	1305.3	1903.0	1883.1	63.1	2114.3
	2002	2155.0	3483.1	1453.9	2029.1	1994.9	41.7	2089.4
	2003	2097.2	3638.8	1579.8	2057.4	1948.6	26.0	2012.5
哈尔滨	Harbin	396.39	554.30	194.57	358.10	347.66	12.44	660.71
齐齐哈尔	Qiqihar	148.86	201.65	78.52	123.13	122.70	7.03	225.55
鸡　西	Jixi	61.03	81.53	24.32	57.21	52.89	0.18	106.34
鹤　岗	Hegang	75.59	100.73	30.10	70.63	74.09	0.06	76.07
双鸭山	Shuangyashan	66.39	99.32	35.08	64.23	62.96	0.33	57.04
大　庆	Daqing	918.58	1934.24	1019.28	914.96	851.80	1.11	268.29
伊　春	Yichun	25.63	32.76	10.12	22.64	21.13	0.01	33.27
佳木斯	Jiamusi	45.88	75.22	23.40	51.82	38.32	1.17	66.35
七台河	Qitaihe	77.89	100.28	23.37	76.91	79.73	0.71	71.24
牡丹江	Mudanjiang	68.25	96.14	30.49	65.66	60.89	0.10	77.95
黑　河	Heihe	20.44	28.21	9.10	19.11	20.94	0.29	26.12
绥　化	Suihua	37.05	40.78	6.52	34.26	29.14	0.94	47.96
大兴安岭	Daxinganling	6.46	8.92	3.06	5.86	5.95	0.04	8.99
农垦总局	ARB	31.09	34.02	7.95	26.07	22.19	1.30	75.79

11－12 续表 2 CONTINUED

单位:亿元 (100 million yuan)

年 份 Year / 地 区 Region		流动负债 Liquid Liabilities	长期负债 Long－term Liabilities	产品销售收入 Sales Revenue	#产品销售成本 Sales Cost	#产品销售费用 Sales Expenses	#产品销售税金及附加 Sales Tax and Addition
1998		1419.6	738.0	1395.5	1063.7	33.5	48.6
1999		1371.3	686.5	1530.4	1085.6	34.3	50.4
2000		1370.4	642.7	2113.5	1235.6	45.8	54.8
2001		1454.7	648.2	2033.6	1287.8	39.1	58.7
2002		1462.9	602.1	2061.9	1340.1	41.7	62.2
2003		1421.4	581.7	2376.0	1504.1	55.0	58.2
哈尔滨	Harbin	516.97	138.12	503.17	393.75	30.04	14.10
齐齐哈尔	Qiqihar	159.54	65.82	119.16	104.15	2.86	1.36
鸡 西	Jixi	76.85	29.49	27.75	22.35	1.94	0.46
鹤 岗	Hegang	53.30	22.78	25.55	20.45	0.89	0.26
双鸭山	Shuangyashan	45.86	11.15	28.39	22.94	0.65	0.32
大 庆	Daqing	229.08	39.13	1306.66	622.24	6.97	38.20
伊 春	Yichun	24.60	8.60	24.78	20.90	0.61	0.22
佳木斯	Jiamusi	43.18	23.17	26.15	23.20	1.21	0.38
七台河	Qitaihe	39.72	31.52	28.53	22.00	1.25	0.36
牡丹江	Mudanjiang	29.45	46.98	33.64	26.85	1.00	0.76
黑 河	Heihe	13.25	11.69	7.05	5.72	0.12	0.06
绥 化	Suihua	30.00	17.47	29.22	23.03	1.75	0.45
大兴安岭	Daxinganling	5.07	3.92	2.91	2.35	0.15	0.03
农垦总局	ARB	66.19	9.41	69.01	58.39	5.47	0.17

11－12 续表 3 CONTINUED

单位:亿元 (100 million yuan)

年 份 Year / 地 区 Region		所有者权益合计 Creditors' Equity	管理费用 Overhead Expenses	财务费用 Financial Expenses	利润总额 Total Profits	亏损企业亏损额 Total Losses Made by Enterprises－in－red	利税总额 Total Profits and Taxes	从业人员平均人数（万人） Average Number of Persons Employed (10000 persons)
1998		1018.0	128.6	65.9	75.5	71.6	226.9	218.3
1999		1177.7	131.7	55.6	188.5	36.5	358.3	189.1
2000		1538.9	145.0	37.9	554.3	45.6	806.9	164.6
2001		1514.2	136.8	33.0	481.0	28.5	704.7	150.2
2002		1612.0	147.5	34.8	435.9	26.3	657.6	136.0
2003		1647.4	163.2	33.7	555.5	29.9	799.1	97.0
哈尔滨	Harbin	292.67	48.79	10.06	10.34	8.26	47.50	26.05
齐齐哈尔	Qiqihar	63.94	13.99	4.05	－64.23	8.30	0.83	10.41
鸡 西	Jixi	11.14	4.10	1.27	－1.16	1.58	1.70	9.16
鹤 岗	Hegang	15.61	4.83	2.60	－0.89	0.98	2.22	6.01
双鸭山	Shuangyashan	47.62	5.64	1.35	6.61	0.21	3.24	4.64
大 庆	Daqing	998.19	65.63	－2.28	552.68	1.96	720.67	16.70
伊 春	Yichun	16.19	1.57	1.14	0.99	0.21	2.97	2.15
佳木斯	Jiamusi	26.03	2.89	1.12	－2.8	3.44		3.46
七台河	Qitaihe	19.55	4.29	2.80	－1.49	1.98	1.65	4.83
牡丹江	Mudanjiang	24.29	3.70	2.64	0.12	1.47	3.03	3.31
黑 河	Heihe	2.27	0.81	0.79	－0.47	0.56	0.18	1.42
绥 化	Suihua	12.78	1.43	1.25	1.21	0.72	3.04	2.16
大兴安岭	Daxinganling	2.76	0.37	0.35	－0.05	0.06	0.31	0.67
农垦总局	ARB	24.58	3.04	1.32	1.70	0.17	3.56	2.47

11－13 集体工业企业主要经济指标

MAJOR INDICATORS OF COLLECTIVE - OWNED INDUSTRIAL ENTERPRISES

单位:亿元 (100 million yuan)

年份 地区	Year Region	工业增加值 Value－added of Industry	工业销售产值 Sales Value of Industry	资产总计 Total Assets	流动资产平均余额 Average Balance of Circulating Funds	流动资产合计 Circulating Funds	#存货 Stock－in－trade	长期投资 Long－term Investment
	1998	36.9	113.6	122.8	71.1	74.6	30.3	3.0
	1999	31.0	96.9	118.9	66.7	69.4	24.7	5.0
	2000	30.9	101.7	114.0	63.6	67.4	24.6	4.6
	2001	26.4	88.1	109.0	60.3	66.2	21.5	3.1
	2002	25.5	80.5	98.5	55.4	57.3	19.6	3.7
	2003	20.1	63.6	79.7	45.6	47.0	16.1	2.3
哈尔滨	Harbin	5.39	19.31	26.45	14.74	15.64	6.79	0.65
齐齐哈尔	Qiqihar	2.17	6.12	4.79	2.72	2.74	1.24	0.04
鸡西	Jixi	3.64	8.02	13.96	8.89	8.66	1.89	0.03
鹤岗	Hegang	0.13	0.55	0.56	0.22	0.17	0.06	
双鸭山	Shuangyashan	0.06	0.16	0.35	0.19	0.25	0.13	
大庆	Daqing	3.99	13.71	19.26	11.87	12.28	3.16	1.44
伊春	Yichun	1.08	2.28	1.52	0.53	0.71	0.35	
佳木斯	Jiamusi	1.03	3.78	1.81	1.40	1.38	0.31	0.01
七台河	Qitaihe	0.25	1.14	0.89	0.42	0.37	0.13	
牡丹江	Mudanjiang	1.40	5.93	4.67	2.26	2.35	1.00	0.12
黑河	Heihe	0.03	0.05	0.08	0.06	0.04	0.02	
绥化	Suihua	0.82	2.46	5.15	2.10	2.28	0.96	
大兴安岭	Daxinganling	0.10	0.14	0.22	0.19	0.16	0.10	
农垦总局	ARB							

11－13 续表 1 CONTINUED

单位:亿元 (100 million yuan)

年份 地区	Year Region	固定资产合计 Total Fixed Assets	固定资产原价 Original Value of Fixed Assets	累计折旧 Total Depreciation	固定资产净值 Net Value of Fixed Assets	固定资产净值年平均余额 Annual Average Balance of Net Value of Fixed Assets	无形及递延资产 Intangeble and Deferred Assets	负债总计 Total Liabilities
	1998	40.8	50.9	12.5	38.4	38.7	2.9	90.7
	1999	39.8	49.4	12.3	37.1	36.0	3.5	89.6
	2000	38.5	49.1	13.4	35.7	34.4	2.6	86.0
	2001	35.7	44.5	12.8	31.8	31.9	2.1	79.0
	2002	33.0	42.1	12.4	29.6	30.5	1.8	73.0
	2003	26.6	35.3	12.0	23.3	23.9	1.3	61.5
哈尔滨	Harbin	8.65	10.46	4.01	6.45	6.77	0.58	19.97
齐齐哈尔	Qiqihar	1.94	2.54	0.72	1.82	1.78	0.01	2.51
鸡西	Jixi	4.20	6.23	2.25	3.97	3.84	0.22	12.73
鹤岗	Hegang	0.38	0.39	0.03	0.36	0.37		0.48
双鸭山	Shuangyashan	0.06	0.09	0.02	0.06	0.07	0.02	0.14
大庆	Daqing	5.42	8.24	2.71	5.54	5.46	0.11	15.33
伊春	Yichun	0.81	0.87	0.27	0.61	0.79		1.14
佳木斯	Jiamusi	0.41	0.70	0.33	0.37	0.42		1.28
七台河	Qitaihe	0.45	0.48	0.06	0.43	0.42		0.69
牡丹江	Mudanjiang	1.64	2.17	1.08	1.09	1.43	0.01	3.50
黑河	Heihe	0.05	0.06	0.02	0.05	0.02		0.06
绥化	Suihua	2.54	2.98	0.44	2.53	2.46	0.32	3.52
大兴安岭	Daxinganling	0.06	0.10	0.05	0.05	0.05		0.17
农垦总局	ARB							

11－13 续表 2 CONTINUED

单位:亿元 (100 million yuan)

年 份 地 区	Year Region	流动负债 Liquid Liabilities	长期负债 Long－term Liabilities	产品销售收入 Sales Revenue	#产品销售成本 Sales Cost	#产品销售费用 Sales Expenses	#产品销售税金及附加 Sales Tax and Addition
	1998	78.2	11.1	112.1	96.4	3.2	1.5
	1999	76.5	12.0	94.7	82.2	2.3	0.9
	2000	74.5	11.5	98.6	87.2	2.1	0.9
	2001	69.6	8.7	87.0	77.1	1.9	0.8
	2002	65.1	6.1	79.6	70.3	1.8	0.7
	2003	54.4	5.3	63.0	55.6	1.1	0.6
哈尔滨	Harbin	18.10	1.67	19.14	17.02	0.28	0.13
齐齐哈尔	Qiqihar	2.07	0.08	6.21	5.37	0.02	0.02
鸡 西	Jixi	10.70	2.03	7.54	6.53	0.26	0.08
鹤 岗	Hegang	0.41	0.06	0.57	0.56	0.02	0.05
双鸭山	Shuangyashan	0.13	0.01	0.18	0.16	0.01	
大 庆	Daqing	15.18	0.14	13.74	12.52	0.09	0.12
伊 春	Yichun	1.08	0.03	2.24	1.76	0.05	0.08
佳木斯	Jiamusi	1.24	0.05	3.86	3.62	0.05	0.02
七台河	Qitaihe	0.53	0.16	1.09	0.74	0.05	0.05
牡丹江	Mudanjiang	2.40	0.60	5.51	4.87	0.10	0.03
黑 河	Heihe	0.04	0.03	0.05	0.04		
绥 化	Suihua	2.34	0.44	2.76	2.29	0.12	0.02
大兴安岭	Daxinganling	0.16		0.13	0.13		
农垦总局	ARB						

11－13 续表 3 CONTINUED

单位:亿元 (100 million yuan)

年 份 地 区	Year Region	所有者权益合计 Creditors' Equity	管理费用 Overhead Expenses	财务费用 Financial Expenses	利润总额 Total Profits	亏损企业亏损额 Total Losses Made by Enterprises －in－red	利税总额 Total Profits and Taxes	从业人员平均人数(万人) Average Number of Persons Employed (10000 persons)
	1998	32.1	5.5	2.7	4.1	1.5	10.4	20.2
	1999	29.3	5.2	2.0	2.6	1.4	7.6	15.0
	2000	28.0	5.0	1.7	2.3	1.3	7.0	13.1
	2001	30.0	5.0	1.4	1.7	1.4	5.7	10.6
	2002	25.5	4.6	1.0	2.4	0.8	6.3	8.0
	2003	18.2	4.1	0.7	1.1	0.9	4.3	6.5
哈尔滨	Harbin	6.48	1.44	0.11	0.11	0.38	0.83	1.93
齐齐哈尔	Qiqihar	2.28	0.56	0.03	0.15	0.10	0.41	0.93
鸡 西	Jixi	1.23	0.43	0.17	0.34	0.07	1.07	1.16
鹤 岗	Hegang	0.09	0.04	0.01	－0.05	0.05	0.03	0.13
双鸭山	Shuangyashan	0.22	0.02		－0.01	0.01		0.02
大 庆	Daqing	3.94	0.84	0.03	0.24	0.22	1.01	0.78
伊 春	Yichun	0.38	0.19	0.03	0.10		0.23	0.47
佳木斯	Jiamusi	0.53	0.07	0.02	0.08		0.26	0.28
七台河	Qitaihe	0.20	0.10	0.09	0.03	0.01	0.10	0.11
牡丹江	Mudanjiang	1.17	0.33	0.05	0.05	0.10	0.23	0.35
黑 河	Heihe	0.02	0.01					0.03
绥 化	Suihua	1.63	0.08	0.20	0.06		0.17	0.18
大兴安岭	Daxinganling	0.05			－0.01	0.01		0.13
农垦总局	ARB							

11－14 工业企业主要经济效益指标(2003)

MAJOR INDICATORS ON ECONOMIC BENEFIT OF INDUSTRIAL ENTERPRISES

类 别	Category	增加值率(%) Ratio of Value－added to Gross Industrial Output Value (%)	资产负债率(%) Assets－Liability Ratio (%)	流动资产周转率(次/年) Number of Times of Turnover of Circulating Fund (times/year)
总 计	**Total**	**46.84**	**55.8**	**1.79**
按轻重工业分	**Grouped by Light and Heavy Industry**			
轻工业	Light Industry	29.37	64.3	1.51
重工业	Heavy Industry	51.25	53.9	1.87
按行业分	**Grouped by Sector**			
采矿业	Mining and Quarrying	81.66	27.6	2.61
煤炭开采和洗选业	Coal Mining and Dressing	42.98	65.3	0.70
石油和天然气开采业	Petroleum and Natural Gas Extraction	86.59	13.5	3.71
黑色金属矿采选业	Ferrous Metals Mining and Dressing	20.14	51.8	0.22
有色金属矿采选业	Nonferrous Metals Mining and Dressing	41.51	57.9	1.37
非金属矿采选业	Nonmetal Minerals Mining and Dressing	35.15	54.4	2.10
其他采选业	Other Mining and Dressing			
制造业	Manufacturing	25.13	66.6	1.53
农副食品加工业	Food Processing	21.82	74.2	1.80
食品制造业	Food Manufacturing	29.80	64.2	2.49
饮料制造业	Beverage Manufacturing	39.49	67.3	1.81
烟草制品业	Tobacco Processing	49.53	74.3	0.72
纺织业	Textile Industry	29.90	67.0	1.35
纺织服装及其他纤维制品制造业	Garments and Other Fiber Products	17.72	79.1	1.56
皮革、毛皮、羽毛(绒)及其制品业	Leather, Furs, Down and Related Products	34.78	105.6	0.66
木材加工及木、竹、藤、棕草制品业	Timber Processing, Bamboo, Cane, Palm Fiber and Straw Products	35.63	72.2	1.47
家具制造业	Furniture Manufacturing	30.01	73.2	0.99
造纸及纸制品业	Papermaking and Paper Products	23.80	61.8	0.88
印刷业和记录媒介的复制	Printing and Record Medium Reproduction	36.12	55.9	1.11
文教体育用品制造业	Cultural, Educational and Sports Goods	29.56	74.0	0.36
石油加工、炼焦及核燃料加工业	Petroleum Processing and Coking	21.94	39.8	5.48
化学原料及化学制品制造业	Raw Chemical Materials and Chemical Products	25.00	76.0	2.06
医药制造业	Medical and Pharmaceutical Products	34.58	55.7	1.53
化学纤维制造业	Chemical Fiber	6.09	70.8	1.43
橡胶制品业	Rubber Products	－4.57	90.7	0.41
塑料制品业	Plastic Products	29.59	56.1	1.32
非金属矿物制品业	Nonmetal Mineral Products	33.48	60.7	1.09
黑色金属冶炼及压延加工业	Smelting and Pressing of Ferrous Metals	24.37	78.8	1.39
有色金属冶炼及压延加工业	Smelting and Pressing of Nonferrous Metals	18.09	57.5	0.88
金属制品业	Metal Products	25.29	69.7	0.86
通用设备制造业	Ordinary Machinery	26.96	83.7	0.51
专用设备制造业	Special Purpose Equipment	23.46	77.5	0.63
交通运输设备制造业	Transport Equipment	17.42	67.7	2.04
电气机械及器材制造业	Electric Equipment and Machinery	27.42	76.3	0.66
通信设备、计算机及其他电子设备制造业	Electronic and Telecommunications Equipment	27.58	75.7	0.42
仪器仪表及文化、办公用机械制造业	Instruments, Meters, Cultural and Office Machinery	29.66	48.1	0.88
工艺品及其他制造业	Arts and crafts and other Manufacturing	38.36	45.1	1.20
废弃资源和废旧材料回收加工业	Recycling and Disposal of Waste			
电力、燃气及水的生产和供应业	Production and Supply of Electric Power, Gas and Water	52.23	66.0	1.63
电力、热力的生产和供应业	Production and Supply of Electric Power, Steam and Hot Water	51.68	67.3	1.65
燃气生产和供应业	Production and Supply of Gas	65.45	63.3	1.48
水的生产和供应业	Production and Supply of Tap Water	57.29	35.9	1.08

11-14 续表 CONTINUED

类别	Category	成本费用利润率(%) Ratio of Profits to Industrial Cost(%)	全员劳动生产率(元/人) Overall Labor Productivity (yuan/person)	产品销售率(%) Proportion of Products (%)
总计	**Total**	**25.1**	**102382**	**98.1**
按轻重工业分	**Grouped by Light and Heavy Industry**			
轻工业	Light Industry	4.4	52990	96.3
重工业	Heavy Industry	31.4	118321	98.6
按行业分	**Grouped by Sector**			
采矿业	Mining and Quarrying	146.4	226513	99.4
煤炭开采和洗选业	Coal Mining and Dressing	1.9	17550	93.0
石油和天然气开采业	Petroleum and Natural Gas Extraction	200.7	813461	100.0
黑色金属矿采选业	Ferrous Metals Mining and Dressing	33.0	6466	220.9
有色金属矿采选业	Nonferrous Metals Mining and Dressing	26.5	23646	102.1
非金属矿采选业	Nonmetal Minerals Mining and Dressing	2.5	27853	98.3
其他采选业	Other Mining and Dressing			
制造业	Manufacturing	1.8	50959	96.9
农副食品加工业	Food Processing	2.0	59289	97.3
食品制造业	Food Manufacturing	6.5	85240	96.4
饮料制造业	Beverage Manufacturing	7.2	87821	96.9
烟草制品业	Tobacco Processing	4.2	147838	103.1
纺织业	Textile Industry	2.7	18441	92.4
纺织服装及其他纤维制品制造业	Garments and Other Fiber Products	3.1	4397	88.5
皮革、毛皮、羽毛(绒)及其制品业	Leather, Furs, Down and Related Products	-4.4	25039	77.2
木材加工及木、竹、藤、棕草制品业	Timber Processing, Bamboo, Cane, Palm Fiber and Straw Products	1.5	34017	93.8
家具制造业	Furniture Manufacturing	-1.5	28880	95.3
造纸及纸制品业	Papermaking and Paper Products	4.0	38378	97.9
印刷业和记录媒介的复制	Printing and Record Medium Reproduction	1.8	31376	95.3
文教体育用品制造业	Cultural, Educational and Sports Goods	-10.8	23953	90.3
石油加工、炼焦及核燃料加工业	Petroleum Processing and Coking	1.9	186496	98.1
化学原料及化学制品制造业	Raw Chemical Materials and Chemical Products	2.5	56980	98.5
医药制造业	Medical and Pharmaceutical Products	7.5	75569	93.9
化学纤维制造业	Chemical Fiber	-4.3	31545	99.5
橡胶制品业	Rubber Products	-86.8	-2630	78.9
塑料制品业	Plastic Products	5.6	36761	94.6
非金属矿物制品业	Nonmetal Mineral Products	0.8	25991	97.3
黑色金属冶炼及压延加工业	Smelting and Pressing of Ferrous Metals	-8.5	41021	98.8
有色金属冶炼及压延加工业	Smelting and Pressing of Nonferrous Metals	2.9	20861	98.3
金属制品业	Metal Products	2.5	28008	98.3
通用设备制造业	Ordinary Machinery	2.1	31128	92.1
专用设备制造业	Special Purpose Equipment	-5.4	17560	97.4
交通运输设备制造业	Transport Equipment	1.3	42741	97.9
电气机械及器材制造业	Electric Equipment and Machinery	5.9	38980	94.6
通信设备、计算机及其他电子设备制造业	Electronic and Telecommunications Equipment	6.0	67293	95.5
仪器仪表及文化、办公用机械制造业	Instruments, Meters, Cultural and Office Machinery	1.7	39390	94.0
工艺品及其他制造业	Arts and crafts and other Manufacturing	5.1	14944	102.4
废弃资源和废旧材料回收加工业	Recycling and Disposal of Waste			
电力、燃气及水的生产和供应业	Production and Supply of Electric Power, Gas and Water	-0.1	90281	100.5
电力、热力的生产和供应业	Production and Supply of Electric Power, Steam and Hot Water	-0.1	97212	100.7
燃气生产和供应业	Production and Supply of Gas	3.9	162798	102.2
水的生产和供应业	Production and Supply of Tap Water	0.1	26871	93.5

11－15 大中型工业企业主要经济效益指标(2003)

MAJOR INDICATORS ON ECONOMIC BENEFIT OF LARGE AND MEDIUM-SIZED INDUSTRIAL ENTERPRISES

类别	Category	增加值率(%) Ratio of Value－added to Gross Industrial Output Value (%)	资产负债率(%) Assets－Liability Ratio (%)	流动资产周转率(次/年) Number of Times of Turnover of Circulating Fund (times/year)
总计	**Total**	**48.9**	**53.1**	**1.96**
按轻重工业分	**Grouped by Light and Heavy Industry**			
轻工业	Light Industry	29.6	64.8	1.57
重工业	Heavy Industry	52.7	51.2	2.05
按行业分	**Grouped by Sector**			
采矿业	Mining and Quarrying	82.4	26.7	2.62
煤炭开采和洗选业	Coal Mining and Dressing	43.1	64.9	0.65
石油和天然气开采业	Petroleum and Natural Gas Extraction	86.6	13.3	3.71
黑色金属矿采选业	Ferrous Metals Mining and Dressing	25.9	53.8	0.18
有色金属矿采选业	Nonferrous Metals Mining and Dressing	37.4	50.3	1.31
非金属矿采选业	Nonmetal Minerals Mining and Dressing	42.8	81.7	1.29
其他采选业	Other Mining and Dressing			
制造业	Manufacturing	24.0	65.6	1.72
农副食品加工业	Food Processing	21.0	75.0	1.71
食品制造业	Food Manufacturing	31.0	63.4	2.76
饮料制造业	Beverage Manufacturing	43.9	69.1	2.00
烟草制品业	Tobacco Processing	55.1	70.2	0.75
纺织业	Textile Industry	31.8	68.4	1.25
纺织服装及其他纤维制品制造业	Garments and Other Fiber Products			
皮革、毛皮、羽毛(绒)及其制品业	Leather, Furs, Down and Related Products			
木材加工及木、竹、藤、棕草制品业	Timber Processing, Bamboo, Cane, Palm Fiber and Straw Products	36.2	82.0	1.06
家具制造业	Furniture Manufacturing	29.7	79.8	1.01
造纸及纸制品业	Papermaking and Paper Products	21.6	63.8	0.79
印刷业和记录媒介的复制	Printing and Record Medium Reproduction			
文教体育用品制造业	Cultural, Educational and Sports Goods			
石油加工、炼焦及核燃料加工业	Petroleum Processing and Coking	22.0	39.2	5.78
化学原料及化学制品制造业	Raw Chemical Materials and Chemical Products	22.9	83.3	2.37
医药制造业	Medical and Pharmaceutical Products	32.9	56.9	1.72
化学纤维制造业	Chemical Fiber	5.8	70.8	1.43
橡胶制品业	Rubber Products	-25.6	89.6	0.29
塑料制品业	Plastic Products	32.5	52.9	1.72
非金属矿物制品业	Nonmetal Mineral Products	32.4	55.1	1.20
黑色金属冶炼及压延加工业	Smelting and Pressing of Ferrous Metals	24.8	79.3	1.31
有色金属冶炼及压延加工业	Smelting and Pressing of Nonferrous Metals	15.9	55.4	0.84
金属制品业	Metal Products	25.5	76.5	0.91
通用设备制造业	Ordinary Machinery	24.2	74.5	0.49
专用设备制造业	Special Purpose Equipment	21.7	77.5	0.63
交通运输设备制造业	Transport Equipment	16.6	68.0	2.54
电气机械及器材制造业	Electric Equipment and Machinery	23.6	87.9	0.55
通信设备、计算机及其他电子设备制造业	Electronic and Telecommunications Equipment	28.5	61.8	1.15
仪器仪表及文化、办公用机械制造业	Instruments, Meters, Cultural and Office Machinery	31.6	30.4	0.59
工艺品及其他制造业	Arts and crafts and other Manufacturing	26.9	60.2	1.36
废弃资源和废旧材料回收加工业	Recycling and Disposal of Waste			
电力、燃气及水的生产和供应业	Production and Supply of Electric Power, Gas and Water	47.7	65.3	1.64
电力、热力的生产和供应业	Production and Supply of Electric Power, Steam and Hot Water	47.7	66.3	1.66
燃气生产和供应业	Production and Supply of Gas	30.8	61.6	1.16
水的生产和供应业	Production and Supply of Tap Water	59.7	29.3	1.01

11－15 续表 CONTINUED

类　别	Category	成本费用利润率(%) Ratio of Profits to Industrial Cost(%)	全员劳动生产率(元/人) Overall Labor Productivity (yuan/person)	产品销售率(%) Proportion of Products (%)
总　计	**Total**	**29.7**	**126224**	**98.5**
按轻重工业分	**Grouped by Light and Heavy Industry**			
轻工业	Light Industry	5.4	67241	97.4
重工业	Heavy Industry	35.6	139585	98.7
按行业分	**Grouped by Sector**			
采矿业	Mining and Quarrying	152.8	242718	99.4
煤炭开采和洗选业	Coal Mining and Dressing	1.5	16927	92.7
石油和天然气开采业	Petroleum and Natural Gas Extraction	201.8	820549	100.0
黑色金属矿采选业	Ferrous Metals Mining and Dressing	53.9	9588	295.9
有色金属矿采选业	Nonferrous Metals Mining and Dressing	33.8	21424	103.2
非金属矿采选业	Nonmetal Minerals Mining and Dressing	-6.7	16308	98.6
其他采选业	Other Mining and Dressing			
制造业	Manufacturing	1.8	61657	97.3
农副食品加工业	Food Processing	2.9	69199	99.1
食品制造业	Food Manufacturing	7.5	111604	96.7
饮料制造业	Beverage Manufacturing	9.3	125493	97.3
烟草制品业	Tobacco Processing	4.0	162624	105.0
纺织业	Textile Industry	3.9	18068	91.4
纺织服装及其他纤维制品制造业	Garments and Other Fiber Products			
皮革、毛皮、羽毛(绒)及其制品业	Leather, Furs, Down and Related Products			
木材加工及木、竹、藤、棕草制品业	Timber Processing, Bamboo, Cane, Palm Fiber and Straw Products	1.5	56858	96.1
家具制造业	Furniture Manufacturing	-3.3	31332	96.0
造纸及纸制品业	Papermaking and Paper Products	5.8	49681	97.8
印刷业和记录媒介的复制	Printing and Record Medium Reproduction			
文教体育用品制造业	Cultural, Educational and Sports Goods			
石油加工、炼焦及核燃料加工业	Petroleum Processing and Coking	2.0	196743	98.1
化学原料及化学制品制造业	Raw Chemical Materials and Chemical Products	2.2	59999	96.6
医药制造业	Medical and Pharmaceutical Products	7.6	79257	95.5
化学纤维制造业	Chemical Fiber	-4.4	33188	99.5
橡胶制品业	Rubber Products	-113.7	-12078	70.2
塑料制品业	Plastic Products	7.7	45542	96.2
非金属矿物制品业	Nonmetal Mineral Products	2.4	29788	98.6
黑色金属冶炼及压延加工业	Smelting and Pressing of Ferrous Metals	-9.8	42200	98.9
有色金属冶炼及压延加工业	Smelting and Pressing of Nonferrous Metals	3.2	17277	98.1
金属制品业	Metal Products	3.0	23708	96.4
通用设备制造业	Ordinary Machinery	3.0	39036	90.8
专用设备制造业	Special Purpose Equipment	-5.9	17660	98.3
交通运输设备制造业	Transport Equipment	1.6	53177	97.5
电气机械及器材制造业	Electric Equipment and Machinery	1.8	34442	95.1
通信设备、计算机及其他电子设备制造业	Electronic and Telecommunications Equipment	9.1	36231	103.3
仪器仪表及文化、办公用机械制造业	Instruments, Meters, Cultural and Office Machinery	-11.0	41743	89.6
工艺品及其他制造业	Arts and crafts and other Manufacturing	3.5	8688	112.0
废弃资源和废旧材料回收加工业	Recycling and Disposal of Waste			
电力、燃气及水的生产和供应业	Production and Supply of Electric Power, Gas and Water	0.1	85207	100.9
电力、热力的生产和供应业	Production and Supply of Electric Power, Steam and Hot Water		88623	101.0
燃气生产和供应业	Production and Supply of Gas	5.9	53593	105.9
水的生产和供应业	Production and Supply of Tap Water	0.9	40010	94.1

11－16 国有及国有控股工业企业主要经济效益指标（2003）
MAJOR INDICATORS ON ECONOMIC BENEFIT OF STATE－OWNED AND STATE－HOLDING INDUSTRIAL ENTERPRISES

类别	Category	增加值率（%）Ratio of Value－added to Gross Industrial Output Value（%）	资产负债率（%）Assets－Liability Ratio（%）	流动资产周转率（次/年）Number of Times of Turnover of Circulating Fund（times/year）
总　计	**Total**	**51.1**	**54.3**	**1.88**
按轻重工业分	**Grouped by Light and Heavy Industry**			
轻工业	Light Industry	27.3	66.5	1.27
重工业	Heavy Industry	54.4	52.5	2.01
按行业分	**Grouped by Sector**			
采矿业	Mining and Quarrying	82.5	27.0	2.62
煤炭开采和洗选业	Coal Mining and Dressing	43.5	65.9	0.63
石油和天然气开采业	Petroleum and Natural Gas Extraction	86.7	13.4	3.71
黑色金属矿采选业	Ferrous Metals Mining and Dressing			
有色金属矿采选业	Nonferrous Metals Mining and Dressing	38.5	57.7	1.23
非金属矿采选业	Nonmetal Minerals Mining and Dressing	42.6	63.4	0.78
其他采选业	Other Mining and Dressing			
制造业	Manufacturing	22.6	68.4	1.56
农副食品加工业	Food Processing	12.4	78.4	1.04
食品制造业	Food Manufacturing	21.9	75.9	1.93
饮料制造业	Beverage Manufacturing	42.7	71.3	1.61
烟草制品业	Tobacco Processing	51.0	74.4	0.68
纺织业	Textile Industry	29.6	71.8	1.05
纺织服装及其他纤维制品制造业	Garments and Other Fiber Products	12.6	90.1	1.18
皮革、毛皮、羽毛（绒）及其制品业	Leather, Furs, Down and Related Products	41.8	161.5	0.75
木材加工及木、竹、藤、棕草制品业	Timber Processing, Bamboo, Cane, Palm Fiber and Straw Products	36.3	88.9	0.67
家具制造业	Furniture Manufacturing	35.1	60.1	0.57
造纸及纸制品业	Papermaking and Paper Products	24.5	59.1	0.68
印刷业和记录媒介的复制	Printing and Record Medium Reproduction	37.8	58.4	0.89
文教体育用品制造业	Cultural, Educational and Sports Goods	28.2	74.4	0.22
石油加工、炼焦及核燃料加工业	Petroleum Processing and Coking	21.8	39.0	6.67
化学原料及化学制品制造业	Raw Chemical Materials and Chemical Products	24.0	83.2	2.23
医药制造业	Medical and Pharmaceutical Products	31.7	58.9	1.95
化学纤维制造业	Chemical Fiber	5.8	70.8	1.43
橡胶制品业	Rubber Products	43.3	127.1	0.97
塑料制品业	Plastic Products	34.4	57.7	1.20
非金属矿物制品业	Nonmetal Mineral Products	31.8	60.1	0.92
黑色金属冶炼及压延加工业	Smelting and Pressing of Ferrous Metals	20.8	85.8	1.12
有色金属冶炼及压延加工业	Smelting and Pressing of Nonferrous Metals	15.5	56.3	0.87
金属制品业	Metal Products	24.2	81.8	0.64
通用设备制造业	Ordinary Machinery	23.2	87.4	0.42
专用设备制造业	Special Purpose Equipment	21.6	78.4	0.61
交通运输设备制造业	Transport Equipment	16.6	66.9	2.08
电气机械及器材制造业	Electric Equipment and Machinery	22.7	91.7	0.52
通信设备、计算机及其他电子设备制造业	Electronic and Telecommunications Equipment	29.7	71.5	0.91
仪器仪表及文化、办公用机械制造业	Instruments, Meters, Cultural and Office Machinery	31.3	43.4	0.57
工艺品及其他制造业	Arts and crafts and other Manufacturing			
废弃资源和废旧材料回收加工业	Recycling and Disposal of Waste			
电力、燃气及水的生产和供应业	Production and Supply of Electric Power, Gas and Water	53.1	66.1	1.66
电力、热力的生产和供应业	Production and Supply of Electric Power, Steam and Hot Water	52.4	67.2	1.68
燃气生产和供应业	Production and Supply of Gas	74.9	78.7	2.07
水的生产和供应业	Production and Supply of Tap Water	57.2	36.9	1.06

11-16 续表 CONTINUED

类　别	Category	成本费用利润率(%) Ratio of Profits to Industrial Cost(%)	全员劳动生产率(元/人) Overall Labor Productivity (yuan/person)	产品销售率(%) Proportion of Products (%)
总　计	**Total**	**31.6**	**122408**	**98.6**
按轻重工业分	**Grouped by Light and Heavy Industry**			
轻工业	Light Industry	3.4	47538	97.2
重工业	Heavy Industry	36.8	137423	98.8
按行业分	**Grouped by Sector**			
采矿业	Mining and Quarrying	153.3	240459	99.4
煤炭开采和洗选业	Coal Mining and Dressing	1.2	16514	92.6
石油和天然气开采业	Petroleum and Natural Gas Extraction	201.5	821767	100.0
黑色金属矿采选业	Ferrous Metals Mining and Dressing			
有色金属矿采选业	Nonferrous Metals Mining and Dressing	29.6	20625	102.8
非金属矿采选业	Nonmetal Minerals Mining and Dressing	-8.1	11990	95.9
其他采选业	Other Mining and Dressing			
制造业	Manufacturing	0.9	50785	97.5
农副食品加工业	Food Processing	1.7	40834	98.2
食品制造业	Food Manufacturing	-1.4	40951	95.7
饮料制造业	Beverage Manufacturing	8.7	107196	96.5
烟草制品业	Tobacco Processing	3.6	157108	103.9
纺织业	Textile Industry	1.2	15324	93.1
纺织服装及其他纤维制品制造业	Garments and Other Fiber Products	4.7	2520	79.0
皮革、毛皮、羽毛(绒)及其制品业	Leather, Furs, Down and Related Products	-8.2	11359	112.3
木材加工及木、竹、藤、棕草制品业	Timber Processing, Bamboo, Cane, Palm Fiber and Straw Products	-3.5	25379	99.7
家具制造业	Furniture Manufacturing	-2.8	21875	89.2
造纸及纸制品业	Papermaking and Paper Products	4.1	33970	98.1
印刷业和记录媒介的复制	Printing and Record Medium Reproduction	0.8	24678	94.0
文教体育用品制造业	Cultural, Educational and Sports Goods	-12.6	16006	88.3
石油加工、炼焦及核燃料加工业	Petroleum Processing and Coking	1.8	210868	98.0
化学原料及化学制品制造业	Raw Chemical Materials and Chemical Products	2.6	58388	100.2
医药制造业	Medical and Pharmaceutical Products	7.4	78878	97.3
化学纤维制造业	Chemical Fiber	-4.4	33188	99.5
橡胶制品业	Rubber Products	1.7	32859	79.9
塑料制品业	Plastic Products	4.8	38439	97.5
非金属矿物制品业	Nonmetal Mineral Products	-1.4	21496	100.8
黑色金属冶炼及压延加工业	Smelting and Pressing of Ferrous Metals	-18.4	22962	101.2
有色金属冶炼及压延加工业	Smelting and Pressing of Nonferrous Metals	3.0	17581	98.1
金属制品业	Metal Products	0.6	19855	100.5
通用设备制造业	Ordinary Machinery	0.6	28943	90.2
专用设备制造业	Special Purpose Equipment	-7.7	14942	98.7
交通运输设备制造业	Transport Equipment	1.3	46376	97.4
电气机械及器材制造业	Electric Equipment and Machinery	-0.6	27457	91.4
通信设备、计算机及其他电子设备制造业	Electronic and Telecommunications Equipment	3.3	30780	100.0
仪器仪表及文化、办公用机械制造业	Instruments, Meters, Cultural and Office Machinery	-11.8	26050	90.6
工艺品及其他制造业	Arts and crafts and other Manufacturing			
废弃资源和废旧材料回收加工业	Recycling and Disposal of Waste			
电力、燃气及水的生产和供应业	Production and Supply of Electric Power, Gas and Water	-0.1	94412	100.6
电力、热力的生产和供应业	Production and Supply of Electric Power, Steam and Hot Water	-0.1	101975	100.8
燃气生产和供应业	Production and Supply of Gas	3.2	227955	100.0
水的生产和供应业	Production and Supply of Tap Water	-1.7	26603	93.6

11－17 集体工业企业主要经济效益指标(2003)
MAJOR INDICATORS ON ECONOMIC BENEFIT OF COLLECTIVE - OWNED INDUSTIAL ENTERPRISES

类 别	Category	增加值率(%) Ratio of Value－added to Gross Industrial Output Value (%)	资 产 负债率(%) Assets－Liability Ratio (%)	流动资产周转率(次/年) Number of Times of Turnover of Circulating Fund (times/year)
总 计	**Total**	**30.8**	**77.2**	**1.38**
按轻重工业分	**Grouped by Light and Heavy Industry**			
轻工业	Light Industry	27.3	65.8	1.47
重工业	Heavy Industry	31.8	80.6	1.36
按行业分	**Grouped by Sector**			
采矿业	Mining and Quarrying	36.4	64.9	3.09
煤炭开采和洗选业	Coal Mining and Dressing	37.2	68.6	2.59
石油和天然气开采业	Petroleum and Natural Gas Extraction	61.4	66.3	2.17
黑色金属矿采选业	Ferrous Metals Mining and Dressing			
有色金属矿采选业	Nonferrous Metals Mining and Dressing	72.2	6.5	21.45
非金属矿采选业	Nonmetal Minerals Mining and Dressing	18.5	66.5	17.92
其他采选业	Other Mining and Dressing			
制造业	Manufacturing	29.1	78.0	1.25
农副食品加工业	Food Processing	24.8	66.4	2.15
食品制造业	Food Manufacturing	24.2	46.0	0.57
饮料制造业	Beverage Manufacturing	37.4	148.2	0.64
烟草制品业	Tobacco Processing			
纺织业	Textile Industry	42.2	136.7	0.28
纺织服装及其他纤维制品制造业	Garments and Other Fiber Products	27.7	89.1	3.29
皮革、毛皮、羽毛(绒)及其制品业	Leather, Furs, Down and Related Products	26.5	128.4	0.29
木材加工及木、竹、藤、棕草制品业	Timber Processing, Bamboo, Cane, Palm Fiber and Straw Products	38.0	55.3	4.11
家具制造业	Furniture Manufacturing	26.2	78.4	3.02
造纸及纸制品业	Papermaking and Paper Products	23.8	64.5	1.45
印刷业和记录媒介的复制	Printing and Record Medium Reproduction	37.9	49.2	1.22
文教体育用品制造业	Cultural, Educational and Sports Goods			
石油加工、炼焦及核燃料加工业	Petroleum Processing and Coking	17.3	56.5	2.00
化学原料及化学制品制造业	Raw Chemical Materials and Chemical Products	31.6	76.0	2.17
医药制造业	Medical and Pharmaceutical Products			
化学纤维制造业	Chemical Fiber			
橡胶制品业	Rubber Products	17.1	111.1	0.25
塑料制品业	Plastic Products	21.0	96.1	0.64
非金属矿物制品业	Nonmetal Mineral Products	31.5	72.5	1.15
黑色金属冶炼及压延加工业	Smelting and Pressing of Ferrous Metals	28.6	51.3	3.35
有色金属冶炼及压延加工业	Smelting and Pressing of Nonferrous Metals			
金属制品业	Metal Products	29.3	79.9	1.48
通用设备制造业	Ordinary Machinery	39.8	71.6	1.13
专用设备制造业	Special Purpose Equipment	36.6	89.8	0.29
交通运输设备制造业	Transport Equipment	24.2	95.5	2.81
电气机械及器材制造业	Electric Equipment and Machinery	25.0	60.5	1.73
通信设备、计算机及其他电子设备制造业	Electronic and Telecommunications Equipment			
仪器仪表及文化、办公用机械制造业	Instruments, Meters, Cultural and Office Machinery	48.08	58.8	1.26
工艺品及其他制造业	Arts and crafts and other Manufacturing	35.0	29.8	0.33
废弃资源和废旧材料回收加工业	Recycling and Disposal of Waste			
电力、燃气及水的生产和供应业	Production and Supply of Electric Power, Gas and Water	47.6	82.7	1.81
电力、热力的生产和供应业	Production and Supply of Electric Power, Steam and Hot Water	47.6	82.7	1.81
燃气生产和供应业	Production and Supply of Gas			
水的生产和供应业	Production and Supply of Tap Water			

11－17 续表 CONTINUED

类　别	Category	成本费用利润率（%）Ratio of Profits to Industrial Cost（%）	全员劳动生产率（元/人）Overall Labor Productivity（yuan/person）	产品销售率（%）Proportion of Products（%）
总　计	**Total**	**1.8**	**30925**	**97.5**
按轻重工业分	**Grouped by Light and Heavy Industry**			
轻工业	Light Industry	5.0	34752	97.5
重工业	Heavy Industry	0.9	30131	97.5
按行业分	**Grouped by Sector**			
采矿业	Mining and Quarrying	4.4	35218	95.0
煤炭开采和洗选业	Coal Mining and Dressing	5.9	29542	95.3
石油和天然气开采业	Petroleum and Natural Gas Extraction	2.2	93177	100.0
黑色金属矿采选业	Ferrous Metals Mining and Dressing			
有色金属矿采选业	Nonferrous Metals Mining and Dressing	11.0	115915	100.0
非金属矿采选业	Nonmetal Minerals Mining and Dressing	-2.4	48874	91.4
其他采选业	Other Mining and Dressing			
制造业	Manufacturing	1.4	29102	97.8
农副食品加工业	Food Processing	4.8	83607	99.8
食品制造业	Food Manufacturing	2.5	54017	94.4
饮料制造业	Beverage Manufacturing	-5.5	9963	99.8
烟草制品业	Tobacco Processing			
纺织业	Textile Industry		7429	94.9
纺织服装及其他纤维制品制造业	Garments and Other Fiber Products	1.2	10379	120.3
皮革、毛皮、羽毛（绒）及其制品业	Leather, Furs, Down and Related Products	-28.4	14214	99.0
木材加工及木、竹、藤、棕草制品业	Timber Processing, Bamboo, Cane, Palm Fiber and Straw Products	1.1	20758	95.9
家具制造业	Furniture Manufacturing	12.5	24769	91.3
造纸及纸制品业	Papermaking and Paper Products	3.9	33188	95.9
印刷业和记录媒介的复制	Printing and Record Medium Reproduction	4.7	88097	100.0
文教体育用品制造业	Cultural, Educational and Sports Goods			
石油加工、炼焦及核燃料加工业	Petroleum Processing and Coking	2.5	50526	91.5
化学原料及化学制品制造业	Raw Chemical Materials and Chemical Products	2.2	34445	100.3
医药制造业	Medical and Pharmaceutical Products			-0.3
化学纤维制造业	Chemical Fiber			
橡胶制品业	Rubber Products	-13.1	8682	99.9
塑料制品业	Plastic Products	-9.0	20742	92.4
非金属矿物制品业	Nonmetal Mineral Products	3.5	37446	91.4
黑色金属冶炼及压延加工业	Smelting and Pressing of Ferrous Metals	1.2	71293	91.5
有色金属冶炼及压延加工业	Smelting and Pressing of Nonferrous Metals			
金属制品业	Metal Products	-2.0	27045	100.4
通用设备制造业	Ordinary Machinery	-1.0	22681	99.1
专用设备制造业	Special Purpose Equipment	1.7	17338	95.4
交通运输设备制造业	Transport Equipment	-0.7	26557	108.3
电气机械及器材制造业	Electric Equipment and Machinery	2.7	45530	92.1
通信设备、计算机及其他电子设备制造业	Electronic and Telecommunications Equipment			
仪器仪表及文化、办公用机械制造业	Instruments, Meters, Cultural and Office Machinery	4.2	89424	98.1
工艺品及其他制造业	Arts and crafts and other Manufacturing	7.6	19679	91.4
废弃资源和废旧材料回收加工业	Recycling and Disposal of Waste			
电力、燃气及水的生产和供应业	Production and Supply of Electric Power, Gas and Water	0.1	65389	100.0
电力、热力的生产和供应业	Production and Supply of Electric Power, Steam and Hot Water	0.1	65389	100.0
燃气生产和供应业	Production and Supply of Gas			
水的生产和供应业	Production and Supply of Tap Water			

11－18 主要工业产品产量
OUTPUT OF MAJOR INDUSTRIAL PRODUCTS

品　名	Item	2000	2001	2002	2003
原煤(万吨)	Coal (10000 tons)	4974.4	5120.7	5882.6	6652.5
原油(万吨)	Crude Oil (10000 tons)	5306.7	5161.1	5013.1	4840.1
天然气(亿立方米)	Natural Gas (100 million cu. m)	23.0	22.0	20.2	21.0
铁矿石原矿量(万吨)	Original Ironstone Reserves (10000 tons)	19.8	22.8	19.0	49.5
食用植物油(万吨)	Edible Vegetable Oil (10000 tons)	44.6	33.1	34.4	46.4
糖(万吨)	Sugar (10000 tons)	16.4	26.8	32.1	27.2
乳制品(万吨)	Dairy Products (10000 tons)	18.5	22.6	19.2	37.7
白酒(万吨)	Liquor (10000 tons)	14.6	9.4	10.0	9.5
啤酒(万吨)	Beer (10000 tons)	143.0	139.7	175.3	202.3
卷烟(万箱)	Cigarettes (10000 cases)	64.0	64.1	65.5	71.7
亚麻布(万米)	Linen (10000 m)	1779	1547	1500	2447
丝织品(万米)	Silk－made Products (10000 m)	1263	823	244	
锯材(万立方米)	Sawn Timber (10000 cu. m)	31.4	28.2	32.2	21.6
人造板(万立方米)	Man－made Board (10000 cu. m)	64.0	67.4	69.2	59.9
机制纸及纸板(万吨)	Machine－made Paper and Paperboard (10000 tons)	43.0	48.9	61.5	65.4
原油加工量(万吨)	Crude Oil Processed (10000 tons)	1394.4	1456.3	1402.6	1456.5
汽油(万吨)	Gasolene (10000 tons)	347.5	378.3	391.3	395.0
柴油(万吨)	Diesel Oil (10000 tons)	532.6	574.2	593.9	596.8
焦炭(万吨)	Coke (10000 tons)	128.6	143.5	138.9	286.4
硫酸(折 100%,万吨)	Sulfuric Acid (convert into 100%, 10000 tons)	5.7	4.6	4.6	7.9
盐酸(万吨)	Muriatic Acid (10000 tons)	6.0	6.3	4.9	4.8
烧碱(万吨)	Caustic Soda (10000 tons)	15.6	16.5	17.7	16.4
电石(万吨)	Calcium Carbide (10000 tons)	8.3	11.8	14.1	15.7
合成氨(万吨)	Synthetic Ammonia (10000 tons)	55.2	61.1	64.1	52.3
农用化肥(折 100%,万吨)	Chemical Fertilizer for Agricultural Use (convert into 100%,10000 tons)	39.2	44.8	48.5	39.2
化学农药(折 100%,吨)	Chemical Pesticide (convert into 100%, ton)	2805	4539	2767	705
乙烯(万吨)	Ethene (10000 tons)	48.0	50.4	46.5	50.8
化学原料药(吨)	Chemical Raw Medicine (ton)	34612	34405	6089	7726
化学纤维(万吨)	Chemical Fiber (10000 tons)	18.1	18.9	19.3	20.5
轮胎外胎(万条)	Tires (10000 units)	162.6	205.1	113.4	30.1
塑料制品(万吨)	Plastic Products (10000 tons)	8.7	9.0	9.0	9.1
水泥(万吨)	Cement (10000 tons)	903.7	910.0	957.7	1063.2
平板玻璃(万重量箱)	Plate Glass (10000 weight cases)	528.1	584.9	467.6	246.1
石墨及碳素制品(吨)	Graphite and Related Products (ton)	2521	864	844	10511
生铁(万吨)	Pig Iron (10000 tons)	64.8	80.4	90.2	136.7
钢(万吨)	Steel (10000 tons)	89.0	92.1	144.2	165.7
成品钢材(万吨)	Steel Products (10000 tons)	76.3	76.2	97.2	97.4
#优质钢材	#High Quality Steel	25.8	22.3	11.2	3.9
铝材(万吨)	Aluminous Material (10000 tons)	6.4	6.1	5.5	5.8
电站锅炉(蒸发量吨)	Power Plant Boiler (vaporing ton)	9233	9033	17153	18241
电站汽轮机(500 千瓦以上)(万千瓦)	Power Plant Turbine (≥500 kw, 10000 kw)	156.7	183.0	259.5	448.2
内燃机(商品量)(万千瓦)	Internal Combustion Engines (10000 kw)	592	708	1007	
金属切削机床(台)	Metal－cutting Machine Tools (unit)	1057	1488	2184	3754
大型机床(台)	Large－sized Machine Tools (unit)	57	93	142	331
发电设备(万千瓦)	Power Generating Equipment (10000 kw)	328.1	222.7	395.4	613.2
矿山设备(吨)	Mining Equipment (ton)	7543	4754	7546	8887
冶炼设备(吨)	Smelting Equipment (ton)	4144	1755	4971	6673
金属轧制设备(吨)	Metal－rolling Equipment (ton)	13646	12233	20066	20369
大中型拖拉机(台)	Large and Medium Tractors (unit)	9	35	95	168
小型拖拉机(台)	Small－sized Tractors (unit)	24800	30400	27300	31600
铁路货车(辆)	Railway Passenger Engines (unit)	7026	6194	5991	5239
汽车(辆)	Motor Vehicles (unit)	134003	154699	185438	200019
改装汽车(辆)	Special Automobile (unit)	15142	7435	1447	1340
彩色电视机(万台)	Color TV Set (10000 units)	56.2	28.6	15.8	0.9
发电量(亿千瓦时)	Electricity (100 million kwh)	426.7	438.1	459.3	487.1
微型电子计算机(万部)	Mini－computers (10000 units)	4.2	4.4	4.4	4.0

11－19 各地区主要工业产品产量(2003)
OUTPUT OF MAJOR INDUSTRIAL PRODUCTS BY REGION

地区	Region	原煤(万吨) Coal (10000 tons)	原油(万吨) Crude Oil (10000 tons)	大米(万吨) Rice (10000 tons)	食用植物油(万吨) Edible Vegetable Oil (10000 tons)	糖(吨) Sugar (ton)	乳制品(吨) Dairy Products (ton)	卷烟(万箱) Cigarettes (10000 cases)
全省	**Total**	**6652.5**	**4840.1**	**120.7**	**46.4**	**271635**	**376592**	**71.7**
哈尔滨	Harbin	302.0		6.7	7.3	2665	171201	30.2
齐齐哈尔	Qiqihar		0.1	17.5	1.7	129473	36379	
鸡西	Jixi	1735.9		21.6	0.2		4808	
鹤岗	Hegang	1520.4		10.0	0.6		2855	
双鸭山	Shuangyashan	1155.1		1.8	3.1	3007		
大庆	Daqing		4840.0		0.3	13218	41861	
伊春	Yichun			0.8			584	
佳木斯	Jiamusi			12.4	3.0	29027	75	
七台河	Qitaihe	1661.3			0.6			
牡丹江	Mudanjiang	54.3		1.3	0.7	5084	340	29.0
黑河	Heihe	162.0			0.6	39716	5047	0.5
绥化	Suihua			9.8	0.4	42247	73036	12.0
大兴安岭	Daxinganling	61.5						
农垦总局	ARB			38.8	27.9	7198	40406	

11－19 续表1 CONTINUED

地区	Region	白酒(吨) Liquor (10000 tons)	啤酒(吨) Beer (10000 tons)	亚麻布(万米) Linen (10000 m)	机制纸及纸板(吨) Machine－made Paper and Paperboards (ton)	原油加工量(万吨) Crude Oil Processing (10000 tons)	汽油(万吨) Gasolene (10000 tons)	柴油(万吨) Diesel Oil (10000 tons)
全省	**Total**	**94995**	**2023343**	**2447.1**	**654008**	**1456.5**	**395.0**	**596.8**
哈尔滨	Harbin	46452	1363684	1025.2	18534	218.2	78.7	94.3
齐齐哈尔	Qiqihar	15066	90475	609.0	201246	55.1	19.5	20.0
鸡西	Jixi	730	52200		1004			
鹤岗	Hegang	1916	69769		9038			
双鸭山	Shuangyashan	758	31761		18709			
大庆	Daqing		77949		34612	1155.7	286.5	470.7
伊春	Yichun	1622	21122		17440			
佳木斯	Jiamusi	3481	109008	372.9	114946			
七台河	Qitaihe		3535		1642			
牡丹江	Mudanjiang	2610	113446		219839	26.5	10.3	11.8
黑河	Heihe	694	20195					
绥化	Suihua	17173	57146	440.0		1.0		
大兴安岭	Daxinganling							
农垦总局	ARB	4493	13053		16998			

11 19 续表 2 CONTINUFD

地 区	Region	农用化肥（吨）Chemical Fertilizer for Agricultural Use (10000 tons)	化学农药（吨）Chemical Presticide (ton)	化学原料药（吨）Chemical Raw Medicine (ton)	水 泥（万吨）Cement (10000 tons)	平板玻璃（万重量箱）Plate Glass (10000 weight cases)	汽 车（辆）Motor Vehicles (unit)
全 省	**Total**	**392183**	**705**	**7726**	**1063.2**	**246.1**	**200019**
哈尔滨	Harbin			2817	331.0		200005
齐齐哈尔	Qiqihar	45130	85		75.2	59.9	14
鸡 西	Jixi				61.1		
鹤 岗	Hegang		101		33.8	56.7	
双鸭山	Shuangyashan				31.5		
大 庆	Daqing	275460			62.0		
伊 春	Yichun			44	72.0		
佳木斯	Jiamusi		519	1157	64.8	129.5	
七台河	Qitaihe	31382			16.7		
牡丹江	Mudanjiang	34138		96	206.2		
黑 河	Heihe			85	14.1		
绥 化	Suihua	6073			30.2		
大兴安岭	Daxinganling				1.9		
农垦总局	ARB			3527	62.7		

11 –19 续表 3 CONTINUED

地 区	Region	钢（万吨）Steel (10000 tons)	成品钢材（万吨）Steel Products (10000 tons)	金属切削机床（台）Metal – cutting Machine Tools (unit)	金属轧制设备（吨）Metal – rolling Equipment (ton)	小型拖拉机（台）Small – sized Tractors (unit)	发电量（亿千瓦小时）Electricity (100 million kwh)
全 省	**Total**	**165.7**	**97.4**	**3754**	**20369**	**31600**	**487.1**
哈尔滨	Harbin	40.4	0.1	526	57	800	97.0
齐齐哈尔	Qiqihar	21.3	5.5	1878	20312	900	73.4
鸡 西	Jixi	30.9	27.9				17.1
鹤 岗	Hegang	0.2					32.2
双鸭山	Shuangyashan						36.1
大 庆	Daqing		1.0				77.7
伊 春	Yichun	72.2	62.9			3	5.1
佳木斯	Jiamusi					29800	36.9
七台河	Qitaihe						30.7
牡丹江	Mudanjiang	0.7		1350			63.0
黑 河	Heihe						10.6
绥 化	Suihua					100	0.5
大兴安岭	Daxinganling						3.2
农垦总局	ARB						3.7

主要统计指标解释

工业 指从事自然资源的开采,对采掘品和农产品进行加工和再加工的物质生产部门。具体包括:(1)对自然资源的开采,如采矿、晒盐等(但不包括禽兽捕猎和水产捕捞);(2)对农副产品的加工、再加工,如粮油加工、食品加工、轧花、缫丝、纺织、制革等;(3)对采掘品的加工、再加工,如炼铁、炼钢、化工生产、石油加工、机器制造、木材加工等,以及电力、自来水、煤气的生产和供应等;(4)对工业品的修理、翻新,如机器设备的修理、交通运输工具(包括小卧车)的修理等。

1984 年以前农村的村及村以下办工业归属农业,1984 年以后划归工业。

本年鉴中涉及的企业登记注册类型:

⑴**国有及国有控股企业** 指国有企业加上国有控股企业。国有企业(即过去的全民所有制工业或国营工业)是指企业全部资产归国家所有,并按《中华人民共和国企业法人登记管理条例》规定登记注册的非公司制的经济组织。包括国有企业、国有独资公司和国有联营企业。1957 年以前的公私合营和私营工业,后均改造为国营工业,1992 年改为国有工业,这部分工业的资料不单独分列时,均包括在国有企业内。国有控股企业是对混合所有制经济的企业进行的"国有控股"分类。它是指这些企业的全部资产中国有资产(股份)相对其他所有者中的任何一个所有者占资(股)最多的企业。该分组反映了国有经济控股情况。

⑵**集体企业** 指企业资产归集体所有,并按《中华人民共和国企业法人登记管理条例》规定登记注册的经济组织。是社会主义公有制经济的组成部分。包括城乡所有使用集体投资举办的企业,以及部分个人通过集资自愿放弃所有权并依法经工商行政管理机关认定为集体所有制的企业。

⑶**股份有限公司** 指根据《中华人民共和国企业法人登记管理条例》规定登记注册,其全部注册资本由等额股份构成并通过发行股票筹集资本,股东以其认购的股份对公司承担有限责任,公司以其全部资产对其债务承担责任的经济组织。

⑷**港、澳、台商投资企业** 指企业注册登记类型中的港、澳、台资合资、合作、独资经营企业和股份有限公司之和。

⑸**外商投资企业** 指企业注册登记类型中的中外合资、合作经营企业、外资企业和外商投资股份有限公司之和。

⑹**本年鉴中涉及的名为"其他"的企业** 均指除国有企业、集体企业、个体经营以外的其他类型工业企业(单位)。包括联营企业、私营企业、股份有限公司,有限责任公司;外商投资企业(中外合资经营、中外合作经营、外资企业);港、澳、台投资企业(与大陆合资经营、与大陆合作经营、港、澳、台独资企业)及其他企业。

轻工业 指主要提供生活消费品和制作手工工具的工业。按其所使用的原料不同,可分为两大类:(1)以农产品为原料的轻工业,是指直接或间接以农产品为基本原料的轻工业。主要包括食品制造、饮料制造、烟草加工、纺织、缝纫、皮革和毛皮制作、造纸以及印刷等工业;(2)以非农产品为原料的轻工业,是指以工业品为原料的轻工业。主要包括文教体育用品、化学药品制造、合成纤维制造、日用化学制品、日用玻璃制品、日用金属制品、手工工具制造、医疗器械制造、文化和办公用机械制造等工业。

重工业 是指为国民经济各部门提供物质技术基础的主要生产资料的工业。按其生产性质和产品用途,可以分为下列三类:(1)采掘(伐)工业,是指对自然资源的开采,包括石油开采、煤炭开采、金属矿开采、非金属矿开采和木材采伐等工业;(2)原材料工业,指向国民经济各部门提供基本材料、动力和燃料的工业。包括金属冶炼及加工、炼焦及焦炭、化学、化工原料、水泥、人造板以及电力、石油和煤炭加工等工业;(3)加工工业,是指对工业原材料进行再加工制造的工业。包括装备国民经济各部门的机械设备制造工业、金属结构、水泥制品等工业,以及为农业提供的生产资料如化肥、农药等工业。

根据上述划分原则,修理业中以重工业产品为修理作业对象的划为重工业,反之划为轻工业。

工业总产值 是以货币表现的工业企业在一定时期内生产的已出售或可供出售工业产品总量,它反映一定时间内工业生产的总规模和总水平。它包括:在本企业内不再进行加工,经检验、包装入库(规定不需包装的产品除外)的成品价值,对外加工费收入,自制半成品、在产品期末初差额价值。工业总产值采用"工厂法"计算,即以工业企业作为一个整体,按企业工业生产活动的最终成果来计算,企业内部不允许重复计算,不能把企业内部各个车间(分厂)生产的成果相加。但在企业之间、行业之间、地区之间存在着重复计算。

轻重工业总产值的划分也是按"工厂法"计算的，即一个工业企业在正常情况下生产的主要产品的性质属于轻工业，产的主要产品的性质属于重工业，则该企业的全部总产值作为重工业总产值。

工业增加值　是指工业行业在报告期内以货币表现的工业生产活动的最终成果。

实收资本　指企业实际收到的投资人投入的资本。按投资主体可分为国家资本、集体资本、法人资本、个人资本、港澳台资本和外商资本等。

资产合计　指企业拥有或控制的能以货币计量的经济资源。包括各种财产、债权和其他权利。资产按其流动性划分为流动资产、长期投资、固定资产、无形及递延资产和其他资产。

(1)流动资产　指企业可以在一年内或者超过一年的一个生产周期内变现或耗用的资产合计。包括现金及各种存款、短期投资、应收及预付款项、存货等。

(2)固定资产　指企业固定资产净值、固定资产清理、在建工程、待处理固定资产损失所占用的资金合计。

(3)无形资产　指企业长期使用而没有实物形态的资产。包括专利权、非专利技术、商标权、著作权、土地使用权、商誉等。

负债合计　指企业承担的能以货币计量，将以资产或劳务偿付的债务。负债一般按偿还期长短分为流动负债和长期负债、递延税项等。

(1)流动负债　指企业在一年内或者超过一年的一个营业周期内需要偿还的债务合计，其中包括短期借款、应付及预收款项、应付工资、应交税金和应交利润等。

(2)长期负债　指企业在一年以上或者超过一年的一个营业周期以上需要偿还的债务合计，其中包括长期借款、应付债务、长期应付款项等。

所有者权益　指企业投资人对企业净资产的所有权。企业净资产等于企业全部资产减去全部负债后的余额，其中包括投资者对企业的最初投入，以及资本公积金、盈余公积金和未分配利润，对股份制企业即为股东权益。

固定资产原价　指企业在建造、购置、安装、改建、扩建、技术改造某项固定资产时所支出的全部货币总额。它一般包括买价、包装费、运杂费和安装费等。

固定资产净值　是指固定资产原价减去历年已提折旧额后的净额。

流动资产　是指可以在一年或者超过一年的一个营业周期内变现或者耗用的资产，包括现金及各种存款、短期投资、应收及预付货款、存货等。

产品销售收入　指企业销售产品和提供劳务等主要经营业务取得的业务总额。

产品销售成本　指企业销售产品和提供劳务等主要经营业务的实际成本。

产品销售税金及附加　指企业销售产品和提供工业性劳务等主要经营业务应负担的城市维护建设税、消费税、资源税和教育费附加。

产品销售利润　指企业销售产品和提供工业性劳务等主要经营业务收入扣除其成本、费用、税金后的利润。

利润总额　指企业实现的利润。

应交增值税　指企业在报告期内应交纳的增值税额。

总资产贡献率　反映企业全部资产的获利能力，是企业经营业绩和管理水平的集中体现，是评价和考核企业盈利能力的核心指标。计算公式为：

总资产贡献率(%)＝(利润总额＋税金总额＋利息支出)/平均资产总额×100％

资产负债率　该指标既反映企业经营风险的大小，也反映企业利用债权人提供的资金从事经营活动的能力。计算公式为：

资产负债率(%)＝负债总额/资产总额×100％

工业成本费用利润率　指在一定时期内实现的利润与成本费用之比，是反映工业生产成本及费用投入的经济效益指标，同时也是反映降低成本的经济效益的指标。计算公式为：

工业成本费用利润率(%)＝利润总额/成本费用总额×100%

工业增加值率　指在一定时期内工业增加值占同期工业总产值的比重，反映降低中间消耗的经济效益。计算公式为：

工业增加值率(%)=工业增加值(现价)/工业总产值(现价)×100%

流动资产周转次数　指在一定时期内流动资产完成的周转次数，反映流动资产的周转速度。计算公式为：

流动资金周转次数=产品销售收入/全部流动资产平均余额

产品销售率　指报告期工业销售产值与同期全部工业总产值之比，是反映工业产品已实现销售的程度，分析工业产销衔接情况，研究工业产品满足社会需求程度的指标。计算公式为：

产品销售率(%)=工业销售产值/工业总产值(现价)×100%

全员劳动生产率　指根据产品的价值量指标计算的平均每一个从业人员在单位时间内的产品生产量。是考核企业经济活动的重要指标，是企业生产技术水平、经营管理水平、职工技术熟练程度和劳动积极性的综合表现。目前我国的全员劳动生产率是将工业企业的工业增加值除以同一时期全部从业人员的平均人数来计算的。计算公式为：

全员劳动生产率=工业增加值/全部从业人员平均人数

EXPLANATORY NOTES ON MAIN STATISTICAL INDICATORS

Industry refers to the material production sector which is engaged in extraction of natural resources and processing and reprocessing of minerals and agricultural products, including (1) extraction of natural resources, such as mining, salt production (but not including hunting and fishing); (2) processing and reprocessing of farm and sideline produces, such as rice husking, flour milling, wine making, oil pressing, cotton ginning, silk reeling, spinning and weaving, and leather making; (3) manufacture of industrial products, such as steel making, iron smelting, chemicals manufacturing, petroleum processing, machine building, timber processing; water and gas production and electricity generation and supply; (4) repairing of industrial products such as the repairing of machinery and means of transport (including cars).

Prior to 1984, the rural industry run by villages and cooperative organizations under village was classified into agriculture. Since 1984, it has been grouped into industry.

Units of Industrial Statistics and Inquiry: They are classified into two categories (1) corporate industrial enterprises with independent accounting system (2) industrial establishments.

(1) **Corporate industrial enterprises with independent accounting system** refer to enterprises engaging in industrial production activities, which meet the following requirements: ①They are established legally, having their own names, organizations, location, able to take civil liability; ②They possess and use their assets independently, assume liabilities, and are entitled to sign contracts with other units; ③They are financially independent and compile their own balance sheets.

(2) **Industrial establishments** refer to economic units which located in one single place and engaged entirely or primarily in one kind of industrial activity, including financially independent industrial enterprises and units engaged in industrial activities under the non industrial enterprises (or financially dependent). Industrial establishments generally meet the following requirements: ① They have each one location and are engaged in one kind of industrial activity each; ② They operate and manage their industrial production activities separately; ③ They have accounts of income and expenditures separately.

(1) **State - owned Enterprises** refers to industrial enterprises where the means of production or income are owned by the state. Joint state - private industries and private industries, which existed before 1957, have been transformed into state industries. Statistics on these enterprises has been included in the state - owned industries since 1957 when separation of data was no longer necessary.

(2) **Collective - owned Enterprises** refers to industrial enterprises where the means of production are owned collectively, including urban and rural enterprises invested by collectives and some enterprises which were formerly owned privately but have been registered in industrial and commercial administration agency as collective units through raising fund from the public.

(3) **Share - holding Corporations Ltd.** refer to economic units registered in accordance with the regulation of the People's Republic of China on the Management of Registration of Corporate Enterprises, with total registered capitals divided into equal shares and raised thought issuing stocks. Each investor bears limited liability to the corporation depending on the holding of shares, and the corporation bears liability to its debt to the maximum of its total assets.

(4) **Enterprises with Funds form Hong Kong, Macao and Taiwan** refers to all industrial enterprises registered as the joint venture, cooperative, sole (exclusive) investment industrial enterprises and limited liability corporations with funds from Hong Kong, Macao and Taiwan.

(5) **Foreign Funded Enterprises** refers to all industrial enterprises registered as the joint venture, cooperative, sole (exclusive) investment industrial enterprises and limited liability corporations with foreign funds.

(6) **Industry of Other Types of Ownership** in this yearbook refers to industrial enterprises (units) of the ownership other than

the state – owned enterprises, collective enterprises and individual enterprises. They include private enterprises, joint – owned enterprises, share – holding economy (companies limited by shares and companies limited with liabilities.), foreign – funded enterprises (Sino – foreign joint ventures, Sino – foreign cooperative enterprises and foreign ventures exclusively with their own investment), enterprises funded by the entrepreneurs from Hong Kong, Macao and Taiwan (joint ventures and cooperative enterprises with the mainland as well as ventures exclusively with their own investment) and enterprises of other types of ownership.

Light Industry refers to the industry that produces consumer goods and hand tools. It consists of two categories, depending on the materials used:

(1) Industries using farm products as raw materials. These are branches of light industry which directly or indirectly use farm products as basic raw materials, including the manufacture of food and beverages, tobacco processing, textile, clothing, fur and leather manufacturing, paper making, printing, etc.

(2) Industries using non farm products as raw materials. These are branches of light industry which use manufactured goods as raw materials, including the manufacture of cultural, educational articles and sports goods, chemicals, synthetic fiber, chemical products for daily use, glass products for daily use, metal products for daily use, hand tools, medical apparatus and instruments, and the manufacture of cultural and clerical machinery.

Heavy Industry refers to the industry, which produces capital goods, and provides various sectors of the national economy with necessary material and technical basis. It consists of the following three branches according to the purpose of production or the use of products:

(1) Mining, quarrying and logging industry refers to the industry that extracts natural resources, including extraction of petroleum, coal, metal and non – metal ores and logging.

(2) Raw materials industry refers to the industry that provides various sectors of the national economy with raw materials, fuels and power. It includes smelting and processing of metals, coking and coke chemistry, chemical materials and building materials such as cement, plywood, and power, petroleum refining and coal dressing.

(3) Manufacturing industry refers to the industry that processes raw materials. It includes machine building industry, which equips sectors of the national economy, industries of metal structure and cement products, industries producing means of agricultural production, such as chemical fertilizers and pesticides. According to the above principle of classification, the repairing trades which are engaged primarily in repairing products of heavy industry are classified into heavy industry while these engaged in repairing products of light industry are classified into light industry.

Gross Industrial Output Value is the total volume of industrial products sold or available for sale in value terms, which reflects the total achievements, and overall scale of industrial production during a given period. It includes the value of the finished products, which are not to be further processed in the enterprises and have been inspected, packed and put in storage, the value of industrial services rendered to other units, and the changes in the value of the semi – finished products and products in process between the beginning and closing of the period. The gross industrial output value is calculated with "factory method". No double calculations are to be made within the same enterprise. However, double counting does occur among different enterprises.

Output value of light and heavy industries is also classified with the "factory" method. Under normal conditions, if the major products of an industrial enterprise belong to light industry products, the gross output value of that enterprise is classified wholly into light industry; the same principle applies to heavy industry.

Value – added of Industry refers to the final results of industrial production of the industrial trade in money terms during the reference period.

Capital Obtained refers to capital actually received by the enterprise from investors. It can be further classified by investors as state capital, collective capital, corporate capital, individual capital, capital from Hong Kong, Macau and Taiwan and foreign capital.

Total Assets refer to all economic resources, owned or controlled by enterprises that could be measured in monetary terms including properties, creditors equity and other economic rights of all forms. Classified by the degree of equitability, total assets include circulating assets, long – term investment, fixed assets, intangible assets and deferred assets, and other assets.

(1) **Circulating assets (working capital)** refer to assets which can be cashed in or spent or consumed in an operating cycle of one year or over one year, including cash, all kinds of deposits, short term investment, receivables, advance payment, stock, etc.

(2) **Fixed assets** refer to the net value of fixed assets, clearance of fixed assets, project under construction, fixed assets losses in suspense. These are corporations' fund holdings.

(3) **Intangible assets** refer to the assets without material form used by enterprises over a long time, such as patents, non – patent technologies, trade marks, copyright, land use right, business reputation, etc.

Total Liabilities refer to the debts, measured in monetary terms, that enterprises are responsible for repayment in the form of cash, assets or labour. Classified by terms of repayment, liability includes liquid liabilities and long – term liabilities.

(1) **Liquid liabilities (also called quick liabilities or immediate liabilities)** refer to enterprises'total debt payable within an operating cycle of one year or over one year, including short term loans, payable and advance payments, wages payable, taxes payable and profit payable, etc.

(2) **Long term liabilities** refers to total debt payable within an operating cycle of one year or over one year, including long – term loans, payable liabilities, long – term payable, etc.

Creditors'Equity refers to investor's ownership of net assets of the enterprise. It is equal to the total assets of the enterprise minus its total liabilities, including the primary input from investors, capital accumulation fund, surplus accumulation fund and undistributed profit. It is the shareholder's equity in share – holding companies.

Original Value of Fixed Assets refers to the original value of all fixed assets owned by industrial enterprises, calculated at the cost paid at the time of purchase, installation, reconstruction, expansion, and technical innovation and transformation of the said assets, which includes expenses on purchase, package, transportation, and installation, etc.

Net Value of Fixed Assets is obtained by deducting depreciation over years from the original value of fixed assets.

Working Capital (Circulating Assets) refers to assets which can be cashed in or spent or consumed in an operating cycle of one year or over one year, which includes cash, various deposits, short term investment, and receivable payments, and advance payments, stock, etc.

Sales Revenue of Industrial Products refers to the revenue from the sales of products by industrial enterprises and the revenue from services provided and etc.

Sales Cost of Industrial Products refers to the actual cost of products of industrial enterprises and industrial services provided, etc..

Tax and Extra Charges on Sales of Products refer to the tax on city maintenance and construction, consumption tax, resources tax and extra charges for education, which should be borne by the enterprises in selling products and providing industrial services.

Sales Profit of Products refers to the profit gained by the enterprises by deducting cost, charges and taxes from the business income of the enterprises obtained in selling products and providing industrial services.

Total Profits refer to the profits gained by the enterprises.

Value – added Tax Payable refers to the amount of the value added tax, which should be paid by the enterprises in the reporting period.

Ratio of Profits, Taxes and Interests to Average Assets reflects the profit – making capability of all assets of the enterprise and is a key indicator manifesting the performance and management and evaluating the profit – making potential of the enterprise. It is calculated as follows:

Ratio of profits, taxes and interests to average assets (%) = [(Total profits + total Taxes + interest payment)/average assets] × 100%

Ratio of Debts to Assets reflect both the operation risk and the capability of the enterprise in making use of the capital from the creditors. It is calculated as follows:

Ratio of debts to assets (%) = (Total debts / total assets) × 100%

Ratio of Profits to Total Industrial Costs refers to the ratio of profits realized in a given period to the total costs in the same period, which reflects the economic efficiency of input cost and is calculated as follows:

Ratio of Profits to Total Industrial Cost(%) = (Total Profits/ Total Costs) × 100%

Value – added Rate of Industry refers to the ratio of value added of industry in a given period to the gross output value in the same period, which reflects the economic efficiency of cutting down the intermediate input and is calculated as follows:

Value – added Rate of Industry(%) = [Value – added of Industry (at current prices)]/[Gross Output Value (at Current Prices)] × 100%

Turnover of Working Capital refers to the number of times of turnover of working capital in a given period of time, which reflects the speed of the turnover of working capital and is calculated as follows:

Turnover of Working Capital(%) = (Sales Revenue of Products) / (Average Balance of Total Working Capital) × 100%

Ratio of Sales to Gross Output Value refers to the sales of industrial products to the gross industrial output value during the reference period, and is important in reflecting the linkage between production and sales and the extent of the needs of the society that has been met by the supply of industrial products. It is calculated as follows:

Ratio of Sales to Gross Output Value = [Industrial sales / Gross industrial output value (at current prices)] × 100%

Overall Labour Productivity of Industrial Enterprises refers to the average output per employed person in industrial enterprises in value terms. At present, the value added and the average number of staff and workers of an industrial enterprises in a given period are used to calculate the overall labour productivity. The formula used is:

Overall Labour Productivity = (Value Added of Industry) / (Average Number of Staff and Workers)

十二、建 筑 业

JIANZHUYE

12－1 建筑业企业基本情况
BASIC CONDITIONS OF CONSTRUCTION ENTERPRISES

单位:个　　　　(unit)

指　　标	Item	2000	2001	2002	2003
施工企业单位数(个)	Number of Enterprises under Construction (unit)	1962	1804	1561	1599
年平均人数(万人)	Average Number of Persons (10000 persons)	64.8	65.4	65.3	64.7
固定资产原价(亿元)	Original Value of Fixed Assets (100 million yuan)	138.3	172.5	198.5	208.3
固定资产净值(亿元)	Net Value of Fixed Assets (100 million yuan)	99.6	126.3	185.8	150.2
自有机械设备台数(万台)	Number of Machinery and Equipment Owned (10000 units)	14.5	16.1	16.7	17.3
自有机械设备净值(亿元)	Net Value of Machinery and Equipment Owned (10000 yuan)	48.8	59.9	77.5	82.5
自有机械设备总功率(万千瓦)	Total Power of Machinery and Equipment Owned (10000 kw)	332.5	349.4	365.9	390.6
施工机械功率(万千瓦)	Power of Construction Machines (10000 kw)	255.3	270.7	290.1	310.1
总产值(亿元)	Gross Output Value (100 million yuan)	334.1	372.3	407.9	440.2
#建筑工程	#Construction Projects	265.3	293.3	322.1	355.7
#安装工程	#Installation Projects	57.3	66.4	64.8	70.3
竣工产值(亿元)	Output Value of Buildings Completed (100 million yuan)	273.1	342.7	349.3	380.7
产值竣工率(%)	Ratio of Output Value of Buildings Completed to Gross Output Value (%)	81.8	92.0	85.6	86.5
增加值(亿元)	Value－added (100 million yuan)	70.2	76.8	85.6	96.0
固定资产折旧	Depreciation of Fixed Assets	6.1	8.2	8.2	8.8
应付工资	Wages Payable	43.0	43.7	50.3	54.0
应付福利费	Welfare Expenses Payable	5.2	5.2	6.2	7.5
劳动待业保险费	Labor and Unemployment Insurance	2.2	3.3	3.4	2.9
工程结算税金及附加	Taxes and Extra Charges on Project Settlement Accounts	9.9	11.0	12.5	17.2
管理费用中的税金	Taxes in Management Expenses	0.5	0.5	0.6	0.6
工程结算利润	Profits of Project Settle Accounts	3.3	4.9	4.4	5.0
签订的合同金额(亿元)	Contracted Fund (100 million yuan)			488.9	563.4
#本年新签合同金额	#New singed Contracted Fund at Current year			380.4	424.3
房屋建筑施工面积(万平方米)	Floor Space of Buildings under Construction (10000 sq. m)	2962.6	3336.5	3325.9	3743.4
房屋建筑竣工面积(万平方米)	Floor Space of Buildings Completed (10000 sq. m)	1886.9	2242.1	2120.5	2181.3
房屋建筑面积竣工率(%)	Rate of Floor Space of Buildings Completed (%)	63.7	67.2	63.8	58.3
利润总额(万元)	Total Profits (10000 yuan)	30166	52996	44600	54530
利税总额(万元)	Total Tax (10000 yuan)	134078	168513	192643	232212
全员劳动生产率(元/人)	Overall Labor Productivity (yuan/person)				
按总产值计算	In Terms of Gross Output Value	51580	56940	62496	68033
按增加值计算	In Terms of Value－added	10838	11745	13115	14834
技术装备率(元/人)	Value of Machines per Laborer (yuan/person)	10478	12102	17013	18694
动力装备率(千瓦/人)	Power of Machines per Laborer (kw/person)	7.1	7.1	8.0	8.8
产值利润率(%)	Ratio of Profit to Gross Output Value (%)	0.9	1.4	1.1	1.2
产值利税率(%)	Ratio of Pre－tax Profit to Gross Output Value (%)	4.0	4.5	4.7	5.7

注:2003 年建筑业企业指标不含劳务分包数据。

Note: In 2003, the indicators of construction enterprises don't include labor service data.

12－2 建筑业企业生产情况(2003)

类别	Item	企业单位数(个) Number of Enterprises (unit)	增加值(万元) Value－added (10000 yuan)
总计	**Total**	**1599**	**959828**
#国有及国有控股	#State－owned and State－holding Enterprises	372	438459
按登记注册类型分组	**Grouped by Status of Registration**		
内资企业	Domestic Funded Enterprises	1591	949668
国有企业	State－owned Industry	254	235696
集体企业	Collective－owned Enterprises	258	103298
股份合作企业	Cooperative Enterprises	26	7376
联营企业	Joint Ownership Enterprises	2	2284
有限责任公司	Limited Liability Corporations	659	389037
股份有限公司	Share Holding Enterprises	128	109595
私营企业	Private Enterprises	264	102382
港、澳、台商投资企业	Enterprises with Funds from Hong Kong, Macao and Taiwan	3	498
外商投资企业	Foreign Funded Enterprises	5	9662
按经济组织类型分组	**Grouped by Type of Economic Organizations**		
独资企业	Proprietorship	515	340021
合作、合伙企业	Cooperative Enterprises and Partnership	28	9660
股份有限公司	Share Holding Enterprises	163	121669
有限责任公司	Limited Liability Corporations	893	488478
按国民经济行业分组	**Grouped by Sector**		
房屋和土木工程建筑业	Industry of Housing and Civil Engineering	1110	758837
房屋工程建筑	Housing Engineering Construction	856	527151
土木工程建筑	Civil Engineering Construction	254	231686
铁路、道路、隧道和桥梁	Railway, Road, Tunnel and Bridge	155	173765
水利和港口工程	Irrigation Works and Port Engineering	43	26515
工矿工程	Mining Engineering	7	8894
架线和管道工程	Line Putting－up and pipeline Engineering	31	11312
其他土木工程	Other Civil Engineering	18	11200
建筑安装业	Industry of Construction Installation	284	180061
装修装饰业	Industry of Decration and Ornament	161	18358
其他建筑业	Other Construction Industry	44	2572
按隶属关系分组	**Grouped by Administration**		
#中央	#Central	45	146314
省	Provincial	124	128487
地市	Prefectural	444	238392
按企业资质等级分组(新标)	**Grouped by Quality and Grade**		
施工总承包	Overall Contracted Construction	1040	837843
特级	Special Class	5	115702
一级	the First Class	61	267924
二级	the Second Class	318	262659
三级	the Third Class	656	191558
专业承包	Specialized Contraction	559	121985
特级	Special Class	4	1709
一级	the First Class	36	28696
二级	the Second Class	221	61747
三级	the Third Class	298	29833

PRODUCTION OF CONSTRUCTION ENTERPRISES

签定的合同额（万元）Value of Newly Signed Contracts (10000 yuan)	#本年新签定 in This Year	总产值（万元）Gross Output Value (10000 yuan)	建筑工程 Construction Projects	安装工程 Installation Projects	其他 Others	在总产值中（万元）in Gross Output Value (10000 yuan) 在外省完成的产值 Completed outside the Province	装修装饰产值 Building Decoration
5634487	**4242921**	**4401878**	**3556538**	**702789**	**142551**	**496612**	**243684**
2728578	2060765	2101753	1571969	472727	57057	354346	58668
5552559	4187183	4353777	3508829	702397	142551	462663	243295
1591717	1184776	1183437	923364	225066	35007	159555	46143
556023	444046	482738	389836	70290	22612	27856	34082
41646	30671	34571	30818	1926	1827	3850	1236
11093	3496	5873	4103	1650	120		
2049982	1659248	1662394	1262466	342566	57362	197936	77828
698718	454988	539716	506014	17071	16631	59176	23698
603380	409958	445048	392228	43828	8992	14290	60308
1949	449	1088	1088				188
79979	55289	47013	46621	392		33949	201
2154300	1628932	1671185	1316250	297156	57779	187411	80335
52739	34167	40444	34921	3576	1947	3850	1236
783208	507313	604176	565427	20475	18274	59703	31313
2644240	2072509	2086073	1639940	381582	64551	245648	130800
4598367	3342667	3566468	3324312	140238	101918	352655	165912
3053219	2269835	2430821	2268576	86894	75351	147074	161907
1545148	1072832	1135647	1055736	53344	26567	205581	4005
1180743	756763	906942	867482	18435	21025	188135	2134
196678	165331	112848	98494	12793	1561	8091	253
49568	39973	42829	40382	2321	126	9344	
40622	37890	36087	13912	18668	3507		1607
77537	72875	36941	35466	1127	348	11	11
934087	811467	738088	152046	560157	25885	139211	8593
90178	77083	86427	72323	961	13143	4746	69158
11855	11704	10895	7857	1433	1605		21
766574	664407	580431	244614	317035	18782	160232	7110
900132	677655	650692	543950	83846	22896	106406	20107
1379525	1011898	1149597	1011195	96011	42391	76112	59868
4991838	3721861	3861272	3298602	459137	103533	445050	165246
701124	457853	547145	437142	105805	4198	124792	8774
1902972	1387759	1293585	1048228	218267	27090	240638	33060
1501935	1137797	1212799	1075386	98703	38710	70073	67615
885807	738452	807743	737846	36362	33535	9547	55797
642649	521060	540606	257936	243652	39018	51562	78438
8923	7923	8543	7403	90	1050		957
161692	117380	132476	72673	51714	8089	41314	23232
344240	285031	276981	130649	135314	11018	8002	41035
127794	110726	122606	47211	56534	18861	2246	13214

12－2 续表 1

类　别	Item	竣工产值（万元）Output Value of Buildings Completed（10000 yuan）	产值竣工率（%）Ratio of Output Value of Buildings Completed to Gross Output Value（%）
总　计	**Total**	**3807334**	**86.5**
#国有及国有控股	#State－owned and State－holding Enterprises	1713798	81.5
按登记注册类型分组	**Grouped by Status of Registration**		
内资企业	Domestic Funded Enterprises	3746642	86.1
国有企业	State－owned Industry	992549	83.9
集体企业	Collective－owned Enterprises	403298	83.5
股份合作企业	Cooperative Enterprises	30552	88.4
联营企业	Joint Ownership Enterprises	5658	96.3
有限责任公司	Limited Liability Corporations	1533856	92.3
股份有限公司	Share Holding Enterprises	385496	71.4
私营企业	Private Enterprises	395233	88.8
港、澳、台商投资企业	Enterprises with Funds from Hong Kong,Macao and Taiwan	6392	587.5
外商投资企业	Foreign Funded Enterprises	54300	115.5
按经济组织类型分组	**Grouped by Type of Economic Organizations**		
独资企业	Proprietorship	1406299	84.1
合作、合伙企业	Cooperative Enterprises and Partnership	36210	89.5
股份有限公司	Share Holding Enterprises	448431	74.2
有限责任公司	Limited Liability Corporations	1916394	91.9
按国民经济行业分组	**Grouped by Sector**		
房屋和土木工程建筑业	Industry of Housing and Civil Engineering	3089080	86.6
房屋工程建筑	Housing Engineering Construction	2134942	87.8
土木工程建筑	Civil Engineering Construction	954138	84.0
铁路、道路、隧道和桥梁	Railway,Road, Tunnel and Bridge	749385	82.6
水利和港口工程	Irrigation Works and Port Engineering	109186	96.8
工矿工程	Mining Engineering	24821	58.0
架线和管道工程	Line Putting－up and pipeline Engineering	34500	95.6
其他土木工程	Other Civil Engineering	36246	98.1
建筑安装业	Industry of Construction Installation	636268	86.2
装修装饰业	Industry of Decration and Ornament	72050	83.4
其他建筑业	Other Construction Industry	9936	91.2
按隶属关系分组	**Grouped by Administration**		
#中　央	#Central	538666	92.8
省	Provincial	515340	79.2
地　市	Prefectural	979953	85.2
按企业资质等级分组（新标）	**Grouped by Quality and Grade**		
施工总承包	Overall Contracted Construction	3363166	87.1
特　级	Special Class	439556	80.3
一　级	the First Class	1033096	79.9
二　级	the Second Class	1141852	94.2
三　级	the Third Class	748662	92.7
专业承包	Specialized Contraction	444168	82.2
特　级	Special Class	5505	64.4
一　级	the First Class	111065	83.8
二　级	the Second Class	220119	79.5
三　级	the Third Class	107479	87.7

continued

房屋建筑施工面积（万平方米）Floor Space of Buildings under Construction (10000 sq. m)	#本年新开工 Starting Working at Current Year	#实行招标承包面积 Contract through public Bidding	房屋建筑竣工面积（万平方米）Floor Space of Buildings Completed (10000 sq. m)	#厂房、仓库 Warehouse	#住宅 Residence	#办公用房 Office Building	房屋建筑面积竣工率（%）Rate of Floor Space of Buildings (%)
3743.4	**2562.8**	**3185.7**	**2181.3**	**181.0**	**1248.0**	**174.2**	**58.3**
1226.6	784.9	1043.2	703.3	92.6	340.9	62.3	57.3
3735.4	2562.8	3185.7	2173.3	181.0	1242.9	171.3	58.2
912.1	550.7	807.2	503.9	64.5	220.0	45.6	55.2
576.3	420.2	498.0	316.9	26.3	212.5	16.3	55.0
40.9	31.8	38.7	19.3	2.4	6.2	5.1	47.1
11.7	1.4	11.7	5.0		5.0		42.4
1234.3	915.1	982.9	857.5	60.1	524.4	76.2	69.5
405.4	286.4	356.0	169.2	11.6	87.9	14.1	41.7
554.8	357.2	491.2	301.6	16.1	187.0	13.9	54.4
8.0			8.0		5.1	2.9	100.0
1500.7	970.9	1309.6	828.8	90.8	437.7	64.8	55.2
52.6	33.2	50.4	24.2	2.4	11.1	5.1	46.1
491.6	331.8	442.2	213.9	12.9	111.1	15.5	43.5
1698.4	1226.8	1383.5	1114.4	74.9	688.1	88.7	65.6
3664.1	2511.4	3123.7	2128.4	152.8	1236.7	167.8	58.1
3529.4	2427.7	3009.0	2052.1	138.9	1199.4	160.4	58.1
134.7	83.7	114.7	76.3	13.8	37.2	7.4	56.6
77.2	43.3	67.5	45.6	3.1	21.5	5.8	59.1
10.6	5.1	10.5	6.9	4.9	1.8	0.1	65.4
40.8	32.5	30.7	18.6	1.1	14.0	1.3	45.6
0.1	0.1	0.1	0.1			0.1	100.0
6.0	2.8	5.9	5.0	4.8			82.8
72.0	47.6	56.7	49.2	27.0	10.4	5.9	68.2
7.2	3.8	5.3	3.7	1.3	1.0	0.5	51.8
100.1	84.1	90.0	89.7	17.4	42.8	7.1	89.6
559.2	308.4	481.1	297.7	55.6	121.2	20.1	53.2
1207.0	835.5	992.4	685.4	55.9	417.2	62.4	56.8
3652.6	2492.9	3113.9	2114.3	169.2	1209.8	171.9	57.9
394.3	200.6	391.0	177.9	21.3	56.5	11.0	45.1
993.3	628.1	863.9	449.0	41.3	232.1	41.0	45.2
1257.5	884.5	1092.4	805.4	60.1	516.4	52.7	64.1
1007.6	779.8	766.6	682.0	46.5	404.8	67.2	67.7
90.7	69.8	71.8	67.0	11.8	38.3	2.2	73.9
5.8	5.8	5.8	5.4		4.0	0.3	92.9
1.5	0.1	0.7	0.6		0.6		39.5
57.6	42.3	46.9	46.2	11.2	21.8	0.9	80.3
25.8	21.6	18.4	14.8	0.6	11.8	1.1	57.4

12－2 续表 2

类 别	Item	自有机械设备数量（台）Number of Machinery and Equipment Owned (unit)	自有机械设备功率（万千瓦）Total Power of Machinery and Equipment Owned (10000 kw)
总 计	**Total**	**172595**	**390.6**
#国有及国有控股	#State－owned and State－holding Enterprises	70002	206.0
按登记注册类型分组	**Grouped by Status of Registration**		
内资企业	Domestic Funded Enterprises	171957	387.7
国有企业	State－owned Industry	44246	113.8
集体企业	Collective－owned Enterprises	23629	33.7
股份合作企业	Cooperative Enterprises	2391	2.6
联营企业	Joint Ownership Enterprises	149	0.3
有限责任公司	Limited Liability Corporations	68289	167.5
股份有限公司	Share Holding Enterprises	11873	36.7
私营企业	Private Enterprises	21380	33.2
港、澳、台商投资企业	Enterprises with Funds from Hong Kong, Macao and Taiwan	11	
外商投资企业	Foreign Funded Enterprises	627	2.8
按经济组织类型分组	**Grouped by Type of Economic Organizations**		
独资企业	Proprietorship	67951	148.1
合作、合伙企业	Cooperative Enterprises and Partnership	2540	2.9
股份有限公司	Share Holding Enterprises	13559	39.1
有限责任公司	Limited Liability Corporations	88545	200.5
按国民经济行业分组	**Grouped by Sector**		
房屋和土木工程建筑业	Industry of Housing and Civil Engineering	134612	306.4
房屋工程建筑	Housing Engineering Construction	103000	171.9
土木工程建筑	Civil Engineering Construction	31612	134.4
铁路、道路、隧道和桥梁	Railway, Road, Tunnel and Bridge	17898	97.3
水利和港口工程	Irrigation Works and Port Engineering	7690	20.9
工矿工程	Mining Engineering	3491	8.6
架线和管道工程	Line Putting－up and pipeline Engineering	2014	5.7
其他土木工程	Other Civil Engineering	519	1.9
建筑安装业	Industry of Construction Installation	30060	74.4
装修装饰业	Industry of Decration and Ornament	7428	8.3
其他建筑业	Other Construction Industry	495	1.5
按隶属关系分组	**Grouped by Administration**		
#中 央	#Central	16185	65.1
省	Provincial	24472	60.3
地 市	Prefectural	44424	102.2
按企业资质等级分组(新标)	**Grouped by Quality and Grade**		
施工总承包	Overall Contracted Construction	144294	337.6
特 级	Special Class	8177	32.5
一 级	the First Class	36578	110.5
二 级	the Second Class	50589	116.8
三 级	the Third Class	48950	77.8
专业承包	Specialized Contraction	28301	53.0
特 级	Special Class	601	1.6
一 级	the First Class	6641	16.3
二 级	the Second Class	13360	20.7
三 级	the Third Class	7699	14.4

CONTINUED

自有机械设备净值（万元） Net Value of Machinery and Equipment Owned (10000 yuan)	技术装备率（元/人） Value of Machinery per Laborer (yuan/person)	动力装备率（千瓦/人） Power of Machinery per Laborer (kw/person)	劳动生产率（元/人） Overall Labor Productivity (yuan/person)		年末从业人员（人） Number of Persons Employed (person)	#工程技术人员 Engineering Technicians
			总产值 Gross Output Value	增加值 Value - added		
825358	**18693.6**	**8.8**	**68033.4**	**14834.7**	**441518**	**88504**
367595	18953.5	10.6	74263.7	15492.6	193946	35340
818084	18592.9	8.8	67996.0	14831.6	439999	88108
184020	16465.6	10.2	74001.8	14738.4	111760	21522
77723	14521.4	6.3	62718.5	13420.7	53523	10329
9309	16366.0	4.6	63538.0	13556.3	5688	996
684	9000.0	3.4	58263.9	22658.7	760	164
361494	20138.3	9.3	66078.1	15463.7	179506	36799
92056	20205.0	8.0	70135.8	14241.8	45561	8082
92798	21480.5	7.7	65038.9	14962.0	43201	10216
180	30000.0	2.3	36146.2	16544.9	60	40
7094	48622.3	19.5	73263.2	15056.9	1459	356
262024	15831.2	8.9	70274.5	14298.1	165511	31964
9993	15497.8	4.5	62713.6	14979.1	6448	1160
99515	19272.8	7.6	69547.0	14005.4	51635	9342
453826	20825.0	9.2	66038.6	15463.7	217924	46038
670508	18098.5	8.3	64553.1	13735.0	370478	72624
383883	14276.1	6.4	60966.4	13221.2	268899	52746
286625	28217.0	13.2	73853.1	15067.0	101579	19878
221258	30106.8	13.2	75736.3	14510.6	73491	14003
38856	34823.4	18.8	66628.1	15655.1	11158	2881
9002	12445.7	12.0	62451.2	12968.8	7233	807
9030	13324.5	8.4	53454.3	16756.0	6777	1364
8479	29037.7	6.4	106305.0	32230.2	2920	823
139072	23345.2	12.5	93411.1	22788.2	59572	12782
12154	12069.5	8.2	62952.1	13371.7	10070	2601
3624	25922.7	11.0	60968.1	14392.8	1398	497
112054	29519.0	17.2	126199.9	31812.2	37960	6691
109003	16992.2	9.4	71640.0	14146.2	64149	11160
202070	14756.9	7.5	60544.3	12555.1	136933	27200
715762	18915.0	8.9	68556.7	14875.9	378410	73605
75312	25285.2	10.9	86963.0	18389.6	29785	3904
184108	17724.5	10.6	78134.4	16183.0	103872	18214
281393	21974.9	9.1	67991.5	14725.1	128052	29078
174949	14991.2	6.7	51655.2	12250.1	116701	22409
109596	17366.4	8.4	64516.1	14557.7	63108	14899
3299	33155.8	16.1	71014.1	14206.2	995	388
25436	20298.5	13.0	69834.5	15127.0	12531	2315
53700	18281.5	7.0	67979.1	15154.5	29374	7335
27161	13440.7	7.1	53595.9	13041.2	20208	4861

12－3 建筑业企业财务状况(2003)

单位:万元

类 别	Item	资产合计 Total Assets	#流动资产 Circulating Funds	#长期投资 Long－term Investment
总 计	**Total**	**5959309**	**4069601**	**192112**
#国有及国有控股	#State－owned and State－holding Enterprises	3019953	2167069	117850
按登记注册类型分组	**Grouped by Status of Registration**			
内资企业	Domestic Funded Enterprises	5924370	4045484	191492
国有企业	State－owned Industry	1588730	1177005	20367
集体企业	Collective－owned Enterprises	519645	335724	11424
股份合作企业	Cooperative Enterprises	39889	21023	
联营企业	Joint Ownership Enterprises	19468	9489	
有限责任公司	Limited Liability Corporations	2574994	1722780	120035
股份有限公司	Share Holding Enterprises	619848	409534	27305
私营企业	Private Enterprises	561796	369929	12361
港、澳、台商投资企业	Enterprises with Funds from Hong Kong,Macao and Taiwan	4174	2749	620
外商投资企业	Foreign Funded Enterprises	30765	21368	
按经济组织类型分组	**Grouped by Type of Economic Organizations**			
独资企业	Proprietorship	2116181	1518994	32411
合作、合伙企业	Cooperative Enterprises and Partnership	59357	30512	
股份有限公司	Share Holding Enterprises	712790	481975	29149
有限责任公司	Limited Liability Corporations	3070981	2038120	130552
按国民经济行业分组	**Grouped by Sector**			
房屋和土木工程建筑业	Industry of Housing and Civil Engineering	4765461	3239234	117043
房屋工程建筑	Housing Engineering Construction	3175403	2168396	66006
土木工程建筑	Civil Engineering Construction	1590058	1070838	51037
铁路、道路、隧道和桥梁	Railway,Road, Tunnel and Bridge	1220827	830607	45465
水利和港口工程	Irrigation Works and Port Engineering	140531	75666	1182
工矿工程	Mining Engineering	90908	70704	190
架线和管道工程	Line Putting－up and pipeline Engineering	53855	34557	2667
其他土木工程	Other Civil Engineering	83937	59304	1533
建筑安装业	Industry of Construction Installation	1057826	735023	74097
装修装饰业	Industry of Decration and Ornament	117941	83543	910
其他建筑业	Other Construction Industry	18081	11801	62
按隶属关系分组	**Grouped by Administration**			
#中 央	#Central	813401	569203	62717
省	Provincial	818109	585687	18112
地 市	Prefectural	1820551	1280345	36426
按企业资质等级分组(新标)	**Grouped by Quality and Grade**			
施工总承包	Overall Contracted Construction	5166459	3515714	174302
特 级	Special Class	715960	542294	75667
一 级	the First Class	1751256	1257279	47482
二 级	the Second Class	1689219	1087965	38597
三 级	the Third Class	1010024	628176	12556
专业承包	Specialized Contraction	792850	553887	17810
特 级	Special Class	15534	11837	
一 级	the First Class	164708	108373	4493
二 级	the Second Class	428934	313642	11071
三 级	the Third Class	183674	120035	2246

FINANCIAL STATUS OF CONSTRUCTION ENTERPRISES

(10000 yuan)

#固定资产 Fixed Assets	#无形及递延资产 Intangible and Prolonged Assets	负债合计 Total Liabilities	流动负债 Circulating Liabilities	长期负债 Long - term Liabilities	所有者权益 Total Owners Rights and Interests	#实收资本 Actual Received Capital	#国家资本 State Capital
1589211	**82552**	**3532544**	**3372525**	**160019**	**2426765**	**2124403**	**488501**
682799	37226	2051349	1960877	90472	968604	873366	484822
1579513	82052	3519777	3360658	159119	2404593	2109948	488441
361573	19056	1089195	1032725	56470	499535	458439	308551
160055	9066	286144	277716	8428	233501	197323	
18856		16791	16784	7	23098	22173	
6780	1002	5126	4778	348	14342	13849	450
685929	37251	1536419	1479966	56453	1038575	932722	144492
170994	11818	362215	331149	31066	257633	206200	34948
175326	3859	223887	217540	6347	337909	279242	
801		1400	800	600	2774	2373	
8897	500	11367	11067	300	19398	12082	60
522549	28122	1379427	1313929	65498	736754	659202	308551
25636	1002	21917	21562	355	37440	36022	450
189023	12442	412236	379947	32289	300554	239491	34948
852003	40986	1718964	1657087	61877	1352017	1189688	144552
1312799	74044	2838517	2687502	151015	1926944	1684024	435495
868217	54778	1855318	1757783	97535	1320085	1164295	241386
444582	19266	983199	929719	53480	606859	519729	194109
323746	17281	769650	722159	47491	451177	368401	137244
62328	1284	71458	70148	1310	69073	65748	19787
19782	130	57747	54972	2775	33161	33025	23318
15745	458	30316	28979	1337	23539	23149	7276
22981	113	54028	53461	567	29909	29406	6484
238158	7273	646243	639110	7133	411583	361386	50205
32162	1210	40214	38344	1870	77727	69659	2443
6092	25	7570	7569	1	10511	9334	358
171435	4885	565636	540446	25190	247765	239345	54008
209148	4402	519786	485789	33997	298323	275576	144608
448327	44085	1191163	1134234	56929	629388	564714	192763
1379763	74458	3118885	2969358	149527	2047574	1783267	433244
95829	2062	504646	487671	16975	211314	192007	46210
395845	44609	1210942	1163333	47609	540314	444612	195672
530948	18247	878086	807903	70183	811133	702039	128330
357141	9540	525211	510451	14760	484813	444609	63032
209448	8094	413659	403167	10492	379191	341136	55257
3694	3	7222	6617	605	8312	6786	8
47867	3907	91635	90610	1025	73073	67296	15416
98864	2505	231295	228887	2408	197639	171664	23311
59023	1679	83507	77053	6454	100167	95390	16522

12－3 续表1

单位:万元

类别	Item	#集体资本 Collective－Owned Capital	#法人资本 Corporation Capital	总收入 Total Income
总计	**Total**	**306632**	**620964**	**4571841**
#国有及国有控股	#State－owned and State－holding Enterprises	31448	300518	2281084
按登记注册类型分组	**Grouped by Status of Registration**			
内资企业	Domestic Funded Enterprises	306390	617911	4523383
国有企业	State－owned Industry		149888	1219336
集体企业	Collective－owned Enterprises	172943	24380	424769
股份合作企业	Cooperative Enterprises	6423	15750	32981
联营企业	Joint Ownership Enterprises	12339	1060	5370
有限责任公司	Limited Liability Corporations	97026	315458	1887058
股份有限公司	Share Holding Enterprises	17659	60896	541979
私营企业	Private Enterprises		50479	411890
港、澳、台商投资企业	Enterprises with Funds from Hong Kong, Macao and Taiwan			1388
外商投资企业	Foreign Funded Enterprises	242	3053	47070
按经济组织类型分组	**Grouped by Type of Economic Organizations**			
独资企业	Proprietorship	172943	174408	1645415
合作、合伙企业	Cooperative Enterprises and Partnership	18762	16810	38351
股份有限公司	Share Holding Enterprises	17659	64737	602691
有限责任公司	Limited Liability Corporations	97268	365009	2285384
按国民经济行业分组	**Grouped by Sector**			
房屋和土木工程建筑业	Industry of Housing and Civil Engineering	239956	401989	3575109
房屋工程建筑	Housing Engineering Construction	196444	277399	2334510
土木工程建筑	Civil Engineering Construction	43512	124590	1240599
铁路、道路、隧道和桥梁	Railway, Road, Tunnel and Bridge	9255	93908	953341
水利和港口工程	Irrigation Works and Port Engineering	5340	17524	112257
工矿工程	Mining Engineering	8038	1469	48521
架线和管道工程	Line Putting－up and pipeline Engineering	4408	8562	48922
其他土木工程	Other Civil Engineering	16471	3127	77558
建筑安装业	Industry of Construction Installation	51969	200718	908225
装修装饰业	Industry of Decration and Ornament	12734	14199	77498
其他建筑业	Other Construction Industry	1973	4058	11009
按隶属关系分组	**Grouped by Administration**			
#中央	#Central	5992	177135	758386
省	Provincial	34257	81257	660335
地市	Prefectural	93986	129474	1111697
按企业资质等级分组(新标)	**Grouped by Quality and Grade**			
施工总承包	Overall Contracted Construction	238264	524072	4014529
特级	Special Class		129341	602631
一级	the First Class	15377	135387	1439695
二级	the Second Class	128738	142508	1182532
三级	the Third Class	94149	116836	789671
专业承包	Specialized Contraction	68368	96892	557312
特级	Special Class	2001	1000	8565
一级	the First Class	7294	30801	126766
二级	the Second Class	36848	38553	290956
三级	the Third Class	22225	26538	131025

CONTINUED

(10000 yuan)

工程结算收入 Revenue of Project Settlement Accounts	工程结算成本 Costs of Project Settlement Accounts	工程结算税金及附加 Taxes and Extra Charges on Project Settlement Accounts	工程结算利润 Profits of Project Settlement Accounts	其他业务收入 Other Revenue from Business	管理费用 Management Expenses	财务费用 Financial Expenses	利润总额 Total Profits	利税总额 Total Pre-tax Profits
4497320	**3990445**	**172058**	**334817**	**74521**	**269747**	**21948**	**54530**	**232212**
2258818	2008188	97060	153570	22266	133673	9724	12340	111756
4448862	3948790	170501	329571	74521	266148	21738	53091	229201
1199832	1081103	37342	81387	19504	77011	4755	3232	41966
422827	379879	13721	29227	1942	23327	1364	4661	18939
31532	27872	1014	2646	1449	2086	208	435	1511
5291	4794	177	320	79	286	34	-12	
1840749	1615221	84931	140597	46309	109354	8973	27634	115080
537797	476511	19527	41759	4182	32255	4058	7394	27342
410834	363410	13789	33635	1056	21829	2346	9747	24198
1388	1112	81	195		126	24	45	
47070	40543	1476	5051		3473	186	1394	2885
1623969	1462005	51143	110821	21446	100504	6180	7847	60939
36823	32666	1191	2966	1528	2372	242	423	1676
598509	531680	21635	45194	4182	34561	4548	8008	30118
2238019	1964094	98089	175836	47365	132310	10978	38252	
3511064	3131273	122576	257215	64045	206083	20114	32633	159202
2310352	2078277	78910	153165	24158	124123	12101	21448	103423
1200712	1052996	43666	104050	39887	81960	8013	11185	55779
935996	826844	34973	74179	17345	55726	6609	9473	44984
111823	95198	4134	12491	434	11477	580	776	5150
42448	37983	1281	3184	6073	4211	149	-435	928
33739	28539	1507	3693	15183	3182	76	1256	2799
76706	64432	1771	10503	852	7364	599	115	1918
897818	783158	46579	68081	10407	57031	1440	19471	67498
77470	66706	2601	8163	28	5674	355	1987	4754
10968	9308	302	1358	41	959	39	439	758
746434	656731	47419	42284	11952	36316	2074	5032	53129
645713	580297	19780	45636	14622	40643	2957	4908	25475
1077397	969907	36238	71252	34300	68816	5104	-1131	36573
3964092	3529164	154417	280511	50437	224794	20485	35307	194285
599365	535171	29512	34682	3266	25216	3918	6223	36071
1412756	1257471	60791	94494	26939	83070	6573	6598	68810
1167386	1039453	36506	91427	15146	69776	6539	13118	50966
784585	697069	27608	59908	5086	46732	3455	9368	38438
533228	461281	17641	54306	24084	44953	1463	19223	37927
8543	7428	213	902	22	585	33	298	524
125886	109437	3515	12934	880	9608	284	3873	7594
285572	247139	10108	28325	5384	23768	718	13329	23983
113227	97277	3805	12145	17798	10992	428	1723	5826

12－4 各地区建筑业企业基本情况(2003)
BASIC CONDITIONS OF CONSTRUCTION ENTERPRISES BY REGION

地区	Region	企业单位数（个）Number of Enterprises (unit)	#国有及国有控股 State－owned	#私营 Collective－owned	年平均人数（人）Average Number of Persons (person)	#国有及国有控股 State－owned	#私营 Collective－owned	总产值（万元）Gross Output Value (10000 yuan)	#国有及国有控股 State－owned	#私营 Collective－owned
全省	**Total**	**1599**	**372**	**264**	**647017**	**283012**	**68428**	**4401878**	**2101753**	**445048**
哈尔滨	Harbin	661	125	163	296089	135923	45967	2228210	1037230	340160
齐齐哈尔	Qiqihar	127	23	7	82662	27891	1148	365196	102353	4866
鸡西	Jixi	48	29	2	22921	16399	1235	126762	96795	7053
鹤岗	Hegang	53	9	7	19962	7597	1668	99798	39450	11874
双鸭山	Shuangyashan	48	15	5	12230	5755	933	69905	37763	4357
大庆	Daqing	201	43	25	76968	36204	5666	813367	502590	25543
伊春	Yichun	56	25	6	16932	7843	2141	59858	28273	6082
佳木斯	Jiamusi	87	25	15	27916	13208	3123	149638	66155	16403
七台河	Qitaihe	19	7	1	7605	5073	215	47761	30474	945
牡丹江	Mudanjiang	114	19	15	23961	8927	1356	168582	75423	7864
黑河	Heihe	47	14	4	12689	6711	482	58504	28361	1300
绥化	Suihua	112	34	8	36764	9129	2274	163949	44184	9266
大兴安岭	Daxinganling	26	4	6	10318	2352	2220	50348	12702	9335

12－4 续表1 CONTINUED

地区	Region	增加值（万元）Value－added (10000 yuan)	#国有及国有控股 State－owned	#私营 Collective－owned	劳动生产率(元/人) Overall Labor Productivity (yuan/person) 总产值 Gross Output Value	#国有及国有控股 State－owned	#私营 Collective－owned	增加值 Value－added	#国有及国有控股 State－owned	#私营 Collective－owned
全省	Total	959828	438459	102382	68033.4	74263.7	65038.9	14834.7	15492.6	14962.0
哈尔滨	Harbin	467930	204629	75871	75255	76310	74001	15804	15055	16506
齐齐哈尔	Qiqihar	91428	25907	2160	44179	36698	42387	11060	9289	18815
鸡西	Jixi	27862	19909	1907	55304	59025	57109	12156	12140	15441
鹤岗	Hegang	29067	9087	3439	49994	51928	71187	14561	11961	20618
双鸭山	Shuangyashan	14961	7425	669	57159	65618	46699	12233	12902	7170
大庆	Daqing	179243	118357	6125	105676	138822	45081	23288	32692	10810
伊春	Yichun	15159	7792	1808	35352	36049	28407	8953	9935	8445
佳木斯	Jiamusi	30448	11873	3928	53603	50087	52523	10907	8989	12578
七台河	Qitaihe	10183	5733	319	62802	60071	43953	13390	11301	14837
牡丹江	Mudanjiang	29637	9303	1366	70357	84489	57994	12369	10421	10074
黑河	Heihe	10710	3520	397	46106	42260	26971	8440	5245	8237
绥化	Suihua	39728	11788	1752	44595	48400	40748	10806	12913	7704
大兴安岭	Daxinganling	13472	3136	2641	48796	54005	42050	13057	13333	11896

12 -4 续表2 CONTINUED

地 区	Region	房屋建筑施工面积（万平方米）Floor Space of Buildings under Construction (10000 sq. m)	#国有及国有控股 State - owned	#私 营 Collective - owned	房屋建筑竣工面积（万平方米）Floor Space of Buildings Completed (10000 sq. m)	#国有及国有控股 State - owned	#私 营 Collective - owned	自有机械设备数量（台）Number of Machinery and Equipment Owned (unit)	#国有及国有控股 State - owned	#私 营 Collective - owned
全 省	**Total**	**3743.4**	**1226.6**	**554.8**	**2181.3**	**703.3**	**301.6**	**172595**	**70002**	**21380**
哈尔滨	Harbin	2094.5	676.1	431.8	1042.2	334.2	219.0	76481	29314	12704
齐齐哈尔	Qiqihar	367.9	78.6	7.3	287.2	56.0	3.0	15219	4108	92
鸡 西	Jixi	93.8	53.8	5.7	72.0	40.3	2.8	4755	3035	546
鹤 岗	Hegang	120.0	27.4	20.6	78.1	23.4	12.9	6457	1757	1279
双鸭山	Shuangyashan	97.5	42.4	6.0	54.4	28.1	5.3	5539	2828	380
大 庆	Daqing	232.7	82.8	24.1	180.5	61.7	23.3	28649	16094	2623
伊 春	Yichun	75.2	28.0	12.5	54.8	21.8	4.6	3392	1846	355
佳木斯	Jiamusi	153.0	76.7	6.3	106.5	48.6	3.0	7538	3842	768
七台河	Qitaihe	44.1	27.4	1.3	25.5	10.0	1.3	2538	1048	73
牡丹江	Mudanjiang	192.2	67.8	15.5	58.0	25.6	5.8	6950	2307	707
黑 河	Heihe	71.3	32.5	2.7	49.9	23.6	1.5	2873	774	113
绥 化	Suihua	169.7	20.4	12.3	145.1	20.4	11.6	9840	2448	936
大兴安岭	Daxinganling	31.4	12.7	8.7	27.1	9.5	7.7	2364	601	804

12 -4 续表3 CONTINUED

地 区	Region	自有机械设备功率（万千瓦）Total Power of Machinery and Equipment Owned (10000 kw)	#国有及国有控股 State - owned	#私 营 Collective - owned	自有机械设备净值（万元）Net Value of Machinery and Equipment Owned (10000 yuan)	#国有及国有控股 State - owned	#私 营 Collective - owned	技术装备率（元/人）Value of Machinery per Laborer (yuan/person)	#国有及国有控股 State - owned	#私 营 Collective - owned
全 省	**Total**	**390.6**	**206.0**	**33.2**	**825358**	**367595**	**92798**	**18693.6**	**18953.5**	**21480.5**
哈尔滨	Harbin	154.2	82.1	17.1	361777	156320	60632	20295	19240	21608
齐齐哈尔	Qiqihar	31.3	11.2	0.1	66307	21811	309	11261	11336	3232
鸡 西	Jixi	11.6	8.0	0.8	27674	18465	1806	16263	17000	14683
鹤 岗	Hegang	8.5	3.4	0.8	20314	9373	1580	12681	15868	15659
双鸭山	Shuangyashan	10.2	6.6	0.4	14639	6850	445	10793	10851	9570
大 庆	Daqing	101.4	62.7	5.3	167738	99504	10015	27289	33355	20956
伊 春	Yichun	10.9	7.5	0.8	17029	8869	1868	15601	15148	14014
佳木斯	Jiamusi	12.6	5.3	2.9	29647	9886	6929	15830	9531	43252
七台河	Qitaihe	6.0	4.5	0.0	10476	6427	390	14442	13905	70909
牡丹江	Mudanjiang	14.5	5.6	1.4	29094	9358	2782	17176	14250	26673
黑 河	Heihe	6.3	2.1	0.6	8113	2857	551	8006	5141	41119
绥 化	Suihua	15.1	5.5	1.1	55378	16761	2345	23104	27991	15188
大兴安岭	Daxinganling	7.9	1.4	1.9	17172	1114	3146	20514	7033	31746

12－4 续表4 CONTINUED

地区 Region	动力装备率（千瓦/人） Power of Machinery per Laborer (kw/person)	#国有及国有控股 State－owned	#私营 Collective－owned	资产合计（万元） Total Assets (10000 yuan)	#国有及国有控股 State－owned	#私营 Collective－owned	负债合计（万元） Total Liabilities (10000 yuan)	#国有及国有控股 State－owned	#私营 Collective－owned
全省	**8.8**	**10.6**	**7.7**	**5959309**	**3019953**	**561796**	**3532544**	**2051349**	**223887**
哈尔滨 Harbin	8.7	10.1	6.1	2613697	1361575	357014	1528505	949933	142283
齐齐哈尔 Qiqihar	5.3	5.8	1.5	544699	183861	24322	359155	119617	16369
鸡西 Jixi	6.8	7.4	6.2	199293	141688	17569	110636	85847	5893
鹤岗 Hegang	5.3	5.8	8.0	154371	57615	10304	93774	39537	6102
双鸭山 Shuangyashan	7.5	10.5	7.9	151968	81509	2440	85840	51717	410
大庆 Daqing	16.5	21.0	11.0	1176436	723099	44569	757168	504378	14725
伊春 Yichun	10.0	12.9	6.2	102486	48859	17030	55834	23985	9901
佳木斯 Jiamusi	6.7	5.1	18.1	272927	116658	43927	160737	82516	10898
七台河 Qitaihe	8.2	9.6	5.2	67300	44619	600	40243	27861	
牡丹江 Mudanjiang	8.6	8.6	13.0	303673	157553	17252	184038	108448	7963
黑河 Heihe	6.2	3.9	48.4	55913	26041	1976	31864	18374	250
绥化 Suihua	6.3	9.2	7.1	244463	57338	13394	87424	24305	5628
大兴安岭 Daxinganling	9.5	9.1	19.0	72083	19538	11399	37326	14831	3465

12－4 续表5 CONTINUED

地区 Region	总收入（万元） Total Income (10000 yuan)	#国有及国有控股 State－owned	#私营 Collective－owned	利润总额（万元） Total Profits (10000 yuan)	#国有及国有控股 State－owned	#私营 Collective－owned	利税总额（万元） Total Pre－tax Profits (10000 yuan)	#国有及国有控股 State－owned	#私营 Collective－owned
全省	**4571841**	**2281084**	**411890**	**54530**	**12340**	**9747**	**232212**	**111756**	**24198**
哈尔滨 Harbin	2177410	1055546	315901	37173	7874	8488	109085	41516	19283
齐齐哈尔 Qiqihar	377253	103898	4871	－829	－44	55	12515	3870	215
鸡西 Jixi	126539	101124	2302	3367	3009	110	7860	6606	187
鹤岗 Hegang	98190	38459	13343	693	173	63	4420	1646	600
双鸭山 Shuangyashan	68701	36445	3383	185	－61	4	2777	1200	114
大庆 Daqing	1027813	663759	23556	9006	4822	316	67520	51271	1082
伊春 Yichun	61828	29218	6193	148	－49	－25	2069	874	194
佳木斯 Jiamusi	151059	63290	16059	1967	－190	99	7057	1921	631
七台河 Qitaihe	44859	28264	925	－312	－624	－1	1071	200	29
牡丹江 Mudanjiang	173688	79967	5653	－371	－3082	35	5071	－519	261
黑河 Heihe	49745	20896	1300	582	－311	5	2305	392	51
绥化 Suihua	165071	47115	8840	1999	800	203	7866	2497	539
大兴安岭 Daxinganling	49685	13103	9564	922	23	395	2596	282	1012

主要统计指标解释

建筑业统计单位　指从事房屋、构筑物建造和设备安装活动的法人企业。建筑业法人企业应同时具备的条件是：①依法成立，有自己的名称、组织机构和场所，能够承担民事责任；②独立拥有和使用资产，承担负债，有权与其他单位签订合同；③独立核算盈亏，能够编制资产负债表。

建筑业总产值（即自行完成施工产值）　是以货币表现的建筑安装企业在一定时期内生产的建筑业产品的总和。建筑业总产值包括：

⑴建筑工程产值：指列入建筑工程预算内的各种工程价值。

⑵设备安装工程产值：指设备安装工程价值，不包括被安装设备本身价值。

⑶房屋、构筑物修理产值：指房屋、构筑物修理所完成的价值，但不包括被修理房屋、构筑物本身的价值和生产设备的修理价值。

⑷非标准设备制造产值：指加工制造没有定型的、非标准的生产设备的加工费和原材料价值，以及附属加工厂为本企业承建工程制作的非标准设备的价值。

建筑业增加值　指建筑业企业在报告期内以货币表现的建筑业生产经营活动的最终成果。目前建筑业增加值采用分配法（收入法）计算，即从收入的角度出发，根据生产要素在生产过程中应得的收入份额计算。具体计算公式为：

建筑业增加值 = 本年提取的固定资产折旧 + 应付工资 + 应付福利费 + 管理费用中的劳动待业保险金、税金 + 工程结算税金及附加 + 工程结算利润

房屋建筑施工面积　指在报告期内施工的全部房屋建筑面积，包括本期新开工的房屋面积、上期施工跨入本期继续施工的房屋面积、上期停缓建在本期恢复施工的房屋面积、本期竣工的房屋面积及本期施工后又停缓建的房屋面积。

房屋建筑竣工面积　指在报告期内房屋建筑按照设计要求全部完工，达到了住人和使用条件，经验收鉴定合格，正式移交使用单位的房屋建筑面积。

自有机械设备年末总台数　指归本企业所有，属于本企业固定资产的生产性机械设备年末总台数。包括施工机械、生产设备、运输设备以及其他设备。

自有机械设备年末总功率　指本企业自有施工机械、生产设备、运输设备以及其他设备等列为在册固定资产的生产性机械设备年末总功率，按设定能力或查定能力计算。包括机械本身的动力和为该机械服务的单独动力设备，如电动机等。计算单位用千瓦，动力换算可按 1 马力 =0.735 千瓦折合成千瓦数。电焊机、变压器、锅炉不计算动力。

工程结算收入　指企业承包工程实现的工程价款结算收入，以及向发包单位收取的除工程价款以外的按规定列作营业收入的各种款项，如临时设施费、劳动保险费、施工机械调迁费等以及向发包单位收取的各种索赔款。

工程结算利润　指已结算工程实现的利润，如亏损以" - "号表示。计算公式为：

工程结算利润 = 工程结算收入 - 工程结算成本 - 工程结算税金及附加

企业总收入　指与企业生产经营直接有关的各项收入，包括工程结算收入和其他业务收入。计算公式为：

企业总收入 = 工程结算收入 + 其他业务收入

EXPLANATORY NOTES ON MAIN STATISTICAL INDICATORS

Statistical Unit in Construction refers to corporate enterprise engaged in the construction of buildings and structures and in the installation of equipment. A corporate construction enterprise should meet the following 3 requirements: ①being set up in line with relevant legal basis, having its full name, organization and location, and capable of taking civil liabilities; ②independently possessing and using its assets and assuming its liabilities, and entitled to sign contracts with other institutions; and ③ making independent accounts of its profits and losses, and capable of compiling its own balance sheet.

Gross Output Value of Construction (Output Value of Projects Under Construction) refers to total of construction products, expressed in money terms, completed by construction and installation enterprises during a given period of time. It includes:

(1) Output value of construction projects, that is the value of projects covered by the project budgets;

(2) Output value of installation projects, that is the value of the installation of equipment, (excluding the value of the equipment to be installed);

(3) Output value of repair of buildings and structures, that is the value created through the repairs of buildings or structures, but does not include the value of buildings or structures being repaired and the value of the repair of production equipment;

(4) Output value of manufactured non - standard equipment, that is the value of non - standard production equipment (including raw materials and manufacturing cost) made for the construction project, and the equipment manufactured by subsidiary workshops.

Value - added of Construction refers to the final result of the activities of production and management of construction in monetary terms in the reference period. At present, the value - added of construction is calculated with the income approach. In other words, it is the sum of income of various production factors in the production process. The formula is as follows:

Value - added of construction = depreciation of fixed assets in the year + wages payable + welfare expenses payable + insurance premium and tax for waiting for employment in the administrative expenses + taxes and surcharges on project settlement + profit gained from project settlement.

Floor Space of Buildings Under Construction refers to floor space of buildings under construction during the reference period, including newly started buildings, buildings started earlier and continued during the reference period, and buildings suspended earlier but restarted during the reference period, buildings completed during the reference period, and buildings under construction and then suspended during the reference period.

Floor Space of Buildings Completed refers to the floor space of buildings that are completed in the reference period in accordance with the requirements of the design, up to the standard for putting them into use, and have been checked and accepted by concerned departments as qualified ones.

Total Number of Machinery and Equipment Owned by the End of Year refers to the number of machines and equipment owned by the enterprises, and listed as the fixed assets of the enterprises by the end of the year, including machinery and equipment for construction, production and transportation.

Total Power of Machinery and Equipment Owned by the End of Year refers to the total power of machinery and equipment owned by the enterprises, and listed as the fixed assets of the enterprises by the end of the year, including machinery and equipment for construction, production and transportation. The power of the machinery is calculated on basis of the designed or verified capacity, covering the power of the machinery/equipment and the separate power equipment serving the machinery/equipment (such as electric motors), but excluding welders, transformers and boilers. The unit used for the calculation of power is kilowatt, with horsepower converted to kilowatt by 1 horsepower = 0.735 kilowatt.

Income from Settlement of Projects refers to the income received by the construction enterprise from the contracted project through settlement procedures, and other charges to the contractee as operational costs in addition to the value of the project, such as temporary facility fee, labour insurance premium, moving cost of construction equipment, as well as various types of claims to the contractee.

Profit from Settlement of Projects refers to profit realized through settled projects. It is calculated with the following formula:

Profit from Settlement of Projects = Income from Settlement of Projects – Settled Cost – Settled Taxes and Other Cost.

Total Revenue of Enterprises refers to the sum of income from production and operation of enterprises, including income from settlement of projects and other operational income, namely:

Total Revenue of Enterprises = Income from Settlement of Projects + Other Operational Income.

十三、交通运输和邮电通信业

TRANSPORTATION, POST AND TELECOMMUNICATION SERVICES

13－1　交通运输业基本情况
BASIC CONDITIONS OF TRANSPORT

指　标	Item	2000	2001	2002	2003
运输线路长度(公里)	Length of Transport Routes (km)				
铁路营业里程	Railways in Operation	5465	5464	5464	5373
#地方铁路	#Local Railways	491	490	490	490
铁路正线延展里程	Extension Length of the Trunk Lines	7130	7125	7123	7088
公路通车里程	Length of Highways	50284	62979	63046	65123
内河通航里程	Length of Navigable Inland Waterways	5057	5057	5057	5528
民航航线里程	Length of Civil Aviation Routes	112000	123416	117406	108716
输油、气管道	Petroleum and Gas Pipelines	985	985	985	985
货运量(万吨)	Total Freight Traffic (10000 tons)	57213	58050	58006	57491
铁　路	Railways	12959	13671	13258	14118
公　路	Highways	39685	39900	40317	39031
水　运	Waterways	788	750	708	1052
民用航空	Civil Aviation	1.7	1.3	4.1	4.7
管道输油、气量	Petroleum and Gas Pipelines	3779	3728	3719	3285
货物周转量(亿吨公里)	Total Freight Ton－kilometers (100 million ton－km)	943.1	975.0	976.2	1015.1
铁　路	Railways	718.5	747.2	748.3	788.6
公　路	Highways	161.9	166.0	167.5	163.1
水　运	Waterways	19.5	17.5	16.2	19.3
民用航空	Civil Aviation	0.4	0.3	0.3	1.0
管道输油、气量	Petroleum and Gas Pipelines	42.8	44.0	43.9	43.1
客运量(万人)	Total Passenger Traffic (10000 persons)	49806	50712	51026	47961
铁　路	Railways	9819	9692	9188	8207
公　路	Highways	39864	40900	41490	39347
水　运	Waterways	45	39	137	176
民用航空	Civil Aviation	78	81	211	231
旅客周转量(亿人公里)	Total Passenger－Kilometers (100 million passenger－km)	388.8	396.2	400.3	389.9
铁　路	Railways	160.9	163.3	163.2	149.4
公　路	Highways	214.5	219.0	221.8	203.3
水　运	Waterways	0.1	0.1	0.1	0.3
民用航空	Civil Aviation	13.3	13.8	15.2	36.9
民用汽车拥有量(万辆)	Number of Civil Motor Vehicles (10000 units)	54.5	56.3	60.3	76.2
#载客汽车	#Number of Buses and Cars	31.5	34.0	35.9	48.0
载货汽车	Number of Trucks	21.4	21.3	23.5	26.7
#普通载货汽车	#Ordinary Trucks	20.5	20.2	17.3	22.2
#私人汽车	#Number of Private－owned Motor Vehicles	17.1	22.4	25.2	33.9
民用运输船舶拥有量(艘)	Number of Civil Transport Vessels (unit)	720	807	886	1424
机动船	Motor Vessels	306	431	533	1027
驳　船	Barges	414	376	353	397
私人运输船舶拥有量(艘)	Number of Private－owned Transport Vessels (unit)	45	186	325	752
机动船	Motor Vessels	25	159	273	676
驳　船	Barges	20	27	52	76

13－2 运输线路长度
LENGTH OF TRANSPORTATION ROUTES

单位:公里 (km)

年 份 Year	铁 路 营业里程 Length of Railways in Operation	#地方铁路 Local Railways	铁路正线 延展里程 Extension Length of the Trunk Lines	公路线路 里 程 Length of Highways	内河通航 里 程 Length of Navigable Inland Waterways	民航航线 Length of Civil Aviation Routes	输油、气 管道里程 Petroleum and Gas Pipelines
1952	3669		4099	8919	3871		
1957	3740		4153	16892	4095		
1965	3750		4644	26256	5912		20.9
1975	4595		5506	40117	6810		148.2
1978	4594		5538	44797	6595		182.2
1980	4796		5707	44590	5137		240.2
1985	4681		6096	45487	4776		302.2
1990	5316	428	6363	47203	4696		422.5
1991	5316	428	6396	47188	4696		474.2
1992	5307	428	6419	47882	4696		737.4
1993	5262	428	6398	48023	4696		746.6
1994	5262	428	6447	48356	5057		746.6
1995	5262	428	6474	48819	5057		749.4
1996	5295	428	6481	48986	5057	72000	749.4
1997	5336	428	6974	49631	5057	69000	802.4
1998	5336	428	7046	49766	5057	90000	802.4
1999	5464	490	7047	49928	5057	114000	985.4
2000	5465	491	7130	50284	5057	112000	985.4
2001	5464	490	7125	62979	5057	123416	985.4
2002	5464	490	7123	63046	5057	117406	985.4
2003	5373	490	7088	65123	5528	108716	985.4

13－3 公 路 里 程
LENGTH OF HIGHWAYS

单位:公里 (km)

年 份 Year	总 计 Total	等级公路 Expressway and Class Ⅰ to Ⅳ Highway	高 速 Expressway	一 级 First Class	二 级 Second Class	三 级 Third Class	四 级 Fourth Class	等外公路 Highway Below Class Ⅳ
1985	45487	43649		18	716	9776	33139	1838
1990	47203	45495		191	891	14158	30255	1708
1995	48819	47626	36	230	1977	18574	26809	1193
1996	48986	47787	36	271	2503	18547	26430	1199
1997	49631	48956	147	345	3135	22811	22518	675
1998	49766	49098	176	356	3616	22572	22378	668
1999	49928	49263	176	356	4113	22630	21988	665
2000	50284	49623	285	387	4643	22757	21551	661
2001	62979	57762	414	548	5638	33320	17842	5217
2002	63046	57882	413	707	5821	33132	17809	5164
2003	65123	59599	413	925	6623	33083	18555	5524

13－4 主要交通运输工具拥有量
NUMBER OF MAJOR MEANS OF TRANSPORTATION

指 标	Item	2000	2001	2002	2003
铁路机车(台)	**Railway Locomotives (unit)**	**1161**	**1214**	**1208**	**1127**
#黑龙江省境内	#In Heilongjiang	1017	1053	1051	972
内燃机车	Diesel Locomotives	1004	1002	1001	932
电力机车	Electric Locomotives		38	40	40
蒸汽机车	Steam Locomotives	13	13	10	
铁路客车(辆)	**Railway Passenger Coaches (coach)**	**3396**	**3346**	**3328**	**3111**
#黑龙江省境内	#In Heilongjiang	3086	2913	2858	2676
#软卧车	#Soft Berth Coaches	155	170	178	181
硬卧车	Hard Berth Coaches	829	832	868	870
软座车	Soft Seat Coaches	19	18	13	13
硬座车	Hard Seat Coaches	1507	1437	1374	1395
公路货车(辆)	**Highway Freight Cars (coach)**	**214780**	**213523**	**235086**	**266724**
普通载货汽车	Ordinary Trucks	205375	202441	172837	222205
专用载货汽车	Special Trucks	9405	11082	62249	44519
#集装箱	#Containers	92	98	246	121
#私人	#Private－owned	50357	65966	80977	94099
特种汽车	**Special Motor Vehicles**	**3278**	**1804**	**3592**	**8905**
公路客车(辆)	**Highway Passenger Coaches (coach)**	**314521**	**339992**	**359253**	**480014**
#私人	#Private－owned	119084	155685	170351	243988
民用轮驳船(艘)	**Civil Transport Vessels (unit)**	**414**	**376**	**353**	**397**
民用飞机(架)	**Civil Aircrafts (unit)**	**11**	**12**	**66**	**77**

13－5 民用车辆拥有量(2003)
NUMBER OF CIVIL MOTOR VEHICLES OWNED

单位:辆 (unit)

指标名称	Item	总计 Total	#个人 Individual	营运 Working	非营运 non－Working	特种 Special
合 计	**Total**	**2167189**	**1560584**	**366833**	**1791451**	**8905**
汽 车	**Automobile**	**761682**	**339299**	**285336**	**467526**	**8820**
载客汽车	Passenger Vehicles	480014	243988	117575	354353	8086
大 型	Large－sized	27541	3639	17391	10080	70
中 型	Medium－sized	27057	11284	12290	14441	326
小 型	Small－sized	356909	177342	66447	283763	6699
微 型	Mini－sized	68507	51723	21447	46069	991
#轿车	#Car	221098	126227	61643	156748	2707
载货汽车	Trucks	266724	94099	161612	104880	232
重 型	Heavy－sized	46975	11248	31356	15587	32
中 型	Medium－sized	94791	34010	70281	24460	50
轻 型	Light－sized	105041	35877	47884	57023	134
微 型	Mini－sized	19917	12964	12091	7810	16
#普通载货	#Accommodation Trucks	222205	82298	129594	92452	159
其它汽车	Others	14944	1212	6149	8293	502
电 车	**Electric Car**	**108**		**52**	**56**	
无 轨	No Rail	108		52	56	
有 轨	Rail					
摩托车	**Motorcycle**	**364601**	**356776**	**24615**	**339918**	**68**
普 通	Ordinary	353856	346170	24489	329299	68
轻 便	Light	10745	10606	126	10619	
农用运输车	**Agriculture Transport Vehicle**	**233592**	**156114**	**46438**	**187152**	**2**
三 轮	Three Wheels	148721	108011	15864	132856	1
四 轮	Four Wheels	84871	48103	30574	54296	1
拖拉机	**Tractor**	**795166**	**705649**	**6**	**795159**	**1**
大 型	Large－sized	99651	62241	2	99649	
小 型	Small－sized	695515	643408	4	695510	1
挂 车	**Trailer**	**10831**	**2126**	**10231**	**591**	**9**
其它类型车	**Others**	**1209**	**620**	**155**	**1049**	**5**

13－6 民用运输船舶拥有量
NUMBER OF TRANSPORT VESSELS OWNED

指 标	Item	总 计 Total			#私人 Private		
		2001	2002	2003	2001	2002	2003
合 计	**Total**	**807**	**886**	**1424**	**186**	**325**	**752**
机动船(艘)	**Motor Vessels (unit)**	**431**	**533**	**1027**	**159**	**273**	**676**
载客量(客位)	Passenger Capacity (seat)	9778	11164	13613	3004	3785	5412
净载重量(吨位)	Dead Weight Tonnage (ton)	24393	39593	44229	50	812	8246
总功率(千瓦)	Total Power (kw)	83968	94655	120409	14050	20160	34227
客船(艘)	Passenger Vessels (unit)	222	279	424	126	179	307
载客量(客位)	Passenger Capacity (seat)	9779	11164	13613	3004	3785	5412
货船(艘)	Cargo Vessels (unit)	33	81	383	1	46	299
净载重量(吨位)	Dead Weight Tonnage (ton)	24393	43699	42865	50	812	7087
拖船(艘)	Towages (unit)	176	173	220	32	48	70
驳船(艘)	**Barges (unit)**	**376**	**353**	**397**	**27**	**52**	**76**
净载重量(吨位)	Dead Weight Tonnage (ton)	216183	198312	226960	12400	16003	30620

13－7 铁路运输技术经济主要指标
PRINCIPLE ECONOMIC AND TECHNICAL INDICATORS OF RAILWAY TRANSPORT

指 标	Item	2000	2001	2002	2003
货运机车日产量(万吨公里)	Average Daily Ton－kilometers of Freight Locomotives (10000 ton－km)	91.2	95.8	99.1	104.0
内燃机车	Diesel Locomotives	91.2	95.3	93.0	97.2
电力机车	Electric Locomotives		152.3	166.4	185.3
货运机车平均牵引总重(吨)	Average Total Tonnage of Freight Locomotives (ton)	2236	2249	2258	2295
内燃机车	Diesel Locomotives	2236	2242	2154	2185
电力机车	Electric Locomotives		2845	3097	3434
货运机车日车公里(公里)	Daily Distance per Freight Locomotive (km)	463	464	475	489
客运机车日车公里(公里)	Daily Distance per Passenger Locomotive (km)	487	483	485	494
内燃机车每万吨公里耗油(公斤)	Oil Consumption of Diesel Locomotives (kg/10000 ton－km)	29.6	29.0	29.5	28.7
电力机车每万吨公里耗电(千瓦小时)	Electricity Consumption of Electric Locomotives (kwh/10000 ton－km)		85.9	79.9	77.4
货物列车出发正点率(%)	Punctuality Rate of Freight Trains at Departure (%)	98.8	99.5	99.7	99.6
货物列车运行正点率(%)	Punctuality Rate of Freight Trains in Running (%)	98.7	99.5	99.5	99.6
旅客列车出发正点率(%)	Punctuality Rate of Passenger Trains at Departure (%)	100.0	100.0	99.9	99.9
旅客列车运行正点率(%)	Punctuality Rate of Passenger Trains in Running (%)	100.0	100.0	99.7	99.7
货物列车技术速度(公里/小时)	Technical Speed of Freight Trains (km/hour)	47.6	48.9	49.1	48.9
货物列车运行速度(公里/小时)	Running Speed of Freight Trains (km/hour)	33.2	35.0	36.1	37.1
货物列车密度(列/日)	Density of Freight Train (list/day)	1268	1269	1266	1334
货运密度(万吨/公里)	Density of Freight Transport (10000s ton/km)	1246	1283	1323	1413
旅客列车技术速度(公里/小时)	Technical Speed of Passenger Trains (km/hour)	58.6	57.4	60.1	57.6
旅客列车运行速度(公里/小时)	Running Speed of Passenger Trains (km/hour)	49.1	49.1	51.6	49.2
客运列车密度(列/日)	Density of Passenger Train (list/day)	486.7	453.4	463.2	455.0
客运密度(万人/公里)	Density of Passenger Transport (10000 passengers/km)	274.0	276.1	279.5	256.4
每万吨货运量拥有货车数(辆)	Number of Freight Cars per 10000 Tons (coach)	817.4	777.4	752.4	727.7
每百万货物吨公里拥有货车数(辆)	Number of Freight Cars per million Ton－km	145.6	136.3	129.4	127.3
货车周转时间(天)	Turning Around Time of Freight Cars (day)	3.9	3.7	3.7	3.6
一次货物作业时间(小时)	Handling Time of Freight (hour)	25.0	22.8	21.4	20.1
每车中转停留时间(小时)	Transfer Waiting Time per Car (hour)	6.2	5.9	5.3	4.9
货车净载重(准轨)(吨)	Static Load of Freight Cars (Standard Gauge) (ton)	58.5	58.4	58.4	58.7

注:本表为哈尔滨铁路局数据。

Note: Figures in this table are the data of Harbin Railway Bureau.

13－8 公路运输技术经济主要指标

PRINCIPLE ECONOMIC AND TECHNICAL INDICATORS OF HIGHWAY TRANSPORT

指　标	Item	2000	2001	2002	2003
载客汽车	**Passenger Vehicles**				
工作率(%)	Operation Rate (%)	84.4	85.0	86.0	88.4
实载率(%)	Carrying Rate (%)	68.0	73.0	74.0	66.5
百车公里耗汽油(升)	Gasoline Consumption per 100 unit－km (liter)	28.0	27.0	26.0	25.0
百吨公里耗汽油(升)	Gasoline Consumption per 100 ton－km (liter)	10.0	9.2	9.1	9.2
百车公里耗柴油(升)	Diesel Consumption per 100 unit－km (liter)	30.0	27.3	27.0	26.0
百吨公里耗柴油(升)	Diesel Consumption per 100 ton－km (liter)	11.0	10.0	9.9	9.7
载货汽车	**Trucks**				
工作率(%)	Operation Rate (%)	64.2	70.9	71.3	66.4
实载率(%)	Carrying Rate (%)	64.1	68.6	69.0	68.0
百车公里耗汽油(升)	Gasoline Consumption per 100 unit－km (liter)	27.0	26.0	25.0	24.0
百吨公里耗汽油(升)	Gasoline Consumption per 100 ton－km (liter)	7.2	6.9	6.8	6.6
百车公里耗柴油(升)	Diesel Consumption per 100 unit－km (liter)	29.0	28.0	28.0	27.0
百吨公里耗柴油(升)	Diesel Consumption per 100 ton－km (liter)	7.5	7.3	7.3	7.1

13－9 运输线路质量

QUALITY OF TRANSPORT ROUTES

指　标	Item	2000	2001	2002	2003
铁路营业里程(公里)	Length of Railways in Operation (km)	4905	4905	4905	4883
#复线里程(公里)	#Double－Tracking Length (km)	1593	1930	1595	1512
复线里程比重(%)	Proportion (%)	32.5	39.4	32.5	31.0
#自动闭塞里程(公里)	#Automatic Blocking Length (km)	1142	1142	1382	1334.1
自动闭塞里程比重(%)	Proportion (%)	23.3	23.3	28.2	27.3
公路线路里程(公里)	Length of Highways (km)	50284	62979	63046	65123
#有路面里程(公里)	#Paved Highways (km)	48538	59242	59356	61246
有路面里程比重(%)	Proportion (%)	96.5	94.1	94.1	94.1
内河航道里程(公里)	Length of Navigable Inland Waterways (km)	5378	5057	5057	5164
#水深一米以上(公里)	#Upwards of one meter (km)	3930	4114	4114	4475
水深一米以上比重(%)	Proportion (%)	73.1	81.4	81.4	86.7

注：铁路里程为哈尔滨铁路局在黑龙江省境内数据。

Note: Length of Railways in Operation is data of Harbin Railway Bureau in churchyard of Heilongjiang Province.

13－10 货 运 量
FREIGHT TRAFFIC

单位:万吨 (10000 tons)

年 份 Year	合 计 Total	铁 路 Railways	公 路 Highways	水 运 Waterways	民 航 Civil Aviation	管 道 Pipelines
1978	20659	8592	7888	314	0.1	3865
1980	20600	9387	6897	287	0.1	4029
1985	22999	11341	6735	415	0.3	4508
1990	40062	12920	22239	516	1.0	4386
1991	38148	13108	20164	505	0.6	4371
1992	38392	13069	20416	556	0.5	4350
1993	37429	12947	19518	628	1.0	4335
1994	37221	13248	18857	699	1.0	4416
1995	37739	13607	19281	626	1.0	4224
1996	55568	13659	37000	650	1.0	4258
1997	59250	14290	40023	753	1.0	4183
1998	55336	12248	38291	651	1.1	4145
1999	56565	12877	38685	825	1.2	4177
2000	57213	12959	39685	788	1.7	3779
2001	58050	13671	39900	750	1.3	3728
2002	58006	13258	40317	708	4.1	3719
2003	57491	14118	39031	1052	4.7	3285

注:2002 年以前民航统计数为北航天鹅公司数据,2002 年起包括各航空公司的数据。

Note:The data of civil aviation only include statistics of Northern Airlines Swan Company before 2002. The data include statistics of all aviation company from 2002.

13－11 货物周转量
FREIGHT TON－KILOMETERS

单位:亿吨公里 (100 million ton－km)

年 份 Year	合 计 Total	铁 路 Railways	公 路 Highways	水 运 Waterways	民 航 Civil Aviation	管 道 Pipelines
1978	441.1	376.9	11.1	7.8		45.3
1980	486.3	419.2	12.2	7.6		47.3
1985	633.9	559.9	18.2	13.9		41.9
1990	832.5	706.5	59.6	16.4		50.0
1991	836.5	713.0	57.7	16.2		49.6
1992	842.3	717.0	59.8	16.1		49.3
1993	846.1	724.9	55.9	16.1		49.1
1994	856.6	731.3	57.0	18.5		49.8
1995	867.9	748.3	55.9	16.1		47.6
1996	950.6	754.3	129.0	19.5	0.1	47.7
1997	1005.5	801.3	136.0	21.4	0.1	46.7
1998	889.5	684.7	140.4	18.5	0.1	45.8
1999	937.1	715.2	156.7	20.5	0.2	44.5
2000	943.0	718.5	161.9	19.5	0.3	42.8
2001	975.0	747.2	166.0	17.5	0.3	44.0
2002	976.2	748.3	167.5	16.2	0.3	43.9
2003	1015.1	788.6	163.1	19.3	1.0	43.1

13－12　客　运　量
PASSENGER TRAFFIC

单位:万人　　(10000 persons)

年　份 Year	合　计 Total	铁　路 Railways	公　路 Highways	水　运 Waterways	民　航 Civil Aviation
1978	13369	7707	5560	99	3
1980	14946	8963	5896	84	3
1985	20338	11625	8562	142	9
1990	22799	9855	12840	81	23
1991	23791	9938	13754	66	33
1992	23726	10573	13058	58	37
1993	22810	11658	11026	51	75
1994	23143	12231	10819	34	59
1995	23499	11881	11506	37	75
1996	38631	9515	29000	41	75
1997	45731	9604	36008	45	74
1998	47628	10070	37439	45	74
1999	48516	9847	38562	41	66
2000	49806	9819	39864	45	78
2001	50712	9692	40900	39	81
2002	51026	9188	41490	137	211
2003	47961	8207	39347	176	231

注:2002 年以前民航统计数为北航天鹅公司数据,2002 年起包括各航空公司的数据。

Note: The data of civil aviation only include statistics of Northern Airlines Swan Company before 2002. The data include statistics of all aviation company from 2002.

13－13　旅客周转量
PASSENGER－KILOMETERS

单位:亿人公里　　(100 million passenger－km)

年　份 Year	合　计 Total	铁　路 Railways	公　路 Highways	水　运 Waterways	民　航 Civil Aviation
1978	90.8	72.2	17.5	0.7	0.3
1980	102.6	83.5	18.4	0.6	0.2
1985	162.6	132.0	29.5	0.9	0.2
1990	183.6	131.6	50.3	0.4	1.3
1991	195.4	138.5	54.7	0.4	1.9
1992	212.1	155.7	50.9	0.3	5.2
1993	225.5	169.3	43.0	0.3	13.0
1994	225.3	171.8	42.9	0.2	10.4
1995	228.8	169.2	47.8	0.2	11.6
1996	280.3	141.9	126.8	0.2	11.4
1997	336.7	151.9	173.0	0.2	11.6
1998	355.5	156.0	186.9	0.1	12.5
1999	376.6	158.5	206.7	0.1	11.0
2000	388.8	160.9	214.5	0.1	13.3
2001	396.2	163.3	219.0	0.1	13.8
2002	400.3	163.2	221.8	0.1	15.2
2003	389.9	149.2	203.3	0.3	36.9

13－14 铁路按货物种类分的货运量和货物周转量

RAILWAY FREIGHT TRAFFIC AND FREIGHT TON－KILOMETERS BY CATEGORY OF CARGO

货 类	Category	货运量（万吨）Freight Traffic（10000 tons）		货物周转量（百万吨公里）Freight Ton－km（million ton－km）		平均运距（公里）Average Transport Distance（km）	
		2002	2003	2002	2003	2002	2003
总 计	**Total**	**17779**	**16388**	**89101**	**93681**	**501**	**500**
煤	Coal	7097	7410	41755	43938	588	588
焦 炭	Coke	248	312	1235	1593	498	482
石 油	Petroleum	1297	1300	4021	4682	310	337
钢 铁	Steel and Iron	492	248	1791	1834	364	375
金属矿石	Metal Ores	199	34	820	1004	413	464
非金属矿石	Nonmetal Ores	569	267	1264	1238	222	217
矿建材料	Mineral Building Materials	1204	909	2953	2556	245	234
水 泥	Cement	453	176	1576	1487	348	377
木 材	Timber	1790	1640	13843	12314	773	747
化肥和农药	Chemical Fertilizers and Pesticides	582	221	2710	2437	466	452
粮 食	Grain	1907	2365	8258	10464	433	414
其 他	Others	1941	1506	8875	10134	457	

注：本表为哈尔滨铁路局数据。

Note: Figures in this table are the data of Harbin Railway Bureau.

13－15 公路按货物种类分的货运量和货物周转量

HIGHWAY FREIGHT TRAFFIC AND FREIGHT TON－KILOMETERS BY CATEGORY OF CARGO

货 类	Category	货运量（万吨）Freight Traffic（10000 tons）		货物周转量（百万吨公里）Freight Ton－km（million ton－km）		平均运距（公里）Average Transport Distance（km）	
		2002	2003	2002	2003	2002	2003
总 计	**Coal**	**40317**	**39031**	**16751**	**16310**	**41.5**	**41.8**
煤炭及制品	Coal and Products	12256	7572	7832	3135	63.9	41.4
石油、天然气及制品	Petroleum, Natural Gas and Products	847	1524	395	790	46.6	51.8
金属矿石	Metal Ores	571	619	169	238	29.6	38.4
钢 铁	Steel and Iron	2693	2370	476	1269	17.7	53.5
矿建材料	Mineral Building Materials	3007	5050	450	1422	15.0	28.2
水 泥	Cement	4927	3867	1253	1637	25.4	42.3
木 材	Timber	1129	1510	798	846	70.7	56.0
非金属矿石	Nonmetal Ores	1089	370	44	114	4.0	30.8
化肥和农药	Chemical Fertilizers and Pesticides	1189	1028	204	584	17.1	56.8
盐	Salt	642	406	266	196	41.4	48.3
粮 食	Grain	4237	5208	1862	2548	43.9	48.9
机械、设备、电器	Machinery, Equipment and Household Appliances	1064	732	340	411	31.9	56.1
化工原料及制品	Raw Chemical Material and products	421	1113	44	299	10.5	26.8
轻工、医药产品	Light Industry, Medical and Pharmaceutical Products	1610	1259	640	767	39.8	60.9
农林牧渔业产品	Faming, Forestry, Animal Husbandry and Fishery Products	645	1363	378	405	58.6	29.7
#棉 花	#Cotton	57	219	42	176	73.6	80.3
其 他	Others	3990	4945	1600	1629	30.4	32.9

13－16 民用航空航线和飞机数量
NUMBER OF CIVIL AVIATION ROUTES AND CIVIL AIRCRAFTS

指　标	Item	2001	2002	2003
民用航空航线数量(条)	**Number of Civil Aviation Routes (unit)**	**63**	**60**	**42**
国际航线	International Routes	3	3	8
国内航线	Domestic Routes	59	56	33
地区航线	Regional Routes	1	1	1
民用航空航线里程(公里)	**Length of Civil Aviation Routes (km)**	**123416**	**117560**	**108716**
国际航线	International Routes	3687	3687	30483
国内航线	Domestic Routes	116574	110718	75078
地区航线	Regional Routes	3155	3155	3155
民用飞机数量(架)	**Number of Civil Aircrafts (unit)**	**12**	**77**	**77**
运输飞机	Aerotransport	8	8	8
通用飞机	General Aircraft	4	69	69
通用飞行时间(小时)	**Flying Time of General Aviation (hour)**	**1326**	**12680**	**10587**
农林业航空作业	Flight for Agriculture and Forestry	539	3839	4239
航空护林	Forest Protection Service	594	1060	1381
其　他	Others	193	7781	4967

13－17 邮政和信息传输基本情况
BASIC CONDITIONS OF POST AND INFORMATION TRANSFER

指　标	Item	2001	2002	2003
邮　政	**Post**			
邮政业务业务总量	Business Volume of Post	16.6	18.1	20.5
函件(万件)	Number of Letters (10000 pcs)	9136	8291	7600
特快专递(万件)	Pieces of Express Mail Services (10000 pcs)	246	289	340
报刊期发数(万份)	Number of Newspapers and Magazines Circulation (10000 copies)	435	421	413
集邮业务(万枚)	Philately (10000 units)	7717	6689	4869
信筒信箱(处)	Number of Post Boxes(unit)	9349	8137	6990
邮路及农村投递线路长度(万公里)	Length of Post Routes and Rural Delivery Routes (10000 km)	23.2	22.3	22.7
邮政局所数(处)	Number of Post and Telecommunications Offices (unit)	2132	2130	2149
#设在农村	# in Rural	1183	1156	1163
信息传输	**Information Transfer**			
电信业务业务总量	Business Volume of Telecommunications Service	125.8	168.1	213.1
长途电话(万次)	Number of Long－distance Calls (10000 times)	80344	93268	106000
市内电话用户(万户)	Urban Telephones Subscribers (10000 subscribers)	427.7	488.4	664.0
#住宅电话用户	# Residential Telephones Subscribers	359.2	403.6	565.0
无线寻呼电话(万户)	Number of Subscribers of Paging Service (10000 subscribers)	427.0	351.0	197.0
移动电话用户(万户)	Number of Mobile Telephones Subscribers (10000 subscribers)	489.4	658.0	842.0
乡村电话(万户)	Number of Rural Telephones Subscribers (10000 subscribers)	129.9	177.6	216.0
国际互联网络用户(万户)	Number of Subscribers of Internet Service (10000 subscribers)	99.4	117.9	168.0
IP 电话通话时间(亿分钟)	Time of IP Telephones (100000000 minutes)	9.1	19.1	24.8
长途光缆线路长度(公里)	Length of Long－distance Optical Cable Lines (km)	22992	29678	33980

主要统计指标解释

铁路营业里程 又称营业长度(包括正式营业和临时营业里程),指办理客货运输业务的铁路正线总长度。凡是全线或部分建成双线及以上的线路,以第一线的实际长度计算;复线、站线、段管线、岔线和特殊用途线以及不计算运费的联络线都不计算营业里程。铁路营业里程是反映铁路运输业基础设施发展水平的重要指标,也是计算客货周转量、运输密度和机车车辆运用效率等指标的基础资料。

铁路正线延展里程 指正线第一线、第二线、第三线和其他正线建筑里程之和,不包括站线、段管线、岔线及特殊用途线的延展里程。它是作为计算铁路线上钢轨、枕木及路基砂石需要量的主要依据。

铁路电气化里程 指在全部铁路营业里程中已安装了供电线路及设备,可以供电力机车牵引列车运行的区段的总里程。

铁路自动、半自动闭塞里程 为保证列车安全运行,在一个区间、同一时间内,一般只允许一列列车运行,这种保证列车在这个区间安全间隔运行的技术方法称为"闭塞"。自动和半自动闭塞里程是指装有列车自动或人工完成闭塞状态的铁路设备里程。自动或半自动闭塞里程占铁路营业里程的比重是反映铁路现代化的重要标志之一。

公路里程 指在一定时期内实际达到《公路工程[WTBZ]技术标准 JTJ01 -88》规定的等级公路,并经公路主管部门正式验收交付使用的公路里程数。包括大中城市的郊区公路以及通过小城镇街道部分的公路里程和桥梁、渡口的长度,不包括大中城市的街道、厂矿、林区生产用道和农业生产用道的里程。两条或多条公路共同经由同一路段,只计算一次,不得重复计算里程长度。它是反映公路建设发展规模的重要指标,也是计算运输网密度等指标的基础资料。

内河航道里程 也称内河通航里程,指在一定时期内,能通航运输船舶及排筏的天然河流、湖泊水库、运河及通航渠道的长度。包括全年季节性通航累计三个月以上的航道,不包括仅供零散流放竹、木排的河道。它是反映内河水运网规模、水平和发展情况的主要指标。

民用航空航线里程 指民航运输定期班机飞行的航线长度的总和。航线长度按机场之间的距离计算,通常有两种计算方法:一是将每条航线长度相加称为重复计算航线里程;一是将两线或两条以上航线经过同一区段里程,只计算一次航线长度称为不重复计算航线里程。一般常用的是后者,它能确切反映民航运输网的规模,是表明民航事业为国民经济服务和方便人民生活程度的主要指标。

输油(气)管道长度 也称输油(气)里程,指油品(或天然气)的实际输送距离,一般按输油(气)管道的单线长度计算。若包括复线和备用线长度则称为输油(气)管道延展长度,是指管道铺设的实际长度。我们通常使用的是不包括复线的"输油(气)管道里程",它是反映管道运输发展规模和水平的主要指标。

货(客)运量 指在一定时期内,各种运输工具实际运送的货物(旅客)数量。它是反映运输业为国民经济和人民生活服务的数量指标,也是制定和检查运输生产计划、研究运输发展规模和速度的重要指标。货运按吨计算,客运按人计算。货物不论运输距离长短、货物类别,均按实际重量统计。旅客不论行程远近或票价多少,均按一人一次客运量统计;半价票、小孩票也按一人统计。

货(客)运密度 指在一定时期内某种运输方式在营运线路的某一区段平均每公里线路通过的货物(旅客)运输周转量。计算公式为:

货(客)运密度 = 货物(旅客)周转量/营业线路长度

货(客)运密度是反映交通运输线路上货物(旅客)运输量运输繁忙程度的主要指标,是平衡运输线路运输能力和通过能力,规划线路建设及改造、配备技术设备,研究运输网布局的重要依据。

货物(旅客)周转量 指在一定时期内,由各种运输工具运送的货物(旅客)数量与其相应运输距离的乘积之总和。它是反映运输业生产总成果的重要指标,也是编制和检查运输生产计划,计算运输效率、劳动生产率以及核算运输单位成本的主要基础资料。计算货物周转量通常按发出站与到达站之间的最短距离,也就是计费距离计算。计算公式为:

货物(旅客)周转量 = $\sum$货物(旅客)运输量 × 运输距离

铁路货车平均静载重 指铁路货车在始发站静止状态下平均每车装载的货物重量,用以分析货车完成装车时车辆载重力的利用情况。计算公式为：

货车平均静载重 = 货物发送吨数/装车数

静载重的多少取决于运送货物的性质、种类、车辆的类型和装载技术的高低。根据货车的平均标记载重与静载重进行对比，可以反映货车载重能力的利用程度。计算公式为：

货车载重力利用率(%) = 货车平均静载重/货车平均标记载重 ×100%

铁路货运机车日产量　指在一定时期内，平均每台货运机车在一昼夜内所完成的总重吨公里数，包括载运货物的重量和车辆本身的自重。它从时间和牵引能力两方面反映了机车运用效率。计算公式为：

货运机车平均日产量 = 货运总重吨公里数/货运机车台日数

无线寻呼用户　无线寻呼是指电话用户通过无线寻呼中心，在规定范围内向携带小型寻呼机的用户发出声音、数字或文字显示信息。在寻呼台办理登记手续携带小型寻呼机的用户，称为无线寻呼用户。

移动电话用户　是指通过移动电话交换机进入移动电话网、占用移动电话号码的电话用户。用户数量以报告期末在移动电话营业部门实际办理登记手续进入移动电话网的户数进行计算，一部移动电话统计为一户。

电话用户　指接入国家公众固定电话网，并按固定电话业务进行经营管理的电话用户。1997 年以前，电话用户分为市内电话用户和农村电话用户。"市内电话用户"是指接入县城及县以上城市的电话网上的电话用户；"农村电话用户"是指接入县邮电局农话台及县以下农村电话交换点，以县城为中心(除市话用户外)联通县、乡(镇)、行政村、村民小组的用户。从 1997 年起，电话用户数分组调整为以用户所在区域划分为"城市电话用户"和"乡村电话用户"，与过去的按市内电话和农村电话划分方法不同。而电话用户总数、电话机总部数统计范围不变。

城市电话用户　指直辖市、省辖市、地级市、县级市的市区、市郊区及县城(包括县人民政府所在地的县城关区或行政建制相当于县人民政府所在地的镇)范围内接入局用交换机的电话用户数，包括分布在农村地区的独立工矿区、林区、驻军等接入局用交换机的电话用户数。

乡村电话用户　指县城关区以下的集镇和农村接入局用交换机的电话用户数。

住宅电话用户　是指安装在居民住宅或农民家里并按照住宅电话用户登记注册和收费的电话用户。包括私人付费、单位付费和按规定免费安装的住宅电话用户。

EXPLANATORY NOTES ON MAIN STATISTICAL INDICATORS

Length of Railways in Operation refers to the total length of the trunk line under passenger and freight transportation (including both full operation and temporary operation). The calculation is based on the actual length of the first line even if this line has a full or partial double track or more tracks, excluding double tracks, station sidings, tracks under the charge of stations, branch lines, special - purpose lines and the non - payable connecting lines. The length of railways in operation is an important indicator to show the development of the infrastructure for the railway transport, and also the essential data to calculate volume of passenger freight transport, traffic density and utilization efficiency of the locomotives and carriages.

Extenuation Length of Trunk Lines refers to the sum of the first, the second, the third lines and other constructed length of the trunk railways, excluding the extenuation length of the station lines, lines under the jurisdiction of depots, sidings and lines for special purpose. It provides important information for the calculation of the needs for rails, sleepers, sand and stone for the construction of railways.

Length of Electrified Railways refers to the length of the section of railways in operation in which the power supply lines and other equipment are installed for the running of electrified locomotives. The proportion of the length of electrified railways to the total length of railways in operation is an important indicator to show the modernization of railways.

Automatic - blocking and Semi - automatic - blocking Length of Railways Blocking is a spacing technique by which a section of the railway only allows one train to pass at a time, in order to ensure the traffic safety. Automatic (semi - automatic) blocking length of railways refers to railways installed with equipment to perform automatic or manual blocking of trains, the proportion of automatic/semi - automatic blocking length to the total length of railways in operation is an important indicator to show the modernization of railways.

Length of Highways refers to the length of highways which are built in conformity with the grades specified by the highway engineering standard formulated by the Ministry of Communications, and have been formally checked and accepted by the departments of highways and put into use. The length of highways includes that of the suburb highways at large and medium - sized cities, highways passing through streets at small cities and towns, and also the length of bridges and ferries. It does not include the length of streets in big and medium - sized cities and highways built for the production purpose at factories, mines, forest areas and agricultural areas. If two or more highways go the same section of the way, the length of the section is only calculated for once and no duplication is allowed. The length of highways is an important indicator to show the development of the highway construction and to provide essential information to calculate the transport network density.

Length of Navigable Inland Waterways an indicator reflecting the size and development of inland water network, it refers to the length of the natural rivers, lakes, reservoirs, canals, and ditches open to navigation during a given period, which enables the transport by ships and rafts. It includes the channels open to navigation for over an accumulative 3 months in a year, yet this does not include the river courses which are only used to float odd logs and bamboo rafts.

Length of Civil Aviation Routes refers to the length of all routes for regular civil aviation flights. There are usually two ways to calculate the distance between airports connected by the route length: One is to put the length of all air routes together, called duplicated calculation of the length of the routes; the other is not to allow the duplication in calculation when two or more routes passing the same section of aviation routes. The latter is usually used, as it can precisely show the size of the civil aviation network and indicate the extent of civil aviation serving the national economy and the people.

Length of Oil (Gas) Pipelines used as an indicator to show the development, scale and level of the pipeline transportation, it refers to the actual transport distance of oil (or gas) products, and is in general calculated in the length of single pipeline. If the length of the double pipelines and alternate pipelines are included, it is called the extension length of the oil (gas) pipelines, which indicates the actual length of the pipelines built, excluding double pipelines.

Freight (Passenger) Traffic refers to the volume of freight (passenger) transported with various means. Freight transport is calculated in tons and passenger traffic is calculated in the number of persons. Despite the type of freight and travelling distance, the freight transport is calculated in the actual weight of the goods: and despite the travelling distance and ticket price, the passenger traffic is calculated by the principle that one person can be counted only once in one travel. The passenger who travels with a half price ticket or a child ticket is also calculated as one person. The freight (passenger) traffic provides a quantitative measure to show how the transport industry serves the national economy and people, and is also an important indicator for planning the transport industry and for studying the development scale and speed of the transport industry.

Freight (Passenger) Traffic Density refers to the freight (passenger) traffic volume carried by a particular means of transportation during a given period through one kilometer of a specific section of transportation route. The formula is as follows:

Freight (Passenger) Traffic Density = [Freight Ton – kilometers (Passenger – kilometers)]/(Length of Route in Operation)

Measuring unit: ton – kilometer / kilometer (or person – kilometer / kilometer)

Freight (passenger) traffic density reflects the degree of business of freight (passenger) traffic on transportation routes, and therefore provides important information for balancing transport capability, planning construction and upgrading of transport routes and studying the distribution of transport network.

Freight Ton – kilometers (Passenger – kilometers) refer to the sum of the products of the volume of transported cargo (passengers) multiplying by the transport distance, usually using ton – kilometer and passenger – kilometer as units for measurement. Normally, the shortest distance between the departure station and the destination station (i. e., the payable distance) is the basis to calculate the freight ton – kilometers. This is an important indicator to show the total results of the transport industry, to prepare and examine the transport plan and to measure the efficiency, the labour productivity and the unit cost of transport.

The formula is as follows:

Freight Ton – kilometers (Passenger – kilometers) = ∑ {Freight (Passenger) Traffic x Distance of Transportation}

Measuring unit: ton – kilometer (person – kilometer)

Static Load of Freight Cars refers to the average cargo weight as loaded by each freight car under the static condition at the departure station. It is used to show the utilization extent of the loading capacity of the freight cars. The formula is:

Static Load (ton) of Freight Car = (Tonnage of Goods Dispatched) / (Number of Freight Cars Loaded)

The static load of freight cars is determined by the nature and type of goods loaded, the type of vehicles, and the technique of loading. The difference between the average marked load and the static load of freight cars reflects the utilization of loading capacity of freight cars. For its calculation the following formula is applied:

Utilization Rate of Capacity of Freight Cars(%) = [(Average Static Load) × 100%]/(Average Marked Load)

Average Daily Haul of Freight Locomotives refers to the average total ton – kilometers accomplished by each freight transport locomotive over day and night during a given period of time. It includes both the weight of the goods carried and the dead weight of the train itself. It is a comprehensive indicator reflecting the locomotive efficiency in terms of both time and the pulling force.

Average Daily Haul of Freight Transport Locomotive (ton – kilometer) = [(Total Ton/(Kilometers of Freight)]/(Daily Number of Freight Transport Locomotive)

Subscribers of Wireless Paging Services Wireless paging service refers the service by which telephone users send audio, digital or character signals to persons carrying small – size pagers within the designated areas through wireless paging centers. The page carriers who have registered in paging centers are counted as paging subscribers.

Mobile Telephone Subscribers refer to the persons who own mobile telephone numbers and are connected with the mobile telephone communication network through the mobile telephone switchboards. The number of subscribers is calculated by the subscribers who have completed registration at mobile communication business centers and entered into the mobile telephone network. One mobile telephone is taken as a subscriber.

Telephone Subscribers refer to subscribers that are connected to the public line telephone network provided with telephone services. Before 1997, telephone subscribers were classified as city subscribers and village subscribers. City subscribers referred to those connected to city telephone networks in county towns and cities, while village subscribers referred to those connected to village telephone stations at and below counties. Since 1997, the classification of telephone subscribers was modified on the basis of physical location of the subscribers as "urban telephone subscribers" and "rural telephone subscribers", which is different from the previous classification of categorizing "local telephones" and "rural telephones", while the definition of total subscribers and total number of telephones remain unchanged.

Urban Telephone Subscribers refer to subscribers telephone subscribers, located at municipalities, cities under the jurisdiction of province, cities at prefectural level, downtown and suburb of city at county level town and county towns (including country towns where county government located, and towns of county level according to the administrative organizational system), that are connected to the public line telephone network, including rural mineral area, forest area, military area.

Rural Telephone Subscribers refer to telephone subscribers, located at towns under county town and country, that are connected to the public line telephone network.

Household Telephone Subscribers refer to telephone sets installed in the dwelling units of urban or rural residents, and registered as residence subscribers for payment, including 3 types of payment for the service: private payment, public payment and free service.

十四、国内贸易

DOMESTIC TRADE

14－1 国内贸易基本情况
BASIC CONDITIONS OF DOMESTIC TRADE

单位:亿元 (100 million yuan)

指标	Item	1995	2000	2001	2002	2003
批发零售贸易业	**Wholesale and Retail Trade**					
商品购进总额	Total Purchases	884.3	473.3	489.0	526.8	571.2
#进　口	#Imports		34.1	31.4	33.5	40.1
商品销售总额	Total Sales	1001.8	541.0	548.9	586.5	639.7
批　发	Wholesale		404.5	399.1	426.6	463.6
#出　口	#Exports		18.2	11.5	12.6	13.1
零　售	Retail		136.5	149.8	159.9	176.1
商品库存总额	Total Inventory	281.4	136.8	76.3	119.9	106.7
社会消费品零售总额	**Total Retail Sales of Consumer Goods**	**682.7**	**1094.0**	**1198.9**	**1320.0**	**1376.4**
按地区分	By Region					
市	City	476.7	785.2	867.4	959.6	1019.4
县	County	116.0	160.6	171.8	186.6	186.6
县以下	Under County Level	90.0	148.3	159.7	173.8	170.4
按行业分	By Sector					
批发零售贸易业	Wholesale and Retail Trade					1191.9
餐饮业	Catering Trade					152.3
其　它	Others					32.2
按商品类别分	By category					
食品类	Food	298.3	486.1	527.1	573.9	582.9
衣着类	Clothing	124.7	231.5	251.1	279.8	296.4
用品类	Articles	229.2	330.4	361.1	392.8	425.4
燃料类	Fuel	30.5	46.0	59.6	73.5	71.7
城乡集市个数(个)	**Number of Markers**	**2026**	**2379**	**2213**	**2091**	**1744**
城　市	Urban Areas	956	1200	1105	1067	1026
乡　村	Rural Areas	1070	1179	1108	1024	718
城乡集市贸易成交额	**Transaction Value**	**232.8**	**670.4**	**589.3**	**662.8**	**709.2**
城　市	Urban Areas	168.8	548.7	478.1	548.2	578.9
乡　村	Rural Areas	64.0	121.7	111.2	114.6	130.3

注:1. 2000 及以后商品购进、销售和库存总额为限额以上企业统计口径。
2. 2003 年起社会消费品零售总额不再包括"制造业"企业的科、室对居民及社会集团的零售额和"农业生产者"对非农业居民的零售额。

Note: a) The total purchases, sales and inventory only include enterprises above designated size from 2000.
b) The total retail sales of consumer goods do not include the retail sales of residents and social groups sold by unit of manufacturing and the retail sales sold by farmers to non－agricultural residents.

14－2 社会消费品零售总额(1978－2002)
TOTAL RETAIL SALE OF CONSUMER GOODS

单位:亿元 (100 million yuan)

年份 Year	社会消费品零售总额 Total Retail Sale of Consumer Goods	按地区分 By Region			按行业分 By Sector				
		市 City	县 County	县以下 Under County Level	批发零售贸易业 Wholesale and Retail Trade	餐饮业 Catering Trade	制造业 Manufacturing	农业生产者 Farm Producers	其他 Others
1978	61.8	23.3	23.8	14.7	53.2	2.4	2.9		3.3
1980	81.0	37.1	23.9	20.0	68.6	3.7	4.4		4.3
1985	156.7	86.2	46.7	23.8	119.8	9.0	11.3		16.6
1990	341.0	199.5	74.6	66.9	271.4	17.9	19.6	19.1	13.0
1991	352.2	231.7	82.9	37.6	276.2	19.1	21.7		35.2
1992	403.0	269.9	84.3	48.8	313.9	20.8	24.0		44.3
1993	459.5	323.2	83.4	52.9	363.1	24.2	24.8	31.2	16.2
1994	551.7	388.3	96.7	66.7	420.5	35.6	30.7	47.8	17.1
1995	682.7	476.7	116.0	90.0	524.3	41.8	29.7	61.5	25.4
1996	782.2	554.2	124.1	103.9	600.9	54.3	37.6	73.0	16.4
1997	880.2	623.2	139.6	117.4	683.5	63.4	37.9	80.9	14.5
1998	949.7	679.9	138.0	131.8	734.1	77.2	36.9	87.2	14.3
1999	1016.2	725.8	150.5	139.8	778.4	86.9	41.6	91.1	18.3
2000	1094.0	785.2	160.6	148.3	848.7	98.5	39.7	88.2	19.0
2001	1198.9	867.4	171.5	159.7	929.1	115.9	46.0	85.3	22.7
2002	1320.0	959.6	186.6	173.8	1030.0	135.7	44.0	86.4	23.9

14－3 社会消费品零售总额(2003)
TOTAL RETAIL SALE OF CONSUMER GOODS

单位:亿元、万元 (100 million yuan, 10000 yuan)

地区	Region	社会消费品零售总额 Total Retail Sale of Consumer Goods	按地区分 By Region			按行业分 By Sector		
			市 City	县 County	县以下 Under County Level	批发零售贸易业 Wholesale and Retail Trade	餐饮业 Catering Trade	其他 Others
全省	**Total**	**1376.4**	**1019.4**	**186.6**	**170.4**	**1191.9**	**152.3**	**32.2**
哈尔滨	Harbin	6241744	5266129	396505	579110	5545340	652786	43618
齐齐哈尔	Qiqihar	1314084	868745	235459	209880	1202691	90285	21108
鸡西	Jixi	468694	412052	24152	32490	361272	90415	17007
鹤岗	Hegang	235440	194009	29567	11864	210510	24157	773
双鸭山	Shuangyashan	251618	153415	76975	21228	223607	16839	11172
大庆	Daqing	1080247	857513	103122	119612	936118	128113	16016
伊春	Yichun	263852	245200	10555	8097	202676	59880	1295
佳木斯	Jiamusi	728024	545968	94521	87535	587915	100972	39137
七台河	Qitaihe	234082	159886	48277	25919	195217	36675	2190
牡丹江	Mudanjiang	1030106	754474	102797	172835	793245	144814	92047
黑河	Heihe	274558	157904	65120	51534	242409	30213	1936
绥化	Suihua	1021254	504573	235365	281316	878748	86709	55797
大兴安岭	Daxinganling	172280		158698	13582	139561	16834	15885
农垦总局	ARB	448555	74357	285175	89023	399949	43273	5333

14－4 按商品类别分社会消费品零售总额
TOTAL RETAIL SALE OF CONSUMER GOODS BY CATEGORY

单位:亿元、万元 (100 million yuan, 10000 yuan)

年份 Year 地区 Region	社会消费品零售总额 Total Retail Sale of Consumer Goods	食品类 Food	#主食 Staple Food	#副食 Non－Staple Food	#烟、酒、茶、饮料 Tobacco, Liquor, tea and Beverages	衣着类 Clothing	#针、纺织品 Knitwear and Textiles	#服装鞋帽类 Clothing, Shoes and Hats	用品类 Articles
1985	156.7	75.8				32.0			43.7
1990	341.0	148.3				65.8			84.7
1995	682.7	298.3				124.7			229.2
2000	1094.0	486.1	113.2	273.8	97.9	231.5	61.0	170.2	330.4
2001	1198.9	527.1	121.9	292.9	102.0	251.1	62.4	188.6	361.2
2002	1320.0	573.9	129.2	326.2	118.2	279.8	70.1	207.8	392.8
2003	1376.5	582.9	131.2	334.1	116.7	296.4	75.5	220.9	425.4
哈尔滨 Harbin	6241744	2660488	501772	1643160	515556	1360260	271315	1088945	2048599
齐齐哈尔 Qiqihar	1314084	633522	166680	354075	112767	264922	74496	190426	276437
鸡西 Jixi	468694	195518	41059	108262	46197	161128	50669	110459	102674
鹤岗 Hegang	235440	98123	20581	56382	21160	59576	13940	45636	70650
双鸭山 Shuangyashan	251618	111713	23189	67736	20788	62767	21884	40873	67309
大庆 Daqing	1080247	207544	36218	82650	87098	183954	61784	122159	529765
伊春 Yichun	263852	137731	27408	84980	25342	46966	8782	38183	70712
佳木斯 Jiamusi	728024	266981	66076	181602	19302	148785	26886	121899	261258
七台河 Qitaihe	234082	121582	36805	59471	25306	47796	18208	29588	59532
牡丹江 Mudanjiang	1030106	522667	108185	331029	83453	208157	44391	163766	270073
黑河 Heihe	274558	118060	40919	52619	24521	76052	27250	48803	67926
绥化 Suihua	1021254	490447	146374	222239	114761	215867	84942	130925	254268
大兴安岭 Daxinganling	172280	76308	31040	28778	16491	32622	10016	22606	42053
农垦总局 ARB	448554	188911	65918	68063	54348	95451	40449	54587	132799

14－4 续表 CONTINUED

单位:亿元、万元 (100 million yuan, 10000 yuan)

年份 Year 地区 Region	#日用品 Articles for Daily Use	#生活电器 Household Appliances	#文化体育用品 Culture and Sports Articles	#化妆品 Cosmetics	#金银珠宝 Gold, Silver and Jewelry	#中西药品 Transitional Chinese and Western Medicines	#书报杂志 Newspaper and Magazines	#建筑材料 Structural Material	燃料类 Fuel
1985	22.4						1.8		5.2
1990	54.9						3.6		11.3
1995	142.4						8.5		30.5
2000	82.0	69.5	16.5	15.9	11.1	34.0	15.4	60.1	46.0
2001	94.0	72.3	19.1	18.6	12.2	20.7	18.6	64.8	59.6
2002	104.2	77.7	22.8	20.9	15.9	42.4	20.7	75.8	73.6
2003	111.9	88.5	23.0	23.1	16.8	50.4	21.5	84.4	71.7
哈尔滨 Harbin	619916	424083	97145	110046	68904	253331	86307	388867	172397
齐齐哈尔 Qiqihar	61231	61894	21562	19074	11914	26814	14706	59240	139204
鸡西 Jixi	25669	18481	7187	10611	10738	13899	12321	3080	9374
鹤岗 Hegang	14747	9015	2161	6581	884	9212	2878	16281	7092
双鸭山 Shuangyashan	12413	11029	4629	2592	2335	4973	5307	3244	9828
大庆 Daqing	65780	98613	12113	17586	41994	44093	15157	222043	158985
伊春 Yichun	21214	12021	1909	1980	707	6788	4950	11173	8443
佳木斯 Jiamusi	40049	89751	20386	19363	8707	41558	24509	16033	51002
七台河 Qitaihe	13170	16869	5601	2024	939	6686	6060	8183	5172
牡丹江 Mudanjiang	92363	50421	27352	12641	8913	34513	16903	26966	29209
黑河 Heihe	20126	18326	3118	5142	1080	7118	2935	10080	12520
绥化 Suihua	78154	50439	18580	12006	5149	32266	13460	44181	60672
大兴安岭 Daxinganling	8878	7594	1952	2789	2342	5696	4003	8800	21297
农垦总局 ARB	45693	16895	6788	8453	3884	16944	5107	25600	31393

14－5 限额以上批发零售贸易业商品购、销、存总额(2003)

单位:万元

类　别	Category	法人企业(个) Number of Institutional Enterprises (unit)	产业活动单位(个) Number of Establishments (unit)
总　计	**Total**	**497**	**1424**
批发业	**Wholesale Trade**	**285**	**1030**
#国有及国有控股	#State－owned and State－holding Enterprises	171	795
按登记注册类型分组	**Grouped by Status of Registration**		
内资企业	Domestic Funded Enterprises	284	1028
国有企业	State－owned Enterprises	138	553
集体企业	Collective－owned Enterprises	20	40
股份合作企业	Cooperative Enterprises	6	6
联营企业	Joint Ownership Enterprises		
有限责任公司	Limited Liability Corporations	39	57
国有独资企业	Sole State－funded Corporations	3	4
其他有限责任公司	Others Limited Liability Corporations	36	53
股份有限公司	Share－holding Corporations Ltd.	31	318
私营企业	Private Enterprises	50	54
私营独资企业	Private－funded Enterprises	2	2
私营合伙企业	Private Partnership Enterprises		
私营有限责任公司	Private Limited Liability Corporations	44	48
私营股份有限公司	Private Share－holding Corporations Ltd.	4	4
其他企业	Other Enterprises		
港、澳、台商投资企业	Enterprises with Funds from Hong Kong, Macao and Taiwan		
外商投资企业	Foreign Funded Enterprises	1	2
按国民经济行业分组	**Grouped by Sector**		
农畜产品批发业	Wholesale of Agriculture and Animal Products	32	40
食品、饮料及烟草制品批发业	Wholesale of Foods, Beverage and Tobaccos	54	173
#米、面制品及食用油批发业	#Wholesale of Rice and Flour Products and Edible Oils	11	11
烟草制品批发业	Wholesale of Tobacco	35	151
纺织、服装及日用品批发业	Wholesale of Textile, Clothes and Commodities	8	28
#服装批发业	#Wholesale of Clothes		
文化、体育用品及器材批发业	Wholesale of Cultural and Sports Goods and Equipment	3	16
医药及医疗器材批发业	Wholesale of Medicine and Medical Devices	15	84
矿产品、建材及化工产品批发	Wholesale of Minerals Products, Building Materials and Chemical Products	121	625
#煤炭及制品批发业	#Wholesale of Coal and Its Products	9	44
石油及制品批发业	Wholesale of Petroleum and Its Products	36	481
金属及金属矿批发业	Wholesale of Metals and Metal Mineral	14	16
建材批发业	Wholesale of Building Materials	22	26
化肥批发业	Wholesale of Fertilizers	7	22
机械设备五金交电及电子产品	Wholesale of Mechanical Equipment, Hardware and Electronic Products	44	48
#汽车摩托车及零配件批发	#Wholesale of Automobiles, Motorcycles and Their Accessories	26	28
家用电器批发业	Wholesale of Household Electrical Appliances	6	8
计算机软件及辅助设备批发	Wholesale of Computers, Software and Their Supporting Equipment	7	7
贸易经纪与代理	Trade Broker and Agent		
其他批发业	Other Wholesales	8	17

TOTAL PURCHASES, SALES AND INVENTORY OF ENTERPRISE ABOVE DESIGNATED SIZE IN WHOLESALE AND RETAIL TRADE(2003)

(10000 yuan)

从业人员（人） Employment (person)	商品购进总额 Purchases		商品销售总额 Total Sales				年末库存总额 Inventory (year - end)
	合计 Total	#进口 Imports	合计 Total	批发 Wholesale Trade	#出口 Export	零售 Retail Trade	
103150	**5711670**	**401213**	**6396777**	**4635650**	**130866**	**1761127**	**1067352**
46713	**4678324**	**396239**	**5085890**	**4561953**	**130866**	**523937**	**855981**
39471	3376444	105307	3720774	3389977	37560	330798	767297
46663	4673877	396239	5081339	4557513	130866	523826	855981
29038	2650597	36768	2926399	2816705	32017	109694	708941
1395	336586	69741	329583	317215	12812	12368	18039
206	51233	9103	52556	28150	3979	24406	5129
8267	698719	70932	721524	519930	8836	201595	57177
3739	176692	6018	180775	78720		102054	25304
4528	522026	64914	540750	441209	8836	99540	31873
5994	484178		567193	401618	34421	165575	39875
1763	452564	209695	484083	473895	38801	10188	26820
70	5968	4178	5835	5633	272	202	1233
1624	415061	198976	444532	434546	24439	9986	24555
69	31536	6542	33715	33715	14090		1033
50	4447		4551	4440		111	
10583	171045		277963	276795	43997	1168	439051
10645	643834	6018	763293	761030	3926	2263	229965
3301	78630		92214	92214			149133
6105	522149	6018	622258	622028	3926	230	75549
824	37234	9103	43264	41152	11945	2111	4893
1009	53834		53576	45684		7892	4939
6533	259956		274956	156430	244	118526	36335
13789	2884502	274597	3034624	2789372	37003	245252	107284
1755	41856		66687	48907		17780	5129
8304	1998784	8003	2118560	1913060	3868	205500	53947
488	149854	55445	158153	141214	24296	16939	16834
460	151530	131543	153482	150474	5057	3008	5841
819	44225	3286	50418	50418	1255		726
2786	508441	16642	513556	366832	14109	146724	31461
804	278209	9903	274505	145248	6873	129256	14915
343	24553		29560	29449		111	547
1125	178474	6739	180535	164020	7235	16516	14224
561	119477	89879	124659	124659	19642		2054

14－5 续表1

单位:万元

类　别	Category	法人企业（个） Number of Institutional Enterprises (unit)	产业活动单位（个） Number of Establishments (unit)
零售业	**Retail Trade**	**212**	**394**
#国有及国有控股	#State－owned and State－holding Enterprises	108	170
按登记注册类型分组	**Grouped by Status of Registration**		
内资企业	Domestic Funded Enterprises	209	391
国有企业	State－owned Enterprises	88	140
集体企业	Collective－owned Enterprises	20	56
股份合作企业	Cooperative Enterprises	7	65
联营企业	Joint Ownership Enterprises	1	1
有限责任公司	Limited Liability Corporations	26	31
国有独资企业	Sole State－funded Corporations	1	1
其他有限责任公司	Others Limited Liability Corporations	25	30
股份有限公司	Share－holding Corporations Ltd.	36	52
私营企业	Private Enterprises	31	46
私营独资企业	Private－funded Enterprises	3	3
私营合伙企业	Private Partnership Enterprises	2	2
私营有限责任公司	Private Limited Liability Corporations	23	38
私营股份有限公司	Private Share－holding Corporations Ltd.	3	3
其他企业	Other Enterprises		
港、澳、台商投资企业	Enterprises with Funds from Hong Kong, Macao and Taiwan	1	1
外商投资企业	Foreign Funded Enterprises	2	2
按国民经济行业分组	**Grouped by Sector**		
综合零售业	Integrated Retail	95	112
百货零售业	General Merchandise Retail	84	96
超级市场零售业	Supermarket Retail	9	14
食品、饮料及烟草制品	Special Retails of Foods, Beverage and Tobaccos	8	17
纺织、服装及日用品专门零售	Special Retail of Textile, Clothing and Domestic Commodities	11	15
服装零售业	Clothing Retail	4	4
文化、体育用品及器材	Special Retail of Cultural and Sports Goods and Equipment	35	55
体育用品零售业	Sports Goods Retail		
图书零售业	Books Retail	31	50
医药及医疗器材专门零售业	Special Retail of Medicine and Medical Devices	14	105
药品零售业	Medicine Retail	13	104
汽车、摩托车、燃料及零配件	Special Retail of Automobiles, Motorcycles, Fuels and Their Accessories	10	18
汽车零售业	Automobile Retail	5	5
机动车燃料零售业	Automobile Fuel Retail	4	12
家用电器及电子产品专门零售	Special Retail of Household Electrical Appliances and Electronic Products	30	35
家用电器零售业	Retail of Household Electrical Appliances	22	26
计算机、软件及辅助设备	Retail of Computers, Software and Their Supporting Equipment	8	8
通讯设备零售业	Retail of Communication Equipment		1
五金、家具及室内装修材料	Special Retail of Hardware, Furniture and Indoor Decoration Materials	3	3
无店铺及其他零售业	Retail without Shops and Other Retail	6	34
邮购及电子销售业	Mail Order and Electronical Selling		

CONTINUED

(10000 yuan)

从业人员（人） Employment (person)	商品购进总额 Purchases 合　计 Total	#进　口 Imports	商品销售总额 Total Sales 合　计 Total	批　发 Wholesale Trade	#出　口 Export	零　售 Retail Trade	年末库存总　额 Inventory (year - end)
56437	**1033346**	**4973**	**1310887**	**73697**		**1237191**	**211371**
23681	370360	1670	515847	17869		497978	96827
54479	975431	4973	1254267	73697		1180570	207976
10820	203687	1670	234445	12085		222361	59475
2346	35691		37139	3608		33532	6040
1888	20716		25517	814		24704	6052
119	1148		1148			1148	71
6927	147992		184170	10163		174007	31684
1700	53737		74229			74229	12789
5227	94255		109941	10163		99778	18895
27778	337137		540700	22487		518214	77549
4601	229060	3304	231147	24541		206606	27107
103	7623		7869			7869	337
36	1219		1247			1247	64
3693	145795	3304	141059	23279		117781	19488
769	74422		80973	1262		79710	7219
473	10183		11070			11070	
1485	47733		45550			45550	3394
39944	621280	1512	864571	14778		849792	128980
37420	568726		805502	14778		790724	124742
2379	45851	1512	53541			53541	4113
1128	13633		18834			18834	9881
1492	18620		20237	2517		17721	7862
652	6295		8299	1542		6757	5374
3037	53412	158	49608	5283		44324	13723
2842	46653		44113	2793		41319	9311
2527	48278		48113	7447		40666	8127
2482	43776		43638	7447		36191	7936
582	66945	3304	64657	13332		51326	3010
143	34013	3304	35056	8030		27026	1168
376	27076		23499	5301		18198	1506
6935	198088		229509	29563		199946	26402
6331	180333		209860	28059		181801	25430
559	17755		17995	1504		16491	955
45			1654			1654	17
344	3877		4685			4685	899
448	9212		10675	777		9899	12488

14－6 限额以上批发零售贸易业商品分类销售额(2003)

TOTAL SALES OF ENTERPRISE ABOVE DESIGNATED SIZE IN WHOLESALE AND RETAIL TRADE BY CATEGORY OF COMMODITIES

单位:万元 (10000 yuan)

项目	Item	销售合计 Total	批发 Wholesale Trade	零售 Retail Trade
合计	**Total**	**6653076**	**4895161**	**1757915**
食品、饮料、烟酒类	Food, Beverages, Tobacco and Liquor	1268784	1035128	233656
#肉禽蛋类	#Meat, Poultry and Eggs	50804	6151	44653
饮料类	Beverages	28009	5582	22427
烟酒类	Tobacco and Liquor	703310	667141	36169
服装鞋帽、针、纺织品类	Clothing, Shoes, Hats and Textiles	558551	161299	397251
服装类	Clothing	366557	125976	240581
鞋帽类	Shoes and Hats	106240	14529	91711
针、纺织品类	Knitwear and Textiles	85754	20794	64960
化妆品类	Cosmetics	47048	3256	43792
金银珠宝类	Gold, Silver and Jewelry	40026	307	39719
日用品类	Articles for Daily Use	111394	18060	93333
#洗涤用品类	#Washing Articles	28355	9509	18846
五金、电料类	Hardware and Electrical Materials	23402	13997	9404
体育、娱乐用品类	Sports and Recreation Articles	10331	46	10285
书报、杂志类	Newspapers and Magazines	92982	34269	58713
电子出版物及音像制品类	E－journal and Video Products	4066	421	3645
家用电器及音像器材类	Household Appliances and Video Appliances	362846	129614	233231
中西药品类	Traditional Chinese and Western Medicines	327887	177450	150437
文化办公用品类	Cultural and Official Goods	46719	5237	41482
家俱类	Furniture	16857	5	16852
通讯器材类	Communication Appliances	113117	97373	15744
煤炭及制品类	Coal and Related Product	53897	37799	16098
木材及制品类	Wood and Wooden Product	110347	109614	734
石油及制品类	Petroleum Related Product	2282000	2008707	273293
化工材料类	Raw Chemical Materials	527394	527274	120
#化肥类	#Fertilizer	395528	395528	
金属材料类	Metal Materials	130035	125919	4116
建筑及装潢材料类	Building and Decoration Materials	9689	9614	74
机电产品及设备类	Mechanical and Electrical Products	394606	309087	85519
种子饲料类	Seed and Feedstuff	837	837	
棉麻类	Cotton and Hemp	1368	1368	
其他类	Others	118896	88480	30416

14-7　各地区限额以上批零贸易业商品购、销、存总额(2003)
TOTAL PURCHASES, SALES AND INVENTORY OF ENTERPRISE ABOVE DESIGNATED SIZE IN WHOLESALE AND RETAIL TRADE BY REGION

单位：万元　　(10000 yuan)

地　区	Region	法人单位数(个) Number of Institutional Units(Unit)	商品购进总额 Total Purchases	#进口 Imports	年末库存总额合计 Total Inventory (year-end)
全　省	**Provincial Total**	**497**	**5711670**	**401213**	**1067352**
哈尔滨	Harbin	176	2315059	109734	271632
齐齐哈尔	Qiqihar	33	223112		69152
鸡　西	Jixi	23	160187	1991	144077
鹤　岗	Hegang	18	74534		73797
双鸭山	Shuangyashan	11	74985		14973
大　庆	Daqing	61	1616064		73520
伊　春	Yichun	1	18641		1185
佳木斯	Jiamusi	41	183194		209327
七台河	Qitaihe	6	38716		14259
牡丹江	Mudanjiang	60	532429	289488	47011
黑　河	Heihe	22	79392		75698
绥　化	Suihua	34	178219		49164
大兴安岭	Daxinganling	5	41048		6351
农垦总局	ARB	6	176091		17205

14-7 续表 1　CONTINUED

地　区	Region	商品销售总额 Total Sales			
		合计 Total	批发业 Wholesale Trade	#进口 Imports	零售业 Retail Trade
全　省	**Provincial Total**	**6396777**	**4635650**	**130866**	**1761127**
哈尔滨	Harbin	2514428	1638355	66394	876073
齐齐哈尔	Qiqihar	277876	190469		87407
鸡　西	Jixi	207940	152277		55663
鹤　岗	Hegang	90500	72654	167	17846
双鸭山	Shuangyashan	84134	69273		14862
大　庆	Daqing	1775204	1415816		359389
伊　春	Yichun	18781	16808		1973
佳木斯	Jiamusi	263904	178724		85180
七台河	Qitaihe	45158	25748		19410
牡丹江	Mudanjiang	586830	490468	61114	96362
黑　河	Heihe	97465	51546	3191	45919
绥　化	Suihua	216950	132890		84059
大兴安岭	Daxinganling	44566	30200		14366
农垦总局	ARB	173041	170422		2618

14－8 餐饮业销售情况
SALES STATISTICS OF CATERING SERVICES

项 目	Item	法人企业（个） Number of Institutional Enterprises (unit)	产业活动单位（个） Number of Establishm－ents (unit)	从业人员数（个） Employment (person)	营业总收入（万元） Business Revenue (10000 yuan)	商品零售额 Total Retail Sale of Commodity
总 计	**Total**	**110**	**148**	**11415**	**1577080**	**1524006**
限额以上	**Above Designated Size**	**110**	**148**	**11415**	**113519**	**112876**
按登记注册类型分组	**Grouped by Status of Registration**					
内资企业	Domestic Funded Enterprises	91	122	8359	72414	71770
国有企业	State－owned Enterprises	9	10	849	4427	4135
集体企业	Collective－owned Enterprises	6	8	523	4703	4703
股份合作企业	Cooperative Enterprises	1	1	90	425	425
联营企业	Joint Ownership Enterprises					
有限责任公司	Limited Liability Corporations	6	10	416	3314	3019
国有独资企业	Sole State－funded Corporations					
其他有限责任公司	Others Limited Liability Corporations	6	10	416	3314	3019
股份有限公司	Share－holding Corporations Ltd.		2	757	2639	2639
私营企业	Private Enterprises	69	91	5724	56906	56849
私营独资企业	Private－funded Enterprises	24	27	1927	16263	16263
私营合伙企业	Private Partnership Enterprises	7	10	420	4873	4817
私营有限责任公司	Private Limited Liability Corporations	34	50	3177	32884	32884
私营股份有限公司	Private Share－holding Corporations Ltd.	4	4	200	2886	2886
其他企业	Other Enterprises					
港、澳、台商投资企业	Enterprises with Funds from Hong Kong, Macao and Taiwan	5	8	341	5408	5408
合资经营企业	Joint－venture Enterprises	2	5	140	2108	2108
合作经营企业	Cooperative Enterprises					
独资经营企业	Enterprises with Sole Investment	3	3	201	3300	3300
投资股份有限公司	Share－holding Corporations Ltd. With Investment					
外商投资企业	Foreign Funded Enterprises	14	18	2715	35698	35698
中外合资经营企业	Joint－venture Enterprises	10	10	706	10521	10521
中外合作经营企业	Cooperative Enterprises	1	3	279	3333	3333
外资企业	Enterprises with Sole Foreign Investment	3	5	1730	21844	21844
外商投资股份有限公司	Share－holding Corporations Ltd. With Foreign Investment					
按国民经济行业分组	**Grouped by Sector**					
正餐服务业	Dinner Service	104	136	10684	107668	107025
快餐服务业	Snack Service	4	10	553	4592	4592
饮料及冷饮服务业	Beverage and Cold Drink Service	2	2	178	1259	1259
其他餐饮服务业	Other Food and Beverage Services					
限额以下	**Below Designated Size**				**1463561**	**1411130**

14－9　各地区餐饮业营业收入和商品零售额
BUSINESS REVENUE AND RETAIL SAILS OF CATERING SERVICES BY REGION

单位：万元　　　　　　　　　　　　　　　　　　　　(10000 yuan)

年份 地区	Year Region	营业收入 Business Revenue	限额以上单位 Above Designated Size	#正餐 Dinner	限额以下单位和个体户 Below Designated Size and Individual
	2000	1012181	72559	56265	939622
	2001	1157900	84927	69502	1072973
	2002	1372695	103809	81473	1268886
	2003	1577080	113519	107668	1463561
哈尔滨	Harbin	652785	84061	78694	568724
齐齐哈尔	Qiqihar	90287	6200	6200	84087
鸡西	Jixi	90415			90415
鹤岗	Hegang	24157	671	671	23487
双鸭山	Shuangyashan	16839	332	332	16508
大庆	Daqing	128113	12211	12211	115902
伊春	Yichun	59880	508	508	59372
佳木斯	Jiamusi	102972	5525	5525	97447
七台河	Qitaihe	36970	491	491	36479
牡丹江	Mudanjiang	145209	3285	2801	141925
黑河	Heihe	30213	237	237	29976
绥化	Suihua	95380			95380
大兴安岭	Daxinganling	16873			16873
农垦总局	ARB	86987			86987

14－9 续表　CONTINUED

单位：万元　　　　　　　　　　　　　　　　　　　　(10000 yuan)

年份 地区	Year Region	商品零售总额 Retail Sails	限额以上单位 Above Designated Size	#正餐 Dinner	限额以下单位和个体户 Below Designated Size and Individual
	2000	962288	71800	55560	890488
	2001	1127974	84203	68778	1043771
	2002	1332550	102974	80638	1229576
	2003	1524006	112876	107025	1411130
哈尔滨	Harbin	652785	84061	78694	568724
齐齐哈尔	Qiqihar	90287	6200	6200	84087
鸡西	Jixi	90415			90415
鹤岗	Hegang	24157	671	671	23487
双鸭山	Shuangyashan	16839	332	332	16508
大庆	Daqing	128113	12211	12211	115902
伊春	Yichun	59880	508	508	59372
佳木斯	Jiamusi	102972	5525	5525	97447
七台河	Qitaihe	36675	196	196	36479
牡丹江	Mudanjiang	144814	2935	2452	141879
黑河	Heihe	30213	237	237	29976
绥化	Suihua	86709			86709
大兴安岭	Daxinganling	16873			16873
农垦总局	ARB	43273			43273

14－10 限额以上批发零售贸易企业财务状况

单位:万元

项目	Item	企业数(个) Numbers of Enterprises (unit)	#亏损企业数 Losses－making Enterprises
总计	**Total**	**497**	**163**
批发企业	**Wholesale Trade**	**285**	**88**
#国有及国有控股	#State－owned and State－holding Enterprises	171	56
按登记注册类型分组	**Grouped by Status of Registration**		
内资企业	Domestic Funded Enterprises	284	88
国有企业	State－owned Enterprises	138	50
集体企业	Collective－owned Enterprises	20	6
股份合作企业	Cooperative Enterprises	6	1
联营企业	Joint Ownership Enterprises		
有限责任公司	Limited Liability Corporations	39	14
国有独资企业	Sole State－funded Corporations	3	1
其他有限责任公司	Others Limited Liability Corporations	36	13
股份有限公司	Share－holding Corporations Ltd.	31	4
私营企业	Private Enterprises	50	13
其他企业	Other Enterprises		
港、澳、台商投资企业	Enterprises with Funds from Hong Kong, Macao and Taiwan		
外商投资企业	Foreign Funded Enterprises	1	
按国民经济行业分组	**Grouped by Sector**		
农畜产品批发业	Wholesale of Agriculture and Animal Products	32	16
食品、饮料及烟草制品批发业	Wholesale of Foods, Beverage and Tobaccos	54	10
米、面制品及食用油批发业	Wholesale of Rice and Flour Products and Edible Oils	11	5
烟草制品批发业	Wholesale of Tobacco	35	4
纺织、服装及日用品批发业	Wholesale of Textile, Clothes and Commodities	8	5
服装批发业	Wholesale of Clothes		
文化、体育用品及器材批发业	Wholesale of Cultural and Sports Goods and Equipment	3	1
医药及医疗器材批发业	Wholesale of Medicine and Medical Devices	15	9
矿产品、建材及化工产品批发	Wholesale of Minerals Products, Building Materials and Chemical Products	121	36
煤炭及制品批发业	Wholesale of Coal and Its Products	9	1
石油及制品批发业	Wholesale of Petroleum and Its Products	36	5
金属及金属矿批发业	Wholesale of Metals and Metal Mineral	14	5
建材批发业	Wholesale of Building Materials	22	11
化肥批发业	Wholesale of Fertilizers	7	2
机械设备、五金交电及电子产品	Wholesale of Mechanical Equipment, Hardware and Electronic Products	44	9
汽车、摩托车及零配件批发	Wholesale of Automobiles, Motorcycles and Their Accessories	26	5
家用电器批发业	Wholesale of Household Electrical Appliances	6	
计算机、软件及辅助设备批发	Wholesale of Computers, Software and Their Supporting Equipment	7	2
贸易经纪与代理	Trade Broker and Agent		
其他批发业	Other Wholesales	8	2

FINANCIAL INDICATORS OF ENTERPRISE ABOVE DESIGNATED SIZE IN WHOLESALE AND RETAIL TRADE

(10000 yuan)

流动资产小计 Circulating Funds	#存货 Stock in Trade	长期投资 Long - term Investment	固定资产原价 Original Value of Fixed Assets	累计折旧 Total Depreciation	#本年折旧 Depreciation in year	资产合计 Total Assets	负债合计 Total Liabilities
2952379	**1091037**	**82649**	**1152939**	**284093**	**50179**	**3894583**	**3127871**
2528418	972656	66740	632368	176788	30579	2923937	2408891
1895608	853728	42261	536642	158126	23219	2242573	1850484
2528304	972656	66740	632368	176788	30579	2923823	2408777
1732265	795699	40682	378998	111327	15718	1968439	1630371
284805	37002	3904	21709	5701	666	303579	296475
14529	5702	1130	5755	955	318	21956	13932
269427	67138	5252	93182	21186	1822	370414	294826
85569	23728	289	37749	8444	995	119822	128917
183858	43410	4963	55433	12742	827	250592	165909
64281	39386	4791	108250	34829	10953	128280	84282
162998	27729	10980	24475	2790	1103	131155	88891
114						114	114
848676	497009	2261	83880	21103	2757	936143	894339
658221	246944	26277	135143	30897	5470	561989	445997
478408	168885	1814	14612	4307	375	280883	275395
164488	71772	24357	115013	25422	4865	261024	154728
51965	4803	3722	16575	4767	88	82756	71040
23169	3398	219	8354	2662	273	29525	23372
134310	34927	2651	57580	12320	1792	190780	190787
677341	150689	20027	281542	95866	18451	937898	637967
35561	5018	647	35845	7240	405	69005	38267
227670	61224	7855	199336	78172	15149	393416	160220
55830	16480	3437	5732	1627	340	65450	53612
25391	4876	787	9819	372	294	38439	22062
29309	15420	845	5004	512	15	35410	39581
115642	32053	7407	45147	8148	1642	158297	131059
79033	18752	5909	26751	4225	1201	102879	78717
2227	758		1165	79	-164	3359	3151
29709	10747	1088	11237	2378	181	39559	38089
19095	2832	4176	4148	1025	107	26549	14329

14－10 续表 1

项 目	Item	企业数(个) Numbers of Enterprises (unit)	#亏损企业数 Losses－making Enterprises
零售企业	**Retail Trade**	**212**	**75**
#国有及国有控股	#State－owned and State－holding Enterprises	108	39
按登记注册类型分组	**Grouped by Status of Registration**		
内资企业	Domestic Funded Enterprises	209	74
国有企业	State－owned Enterprises	88	33
集体企业	Collective－owned Enterprises	20	2
股份合作企业	Cooperative Enterprises	7	4
联营企业	Joint Ownership Enterprises	1	1
有限责任公司	Limited Liability Corporations	26	11
国有独资企业	Sole State－funded Corporations	1	
其他有限责任公司	Others Limited Liability Corporations	25	11
股份有限公司	Share－holding Corporations Ltd.	36	8
私营企业	Private Enterprises	31	15
其他企业	Other Enterprises		
港、澳、台商投资企业	Enterprises with Funds from Hong Kong, Macao and Taiwan	1	1
外商投资企业	Foreign Funded Enterprises	2	
按国民经济行业分组	**Grouped by Sector**		
综合零售业	Integrated retails Trade	95	34
百货零售业	General Merchandise Retail Trade	84	28
超级市场零售业	Supermarket Retail Trade	9	6
食品、饮料及烟草制品	Special Retails of Foods, Beverage and Tobaccos	8	1
纺织、服装及日用品	Special Retail of Textile, Clothing and Domestic Commodities	11	4
服装零售业	Clothing Retail	4	2
文化、体育用品及器材	Special Retail of Cultural and Sports Goods and Equipment	35	7
体育用品零售业	Sports Goods Retail		
图书零售业	Books Retail	31	4
医药及医疗器材专门零售业	Special Retail of Medicine and Medical Devices	14	7
药品零售业	Medicine Retail	13	7
汽车、摩托车、燃料及零配件	Special Retail of Automobiles, Motorcycles, Fuels and Their Accessories	10	6
汽车零售业	Automobile Retail	5	2
机动车燃料零售业	Automobile Fuel Retail	4	3
家用电器及电子产品	Special Retail of Household Electrical Appliances and Electronic Products	30	12
家用电器零售业	Retail of Household Electrical Appliances	22	8
计算机、软件及辅助设备	Retail of Computers, Software and Their Supporting Equipment	8	4
通讯设备零售业	Retail of Communication Equipment		
五金、家具及室内装修材料	Special Retail of Hardware, Furniture and Indoor Decoration Materials	3	2
无店铺及其他零售业	Retail Without Shops and Other Retail	6	2
邮购及电子销售业	Mail Order and Electronical Selling		
按业态分组	**Grouped by Operation State**		
百货商店	General Merchandise	93	29
超级市场	Supermarket	19	10
专业(专卖)商店	Monopolization shop	77	31
其 他	Other	23	5

CONTINUED

流动资产小计 Circulating Funds	#存货 Stock in Trade	长期投资 Long - term Investment	固定资产原价 Original Value of Fixed Assets	累计折旧 Total Depreciation	#本年折旧 Depreciation in year	资产合计 Total Assets	负债合计 Total Liabilities
423961	118381	15909	520571	107306	19600	970646	718980
169644	47772	2676	242583	53407	7968	441580	336385
413823	113033	15909	509712	105836	18319	945999	701186
97156	32441	151	159689	38480	6271	239594	180499
8810	2987	236	11357	2609	380	20715	16946
13805	4621	2029	11738	2730	421	27405	19656
118	54		607	55	10	924	659
70782	10023	1256	66831	7450	2055	132095	115364
25825	1077		3378	1911		27408	23923
44957	8946	1256	63453	5538	2055	104687	91441
164088	36603	8654	240515	51888	8433	439759	299507
59064	26305	3583	18975	2625	750	85508	68554
3125	1954		4888	378	378	7844	8203
7013	3394		5971	1092	903	16803	9592
272479	57705	10639	367196	71064	14181	643664	491037
247398	51044	10639	339944	66189	12130	592201	447140
24736	6526		24461	4338	2047	48825	41990
15996	8028		14601	1315	286	28943	28851
4816	1261	48	14878	2241	594	21717	19612
1164	240	30	11006	1536	591	14828	13957
25090	9781	532	65864	18449	3160	73775	26677
21492	6656	309	64542	17902	3096	69115	23073
18560	5988	539	6721	1148	270	25065	21071
17532	5825	539	6712	1146	268	24030	20056
10238	3389	1	7672	2372	278	19784	11625
5110	1606	1	1429	131	66	9100	3248
4259	1446		6050	2185	202	9643	7544
67727	27889	3205	33911	9363	703	138975	109070
62624	26846	3205	32623	9176	644	132772	105064
5103	1043		1288	188	59	6203	4006
2614	284	945	1839	540	99	5261	3997
6441	4057		7889	814	30	13461	7040
212184	41911	11442	357942	70289	11428	602994	450865
58799	20663	1957	44920	6875	3723	117784	95064
111285	46194	2323	99996	26242	4330	194633	131882
41692	9613	186	17712	3900	118	55236	41169

14-10 续表 2

项目	Item	商品销售收入净额 Sales Revenue	商品销售成本 Cost of Sales
总 计	**Total**	**6007002**	**5431429**
批发企业	**Wholesale Trade**	**4895862**	**4468498**
#国有及国有控股	#State - owned and State - holding Enterprises	3469175	3138673
按登记注册类型分组	**Grouped by Status of Registration**		
内资企业	Domestic Funded Enterprises	4893776	4466502
国有企业	State - owned Enterprises	2704077	2470612
集体企业	Collective - owned Enterprises	394898	373872
股份合作企业	Cooperative Enterprises	113027	109998
联营企业	Joint Ownership Enterprises		
有限责任公司	Limited Liability Corporations	691467	624746
国有独资企业	Sole State - funded Corporations	168473	151660
其他有限责任公司	Others Limited Liability Corporations	522993	473086
股份有限公司	Share - holding Corporations Ltd.	540471	465686
私营企业	Private Enterprises	449835	421589
其他企业	Other Enterprises		
港、澳、台商投资企业	Enterprises with Funds from Hong Kong, Macao and Taiwan		
外商投资企业	Foreign Funded Enterprises	2086	1996
按国民经济行业分组	**Grouped by Sector**		
农畜产品批发业	Wholesale of Agriculture and Animal Products	293129	276109
食品、饮料及烟草制品批发业	Wholesale of Foods, Beverage and Tobaccos	754133	633287
米、面制品及食用油批发业	Wholesale of Rice and Flour Products and Edible Oils	96097	92674
烟草制品批发业	Wholesale of Tobacco	615643	505398
纺织、服装及日用品批发业	Wholesale of Textile, Clothes and Commodities	41265	38803
服装批发业	Wholesale of Clothes		
文化、体育用品及器材批发业	Wholesale of Cultural and Sports Goods and Equipment	38722	33662
医药及医疗器材批发业	Wholesale of Medicine and Medical Devices	252991	228175
矿产品、建材及化工产品批发	Wholesale of Minerals Products, Building Materials and Chemical Products	2955867	2725385
煤炭及制品批发业	Wholesale of Coal and Its Products	67612	60050
石油及制品批发业	Wholesale of Petroleum and Its Products	1973312	1798005
金属及金属矿批发业	Wholesale of Metals and Metal Mineral	158606	143802
建材批发业	Wholesale of Building Materials	160025	155720
化肥批发业	Wholesale of Fertilizers	50415	47321
机械设备、五金交电及电子产品	Wholesale of Mechanical Equipment, Hardware and Electronic Products	452076	434214
汽车、摩托车及零配件批发	Wholesale of Automobiles, Motorcycles and Their Accessories	285727	274639
家用电器批发业	Wholesale of Household Electrical Appliances	23298	22335
计算机、软件及辅助设备批发	Wholesale of Computers, Software and Their Supporting Equipment	113466	109577
贸易经纪与代理	Trade Broker and Agent		
其他批发业	Other Wholesales	107679	98863

CONTINUED

所有者权益 Total Creditors' Equity	#实收资本 Paicl - up Capital	#国家资本 States Capital	#港澳台资本 Hong Kong, Macao and Taiwan Capital	#外商资本 Foreign Capital	经营费用 Management Cost	商品销售税金及附加 Sales Tax and Extra Changes
766712	**470918**	**203696**	**344**	**3351**	**283500**	**11874**
515046	278857	142874	264		212856	6437
392090	178957	120713	264		143033	5299
515046	278857	142874	264		212856	6437
338068	112531	97159	264		104566	4015
7104	13893	1170			12343	91
8024	4616	744			831	24
75588	82416	21532			36439	1073
-9096	6590	6590			2384	338
84684	75826	14943			34055	735
43998	27741	21269			31342	751
42264	37660	1000			27337	483
41804	48126	34821			30983	494
115992	32912	29404			36811	1999
5487	7462	5462			7483	64
106296	24028	23071			26463	1770
11715	9205	8270			2166	77
6153	2347	1050			1612	74
-7	15839	8736	264		5780	481
299931	137253	51413			119628	2972
30738	10241	8885			2527	446
233196	77481	35850			81000	1760
11839	13632	1310			10111	467
16377	16527	100			9727	105
-4171	3419	1278			1701	13
27239	28632	8394			7912	308
24162	23517	4955			4655	178
208	232				741	70
1470	2942	2542			1355	49
12220	4543	786			7965	34

14－10 续表 3

项 目	Item	商品销售收入净额 Sales Revenue	商品销售成本 Cost of Sales
零售企业	**Retail Trade**	**1111140**	**962931**
#国有及国有控股	#State－owned and State－holding Enterprises	420902	354369
按登记注册类型分组	**Grouped by Status of Registration**		
内资企业	Domestic Funded Enterprises	1054520	913559
国有企业	State－owned Enterprises	205342	169480
集体企业	Collective－owned Enterprises	32187	28845
股份合作企业	Cooperative Enterprises	22587	18144
联营企业	Joint Ownership Enterprises	21	
有限责任公司	Limited Liability Corporations	145779	123413
国有独资企业	Sole State－funded Corporations	61412	48299
其他有限责任公司	Others Limited Liability Corporations	84367	75114
股份有限公司	Share－holding Corporations Ltd.	422274	362489
私营企业	Private Enterprises	226331	211189
其他企业	Other Enterprises		
港、澳、台商投资企业	Enterprises with Funds from Hong Kong, Macao and Taiwan	11070	10052
外商投资企业	Foreign Funded Enterprises	45550	39320
按国民经济行业分组	**Grouped by Sector**		
综合零售业	Integrated retails Trade	690152	591319
百货零售业	General Merchandise Retail Trade	639653	546050
超级市场零售业	Supermarket Retail Trade	45424	40244
食品、饮料及烟草制品	Special Retails of Foods, Beverage and Tobaccos	11247	8703
纺织、服装及日用品	Special Retail of Textile, Clothing and Domestic Commodities	11212	9637
服装零售业	Clothing Retail	7035	5720
文化、体育用品及器材	Special Retail of Cultural and Sports Goods and Equipment	59864	42677
体育用品零售业	Sports Goods Retail		
图书零售业	Books Retail	56309	39799
医药及医疗器材	Special Retail of Medicine and Medical Devices	46104	40299
药品零售业	Medicine Retail	42280	36732
汽车、摩托车、燃料及零配件	Special Retail of Automobiles, Motorcycles, Fuels and Their Accessories	63440	58724
汽车零售业	Automobile Retail	37365	36183
机动车燃料零售业	Automobile Fuel Retail	20860	17420
家用电器及电子产品	Special Retail of Household Electrical Appliances and Electronic Products	214757	199300
家用电器零售业	Retail of Household Electrical Appliances	197503	182734
计算机、软件及辅助设备	Retail of Computers, Software and Their Supporting Equipment	17253	16566
通讯设备零售业	Retail of Communication Equipment		
五金、家具及室内装修材料	Special Retail of Hardware, Furniture and Indoor Decoration Materials	5081	4442
无店铺及其他零售业	Retail Without Shops and Other Retail	9285	7830
邮购及电子销售业	Mail Order and Electronical Selling		
按业态分组	**Grouped by Operation State**		
百货商店	General Merchandise	501938	428016
超级市场	Supermarket	179888	161345
专业(专卖)商店	Monopolization shop	334541	295089
其 他	Other	94774	78482

CONTINUED

所有者权益 Total Creditors' Equity	#实收资本 Paicl – up Capital	#国家资本 States Capital	#港澳台资本 Hong Kong, Macao and Taiwan Capital	#外商资本 Foreign Capital	经营费用 Management Cost	商品销售税金及附加 Sales Tax and Extra Changes
251666	192060	60822	80	3351	70643	5437
105196	58555	37497	80		28495	3105
244813	184120	60822	80	11	68169	5437
59095	31613	27881	80		11488	1598
3769	4585	1816			1416	229
7749	10630	317			2347	77
265	166	166			24	
16731	16536	2385			19854	798
3485	1000	1000			9571	446
13245	15536	1385			10283	353
140252	99411	28257			22234	2164
16954	21179			11	10807	572
-358					2475	
7211	7940			3340		
152627	140627	45150	80	3340	48743	4054
145061	126760	39026	80	3340	41326	3993
6835	13617	5925			7382	59
92	1401	636			1209	31
2105	4267	2742			1407	70
871	2728	2162			1249	37
47098	7035	4296			3672	892
46042	4841	3852			3317	821
3994	6016	615		11	4030	57
3974	5991	615		11	3840	54
8159	7418	2966			2729	32
5851	4200	80			502	10
2098	2932	2886			2187	21
29906	22443	3856			7553	239
27708	20457	3806			7179	225
2198	1986	50			374	14
1264	2072	72			532	37
6420	782	490			768	25
152130	129131	43466	80		24555	3349
22720	27825	5983		3340	17935	361
62750	29324	8772			16801	1193
14066	5782	2601		11	11353	534

14－10 续表 4

项　目	Item	商品销售利润 Sales Profit
总　计	**Total**	**260247**
批发企业	**Wholesale Trade**	**188118**
#国有及国有控股	#State－owned and State－holding Enterprises	162218
按登记注册类型分组	**Grouped by Status of Registration**	
内资企业	Domestic Funded Enterprises	188029
国有企业	State－owned Enterprises	113898
集体企业	Collective－owned Enterprises	8592
股份合作企业	Cooperative Enterprises	2175
联营企业	Joint Ownership Enterprises	
有限责任公司	Limited Liability Corporations	29210
国有独资企业	Sole State－funded Corporations	14092
其他有限责任公司	Others Limited Liability Corporations	15118
股份有限公司	Share－holding Corporations Ltd.	33728
私营企业	Private Enterprises	427
其他企业	Other Enterprises	
港、澳、台商投资企业	Enterprises with Funds from Hong Kong, Macao and Taiwan	
外商投资企业	Foreign Funded Enterprises	90
按国民经济行业分组	**Grouped by Sector**	
农畜产品批发业	Wholesale of Agriculture and Animal Products	－14456
食品、饮料及烟草制品批发业	Wholesale of Foods, Beverage and Tobaccos	82037
米、面制品及食用油批发业	Wholesale of Rice and Flour Products and Edible Oils	－4124
烟草制品批发业	Wholesale of Tobacco	82012
纺织、服装及日用品批发业	Wholesale of Textile, Clothes and Commodities	218
服装批发业	Wholesale of Clothes	
文化、体育用品及器材批发业	Wholesale of Cultural and Sports Goods and Equipment	3375
医药及医疗器材批发业	Wholesale of Medicine and Medical Devices	18555
矿产品、建材及化工产品批发	Wholesale of Minerals Products, Building Materials and Chemical Products	87930
煤炭及制品批发业	Wholesale of Coal and Its Products	4590
石油及制品批发业	Wholesale of Petroleum and Its Products	72595
金属及金属矿批发业	Wholesale of Metals and Metal Mineral	4226
建材批发业	Wholesale of Building Materials	－5526
化肥批发业	Wholesale of Fertilizers	1380
机械设备、五金交电及电子产品	Wholesale of Mechanical Equipment, Hardware and Electronic Products	9643
汽车、摩托车及零配件批发	Wholesale of Automobiles, Motorcycles and Their Accessories	6256
家用电器批发业	Wholesale of Household Electrical Appliances	152
计算机、软件及辅助设备批发	Wholesale of Computers, Software and Their Supporting Equipment	2485
贸易经纪与代理	Trade Broker and Agent	
其他批发业	Other Wholesales	818

CONTINUED

代购代销收入 Revenue in Market on Commission or Purchase	主营业务利润 Profit in Major Business	其他业务利润 Profit in Other Business	管理费用 Management Expenses	#税 金 Tax	#财产保险费 Property Insurance	#劳动、待业保险费 Unemployment Insurance Benefits
1772	**262020**	**44255**	**217167**	**7847**	**3121**	**15362**
1543	189661	6571	126732	4269	2137	8996
980	163198	4792	106849	3606	1925	8644
1543	189572	6571	126732	4269	2137	8996
353	114251	3184	79573	2918	1665	7353
	8592	820	5525	224	114	147
	2175	47	1197	51	8	20
638	29847	1719	23824	536	133	692
	14092	1041	13431	144	68	464
638	15756	678	10392	392	65	228
239	33967	687	11849	397	181	767
313	740	114	4763	143	36	17
	90					
838	-13619	557	13579	461	312	1217
123	82160	624	41001	1860	987	3656
21	-4103	61	4071	174	72	214
103	82115	660	34309	1657	874	3262
5	223	1141	2198	95	15	59
	3375	379	3595	55	7	355
	18555	1223	15771	236	117	734
470	88401	1471	40179	1329	623	2584
	4590	352	2682	274	28	60
90	72685	-271	22986	624	448	2207
11	4237	43	3144	40	20	81
358	-5168	75	1250	132	0	
	1380	341	1580	15	2	75
107	9750	1098	9539	200	74	272
30	6286	298	4007	120	17	17
	152	275	249	8	10	3
76	2561	85	3437	30	8	4
	818	80	868	32	3	117

14－10 续表 5

项　目	Item	商品销售利润 Sales Profit
零售企业	**Retail Trade**	**72129**
#国有及国有控股	#State－owned and State－holding Enterprises	34932
按登记注册类型分组	**Grouped by Status of Registration**	
内资企业	Domestic Funded Enterprises	67356
国有企业	State－owned Enterprises	22776
集体企业	Collective－owned Enterprises	1698
股份合作企业	Cooperative Enterprises	2020
联营企业	Joint Ownership Enterprises	－3
有限责任公司	Limited Liability Corporations	1715
国有独资企业	Sole State－funded Corporations	3097
其他有限责任公司	Others Limited Liability Corporations	－1382
股份有限公司	Share－holding Corporations Ltd.	35386
私营企业	Private Enterprises	3764
其他企业	Other Enterprises	
港、澳、台商投资企业	Enterprises with Funds from Hong Kong, Macao and Taiwan	－1456
外商投资企业	Foreign Funded Enterprises	6230
按国民经济行业分组	**Grouped by Sector**	
综合零售业	Integrated retails Trade	46036
百货零售业	General Merchandise Retail Trade	48284
超级市场零售业	Supermarket Retail Trade	－2261
食品、饮料及烟草制品	Special Retails of Foods, Beverage and Tobaccos	1305
纺织、服装及日用品	Special Retail of Textile, Clothing and Domestic Commodities	97
服装零售业	Clothing Retail	30
文化、体育用品及器材	Special Retail of Cultural and Sports Goods and Equipment	12624
体育用品零售业	Sports Goods Retail	
图书零售业	Books Retail	12372
医药及医疗器材	Special Retail of Medicine and Medical Devices	1717
药品零售业	Medicine Retail	1654
汽车、摩托车、燃料及零配件	Special Retail of Automobiles, Motorcycles, Fuels and Their Accessories	1955
汽车零售业	Automobile Retail	670
机动车燃料零售业	Automobile Fuel Retail	1232
家用电器及电子产品	Special Retail of Household Electrical Appliances and Electronic Products	7665
家用电器零售业	Retail of Household Electrical Appliances	7366
计算机、软件及辅助设备	Retail of Computers, Software and Their Supporting Equipment	300
通讯设备零售业	Retail of Communication Equipment	
五金、家具及室内装修材料	Special Retail of Hardware, Furniture and Indoor Decoration Materials	69
无店铺及其他零售业	Retail Without Shops and Other Retail	662
邮购及电子销售业	Mail Order and Electronical Selling	
按业态分组	**Grouped by Operation State**	
百货商店	General Merchandise	46018
超级市场	Supermarket	248
专业(专卖)商店	Monopolization shop	21458
其　他	Other	4406

(CONTINUED)

代购代销收入 Revenue in Market on Commission or Purchase	主营业务利润 Profit in Major Business	其他业务利润 Profit in Other Business	管理费用 Management Expenses	#税 金 Tax	#财产保险费 Property Insurance	#劳动、待业保险费 Unemployment Insurance Benefits
229	72359	37684	90435	3578	984	6366
229	35162	17554	48117	1683	423	4122
229	67585	33009	89538	3423	984	6267
229	23006	7316	30513	887	328	2709
	1698	118	1280	62	11	65
	2020	1861	4640	69	25	158
	-3	121	9	1		9
	1715	9930	8884	395	47	214
	3097	2094	1986	20		7
	-1382	7836	6898	375	47	207
	35386	12401	37755	1869	510	3048
	3764	1262	6457	141	63	65
	-1456	1240				
	6230	3436	897	156		99
221	46257	32098	62324	2404	619	3610
221	48505	26906	57237	2346	609	3535
	-2261	5192	4802	46	2	52
	1305	101	1571	102	20	129
	97	909	1924	146	21	85
	30	353	1187	25	12	13
	12624	947	9166	416	182	1279
	12372	927	8845	409	175	1267
8	1725	41	1733	14	19	131
8	1662	41	1699	14	19	131
	1955	-104	1520	47	24	134
	670	8	522	21	4	9
	1232	-113	971	26	21	125
	7665	3321	11133	400	89	880
	7366	3268	10787	395	83	867
	300	54	345	4	5	13
	69	310	444	19	5	1
	662	61	621	31	5	120
221	46239	22667	60069	2626	660	4343
	248	11212	7546	271	12	162
8	21466	1533	18835	604	290	1671
	4406	2272	3985	78	22	190

14－10 续表 6

项目	Item	财务费用 Financial Expenses	#利息支出 Interest Expenditures
总计	**Total**	**100612**	**70904**
批发企业	**Wholesale Trade**	**87456**	**59503**
#国有及国有控股	#State－owned and State－holding Enterprises	79744	52237
按登记注册类型分组	**Grouped by Status of Registration**		
内资企业	Domestic Funded Enterprises	87456	59503
国有企业	State－owned Enterprises	47238	44674
集体企业	Collective－owned Enterprises	3627	3589
股份合作企业	Cooperative Enterprises	189	131
联营企业	Joint Ownership Enterprises		
有限责任公司	Limited Liability Corporations	30294	5792
国有独资企业	Sole State－funded Corporations	27281	2728
其他有限责任公司	Others Limited Liability Corporations	3013	3064
股份有限公司	Share－holding Corporations Ltd.	4112	3785
私营企业	Private Enterprises	1996	1532
其他企业	Other Enterprises		
港、澳、台商投资企业	Enterprises with Funds from Hong Kong, Macao and Taiwan		
外商投资企业	Foreign Funded Enterprises		
按国民经济行业分组	**Grouped by Sector**		
农畜产品批发业	Wholesale of Agriculture and Animal Products	30274	27255
食品、饮料及烟草制品批发业	Wholesale of Foods, Beverage and Tobaccos	13187	13807
米、面制品及食用油批发业	Wholesale of Rice and Flour Products and Edible Oils	9517	9531
烟草制品批发业	Wholesale of Tobacco	3451	4180
纺织、服装及日用品批发业	Wholesale of Textile, Clothes and Commodities	874	861
服装批发业	Wholesale of Clothes		
文化、体育用品及器材批发业	Wholesale of Cultural and Sports Goods and Equipment	－70	－90
医药及医疗器材批发业	Wholesale of Medicine and Medical Devices	28539	3963
矿产品、建材及化工产品批发	Wholesale of Minerals Products, Building Materials and Chemical Products	12176	11991
煤炭及制品批发业	Wholesale of Coal and Its Products	237	150
石油及制品批发业	Wholesale of Petroleum and Its Products	6145	6439
金属及金属矿批发业	Wholesale of Metals and Metal Mineral	1311	1173
建材批发业	Wholesale of Building Materials	561	322
化肥批发业	Wholesale of Fertilizers	413	433
机械设备、五金交电及电子产品	Wholesale of Mechanical Equipment, Hardware and Electronic Products	2103	1560
汽车、摩托车及零配件批发	Wholesale of Automobiles, Motorcycles and Their Accessories	1223	995
家用电器批发业	Wholesale of Household Electrical Appliances	－126	56
计算机、软件及辅助设备批发	Wholesale of Computers, Software and Their Supporting Equipment	783	288
贸易经纪与代理	Trade Broker and Agent		
其他批发业	Other Wholesales	373	157

CONTINUED

营业利润 Profits	补贴收入 Allowance Revenue	利润总额 Total Profits	本年应付工资总额 Total Wage Payable	本年应付福利费总额 Total	本年应交增值税 Value - added Tax Payable	本年进项税额 Input Tax Payable	本年销项税额 Output Tax Payable
27105	**78985**	**81097**	**98065**	**24767**	**101402**	**676525**	**826501**
19059	77867	77010	64100	11378	75961	547307	679959
17925	70645	68599	53827	8922	55776	431334	559234
19059	77867	76921	64074	11378	75946	546968	679605
1116	70565	53292	40310	6820	32835	328550	406921
378		330	1225	268	364	6129	6605
512	31	493	146	485	614	14484	14831
2966	161	3024	13609	1357	5985	120449	126127
-1044	80	-940	4507	643	1986	27557	29464
4010	81	3964	9103	714	3999	92892	96663
19945	-363	18113	6768	2157	31048	24078	68408
-5858	7473	1668	2016	291	5100	53278	56712
		90	26		15	339	355
-42607	51417	-7861	9570	1690	781	2393	2444
25919	19161	44489	19599	3532	16281	104699	121780
-16276	18274	2579	2295	879	142	6523	6221
39843	667	39411	15403	2457	15089	92600	108791
-1579		-1770	476	209	128	5462	4535
228		364	951	133	683	4749	5249
-1878	100	135	5593	1405	3976	38376	41674
38338	6622	40810	19717	3927	52113	334867	434807
2191	-338	2422	1222	487	3427	7017	10435
43684	1	38965	13891	2739	34894	253072	346469
-132	154	155	783	88	3671	19108	22339
-6880	6805	-168	595	50	972	20081	19050
-261		-261	401	47		8	8
981	7	702	7930	410	1429	44393	56477
1583	7	1712	4809	124	916	35719	36899
217		315	352	44	208	3638	3887
-1484		-1052	2086	120	230	4269	14830
-343	560	141	263	71	571	12367	12995

14－10 续表 7

项目	Item	财务费用 Financial Expenses	#利息支出 Interest Expenditures
零售企业	**Retail Trade**	**13156**	**11401**
#国有及国有控股	#State－owned and State－holding Enterprises	5892	4574
按登记注册类型分组	**Grouped by Status of Registration**		
内资企业	Domestic Funded Enterprises	13065	11314
国有企业	State－owned Enterprises	2885	2592
集体企业	Collective－owned Enterprises	361	350
股份合作企业	Cooperative Enterprises	474	418
联营企业	Joint Ownership Enterprises	4	4
有限责任公司	Limited Liability Corporations	2254	1561
国有独资企业	Sole State－funded Corporations	646	
其他有限责任公司	Others Limited Liability Corporations	1608	1561
股份有限公司	Share－holding Corporations Ltd.	5808	5597
私营企业	Private Enterprises	1279	793
其他企业	Other Enterprises		
港、澳、台商投资企业	Enterprises with Funds from Hong Kong, Macao and Taiwan	－13	
外商投资企业	Foreign Funded Enterprises	104	87
按国民经济行业分组	**Grouped by Sector**		
综合零售业	Integrated retails Trade	8861	7809
百货零售业	General Merchandise Retail Trade	8330	7384
超级市场零售业	Supermarket Retail Trade	526	421
食品、饮料及烟草制品	Special Retails of Foods, Beverage and Tobaccos	1034	1026
纺织、服装及日用品	Special Retail of Textile, Clothing and Domestic Commodities	744	727
服装零售业	Clothing Retail	716	700
文化、体育用品及器材	Special Retail of Cultural and Sports Goods and Equipment	149	183
体育用品零售业	Sports Goods Retail		
图书零售业	Books Retail	97	133
医药及医疗器材	Special Retail of Medicine and Medical Devices	529	61
药品零售业	Medicine Retail	528	61
汽车、摩托车、燃料及零配件	Special Retail of Automobiles, Motorcycles, Fuels and Their Accessories	544	506
汽车零售业	Automobile Retail	93	93
机动车燃料零售业	Automobile Fuel Retail	420	383
家用电器及电子产品	Special Retail of Household Electrical Appliances and Electronic Products	1052	886
家用电器零售业	Retail of Household Electrical Appliances	1046	886
计算机、软件及辅助设备	Retail of Computers, Software and Their Supporting Equipment	6	
通讯设备零售业	Retail of Communication Equipment		
五金、家具及室内装修材料	Special Retail of Hardware, Furniture and Indoor Decoration Materials	134	134
无店铺及其他零售业	Retail Without Shops and Other Retail	109	70
邮购及电子销售业	Mail Order and Electronical Selling		
按业态分组	**Grouped by Operation State**		
百货商店	General Merchandise	8851	8527
超级市场	Supermarket	915	798
专业(专卖)商店	Monopolization shop	2528	1995
其　他	Other	861	81

CONTINUED

营业利润 Profits	补贴收入 Allowance Revenue	利润总额 Total Profits	本年应付工资总额 Total Wage Payable	本年应付福利费总额 Total	本年应交增值税 Value - added Tax Payable	本年进项税额 Input Tax Payable	本年销项税额 Output Tax Payable
8047	1118	4087	33965	13390	25442	129218	146542
697	637	2075	15631	2326	8922	35783	44119
7307	1118	3347	31906	13066	24958	120431	137271
-1871	659	-1801	9307	1367	4816	15587	20197
245		311	995	103	421	2052	2276
-145		-20	762	100	509	2744	3242
105	114	-9	4	4	5		47
726	7	447	4863	557	3630	16831	19696
2558		2531	930	130	2288	8061	10341
-1832	7	-2085	3933	426	1341	8770	9355
8580	338	6718	13244	10582	12708	51051	55763
-333	1	-2298	2732	353	2869	32166	36049
-204		-204	323	45	62	1705	1767
944		944	1735	279	422	7082	7504
6101	458	2588	20545	11706	19471	79857	90413
7423	457	4155	18918	11531	19193	73579	83630
-1322	1	-1568	1525	167	258	6279	6783
254	646	-423	595	82	310	403	457
-1598		-1603	434	39	69	382	487
-1440		-1437	250	31	-17	223	260
4291	-5	4203	5343	763	1100	3919	4954
4346	-5	4290	5197	726	1015	3482	4443
-269	1	-130	1828	156	465	6740	7265
-298	1	-157	1671	156	427	6128	6615
-559		-283	675	78	1724	6854	8121
63		63	187	2	487	5783	5816
-616		-341	461	72	1229	189	1419
-28		-66	4004	494	1991	29827	33260
-30		-68	3829	466	1849	26872	29663
2		2	174	28	141	2955	3597
-165		-189	231	32	107	368	474
19	18	-10	311	41	207	870	1110
4334	457	1411	16400	11129	15382	52207	59086
-2112	1	-2596	5527	774	2197	24465	26209
3461	637	2968	10234	1254	5079	40659	46592
2364	23	2304	1805	234	2784	11887	14655

14－11 限额以上餐饮业财务指标(2003)

单位:万元

项　目	Item	企业数(个) Numbers of Enterprises (unit)	#亏损企业数(个) Losses－making Enterprises (unit)
总　计	**Total**	**110**	**49**
#国有及国有控股	#Above Designated Size	12	9
按登记注册类型分组	**Grouped by Status of Registration**		
内资企业	Domestic Funded Enterprises	91	38
国有企业	State－owned Enterprises	9	6
集体企业	Collective－owned Enterprises	6	4
股份合作企业	Cooperative Enterprises	1	
联营企业	Joint Ownership Enterprises		
有限责任公司	Limited Liability Corporations	6	4
国有独资企业	Sole State－funded Corporations		
其他有限责任公司	Others Limited Liability Corporations	6	4
股份有限公司	Share－holding Corporations Ltd.		
私营企业	Private Enterprises	69	24
私营独资企业	Private－funded Enterprises	24	8
私营合伙企业	Private Partnership Enterprises	7	3
私营有限责任公司	Private Limited Liability Corporations	34	12
私营股份有限公司	Private Share－holding Corporations Ltd.	4	1
其他企业	Other Enterprises		
港、澳、台商投资企业	Enterprises with Funds from Hong Kong, Macao and Taiwan	5	4
合资经营企业	Joint－venture Enterprises	2	2
合作经营企业	Cooperative Enterprises		
独资经营企业	Enterprises with Sole Investment	3	2
投资股份有限公司	Share－holding Corporations Ltd. With Investment		
外商投资企业	Foreign Funded Enterprises	14	7
中外合资经营企业	Joint－venture Enterprises	10	5
中外合作经营企业	Cooperative Enterprises	1	1
外资企业	Enterprises with Sole Foreign Investment	3	1
外商投资股份有限公司	Share－holding Corporations Ltd. With Foreign Investment		
按国民经济行业分组	Grouped by Sector		
正餐服务业	Dinner Service	104	46
快餐服务业	Snack Service	4	2
饮料及冷饮服务业	Beverage and Cold Drink Service	2	1
其他餐饮服务业	Other Food and Beverage Services		

FINANCIAL INDICATORS OF ENTERPRISE ABOVE DESIGNATED SIZE IN CATERING SERVICES

(10000 yuan)

流动资产小计 Circulating Funds	#存货 Stock in Trade	长期投资 Long - term Investment	固定资产原价 Original Value of Fixed Assets	累计折旧 Total Depreciation	#本年折旧 Depreciation in year	资产合计 Total Assets	负债合计 Total Liabilities
30527	**5109**	**5062**	**58589**	**9419**	**2129**	**88897**	**37380**
2733	703	10	21839	1812	408	23227	5761
20359	3603	5014	46242	6129	1661	68821	23611
2195	655	10	14706	678	86	16665	3318
2297	296		1665	646	117	3719	1949
54	17		511	12		552	85
1578	181	658	8149	1173	332	9221	2917
1578	181	658	8149	1173	332	9221	2917
14235	2454	4346	21212	3620	1125	38663	15342
4860	896	283	3399	602	211	8069	2870
977	155		1853	603	67	2227	794
8001	1226	3436	14817	2041	789	26518	10922
397	177	628	1143	374	60	1850	756
4689	1024		1286	600	81	5484	4171
3747	588		563	181	53	4128	2558
942	437		724	418	29	1355	1613
5480	482	48	11060	2690	387	14593	9599
4468	389	48	7603	1944	358	10463	7154
768	54		3042	586		3425	2113
244	40		415	161	29	704	332
29275	4990	5000	54530	8506	2082	84152	34648
941	76	62	3485	655	11	4118	2410
311	43		573	258	36	627	322

14－11 续表 1

项 目	Item	营业收入 Sales Revenue	营业成本 Sales Cost
总 计	**Total**	**91221**	**54018**
#国有及国有控股	#Above Designated Size	5462	2547
按登记注册类型分组	**Grouped by Status of Registration**		
内资企业	Domestic Funded Enterprises	69494	40623
国有企业	State－owned Enterprises	4191	2193
集体企业	Collective－owned Enterprises	4532	2795
股份合作企业	Cooperative Enterprises	425	253
联营企业	Joint Ownership Enterprises		
有限责任公司	Limited Liability Corporations	3314	1297
国有独资企业	Sole State－funded Corporations		
其他有限责任公司	Others Limited Liability Corporations	3314	1297
股份有限公司	Share－holding Corporations Ltd.		
私营企业	Private Enterprises	57033	34085
私营独资企业	Private－funded Enterprises	16390	9365
私营合伙企业	Private Partnership Enterprises	4873	2585
私营有限责任公司	Private Limited Liability Corporations	32884	20374
私营股份有限公司	Private Share－holding Corporations Ltd.	2886	1762
其他企业	Other Enterprises		
港、澳、台商投资企业	Enterprises with Funds from Hong Kong, Macao and Taiwan	5408	3505
合资经营企业	Joint－venture Enterprises	2108	1346
合作经营企业	Cooperative Enterprises		
独资经营企业	Enterprises with Sole Investment	3300	2159
投资股份有限公司	Share－holding Corporations Ltd. With Investment		
外商投资企业	Foreign Funded Enterprises	16319	9890
中外合资经营企业	Joint－venture Enterprises	10658	6716
中外合作经营企业	Cooperative Enterprises	3333	1601
外资企业	Enterprises with Sole Foreign Investment	2329	1574
外商投资股份有限公司	Share－holding Corporations Ltd. With Foreign Investment		
按国民经济行业分组	**Grouped by Sector**		
正餐服务业	Dinner Service	85370	50974
快餐服务业	Snack Service	4592	2403
饮料及冷饮服务业	Beverage and Cold Drink Service	1259	642
其他餐饮服务业	Other Food and Beverage Services		

CONTINUED

所有者权益 Total Creditors′ Equity	#实收资本 Paicl - up Capital	#国家资本 States Capital	#港澳台资本 Hong Kong, Macao and Taiwan Capital	#外商资本 Foreign Capital	营业费用 Sales Expense	商品销售税金及附加 Sales Tax and Extra Changes
51517	**47129**	**5747**	**2250**	**4102**	**22904**	**5979**
17466	17300	3973			2261	241
45210	38195	3973			17227	4848
13346	13163	3973			1548	223
1770	731				962	273
468	87				120	9
6305	5831				1315	149
6305	5831				1315	149
23321	18383				13282	4194
5199	3066				4129	1258
1433	1256				1286	394
15595	13163				7220	2395
1094	898				647	147
1313	2141	50	1956		1114	267
1570	1279		1144		432	106
-257	862	50	812		681	161
4994	6793	1724	295	4102	4563	864
3310	3804	1724		1407	2538	613
1312	2482			2482	1569	134
372	507		295	212	456	117
49504	44388	5675	2250	1620	20584	5765
1708	2663			2482	1863	155
305	78	71			458	59

14－11 续表2

项 目	Item	营业利润 Profits	利润总额 Total Profits
总 计	**Total**	**－479**	**－318**
#国有及国有控股	#Above Designated Size	－660	－433
按登记注册类型分组	**Grouped by Status of Registration**		
内资企业	Domestic Funded Enterprises	158	362
国有企业	State－owned Enterprises	－433	－314
集体企业	Collective－owned Enterprises	71	49
股份合作企业	Cooperative Enterprises	13	13
联营企业	Joint Ownership Enterprises		
有限责任公司	Limited Liability Corporations	－221	－85
国有独资企业	Sole State－funded Corporations		
其他有限责任公司	Others Limited Liability Corporations	－221	－85
股份有限公司	Share－holding Corporations Ltd.		
私营企业	Private Enterprises	727	699
私营独资企业	Private－funded Enterprises	907	893
私营合伙企业	Private Partnership Enterprises	174	176
私营有限责任公司	Private Limited Liability Corporations	－530	－464
私营股份有限公司	Private Share－holding Corporations Ltd.	177	95
其他企业	Other Enterprises		
港、澳、台商投资企业	Enterprises with Funds from Hong Kong, Macao and Taiwan	－220	－213
合资经营企业	Joint－venture Enterprises	－36	－36
合作经营企业	Cooperative Enterprises		
独资经营企业	Enterprises with Sole Investment	－183	－177
投资股份有限公司	Share－holding Corporations Ltd. With Investment		
外商投资企业	Foreign Funded Enterprises	－417	－466
中外合资经营企业	Joint－venture Enterprises	－52	－46
中外合作经营企业	Cooperative Enterprises	－388	－388
外资企业	Enterprises with Sole Foreign Investment	22	－33
外商投资股份有限公司	Share－holding Corporations Ltd. With Foreign Investment		
按国民经济行业分组	**Grouped by Sector**		
正餐服务业	Dinner Service	－93	94
快餐服务业	Snack Service	－397	－415
饮料及冷饮服务业	Beverage and Cold Drink Service	11	4
其他餐饮服务业	Other Food and Beverage Services		

CONTINUED

管理费用 Management Cost	#税　金 Tax	#财产保险费 Property Insurance	#劳动、待业保险费 Unemployment Insurance Benefits	财务费用 Financial Expenses	#利息支出 Interest Expenditures	工资、福利费 Wages and Welfarism 本年应付工资 Total Wage Payable	本年应付福利费 Total Welfarism Payable
8067	**450**	**29**	**212**	**732**	**665**	**8005**	**707**
1006	11	7	84	67	45	1015	149
6357	249	27	187	281	226	6667	622
638	8	1	58	22	4	634	98
407	36	2	13	24	20	226	9
27				3		36	2
730	5	5	36	42	42	499	183
730	5	5	36	42	42	499	183
4555	201	19	80	190	161	5271	329
692	20	2	8	39	30	1591	62
433	13	7	15	2	1	578	14
3276	169	9	45	149	130	2906	249
153		2	12			196	4
586	11		12	156	154	314	14
104			3	156	154	164	5
482	11		9			150	9
1125	190	2	14	295	285	1024	71
673	16	1	10	169	159	831	65
292	125			125	125	127	
160	48	1	5			67	6
7533	291	29	204	608	540	7521	660
443	154		3	125	125	402	35
91	5		5	-1	-1	82	12

14－12 限额以上批发零售贸易业商品销售数量
TOTAL SALES NUMBER OF ENTERPRISE ABOVE DESIGNATED SIZE IN WHOLESALE AND RETAIL TRADE BY COMMODITIES

品名	Item	销售合计 Total		批发 Wholesale Trade		零售 Retail Trade	
		2002	2003	2002	2003	2002	2003
粮食(万吨)	Grain (10000 tons)	94	144	74	140	20	4
食用植物油(吨)	Edible Vegetable Oil (ton)	6683	8084	106	853	6577	3812
食糖(吨)	Sugar (ton)	562	2818	21	26	543	1871
棉花(吨)	Cotton (ton)	116	48	116	48		
酒(千克)	Wines (kg)		11340		8328		3012
#白酒	#Distillate Spirits		7145		6449		696
啤酒	Beers		2649		942		1707
布(万米)	Cloth (10000 meter)	5574	614	2811	409	2763	205
鞋(万双)	Shoes (10000 pair)	836	2262	85	1861	752	401
各种服装(百件)	Clothing (100 units)		263801		185142		78659
照相机(台)	Cameras (unit)		24924		8475		16448
#数码照相机(台)	#Digital Camera (unit)		1338		705		633
电视机(台)	Television Set (unit)	471717	710038	157042	497464	314675	212574
组合音响(台)	Hi－Fi Stereo Component System (unit)	32808	38829	877	17141	31931	21688
摄像机(台)	Pickup Camera (unit)	1673	2568		1210	1673	1358
影碟机(台)	Video Disc Player (unit)	144653	198631	17314	95919	127339	102712
家用电冰箱(台)	Household Refrigerator (unit)	166644	438678	15399	313989	151245	124689
家用洗衣机(台)	Household Washing Machine (unit)	185445	270632	13658	156732	171787	113900
房间空调器(台)	Room Air Conditioner (unit)	39931	79811	12709	63052	27222	16759
微波炉(台)	Microwave Oven (unit)	133871	235871	41923	166364	91948	69507
微型计算机(台)	Microcomputer (unit)	10008	22478	3443	14928	6565	7550
普通电话机(部)	Telephone (unit)	95983	214809	47499	181158	48484	33651
移动电话机(部)	Mobile Telephone (unit)	548325	626658	519662	587597	28663	39061
化学肥料(万吨)	Chemical Fertilizers (10000 tons)	227	223	227	223		
化学农药(吨)	Chemical Pesticide (ton)	2115	78746	2115	78746		
农用薄膜(吨)	Farming Film (ton)	3617	470	3617	470		
煤炭(万吨)	Coal (10000 tons)	477	317	440	277	38	40
木材(立方米)	Wood (cu. m)	646438	1617730	646438	1617730		
汽油(万吨)	Gasoline (10000 tons)	264	203	233	182	31	21
煤油(万吨)	Kerosene (10000 tons)	52	18	52	18		
柴油(万吨)	Diesel Oil (10000 tons)	502	415	460	395	42	20
钢材(吨)	Steel Products (ton)	396748	188313	390115	178079	6633	10234
铜(吨)	Copper (ton)	167	529	167	529		
铝(吨)	Aluminum (ton)	7279	8951	7279	8951		
水泥(吨)	Cement (ton)	147254	137967	145611	137967	1643	
汽车(辆)	Motor Vehicles (unit)	18212	11095	12981	6829	5231	4266
#轿车	#Car	9251	4005	5002	1704	4249	2301
摩托车(辆)	Motorcycle (unit)	32181	18570	24072	13572	8109	4998
拖拉机(台)	Tractors (unit)	16968	7764	16968	7764		

14－13　个体工商业发展情况
DEVELOPMENT OF INDIVIDUAL INDUSTRY AND COMMERCE

指　标	Item	总　计 Total		#城　镇 Urban Areas	
		2002	2003	2002	2003
户数(户)	**Family Households (household)**	**1024794**	**942370**	**594928**	**575034**
农、林、牧、渔业	Farming, Forestry, Animal Husbandry and Fishery	148826	105754	14557	11437
采掘业	Mining and Quarrying	1222	1105	270	291
制造业	Manufacturing	107266	99198	51647	49419
建筑业	Construction	2335	2313	1252	1252
交通运输仓储业	Transportation and Storage	125148	119979	83392	85309
批发零售贸易、餐饮业	Wholesale, Retail Trades and Catering Trades	494590	471357	343927	330761
#餐饮业	#Catering Trades	99978	104857	79867	74815
社会服务业	Social Services	130628	130040	90003	89292
#日用品修理业	#Repair of Articles for Daily Use	28066	24598	16737	14443
旅馆业	Hotel	7968	7999	5411	5836
娱乐服务业	Amusement Services	11606	11651	8350	8724
其他行业	Other	14779	12624	9880	7273
从业人员(万人)	**Employed Persons (10000 persons)**	**220.9**	**205.5**	**119.6**	**118.5**
农、林、牧、渔业	Farming, Forestry, Animal Husbandry and Fishery	34.5	25.1	3.9	2.6
采掘业	Mining and Quarrying	0.9	0.8	0.2	0.2
制造业	Manufacturing	26.0	25.3	11.9	12.4
建筑业	Construction	1.4	1.3	0.8	0.7
交通运输仓储业	Transportation and Storage	19.8	20.0	12.2	13.3
批发零售贸易、餐饮业	Wholesale, Retail Trades and Catering Trades	110.1	104.4	72.1	70.4
#餐饮业	#Catering Trades	31.7	31.9	21.0	20.8
社会服务业	Social Services	26.7	26.1	16.8	17.5
#日用品修理业	#Repair of Articles for Daily Use	4.6	4.1	2.7	2.5
旅馆业	Hotel	1.8	1.8	1.2	1.3
娱乐服务业	Amusement Services	3.0	3.1	2.1	2.2
其他行业	Other	2.5	2.5	1.6	1.4
营业收入(亿元)	**Operating Revenue (100 million yuan)**	**874.4**	**822.0**	**712.9**	**662.4**
农、林、牧、渔业	Farming, Forestry, Animal Husbandry and Fishery	24.5	24.6	7.8	6.2
制造业	Manufacturing				
建筑业	Construction				
交通运输仓储业	Transportation and Storage	96.5	93.7	64.3	65.5
批发零售贸易、餐饮业	Wholesale, Retail Trades and Catering Trades	580.4	544.3	497.8	459.1
#餐饮业	#Catering Trades	131.7	146.7	111.9	160.0
社会服务业	Social Services	157.7	136.6	130.6	110.4
#日用品修理业	#Repair of Articles for Daily Use	16.2	14.7	10.7	10.5
旅馆业	Hotel	11.5	10.7	8.6	8.6
娱乐服务业	Amusement Services	33.9	14.5	31.5	12.6
其他行业	Other	15.3	22.8	12.5	21.2

14－14 限额以上连锁店(公司)商品销售情况(2003)
TOTAL SALES OF CHAIN STORE ABOVE DESIGNATED SIZE

指 标	Item	连锁门店数(个) Number of Branch Chain Store (unit)	直营店 Manufacturer Outlet Store	加盟店 Leagued Store
总 计	**Total**	**237**	**226**	**11**
营业面积（平方米）	Business Areas (sq. m)	237286	232510	4776
从业人员（人）	Number of Person Employed (person)	7997	7734	263
销售总额(万元)	Total Sales (10000 yuan)	259826	254567	5260
#零售额(万元)	#Retail (10000 yuan)	239287	235142	4145
利润总额（万元）	Total Profits (10000 yuan)	1326	1488	-162
资产总计（万元）	Total Assets (10000 yuan)	213591	210630	2961
负债总计（万元）	Total Liabilities (10000 yuan)	169349	167333	2015

14－15 城乡集市贸易情况
CONDITIONS OF URBAN AND RURAL FREE MARKETS

类 别	Category	2001	2002	2003
集市数(个)	**Number of Free Markets (unit)**	**2213**	**2091**	**1744**
城 市	Urban Areas	1105	1067	1026
乡 村	Rural Areas	1108	1024	718
集市贸易成交额(亿元)	**Transaction Value (100 million yuan)**	**589.3**	**662.8**	**709.2**
城 市	Urban Areas	478.1	548.2	578.9
乡 村	Rural Areas	111.2	114.6	130.3
在成交额中：	Of the Transaction Value			
#粮油类	#Grain and Oil	41.1	38.0	42.8
肉禽蛋类	Meat, Poultry and Eggs	82.4	79.5	73.2
水产品类	Aquatic Products	25.9	23.9	23.0
蔬菜类	Vegetables	56.7	55.5	50.2
干鲜果类	Dried and Fresh Fruits	36.1	31.7	36.9
大牲畜类	Large Animals	2.1	2.4	2.1
棉、烟、麻类	Cotton, Tobacco and Fiber Crops	1.2	1.3	1.3
工业品类	Industrial Products	236.4	218.0	221.6
家畜幼禽类	Domestic Animals and Poults	0.9	1.1	1.0
其 他	Other	56.8	72.0	75.0

主要统计指标解释

社会消费品零售总额　指国民经济各行业直接售给城乡居民和社会集团的消费品总额。它是反映各行业通过多种商品流通渠道向居民和社会集团供应的生活消费品总量，是研究国内零售市场变动情况、反映经济景气程度的重要指标。

社会消费品零售总额包括：⑴售给城乡居民作为生活用的商品和修建房屋用的建筑材料；⑵售给社会集团的各种办公用品和公用消费品；⑶售给机关、团体、学校、部队、企业、事业单位的职工食堂和旅店（招待所）附设专门供本店旅客食用，不对外营业的食堂的各种食品、燃料；企业、单位和国营农场直接售给本单位职工和职工食堂的自己生产的产品；⑷售给部队干部、战士生活用的粮食、副食品、衣着品、日用品、燃料；⑸售给来华的外国人、华侨、港澳台同胞的消费品；⑹居民自费购买的中、西药品、中药材及医疗用品；⑺报社、出版社直接售给居民和社会集团的报纸、图书、杂志，集邮公司出售的新、旧纪念邮票、特种邮票、首日封、集邮册、集邮工具等；⑻旧货寄售商店自购、自销部分的商品；⑼煤气公司、液化石油气站售给居民和社会集团的煤气灶具和罐装液化石油气。不包括售给国民经济各部门企业、事业单位（包括国有经济的农场）生产经营用的各种原材料、燃料、设备、工具等和售给批发零售贸易业、餐饮业作为转卖用的商品，旧货寄售商店受托寄售卖出的商品，服务业的营业收入，邮局出售邮票的收入，自来水、电力、煤气生产（供应）单位的产品供应收入，也不包括农民之间的商品销售。从 2003 年定期报表开始，"社会消费品零售额"不再包括"制造业"企业的科、室对居民及社会集团的零售额和"农业生产者"对非农业居民的零售额。

批发零售贸易业商品购、销、存总额　指各种登记注册类型的批发、零售贸易业企业（单位）以本企业（单位）为总体的商品购进、销售、库存总额。

商品购进总额　指从本企业（单位）以外的单位和个人购进（包括从境外直接进口）作为转卖或加工后转卖的商品总额。它反映批发零售贸易业从国内、国外市场上购进商品的总量。商品购进总额包括：⑴从工农业生产者购进的商品；⑵从出版社、报社的出版发行部门购进的图书、杂志和报纸；⑶从各种登记注册类型的批发零售贸易企业（单位）购进的商品；⑷从其他单位购进的商品，如从机关、团体、企业等单位购进的剩余物资，从餐饮业、服务业购进的商品，从海关、市场管理部门购进的缉私和没收的商品，从居民手中收购的废旧商品等；⑸从国（境）外直接进口的商品。不包括企业（单位）为自身经营用和未通过买卖行为而收入的商品以及销售退回、商品升溢等。

商品销售总额　指对本企业（单位）以外的单位和个人出售（包括对境外直接出口）的商品总额。它反映批发零售贸易业在国内市场上销售商品以及出口商品的总量。商品销售总额包括：⑴售给城乡居民和社会集团消费用的商品；⑵售给工业、农业、建筑业、运输邮电业、批发零售贸易业、餐饮业、服务业等作为生产、经营使用的商品；⑶售给批发零售贸易业作为转卖或加工后转卖的商品；⑷对国（境）外直接出口的商品。不包括出售本企业（单位）自用的废旧包装用品；未通过买卖行为付出的商品；经本单位介绍，由买卖双方直接结算，本单位只收取手续费的业务；购货退出的商品以及商品损耗和损失等。

批发零售贸易业库存　指报告期末各种登记注册类型的批发零售贸易企业（单位）已取得所有权的商品。它反映批发零售贸易企业（单位）的商品库存情况和对市场商品供应的保证程度。期末库存包括：⑴存放在批发零售贸易业经营单位（如门市部、批发站、经营处）仓库、货场、货柜和货架中的商品；⑵挑选、整理、包装中的商品；⑶已记入购进而尚未运到本单位的商品，即发货单或银行承兑凭证已到而货未到的部分；⑷寄放他处的商品，如因购货方拒绝承付而暂时存放在购货方的商品和已办完加工成品收回手续而未提回的商品；⑸委托其他单位代销（未作销售或调出）尚未售出的商品；⑹代其他单位购进尚未交付的商品。不包括所有权不属于本单位的商品、拨付除批发零售贸易业以外的其他行业所属独立核算加工厂等加工生产尚未收回成品的商品、代国家物资储备部门保管的商品等。

库存总额采用的计算价格是：农副产品采购单位按购进价计算；批发单位按进货价计算；零售单位按核算价格计算，即按什么价格核算就按什么价格计算。

消费品市场成交额　指从事消费品交易的商品市场的全部商品成交金额。消费品市场包括农副产品市场和工业消费品市场。

EXPLANATORY NOTES ON MAIN STATISTICAL INDICATORS

Total Retail Sales of Consumer Goods refer to the sum of retail sales of consumer goods sold by all sectors of the national economy to urban and rural residents and social groups. This indicator is used to show the supply of consumer's goods through various channels to households and institutions, and is very important for the study on changes at the domestic retail market, and on economic cycles.

The retail sales of consumer goods include: (1) commodities sold to urban and rural residents for their daily use and building materials sold to them for the construction or repair of houses; (2) office appliances and supplies sold to institutions; (3) food and fuels sold to canteens of institutions, enterprises, schools, military units and to canteens of hotels and hostels that only serve their guests, and commodities produced by enterprises, institutions or state farms and sold directly to their employees or their canteens; (4) grain and non – staple food, clothing, daily articles and fuels sold to military personnel; (5) consumer goods sold to foreigners, overseas Chinese, and Chinese compatriots from Taiwan, Hong Kong and Macao during their stay in the mainland of China; (6) Chinese and western medicines, herbs and medical facilities purchased by residents; (7) newspapers, books and magazines directly sold to residents and social groups by publishers, new and old commemorative stamps, special stamps, first – day covers, stamp albums and other stamp – collection articles sold by stamp companies; (8) consumer goods purchased and then sold by second – hand shops; (9)Coal gas Company, liquefied petroleum gas stand and sell resident and social coal gas cooking utensils of group to and can the liquefied petroleum gas . Not including sell to enterprises of every department of national economy, public institution (include farm of state – owned economy), various kinds of raw materials that production and management spend, fuel, equipment, tool,etc. and sold to the wholesale and retail business, goods as reselling of catering trade, the commission shop of the secondhand goods is commissioned and consign the goods sold, the business income of the service trade, post office sell income of stamp, running water, electricity, coal gas produce (supply with), product of the unit supply incomes with, do not include the merchandise sales between peasants either. Begin from 2003 fixed report form , " retail sales of the social consumer goods " no longer include the departments of " manufacturing " 's enterprises, room retail sales of residents and social group and retail sales to non – agricultural residents of " agricultural producer " s correctly.

Purchase, Sales and Stock of Commodities by Wholesale and Retail Trade refer to the purchase, sales and stock of commodities by wholesale and retail establishments of different status of registration (excluding individual sellers).

Total Purchases of Commodities refer to the total value of purchases of commodities by the establishments from other establishments or individuals (including direct import from abroad) for the purpose of re – selling, either with or without further processing of the commodities purchased. This indicator is used to show the total value of purchases of commodities by wholesale and retail establishments from domestic and overseas markets. The total purchases include: (1) agricultural and industrial products purchased from producers; (2) books, magazines and newspapers purchased from distribution departments of the publishers; (3) commodities purchased from wholesale and retail establishments of different status of registration; (4) commodities purchased from other units, such as surplus materials purchased from government agencies, enterprises or institutions, commodities purchased from catering and service establishments, confiscated goods purchased from customs authorities or market management agencies, second – hand goods and wastes purchased from residents; and (5) commodities directly imported from abroad. Excluded are commodities purchased by establishments (units) for use in their own business operation, commodities obtained without buying or selling procedures, rejected commodities, etc.

Total Sales of Commodities refer to value of commodities sold by the establishments to other establishments and individuals (including direct export). This indicator is used to show the total value of sales of commodities at domestic markets and export. The total sales include: (1) commodities sold to urban and rural residents and social groups for their consumption; (2) commodities sold to establishments in industry, agriculture, construction, transportation, post and telecommunications, wholesale and retail trades, catering trade and public utility for their production and operation; (3) commodities sold to wholesale and retail establishments for re-selling, with or without further processing; and (4) commodities for direct export to other countries. Excluded are selling of waste packaging materials used by the establishments (units) themselves, commodities transferred without buying or selling procedures, commission income from brokerage in transactions whose settlement is directly handled by buyers and sellers, rejected commodities in the purchase, loss in commodities, etc.

Commodity Stock of Wholesale and Retail Enterprises refers to total commodities possessed by wholesale and retail enterprises (units) of various types of registration status at the end of the reference period, which reflects the commodity stock level of various wholesale and retail enterprises and the potential for market supply. It includes: (1) commodities located in storage, garages, counters, and shelves of operating units (such as sale stores, wholesale centers, and operating offices) of wholesale and retail enterprises; (2) commodities in the process of selecting, sorting, and packing; (3) commodities not arrived but recorded as purchase in the account, i.e. commodities not arrived but payment receipts for the commodities from the sellers or the banks arrived; (4) commodities deposited in other places rather than places mentioned above, for instance: commodities in the hold of purchasers temporarily due to the refusal of payment and commodities not taken back after going through the formalities; (5) commodities entrusted to other units to sell but not sold yet; (6) commodities purchased for other units but not delivered yet. Commodities not included as stock are those not owned by the enterprises (units), those allocated to financially independent factories rather than wholesale and retail enterprises for processing but not taken back yet, and finally those put in stock by wholesale and retail enterprises on behalf of the state material reserves units.

For the calculation of the value of commodities stock, the value is calculated at purchasing prices in agricultural goods purchasing units and wholesale units, and at the accounting prices in retail units.

Volume of Transaction at Free Markets for Consumer Goods refers to the value of transaction of all goods at the free trade markets for consumer goods, where markets include both free markets for farm and sideline products and for manufactured consumer goods.

十五、对外贸易和旅游业

FOREIGN TRADE AND ECONOMIC COOPERATION AND TOUR

15－1　对外经济贸易和旅游基本情况

FOREIGN TRADE ECONOMIC COOPERATION AND TOURISM

指　　标	Item	2000	2001	2002	2003
对外经济贸易	**Foreign Trade and Economic Cooperation**				
进出口总额(万美元)	Total Value of Imports and Exports (USD 10000)	298620	338454	434934	532964
出口总额	Total Exports	145101	161218	198770	287456
进口总额	Total Imports	153519	177236	236164	245508
差　额	Balance	-8418	-16018	-37394	41948
对外签订利用外资协议项目(个)	Number of Projects for Utilization of Foreign Capital in the Signed Agreements (unit)	281	269	199	258
#对外借款	#Foreign Loans	21	27		28
外商直接投资	Foreign Direct Investments	260	242	199	230
对外签订利用外资协议额(万美元)	Total Amount of Foreign Capital to be Utilized in the Signed Agreements (USD 10000)	108557	118800	141404	165283
#对外借款	#Foreign Loans	27274	29000	29100	25800
外商直接投资	Foreign Direct Investments	81283	89800	112304	139483
实际利用外资额(万美元)	Total Amount of Foreign Capital Actually Used (USD 10000)	110359	115114	123656	128772
#对外借款	#Foreign Loans	27274	29000	29100	25800
外商直接投资	Foreign Direct Investments	83085	86114	94556	102972
对外承包工程	Contracted Projects with Foreign Countries and Territories				
签定合同的国家地区(个)	Number of Contracted Countries and Territories (unit)	10	3	3	6
合同数(份)	Number of Contracts (share)	30	4	17	16
合同金额(万美元)	Contracted Value (USD 10000)	14328	15254	1769	11893
完成营业额(万美元)	Value of Business Fulfilled (USD 10000)	8269	9148	9815	12591
对外劳务合作	Labor Services with Foreign Countries and Territories				
签定合同的国家地区(个)	Number of Contracted Countries and Territories (unit)	14	10	3	2
合同数(份)	Number of Contracts (share)	182	167	102	71
合同金额(万美元)	Contracted Value (USD 10000)	9004	9082	12255	9195
完成营业额(万美元)	Value of Business Fulfilled (USD 10000)	4934	4479	5852	7466
外商投资企业基本情况	Registered Foreign-funded Enterprises				
外商投资企业单位数(个)	Number of Registered Enterprises (unit)	3318	2980	2067	2243
外商投资企业投资总额(万美元)	Total Investment (USD 10000)	834390	765008	746813	812328
注册资本(万美元)	Registered Capital (USD 10000)		521722	439397	494270
#外　方	#Capital from Foreign Partners		300728	253917	294168
旅　游	**Tourism**				
国际旅游人数(人)	Number of International Tourists	551658	612270	717394	587127
外国人	Foreigners	504681	565053	669522	546332
华　侨	Overseas Chinese				
港、澳、台人	Tourists from Hong Kong, Macao and Taiwan	46977	47217	47872	40795
香港人	Hong Kong	21473	22006	24611	21737
澳门人	Macao	11899	10603	6435	4691
台湾人	Taiwan	13605	14608	16826	14367
旅游外汇收入总额(万美元)	Total of Foreign Exchange Earnings (USD 10000)	18905	24990	29717	24364
国内旅游人数(万人次)	Number of Domestic Tourists (10000 persons)	2712	3000	3350	3590
国内旅游收入(亿元)	Receipts of Domestic Tourism (100 million yuan)	121	158	179	202

注:进出口总额 1993 年以前为对外贸易经济合作厅数据,1993 年起为哈尔滨海关数据,未包括石油出口业务(下同)。

Note: The data of total value of imports and exports were provided by Department of Foreign Trade and Economic Cooperation prior to 1993. Since 1994, the data were provided by Harbin CIQ expecting exports of petroleum. The same as following tables.

15－2 进出口总额
TOTAL VALUE OF IMPORTS AND EXPORTS

年 份 Year	人民币(亿元) (RMB 100 million yuan)				美元(亿元) (USD 100 million)			
	进出口总值 Total Value of Imports and Exports	出口总值 Total Exports	进口总值 Total Imports	进出口差额 Balance	进出口总值 Total Value of Imports and Exports	出口总值 Total Exports	进口总值 Total Imports	进出口差额 Balance
1957	2.6	2.6			0.8	0.8		
1965	0.6	0.6			0.2	0.2		
1970	0.5	0.5			0.2	0.2		
1975	1.3	1.3			0.7	0.7		
1978	0.8	0.8			0.5	0.5		
1979	1.2	1.2			0.7	0.7		
1980	1.9	1.5	0.5	1.0	1.3	1.0	0.3	0.7
1981	2.7	2.3	0.4	1.8	1.6	1.3	0.3	1.1
1982	3.8	3.3	0.5	2.9	2.0	1.7	0.2	1.5
1983	6.5	5.4	1.1	4.3	3.3	2.7	0.5	2.2
1984	10.0	7.9	2.1	5.8	4.3	3.4	0.9	2.5
1985	15.0	12.1	2.9	9.3	5.1	4.1	1.0	3.2
1986	28.0	21.2	6.7	14.5	8.1	6.2	2.0	4.2
1987	35.8	30.2	5.6	24.6	9.6	8.1	1.5	6.6
1988	46.2	34.9	11.3	23.6	12.4	9.4	3.0	6.3
1989	53.2	38.7	14.5	24.2	14.1	10.3	3.9	6.4
1990	71.4	52.0	19.4	32.6	14.9	10.9	4.1	6.8
1991	107.4	73.3	34.1	39.2	20.2	13.8	6.4	7.4
1992	158.9	101.0	57.9	43.1	28.8	18.3	10.5	7.8
1993	190.1	97.2	92.9	4.3	33.0	16.9	16.1	0.7
1994	209.1	107.0	102.1	4.9	24.3	12.4	11.8	0.6
1995	199.3	97.4	101.9	-4.5	23.9	11.7	12.2	-0.5
1996	203.6	90.0	113.7	-23.7	24.5	10.8	13.7	-2.9
1997	204.2	108.4	95.8	12.6	24.6	13.1	11.6	1.5
1998	166.4	75.0	91.4	-16.4	20.1	9.1	11.0	-2.0
1999	181.4	78.7	102.7	-24.1	21.9	9.5	12.4	-2.9
2000	247.2	120.1	127.1	-7.0	29.9	14.5	15.4	-0.8
2001	280.2	133.4	146.7	-13.2	33.9	16.1	17.7	-1.6
2002	360.1	164.7	195.3	-30.6	43.5	19.9	23.6	-3.7
2003	441.2	237.5	203.6	33.9	53.3	28.7	24.6	4.1

15－3 海关进出口总额
TOTAL VALUE OF IMPORTS AND EXPORTS(CUSTOMS STATISTICS)

单位:万美元 (USD 10000)

类 别	Category	进出口总额 Total Value of Imports and Exports			
		2000	2001	2002	2003
总 额	**Total**	**298620**	**338454**	**434934**	**532964**
一般贸易	General Trade	128554	136625	176159	229055
国家间、国际组织无偿援助和赠送	Donation of Countries and International	436	278	1104	799
华侨、港澳同胞、外籍华人捐赠物资	Donation of Overseas Chinese	3		107	19
补偿贸易	Compensation Trade	399	420	383	427
来料加工装配贸易	Processing and Assembling with Customer's Materials	6643	12078	17450	9889
进料加工贸易	Processing and Assembling with Import Materials	27245	17044	19972	20553
边境小额贸易	Little Amount Trade on the Borders	101365	109162	185405	213095
对外承包工程出口货物	Export Goods of Contracted Projects with Foreign Countries or Territories	1179	391	5768	2176
外商投资企业作为投资进口的设备、物品	Import Equipments and Goods of Foreign－Funded Enterprises	6668	4239	10282	7784
易货贸易	Barter Trade	52	47	42	23
保税仓库进出货物	Bonded Warehouse	464	1522	676	1330
其 他	Others	25612	56647	17586	47814

15－3 续表 CONTINUED

单位:万美元 (USD 10000)

类 别	Category	出口总额 Total Value of Imports and Exports			
		2000	2001	2002	2003
总 额	**Total**	**145101**	**161218**	**198770**	**287456**
一般贸易	General Trade	82729	72460	79873	114810
国家间、国际组织无偿援助和赠送	Donation of Countries and International	403	274	1101	739
华侨、港澳同胞、外籍华人捐赠物资	Donation of Overseas Chinese				
补偿贸易	Compensation Trade	399	420	383	427
来料加工装配贸易	Processing and Assembling with Customer's Materials	3900	6111	9200	5339
进料加工贸易	Processing and Assembling with Import Materials	16132	10843	13655	13374
边境小额贸易	Little Amount Trade on the Borders	14476	13306	71003	102399
对外承包工程出口货物	Export Goods of Contracted Projects with Foreign Countries or Territories	1179	391	5768	2176
外商投资企业作为投资进口的设备、物品	Import Equipments and Goods of Foreign－Funded Enterprises				
易货贸易	Barter Trade	47	45	25	23
保税仓库进出货物	Bonded Warehouse	261	756	435	719
其 他	Others	25575	56613	17327	47450

15 -4 海关分国家(地区)进出口总额

TOTAL VALUE OF IMPORTS AND EXPORTS BY COUNTRIES AND TERRITORIES (CUSTOMS STATISTICS)

单位:万美元 (USD 10000)

国家(地区)	Countries(Territories)	进出口总额 Total Value of Imports and Exports		出口总额 Total Exports		进口总额 Total Imports	
		2002	2003	2002	2003	2002	2003
总 额	**Total**	**434934**	**532964**	**198770**	**287456**	**236164**	**245508**
亚 洲	**Asia**	**118363**	**140205**	**66944**	**83971**	**51420**	**56234**
巴 林	Bahrain	3	7	3	7		
孟加拉国	Bangladesh	275	85	261	85	14	
文 莱	Brunei		3		3		
缅 甸	Myanmar	44	7	44	7		
柬埔寨	Cambodia	7	2	7	2		
塞浦路斯	Cyprus	50	238	40	238	10	
朝 鲜	DPRK	1549	2796	1538	2576	11	220
香 港	Hong Kong, China	12740	11536	8116	10713	4625	823
印 度	India	3411	2535	1490	1339	1921	1196
印度尼西亚	Indonesia	2642	4956	2389	4230	253	726
伊 朗	Iran	1004	2277	639	2277	365	
伊拉克	Iraq	6918	5	6918	5		
以色列	Israel	157	282	128	256	29	26
日 本	Japan	37291	44557	17478	19714	19813	24843
约 旦	Jordan	151	322	151	322		
科威特	Kuwait	89	36	89	36		
黎巴嫩	Lebanon	100	104	100	104		
澳 门	Macao, China	7	19	7	19		
马来西亚	Malaysia	2504	2657	1877	2331	628	326
蒙 古	Mongolia	171	275	77	111	94	164
尼泊尔	Nepal	17	22	17	22		
阿 曼	Oman	79	400	79	400		
巴基斯坦	Pakistan	549	592	549	578		14
巴勒斯坦	Palestine	10	7	10	7		
菲律宾	Philippines	902	761	885	756	17	5
卡塔尔	Qatar	38	5	38	5		
沙特阿拉伯	Saudi Arabia	981	1395	370	1130	611	265
新加坡	Singapore	3821	4948	536	949	3286	3999
韩 国	Republic of Korea	33237	44696	19372	28899	13865	15797
斯里兰卡	Sri Lanka	534	365	534	364		1
叙利亚	Syria	145	457	143	457	2	
泰 国	Thailand	1862	3423	562	678	1300	2745
土耳其	Turkey	442	1171	397	1165	45	6
阿拉伯联合酋长国	United Arab Emirates	1388	1467	1388	1464		3
也门共和国	Arab Republic of Yemen	148	337	148	337		
越 南	Viet Nam	139	1477	135	1403	4	74
台 湾	Taiwan, China	3695	4248	412	848	3283	3400

注:亚洲差额部分为政策性进出口。

Note: The part balance of Asian is policy imports and exports

15—1 续表 1 CONTINUED

单位：万美元　　　　(USD 10000)

国家(地区)	Countries(Territories)	进出口总额 Total Value of Imports and Exports		出口总额 Total Exports		进口总额 Total Imports	
		2002	2003	2002	2003	2002	2003
非　洲	**Africa**	**10936**	**6824**	**10254**	**5938**	**682**	**886**
阿尔及利亚	Algeria	144	342	144	342		
安哥拉	Angola	13	53	13	53		
贝　宁	Benin	99	22	99	22		
博茨瓦那	Botswana		18		18		
喀麦隆	Cameroon	5	29	5	29		
佛得角	Cape Verde		2		2		
刚　果	Congo	2	32	2	32		
吉布提	Djibouti	5	1	5	1		
埃　及	Egypt	2003	1728	1434	913	569	815
赤道几内亚	Eq. Guinea		3		3		
埃塞俄比亚	Ethiopia	10	27	10	27		
加　蓬	Gabon	1	24	1	24		
冈比亚	Gambian	1	2	1	2		
加　纳	Ghana	192	309	160	309	32	
几内亚	Guinea	1		1			
科特迪瓦	Cote D'Ivoir	5	9	5	9		
肯尼亚	Kenya	39	63	39	63		
利比里亚	Liberia	1		1			
利比亚	Libya	33	151	33	151		
马达加斯加	Madagascar	5	110	5	110		
马拉维	Malawi	6	5	6	5		
马　里	Mali						
毛里塔尼亚	Mauritania	56	13	56	13		
毛里求斯	Mauritius	27	16	27	16		
摩洛哥	Morocco	214	52	201	52	13	
莫桑比克	Mozambique		253		253		
纳米比亚	Namibia		5		5		
尼日尔	Niger	2		2			
尼日利亚	Nigeria	57	92	57	92		
卢旺达	Rwanda						
塞内加尔	Senegal	14	14	14	14		
塞舌尔	Seychelles	1	3	1	3		
塞拉利昂	Sierra Leone	16				16	
南　非	South Africa	630	1340	621	1336	9	4
苏　丹	Sudan	7187	1915	7187	1914		1
坦桑尼亚	Tanzania	20	38	20	38		
多　哥	Togo	3	7	3	7		
突尼斯	Tunisia	72	34	72	34		
乌干达	Uganda	2	12	2	12		
扎伊尔	Zaire	1	1	1	1		
赞比亚	Zambia	23	16	15	16	8	
津巴布韦	Zimbabwe	45	51	10	11	35	40
莱索托	Lesotho	1	2	1	2		
厄立特里亚	Eritrea						
其他非洲国家(地区)	Other Countries (Territories) of Africa		30		4		26

15－4 续表 2 CONTINUED

单位:万美元 (USD 10000)

国家(地区)	Countries(Territories)	进出口总额 Total Value of Imports and Exports		出口总额 Total Exports		进口总额 Total Imports	
		2002	2003	2002	2003	2002	2003
欧　洲	**Europe**	**273821**	**349449**	**109709**	**181541**	**164112**	**167908**
比利时	Belgium	2222	3387	836	774	1386	2613
丹　麦	Denmark	724	668	128	100	596	568
英　国	United Kingdom	3940	2735	1402	1901	2538	834
德　国	Germany	11264	17131	3335	3878	7929	13253
法　国	France	4547	6707	511	690	4036	6017
爱尔兰	Ireland	575	1910	112	139	463	1771
意大利	Italy	3292	4540	987	1566	2305	2974
荷　兰	Netherlands	2003	3195	1219	2625	784	570
希　腊	Greece	1382	799	633	732	749	67
葡萄牙	Portugal	80	80	80	80		
西班牙	Spain	670	1891	396	1277	274	614
阿尔巴尼亚	Albania	12	53	12	53		
奥地利	Austria	749	1197	18	51	731	1146
保加利亚	Bulgaria	107	165	107	165		
芬　兰	Finland	679	423	99	114	580	309
匈牙利	Hungary	197	436	192	316	5	120
马耳他	Malta	6	8	6	8		
摩纳哥	Monaco	2		2			
挪　威	Norway	504	430	146	204	358	226
波　兰	Poland	187	384	146	324	41	60
罗马尼亚	Romania	563	734	293	465	270	269
瑞　典	Sweden	1254	1298	190	306	1064	992
瑞　士	Switzerland	1412	2490	302	235	1110	2255
爱沙尼亚	Estonia		39		39		
拉脱维亚	Latvia	6	39	6	39		
立陶宛	Lithuania	38	58	28	48	10	10
格鲁吉亚	Georgia	2	6	2	6		
亚美尼亚	Armenia	33		33			
阿塞拜疆	Azerbaijan	4	7	4	7		
白俄罗斯	Byelorussia	220	888	191	830	29	58
哈萨克斯坦	Kazakhstan	687		277		410	
吉尔吉斯	Kirghizia						
俄罗斯联邦	Russia	233268	295505	97221	163802	136047	131703
塔吉克斯坦	Tadzhikistan	1		1			
土库曼斯坦	Turkmenistan						
乌克兰	Ukraine	2732	1401	387	277	2345	1124
乌兹别克斯坦	Uzbekistan	1		1			
南斯拉夫	Yugoslavia	344	297	344	297		
斯洛文尼亚	Slovenia	39	91	39	89		2
克罗地亚	Croatia	10	29	10	29		
捷克共和国	Czech	59	410	13	62	46	348
斯洛伐克共和国	Slovakia	6	18		13	6	5
摩纳哥	Monaco						
马其顿共和国	Macedonia						

15－4 续表 3　CONTINUED

单位：万美元　　(USD 10000)

国家(地区)	Countries(Territories)	进出口总额 Total Value of Imports and Exports		出口总额 Total Exports		进口总额 Total Imports	
		2002	2003	2002	2003	2002	2003
拉丁美洲	**Latin America**	**3794**	**6808**	**2374**	**3205**	**1420**	**3603**
安提瓜和巴布达	Antigua and Barbuda	1		1			
阿根廷	Argentina	216	329	216	60		269
巴巴多斯	Barbados	6	6	6	6		
伯利兹	Belize	1		1			
巴　西	Brazil	1517	3046	1044	957	473	2089
智　利	Chile	1020	1023	225	203	795	820
哥伦比亚	Colombia	126	129	126	129		
多米尼加	Dominica	2	11	2	11		
哥斯达黎加	Costa Rica	33	32	33	32		
古　巴	Cuba	123	301	123	301		
库腊索岛	Curacao		4		4		
多米尼加共和国	Dominican Republic	76	34	76	34		
厄瓜多尔	Ecuador	23	119	23	119		
危地马拉	Guatemala	60	54	60	54		
圭亚那	Guyana	1	4877	1			
海　地	Haiti		3		3		
洪都拉斯	Honduras	31	4	31	4		
牙买加	Jamaica		15		15		
墨西哥	Mexico	246	468	234	284	12	184
尼加拉瓜	Nicaragua		4		4		
巴拿马	Panama	24	104	24	104		
巴拉圭	Paraguay	9	74	9	74		
秘　鲁	Peru	119	263	11	30	108	233
波多黎各	Puerto Rico	54	728	22	720	32	8
萨尔瓦多	EL Salvador	3	7	3	7		
苏里南	Surinam	9	3	9	3		
特立尼达和多巴哥	Trinidad and Tobago	10		10			
乌拉圭	Uruguay	51	20	51	20		
委内瑞拉	Venezuela	33	27	33	27		
北美洲	**North America**	**24343**	**26837**	**8999**	**12007**	**15344**	**14830**
加拿大	Canada	2701	2829	755	1048	1946	1781
美　国	United States	21642	24008	8244	10959	13398	13049
大洋洲	**Oceania**	**3677**	**2841**	**490**	**794**	**3187**	**2047**
澳大利亚	Australia	3137	1900	434	670	2703	1230
斐　济	Fiji	3	2	3	2		
新西兰	New Zealand	529	908	45	91	484	817
巴布亚新几内亚	Papua New Guinea	6	19	6	19		
汤　加	Tonga						
萨摩亚	Samoa		1		1		
贝劳共和国	Republic of Palau	2	1	2	1		
其　它	Other		10		10		

15-5 海关主要商品出口数量和金额
MAIN EXPORT COMMODITIES IN VOLUME AND VALUE (CUSTOMS STATISTICS)

指标	Item	数量 Volume		金额(万美元) Value (USD 10000)	
		2002	2003	2002	2003
鲜、冻牛肉(吨)	Beef (ton)	936	330	126	47
鲜、冻猪肉(吨)	Pork (ton)	27208	32156	3195	3728
冻鸡(吨)	Frozen Chicken (ton)	1964	2505	205	258
水海产品(吨)	Aquatic Products (ton)	800	3906	197	378
谷物及谷物粉(万吨)	Cereals and Cereals Flour (ton)	93	279	12645	34579
#大　米	#Rice		34		8165
玉　米	Maize	70	238	7023	25658
蔬菜(万吨)	Vegetables (ton)	16	20	3929	5709
干豆(吨)	Dried Legumes (ton)	25978	40063	903	1367
鲜、干水果及坚果(万吨)	Fruits and Nuts (ton)	12	13	4441	5164
食用油籽(万吨)	Seeds of Edible Oil (ton)	12	10	3076	3556
天然蜂蜜(吨)	Natural Honey (ton)	2403	731	279	94
辣椒干(吨)	Dried Capsicum (ton)	152	800	16	64
猪肉罐头(吨)	Canned Pork (ton)	120	125	15	15
蘑菇罐头(吨)	Canned Mushroom (ton)	102	15	15	2
啤酒(万升)	Beer (liter)	34	97	18	15
植物榨油后的剩余物(吨)	Marcs of Edible Vegetable Oil (ton)	5056	4894	104	110
猪鬃(吨)	Bristle (ton)	22	19	2	2
肠衣(吨)	Casings (ton)	18		3	
填充用羽毛、羽绒(吨)	Feathers and Dawn for Stuffing (ton)	36	6	141	22
药材(吨)	Medical Materials (ton)	1020	1393	399	468
烤烟(吨)	Flue - cured Tobacco (ton)	12922	9326	1631	1348
锯材(立方米)	Wood Sawn (cu. m)	22987	36913	1344	2170
生丝(吨)	Raw Silk (ton)	2	20	3	32
黏土及其他耐火矿物(吨)	Saggars and Other Fire - resistant Mineral (ton)	48974	62291	680	973
煤(万吨)	Coal (ton)	62	36	2366	1493
石蜡(吨)	Paraffin Wax (ton)	29231	2445	1208	1087
医药品(吨)	Medical and Pharmaceutical Products (ton)	1848	2386	2316	2710
轮胎(万条)	Rubber Tyres (10000 items)	24	31	519	158
家用或装饰用木制品(吨)	Wood for Household Use or Decorate (ton)	34722	40017	3587	4102
纸及纸板(吨)	Paper and Paperboard (ton)	1645	2032	197	255
纺织纱线、织物及制品	Yarns, Fabrics and Products			11922	25274
#亚麻及苎麻纱线(吨)	#Yarns of Flax and Ramee (ton)	837	1322	516	731
毛纺机织物(万米)	Wool Textile (10000 meters)	2		1	
棉机织物(万米)	Cotton Textile (10000 meters)	233	234	116	129
亚麻及苎麻机织物(万米)	Textile of Flax and Ramee (10000 meters)	3312	3625	6965	7106
地　毯(万平方米)	Carpets (sq. m)	50	51	408	576
棉浴巾(万条)	Cotton Bath Towels (10000 items)	90	146	89	163
塑料编织袋(万条)	Bags of PP or PE Strip (10000 items)	2754	3326	381	521
水泥(吨)	Cement (ton)	1258	1324	10	15
花岗岩石材及制品(吨)	Granite Material and Products (ton)	4528	13565	388	414
平板玻璃(万平方米)	Plate Glass (sq. m)	246	218	293	349
玻璃制品	Glass Products			276	562
生铁及镜铁(吨)	Pig Iron and Spiegeleisen (ton)				
钢材(吨)	Rolled Steel (ton)	10217	3174	485	266
未锻造的铝及铝材(吨)	Unwrought Aluminum and Aluminous Material (ton)	8059	8101	2029	1998
钢铁或铜制标准紧固件(吨)	Iron and Steel Nails, Bolts, etc. (ton)	79	81	7	10
不锈钢厨具、餐具等家用器皿(吨)	Household Utensils Made of Stainless Steel (ton)	46	83	7	13
餐桌、厨房及其他家用搪瓷(吨)	Enamelware (Table, Kitchen, etc.) (ton)	518	400	77	50
手用或机用工具(吨)	Hand Tools and Tools for Machines (ton)	1530	2327	259	672
锁(吨)	Locks (ton)	325	193	62	34

15－5 续表 continued

指 标	Item	数 量 Volume		金额(万美元) Value (USD 10000)	
		2002	2003	2002	2003
电扇(万台)	Fans (10000 sets)	2		10	16
纺织机械	Textile Machinery			33	69
电子计算器(万台)	Electric Calculator (10000 sets)	48.0	101.5	41	84
自动数据处理设备及其部件(万台)	ADP Equipments (unit)	3.0	41.6	35	241
自动数据处理设备的零件(吨)	Hardwares of ADP Equipments (kg)	107.6	222.5	7799	3741
轴承(万套)	Axletrees (10000 units)	1587	1677	639	666
电动机及发电机(万台)	Electric Motors and Generators (10000 sets)	2	8	54	119
静止式变流器(万个)	Static Converters (10000 units)		75		52
蓄电池(万个)	Electric Accumulators (10000 units)	8	27	45	256
手电筒(万个)	Flashlights (10000 units)	74	168	14	61
扬声器(万个)	Loudspeakers (10000 units)	29	45	49	51
录、放像机(万台)	Video Tape Recorders (10000 sets)		1	19	74
录音机、收录机及组合音响(万台)	Recorder, Sound Recording Apparatus (10000 sets)	46	76	302	299
收音机(万台)	Radio (10000 sets)	16	221	17	64
录放音、像机及唱机的零附件(吨)	Parts of Tape Recorders and Phonograph (ton)	11358	26367	294	496
印刷电路(吨)	Printed Circuits (ton)	1474	1	8	1
通断及保护电路装置(吨)	Electrical Apparatus for Switching or Protecting Electrical Circuits (ton)	4444	7142	540	103
二极管及类似半导体器件(万个)	Diodes and Hardwares Resembled Semiconductors (10000 units)	100	257	31	136
集成电路及微电子组件(万个)	Groupware of IC and Micro－electronics (10000 units)	1349	3074	296	605
电线和电缆(吨)	Electrical wires and Cables (ton)	744	621	262	110
汽车零件	Parts of Motor Vehicles			959	616
摩托车及自行车的零件	Parts of Motorcycles and Bicycles			48	80
手表(万只)	Wrist Watches (10000 units)	77	56	48	37
医疗仪器及器械	Medical Instruments and Appliances			299	88
日用钟(万只)	Clocks (10000 units)	3	36	2	13
家具	Furniture			2935	4960
床垫、寝具及类似品	Mattresses, Bedclothing and Similar Articles			490	1430
灯具、照明装置及类似品	Lamps and Lanterns, Lighting Sets and Similar Articles			841	1690
旅行用品及箱包	Travel Articles, Boxes and Bags			732	2061
服装及衣着附件	Garments and Affix of Clothing			44548	84827
#织物制服装	#Knitted and Crocheted Garments			40516	75016
皮革服装(万件)	Leather Garments (10000 pairs)	72	143	2024	4303
裘皮服装(吨)	Furry Garments (ton)	11	84	21	2286
皮革手套(万双)	Leather Gloves (10000 pairs)	9	110	5	63
织物制手套(万双)	Knitted and Crocheted Gloves (10000 pairs)	1651	5789	160	564
织物制袜子(万双)	Knitted and Crocheted Stockings (10000 pairs)	4169	1975	1203	246
帽类(万个)	Headgear (10000 units)	240	432	308	648
鞋类	Footwear			29166	30830
#鞋(万双)	#Shoes (10000 pairs)	7181	6088	29011	29379
塑料制品(吨)	Plastic Articles (ton)	17586	27611	1529	2709
玩具	Toys			343	807
游戏机(万台)	Machinery for Games (10000 sets)	16	45	146	88
圣诞用品	Articles for Christmas Day			252	589
足球、篮球、排球(万个)	Footballs, Basketballs and Volleyballs (10000 units)	109	180	83	159
铅笔(吨)	Pencils (ton)	872	1010	181	197
伞(万把)	Umbrellas (10000 units)	30	166	24	102
柳编结品(吨)	Wickerwork (ton)	1841	1949	221	188
人造花(吨)	Artificial Flowers (ton)	2462	4146	256	313
热水瓶(万个)	Vacuum Flasks (10000 units)	88	162	82	177
机电产品	Mechanical and Electrical Products			34410	26362

15－6 海关主要商品进口数量和金额
MAIN IMPORT COMMODITIES IN VOLUME AND VALUE (CUSTOMS STATISTICS)

指标	Item	数量 Volume		金额(万美元) Value (USD 10000)	
		2002	2003	2002	2003
冻鱼(吨)	Frozen Fishes (ton)	7814	386	285	78
大豆(吨)	Soybean (ton)		20		4
饲料用鱼粉(吨)	Feeding Fishmeal (ton)	1900	4000	108	234
配制的动物饲料(吨)	Confecting Feedstuff (ton)	32			
纸烟(吨)	Cigarettes (ton)				
天然橡胶(包括胶乳)(吨)	Caoutchouc (ton)	1727	807	128	81
合成橡胶(包括胶乳)(吨)	Synthetic Rubber (ton)	39774	46708	2889	4961
原木(万立方米)	Logs (10000 cu. m)	743	723	48664	49640
锯材(万立方米)	Wood Sawn (10000 cu. m)	16	16	2735	2508
纸浆(吨)	Paper Pulp (ton)	596153	480838	23817	20383
纺织用合成纤维(吨)	Synthetic Fibers Suitable for Spinning (ton)	779	201	90	42
氧化铝(吨)	Aluminum Oxide (ton)	177341	26303	2880	399
原油(吨)	Crude Oil (ton)	578710	326818	10692	7425
成品油(吨)	Petroleum Products Refined (ton)	86120	115403	1731	2914
苯乙烯(吨)	Styrene (ton)	6849	9016	369	606
对苯二甲酸(吨)	Telephthalic Acid (ton)	136119	144666	6589	8026
已内先胺(吨)	Carprolactam (ton)	34537	16373	3165	1706
医药品(吨)	Pharmaceutical Products (ton)	355	239	2809	1733
肥料(吨)	Manufactured Fertilizers (ton)	776005	827981	8406	9556
聚合物油漆及清漆(吨)	Polymer Paint or Varnish (ton)	323	389	85	100
初级形状的塑料(吨)	Plastic in Primary Form (ton)	248759	185957	13237	11895
农药(吨)	Pesticides (ton)		140		32
胶合板及类似多层板(立方米)	Plywood and Similar Multiplayer Board (cu. m)	4069	487	92	24
纸及纸板(吨)	Paper and Paperboard (ton)	129994	126916	4545	4464
无机物涂布纸(吨)	Mineral Coated－paper (ton)	13562	7158	900	476
棉机织物(万米)	Cotton Textiles (10000 meters)	271	369	194	310
合成纤维长丝机织物(万米)	Synthetic Fibers Silk Knit Goods (10000 meters)	7	4	12	6
玻璃纤维及其制品(吨)	Fiberglass (ton)	1895	1999	259	239
废钢(吨)	Scrap Steel (ton)	90854	185909	1060	2390
钢坯及粗锻件(吨)	Billet and Crude Forgings (ton)	63281	247	1539	23
钢材(吨)	Rolled Steel (ton)	165743	173021	6426	8163
钢铁制标准坚固件(吨)	Steely Nails, Bolts, etc. (ton)	194	119	125	172
铜材(吨)	Rolled Copper (ton)	278	899	96	358
废铜(吨)	Scrap Copper (ton)	8359	23681	673	1625
铝(吨)	Aluminum (ton)	31507	31237	3505	3778
废铝(吨)	Scrap Aluminum (ton)	976	1740	65	106
钢铁或铝制结构及其部件(吨)	Steel and Aluminum Structure or Parts (ton)	451	954	43	22
汽轮机零件(吨)	Parts of Turbine (ton)	393	3097	324	2247

15-6 续表 CONTINUED

指　标	Item	数　量 Volume		金额(万美元) Value (USD 10000)	
		2002	2003	2002	2003
活塞式内燃机的零件(吨)	Parts of Gas Engine with Piston (ton)	1391	4963	2012.9	4651.8
液泵及液体提升机(万台)	Liquid Pumps and Machines with Liquid Exaltation (10000 sets)	3	5	194.6	521.9
非家用型水的过滤、净化机(台)	Depurative Machineries or Filters for Water (set)	63	201	24.9	86.4
液体食品罐装设备(台)	Canned Equipments (set)	22	14	974.5	891.5
机械提升搬运设备及零件	Portage, Load and Unload Equipment and Accessories with Machine Exaltation			270.9	1210.5
载客电梯(台)	Elevators (set)	12	22	80.2	186.3
建筑及采矿用机械	Machinery for Construction and Mining			287.4	1298.3
食品加工机械	Food Processing Machineries			498.2	937.3
制造纸及纸制品用机械	Paper Making Machineries			266.3	1656.3
印刷、装订机械	Printing Machinery and Binding Machinery			441.6	1244.2
纺织机械	Textile Machinery			3018.6	141.9
金属加工机床(台)	Machine Tools for Processing Metals (set)	444	1192	6571.7	6302.9
金属轧机及零件	Metal Rolling Mill and Accessories			275.7	78.6
橡胶或塑料加工机械	Rubber and Plastic Processing Machineries			198.0	1267.8
模型及金属铸造用型箱(吨)	Models and Patterns (ton)	5954	13	5010.0	181.8
阀门(万套)	Valves (10000 sets)	14	16	683.5	1485.6
自动数据处理设备及其部件(万台)	ADP Equipments (10000 sets)	70	74	4674.4	2231.6
自动数据处理设备的零件(吨)	Parts of ADP Equipments (ton)	66	71	5520.6	1484.6
电动机及发电机(万台)	Electric Motors and Generators (10000 sets)	1	1	92.6	130.1
旋转式电力设备的零件(吨)	Parts of Circumgyrate Electric Power Equipments (ton)	715	1002	449.3	657.4
变压、整流、电感器及零件	Transformers, Rectifiers, Inductances and Accessories			102.9	228.1
电池(万个)	Batteries (10000 units)		2	4.0	7.2
焊接机器及零件	Jointing Machinery and Accessories			881.1	373.7
录放音、像机及唱机的零附件(吨)	Parts of Video Tape Recorders and Phonograph (ton)	29	42	147.2	210.4
电容器及其零件(吨)	Capacitors and Accessories (ton)	16	13	31.9	22.0
电阻器及其零件(吨)	Resistors and Accessories (ton)	9	9	12.3	19.1
印刷电路(吨)	Printed Circuits (ton)	9	4	23.1	23.8
通断及保护电路装置(吨)	Electrical Apparatus for Switching or Protecting Electrical Circuits (ton)	1101	346	447.9	351.9
二极管、晶体管及类似半导体(万个)	Parts of Diodes and Semiconductors (10000 units)	481	969	62.1	54.7
集成电路及微电子组件(万个)	Groupware of IC and Micro – electronics (10000 units)	4880	12270	1324.6	1646.9
电缆和电线(吨)	Electrical wires and Cables (ton)	128	134	148.0	122.1
汽车和汽车底盘(辆)	Motor Vehicles and Chassis	115	71	420.8	636.4
汽车零件	Parts of Motor Vehicles			2649.6	5066.4
航空器零件(吨)	Parts of Aircraft (ton)	1	15	30.7	771.3
船舶(艘)	Watercrafts (unit)		1		1.0
医疗仪器及器械	Medical Instruments and Equipments			806.7	2739.6
计量检测分析自控仪器及器械	Measuring and Checking			3637.4	5053.9
塑料制品(吨)	Plastic Articles (ton)	390	926	132.2	237.7
机电产品	Mechanical and Electrical Products			63093.3	67894.0

15－7 分地区进出口总值
TOTAL VALUE OF IMPORT AND EXPORT BY REGION

单位：万美元 (USD 10000)

地区	Region	进出口总额 Total Value of Imports and Exports		出口总额 Total Exports		进口总额 Total Imports		进出口差额 Balance	
		2002	2003	2002	2003	2002	2003	2002	2003
全　省	**Provincial Total**	**434934**	**532964**	**198770**	**287456**	**236164**	**245508**	**－37394**	**41948**
哈尔滨	harbin	171177	190494	79373	90894	91804	99600	－12431	－8706
齐齐哈尔	Qiqihar	5589	6518	3132	3469	2457	3049	675	420
鸡　西	Jixi	3832	7383	2612	6451	1220	932	1392	5519
鹤　岗	Hegang	274	757	163	336	111	421	52	－85
双鸭山	Shuangyashan	1477	5179	1451	5047	26	132	1425	4915
大　庆	Daqing	5742	7442	3760	3589	1982	3853	1778	－264
伊　春	Yichun	3542	4408	3066	4054	476	354	2590	3700
佳木斯	Jiamusi	16679	24856	6516	13744	10163	11112	－3647	2632
七台河	Qitaihe	141	182	135	179	6	3	129	176
牡丹江	Mudanjiang	211078	271714	87679	150683	123399	121031	－35720	29652
黑　河	Heihe	14204	10902	10000	6370	4204	4532	5796	1838
绥　化	Suihua	919	2798	604	2467	315	331	289	2136
大兴安岭	Daxinganling	280	331	279	173	1	158	278	15

15－8 对外承包工程和劳务合作
CONTRACTED PROJECTS AND LABOR COOPERATION WITH FOREIGN COUNTRIES OR TERRITORIES

项目	Item	签定合同的国家地区数(个) Number of Countries or Territories with Contracts Signed (unit)	合同数(份) Number of Contracts (share)	合同金额(万美元) Contracted Value (USD 10000)	完成营业额(万美元) Value of Business Fulfilled (USD 10000)
对外承包工程	Contracted Projects with Foreign Countries or Territorie				
	1990	2	51	13160	2697
	1995	2	53	10857	4129
	1996	5	45	12100	5691
	1997	8	36	22211	6787
	1998	7	34	34000	9943
	1999	6	31	11915	8225
	2000	10	30	14328	8269
	2001	3	4	15254	9148
	2002	3	17	1769	9815
	2003	6	16	11893	12591
对外劳务合作	Labor Cooperation with Foreign Countries or Territories				
	1990	6	67	3877	724
	1995	4	149	11103	2109
	1996	9	138	8828	1633
	1997	18	270	8348	2605
	1998	13	191	8477	4531
	1999	14	172	9507	4760
	2000	14	182	9004	4934
	2001	10	167	9082	4479
	2002	3	102	12255	5852
	2003	2	71	9195	7466

15 -9 利用外资额

AMOUNT OF UTILIZATION OF FOREIGN CAPITAL AND FOREIGN INVESTMENT

单位:个、万美元 (unit, USD 10000)

年 份 Year	总 计 Total			对外借款 Foreign Loans		
	项 目 Number of Projects	合同金额 Contract Value	实际使用额 Used Value	项 目 Number of Projects	合同金额 Contract Value	实际使用额 Used Value
1985	53	9169	1747	8	4951	249
1986	52	4389	4987	5	2641	2409
1987	46	11291	4558	5	3332	2597
1988	97	15949	9860	11	5328	3553
1989	90	9952	15347	4	861	11050
1990	89	4100	11777	2	788	7102
1991	256	16517	6462	6	3484	4148
1992	928	56177	10516	5	1655	99
1993	1727	121653	29969	13	22317	7007
1994	726	106265	49054	13	47281	14241
1995	867	160160	74994	18	54693	23458
1996	545	77627	78725	12	5988	22034
1997	407	88757	103537	27	30052	30052
1998	278	89866	87009	28	34370	34370
1999	331	122651	111309	18	29414	29414
2000	281	108557	110359	21	27274	27274
2001	269	118800	115114	27	29000	29000
2002	199	141404	123656		29100	29100
2003	258	165283	128772	28	25800	25800

15 -9 续表 CONTINUED

单位:个、万美元 (unit, USD 10000)

年 份 Year	外商直接投资 Direct Foreign Investment			外商其他投资 Other Foreign Investment		
	项 目 Number of Projects	合同金额 Contract Value	实际使用额 Used Value	项 目 Number of Projects	合同金额 Contract Value	实际使用额 Used Value
1985	36	2946	226	9	1272	1272
1986	22	900	1730	25	848	848
1987	28	6646	1192	13	1313	769
1988	49	5836	3913	37	4785	2394
1989	60	4723	2312	26	4368	1985
1990	79	2869	2534	8	443	2141
1991	245	11841	1905	5	1192	409
1992	920	54355	10250	3	167	167
1993	1710	99000	22626	4	336	336
1994	708	58401	34230	5	583	583
1995	843	98799	44868	6	6668	6668
1996	531	69789	54841	2	1850	1850
1997	380	58705	73485			
1998	250	55496	52639			
1999	313	93237	81895			
2000	260	81283	83085			
2001	242	89800	86114			
2002	199	112304	94556			
2003	230	139483	102972			

15－10 分行业外商直接投资情况(2003)
DIRECT FOREIGN INVESTMENT BY SECTOR

单位:万美元 (USD 10000)

行业	Sector	项目数(个) Number of Projects (unit)	外商直接投资额 Direct Foreign Investment	#合资经营 Joint Ventures Enterprises	#合作经营 Cooperative Operation Enterprises	#外资企业 Foreign Investment Enterprises	#外资股份制 Share－holding
总计	**Total**	**230**	**102972**	**20491**	**4057**	**15590**	**1762**
农、林、牧、渔业	Farming, Forestry, Animal Husbandry and Fishery	12	170	32	40	98	
采掘业	Mining and Quarrying	1	231	231			
制造业	Manufacturing	172	86931	12228	1954	12433	1762
电力、燃气及水的生产供应业	Production and Supply of Power, Gas and Water	1	306	306			
建筑业	Construction	1	733	713		20	
地质勘察、水利管理业	Geological Prospecting and Water Conservancy	1					
交通运输、仓储及邮电通讯业	Transportation, Storage, Post & Telecommunication Services	2					
批发和零售业餐饮业	Wholesale, Retail Trades and Catering	16	3006	2614	108	284	
房地产业	Real Estate	5	4242	1977	455	1810	
社会服务业	Social Services	14	2512	2373		139	
科学研究、综合技术服务业	Scientific Research, Polytechnic Services	3	1523	17	1500	6	
其他行业	Other	2	3318			800	

15－11 分地区外商直接投资情况
DIRECT FOREIGN INVESTMENT BY REGION

地区	Region	项目(个) Number of Projects (unit) 2001	2002	2003	合同外资(万美元) Contract Value (USD 10000) 2001	2002	2003	实际外资(万美元) Used Value (USD 10000) 2001	2002	2003
全省	**Total**	**242**	**199**	**230**	**89800**	**112304**	**139483**	**86114**	**94556**	**102972**
省直企业	Enterprises Directly under Province	20	15	10	53213	21173	7353	61541	11292	11920
哈尔滨	harbin	132	110	115	24929	17791	44493	18491	20456	22608
齐齐哈尔	Qiqihar	16	11	12	3838	4725	2733	1210	1740	1934
鸡西	Jixi	3	2	9	130	289	1964	542	594	785
鹤岗	Hegang	4	2	1	37	162	10	42	14	12
双鸭山	Shuangyashan	3	4	5	280	204	731			70
大庆	Daqing	15	12	10	2043	3230	8750	1537	1663	1839
伊春	Yichun	6	7	12	451	3034	823	802	164	183
佳木斯	Jiamusi	6	9	8	191	463	591	410	117	137
七台河	Qitaihe	3	1	3	1239	176	1683	515	863	1300
牡丹江	Mudanjiang	24	21	27	1221	4921	7349	316	1687	2277
黑河	Heihe	2	1	1	13	302	4	11	86	
绥化	Suihua	8	4	16	2215	179	4439	639	530	1353
大兴安岭	Daxinganling			1		305	6	58		
其它	Other					55350	58554		55350	58554

15－12　分国家(地区)外商直接投资额(2003)
DIRECT FOREIGN INVESTMENT BY COUNTRY (TERRITORY)

单位:个、万美元　　(unit, USD 10000)

国别(地区)	Country (Territory)	外商直接投资合计 Direct Foreign Investment 项目 Number of Projects	投资额 Investment	#合资经营 Joint Ventures Enterprises 项目 Number of Projects	投资额 Investment	#合作经营 Cooperative Operation Enterprises 项目 Number of Projects	投资额 Investment	#外资企业 Foreign Investment Enterprises 项目 Number of Projects	投资额 Investment
总　计	**Total**	**230**	**102972**	**100**	**20491**	**19**	**4057**	**110**	**15590**
亚　洲	**Asia**	**153**	**49680**	**66**	**11765**	**10**	**3334**	**77**	**10329**
香　港	Hong Kong, China	47	40520	25	7073	6	3238	16	6529
澳　门	Macao, China	1	121	1					121
台　湾	Taiwan, China	15	2201	4	1178			11	451
泰　国	Thailand	1						1	
马来西亚	Malaysia	2	542	1	542			1	
新加坡	Singapore	5	242	4	62			1	180
印　尼	Indonesia		17		17				
柬埔寨	Cambodia	1		1					
日　本	Japan	20	4056	8	1911		40	12	2105
韩　国	Republic of Korea	60	1763	21	764	4	56	35	943
菲律宾	Philippines		218		218				
朝　鲜	DPRK	1		1					
非　洲	**Africa**		**4**		**4**				
南　非	South Africa		4		4				
欧　洲	**Europe**	**21**	**4592**	**10**	**2004**	**2**	**617**	**9**	**1971**
德　国	Germany	2	21	2					21
法　国	France	1	617	1			617		
意大利	Italy		660		640				20
荷　兰	Netherlands	1	1490	1	390				1100
英　国	United Kingdom	2	1655		840			2	815
希　腊	Greece		20		20				
捷　克	Czech		3		3				
罗马尼亚	Romania	1						1	
瑞　士	Switzerland	1						1	
俄罗斯	Russia	12	126	5	111	2		5	15
乌兹别克斯坦	Uzbekistan	1		1					
拉丁美洲	**Latin America**	**9**	**4202**	**6**	**2308**			**3**	**1312**
巴西	Brazil	1		1					
阿根廷	Argentina	1		1					
智　利	Chile		20						20
开曼群岛	Cayman Islands	1	125	1	125				
维尔京群岛	Virgin Is.	6	4057	3	2183			3	1292
北美洲	**North America**	**39**	**42629**	**13**	**2949**	**5**	**15**	**21**	**1665**
加拿大	Canada	11	194	3	64	3	10	5	120
美　国	United States	28	39989	10	439	2	5	16	1545
百慕大	Bermuda		2446		2446				
大洋洲	**Oceania**	**11**	**1865**	**7**	**1461**	**2**	**91**	**2**	**313**
澳大利亚	Australia	6	436	3	32	2	91	1	313
新西兰	New Zealand	2	153	1	153			1	
萨摩亚	Samoa	3	1276	3	1276				

15－13 外商投资企业个数和投资额(2003)

NUMBER OF ENTERPRISE AND INVESTMENT OF FOREIGN－FUNDED

项 目	Item	企业数(个) Number of Enterprise (unit)	投资总额(万美元) Total Investment (USD 10000)	注册资本(万美元) Registered Capital (USD 10000)	#外方 Foreign Partner
全 省	**Provincial Total**	**2243**	**812328**	**494270**	**294168**
按企业类型分	**Grouped by Status**				
中外合资	Joint Ventures	1267	545130	313160	149344
中外合作	Cooperative Operation	150	120857	64267	45969
外资企业	Foreign Investment	822	117738	88240	88240
中外股份公司	Stock Enterprise	4	28603	28603	10615
按行业分	**Grouped by Sector**				
农林牧渔业	Farming, Forestry, Animal Husbandry and Fishery	103	36507	19893	16738
采掘业	Mining and Quarrying	2	160	160	154
制造业	Manufacturing	1487	508297	292161	160518
电力、煤气及水的生产和供应业	Production and Supply of Power, Gas and Water	12	26980	22134	11930
建筑业	Construction	98	44932	29811	19303
地质勘察和水利管理业	Geological Prospecting and Water Conservancy	2	390	390	116
交通运输、仓储及邮电通讯业	Transportation, Storage, Post & Telecommunication Services	24	18458	8384	4505
批发零售贸易餐饮业	Wholesale, Retail Trades and Catering Trades	159	33542	21451	15247
房地产业	Real Estate	63	40628	28099	16383
社会服务业	Social Services	218	75317	51949	33228
卫生体育和社会福利业	Health Care, Sports and Social Welfare	2	685	685	232
教育、文化艺术和广播电视业	Education, Culture and Arts, Radio, Film and Television	1	542	542	151
科学研究和综合技术服务业	Scientific Research and Polytechnic Services	46	8694	6802	5393
其他行业	Other	26	17196	11809	10270

15－14　旅游人数和收入
NUMBER OF TOURISTS AND EARNINGS

指　　标	Item	2000	2001	2002	2003
国际旅游人数总计(人)	International Tourists(person)	551658	612270	717394	587127
外国人	Foreigners	504681	565053	669522	546332
华侨	Overseas Chinese				
港、澳、台合计	Tourists form Hong Kong, Macao and Taiwan	46977	47217	47872	40795
香港人	Hong Kong	21473	22006	24611	21737
澳门人	Macao	11899	10603	6435	4691
台湾人	Taiwan	13605	14608	16826	14367
国际旅游外汇收入总额(万美元)	Foreign Exchange Earnings (USD 10000)	18905	24990	29717	24364
国内旅游人数(万人次)	Domestic Tourists (10000 persons)	2712	3000	3350	3590
国内旅游收入(亿元)	Receipts of Tourism(100 million yuan)	121	158	179	202

15－15　接待外国旅游人数
NUMBER OF INTERNATIONAL TOURISTS

单位:人　　(person)

国　　家	Countries	1997	1998	1999	2000	2001	2002	2003
总　计	**Total**	**303704**	**340948**	**360583**	**504681**	**565053**	**669522**	**546332**
#日　本	#Japan	23560	21833	27943	33501	35970	38914	31461
菲律宾	Philippines	591	652	207	206	573	256	179
新加坡	Singapore	3452	2653	3707	2119	2235	2623	2705
泰　国	Thailand	2200	1249	2611	1437	1666	715	1035
印度尼西亚	Indonesia	738	583	202	664	506	298	396
马来西亚	Malaysia	2416	1987	2874	1874	1736	1640	1556
韩　国	Republic of Korea	14196	9530	14722	22700	21778	22765	18673
蒙　古	Mongolia	81	21	75	72	100	116	174
印　度	India	183	146	183	237	521	175	311
美　国	United States	4870	7939	6056	2108	3222	3420	2574
加拿大	Canada	2571	6638	4813	1188	1271	1114	1220
英　国	United Kingdom	1459	1405	2384	1856	1096	932	832
法　国	France	2573	4531	3657	2188	2412	2220	1150
德　国	Germany	1675	1882	2371	1585	1327	1047	1022
意大利	Italy	1243	1839	2052	1014	609	371	302
瑞　士	Switzerland	626	260	189	667	405	159	1865
瑞　典	Sweden	292	305	164	195	355	130	182
荷　兰	Netherlands	269	212	139	140	299	105	161
俄罗斯	Russia	236060	271725	280789	425762	474351	568826	462446
西班牙	Spain	74	52	53	62	84	53	33
澳大利亚	Australia	988	641	1413	612	866	1226	979
新西兰	New Zealand	161	137	360	325	143	272	235

主要统计指标解释

进出口总额 海关进出口总额指实际进出我国国境的货物总金额。包括对外贸易实际进出口货物,来料加工装配进出口货物,国家间、联合国及国际组织无偿援助物资和赠送品,华侨、港澳台同胞和外籍华人捐赠品,租赁期满归承租人所有的租赁货物,进料加工进出口货物,边境地方贸易及边境地区小额贸易进出口货物(边民互市贸易除外),中外合资企业、中外合作经营企业、外商独资经营企业进出口货物和公用物品,到、离岸价格在规定限额以上的进出口货样和广告品(无商业价值、无使用价值和免费提供出口的除外),从保税仓库提取在中国境内销售的进口货物,以及其他进出口货物。进出口总额用以观察一个国家在对外贸易方面的总规模。我国规定出口货物按离岸价格统计,进口货物按到岸价格统计。

商品经营单位所在地进、出口额 指所在地海关注册登记的有进出口经营权的企业实际进、出口额。

商品目的地进口额和商品货源地出口额 目的地进口额指进口货物的消费、使用或最终抵运地的实际进口额,货源地出口额是指出口货物的产地或原始发货地的实际出口额。

利用外资 指我国各级政府、部门、企业和其他经济组织通过对外借款、吸收外商直接投资以及用其他方式筹措的境外现汇、设备、技术等。

对外借款 是我国利用外资的重要部分。指通过对外正式签订借款协议,从境外筹措的资金,包括外国政府贷款、国际金融组织贷款、外国银行商业贷款、出口信贷以及对外发行债券等。1996 年及以前还包括对外发行股票。

外商直接投资 指外国企业和经济组织或个人(包括华侨、港澳台胞以及我国在境外注册的企业)按我国有关政策、法规,用现汇、实物、技术等在我国境内开办外商独资企业、与我国境内的企业或经济组织共同举办中外合资经营企业、合作经营企业或合作开发资源的投资(包括外商投资收益的再投资),以及经政府有关部门批准的项目投资总额内企业从境外借入的资金。

外商其他投资 指除对外借款和外商直接投资以外的各种利用外资的形式。包括企业在境内外股票市场公开发行的以外币计价的股票(目前主要是在香港证券市场发行的 H 股和在境内证券市场发行的 B 股)发行价总额,国际租赁进口设备的应付款,补偿贸易中外商提供的进口设备、技术、物料的价款,加工装配贸易中外商提供的进口设备、物料的价款。

对外承包工程 指各对外承包公司以招标议标承包方式承揽的下列业务:⑴承包国外工程建设项目,⑵承包我国对外经援项目,⑶承包我国驻外机构的工程建设项目,⑷承包我国境内利用外资进行建设的工程项目,⑸与外国承包公司合营或联合承包工程项目时我国公司分包部分,⑹对外承包兼营的房屋开发业务。对外承包工程的营业额是以货币表现的本期内完成的对外承包工程的工作量,包括以前年度签订的合同和本年度新签订的合同在报告期内完成的工作量。

对外劳务合作 指以收取工资的形式向业主或承包商提供技术和劳动服务的活动。我国对外承包公司在境外开办的合营企业,中国公司同时又提供劳务的,其劳务部分也纳入劳务合作统计。劳务合作营业额按报告期内向雇主提交的结算数(包括工资、加班费和奖金等)统计。

对外设计咨询 指以服务成果向业主收费的技术服务项目。包括承担地形地貌测绘,地质资源勘探与普查,建设区域规划,提供设计文件、图纸、生产工艺技术资料和工程技术经济咨询,工程项目的可行性考察、研究和评估,进行技术指导和培训人员等;也包括承担国(境)内利用外资进行建设的工程项目的上述规定的设计咨询项目的收取外币部分。

旅游者人数

⑴入境国际旅游者人数:指来中国参观、访问、旅行、探亲、访友、休养、考察、参加会议和从事经济、科技、文化、教育、宗教等活动的外国人、华侨、港澳同胞和台湾同胞的人数。不包括外国在我国的常驻机构,如使领馆、通讯社、企业办事处的工作人员;来我国常住的外国专家、留学生以及在岸逗留不过夜人员。

⑵出境居民人数:指大陆居民因公务活动或私人事务短期出境的人数。公务活动出境居民人数包括在国际交通工具上的中国服务员工,因私出境居民人数不包括在国际交通工具上的中国服务员工。

⑶国内旅游者人数:指我国大陆居民和在我国常住 1 年以上的外国人、华侨、港澳台同胞离开常住地在境内其他地方的旅游设施

内至少停留一夜，最长不超过 6 个月的人数。

国际旅游(外汇)收入　指入境旅游的外国人、华侨、港澳同胞和台湾同胞在中国大陆旅游过程中发生的一切旅游支出，对于国家来说就是国际旅游(外汇)收入。

国际旅行社　指经营对外招徕并接待外国人、华侨、港澳同胞和台湾同胞来中国、归国或回内地旅游业务的旅行社。

国内旅行社　指负责经营招徕、组团、接待国内旅客的旅游业务，以及不对外招徕，负责经营接待国际旅行社或其它涉外部门组织的外国人、华侨、港澳同胞和台湾同胞来中国、归国或回内地的旅游业务的旅行社。

涉外饭店　指经有关部门批准，允许接待外国人、华侨、港澳同胞和台湾同胞的饭店。

EXPLANATORY NOTES ON MAIN STATISTICAL INDICATORS

Total Imports and Exports at Customs refer to the value of commodities imported into and exported from the boundary of China. They include the actual imports and exports through foreign trade, imported and exported goods under the processing and assembling trades and materials, supplies and gifts as aid given gratis between governments and by the United Nations and other international organizations, and contributions donated by overseas Chinese, compatriots in Hong Kong and Macao and Chinese with foreign citizenship, leasing commodities owned by tenant at the expiration of leasing period, the imported and exported commodities processed with imported materials, commodities trading in border areas (excluding mutual exchange goods), the imported and exported commodities and articles for public use of the Sino – foreign joint ventures, cooperative enterprises and ventures exclusively with foreign own investment. Also included are import or export of samples and advertising goods for whose CIF or FOB value are beyond the permitted ceiling (excluding goods of no trading or use value and free commodities for export), imported goods sold in China from bonded warehouses and other imported or exported goods. The indicator of the total imports and exports at customs can be used to observe the total size of external trade in a country. In accordance with the stipulation of the Chinese government, imports are calculated at CIF, while exports are calculated at FOB.

Import Export Value by Location of China's Foreign Trade Managing Units refers to actual value of imports and exports carried out by corporations which have been registered by the local customhouse and are vested with right to run import export business.

Import Value of Commodities by the Places of their Destination and Export Value of Commodities by the Places of their Origin in China: The former indicator refers to the value of import commodities of the places of their consumption, utilization or the places of their final destination. The latter indicator refers to the value of export commodities of the places of their origin or the places of the commodities dispatched.

Utilization of Foreign Capital refers to remittance, equipment and technology financed from abroad, by loans, foreign direct investment and other forms undertaken by the Chinese governments at all levels, by various departments, enterprises and other economic units.

Foreign Borrowings an important part of China's utilization of foreign capital, it refer to funds borrowed from abroad through formal signing of borrowing agreements with foreign institutions, including loans of foreign governments, loans of international financial institutions, commercial loans of foreign banks, export credit, and funds raised by Chinese bonds (and shares before 1996) issued abroad.

Direct Investment by Foreign Entrepreneurs refers to the investments inside China by foreign enterprises and economic organizations or individuals (including overseas Chinese, compatriots from Hong Kong and Macao, and Chinese enterprises registered abroad), following the relevant policies and laws of China, for the establishment of ventures exclusively with foreign own investment, Sino – foreign joint ventures and cooperative enterprises or for co – operative exploration of resources with enterprises or economic organizations in China. It includes the re investment of the foreign entrepreneurs with the profits gained from the investment and the funds that enterprises borrow from abroad in the total investment of projects which are approved by the relevant department of the government.

Other Investment by Foreign Entrepreneurs refers to all forms of utilization of foreign capitals other than foreign borrowings and foreign direct investment. It includes the total value of stock shares in foreign currencies issued by enterprises at domestic or foreign stock exchanges (now mainly consisting of H shares issued at Hong Kong Security Market and B shares issued at domestic security markets), rent payable for the imported equipment through international leasing arrangement, cost of imported equipment, technology and materials provided by foreign counterparts in compensation trade and processing and assembly trade.

Contracted Projects with Foreign Countries refer to projects undertaken by Chinese contractors (project contracting companies) through bidding process. They include: (1) overseas civil engineering construction projects financed by foreign investors; (2) overseas projects financed by the Chinese government through its foreign aid programs; (3) construction projects of Chinese diplomatic missions, trade offices and other institutions stationed abroad; (4) construction projects in China financed by foreign investment; (5) sub – contracted projects to be taken by Chinese contractors through a joint umbrella project with foreign contractor(s); (6) housing development projects. The business income from international contracted projects is the work volume of contracted projects completed during the reference period, expressed in monetary terms, including completed work on projects signed in previous years.

Service Cooperation with Foreign Countries refers to the activities of providing technology and labour services to employers or contractors in the forms of receiving salaries and wages. Labour services providing by contractual joint ventures of Chinese international contracting corporations should be included in the statistics of service co – operation with foreign countries. The business income of labour service cooperation is the income in the form of wages and salaries, overtime pay, bonuses and other remuneration received from the employers during the reference period.

Overseas Design and Consultation Service refers to projects with charges for technical services from overseas operators. It includes geographic and topographic mapping, geological resource prospecting and survey, planning of construction areas, provision of design documents, blueprints, materials on production process and techniques, as well as engineering, technical and economic consultation, and feasibility study, research and evaluation of projects. Also included under this category are the above – mentioned services of foreign – financed projects in China that are paid in foreign currencies.

Number of Tourists

(1) International tourists refer to foreigners, overseas Chinese, Chinese compatriots from Hong Kong, Macao and Taiwan coming to China for sight – seeing, visits, tours, family reunions, vacations, study tours, conferences and other activities of a business, scientific and technological, cultural, educational and religious nature. It does not include representatives and employees of resident institutions of foreign countries in China such as embassies, consulates, news agencies and offices of foreign companies and organizations, nor does it include long – term foreign experts or students residing in China, or persons in transition without spending a night in China.

(2) Chinese residents going abroad refer to Chinese residents going abroad for short terms for either public business or private purposes. Chinese employees working on international transport carriers are included in those going abroad for public business purpose, not in those for private purpose.

(3) Domestic tourists refer to residents of the mainland of China who stay for one night at least but no more than 6 months at tourist facilities in other places than their permanent residence within the territory of the mainland China, including foreigners, overseas Chinese and Chinese compatriots from Hong Kong, Macao and Taiwan who have resided in China for over one year.

Foreign Exchange Earnings from International Tourism refer to the total expenditures of foreigners, overseas Chinese, Chinese compatriots from Hong Kong, Macao and Taiwan during their stay in the mainland of China, which are earnings of foreign exchange from international tourism from the point of view from China.

International Travel Agencies refer to travel agencies engaged in the promotion, solicitation, organization and reception of tours to the mainland of China by foreigners, overseas Chinese, Chinese compatriots from Hong Kong, Macao and Taiwan.

Domestic Travel Agencies refer to travel agencies engaged in the promotion, solicitation, organization and reception of domestic tourists, and in the reception of foreigners, overseas Chinese, Chinese compatriots from Hong Kong, Macao and Taiwan organized by international travel agencies or other departments concerned, without their own promotion and solicitation programmes.

Tourist Hotels refer to hotels that are able, with the approval of departments concerned, to accommodate foreigners, overseas Chinese, Chinese compatriots from Hong Kong, Macao and Taiwan Province.

十六、教育、科技和文化

EDUCATION, SCIENCE AND CULTURE

16－1 教育事业基本情况
BASIC STATISTICS ON EDUCATION

指 标	Item	2000	2001	2002	2003
学校数(所)	**Number of Schools (unit)**				
普通高等学校	Regular Institutions of Higher Education	36	41	48	55
成人高等学校	Adult Education Schools	54	47	38	36
中等专业学校	Specialized Secondary Schools	109	96	75	51
成人中等专业学校	Secondary Schools for Adults	292	262	262	127
普通中学	Regular Secondary Schools	2674	2775	2746	2719
#高 中	#Senior Secondary Schools	463	462	447	481
职业中学	Vocational Secondary Schools	240	163	182	167
技工学校	Vestibule Schools	55	106	150	147
小 学	Primary Schools	13995	12636	11990	11400
专任教师数(万人)	**Number of Full－time Teachers (10000 persons)**				
普通高等学校	Regular Institutions of Higher Education	1.6	1.8	2.3	2.9
成人高等学校	Adult Education Schools	0.1	0.6	0.5	0.5
中等专业学校	Specialized Secondary Schools	0.7	0.6	0.6	0.3
成人中等专业学校	Secondary Schools for Adults	0.1	0.7	0.7	0.4
普通中学	Regular Secondary Schools	14.4	14.7	14.9	15.0
#高 中	#Senior Secondary Schools	2.4	2.6	2.7	3.0
职业中学	Vocational Secondary Schools	0.8	0.8	0.7	0.7
技工学校	Vestibule Schools	0.1	0.8	0.6	0.7
小 学	Primary Schools	19.3	18.3	18.1	17.8
招生数(万人)	**New Student Enrollment (10000 persons)**				
普通高等学校	Regular Institutions of Higher Education	7.6	9.8	11.6	12.5
成人高等学校	Adult Education Schools	2.5	2.3	2.3	2.4
中等专业学校	Specialized Secondary Schools	3.5	3.2	4.1	3.6
成人中等专业学校	Secondary Schools for Adults	2.1	1.9	2.1	1.3
技工学校	Vestibule Schools	0.3	1.0	1.3	1.7
普通中学	Regular Secondary Schools	78.0	75.1	71.7	61.9
#高 中	#Senior Secondary Schools	11.8	14.1	15.9	18.8
职业中学	Vocational Secondary Schools	3.1	2.8	3.2	3.1
小 学	Primary Schools	44.3	41.4	40.6	40.5
在校学生数(万人)	**Student Enrollment (10000 persons)**				
普通高等学校	Regular Institutions of Higher Education	20.0	27.1	33.5	39.2
成人高等学校	Adult Education Schools	6.0	5.8	5.8	5.9
中等专业学校	Specialized Secondary Schools	11.5	11.6	12.2	12.2
成人中等专业学校	Secondary Schools for Adults	6.1	5.1	5.4	3.3
普通中学	Regular Secondary Schools	248.7	252.1	256.1	247.4
#高 中	#Senior Secondary Schools	32.9	36.2	41.3	48.6
职业中学	Vocational Secondary Schools	10.5	8.1	8.5	8.9
技工学校	Vestibule Schools	1.1	2.5	2.8	3.2
小 学	Primary Schools	283.1	258.8	243.7	240.2
毕业生数(万人)	**Graduates (10000 persons)**				
普通高等学校	Regular Institutions of Higher Education	3.2	3.7	4.6	6.9
成人高等学校	Adult Education Schools	2.0	1.7	1.8	2.0
中等专业学校	Specialized Secondary Schools	3.8	3.0	3.2	4.5
成人中等专业学校	Secondary Schools for Adults	3.1	2.5	1.9	1.5
普通中学	Regular Secondary Schools	57.8	63.1	62.2	65.9
#高 中	#Senior Secondary Schools	9.1	10.3	10.6	11.6
职业中学	Vocational Secondary Schools	4.5	5.0	3.0	2.5
技工学校	Vestibule Schools	0.4	1.3	1.2	1.1
小 学	Primary Schools	69.8	63.8	57.0	43.8
每一教师负担学生(人)	**Student－teacher Ratio (person)**				
普通高等学校	Regular Institutions of Higher Education	12.4	15.0	14.6	13.5
中等学校	Secondary Schools	16.9	16.9	17.2	16.6
小 学	Primary Schools	14.7	14.1	13.5	13.5

16－2 各级各类学校数

NUMBER OF SCHOOLS BY LEVEL AND TYPE OF SCHOOL

单位:所 (unit)

年份 Year	普通高等学校 Regular Institutions of Higher Education	中等学校 Secondary Schools	中等专业学校 Specialized Secondary Schools	中等技术学校 Technical Secondary Schools	中等师范学校 Teacher Secondary Schools	职业中学 Vocational Secondary Schools
1978	24	4140	75	55	20	
1980	28	3522	93	68	25	89
1985	40	3403	99	71	28	400
1990	42	3338	107	77	30	413
1991	42	3369	110	80	30	462
1992	42	3325	110	80	30	477
1993	42	3249	110	80	30	436
1994	43	3227	109	80	29	428
1995	38	3190	111	81	30	398
1996	38	3199	113	83	30	361
1997	37	3202	114	84	30	336
1998	38	3123	114	84	30	297
1999	39	3080	112	83	29	269
2000	36	3023	109	83	26	240
2001	41	3034	96	74	22	163
2002	48	3003	75	58	17	182
2003	55	2937	51	40	11	167

16－2 续表 CONTINUED

年份 Year	普通中学 Regular Secondary Schools	高中 Senior Secondary Schools	初中 Junior Secondary Schools	小学 Primary Schools	幼儿园 Kindergartens	盲聋哑学校 Blind, Deaf, Deaf－mute Schools
1978	4065	2119	1946	26425	1654	62
1980	3340	1480	1860	25879	2594	58
1985	2904	828	2076	18157	3216	61
1990	2818	600	2218	17092	1826	64
1991	2797	578	2219	16890	1991	62
1992	2738	550	2188	16678	1975	65
1993	2703	509	2194	16448	1660	66
1994	2690	497	2193	16389	3669	67
1995	2681	475	2206	16163	3918	68
1996	2725	470	2255	15902	3993	67
1997	2752	474	2278	15377	4168	67
1998	2712	461	2251	15193	4506	66
1999	2699	467	2232	14754	4830	70
2000	2674	463	2211	13995	4503	65
2001	2775	462	2313	12636	2089	72
2002	2746	447	2299	11990	2100	71
2003	2719	481	2238	11400	2181	71

16－3 各级各类学校教职工数

NUMBER OF TEACHERS AND STAFF BY LEVEL AND TYPE OF SCHOOL

单位：人 (person)

年份 Year	普通高等学校 Regular Institutions of Higher Education	中等学校 Secondary Schools	中等专业学校 Specialized Secondary Schools	中等技术学校 Technical Secondary Schools	中等师范学校 Teacher Secondary Schools
1978	23867	188718	12062	9445	2617
1980	29070	192575	13057	10013	3044
1985	36949	194053	15991	13067	2924
1990	42418	214098	17483	13843	3640
1991	42291	215449	17256	13497	3759
1992	41963	214896	17709	13808	3901
1993	42280	211129	18008	14104	3904
1994	42874	209471	17636	13825	3811
1995	43324	208562	18075	14087	3988
1996	43204	208805	18387	14486	3901
1997	41212	209992	18282	14321	3961
1998	40564	211976	18013	14117	3896
1999	42608	213841	17440	13686	3754
2000	43120	210698	16443	12971	3472
2001	46163	210046	13433	10352	3081
2002	52140	207103	10221	7890	2331
2003	60609	203403	6592		

16－3 续表 CONTINUED

年份 Year	普通中学 Regular Secondary Schools	职业中学 Vocational Secondary Schools	小学 Primary Schools	幼儿园 Kindergartens	盲聋哑学校 Blind, Deaf, Deaf－mute Schools
1978	176656		217179	13176	1064
1980	176247	3271	219967	23478	1197
1985	163216	14846	239660	32172	1562
1990	176687	19928	250064	40631	2164
1991	177879	20314	251356	40503	2244
1992	176371	20816	251133	40414	2487
1993	173995	19126	247691	39906	2425
1994	173347	18488	248820	40583	2556
1995	173311	17176	247894	42219	2779
1996	174556	15862	246032	40868	2577
1997	176878	14832	246444	39793	2524
1998	180066	13897	242001	37391	2598
1999	183112	13289	236864	34884	2550
2000	182246	12009	221859	32840	2466
2001	185718	10895	209888	19975	2598
2002	186394	10488	207924	19586	2628
2003	186384	10427	204820	20298	2546

16-4 各级各类学校教师数

NUMBER OF TEACHERS BY LEVEL AND TYPE OF SCHOOL

单位:人 (person)

年份 Year	普通高等学校 Regular Institutions of Higher Education	中等学校 Secondary Schools	中等专业学校 Specialized Secondary Schools	中等技术学校 Technical Secondary Schools	中等师范学校 Teacher Secondary Schools	职业中学 Vocational Secondary Schools
1978	8380	142761	4193	3094	1099	
1980	10365	144291	4946	3477	1469	2589
1985	13448	135366	5953	4610	1343	9306
1990	15915	149499	7253	5435	1818	12198
1991	15823	149950	7022	5170	1852	12267
1992	15641	149918	7227	5359	1868	12823
1993	15604	147621	7346	5455	1891	11901
1994	16097	147699	7449	5514	1935	11744
1995	16542	148057	7757	5726	2031	11028
1996	16403	149560	7917	5904	2013	10316
1997	15736	152402	7999	5938	2061	9883
1998	15505	156257	7958	5918	2040	9331
1999	15804	159855	7787	5762	2025	9032
2000	16169	160153	7358	5464	1894	8396
2001	18042	161133	6193	4389	1804	7617
2002	23179	161352	4925	3505	1420	7373
2003	28525	160108	3302	2267	1035	7177

16-4 续表 CONTINUED

年份 Year	普通中学 Regular Secondary Schools	高中 Senior Secondary Schools	初中 Junior Secondary Schools	小学 Primary Schools	幼儿园 Kindergartens	盲聋哑学校 Blind, Deaf, Deaf-mute Schools
1978	138568	28151	110417	187061	9306	642
1980	136756	27606	109150	193787	13317	694
1985	120107	23099	97008	207256	21255	974
1990	130048	22785	107263	215735	24429	1367
1991	130661	23086	107575	216342	25200	1521
1992	129868	22932	106936	216377	25449	1559
1993	128374	22135	106239	213823	26152	1639
1994	128506	21737	106769	215122	28638	1723
1995	129272	21536	107736	214944	28890	1936
1996	131327	21722	109605	213124	27659	1741
1997	134520	22294	112226	214807	27717	1724
1998	138968	22845	116123	210954	26273	1869
1999	143036	23582	119454	206807	25962	1793
2000	144399	24172	120227	193113	24221	1751
2001	147323	25502	121821	182929	11733	1899
2002	149054	26695	122359	180900	11145	1931
2003	149629	29728	119901	178122	11779	1926

16－5 各级各类学校在校学生数

NUMBER OF STUDENTS ENROLLMENT BY LEVEL AND TYPE OF SCHOOL

单位：人 (person)

年份 Year	普通高等学校 Regular Institutions of Higher Education	中等学校 Secondary Schools	中等专业学校 Specialized Secondary Schools	中等技术学校 Technical Secondary Schools	中等师范学校 Teacher Secondary Schools	职业中学 Vocational Secondary Schools
1978	33248	2622047	36051	19339	16712	
1980	43627	2509164	41177	23483	17694	47822
1985	65940	2218705	59686	34629	25057	141245
1990	79908	2003199	66235	45337	20898	135486
1991	79340	2000026	67740	47821	19919	142415
1992	85149	1974591	69766	49869	19897	142705
1993	96343	1868867	82110	58675	23435	123219
1994	108722	1896779	87394	61030	26364	124838
1995	113523	2012719	100003	71239	28764	121520
1996	116379	2114982	111502	81527	29975	117839
1997	115767	2213940	118429	89123	29306	114606
1998	125140	2395561	123854	95414	28440	120185
1999	157063	2601909	128485	103235	25250	116937
2000	200386	2707986	115489	94596	20893	105060
2001	271435	2717522	116315	99280	17035	80619
2002	334627	2767789	121718	106897	14821	84884
2003	392246	2674379	111540	43778	6263	88916

16－5 续表 CONTINUED

年份 Year	普通中学 Regular Secondary Schools	高中 Senior Secondary Schools	初中 Junior Secondary Schools	小学 Primary Schools	幼儿园 Kindergartens	盲聋哑学校 Blind, Deaf, Deaf－mute Schools
1978	2585996	493965	2092031	4958068	139791	4277
1980	2420165	455716	1964449	5002632	298740	4515
1985	2017774	335914	1681860	4677937	496132	5416
1990	1801478	267169	1534309	3977121	277053	5522
1991	1789871	272615	1517256	3871295	584182	5401
1992	1762120	265400	1496720	3780268	596182	5597
1993	1663538	240286	1423252	3733782	604845	5879
1994	1684547	241786	1442761	3765243	665324	5696
1995	1791196	252376	1538820	3729337	651655	5607
1996	1885641	260071	1625570	3713483	645365	4845
1997	1980905	270276	1710629	3705059	589276	4595
1998	2151522	292464	1859058	3448558	555898	4793
1999	2356487	309567	2046920	3101578	510631	4548
2000	2487437	328765	2158672	2830578	470317	4311
2001	2520588	362410	2158178	2587506	369821	7518
2002	2561187	413251	2147936	2437336	371120	7002
2003	2473923	486096	1987827	2401918	345116	6404

16 –6 各级各类学校招生数

NUMBER OF NEW STUDENTS ENROLLMENT BY LEVEL AND TYPE OF SCHOOL

单位:人 (person)

年 份 Year	普通高等学校 Regular Institutions of Higher Education	中等学校 Secondary Schools	中等专业学校 Specialized Secondary Schools	中等技术学校 Technical Secondary Schools	中等师范学校 Teacher Secondary Schools
1978	13192	988741	19051	9907	9144
1980	11440	964834	19383	10304	9079
1985	24701	774608	24699	14729	9970
1990	24289	697999	19069	14176	4893
1991	23949	708801	22437	16541	5896
1992	28810	695859	23806	17313	6493
1993	33044	656822	34367	24608	9759
1994	34250	686047	35227	25612	9615
1995	35270	764356	35879	26806	9073
1996	36448	736548	39720	30156	9564
1997	36288	739193	41747	31605	10142
1998	39881	913767	44557	34779	9778
1999	62480	934441	46585	40237	6348
2000	76450	847161	35473	29187	6286
2001	98162	810737	31566	26573	4993
2002	115702	789643	40743	36057	4686
2003	125402	686475	36258	15540	2085

16 –6 续表 CONTINUED

年 份 Year	普通中学 Regular Secondary Schools	高中 Senior Secondary Schools	初中 Junior Secondary Schools	职业中学 Vocational Secondary Schools	小学 Primary Schools	盲聋哑学校 Blind, Deaf, Deaf – mute Schools
1978	969690	244752	724938		1189813	730
1980	901537	216203	685334	43914	1078553	792
1985	676789	116124	560665	73120	736004	1059
1990	619527	95016	524511	59403	636998	820
1991	626083	93146	532937	60281	603921	886
1992	612760	88203	524557	59293	609109	883
1993	574681	83228	491453	47774	642106	783
1994	601974	89780	512194	48846	686723	850
1995	678617	93860	584757	49860	639529	831
1996	652427	90282	562145	44401	633284	672
1997	655077	98005	557072	42369	599270	703
1998	816060	113234	702826	53150	510911	796
1999	852360	110095	742265	35496	464113	580
2000	780271	118418	661853	31417	442988	618
2001	751164	141132	610032	28007	414318	884
2002	716662	159228	557434	32238	406494	1024
2003	618877	187643	431234	31340	405337	830

16 -7 各级各类学校毕业生数
NUMBER OF GRADUATES BY LEVEL AND TYPE OF SCHOOL

单位:人 (person)

年份 Year	普通高等学校 Regular Institutions of Higher Education	中等学校 Secondary Schools	中等专业学校 Specialized Secondary Schools	中等技术学校 Technical Secondary Schools	中等师范学校 Teacher Secondary Schools
1980	7828	704698	19911	11708	8203
1985	11772	583165	17347	10620	6727
1990	22972	584486	15986	10607	5379
1991	22675	578306	22650	15175	7475
1992	22590	576583	22578	15718	6860
1993	21490	576017	22160	15702	6458
1994	23145	561254	18808	12927	5881
1995	30622	576053	23369	16177	7192
1996	33439	569253	28852	19881	8971
1997	30589	594398	33861	22956	10905
1998	30055	669351	37397	26665	10732
1999	30218	655719	39353	29862	9491
2000	31737	661074	38157	27606	10551
2001	37359	710566	30327	23054	7273
2002	46401	684420	32431	27214	5217
2003	69050	729371	45279	18758	2636

16 -7 续表 CONTINUED

年份 Year	普通中学 Regular Secondary Schools	高中 Senior Secondary Schools	初中 Junior Secondary Schools	职业中学 Vocational Secondary Schools	小学 Primary Schools	盲聋哑学校 Blind, Deaf, Deaf - mute Schools
1980	684422	169152	515270	365	760548	441
1985	527026	102731	424295	38792	654517	432
1990	522845	89285	433560	45655	635770	554
1991	512633	81462	431171	43023	626046	653
1992	508917	84935	423982	45088	624332	586
1993	508473	88317	420156	45384	598846	617
1994	497625	76620	421005	44821	611456	586
1995	507909	73306	434603	44775	638456	585
1996	497697	74005	423692	42704	606170	569
1997	515521	79682	435839	45016	591032	476
1998	586482	86053	500429	45472	749160	549
1999	575538	82932	492606	40828	785711	508
2000	578390	91419	486971	44527	698124	632
2001	630624	102784	527840	49615	638339	950
2002	621709	105634	516075	30280	570422	670
2003	658977	115778	543199	25115	438218	536

16－8 普通高等学校本专科分学科学生数(2003)

STUDENT ENROLLMENT IN INSTITUTIONS OF HIGHER EDUCATION BY FIELD OF STUDY

单位:人 (person)

学 科	Subject	毕业生数 Graduates	本 科 Regular College Course	专 科 Specialized Subject	招生数 New Student Enrollment	本 科 Regular College Course	专 科 Specialized Subject	在校生数 Student Enrollment	本 科 Regular College Course	专 科 Specialized Subject
总 计	**Total**	**64391**	**38389**	**26002**	**123018**	**73123**	**49895**	**384823**	**260067**	**124756**
#女 性	#Female	29960	16456	13504	58094	33954	24140	179421	117351	62070
哲 学	Philosophy	44	44		65	65		156	156	
经济学	Economics	2485	1130	1355	6385	3822	2563	18756	11637	7119
法 学	Law	2922	1709	1213	4958	2305	2653	14830	9278	5552
教育学	Education	4229	1690	2539	6789	3236	3553	20367	10546	9821
文 学	Literature	9131	4574	4557	19942	10762	9180	59510	36070	23440
历史学	History	595	289	306	722	584	138	2201	1653	548
理 学	Science	4875	3272	1603	12667	9441	3226	37609	29095	8514
工 学	Engineering	25120	17324	7796	42850	26746	16104	139505	100290	39215
农 学	Agriculture	1813	1148	665	3574	1674	1900	10232	6192	4040
医 学	Medicine	3933	2592	1341	7920	5066	2854	29576	22405	7171
管理学	Manage	9244	4617	4627	17146	9422	7724	52081	32745	19336

16－9 普通高等学校分科专任教师数(2003)

NUMBER OF FULL－TIME TEACHERS BY FIELD OF STUDY IN REGULAR HIGHER EDUCATION INSTITUTIONS

单位:人 (person)

学 科	Subject	合 计 Total	教 授 Professors	副教授 Asso. Prof	讲 师 Lecturers	助 教 Assistants	教 员 Instructors
总 计	**Total**	**28525**	**3128**	**9470**	**8073**	**5913**	**1941**
#女 性	#Female	13033	760	4152	3853	3136	1132
哲 学	Philosophy	697	61	318	199	91	28
经济学	Economics	1312	96	444	430	246	96
法 学	Law	919	76	286	261	250	46
教育学	Education	2273	149	808	684	464	168
文 学	Literature	5611	357	1525	1602	1559	568
历史学	History	296	20	120	84	51	21
理 学	Science	3774	394	1366	956	776	282
工 学	Engineering	9040	1226	2993	2575	1743	503
农 学	Agriculture	1218	182	447	342	181	66
医 学	Medicine	2063	423	717	549	304	70
管理学	Manage	1322	144	446	391	248	93

16－10　中等专业学校分科学生数

NUMBER OF STUDENTS IN SPECIALIZED SECONDARY SCHOOLS BY FIELD OF STUDY

单位：人　　(person)

学科	Subject	毕业生数 Graduates	招生数 New Student Enrollment	在校学生数 Student Enrollment
总　计	**Total**	**45279**	**36258**	**111540**
农林类	Agriculture and Forestry	3459	3316	13359
资源与环境类	Resource and Environment	238	119	291
能源类	Energy Sources	505	692	927
土木水利工程类	Civil and Irrigation Engineering	3087	1285	4253
加工制造类	Machining and Manufacture	2160	2539	5966
交通运输类	Traffic and Transport	1319	548	1558
信息技术类	Information Technology	8348	5845	18677
医药卫生类	Medicine and Sanitation	6064	7260	21509
商贸与旅游类	Commodity, Trade and Tour	1560	2284	6524
财经类	Finance and Economics	5543	2831	7871
文化艺术与体育类	Culture, Art and Sport	2744	2606	8131
社会公共事业类	Social and Public Cause	3130	2109	7836
师范类	Teacher－training	6796	4795	14608
其　他	Others	326	29	30

16－11　中等专业学校专任教师数

NUMBER OF FULL－TIME TEACHERS IN SPECIALIZED SECONDARY SCHOOLS

单位：人　　(person)

项目	Item	合计 Total	#高级讲师 Senior Lecturers	#讲师 Lecturers
总　计	**Total**	**4028**	**1325**	**1944**
文化基础课	Culture Basic Course	2204	786	1079
专业课	Professionnal Course	1784	535	844
农业类	Agriculture and Forestry	109	16	63
资源与环境类	Resource and Environment	60	26	26
能源类	Energy Sources			
土木水利工程类	Civil and Irrigation Engineering	96	33	43
加工制造类	Machining and Manufacture	54	21	27
交通运输类	Traffic and Transport	40	17	20
信息技术类	Information Technology	182	42	87
医药卫生类	Medicine and Sanitation	192	40	80
商贸与旅游类	Commodity, Trade and Tour	46	18	17
财经类	Finance and Economics	188	35	90
文化艺术与体育类	Culture, Art and Sport	68	14	36
社会公共事业类	Social and Public Cause	33	15	14
师范类	Teacher－training	541	206	259
其　他	Others	175	52	82
实习指导课	Practise and Direction Course	40	4	21

16－12 研究生数
NUMBER OF POSTGRADUATES

单位:人 (person)

年 份 Year	在校学生数 Student Enrollment	招生数 New Student Enrollment	毕业生数 Graduates	每十万人拥有研究生数 Number of Postgraduates per 100000 Population		
				在校学生数 Student Enrollment	招生数 New Student Enrollment	毕业生数 Graduates
1957	242	10	182	1.7	0.1	1.3
1965	102	27	14	0.5	0.1	0.1
1978	350	350		1.1	1.1	
1980	437	115	202	1.4	0.4	0.6
1985	3572	1926	588	10.7	5.8	1.8
1990	4011	1285	1572	11.4	3.6	4.5
1995	5643	1914	1344	15.3	5.2	3.6
1996	6269	2249	1606	16.8	6.0	4.3
1997	6662	2326	1667	17.8	6.2	4.4
1998	7195	2345	1774	19.1	6.2	4.7
1999	8465	3116	1903	22.4	8.2	5.0
2000	10647	4494	2293	28.0	11.8	6.0
2001	13861	5741	2455	36.4	15.1	6.4
2002	17586	7091	2999	46.1	18.6	7.9
2003	23630	9906	3862	62.0	26.0	10.1

16－13 分学科研究生数(2003)
NUMBER OF POSTGRADUATES BY SUBJECT

学 科	Subject	毕业生数 Graduates		招生数 New Student Enrollment		在校生数 Student Enrollment	
		博士 doctor	硕士 master	博士 doctor	硕士 master	博士 doctor	硕士 master
总 计	**Total**	**543**	**3319**	**1836**	**8070**	**5249**	**18381**
#女 性	#Female	280	1382	610	3628	1648	7872
哲 学	Philosophy	3	40	16	152	47	245
经济学	Economics		80		189		419
法 学	Law		167		390		895
教育学	Education		12		34		74
文 学	Literature	11	102	17	298	54	661
历史学	History		15		26		66
理 学	Science	34	188	63	529	188	1191
工 学	Engineering	300	1700	1135	4384	3465	9891
农 学	Agriculture	46	166	114	436	276	963
医 学	Medicine	95	439	227	931	521	2222
管理学	Manage	54	410	264	701	698	1754

16－14　各级各类学校女学生数和女教师数
NUMBER OF FEMALE STUDENTS AND TEACHERS BY LEVEL AND TYPE OF SCHOOL

指　标	Item	2000	2001	2002	2003
女学生数(万人)	**Number of Female Students (10000 persons)**	**279.4**	**271.7**	**270.4**	**267.3**
普通高等学校	Institutions of Higher Education	8.4	12.4	15.3	18.3
中等专业学校	Specialized Secondary Schools	7.0	6.7	6.9	6.3
普通中学	Regular Secondary Schools	121.1	123.2	125.9	121.9
职业中学	Vocational Secondary Schools	5.4	4.2	4.4	4.6
小　学	Primary Schools	137.5	125.2	117.9	116.2
女学生占学生总数(%)	**Percentage of Female Students to Total Students (%)**	**43.7**	**48.7**	**48.8**	**48.9**
普通高等学校	Institutions of Higher Education	41.9	45.8	45.8	46.7
中等专业学校	Specialized Secondary Schools	60.4	57.8	56.6	56.3
普通中学	Regular Secondary Schools	48.7	48.9	49.1	49.3
职业中学	Vocational Secondary Schools	51.3	51.9	52.0	51.7
小　学	Primary Schools	48.6	48.4	48.4	48.4
女教师数(万人)	**Number of Female Teachers (10000 persons)**	**21.6**	**21.3**	**21.4**	**22.0**
普通高等学校	Institutions of Higher Education	0.7	0.8	1.0	1.6
中等专业学校	Specialized Secondary Schools	0.4	0.3	0.3	0.2
普通中学	Regular Secondary Schools	8.2	8.5	8.6	8.8
职业中学	Vocational Secondary Schools	0.5	0.4	0.4	0.4
小　学	Primary Schools	11.8	11.3	11.1	11
女教师占教师总数(%)	**Percentage of Female Teachers to Total Teachers (%)**	**58.5**	**58.8**	**58.6**	**59.9**
普通高等学校	Institutions of Higher Education	42.2	44.4	45.1	55.2
中等专业学校	Specialized Secondary Schools	52.5	50.0	55.1	66.7
普通中学	Regular Secondary Schools	56.5	57.8	58.0	58.7
职业中学	Vocational Secondary Schools	55.4	50.0	56.1	57.1
小　学	Primary Schools	53.3	61.7	61.4	61.8

16 -15 各级学校教师负担学生数
STUDENT - TEACHER RATIO BY LEVEL OF SCHOOL

年 份 Year	普通高等学校 Institutions of Higher Education		中等学校 Secondary Schools		小 学 Primary Schools	
	教师数 Number of Teachers	平均每个教师负担学生 Student - teacher Ratio	教师数 Number of Teachers	平均每个教师负担学生 Student - teacher Ratio	教师数 Number of Teachers	平均每个教师负担学生 Student - teacher Ratio
1978	8380	4.0	142761	18.4	187061	26.5
1980	10365	4.2	144291	17.4	193787	25.8
1985	13448	4.9	135366	16.4	207256	22.6
1990	15915	5.0	149499	13.4	215735	18.4
1991	15823	5.0	149950	13.3	216342	17.9
1992	15641	5.4	149918	13.2	216377	17.5
1993	15604	6.2	147621	12.7	213823	17.5
1994	16097	6.8	147699	12.8	215222	17.5
1995	16542	6.9	148057	13.6	214944	17.4
1996	16403	7.1	149560	14.1	213124	17.4
1997	15736	7.4	152402	14.5	214807	17.2
1998	15505	8.1	156257	15.3	210954	16.3
1999	15804	9.9	159855	16.3	206807	15.0
2000	16169	12.4	160153	16.9	193113	14.7
2001	18042	15.0	161133	16.9	182929	14.1
2002	23179	14.6	160153	17.2	180900	13.5
2003	28525	13.5	160108	16.6	178122	13.5

16 -16 平均每万人口在校学生数和大中小学学生构成
STUDENT ENROLLMENT PER 10000 POPULATION AND COMPOSITION OF STUDENTS ENROLLED

年 份 Year	大中小学校在校学生占全省人口(%) Students as Percentage of Total Population (%)	平均每万人口学生数(人) Number of Students per 10000 Population (person)			大中小学学生构成(%) Student Structure of Different Level (%)		
		大学生 University and College Students	中学生 Secondary School Students	小学生 Primary School Students	大学生 University and College Students	中学生 Secondary School Students	小学生 Primary School Students
1978	24.3	10.6	837.8	1584.2	0.4	34.4	65.1
1980	23.6	13.6	783.2	1561.5	0.6	33.2	66.2
1985	20.7	19.6	660.9	1393.5	0.9	31.9	67.2
1990	17.1	22.6	565.4	1122.5	1.3	33.1	65.6
1991	16.6	22.2	559.4	1082.9	1.3	33.6	65.1
1992	16.2	23.6	547.3	1047.7	1.5	33.8	64.7
1993	15.7	26.5	513.4	1025.8	1.7	32.8	65.5
1994	15.7	29.6	516.6	1025.4	1.9	32.9	65.2
1995	15.8	30.7	543.8	1007.7	1.9	34.4	63.7
1996	15.9	31.2	567.3	996.1	2.0	35.6	62.5
1997	16.1	30.9	590.2	987.8	1.9	36.7	61.4
1998	15.8	33.2	634.9	914.0	2.1	40.1	57.8
1999	15.5	41.4	686.2	817.9	2.7	44.4	52.9
2000	15.1	52.6	711.3	743.5	3.5	47.2	49.3
2001	14.6	71.2	713.1	679.0	4.9	48.7	46.4
2002	14.5	87.8	725.9	639.2	6.0	50.0	44.0
2003	14.3	102.8	698.0	629.8	7.0	48.8	44.0

16－17 中小学升学及学龄儿童入学情况
STATISTICS OF JUNIOR SECONDARY SCHOOLS AND PRIMARY SCHOOLS ENTERING HIGHER LEVEL SCHOOLS, STATISTICS OF SCHOOL－AGE CHILDREN ENROLLED

单位:万人,%　　(10000 persons,%)

年 份 Year	初 中 毕业生数 Graduates of Junior Secondary Schools	高级中等学校招生数 Students Entering Senior Secondary Schools	小 学 毕业生数 Graduates of Primary Schools	初级中等学校招生数 Students Entering Junior Secondary Schools	小学升学率 Percentage of Graduates of Primary Schools Entering Junior Secondary Schools	学 龄 儿童数 School－age Children	已入学学龄儿童数 School－age Children Enrolled in Schools	学龄儿童入学率 Percentage of School－age Children Enrolled
1978	46.9	24.5	77.4	72.5	93.7	406.7	386.9	95.1
1980	51.5	26.0	76.1	68.5	90.1	417.9	395.1	94.5
1985	42.5	21.7	65.5	56.2	85.8	341.5	333.8	97.7
1990	43.5	20.0	63.6	52.7	82.8	313.1	310.0	99.0
1991	43.2	20.3	62.6	53.6	85.6	358.6	351.7	98.1
1992	42.5	23.1	62.4	52.7	84.4	352.3	343.6	97.5
1993	42.0	19.6	59.9	49.6	82.7	347.5	341.5	98.3
1994	42.1	19.3	61.2	51.2	83.8	351.7	346.3	98.5
1995	43.5	19.3	63.8	59.4	93.1	347.9	343.9	98.9
1996	42.4	18.4	60.6	57.3	94.6	346.9	345.8	99.7
1997	43.6	20.5	59.1	55.7	94.2	355.9	351.2	98.8
1998	50.0	20.8	74.9	70.3	94.0	334.0	327.7	98.1
1999	49.3	20.3	78.6	74.2	94.4	296.6	292.0	98.4
2000	48.7	18.9	69.8	66.2	95.9	275.1	271.7	98.8
2001	52.8	20.6	63.8	61.0	96.1	248.4	240.6	96.9
2002	52.3	26.3	57.0	56.1	98.4	232.0	226.5	97.6
2003	55.1	28.3	43.8	43.3	98.9	247.2	225.1	91.1

注:2002 起年高级中等学校招生数中新增了成人中专招生数,使相关数据明显增大。

Note:From 2002,the data of senior secondary schools include the data of specialized secondary schools for adults.

16－18 各类技工学校基本情况(2003)
STATISTICS ON VARIOUS TECHNICAL SCHOOLS

单位:人　　(persons)

指 标	Item	合 计 Total	地方劳动保障部门办 Local Labor Safeguard Ministries	地方国有经济单位办 Launched by Local State－owned Economic Institution	行业办 Launched by Sector	企业办 Launched by Enterprise	国务院部委办 Ministries of the State Council	其 他 Others
学校数(所)	Number of Schools (unit)	147	41	87	47	40	9	10
在校学生数	Number of Students	31789	3508	23170	14254	8916	3132	1979
招生数	New Student Enrollment	17104	2673	11292	6494	4798	1707	1432
毕业生数	Graduates	11135	1720	7468	4748	2720	1201	746
在职教职工数	Teachers and Staff	9454	2407	5690	3174	2516	775	582
#文化技术理论课教师	#Classroom Teachers	5108	1576	2725	1726	999	475	332
生产实习课指导教师	Practical Training Teachers	1307	320	810	449	361	119	58

16－19 技工学校数、学生数和教职工数
NUMBER OF TECHNICAL SCHOOLS, STUDENTS, STAFF AND TEACHERS

单位:人 (person)

年份 Year	学校数（所） Schools (unit)	在校学生数 Student Enrollment	毕业生数 Graduates	招生数 New Student Enrollment	教职工数 Staff and Teachers	#教师数 Teachers
1978	128	25200		19969	4887	1855
1980	217	50731	19969	25529	8941	3670
1985	202	50257	18949	25048	12902	5192
1990	220	95665	32103	33409	18271	7745
1991	216	98002	32920	34905	18435	8013
1992	219	105835	30224	37913	18664	8393
1993	220	109780	33295	34523	17786	8064
1994	202	104811	36149	32874	17953	8157
1995	220	85809	49100	29608	16179	8002
1996	195	64105	30884	20261	15245	7993
1997	192	62580	30898	22788	14990	7578
1998	168	44107	27155	13903	12595	6667
1999	170	35795	21884	10969	11962	7040
2000	55	11120	3598	3406	2494	1418
2001	106	24939	13379	9769	10429	7966
2002	150	28008	11567	13458	8892	5903
2003	147	31789	11135	17104	9454	7099

16－20 各地区高等学校基本情况(2003)
BASIC STATISTICS ON INSTITUTIONS OF HIGHER EDUCATION BY REGION

单位:人 (person)

地区	Region	学校数（所） Schools (unit)	教职工数 Staff and Teachers	#专任教师 Full－time Teachers	#教授 Professors	#副教授 Asso. Prof	招生数 New Student Enrollment	在校生数 Student Enrollment
全省	**Provincial Total**	**55**	**60609**	**28525**	**3128**	**9470**	**123018**	**384823**
哈尔滨	harbin	32	39708	19012	2519	6367	81475	257136
齐齐哈尔	Qiqihar	4	3314	1906	125	657	8504	28695
鸡西	Jixi	1	780	498	7	141	2900	6891
鹤岗	Hegang	1	510	236		83	559	1044
双鸭山	Shuangyashan	1	340	175		62	328	328
大庆	Daqing	4	5391	2370	214	676	12458	35803
伊春	Yichun	1	389	210	10	64	76	878
佳木斯	Jiamusi	2	5031	1517	129	441	5093	23512
七台河	Qitaihe							
牡丹江	Mudanjiang	6	3283	1742	100	661	7506	21159
黑河	Heihe		507	285	14	120	2076	4796
绥化	Suihua	2	967	397	10	141	1794	4284
大兴安岭	Daxinganling	1	389	177		57	249	297

注:齐齐哈尔大学黑河分院现不计校数,所以黑河市没有学校数,但是有教师数和学生数。

Note:Heihe sector institute of qiqihaer university not belong to number of local university,it have not data of local university in Heihe. The data only include number of teachers and students.

16－21 各地区中等专业学校基本情况(2003)
BASIC STATISTICS ON SPECIALIZED SECONDARY SCHOOLS BY REGION

单位:人 (person)

地区	Region	学校数(所) Schools (unit)	教职工数 Staff and Teachers	#专任教师 Full－time Teachers	#副高职 Asso. Prof	毕业生数 Graduates	招生数 New Student Enrollment	#初中毕业 Graduate from Senior Secondary Schools	在校生数 Student Enrollment
全 省	**Provincial Total**	**51**	**6981**	**3430**	**1472**	**45249**	**36258**	**34886**	**111540**
哈尔滨	harbin	23	2296	1172	548	21995	16452	15900	48801
齐齐哈尔	Qiqihar	5	769	343	151	4847	3081	2646	9754
鸡 西	Jixi	2	500	174	81	938	1031	1031	2561
鹤 岗	Hegang	2	343	129	35	1238	1500	1500	4211
双鸭山	Shuangyashan	2	294	161	85	620	952	952	2605
大 庆	Daqing	2	288	100	24	1613	1154	1144	4477
伊 春	Yichun	2	327	151	75	986	1178	1128	3560
佳木斯	Jiamusi	3	383	228	84	3272	4355	4355	11407
七台河	Qitaihe	1	157	102	44	160	63	63	364
牡丹江	Mudanjiang	3	437	257	125	4174	2949	2949	11274
黑 河	Heihe	2	309	146	84	1486	1055	973	2981
绥 化	Suihua	4	878	467	136	3620	2059	1840	7982
大兴安岭	Daxinganling					300	429	405	1563

16－22 各地区普通中学学校数(2003)
NUMBER OF REGULAR SECONDARY SCHOOLS BY REGION

单位:所 (unit)

地区	Region	合计 Total	#高中 Senior Secondary Schools	城市 Urban Areas	#高中 Senior Secondary Schools	县镇 Counties and Towns	#高中 Senior Secondary Schools	农村 Rural Areas	#高中 Senior Secondary Schools
全 省	**Provincial Total**	**2718**	**481**	**631**	**206**	**551**	**190**	**1536**	**85**
哈尔滨	harbin	691	154	213	77	126	51	352	26
齐齐哈尔	Qiqihar	386	51	94	27	52	18	240	6
鸡 西	Jixi	166	30	54	13	32	11	80	6
鹤 岗	Hegang	81	17	32	8	10	4	39	5
双鸭山	Shuangyashan	136	22	38	8	20	7	78	7
大 庆	Daqing	184	33	73	24	23	9	88	
伊 春	Yichun	101	16	10	3	68	12	23	1
佳木斯	Jiamusi	197	29	39	15	29	10	129	4
七台河	Qitaihe	70	11	30	8	11	3	29	
牡丹江	Mudanjiang	179	43	36	16	40	19	103	8
黑 河	Heihe	157	26	7	3	22	10	128	13
绥 化	Suihua	338	41	5	4	87	28	246	9
大兴安岭	Daxinganling	32	8			31	8	1	

16－23 各地区普通中学在校学生数(2003)
NUMBER OF STUDENTS OF REGULAR SECONDARY SCHOOLS BY REGION

单位:人 (person)

地区	Region	合计 Total	#高中 Senior Secondary Schools	城市 Urban Areas	#高中 Senior Secondary Schools	县镇 Counties and Towns	#高中 Senior Secondary Schools	农村 Rural Areas	#高中 Senior Secondary Schools
全省	**Provincial Total**	**2473923**	**486096**	**659678**	**198826**	**662186**	**238039**	**1152059**	**49231**
哈尔滨	Harbin	583274	120497	186638	54453	126750	51895	269886	14149
齐齐哈尔	Qiqihar	368448	64053	93489	26883	76262	33033	198697	4137
鸡西	Jixi	137024	29282	55142	14349	31720	10724	50162	4209
鹤岗	Hegang	74281	21174	40548	12893	8808	2850	24925	5431
双鸭山	Shuangyashan	97896	22218	33279	7271	24594	10354	40023	4593
大庆	Daqing	216298	44031	94365	30558	35604	13473	86329	
伊春	Yichun	78950	17009	12637	4684	58428	12325	7885	
佳木斯	Jiamusi	155636	30829	43081	14732	40016	15033	72539	1064
七台河	Qitaihe	58569	12209	31720	7906	11037	4303	15812	
牡丹江	Mudanjiang	161572	40662	47707	15426	55860	21082	58005	4154
黑河	Heihe	105943	19817	8712	2399	26737	8349	70494	9069
绥化	Suihua	408474	57211	12360	7272	139824	47514	256290	2425
大兴安岭	Daxinganling	27558	7104			26546	7104	1012	

16－24 各地区普通中学招生数(2003)
NUMBER OF NEW ENROLLMENT STUDENTS OF REGULAR SECONDARY SCHOOLS BY REGION

单位:人 (person)

地区	Region	合计 Total	#高中 Senior Secondary Schools	城市 Urban Areas	#高中 Senior Secondary Schools	县镇 Counties and Towns	#高中 Senior Secondary Schools	农村 Rural Areas	#高中 Senior Secondary Schools
全省	**Provincial Total**	**618877**	**187643**	**190455**	**76736**	**185922**	**91780**	**242500**	**19127**
哈尔滨	Harbin	106289	46538	51064	21002	25101	19880	30124	5656
齐齐哈尔	Qiqihar	84370	24085	23707	10259	20527	12321	40136	1505
鸡西	Jixi	35718	10829	15063	5125	8908	4059	11747	1645
鹤岗	Hegang	24243	7952	14692	5112	2353	905	7198	1935
双鸭山	Shuangyashan	30928	7984	8946	2640	8620	3575	13362	1769
大庆	Daqing	60422	17960	28139	12356	11408	5604	20875	
伊春	Yichun	21015	6623	3686	1805	15363	4818	1966	
佳木斯	Jiamusi	50288	11890	14008	6152	12975	5386	23305	352
七台河	Qitaihe	17370	4803	8912	3058	3846	1745	4612	
牡丹江	Mudanjiang	53612	15147	15863	5612	18843	7896	18906	1639
黑河	Heihe	26364	8137	2447	867	7370	3542	16547	3728
绥化	Suihua	98879	23168	3928	2748	41602	19522	53349	898
大兴安岭	Daxinganling	9379	2527			9006	2527	373	

16－25 各地区普通中学毕业生数(2003)

NUMBER OF GRADUATES OF REGULAR SECONDARY SCHOOLS BY REGION

单位:人 (person)

地 区	Region	合 计 Total	#高 中 Senior Secondary Schools	城 市 Urban Areas	#高 中 Senior Secondary Schools	县 镇 Counties and Towns	#高 中 Senior Secondary Schools	农 村 Rural Areas	#高 中 Senior Secondary Schools
全 省	**Provincial Total**	**658977**	**115775**	**170565**	**48432**	**168103**	**56845**	**320309**	**10498**
哈尔滨	Harbin	169780	28656	50255	13142	34705	12701	84820	2813
齐齐哈尔	Qiqihar	96459	17229	24138	6780	20312	9361	52009	1088
鸡 西	Jixi	31936	7039	11840	3440	7574	2554	12522	1045
鹤 岗	Hegang	17303	4766	10188	3064	1975	775	5140	927
双鸭山	Shuangyashan	24431	5242	7147	1716	6965	2604	10319	922
大 庆	Daqing	52894	10224	24417	7332	8120	2892	20357	
伊 春	Yichun	19216	4464	3210	1189	14142	3175	1864	100
佳木斯	Jiamusi	42803	7059	12143	3286	10747	3532	19913	241
七台河	Qitaihe	15053	2939	7558	2061	3060	878	4435	
牡丹江	Mudanjiang	49485	10204	14882	4439	15555	4929	19048	836
黑 河	Heihe	32697	4911	1846	590	7125	2190	23726	2131
绥 化	Suihua	99413	11112	2941	1393	30605	9324	65867	395
大兴安岭	Daxinganling	7507	1930			7218	1930	289	

16－26 各地区普通中学教职工数(2003)

NUMBER OF TEACHERS AND STAFF OF REGULAR SECONDARY SCHOOLS BY REGION

单位:人 (person)

地 区	Region	合 计 Total	按城乡分 By Urban and Rural Areas			按主管部门分 By Department		
			城 市 Urban Areas	县 镇 Counties and Towns	农 村 Rural Areas	教育部门和集体办 Run by Educational Department and Collective Units	其他部门办 Schools Run by Other Department	民 办 Run by Private and Other Social Sources
全 省	**Provincial Total**	**186409**	**55357**	**53252**	**77800**	**137934**	**40002**	**8473**
哈尔滨	Harbin	47555	17236	11664	18655	38458	4109	4988
齐齐哈尔	Qiqihar	24016	7573	5118	11325	19495	3735	786
鸡 西	Jixi	10740	3989	2597	4154	6775	3390	575
鹤 岗	Hegang	6557	3205	755	2597	3824	2590	143
双鸭山	Shuangyashan	9181	2761	2121	4299	6346	2663	172
大 庆	Daqing	16035	8605	2470	4960	9648	6301	86
伊 春	Yichun	7453	897	5834	722	2800	4616	37
佳木斯	Jiamusi	12507	3452	3307	5748	9433	2551	523
七台河	Qitaihe	4338	2265	806	1267	2624	1481	233
牡丹江	Mudanjiang	12445	3549	3873	5023	9438	2540	467
黑 河	Heihe	9489	700	2355	6434	5902	3495	92
绥 化	Suihua	23475	1125	9845	12505	22318	786	371
大兴安岭	Daxinganling	2618		2507	111	873	1745	

16－27 各地区普通中学教师数(2003)
NUMBER OF TEACHERS OF REGULAR SECONDARY SCHOOLS BY REGION

单位:人 (person)

地 区	Region	合 计 Total	按城乡分 By Urban and Rural Areas			按主管部门分 By Department		
			城 市 Urban Areas	县 镇 Counties and Towns	农 村 Rural Areas	教育部门和集体办 Run by Educational Department and Collective Units	其他部门办 Schools Run by Other Department	民 办 Run by Private and Other Social Sources
全 省	**Provincial Total**	**149647**	**43663**	**41523**	**64461**	**114337**	**29003**	**6307**
哈尔滨	Harbin	39250	14021	8969	16260	32323	3252	3675
齐齐哈尔	Qiqihar	19238	5886	4104	9248	15728	2901	609
鸡 西	Jixi	8482	3187	2062	3233	5599	2434	449
鹤 岗	Hegang	4833	2387	607	1839	2976	1736	121
双鸭山	Shuangyashan	6814	2058	1533	3223	4869	1821	124
大 庆	Daqing	12402	6173	1936	4293	7929	4413	60
伊 春	Yichun	5619	683	4384	552	2191	3408	20
佳木斯	Jiamusi	9927	2861	2503	4563	7744	1785	398
七台河	Qitaihe	3819	1994	698	1127	2344	1319	156
牡丹江	Mudanjiang	9953	2843	3081	4029	7854	1759	340
黑 河	Heihe	7298	564	1846	4888	4894	2352	52
绥 化	Suihua	20130	1006	8014	11110	19240	587	303
大兴安岭	Daxinganling	1882		1786	96	646	1236	

16－28 各地区小学学校数和在校学生数(2003)
BASIC STATISTICS ON PRIMARY SCHOOLS AND STUDENTS ENROLLMENT BY REGION

地 区	Region	学校数(所) Number of Schools (unit)	按城乡分 By Urban and Rural Areas			在校学生数(人) Student Enrollment (person)	按城乡分 By Urban and Rural Areas		
			城 市 Urban Areas	县 镇 Counties and Towns	农 村 Rural Areas		城 市 Urban Areas	县 镇 Counties and Towns	农 村 Rural Areas
全 省	**Provincial Total**	**11400**	**683**	**681**	**10036**	**2401918**	**502950**	**473140**	**1425828**
哈尔滨	Harbin	2626	206	166	2254	587234	132727	97503	357004
齐齐哈尔	Qiqihar	1822	80	46	1696	300311	59433	42417	198461
鸡 西	Jixi	522	61	38	423	116115	40930	19854	55331
鹤 岗	Hegang	207	56	9	142	79185	44360	5675	29150
双鸭山	Shuangyashan	349	39	22	288	105654	26597	20434	58623
大 庆	Daqing	819	109	25	685	181644	72904	18648	90092
伊 春	Yichun	265	13	76	176	79525	8069	52459	18997
佳木斯	Jiamusi	1011	43	46	922	213367	47641	32835	132891
七台河	Qitaihe	181	27	20	134	55282	20890	10383	24009
牡丹江	Mudanjiang	839	43	33	763	175084	42177	28952	103955
黑 河	Heihe	596	6	27	563	123683	7200	27008	89475
绥 化	Suihua	2049		89	1960	347104	22	83516	263566
大兴安岭	Daxinganling	114		84	30	37730		33456	4274

16－29 各地区小学招生数和毕业生数(2003)
NUMBER OF NEW STUDENTS ENROLLMENT AND GRADUATES OF PRIMARY SCHOOLS BY REGION

单位:人 (person)

地区	Region	招生数 Number of New Students Enrollment	按城乡分 By Urban and Rural Areas 城市 Urban Areas	县镇 Counties and Towns	农村 Rural Areas	毕业生数 Number of Graduates	按城乡分 By Urban and Rural Areas 城市 Urban Areas	县镇 Counties and Towns	农村 Rural Areas
全省	**Provincial Total**	**405337**	**86266**	**78154**	**240919**	**438212**	**103800**	**72586**	**261826**
哈尔滨	Harbin	88861	22468	15705	50690	62140	29201	4579	28360
齐齐哈尔	Qiqihar	53038	9937	7620	35481	60931	11576	6460	42895
鸡西	Jixi	20575	7052	3636	9887	24814	8670	3635	12509
鹤岗	Hegang	12415	5931	1129	5355	16408	9084	1132	6192
双鸭山	Shuangyashan	16899	4397	2968	9534	22987	5964	3977	13046
大庆	Daqing	32253	14106	3348	14799	42874	14532	4105	24237
伊春	Yichun	12218	1339	7728	3151	14442	1798	8260	4384
佳木斯	Jiamusi	51381	10211	6371	34799	39048	7983	6256	24809
七台河	Qitaihe	8847	3524	1570	3753	13249	4822	2342	6085
牡丹江	Mudanjiang	24446	5962	4203	14281	39442	8827	5728	24887
黑河	Heihe	21944	1335	4043	16566	18001	1327	2699	13975
绥化	Suihua	56926	4	14887	42035	76824	16	17202	59606
大兴安岭	Daxinganling	5534		4946	588	7052		6211	841

16－30 各地区小学教职工数(2003)
NUMBER OF TEACHERS AND STAFF OF PRIMARY SCHOOLS BY REGION

单位:人 (person)

地区	Region	合计 Total	按城乡分 By Urban and Rural Areas 城市 Urban Areas	县镇 Counties and Towns	农村 Rural Areas	按主管部门分 By Department 教育部门和集体办 Run by Educational Department and Collective Units	其他部门办 Schools Run by Other Department	民办 Run by Private and Other Social Sources
全省	**Provincial Total**	**204820**	**38230**	**36617**	**129973**	**164596**	**38630**	**1594**
哈尔滨	Harbin	49210	10753	7202	31255	44812	3809	589
齐齐哈尔	Qiqihar	23335	4253	2843	16239	20086	3201	48
鸡西	Jixi	10984	3414	1682	5888	7953	2850	181
鹤岗	Hegang	7327	3625	439	3263	4567	2760	
双鸭山	Shuangyashan	9362	2164	1337	5861	6681	2619	62
大庆	Daqing	16193	5647	1636	8910	11544	4524	125
伊春	Yichun	8066	614	5089	2363	2722	5336	8
佳木斯	Jiamusi	15929	2847	2287	10795	13214	2576	139
七台河	Qitaihe	4321	1501	709	2111	2822	1408	91
牡丹江	Mudanjiang	16396	3006	1916	11474	12810	3288	298
黑河	Heihe	9881	391	1775	7715	6911	2957	13
绥化	Suihua	30358	15	6732	23611	29492	826	40
大兴安岭	Daxinganling	3458		2970	488	982	2476	

16-31 各地区小学专任教师数(2003)
NUMBER OF FULL-TIME TEACHERS OF PRIMARY SCHOOLS BY REGION

地区	Region	合计 Total	按城乡分 By Urban and Rural Areas			按主管部门分 By Department		
			城市 Urban Areas	县镇 Counties and Towns	农村 Rural Areas	教育部门和集体办 Run by Educational Department and Collective Units	其他部门办 Schools Run by Other Department	民办 Run by Private and Other Social Sources
全省	**Provincial Total**	**178122**	**31137**	**30441**	**116544**	**147342**	**29631**	**1149**
哈尔滨	Harbin	43616	8854	6315	28447	40018	3125	473
齐齐哈尔	Qiqihar	20653	3556	2338	14759	17996	2628	29
鸡西	Jixi	9342	2774	1451	5117	7131	2099	112
鹤岗	Hegang	5479	2593	366	2520	3659	1820	
双鸭山	Shuangyashan	7707	1659	1094	4954	5856	1809	42
大庆	Daqing	13954	4499	1360	8095	10265	3593	96
伊春	Yichun	6386	475	3840	2071	2220	4158	8
佳木斯	Jiamusi	13951	2434	1981	9536	11909	1947	95
七台河	Qitaihe	3985	1328	642	2015	2689	1233	63
牡丹江	Mudanjiang	14585	2602	1607	10376	11603	2783	199
黑河	Heihe	8409	348	1478	6583	6422	1977	10
绥化	Suihua	27421	15	5746	21660	26788	611	22
大兴安岭	Daxinganling	2634		2223	411	786	1848	

16-32 各地区幼儿园基本情况(2003)
BASIC STATISTICS ON KINDERGARTENS BY REGION

地区	Region	园数(个) Number of Kindergartens (unit)	班数(个) Number of Classes (unit)	幼儿数(人) Student Enrollment (person)	教职工数(人) Staff and Teachers (person)	#专任教师 Full-time Teachers
全省	**Provincial Total**	**2181**	**15572**	**345116**	**20598**	**11779**
哈尔滨	Harbin	881	5393	108992	6840	3732
齐齐哈尔	Qiqihar	132	1692	36376	1844	990
鸡西	Jixi	175	1002	19844	814	441
鹤岗	Hegang	66	428	11489	757	390
双鸭山	Shuangyashan	43	718	18791	637	421
大庆	Daqing	110	1409	33235	3465	1873
伊春	Yichun	124	594	12937	668	406
佳木斯	Jiamusi	60	1586	42266	1459	973
七台河	Qitaihe	114	344	7147	406	206
牡丹江	Mudanjiang	146	1033	22577	1366	886
黑河	Heihe	206	798	17245	911	553
绥化	Suihua	108	428	10747	944	717
大兴安岭	Daxinganling	16	147	3470	487	191

16－33 各级各类成人学校基本情况(2003)

BASIC STATISTICS ON ADULT SCHOOLS BY LEVEL AND TYPE

单位:人 (person)

学校类别	Category	学校数(所) Schools (unit)	毕业生数 Graduates	招生数 New Student Enrollment	在校生数 Student Enrollment	教职工数 Staff and Teachers	#专任教师 Full－time Teachers
总　计	**Total**	**8375**	**2363529**	**1854532**	**203265**	**51288**	**26805**
成人高等学校	Adult Education Schools	36	20168	24081	58508	10342	5360
广播电视大学	Radio and TV Universities	2	5912	3191	8430	3651	1854
职工高等学校	Schools of Higher Education for Staff and Workers	24	7821	15023	34633	4391	2231
管理干部学院	College for Management Cadres	4	1535	1960	4013	1363	616
教育学院	Pedagogical Colleges	6	4900	3907	11432	937	659
成人中等学校	Secondary Schools for Adults	127	14989	12567	33217	6139	4028
中等专业学校	Specialized Secondary Schools for Adults	51	45279	36258	111540	6592	3302
成人中学	Secondary Schools for Adults	41	18478	2536		833	294
职工中学	Secondary Schools for Staff and Workers	7	664	432		154	116
农民中学	Secondary Schools for Peasants	34	17814	2104		679	178
成人技术培训学校	Technical Training Schools for Adults	5397	2190906	1728139		23216	12560
职工技术培训学校(机构)	Technical Training Schools for Staff and Workers (Institution)	159	95420	22552		2333	1722
农村成人文化技术培训学校(机构)	Culture Technical Training Schools for Rural Adults (Institution)	4088	1842260	1477705		11569	4035
其他培训机构	Others (Include Social Training Institutions)	3	2757	2822		45	31
成人初等学校	Primary Schools for Adults	2723	73709	50951		4166	1261
职工小学	Primary Schools for Staff and Workers	153	26000			1766	178
民办小学	Primary Schools for Peasants	2570	47709	50951		2400	1083
#扫盲班	#Literacy Courses	1324	9537	10878		1613	603

16－34 各级各类成人学校在校学生数

STUDENT ENROLLMENT IN ADULT SCHOOLS BY LEVEL AND TYPE

单位:万人 (10000 persons)

学校类别	Category	2000	2001	2002	2003
成人高等学校	**Adult Education Schools**	**6.0**	**5.8**	**5.8**	**5.8**
广播电视大学	Radio and TV Universities	2.0	1.2	1.2	0.8
职工高等学校	Schools of Higher Education for Staff and Workers	2.4	2.8	2.8	3.5
管理干部学院	College for Management Cadres	0.5	0.4	0.3	0.4
教育学院	Pedagogical Colleges	1.1	1.4	1.5	1.1
普通高校办	Run by Regular Institution of Higher Education				
成人中等学校	**Secondary Schools for Adults**	**292.5**	**273.6**	**265.6**	
中等专业学校	Specialized Secondary Schools for Adults	6.1	5.1	5.4	11.1
成人中学	Secondary Schools for Adults	1.3	1.1	1.2	
成人技术培训学校	Technical Training Schools for Adults	285.1	267.5	259.1	
成人初等学校	**Primary Schools for Adults**	**7.8**	**6.6**	**6.2**	
职工小学	Primary Schools for Staff and Workers				
民办小学	Primary Schools for Peasants	7.8	6.5	6.2	
#扫盲班	#Literacy Courses	1.2	1.0	0.8	

16－35 科技活动基本情况
BASIC STATISTICS ON SCIENTIFIC AND TECHNOLOGICAL ACTIVITIES

指　　标	Item	2000	2001	2002	2003
科技机构数(个)	**Number of Scientific and Technological** Research Institutions (unit)	**646**	**614**	**606**	**569**
#县及县以上部门属科研机构	#System of Scientific and Technological Departments	258	234	240	238
普通高等院校	Institutions of Higher Education	183	185	175	191
大中型工业企业	Large and Medium－sized Industrial Enterprises	205	195	191	140
科技活动人员数(人)	**Number of Persons Engaged in Scientific and Technological Activities (person)**	**72821**	**72681**	**72803**	**75454**
#科学家、工程师	#Scientists and Engineers	51601	49843	51364	52898
#县及县以上部门属科研机构	#System of Scientific and Technological Departments	10818	9206	11288	11578
普通高等院校	Institutions of Higher Education	11602	12970	12012	14531
大中型工业企业	Large and Medium－sized Industrial Enterprises	50401	50505	49368	49345
科技活动经费收入总额(万元)	**Total Earning for Scientific and Technological Activities (10000 yuan)**	**326458**	**405555**	**449565**	**595080**
上级拨款	Appropriations from Higher Authorities	95158	118500	143983	204934
自筹资金	Self－raised	193484	243982	246529	304073
银行贷款	Bank Loans	19711	24891	31568	31660
其它收入	Other	18105	18182	27485	54413
科技活动经费支出总额(万元)	**Intramural Expenditure for Scientific and Technological Activities (10000 yuan)**	**294033**	**369928**	**414209**	**545305**
#内部支出	#Intramural Expenditure	279779	337498	386596	496570
#劳务费	#Labor Expenses	84043	103589	116248	134667
业务费	Operation Expenses	113440	140795	170204	211134
固定资产购建支出	Expenses on Fixed Assets	61393	64359	66795	83491
#研究与发展经费支出	#R&D Expenditure	135972	177625	184803	271363
研究与发展经费支出占GDP%	**Proportion of R & D Expenditure to GDP (%)**	**0.4**	**0.5**	**0.5**	**0.6**

16－36 县及县以上部门属科学研究和技术开发机构基本情况
BASIC STATISTICS ON RESEARCH AND DEVELOPMENT INSTITUTIONS OF INSTITUTIONS AT AND ABOVE COUNTY LEVEL

项　目	Item	机构数(个) Institutions (unit)	从业人员(人) Employees (person)	#科学家工程师 Scientists and Engineers	经费收入(万元) Earning (10000yuan)	经费支出(万元) Expenditure (10000yuan)
2002年合计	**Total (2002)**	**240**	**16332**	**8549**	**95549**	**80353**
县以上部门	Institutions above County Level	217	15963	8427	95040	79786
自然科学机构	Institutions of Natural Sciences and Technology	192	15221	7872	91030	75546
社会、人文科学机构	Institutions of Social Sciences and Humanities	10	469	365	2560	2691
科技情报与文献机构	Institutions of Scientific－Technological Information and Literature	15	273	190	1450	1549
县属	County's	23	369	122	509	567
2003年合计	**Total (2003)**	**238**	**16755**	**8664**	**103669**	**100897**
县以上部门	Institutions above County Level	220	16452	8565	103235	100474
自然科学机构	Institutions of Natural Sciences and Technology	192	15598	7941	97869	95110
社会、人文科学机构	Institutions of Social Sciences and Humanities	12	530	408	3556	3501
科技情报与文献机构	Institutions of Scientific－Technological Information and Literature	16	324	216	1810	1863
县属	County's	18	303	99	434	423

16－37 高等学校科技活动情况
BASIC STATISTICS ON HIGHER EDUCATION FOR SCIENTIFIC AND TECHNOLOGICAL ACTIVITIES

项目	Item	合计 Total		理工农医院校 Science, Engineering, Agriculture and Medicine		社会人文院校 Social	
		2002	2003	2002	2003	2002	2003
科技活动人员(人)	**Number of Persons Engaged in Scientific and Technological Activities (person)**	**12147**	**14531**	**10195**	**11927**	**1952**	**2604**
#科学家、工程师	#Scientists and Engineers	12012	14321	10080	11745	1932	2576
研究与试验发展机构(个)	**Number of Research and Development Institutions (Unit)**	**175**	**191**	**160**	**171**	**15**	**20**
研究与试验发展人员全时当量(万人年)	**Number of Persons Engaged in Research and Development (9999 person year)**	**6745**	**7039**	**5850**	**5644**	**895**	**1395**
#科学家、工程师	#Scientists and Engineers	5424	6926	4549	5559	875	1367
#基础研究	#Fundamental Research	2446	2837	1644	1806	802	1031
应用研究	Applied Research	4031	3819	3938	3483	93	336
实验发展	Experimental Development	268	355	268	355		
科技经费筹集额(万元)	**Funding for Scientific and Technological Activities (9999 yuan)**	**104898**	**148810**	**103271**	**146274**	**1627**	**2536**
政府拨款	Government Funds	57219	110406	55887	108421	1332	1985
自筹资金	Self－raised	7490	2885	7358	2723	132	162
其他	Others	40189	35519	40026	35130	163	389
科技经费支出额(万元)	**Intramural Expenditure for Scientific and** Technological Activities (10000 yuan)	**90746**	**129865**	**89124**	**127651**	**1622**	**2214**
#劳务费	#Labor Expenses	7348	8730	6805	7965	543	765
业务费	Operation Expenses	29493	83414	28595	82359	898	1055
固定资产购置费	Expenses on Fixed Assets	19057	25164	19008	25084	49	80
#研究与发展经费支出	#Intramural Expenditure for Research and Development	28323	67244	27761	66367	562	877
基础研究	Fundamental Research	4729	5471	4312	5187	417	284
应用研究	Applied Research	14736	53142	14591	52549	145	593
实验发展	Experimental Development	8858	8631	8858	8631		

16－38 科学论文和著作
SCIENTIFIC PAPERS AND COMPOSING

项目	Item	发表科技论文(篇) Scientific and Technological Papers (piece)		#国外发表 Publish in Overseas		出版科技著作(种) Scientific and Technological Composing (kind)	
		2002	2003	2002	2003	2002	2003
总计	**Total**	**21188**	**22579**	**1636**	**1636**	**2139**	**2540**
县及县以上部门属科研机构	System of Scientific and Technological Departments	2955	3011	122	122	74	95
省属	Provinces	1837	1824	62	62	54	85
地市属	Prefectural (city)	293	338	3	3	9	4
国务院部门属	State Department	778	791	50	50	11	6
中国科学院属	Academy of Sciences of China	47	58	7	7		
普通高等院校	Institutions of Higher Education	18233	19568	1514	1514	2065	2445

16－39 大中型工业企业技术开发基本情况
BASIC STATISTICS ON TECHNICAL DEVELOPMENT OF LARGE AND MEDIUM－SIZED INDUSTRIAL ENTERPRISES

项 目	Item	2000	2001	2002	2003
有技术开发机构的企业(个)	Number of Enterprises Having Institutions for Technical Development (unit)	147	159	131	87
占全部企业的比重(%)	Percentage to Total Number of Enterprises (%)	24.5	27.0	23.2	23.0
技术开发机构数(个)	Institutions for Number of Technical Development (unit)	205	195	191	140
企业技术开发人员(人)	Number of Personnel Engaged in Technical Development in Enterprises (person)	50401	50505	49368	49345
#科学家和工程师	#Scientists and Engineers	32355	30433	30803	29913
技术开发机构中的人数(人)	Number of Personnel in Institutions for Technical Development (person)	15326	16421	16536	15321
#科学家和工程师	#Scientists and Engineers	8465	11498	11556	11018
技术开发经费筹集额(万元)	Funds of Technical Development (10000 yuan)	192527	241671	249118	342600
#上级拨款	#Appropriations from Higher Authorities	20359	22514	28724	28981
企业自筹	Funds Self－raised by Enterprises	138534	179039	176845	270704
技术开发经费支出额(万元)	Expenditures for Technical Development (10000 yuan)	173913	222962	243110	314543
占产品销售收入的比重(%)	Percentage of Sales Revenue (%)	0.8	1.0	1.2	1.2
#开发新产品用款(万元)	#Expenditures for New Product Development (10000 yuan)	66142	62510	67544	94258
技术开发项目数(项)	Number of Projects for Technical Development (%)	3157	3112	3619	4296

16－40 科学技术协会机构和人员数
NUMBER OF INSTITUTIONS AND EMPLOYED PERSONS OF ASSOCIATIONS FOR SCIENCE AND TECHNOLOGY

项 目	Item	2000	2001	2002	2003
机构数(个)	**Number of Associations or Learned Societies (unit)**				
科协合计	Total Number of Associations for Science and Technology	80	80	80	80
省 级	Provincial Level	1	1	1	1
市地级	City Level	13	13	13	13
县 级	County Level	66	66	66	66
学会合计	Total Number of Learned Societies	371	371	151	151
省 级	Provincial Level	151	151	151	151
地市级	City Level	220	220		
人员数(人)	**Personnel (person)**				
科协合计	Total Number of Associations for Science and Technology	601	581	520	670
#科学家和工程师	#Scientists and Engineers	238	195		
省 级	Provincial Level	39	37	39	39
市地级	City Level	190	197	175	67
县 级	County Level	372	347	306	564
学会理事	Members of Boards of Directors	9806	8387	4124	3039
#高级职称	#Members with Senior Titles	6907	5371		
省 级	Provincial Level	4179	3826	4124	3039
市地级	City Level	5627	4561		

16－41 科协系统科技活动情况

BASIC STATISTICS ON SCIENTIFIC AND TECHNOLOGICAL ACTIVITIES OF ASSOCIATIONS FOR SCIENCE AND TECHNOLOGY

项 目	Item	2000	2001	2002	2003
学术活动	**Academic Activities**				
国内学术会议次数(次)	Domestic Academic Meeting (time)	637	413	193	104
参加人数(人次)	Number of Participants (person－time)	37191	24485	13587	7774
交流学术论文(篇)	Number of Papers Presented (piece)	13539	9795	7639	2894
接待海外科技团组(次)	International Group on S&T Received Home (unit)	66	58	47	12
人数(人次)	Person Received (person－time)	477	567	268	61
科学考察	Science Visit				
国内次数(次)	Domestic Number (time)	66	43		
国内参加人数(人次)	Domestic Number of Participants (person－time)	477	776		
国外次数(次)	Overseas Number (time)	69	30	28	
国外参加人数(人次)	Overseas Number of Participants (person－time)	225	140	140	
科技培训	**Training Program**				
一般培训班培训人数(万人次)	Number of Persons Trained in Training Classes (10000 person－time)	15	10	12	
外派研修生人数(人)	Number of Persons Study Abroad (person)	11	11		
科普活动	**Activities for Popular Science**				
科普讲座次数(次)	Number of Lectures	8905	2100	1132	174
听讲人数(万人次)	Number of Participants (10000 person－time)	173	150	20	11
科普展览次数(次)	Number of Exhibitions	1227	717	263	305
参观人数(万人次)	Number of Participants (10000 person－time)	81	50	22	72
青少年科技竞赛次数(次)	Number of Teenagers Participating in Science and Technology Competitions	327	169		
科技咨询活动	**Consultative Activities**				
完成技术合同数(项)	Number of Consultative Contracts Completed	2428	1990	896	136
#决策咨询	#Number of Consultation for Decision－making	377	513		
技术合同实现金额(万元)	Revenue from Fulfillment of Consultative Contracts (10000 yuan)	4015	2276	2362	1860
#技术交易额	#Transaction Value	1708	1310	103	1860
科技出版	**Publications**				
科技报纸(种)	Number of Newspapers (kind)	9	13	3	2
发行量(万份)	Number of Issue (10000 shares)	153	110	48	23
科技期刊(种)	Number of Academic Journals (kind)	50	36	31	20
发行量(万册)	Number of Issue (10000 copies)	21	22	49	47
论文集(种)	Number of Copies Distributed (kind)	30	21	26	15
发行量(万册)	Number of Issue (10000 copies)	1	1	2	1

16－42 技术市场交易情况

BASIC STATISTICS ON TECHNICAL MARKET

项 目	Item	2000	2001	2002	2003
技术贸易机构(个)	Institutions of Technical Trade (unit)	499	543	613	692
成交技术合同(件)	Number of Technical Contracts Completed (piece)	9883	2229	2548	2918
成交额(亿元)	Transaction Value (100 million yuan)	15.24	11.10	12.01	12
举办技术交易会(次)	Number of Technical Business Meetings(times)	10	4	4	5

16－43 三项专利受理和批准情况
THREE TYPES OF PATENT APPLICATIONS EXAMINED AND GRANTED

单位:件 (item)

指 标	Item	1995	2000	2001	2002	2003
受理专利数	**Number of Patent Applications Examined**	**2569**	**3104**	**3670**	**4392**	**4972**
发 明	Inventions	459	664	711	939	1151
实用新型	Utility Models	1893	2019	2380	2889	3173
外观设计	Designs	217	421	579	564	648
批准专利数	**Number of Patent Applications Certified**	**1403**	**2252**	**1869**	**2083**	**2794**
发 明	Inventions	44	208	144	137	229
实用新型	Utility Models	1248	1663	1411	1542	2097
外观设计	Designs	111	381	314	404	468
在受理专利中	**In Patent Applications Examined**					
个 人	Individual	2228	2602	3127	3350	3726
大专院校	Universities and Colleges	27	51	61	103	272
科研单位	Research Institutions	73	81	57	48	94
工矿企业	Industrial and Mineral Enterprises	177	363	422	833	821
机关团体	Government Agencies and Organizations	64	7	3	58	59
在批准专利中	**In Patent Applications Certified**					
个 人	Individual	1125	1843	1544	1654	2013
大专院校	Universities and Colleges	26	35	41	30	68
科研单位	Research Institutions	50	50	42	24	54
工矿企业	Industrial and Mineral Enterprises	121	320	238	363	604
机关团体	Government Agencies and Organizations	81	4	4	12	55

16－44 地方国有企事业单位五大类专业技术人员
FIVE CATEGORY SCIENTIFIC AND TECHNICAL PERSONNEL IN LOCAL STATE－OWNED ENTERPRISES AND INSTITUTIONS

单位:人 (person)

年 份 Year	合 计 Total	工 程 技术人员 Engineering	农 业 技术人员 Agriculture	卫 生 技术人员 Health Care	科 学 技术人员 Scientific Technology	教 学 人 员 Teaching
1990	394936	173781	31010	112878	4873	72394
1991	638464	171110	27951	118330	5515	315558
1992	653679	179539	28165	119707	5070	321198
1993	651420	175262	28276	118769	4767	324346
1994	655241	177594	28459	119727	4795	324666
1995	660685	176636	28672	119136	4885	331356
1996	674304	173885	29181	123875	4889	342474
1997	687448	174120	29795	126429	5107	351997
1998	704590	176209	31968	127156	5808	363449
1999	733932	183370	30466	133307	5398	381391
2000	737890	182346	31134	135295	5252	383863
2001	737459	175644	29905	132167	5069	394674
2002	716539	158157	29564	130269	5047	393502
2003	716404	155432	30731	132671	5694	391876

16 –45 地方国有事业、企业单位各类专业技术人员数
NUMBER OF SCIENTIFIC AND TECHNICAL PERSONNEL IN LOCAL STATE OWNED ENTERPRISES AND INSTITUTIONS

单位：人 (person)

类 别	Category	合 计 Total		#高级职称 Members with Senior Titles		#中级职称 Members with Secondary Titles	
		2002	2003	2002	2003	2002	2003
总 计	**Total**	**916552**	**895995**	**79467**	**84183**	**354787**	**350086**
工程技术人员	Engineering	158157	155432	15286	15329	52916	52476
农业技术人员	Agriculture	29564	30731	1900	2175	7993	8474
卫生技术人员	Health Care	130269	132671	10782	11520	49782	51880
科学技术人员	Scientific Research	5047	5694	2455	2518	1656	1767
教学人员	Teaching	393502	391876	33616	35893	173193	173632
其 它	Economy	200013	179591	15428	16748	69247	61857

16 –46 文化事业机构和人员
NUMBER OF INSTITUTIONS AND PERSONNEL IN CULTURE

单位：人 (person)

项 目	Year	总 计 Total	艺术事业 Art Institutions	图书馆事 业 Public Libraries	群众文化事 业 Mass Culture	艺术教育事 业 Culture and Education	其他文化事 业 Other Culture Units
机构数（个）	**Number of Institutions (unit)**						
	1980	1519	222	83	1201	3	10
	1985	1639	197	90	1338	5	9
	1990	1686	172	96	1391	4	23
	1995	1711	141	96	1417	7	50
	2000	1496	158	97	1201	10	30
	2001	1361	153	97	946	9	156
	2002	1458	157	97	1037	9	158
	2003	1491	153	97	1081	9	151
人员数（人）	**Number of Personnel (person)**						
	1980	15089	10348	894	3425	240	182
	1985	14090	8664	1335	3550	328	213
	1990	13825	7255	1819	3811	354	586
	1995	13370	6547	2014	3561	314	934
	2000	12344	6522	1846	3167	338	471
	2001	11423	5683	1565	2621	365	1189
	2002	12768	6200	1751	3070	378	1369
	2003	12700	6196	1706	3068	347	1383

16－47 艺术表演团体演出场次
NUMBER OF PERFORMANCE OF ART TROUPES

类 别	Category	国内演出场次(千场) Number of Performance (1000 shows)		#到农村演出 Shows in Rural Areas		出访演出场次(场) Number of Performance for Visit (show)	
		2002	2003	2002	2003	2002	2003
总 计	**Total**	**10**	**9**	**4**	**3**	**1**	
#国有剧团	#Troupes Sponsored by State－owned Units	10	9	3	3		
按剧种分	**Art Troupes**						
话剧、儿童剧、滑稽剧	Drama, Children's Play and Comedy Troupes	1	1				
歌剧、舞剧、歌舞剧团	Song and Dance Drama Troupes	1	1				
歌舞团、轻音乐团	Song and Dance, Light Music Troupes	2	2	1	1		
文工团、宣传队、乌兰牧骑	Cultural and Performance Troupes and Ulanmuchi (equestrian art troupes)	2	1	1	1		
戏曲剧团	Local Opera Troupes	4	4	2	1		
#京 剧	#Local Beijing Opera Troupes	1	1				
曲艺、杂技、木偶、皮影剧团	Recitation and Ballad Troupes, Acrobatics and Circus Troupes, Puppet Show Troupes, and Shadow Play Troupes		1			1	

16－48 群众文化活动情况
BASIC STATISTICS ON ACTIVITIES OF MASS CULTURE

项 目	Item	总 计 Total		#群众艺术馆 Guiding Mass Art Centers		#文化馆 Culture Centers	
		2002	2003	2002	2003	2002	2003
机构数(个)	Number of Institutions	1037	1081	17	16	123	125
职工人数(人)	Number of Staff and Works (person)	3070	3068	419	392	1447	1472
举办展览(个)	Number of Exhibitions	2092	2240	101	72	454	463
组织文艺活动(次)	Art Performances and Story－Telling Sessions (times)	6871	7060	442	497	2537	2542
举办训练班(次)	Training Courses (times)	3479	3308	205	358	1632	1066
训练班结业人次(万人次)	Number of Persons Completing Courses (10000 person－times)	11	11	1	1	4	3
总支出(万元)	Total Expenditures (10000 yuan)	4917	5041	1620	1523	2593	2729
#业务费	#Professional Expenditures	367	347	169	145	166	165
群众艺术馆、文化馆负责指导的单位	Units Responsible for Guiding Mass Art Centers and Culture Centers						
农村集镇文化中心(个)	Culture Centers in County Towns (unit)	1077	1023	351	279	726	744
文化俱乐部(室)(个)	Culture Clubs (unit)	1958	1408	296	130	1662	1278
图书室(个)	Books Rooms	1534	1513	239	115	1295	1398
文化户(户)	Households Specializing in Cultural Activities (household)	2891	2658	379	131	2512	2527
群众业余演出团(队)(个)	Part－time Art Groups (unit)	965	958	98	165	867	793

16－49 博物馆、文物机构业务活动
FACILITIES AND SERVICES OF MUSEUMS AND CULTURAL RELIC AGENCIES

项目	Item	博物馆 Museums		文物机构 Cultural Relic Agencies		#文物保护管理机构 Protection and Management Agencies	
		2002	2003	2002	2003	2002	2003
机构数(个)	Number of Institutions (unit)	46	45	86	86	83	83
职工人数(人)	Number of Staff and Works (person)	570	578	378	411	344	348
藏品(件)	Number of Collections (piece)	162456	161814	21720	27328	21676	27230
#一级品	#Grade One	294	290	31	66	31	64
参观人次(万人次)	Number of Visitors (10000 person－times)	89.0	107.9	23.3	21.3	23.3	21.5
经费支出(万元)	Total Expenditures (10000 yuan)	1835.8	2571.6	965.1	1087.1	731.7	797.8
#业务费	#Professional Expenditures	169.4	1851.1	65.4	59.9	40.5	53.9
#考古发掘费	#Archaeology and Excavation Expenses		6.0	13.0	29.2	0.8	5.8
#维修费	#Maintenance Expenses	188.1	173.8	18.8	15.3	18.8	8.4
增加值(万元)	Value Added (10000 yuan)	1326.8	1629.1	448.2	654.0	469.5	481.0

16－50 公共图书馆业务活动和经费情况
FACILITIES, SERVICES AND EXPENDITURES OF PUBLIC LIBRARIES

项目	Item	总计 Total		#省级 Province Level		#县级 County Level	
		2002	2003	2002	2003	2002	2003
机构数(个)	Number of Institutions (unit)	97	97	1	1	84	84
职工人数(人)	Number of Staff and Works (person)	1751	1706	142	147	985	962
总藏量(万册)	Total Collections (10000 volumes)	1236	1248	252	255	428	426
#外文	#Foreign Language	81.7	79.9	30.8	30.8	0.3	0.2
书架单层总长度(万米)	Total Length of Bookshelves (10000 m)	19.3	18.8	3.1	3.1	8.3	7.2
发放借书证数(万个)	Number of Library Cards Distributed (10000 units)	26.5	25.4	0.5		11.7	12.2
总流通人次(万人次)	Total Number of Circulation (10000 person－times)	579.9	441.4	35.1	1.2	329.3	265.5
#书刊外借人次	#Number of Personnel Borrowed by the Readers	221.0	212.1	5.6	1.2	146.3	132.5
为读者服务举办各种活动次数(次)	Service Activities Provided for Readers (times)	12537	860	13	1	12330	654
参加人数(万人次)	Number of Readers Involved (10000 person－times)	24.7	31.9	1.3	0.3	15.8	21.2
总支出(万元)	Total Expenditures (10000 yuan)	4494	8827	596	791	1635	5061
本年新购藏量(万册)	Number of Books Purchased During the Year (10001 volumes)	22.2	21.7	3.1	3.0	6.6	8.1
公用房屋建筑面积(万平方米)	Floor Space of Public Buildings (10000 sq. m)	13.1	14.1	1.0	1.0	6.7	7.1
#书库	#Stack Rooms	3.3	3.7	0.5	0.5	1.6	1.6
阅览室	Reading Rooms	2.7	1.1	0.1		1.6	0.8
阅览室座席数(万个)	Seating Capacity of Reading Rooms (10000 seats)	1.1	1.1			0.7	0.8
增加值(万元)	Value Added (10000 yuan)	2623	6238	285	319	1163	4605

16-51　广播播出时间
PLAY TIMES OF BROADCASTING

单位:小时　　(hour)

项　目	Item	总　计 Total		#省　级 Province Level		#县　级 County Level	
		2002	2003	2002	2003	2002	2003
节目套数(套)	Number of Programs (set)	91	91	6	6	61	61
平均每日播出时间	Broadcasting Hours per Day	856	860	88	94	415	413
#自办节目时间	#Self Produced Programs	512	536	85	92	133	137
新　闻	News Programs	85	100	12	23	33	35
专　题	Special Subject Programs	111	99	25	15	32	31
教　育	Educational Programs	21	20	5	5	5	5
文　艺	Programs of Entertainment	208	203	23	26	44	45
广　告	Advertisements	46	54	10	15	9	8
服务信息	Service Information	41	60	10	8	10	13

16-52　电视播出时间
PLAY TIMES OF TELEVISION

单位:小时　　(hour)

项　目	Item	总　计 Total		#省　级 Province Level		#地市级 City Level	
		2002	2003	2002	2003	2002	2003
节目套数(套)	Number of Programs (set)	45	52	6	6	27	28
平均每周播出时间	Broadcasting Hours per Day	6084	7456	795	795	1940	2536
#自办节目时间	#Self Produced Programs	3283	3860	792	792	1738	2294
新　闻	News Programs	305	328	20	20	119	98
专　题	Special Subject Programs	500	445	200	200	155	133
教　育	Educational Programs	56	44	6	6	30	22
文　艺	Programs of Entertainment	1707	2178	353	353	1081	1530
广　告	Advertisements	495	579	137	137	248	337
服务信息	Service Information	221	285	75	75	104	174

16－53　广播节目制作
PRODUCTION OF BROADCASTING

单位：小时　(hour)

项　目	Item	总　计 Total		#省　级 Province Level		#地市级 City Level	
		2002	2003	2002	2003	2002	2003
全年制作节目时间	**Total Time of Production**	**143233**	**176242**	**27179**	**35728**	**97068**	**118878**
自制节目时间	**Time of Self Produced Programs**	**113271**	**136656**	**25409**	**33293**	**72996**	**85723**
新　闻	News Programs	22110	23745	5320	5475	12215	13249
专　题	Special Subject Programs	28570	28823	8734	7101	15810	17111
教　育	Educational Programs	4540	4048	1348	1156	2982	2737
文　艺	Programs of Entertainment	34166	50066	3640	10520	27270	34557
广　告	Advertisements	12964	12244	3001	3467	8787	7819
服务信息	Service Information	10921	17730	3366	5574	5932	10250
加工节目时间	**Time of Self Processed Programs**	**29962**	**39586**	**1770**	**2435**	**24072**	**33155**
新　闻	News Programs	918	2936	360	730	395	1945
专　题	Special Subject Programs	2237	3980	1200	540	735	3125
教　育	Educational Programs	415	605			365	605
文　艺	Programs of Entertainment	24004	24043	210	1065	20372	19846
广　告	Advertisements	1521	2588		100	1440	2418
服务信息	Service Information	867	5434			765	5216

16－54　电视节目制作
PRODUCTION OF TELEVISION

单位：小时　(hour)

项　目	Item	总　计 Total		#省　级 Province Level		#地市级 City Level	
		2002	2003	2002	2003	2002	2003
全年制作节目时间	**Total Time of Production**	**69247**	**64295**	**4972**	**9421**	**47242**	**39710**
自制节目时间	**Time of Self Produced Programs**	**35291**	**37892**	**4764**	**7532**	**18894**	**18822**
新　闻	News Programs	7392	7148	624	1264	2778	2207
专　题	Special Subject Programs	5509	7305	1316	2381	2374	3015
教　育	Educational Programs	1329	1287			1104	1062
文　艺	Programs of Entertainment	5548	5493	539	647	3325	3299
广　告	Advertisements	11421	12598	2243	3200	6847	7006
服务信息	Service Information	4092	4061	42	40	2466	2233
加工节目时间	**Time of Self Processed Programs**	**33956**	**26403**	**208**	**1889**	**28348**	**20888**
新　闻	News Programs	1056	1303			215	292
专　题	Special Subject Programs	2925	2413		201	2523	1690
教　育	Educational Programs	612	1110			600	806
文　艺	Programs of Entertainment	24000	15100	208	594	20387	13211
广　告	Advertisements	5204	6007		1094	4532	4481
服务信息	Service Information	159	470			91	408

16－55 广播、电视事业发展情况
BASIC STATISTICS ON BROADCASTING AND TELEVISION STATIONS

项 目	Item	2000	2001	2002	2003
职工人数(人)	Number of Staff and Works (person)	19368	19662	19538	20018
广播电台(座)	Number of Broadcasting Stations (set)	14	14	14	14
广播发射台及转播台(座)	Number of Broadcasting Transmission Stations and Relaying Stations (set)	45	45	45	45
广播发射机:数量(部)	Number of Broadcasting Transmitters (unit)	88	88	88	88
功率(千瓦)	Power of Transmitters (kw)	1441.5	1441.5	1450.5	1480.5
乡广播站(座)	Radio Stations of Villages and Towns (set)	1325	1084	1011	997
广播喇叭(万只)	Broadcast Speakers (10000 units)	272.1	536.8	150.2	129.1
广播专用线(万杆公里)	Special Wires (10000 perches/km)	1.4	1.2	1.3	1.4
广播人口覆盖率(%)	Listener Rating (%)	97.0	98.0	98.5	98.5
电视台(座)	Number of Television Stations (set)	14	14	14	14
电视发射、转播台及差转台(座)	Number of Television Transmission Stations and Relaying Stations (set)	730	715	731	715
电视发射机:数量(部)	Number of Television Transmitters (unit)	1118	1087	1140	1114
功率(千瓦)	Power of Transmitters (kw)	488.7	491.9	480.5	490.4
电视人口覆盖率(%)	Viewer Rating (%)	98.0	98.5	98.7	98.7
广播电视台(座)	Number of Broadcasting and Television Stations (set)	59	59	59	59

16－56 出版、发行事业机构和人员数
NUMBER OF INSTITUTIONS AND PERSONNEL ENGAGED IN NEWS AND PUBLISHING UNDERTAKINGS

项 目	Item	1995	2000	2001	2002	2003
机构数(个)	**Number of Institutions (unit)**	**139**	**129**	**128**	**129**	**129**
出版单位	Publishing Units	13	14	14	14	14
书刊印刷厂	Printing Houses	21	21	20	21	21
书 店	Book Stores	105	94	94	94	94
人员数(人)	**Number of Personnel (person)**	**13136**	**10416**	**9716**	**9087**	**8555**
出版单位	Publishing Units	813	783	743	705	781
书刊印刷厂	Printing Houses	9821	7078	6562	5977	5172
书 店	Book Stores	2502	2555	2411	2405	2602

16－57 图书、杂志、报纸出版数量
NUMBER OF BOOKS, MAGAZINES AND NEWSPAPER PUBLISHED

年 份 Year	出版数量(种) Number of Publications (kind)			印刷数量(万册、万份) Printed Copies (10000 copies)			总印张数(万印张) Printed Sheets (10000 sheets)		
	图 书 Books	杂 志 Magazines	报 纸 Newspaper	图 书 Books	杂 志 Magazines	报 纸 Newspaper	图 书 Books	杂 志 Magazines	报 纸 Newspaper
1978	269	24	3	10512	1361	13797	33915	3325	12789
1980	246	59	9	11108	2151	15324	50301	6161	13463
1985	855	88	28	16513	2795	49649	62240	8143	31764
1990	1176	184	58	12342	5302	56480	46750	14390	37577
1995	1868	311	86	11342	6718	69115	53136	19103	72446
2000	2070	319	75	9944	7919	73571	49187	24908	119448
2001	2281	322	76	9779	7391	69783	58022	24030	114053
2002	2258	323	76	8747	6459	74244	56561	23116	141986
2003	2098	323	76	7865	5615	73639	50934	21291	143870

16－58 按类别分的图书出版情况
PUBLICATION OF BOOKS BY CATEGORY

类 别	Category	出版数量(种) Number of Publications(kind)		印刷数量(万册、万份) Printed Copies (10000 copies)		总印张数(万印张) Printed Sheets (10000 sheets)	
		2002	2003	2002	2003	2002	2003
总 计	**Total**	**2258**	**2098**	**8747.1**	**7864.6**	**56561.2**	**50934.0**
使用《中国标准书号》合计	**Publications with *"China International Standard Book Number"***	**2230**	**2079**	**8697.2**	**7835.9**	**56509.0**	**50905.0**
马列主义、毛泽东思想	Marxism－Leninism, Mao Zedong Thought	7	8	1.0	1.4	12.8	15.3
哲 学	Philosophy	45	32	25.7	23.0	230.2	263.1
社会科学总论	General Social Sciences	33	15	10.6	5.7	128.4	105.9
政治、法律	Politics and Law	60	72	52.8	21.0	513.5	305.7
军 事	Military Affairs		3		2.3		27.5
经 济	Economics	103	72	23.4	26.5	367.3	377.9
文化、科学、教育、体育	Culture, Science, Education and Sports	857	706	7477.0	6654.2	48244.8	42693.8
语言文字	Languages	82	84	52.9	62.3	601.5	723.2
文 学	Literature	221	155	176.2	123.9	2003.1	1169.2
艺 术	Art	133	237	548.3	585.2	1457.1	2037.6
历史地理	History and Geography	81	106	169.6	140.6	641.1	644.5
自然科学总论	General Natural Sciences	4	1	1.0	1.2	14.0	9.7
数学科学、化学	Mathematics and Chemistry	48	46	18.0	17.9	233.7	223.0
天文学、地理学	Astronomy and Geology	9	5	1.6	0.5	24.4	13.7
生物科学	Biology	10	12	1.3	3.1	12.2	32.4
医学、卫生	Medicine and Health Care	179	215	32.7	49.3	415.4	627.7
农业科学	Agriculture Science	55	61	11.3	13.9	102.8	138.2
工业技术	Industrial Technology	224	202	72.8	66.0	1140.2	1027.8
交通运输	Transportation	26	11	8.0	3.0	130.4	78.1
航空、航天	Aeronautics and Aerospace	4	3	0.6	1.4	9.2	16.7
环境科学	Environmental Science	14	6	4.7	1.6	84.0	29.0
综合性图书	General Books	35	27	7.9	32.1	142.8	345.2
不使用《中国标准书号》图书	**Publications without *"China International Standard Book Number"***	**28**	**19**	**50.0**	**28.7**	**52.2**	**28.3**

主要统计指标解释

普通高等学校 指按照国家规定的设置标准和审批程序批准举办，通过国家统一招生考试，招收高中毕业生为主要培养对象，实施高等教育的全日制大学、独立设置的学院和高等专科学校、短期职业大学。

成人高等学校 指按照国家有关规定审批，招收通过全国成人高教统一招生考试的具有高中毕业或同等学历的在职从业人员，利用脱产、半脱产、业余或函授等多种形式对其实施高等学历教育，培养高等教育专科或本科毕业水平的专门人才，修业年限、课程设置和总学时数均按高等学历教育要求付诸实施的学校。包括广播电视大学、职工高等学校、农民高等学校、管理干部学院、教育学院、独立设置的函授学院等。

小学学龄儿童入学率 指调查范围内已入小学学习的学龄儿童占校内外学龄儿童总数（包括弱智儿童，不包括盲聋哑儿童）的比重。计算公式为：

小学学龄儿童入学率＝已入学的小学学龄儿童数/校内外小学学龄儿童总数×100%

独立研究与开发机构 指有明确的任务和研究方向，有一定学术水平的业务骨干和一定数量的研究人员，具有研究、开发、开展学术工作的基本条件，主要进行科学研究与技术开发活动，并且在行政上有独立的组织形式，财务上独立核算盈亏，有权与其他单位签订合同，在银行有单独户头的单位。包括国务院各部门、中国科学院、中国社会科学院和各省、自治区、直辖市以及地（市）以上〔含地（市）〕各部门所属的国有科学研究与技术开发机构。

独立研究与开发机构职工 指在独立研究与开发机构工作，并由其支付工资的人员。包括长期职工、临时职工和招聘人员，不包括编制以外的离休、退休人员和停薪留职人员。

研究与发展经费支出 指用于研究与发展课题活动（基础研究、应用研究、实验发展）的全部实际支出，包括用于研究与发展课题活动的直接支出和间接用于研究与发展活动的支出（如研究院、所管理费，维持研究院、所正常运转的必需费用和与研究发展有关的基本建设支出）。

科学家和工程师 指具有大学本科及以上学历和不具备上述学历但有高、中级职称的人员。

其他科技人员 指大专、中专毕业和具有初级职称的从事科技活动人员。

专业技术人员 指已取得科学技术职称，或大学、中专的理、工、农、医科系毕业，以及国民经济各部门从工作实践中提拔，从事理、工、农、医等自然科学技术的研究、教学、生产的专业人员和在机关、企业、事业中从事科学技术业务管理工作的专业人员。

工程技术人员 指在国民经济各行业中从事工程技术工作的自然科学技术专业人员，包括高级工程师、工程师、助理工程师、技术员和未评定职称的技术人员。

农业技术人员 指在国民经济各行业中从事农业技术工作的自然科学技术专业人员，包括高级农艺师、农艺师、助理农艺师、技术员和未评定职称的技术人员。

卫生技术人员 指在国民经济各行业中从事卫生医务工作的自然科学技术专业人员，包括正副主任医师、主治医师、医师、医（护）士和未评定职称的技术人员。

科学研究人员 指在国民经济各行业中从事科学技术活动的自然科学技术专业人员，包括正副研究员、助理研究员、研究实习员、技术员和未评定职称的技术人员。

自然科学教学人员 指在国民经济各行业中从事自然科学技术教学活动的专业人员，包括正副教授、讲师、助教、教师和在中学从事自然科学技术教学活动的人员。

发明 是专利法及其实施细则所称的发明，指对有关产品、方法或其改进所提出的新的技术方案。

实用新型 是专利法及其实施细则所称的实用新型，指对产品的形状、构造或者其结合所提出的适于实用的新的技术方案。

外观设计 是专利法及其实施细则所称的外观设计，指对产品的形状、图案、色彩或者其结合所作出的富有美感并适于工业上应用的新设计。

文化事业机构　指从事专业文化工作和为专业文化工作服务的独立建制的单位。不包括这些单位另外举办独立核算的其他机构和各部门的业余文化组织。

艺术表演团体　指从事戏曲、音乐、舞蹈、杂技等专业艺术表演，有独立帐户的单位，不包括半工半艺、半农半艺和民间职业剧团。

电影放映单位　指具有放映机器设备、固定或不固定的放映场所与专职或兼职的放映技术人员，经有关部门登记批准，经常为一定的观众对象放映电影的机构。包括经批准对外开放进行营业，并与电影发行放映管理机构分帐的专用放映单位和军委系统租片单位。

艺术表演观众人数(人次)　指售票、包场演出或民族地区免费演出的艺术表演观众人次数，不包括彩排审查和内部观摩演出的观看人次数。

EXPLANATORY NOTES ON MAIN STATISTICAL INDICATORS

Regular Institutions of Higher Learning refer to educational establishments set up according to the government evaluation and approval procedures, enrolling graduates from senior secondary schools and providing higher education courses and training for senior professionals. They include full – time universities, colleges, high professional schools and short – term professional universities.

Institutions of Higher Learning for Adults refer to educational establishments, set up in line with relevant rules approved by the government, enrolling staff and workers with senior secondary school or equivalent education ,and providing higher education courses in many forms of full time, part time, spare time, or correspondence for adults. Professionals thus trained receive a qualification equivalent to graduates studying regular courses at regular universities, colleges and professional colleges. Institutions of higher learning for adults include Radio and TV universities, schools of high education for staff and workers and peasants, colleges for management cadres, pedagogical colleges, independent correspondence colleges.

Enrollment Rate of Primary School Age Children refers to the proportion of school age children enrolled at schools to the total number of school age children both in and outside schools (including retarded children ,but excluding blind, deaf and mute children). The formula is:

Enrollment Rate of Primary School – age Children = (Total Primary School – age Children at Schools) (Total Primary School age Children Both at and Outside Schools) 100%

Independent Research and Development Institutions refer to the state owned institutions which have direct mission and research purpose, a certain number of core member with higher research level and a certain number of research personnel, necessary conditions for R & D activities and engaging in scientific research and technological development. The institutions also have their own independent organization and finance, authority to sign contracts with other units, with their own accounts in banks. Independent research and development institutions include the institutions attached to central government agencies, Chinese Academy of Sciences. Chinese Academy of Social Sciences and the institutions attached to local governments.

Personnel of Independent Research and Development Institutions refers to the persons working in and receiving payment from research and development institutions. It includes regular full – time and temporary staff and workers and employees working on contracts, but excludes retirees and persons leaving their work without payment but still retaining their posts, who are not on the employee list.

Total Expenditure on Research and Development refers to all actual expenditure made for R&D (basic research, applied research and experimental development) in reference period. It includes direct expenditure on R&D and indirect expenditure on R&D (including management and necessary administrative expenses of research institutes, investment in capital construction relating to R&D).

Scientists and Engineers refer to persons who have completed university or higher education or obtained titles of senior and middle level professional positions.

Other Technical Personnel refers to persons involved in science and technology with secondary specialized education or three – year college education and persons with junior professional titles.

Natural Scientific and Technical Personnel refers to those professionals holding scientific and technical titles or taking such positions, or being graduated from departments of science, engineering, agriculture and medicine, and/or having been promoted in practice in different sectors of the national economy and working on research, teaching and production technique in the scientific and technological fields such as science, engineering, agriculture and medicine, etc. and the professionals doing administrative work related to science and technology in government agencies, enterprises and institutions.

Engineering Professionals refer to the persons who are engaged in engineering science and technology in different sectors of the national economy, including senior engineers, engineers, assistant engineers, technicians and technical personnel without professional titles.

Agricultural Professionals refer to the persons who are working on the science of agriculture in different sectors of the national economy, including senior agronomists, agronomists, assistant agronomists, technicians and technical personnel without professional titles.

Public Health Professionals refer to the persons who are engaged in medical and health work in different sectors of the national economy, including director doctors and their deputies, doctors in charge, doctors, paramedics, nurses and technical personnel without professional titles.

Scientific Research Personnel refers to those personnel engaged in scientific and technical activities in different sectors of the national economy, including research fellows and their deputies, assistant research fellows, research trainees, technicians and technical personnel without professional titles.

Natural Science Teacher Professionals engaged in the teaching of natural science and technology in different sectors of the national economy, including professors, associate professors, lecturers, teaching assistants, teachers and teaching personnel in science and technology in middle schools.

Inventions refer to the inventions as specified by the patent law and its detailed rules and regulations for implementation. They refer to the new technical proposals to the products or methods or their modifications.

Utility Models refer to the utility models as specified by the patent law and its detailed rules and regulations for implementation. They refer to the practical and new technical proposals on the shape and structure of the product or the combination of both.

Designs refer to the designs as specified by the patent law and its detailed rules and regulation for implementation. They refer to the aesthetics and industry applicable new designs for the shape, pattern and color of the product, or their combinations.

Cultural Institutions refer to units which have their own organizational system and independent accounting system and specialize in or serve cultural development. They exclude other establishments run by these cultural institutions and amateur cultural groups established by various departments.

Art Troupe refers to the troupe which is engaged in drama, opera, music, dance, acrobatics or other art performance, opens independent accounts with banks and has self – supporting accounting system; excluding the troupes which are engaged partly in industrial or agricultural activities, partly in art performance and the professional troupes organized by the people.

Film Projection Units refer to units with film projection equipment, full or part time projectionists, permanent or non permanent places, approved by related administrative departments to show films regularly for certain groups of audience, including those film projection units which have been approved to give commercial shows and run business with independent accounting system as well as those film – renting units of the military system.

Number of Spectators at Art Performance refers to the number of attendants at commercial shows, completely booked shows or free shows given in minority national areas, and does not include the number of spectators at rehearsals for examination and internal shows for study.

十七、体育、卫生和其他社会活动

SPORTS, PUBLIC HEALTH AND OTHER SOCIAL ACTIVITIES

17－1 体委系统职工人数

NUMBER OF STAFF AND WORKERS IN SPORTS COMMISSIONS

单位：人 (person)

指 标	Item	合 计 Total		#体育运动学校 Physical Education and Sports Schools		#业余体校 Spare－time Sports Schools	
		2002	2003	2002	2003	2002	2003
总 计	**Total**	**13049**	**15332**	**2420**	**3157**	**10629**	**12175**
专职教练员	Full－time Coaches	754	755	88	91	666	664
运动员	Athletes	11835	14150	2114	2867	9721	11283
管理干部	Administrative Cadre	310	292	117	100	193	192
专职教师	Full－time Teachers	114	108	80	84	34	24
科技人员	Scientific and Technical Personnel	24	14	12	4	12	10
医务人员	Medical Personnel	12	13	9	11	3	2
其 他	Others						

17－2 体育事业发展情况

DEVELOPMENT OF SPORTS

指 标	Item	1995	2000	2001	2002	2003
举办运动竞赛会(次)	**Number of Sports Meets(time)**	**945**	**584**	**581**	**561**	**461**
参加运动会人数(万人)	**Number of Participants (10000 person－time)**	**65.7**	**30.0**	**29.5**	**29.4**	**28.4**
运动员教练员裁判员人数(人)	**Number of Coaches and Referees(person)**					
等级运动员	Number of Athletes in Grades	2368	1849	845	606	744
等级教练员	Number of Coaches in Grades	768	750	805	790	881
等级裁判员	Number of Referees in Grades	1911	343	475	1149	1418
优秀运动员	Excellent Athletes	575	735	812	606	639
《国家体育锻炼标准》达标人数(万人)	**Number of Persons Who Have Come up to *"the State Physical Training Standards"* (10000 persons)**	**357.6**	**468.7**	**481.4**	**481.7**	**489.0**
优秀级	Excellent	52.9	67.0	73.4	73.5	74.5
良好级	Good	114.4	61.9	67.9	68.0	69.0
及格级	Pass	190.3	339.8	340.1	340.2	345.5

17-3 卫生机构基本情况
BASIC CONDITIONS OF HEALTH INSTITUTIONS

年份 Year	卫生机构数 (个) Number of Health Institutions (unit)	床位数 (张) Number of Beds (unit)	人员数 (人) Number of Personnel (person)	#卫生技术人员 Medical Technical Personnel	万人拥有卫生机构床位 (张) Number of Health Institutions Beds per 10000 Persons (unit)	万人拥有卫生技术人员 (人) Number of Medical Technical Personnel per 10000 Persons (person)
1980	8685	104022	175286	133527	32.5	41.7
1985	8794	107527	201065	151337	32.0	45.1
1990	8945	122328	227003	172821	34.5	48.8
1991	8878	124949	232614	178220	35.0	49.9
1992	8853	127164	237985	182368	35.2	50.5
1993	7702	127896	236793	179536	35.1	49.3
1994	7714	128390	235334	179362	35.0	48.8
1995	7637	126466	234074	178842	34.2	48.3
1996	7065	121441	230843	177663	32.6	47.7
1997	7676	121263	231589	178483	32.3	47.6
1998	7620	120470	226719	174980	31.9	46.4
1999	7653	120211	226532	176100	31.7	46.4
2000	8038	120454	222746	171252	31.6	45.0
2001	7944	118037	219624	169865	31.0	44.6
2002	8755	119547	198462	154660	31.4	40.6
2003	8469	115930	192858	149964	30.4	39.3

17-4 卫生机构各类人员(2003)
EMPLOYED PERSONS IN HEALTH CARE INSTITUTIONS BY TYPE OF OCCUPATION

单位:人 (person)

类别	Category	总计 Total	医院 Hospitals	卫生院 Health Centers	疾病预防控制中心 Diseases Prevent and control Centers	其他卫生机构 Other Institutes
总计	**Total**	**192858**	**131849**	**22425**	**8853**	**29731**
卫生技术人员	**Medical Technical Personnel**	**149964**	**99768**	**17846**	**6728**	**25622**
执业医师	Doctors on Guard	51936	34521	4624	2917	9874
执业助理医师	Assistant Doctors on Guard	11940	5814	2969	791	2366
注册护士	Enrolled Junior Nurses	44989	36541	3076	219	5153
药剂人员	Pharmacists of Chinese Medicine Personnel	11093	7722	1683	62	1626
检验人员	Laboratory Technicians Personnel	6995	4458	631	902	1004
其他	Others	23011	10712	4863	1837	5599
其他人员	**Other Personnel**	**42894**	**32081**	**4579**	**2125**	**4109**
其他技术人员	Other Technical Personnel	5653	3857	671	498	627
管理人员	Managerial Personnel	13285	9688	1474	661	1462
工勤人员	Logistics Works	23956	18536	2434	966	2020
平均每万人拥有卫生技术人员	**Number of Medical Technical Personnel per 10000 Population**	**39.3**	**26.1**	**4.7**	**1.8**	**6.7**

17－5 卫生机构、床位、人员数(2003)

NUMBERS OF HEALTH INSTITUTIONS, BEDS AND EMPLOYED PERSONS

机构名称	Name of Institutions	机构数（个）Number of Institutions (units)	床位数（张）Number of Beds (units)	人员数（人）Number of Personnel (person)	#卫生技术人员（人）Medical Technical Personnel (person)
总　计	**Total**	**8469**	**115930**	**192858**	**149964**
医院	Hospitals	839	96634	131849	99768
综合医院	Polyclinics	641	74764	103300	78886
中医院	Hospitals of Chinese Medicine	101	9344	15664	12243
中西医结合医院	Hospitals Combining Chinese and Western Medicine	10	719	1026	826
民族医院	National Hospitals	5	99	294	199
专科医院	Specialized Hospitals	82	11708	11565	7614
口腔医院	Hospitals of Mouth Cavity Diseases Care	9	427	721	526
眼科医院	Hospitals for Eye Care	2	70	185	128
耳鼻喉科医院	Hospitals for Ear, Nose and Throat Care	1	80	129	98
肿瘤医院	Tumor Hospitals	5	1634	1860	1138
心血管医院	Hospitals for Vas of Heart	1	137	316	223
胸科医院	Hospitals for Chest	1	450	481	316
妇产(科)医院	Hospitals of Maternity	5	300	478	380
儿童医院	Hospitals of Children	2	537	865	679
精神病医院	Mental hospitals	20	4387	3292	1972
传染病医院	Hospitals for Infectious Diseases	10	1491	1900	1204
结核病医院	Hospitals for Tuberculosis	2	55	39	32
骨科医院	Orthopedics Hospitals	3	249	238	192
康复医院	Rehabilitation Hospitals	10	1531	529	350
其他专科医院	Other Specialized Hospitals	11	360	532	376
疗养院	Sanatoriums	9	1150	549	354
县(区)社区卫生服务站	Sanitation and Service Agencies of Community of County	125		567	559
卫生院	Health Cares	978	12564	22425	17846
县(区)卫生所、医务室	Institutions of Sanitation of County	3014		7186	7186
门诊部	Clinics	80	295	1718	1417
县(区)诊所	Cliniques of County	2829		6042	6042
急救中心	First－aid Centers	10		296	113
采供血机构	Institutions of Pick and Supply Blood	30		860	572
妇幼保健院(所、站)	Institutes of Maternity and Child	150	2297	5884	4749
专科疾病防治院(所、站)	Specialized Disease Prevention and Treatment Institutes	144	2654	4906	3417
疾病预防控制中心	Diseases Prevent and control Centers	202	71	8853	6728
卫生监督所	Medical Supervise Institutions	20		556	373
卫生监督检验所(站)	Medical Supervise and Test Institutions	5		101	90
医学科学研究机构	Research Institutes of Medical Sciences	14	56	407	279
医学在职培训机构	Medical Institutions of In－service Education	9	203	550	405
健康教育所(站、中心)	Health Education Centers	2		24	8
其他卫生机构	Other Medical Institutions	9	6	85	58

17-6 医疗机构运营情况(2003)
OPERATION OF MEDICAL INSTITUTIONS

指标	Item	合计 Total	医院 Hospitals	卫生院 Health Centers	门诊部 Clinics	妇幼保健院 Institutes of Maternity and Child	专科疾病防治院 Specialized Disease Prevention &Treatment Institutes
门诊服务	**Service of Clinics**						
诊疗人次(万人)	Total Number of Patients Treated (10000 person-times)	4131.0	3072.7	778.9	81.7	141.5	52.3
#门　诊	Clinics Patients	3701.2	2722.9	717.4	77.7	131.0	48.5
急　诊	Emergency Patients	155.5	142.4	11.4	0.5	0.9	0.3
住院服务	**Service of Clinics**						
入院人数(万人)	Hospital Admissions (10000 patients)	174.8	142.9	24.4	0.6	5.5	1.5
住院病人手术人次(万人)	Number of Operation of Patients (10000 patients)	45.9	40.1	3.4	0.1	1.9	0.3
住院危重病人抢救人次(人)	Number of Severe Patients in First-aid (person-times)	100070	92921	5287	97	915	850
#抢救成功人次	#Succeed Number of Severe Patients in First-aid	86261	80058	4552	75	861	715
住院危重病人抢救成功率(%)	Succeed Rate of Severe Patients in First-aid (%)	86.2	86.2	86.1	77.3	94.1	84.1
住院病人治愈率(%)	Recovery Rate of Patients (%)	63.9	59.5	84.3	80.1	92.8	28.0
住院病人好转率(%)	Mend Rate of Patients (%)	32.2	36.0	14.6	19.1	6.6	66.5
每百门、急诊的入院人数(人)	Hospital Admissions per 100 Out-patient and Emergency Patient (person)	4.5	5.0	3.3	0.7	4.2	3.1
床位利用	**Utilization of Hospital Beds**						
平均床位周转率(次)	Average Turnover of Beds (times)	16.3	15.2	26.3	23.0	31.9	6.0
平均床位工作日(日)	Number of Days per Bed in Use in a Year (days)	182.1	190.4	111.0	243.5	149.5	155.9
床位使用率(%)	Utilization Rate of Beds (%)	49.9	52.2	30.4	66.7	41.0	42.7
出院者平均住院日(日)	Average Hospitalization Period (days)	10.4	11.7	3.8	7.1	4.1	19.8

17-7 社会福利事业、企业单位和工作人员数
NUMBER OF SOCIAL WELFARE INSTITUTIONS AND ENTERPRISES AND PERSONS ENGAGED

项目	Item	机构数(个) Number of Institutions or Enterprises (unit)			工作人员(人) Number of Persons Engaged (person)		
		2001	2002	2003	2001	2002	2003
总　计	**Total**	**2199**	**2392**	**2055**	**35086**	**38319**	**34010**
社会福利事业单位	Social Welfare Institutions	940	975	906	6630	7182	7019
社会福利企业单位	Social Welfare Enterprises	1089	1231	959	24328	26203	22609
收容遣送站	Collecting and Repatriation Units	55	60	60	722	1580	796
安置农场	Work Farms	1	1	1	861	800	800
殡葬事业单位	Funeral and Interment Institutions	114	125	129	2545	2554	2786

17－8　社会福利事业单位基本情况（2003）
BASIC STATISTICS ON SOCIAL WELFARE INSTITUTIONS

项　目	Item	单位数（个）Number of Institutions or Enterprises（unit）	工作人员（人）Number of Persons Engaged（person）	床位（张）Number of Beds（unit）	年末收养人数（人）Number of Persons Housed（year－end）（person）
总　计	**Total**	**906**	**7019**	**44955**	**36447**
优抚安置单位	Institutions for Aftercare and Martyrs	50	764	948	1188
收养性单位	Adopting Institutions	856	6255	44007	35259
#光荣院	# Homes for Disabled Veterans	18	196	522	372
社会福利院	Social Welfare Homes	42	1067	4905	3910

17－9　社会福利企业单位基本情况
BASIC STATISTICS ON SOCIAL WELFARE ENTERPRISES

年　份 Year	民政部门办 Managed by Civil Affairs Departments			社会办 Managed by Society		
	单位（个）Number of Units（unit）	职工（人）Number of Staff and Workers（person）	#残疾职工 Disabled Persons	单位（个）Number of Units（unit）	职工（人）Number of Staff and Workers（person）	#残疾职工 Disabled Persons
1990	286	12681	5323	1075	25464	11558
1995	463	16320	6749	1263	30492	13876
2000	1000	27631	13023	87	1105	706
2001	1049	23623	10486	40	705	355
2002	1159	25454	11546	72	1593	749
2003	959	22609	10851	142	3014	1480

17－10　享受救济补助人员情况
PERSONS RECEIVING SUBSIDIES OR RELIEF FUNDS

单位：万人　　　　（10000 persons）

项　目	Item	2000	2001	2002	2003
城乡居民最低生活保障人数	**Number of Persons Receiving Lowest Cost－of－living in Urban Area and Rural Area**	**24.2**	**76.0**	**157.5**	**165.7**
城镇居民最低生活保障人数	Number of Persons Receiving Lowest Cost－of－living in Urban Area	21.7	73.8	150.2	158.2
农村居民最低生活保障人数	Number of Persons Receiving Lowest Cost－of－living in Rural Area	2.4	2.3	7.3	7.5
传统救济情况	Traditional Relief				
农村贫困户得到救济人数	Number of Rural Poor Persons Receiving Almsgiving	101.1	80.8	73.3	36.5
农村散居五保户人数	Number of Persons in Rural Households with Livelihood Guaranteed in Five Aspects	4.8	6.5	3.1	4.5
#集体给予供养	#Number of Persons Receiving Collective Subsidies	2.5	0.3	2.3	
城镇困难户得到救济人数	Number of Urban Poor Persons Receiving Almsgiving	21.7	3.4	7.0	28.9
#国家定期定量救济人数	#Number of Persons Receiving Periodical and Fixed Government Relief Funds	1.3	2.2		
精减退职老职工得到救济人数	Number of Elderly Staff and Workers Receiving Relief Funds	1.5	4.2	1.3	
#享受定期定量救济人数	#Persons Receiving Periodical and Fixed Government Relief Funds	0.5	2.2	0.4	

17－11 婚姻登记和离婚情况
NUMBER OF MARRIAGES AND DIVORCES

年 份 Year	内地居民登记结婚（对） Registered Marriages (couple)	初 婚（人） First Marriages (person)	再 婚（人） Remarriages (person)	涉外及华侨、港澳台同胞准予登记结婚的国内居民 Registered Marriages Related to Foreign, Oversea Chinese, Hong Kong, Macao & Taiwan 合 计（人） Total (person)	#女 性 Female	准予登记离婚（对） Registered Divorces (couple)	法院协议判决离婚（对） Agreement and Adjudged Divorces (couple)	离婚率（‰） Divorce Rate (‰)
1985	284282	547585	20979	56	39	9155	30018	2.3
1990	284720	529796	39644	173	128	17104	37224	3.1
1995	267300	490744	43856	4312	4271	19237	54733	4.0
1996	260229	473216	47242	4002	3771	20571	58705	4.3
1997	270653	498139	43167	3173	3154	20737	61855	4.4
1998	234488	416018	52958	2745	2700	19792	56600	4.0
1999	224610	403756	45464	2168	2060	22654	52976	4.0
2000	217750	384399	51101	2560	2385	23739	51137	3.9
2001	222294	392712	51876	3889	3675	24940	50925	4.0
2002	193072	335930	50214	3770	3592	26698	45552	3.8
2003	201202	348460	53944	4208	3920	35186	42388	4.1

17－12 律师、公证、调解工作基本情况
BASIC STATISTICS ON LAWYERS, NOTARIZATION AND MEDIATION

项 目	Item	2000	2001	2002	2003
律师工作	**Lawyers**				
律师事务所(个)	Number of Law Offices (unit)	397	417	454	489
律师(人)	Number of Lawyers (person)	2612	2665	3072	3120
专职律师	Full－time Lawyers	2529	2576	2975	3069
兼职律师	Part－time Lawyers	83	89	97	51
聘请担任常年法律顾问的单位(处)	Number of Units with Permanent Legal Advisors (unit)	11760	13240	20775	21554
民事诉讼代理(件)	Agent of Civil Cases (case)	27529	28229	31243	31512
经济诉讼代理(件)	Agent of Economic Cases (case)	16474	15448	26371	30497
行政诉讼代理(件)	Agent of Administrative Action (case)	3365	2970	3795	4070
刑事辩护(件)	Defender of Criminal Cases (case)	17892	15912	19342	19816
非诉讼法律事务(件)	Agent of Non－Litigious Legal Affairs (case)	19863	18156	32531	37688
解答法律询问(件)	Agent of Legal Advisory Services (case)	134673	136118	213671	246735
代写法律事务文书(件)	Agent of Legal Documents Written on Behalf of Clients (case)	56252	56827	89726	107275
公证工作	**Notarization**				
公证处(个)	Number of Notary Offices (unit)	154	154	154	154
#办理涉外的	#Related to Foreign	71	71	68	66
公证人员(人)	Notarial Personnel (person)	777	770	695	724
#公证员	#Notaries (person)	503	484	457	453
公证员助理	Assistant Notaries (person)	116	115	109	112
办理公证件数(件)	Number of Transacted Notarization (case)	408185	447115	429420	417585
#国内经济合同公证	#Domestic Economic Contracts	131579	125554	133855	136278
人民调解工作	**Number of People's Mediation**				
专职司法助理员(人)	Number of Full－time Judicial Assistants (person)	1817	2072	2072	1930
人民调解委员会(个)	Number of People's Mediation Committees (unit)	32050	26664	18924	16815
调解人员(人)	Number of Mediators (person)	211255	166569	89153	85472
调解民间纠纷(件)	Number of Civil Disputes Mediated (case)	153009	139874	146929	160846

17－13 国内公证文书
DOMESTIC NOTARIAL DOCUMENTS

单位:件 (piece)

类别	Category	2002 办理公证 Number of Notarial Documents Issued	2002 比重(%) Percentage (%)	2003 办理公证 Number of Notarial Documents Issued	2003 比重(%) Percentage (%)
民事法律关系公证	**Notarized Documents on Civil Legal Relations**	**157699**	**100.0**	**149584**	**100.0**
收养	Child Adoption	63		34	
解除收养	Adoption Renouncements	17		11	
继承权	Rights of Inheritance	7351	4.7	7667	5.1
遗嘱	Testaments	2797	1.7	4111	2.7
产权	Property Right	705	0.4	412	0.3
亲属关系	Kinship Confirmation	1861	1.2	1331	0.9
死亡	Death Certificates	71		100	0.1
房屋买卖	Purchases and Sales of Houses	3028	1.9	3485	2.3
房屋租赁	House Leases	862	0.5	525	0.4
留学协议	Foreign Study Contracts	30		123	0.1
遗赠抚养协议	Donations and Family Fostering	191	0.1	61	
委托书	Trust Deeds	3716	2.4	6222	4.2
赠与书	Presentation Documents	4099	2.6	2647	1.8
声明书	Declarations	10171	6.4	14434	9.6
现场监督	Field Supervision	4487	2.8	5657	3.8
签名印鉴属实	Confirmation of Signatures and Seals	1996	1.3	993	0.7
文本相符	Confirmation of Copies and Photo－offset Copies to Originals	373	0.2	845	0.6
宅基地使用权	Rights to Housing Site	2265	1.4	1261	0.8
证据保全	Evidence Preservation	634	0.4	878	0.6
拆迁协议	Housing Demolition Agreements	1112	0.7	683	0.5
计划生育	Family Planning	1696	1.1	246	0.2
赡养协议	Agreements on Supporting Parents	3750	2.4	185	0.1
合伙协议	Partnership Agreements	237	0.2	3525	2.4
夫妻财产协议	Property Agreements Between Spouses	8037	5.1	20893	14.0
执行许可证明	Operating Permits				
其他民事协议	Other Civil Agreements	37733	23.9	28545	19.1
其他	Others	60417	38.3	44710	29.9
经济合同	**Economic Contracts**	**133855**	**100.0**	**136278**	**100.0**
购销	Purchases and Sales of Products	185	0.1	555	0.4
联营	Joint Business	72	0.1	99	0.1
拍卖	Auctions	2367	1.8	537	0.4
贷款	Loans	24251	18.1	38948	28.6
担保书	Guarantees	1780	1.3	3464	2.5
招标、投标	Bidding	723	0.5	1829	1.3
科技协作	Scientific and Technological Cooperation	150	0.1	712	0.5
供用电	Supply and Use of Electric Power	1266	0.9	699	0.5
劳务合同	Labor Contracts	9588	7.2	4332	3.2
建筑工程承包	Construction Project Contracts	113	0.1	205	0.2
工商服务业承包	Industrial and Commercial Service Contracts	127	0.1	1092	0.8
农林牧渔业承包	Farming, Forestry, Animal Husbandry and Fishery Contracts	29162	21.8	26080	19.1
乡镇企业承包	Township Enterprise Contracts	49		1543	1.1
财产租赁	Property Leases	2270	1.7	1740	1.3
企业租赁	Leases of Enterprise	294	0.2	367	0.3
资产经营责任制	Asset Business Contracts	23			
还款协议	Payment Contracts	3529	2.6	2014	1.5
土地使用权出让转让	Selling or Transfer of Right of Land Utilization	659	0.5	4210	3.1
其他经济合同	Other Economic Contracts	17789	13.3	16981	12.5
法人资格	Legal Person Identification	151	0.1	235	0.2
法人委托书	Legal Person Trust Deeds	547	0.4	877	0.6
公司章程	Corporation Constitutions	149	0.1	76	0.1
执行许可证明	Operating Permits	49		412	0.3
提存	Consignation	1713	1.3	231	0.2
抵押登记	Mortgage Registration	3226	2.4	3577	2.6
公司会议记录	Minutes of Corporation Meeting	2558	1.9	13	
其他	Others	31065	23.2	25450	18.7

17 –14 涉外公证文书
FOREIGN – RELATED NOTARIAL DOCUMENTS

单位:件 (piece)

类 别	Category	2002		2003	
		办理公证 Number of Notarial Documents Issued	比 重 (%) Percentage (%)	办理公证 Number of Notarial Documents Issued	比 重 (%) Percentage (%)
总 计	**Total**	**136885**	**100.0**	**130826**	**100.0**
收 养	Child Adoption	98	0.1	2	
遗 嘱	Testaments	374	0.3	2	
出 生	Births	13489	9.9	12486	9.5
死 亡	Deaths	1697	1.2	1743	1.3
生存、居住	Survival and Residence	1413	1.0	655	0.5
学 历	Schooling	14365	10.5	12631	9.7
经 历	Personal Histories	1775	1.3	1071	0.8
国 籍	Nationality	6632	4.8	6775	5.2
婚姻状况	Marital Status	18881	13.8	23767	18.2
亲属关系	Kinship Confirmation	21570	15.8	21680	16.6
继承权	Rights of Inheritance	238	0.2	25	
受、未受刑事处分	Criminal Records	8460	6.2	7246	5.5
声明书	Announcement	1355	1.0	1722	1.3
委托书	Trust Deeds	1040	0.8	1219	0.9
营业证书	Shop Card	866	0.6	626	0.5
公司章程	Corporation Constitutions	121	0.1	81	0.1
其他法律文书	Other Legal Documents	209	0.2	121	0.1
职 称	Professional Certificate	636	0.5	424	0.3
法人资格	Legal Person Identification	74	0.1	88	0.1
商标注册	Trademark Registrations	2			
担 保	Guarantees	33		43	
其他经济合同	Other Business Contracts	2152	1.6	81	0.1
副本等与原本相符	Confirmation of Copies and Photo – offset Copies to Originals	26570	19.4	6699	5.1
签名印鉴属实	Confirmation of Copies and Photo – offset Copies to Originals	5936	4.3	5763	4.4
其 他	Others	8899	6.5	25876	19.8

17 –15 调解民间纠纷
NUMBER OF CIVIL DISPUTES MEDIATED

单位:件 (piece)

类 别	Category	2002		2003	
		调解纠纷 Civil Disputes	比重(%) Category(%)	调解纠纷 Civil Disputes	比重(%) Category(%)
总 计	**Total**	**146929**	**100.0**	**160846**	**100.0**
婚姻家庭	Family Disputes	66152	45.0	64457	40.1
婚 姻	Marriages	36988	25.2	36664	22.8
继 承	Rights of Inheritance	9107	6.2	8844	5.5
赡、抚、扶养	Family Fostering	10527	7.2	11054	6.9
其他	Others	9530	6.5	7895	4.9
房屋、宅基地	Housing and Housing Sites	10807	7.4	12023	7.5
债 务	Debts	21862	14.9	37405	23.3
生产经营	Business	10289	7.0	10562	6.6
邻 里	Neighbor Disputes	20224	13.8	19293	12.0
赔 偿	Compensation	7809	5.3	8557	5.3
其 他	Others	9786	6.7	8549	5.3

17－16 劳动争议案件受理和处理情况
THE DISPOSAL OF LABOR DISPUTES

单位:件 (piece)

项 目	Item	2001	2002	2003
案件受理情况	**Cases Accepted**			
案件数	Number of Cases	2907	3449	6423
#集体争议	#Collective Labor Disputes	141	688	125
#劳动者申诉	#Appealed by Laborers	2662	3106	5688
争议原因	Cause of the Disputes			
执行劳动合同	Perform the Labor Contracts	2115	2405	4204
终止劳动合同	End the Labor Contracts	306	247	424
变更劳动合同	Change the Labor Contracts	12	101	133
解除劳动合同	Relieve the Labor Contracts	288	230	461
下 岗	Come Off Sentry Duty		367	350
其 他	Others	186	99	851
劳动者当事人人数(人)	Number of Persons Involved (person)	4151	7443	10333
#集体争议	#Collective Labor Disputes	3748	6829	8312
案件处理情况	**Cases Disposed**			
结案案件数	Number of Cases Settled	2816	3365	6054
处理方式	by Manners of Settlment			
仲裁调解	by Mediation	1029	1249	3909
仲裁解决	by Arbitrition Lawsuit	1312	1564	1538
其 他	Other	475	552	607
处理结果	by Result of Settlment			
用人单位胜诉	Won by Units	150	247	2142
劳动者胜诉	Lawsuit Won by Laborers	2202	2440	3795
双方部分胜诉	Lawsuit Partly by Both Parties	464	678	117
本期未结案件数	**Number of Cases Dissettled**	**377**	**181**	**469**
其他方式调解案件数	**Number of the Arbitrated Cases** through Other Forms	**450**	**1267**	**768**

17－17 离休、退休、退职职工人数和保险福利费(2003)
TOTAL SOCIAL INSURANCE AND WELFARE FUND OF RETIREES

项 目	Item	年末人数(万人) Number of personnel at the Year-end (10000 persons)	保险福利费(万元) Insurance and Welfare Fund (10000 yuan)	离休金 Pensions for Termination	退休金 Retirement Pensions	退职生活费 Resignation Allowances for Living Expenses	医疗卫生费 Medical l Care Expenses	其他 Other
总 计	**Total**	**228.6**	**2052221**	**147426**	**1646924**	**17518**	**135178**	**105174**
企 业	Enterprises	187.1	1481824	81728	1193024	10784	104784	91506
#地方	#Local							
内资企业	Domestic Funded Enterprises	186.8	1480370	81710	1191663	10783	104748	91466
国 有	State－owned Enterprises	157.3	1319662	77581	1043254	8986	100376	89465
集 体	Collected－Owned Enterprises	20.9	103452	2762	96136	1379	2147	1028
其 他	Other	8.6	57256	1367	52273	418	2225	973
港澳台商投资企业	Enterprises with Funds from Hong Kong, Macao and Taiwan	0.2	1314	18	1230		31	35
外商投资企业	Foreign Funded Enterprises	0.1	141		130	1	6	4
事 业	Institutions	28.8	400818	39139	328283	4129	20035	9232
#地方	#Local							
机 关	Departments	12.7	169578	26559	125618	2606	10359	4437
#地方	#Local							

17－18 "三废"排放治理情况
DISCHARGE AND TREATMENT OF WASTE WATER, WASTE GAS AND SOLID WASTES

项 目	Item	2000	2001	2002	2003
废 水	**Waste Water**				
工业废水排放量(万吨)	Volume of Industrial Waste Water Discharged (10000 tons)	52644	49444	47983	50285
工业废水排放达标量(万吨)	Volume of Industrial Waste Water up to the Discharge Standards (10000 tons)	44152	45750	44515	47353
废水排放达标率(%)	Percentage of Industrial Waste Water up to the Discharge Standards (%)	83.9	92.5	92.8	94.2
废 气	**Waste Gas**				
废气排放量(亿标立方米)	Volume of Waste Gas Emission (100 million cu. m)	4326	4617	4628	4841
燃料燃烧过程中排放	Volume of Waste Gas in the Process of Fuel Burning	3517	3796	3787	3943
生产工艺过程中排放	Volume of Waste Gas from the Process of Production	809	821	841	898
二氧化硫去除量(万吨)	Volume of Sulphur Dioxide Removed (10000 tons)	2.1	2.5	2.0	1.8
二氧化硫排放量(万吨)	Volume of Sulphur Dioxide Emission (10000 tons)	22.2	21.9	20.7	28.5
工业烟尘去除量(万吨)	Volume of Industrial Soot Removed (10000 tons)	642.9	667.9	706.4	806.9
工业烟尘排放量(万吨)	Volume of Industrial Soot Emission (10000 tons)	40.9	39.9	37.0	41.7
工业粉尘去除量(万吨)	Volume of Industrial dust Removed (10000 tons)	50.2	84.8	88.3	95.7
工业粉尘排放量(万吨)	Volume of Industrial dust Emission (10000 tons)	10.4	10.4	9.5	10.9
工业粉尘回收量(万吨)	Volume of Industrial dust Removed (10000 tons)	50.2	84.8	88.3	
废 物	**Solid Wastes**				
工业固体废物产生量(万吨)	Volume of Industrial Solid Wastes Produced (10000 tons)	2694	2925	2991	3098
工业固体废物处置量(万吨)	Volume of Industrial Solid Wastes Treated (10000 tons)	483	487	514	424
工业固体废物贮存量(万吨)	Volume of Industrial Solid Wastes Accumulated (10000 tons)	430	474	428	453
工业固体废物综合利用量(万吨)	Volume of Industrial Solid Wastes Utilized (10000 tons)	1847	2084	2209	2243
三废综合利用产品产值(万元)	Output Value of Products made from of Waste Water, Waste Gas and Solid Wastes (10000 yuan)	105976	109037	106382	114779
污染治理	**Pollution Treatment**				
资金来源合计(万元)	Total Funds Grouped by Source (10000 yuan)	110972	102016	151250	48911
国家预算内资金	Funds in Budget of Nation		61780	138931	12914
基建资金	Funds in Construction	13041			
更改资金	Funds in Innovation	10153			
综合利用利润留成	Portion of Profits of Comprehensive Utilized	4442			
环保辅助资金	Assistant Funds in Protecting Environment	553	6677	715	688
贷 款	Loans	7122	3182	318	4506
其 他	Others	75661	30377	11287	30803
资金使用合计(万元)	Total Funds by Use (10000 yuan)	110972	102016	151250	48911
治理废水	Treatment of Waste Water	72338	80372	30339	21036
治理废气	Treatment of Waste Gas	32306	17650	9241	16282
治理固体废物	Treatment of Solid Wastes	5335	3317	13017	4496
治理噪声	Noise Abatement	91	421	114	477
其 他	Others	903	256	98540	6620
排污收费和污染赔(罚)款	**Fee for Discharging Waste and Fines for Pollution**				
排污费交纳单位(个)	Number of Units Charged Levied (unit)	21464	21486	23659	
排污费征收额(万元)	Amount of Pollution Charges (10000 yuan)	15445	15604	16174	
污染事故(次)	Number of Pollution Accidents (times)	5	4		

17－19 各地区工业污染排放和处理利用情况(2003)

DISCHARGE AND TREATMENT OF INDUSTRIAL POLLUTION BY REGION

类 别	Category	汇总工业企业数(个) Number of Industrial Enterprises (unit)	"三废"综合利用产品产值(万元) Output Value of Products made from of Waste Water, Waste Gas and Solid Wastes (10000 yuan)	废水排放总量(万吨) Total Volume of Waste Water Discharged (10000 tons)	废水排放达标量(万吨) Volume of Waste Water up to the Discharge Standards (10000 tons)	废水排放达标率(%) Percentage of Waste Water up to the Discharge Standards (%)	烟尘去除量(万吨) Volume of Industrial Soot Removed (10000 tons)
合 计	**Total**	**1517**	**114779**	**50286**	**47353**	**94.2**	**806.9**
哈尔滨	Harbin	437	29296	5780	5260	91.0	123.5
齐齐哈尔	Qiqihar	172	27293	10412	10301	98.9	158.2
鸡 西	Jixi	77	3523	888	718	89.9	93.1
鹤 岗	Hegang	60	3089	3300	2575	78.1	14.2
双鸭山	Shuangyashan	51	2251	585	443	75.8	32.2
大 庆	Daqing	74	13236	7312	6949	95.0	164.8
伊 春	Yichun	83	9449	1271	1144	90.0	7.5
佳木斯	Jiamusi	86	2759	7734	7431	96.1	84.2
七台河	Qitaihe	44	2503	836	783	93.6	9.7
牡丹江	Mudanjiang	84	1948	7725	7708	99.8	82.6
黑 河	Heihe	42		663	658	99.3	24.1
绥 化	Suihua	120	17302	825	588	71.2	4.0
大兴安岭	Daxinganling	63	52	1859	1702	91.6	1.0
农垦总局	ARB	124	2079	1096	1094	99.8	7.8

17－19 续表 1 CONTINUED

类 别	Category	废气排放总量(亿标立方米) Total Volume of Waste Gas Emission (100 million cu. m)	燃料燃烧过程中废气排放量 Volume of Waste Gas in the Process of Fuel Burning	生产工艺过程中废气排放量 Volume of Waste Gas from the Process of Production	工业二氧化硫去除量(吨) Volume of Sulphur Dioxide Removed (ton)	燃料燃烧过程中去除 Volume of Sulphur Dioxide Removed in the Process of Fuel Burning	生产工艺过程中去除 Volume of Sulphur Dioxide Removed from the Process of Production
合 计	**Total**	**4841**	**3943**	**898**	**17594**	**11335**	**6259**
哈尔滨	Harbin	959	709	250	2865	1372	1493
齐齐哈尔	Qiqihar	649	540	109	2532	1182	1350
鸡 西	Jixi	225	188	37	986	986	
鹤 岗	Hegang	169	154	15			
双鸭山	Shuangyashan	162	162		1660	1660	
大 庆	Daqing	1097	910	187	3992	1592	2400
伊 春	Yichun	140	63	77	699	50	649
佳木斯	Jiamusi	453	349	104			
七台河	Qitaihe	141	98	43	550	440	110
牡丹江	Mudanjiang	574	527	46	3447	3448	
黑 河	Heihe	84	80	4	51		51
绥 化	Suihua	57	56	1	606	606	
大兴安岭	Daxinganling	32	32				
农垦总局	ARB	100	75	25	206		206

17－19 续表 2 CONTINUED

单位:吨 (ton)

类 别	Category	烟尘排放量 Volume of Industrial Soot Emission	二氧化硫排放量 Volume of Sulphur Dioxide Emission	燃料燃烧过程中排放 Volume of Sulphur Dioxide Emission in the Process of Fuel Burning	生产工艺过程中排放 Volume of Sulphur Dioxide Emission from the Process of Production	粉尘排放量 Volume of dust Emission	#达标量 Volume of dust up to the Discharge Standards
合 计	**Total**	**416688**	**285306**	**218050**	**11436**	**109669**	**85636**
哈尔滨	Harbin	55707	39339	27350	1869	34568	31467
齐齐哈尔	Qiqihar	56324	49187	40080	1058	5012	3710
鸡 西	Jixi	30871	11369	7859	891	1029	1002
鹤 岗	Hegang	20861	11021	9013	87	4401	3901
双鸭山	Shuangyashan	20526	15344	12344		4308	1932
大 庆	Daqing	42331	51200	41378	1962	1193	1049
伊 春	Yichun	27107	8184	5419	1835	3409	901
佳木斯	Jiamusi	52833	23423	17465	1268	14476	8071
七台河	Qitaihe	14830	14390	7324	1356	5400	3413
牡丹江	Mudanjiang	43917	32602	26256	276	19966	17421
黑 河	Heihe	3945	8289	7344	25	167	166
绥 化	Suihua	6488	6562	4390	61	1758	758
大兴安岭	Daxinganling	4473	3357	2855	2	0	
农垦总局	ARB	36475	11039	8972	747	13982	11846

17－19 续表 3 CONTINUED

类 别	Category	粉尘去除量(吨) Volume of dust Removed (ton)	固体废物产生量(万吨) Volume of Industrial Solid Wastes Produced (10000 tons)	固体废物综合利用量(万吨) Volume of Solid Wastes Utilized (10000 tons)	固体废物综合利用率(%) Percentage of Solid Wastes Utilized (%)	固体废物贮存量(万吨) Volume of Industrial Solid Wastes Accumulated (10000 tons)	固体废物处置量(万吨) Volume of Industrial Solid Wastes Treated (10000 tons)
合 计	**Total**	**956599**	**3097**	**2243**	**71.9**	**453**	**424**
哈尔滨	Harbin	356260	919	666	72.3	66	188
齐齐哈尔	Qiqihar	24284	266	205	76.8	28	34
鸡 西	Jixi	33543	343	237	68.9	71	36
鹤 岗	Hegang	24560	322	239	73.3	31	56
双鸭山	Shuangyashan	56347	199	143	70.2	50	11
大 庆	Daqing	2063	171	134	78.3	16	22
伊 春	Yichun	6237	113	58	51.3	52	3
佳木斯	Jiamusi	69901	136	79	57.9	42	15
七台河	Qitaihe	8313	335	251	74.8	65	19
牡丹江	Mudanjiang	338603	176	137	73.3	12	38
黑 河	Heihe	479	26	25	97.0		1
绥 化	Suihua	8554	21	21	100.0		
大兴安岭	Daxinganling		9	7	70.2	2	1
农垦总局	ARB	27456	60	42	69.3	18	

17－20　工业污染排放和处理利用情况(2003)
DISCHARGE AND TREATMENT OF INDUSTRIAL POLLUTION

类　别	Category	汇总工业企业数(个) Number of Industrial Enterprises (unit)	"三废"综合利用产品产值(万元) Output Value of Products made from of Waste Water, Waste Gas and Solid Wastes (10000 yuan)	废水排放总量(万吨) Total Volume of Waste Water Discharged (10000 tons)	废水排放达标量(万吨) Volume of Waste Water up to the Discharge Standards (10000 tons)
重点调查企业	**Key Survey Enterprises**	**1517**	**114779**	**48729**	**46167**
煤炭开采和洗选业	Coal Mining and Dressing	52	2905	3294	2607
石油和天然气开采业	Petroleum and Natural Gas Extraction	17	1480	1109	1109
黑色金属矿采选业	Ferrous Metals Mining and Dressing	1			
有色金属矿采选业	Nonferrous Metals Mining and Dressing	15	145	2208	2138
非金属矿采选业	Nonmetal Minerals Mining and Dressing	17	135	107	98
其他采选业	Other Mining and Dressing	1			
农副食品加工业	Processing of Food Products	100	5035	921	856
食品制造业	Food Processing	147	2618	728	644
饮料制造业	Food Manufacturing	83	20362	1110	799
烟草制品业	Beverage Manufacturing	8		33	32
纺织业	Textile Industry	47	76	382	357
皮革、毛皮、羽毛(绒)及其制品业	Leather, Furs, Down and Related Products	3		10	9
木材加工及木、竹、藤、棕草制品业	Timber Processing, Bamboo, Cane, Palm Fiber and Straw Products	61	164	312	206
家具制造业	Furniture Manufacturing	15	9	13	13
造纸及纸制品业	Papermaking and Paper Products	59	1722	11448	10939
印刷业和记录媒介的复制	Printing and Record Medium Reproduction	20		28	24
文教体育用品制造业	Cultural, Educational and Sports Goods	5		13	6
石油加工、炼焦及核燃料加工业	Petroleum Processing and Coking	27	14400	5672	5597
化学原料及化学制品制造业	Raw Chemical Materials and Chemical Products	76	5743	1548	1496
医药制造业	Medical and Pharmaceutical Products	78	504	914	844
化学纤维制造业	Chemical Fiber	3		252	252
橡胶制品业	Rubber Products	11		528	528
塑料制品业	Plastic Products	19		4	3
非金属矿物制品业	Nonmetal Mineral Products	163	36406	492	477
#水泥制造业	#Cement Products	71	13958	382	370
黑色金属冶炼及压延加工业	Smelting and Pressing of Ferrous Metals	16	1934	3303	3228
有色金属冶炼及压延加工业	Smelting and Pressing of Nonferrous Metals	6		210	206
金属制品业	Metal Products	26		112	102
通用设备制造业	Ordinary Machinery	59	1995	430	388
专用设备制造业	Special Purpose Equipment	41	188	1954	1935
交通运输设备制造业	Transport Equipment	44	9424	928	863
电气机械及器材制造业	Electric Equipment and Machinery	24	24	346	340
通信设备、计算机及其他电子设备制造业	Electronic and Telecommunications Equipment	10		52	52
仪器仪表及文化、办公用机械制造业	Instruments, Meters, Cultural	9		15	14
工艺品及其他制造业	Artworks and Other Manufacture	8		92	72
电力、热力的生产和供应业	Production and Supply of Electric Power, Steam and Hot Water	127	8576	8354	8226
#火力发电	#Thermal Power	50	5103	7853	7733
燃气生产和供应业	Production and Supply of Gas	4		209	209
水的生产和供应业	Production and Supply of Water	8		489	489
其他行业	Others	107	934	1110	1009

17－20 续表1 CONTINUED

类 别	Category	废水排放达标率(%) Percentage of Waste Water up to the Discharge Standards (%)	废气排放总量(亿标立方米) Total Volume of Waste Gas Emission (100 million cu. m)	燃料燃烧过程中废气排放量 Volume of Waste Gas in the Process of Fuel Burning	生产工艺过程中废气排放量 Volume of Waste Gas from the Process of Production
重点调查企业	**Key Survey Enterprises**	**94.7**	**4841**	**3943**	**898**
煤炭开采和洗选业	Coal Mining and Dressing	79.2	88	87	1
石油和天然气开采业	Petroleum and Natural Gas Extraction	100.0	99	99	
黑色金属矿采选业	Ferrous Metals Mining and Dressing	100.0			
有色金属矿采选业	Nonferrous Metals Mining and Dressing	96.8	3	3	
非金属矿采选业	Nonmetal Minerals Mining and Dressing	92.1	4	1	3
其他采选业	Other Mining and Dressing				
农副食品加工业	Processing of Food Products	92.9	53	45	8
食品制造业	Food Processing	88.4	44	44	
饮料制造业	Food Manufacturing	72.0	39	39	
烟草制品业	Beverage Manufacturing	95.9	3	3	
纺织业	Textile Industry	93.3	81	81	
皮革、毛皮、羽毛(绒)及其制品业	Leather, Furs, Down and Related Products	95.2			
木材加工及木、竹、藤、棕草制品业	Timber Processing, Bamboo, Cane, Palm Fiber and Straw Products	66.2	43	42	1
家具制造业	Furniture Manufacturing	98.5	2	2	
造纸及纸制品业	Papermaking and Paper Products	95.6	127	82	45
印刷业和记录媒介的复制	Printing and Record Medium Reproduction	86.2	3	3	
文教体育用品制造业	Cultural, Educational and Sports Goods	46.2			
石油加工、炼焦及核燃料加工业	Petroleum Processing and Coking	98.7	456	248	208
化学原料及化学制品制造业	Raw Chemical Materials and Chemical Products	96.6	91	64	26
医药制造业	Medical and Pharmaceutical Products	92.4	58	58	
化学纤维制造业	Chemical Fiber	100.0	15	15	
橡胶制品业	Rubber Products	100.0	10	10	
塑料制品业	Plastic Products	88.8	1	1	
非金属矿物制品业	Nonmetal Mineral Products	97.0	545	115	430
#水泥制造业	#Cement Products	97.0	436	96	339
黑色金属冶炼及压延加工业	Smelting and Pressing of Ferrous Metals	97.7	123	21	103
有色金属冶炼及压延加工业	Smelting and Pressing of Nonferrous Metals	97.8	52	5	46
金属制品业	Metal Products	91.2	6	6	
通用设备制造业	Ordinary Machinery	90.1	24	20	4
专用设备制造业	Special Purpose Equipment	99.0	25	24	1
交通运输设备制造业	Transport Equipment	93.0	53	41	12
电气机械及器材制造业	Electric Equipment and Machinery	98.3	40	36	4
通信设备、计算机及其他电子设备制造业	Electronic and Telecommunications Equipment	99.7	2	2	
仪器仪表及文化、办公用机械制造业	Instruments, Meters, Cultural	91.4	1	1	
工艺品及其他制造业	Artworks and Other Manufacture	78.3	13	11	3
电力、热力的生产和供应业	Production and Supply of Electric Power, Steam and Hot Water	98.5	2664	2664	
#火力发电	#Thermal Power	98.5	2483	2483	
燃气生产和供应业	Production and Supply of Gas	100.0	36	35	
水的生产和供应业	Production and Supply of Water	100.0	1	1	
其他行业	Others	90.9	37	35	2

17－20 续表 2 CONTINUED

类 别	Category	工业二氧化硫去除量（吨）Volume of Sulphur Dioxide Removed (ton)	燃料燃烧过程中去除 Volume of Sulphur Dioxide Removed in the Process of Fuel Burning	生产工艺过程中去除 Volume of Sulphur Dioxide Removed from the Process of Production	烟尘去除量（吨）Volume of Industrial Soot Removed (ton)
重点调查企业	**Key Survey Enterprises**	**17594**	**11335**	**6259**	**8069435**
煤炭开采和洗选业	Coal Mining and Dressing	50	50		54035
石油和天然气开采业	Petroleum and Natural Gas Extraction				44
黑色金属矿采选业	Ferrous Metals Mining and Dressing				84
有色金属矿采选业	Nonferrous Metals Mining and Dressing				1524
非金属矿采选业	Nonmetal Minerals Mining and Dressing				690
其他采选业	Other Mining and Dressing				4
农副食品加工业	Processing of Food Products	99	99		27009
食品制造业	Food Processing	53	53		20746
饮料制造业	Food Manufacturing	605	605		28144
烟草制品业	Beverage Manufacturing	26	26		1124
纺织业	Textile Industry	60	60		12423
皮革、毛皮、羽毛(绒)及其制品业	Leather, Furs, Down and Related Products				168
木材加工及木、竹、藤、棕草制品业	Timber Processing, Bamboo, Cane, Palm Fiber and Straw Products	90	90		23782
家具制造业	Furniture Manufacturing	5	5		740
造纸及纸制品业	Papermaking and Paper Products	2599	2576	23	146473
印刷业和记录媒介的复制	Printing and Record Medium Reproduction				1712
文教体育用品制造业	Cultural, Educational and Sports Goods				202
石油加工、炼焦及核燃料加工业	Petroleum Processing and Coking	2400		2400	12059
化学原料及化学制品制造业	Raw Chemical Materials and Chemical Products	723	613	110	59764
医药制造业	Medical and Pharmaceutical Products	101	101		31958
化学纤维制造业	Chemical Fiber				5118
橡胶制品业	Rubber Products	237	237		20943
塑料制品业	Plastic Products				403
非金属矿物制品业	Nonmetal Mineral Products	2447		2447	35672
#水泥制造业	#Cement Products	2447		2447	26306
黑色金属冶炼及压延加工业	Smelting and Pressing of Ferrous Metals				17120
有色金属冶炼及压延加工业	Smelting and Pressing of Nonferrous Metals				2342
金属制品业	Metal Products				1435
通用设备制造业	Ordinary Machinery	59	48	11	9276
专用设备制造业	Special Purpose Equipment				4926
交通运输设备制造业	Transport Equipment	513	513		30185
电气机械及器材制造业	Electric Equipment and Machinery				7909
通信设备、计算机及其他电子设备制造业	Electronic and Telecommunications Equipment				1516
仪器仪表及文化、办公用机械制造业	Instruments, Meters, Cultural				264
工艺品及其他制造业	Artworks and Other Manufacture				4480
电力、热力的生产和供应业	Production and Supply of Electric Power, Steam and Hot Water	7516	6247	1269	7443138
#火力发电	#Thermal Power	7351	6082	1269	6668870
燃气生产和供应业	Production and Supply of Gas	9	9		42353
水的生产和供应业	Production and Supply of Water	3	3		269
其他行业	Others	1	1		19398

17－20 续表3 CONTINUED

单位：吨 (ton)

类 别	Category	烟尘排放量 Volume of Industrial Soot Emission	二氧化硫排放量 Volume of Sulphur Dioxide Emission	燃料燃烧过程中排放 Volume of Sulphur Dioxide Emission in the Process of Fuel Burning	生产工艺过程中排放 Volume of Sulphur Dioxide Emission from the Process of Production
重点调查企业	**Key Survey Enterprises**	**368971**	**223033**	**211711**	**11322**
煤炭开采和洗选业	Coal Mining and Dressing	14393	6090	5251	839
石油和天然气开采业	Petroleum and Natural Gas Extraction	480	492	492	
黑色金属矿采选业	Ferrous Metals Mining and Dressing	19	4	4	
有色金属矿采选业	Nonferrous Metals Mining and Dressing	467	398	398	
非金属矿采选业	Nonmetal Minerals Mining and Dressing	168	326	109	218
其他采选业	Other Mining and Dressing	3	1	1	
农副食品加工业	Processing of Food Products	6875	3328	3328	
食品制造业	Food Processing	2005	2648	2648	
饮料制造业	Food Manufacturing	3366	2194	2192	2
烟草制品业	Beverage Manufacturing	194	587	587	
纺织业	Textile Industry	1286	1654	1654	
皮革、毛皮、羽毛(绒)及其制品业	Leather, Furs, Down and Related Products	28	22	22	
木材加工及木、竹、藤、棕草制品业	Timber Processing, Bamboo, Cane, Palm Fiber and Straw Products	11592	2834	2834	
家具制造业	Furniture Manufacturing	198	61	61	
造纸及纸制品业	Papermaking and Paper Products	22352	6162	5847	315
印刷业和记录媒介的复制	Printing and Record Medium Reproduction	229	169	169	
文教体育用品制造业	Cultural, Educational and Sports Goods	64	25	25	
石油加工、炼焦及核燃料加工业	Petroleum Processing and Coking	2591	8521	5429	3092
化学原料及化学制品制造业	Raw Chemical Materials and Chemical Products	14036	4062	3962	100
医药制造业	Medical and Pharmaceutical Products	1985	2771	2771	
化学纤维制造业	Chemical Fiber	257	485	485	
橡胶制品业	Rubber Products	2125	774	774	
塑料制品业	Plastic Products	87	54	54	
非金属矿物制品业	Nonmetal Mineral Products	7067	9795	4954	4841
#水泥制造业	#Cement Products	4295	7283	4119	3165
黑色金属冶炼及压延加工业	Smelting and Pressing of Ferrous Metals	6730	2491	922	1569
有色金属冶炼及压延加工业	Smelting and Pressing of Nonferrous Metals	452	440	330	110
金属制品业	Metal Products	608	273	273	
通用设备制造业	Ordinary Machinery	1789	1217	1216	
专用设备制造业	Special Purpose Equipment	961	753	749	3
交通运输设备制造业	Transport Equipment	2730	1197	1169	28
电气机械及器材制造业	Electric Equipment and Machinery	1159	959	959	
通信设备、计算机及其他电子设备制造业	Electronic and Telecommunications Equipment	295	235	235	
仪器仪表及文化、办公用机械制造业	Instruments, Meters, Cultural	143	73	73	
工艺品及其他制造业	Artworks and Other Manufacture	989	849	849	
电力、热力的生产和供应业	Production and Supply of Electric Power, Steam and Hot Water	250736	157333	157333	
#火力发电	#Thermal Power	220090	143074	143074	
燃气生产和供应业	Production and Supply of Gas	1417	488	487	
水的生产和供应业	Production and Supply of Water	147	57	57	
其他行业	Others	8946	3209	3005	204

17－20 续表 4　CONTINUED

类　别	Category	粉　尘去除量（吨）Volume of Dust Removed (ton)	粉　尘排放量（吨）Volume of Dust Emission (ton)	#达标量 Volume of Dust up to the Discharge Standards	固体废物产生量（万吨）Volume of Industrial Solid Wastes Produced (10000 tons)
重点调查企业	**Key Survey Enterprises**	**956599**	**93426**	**83597**	**3008.4**
煤炭开采和洗选业	Coal Mining and Dressing		839	839	1374.1
石油和天然气开采业	Petroleum and Natural Gas Extraction		24	24	16.3
黑色金属矿采选业	Ferrous Metals Mining and Dressing				3.0
有色金属矿采选业	Nonferrous Metals Mining and Dressing				108.2
非金属矿采选业	Nonmetal Minerals Mining and Dressing	1024	68	68	22.5
其他采选业	Other Mining and Dressing				
农副食品加工业	Processing of Food Products				81.8
食品制造业	Food Processing				14.4
饮料制造业	Food Manufacturing		2	2	20.4
烟草制品业	Beverage Manufacturing	493	32	32	1.1
纺织业	Textile Industry	339	89	89	7.0
皮革、毛皮、羽毛(绒)及其制品业	Leather, Furs, Down and Related Products				0.1
木材加工及木、竹、藤、棕草制品业	Timber Processing, Bamboo, Cane, Palm Fiber and Straw Products	82	3	3	17.4
家具制造业	Furniture Manufacturing	0			0.3
造纸及纸制品业	Papermaking and Paper Products	2190	7599	3500	41.8
印刷业和记录媒介的复制	Printing and Record Medium Reproduction			0	1.0
文教体育用品制造业	Cultural, Educational and Sports Goods				0.1
石油加工、炼焦及核燃料加工业	Petroleum Processing and Coking	4243	2639	2215	39.1
化学原料及化学制品制造业	Raw Chemical Materials and Chemical Products	1342	181	158	30.0
医药制造业	Medical and Pharmaceutical Products				19.0
化学纤维制造业	Chemical Fiber				4.9
橡胶制品业	Rubber Products				4.2
塑料制品业	Plastic Products				0.3
非金属矿物制品业	Nonmetal Mineral Products	932136	76518	73576	56.4
#水泥制造业	#Cement Products	761755	64815	61884	26.6
黑色金属冶炼及压延加工业	Smelting and Pressing of Ferrous Metals	9776	4444	2414	97.0
有色金属冶炼及压延加工业	Smelting and Pressing of Nonferrous Metals	213	383	114	2.9
金属制品业	Metal Products	156	2	2	1.3
通用设备制造业	Ordinary Machinery	494	69	33	12.1
专用设备制造业	Special Purpose Equipment	1286	46	46	9.2
交通运输设备制造业	Transport Equipment	2122	181	181	47.7
电气机械及器材制造业	Electric Equipment and Machinery	1	2	2	4.7
通信设备、计算机及其他电子设备制造业	Electronic and Telecommunications Equipment				1.1
仪器仪表及文化、办公用机械制造业	Instruments, Meters, Cultural				0.4
工艺品及其他制造业	Artworks and Other Manufacture				1.6
电力、热力的生产和供应业	Production and Supply of Electric Power, Steam and Hot Water				883.1
#火力发电	#Thermal Power				823.1
燃气生产和供应业	Production and Supply of Gas				74.8
水的生产和供应业	Production and Supply of Water				0.2
其他行业	Others	701	304	300	9.1

17－20 续表5 CONTINUED

类 别	Category	固体废物综合利用量（万吨）Volume of Solid Wastes Utilized (10000 tons)	固体废物综合利用率（%）Percentage of Solid Wastes Utilized (%)	固体废物贮存量（万吨）Volume of Industrial Solid Wastes Accumulated (10000 tons)	固体废物处置量（万吨）Volume of Industrial Solid Wastes Treated (10000 tons)
重点调查企业	**Key Survey Enterprises**	**2187.8**	**72.2**	**439.4**	**402.8**
煤炭开采和洗选业	Coal Mining and Dressing	995.5	72.2	141.9	241.9
石油和天然气开采业	Petroleum and Natural Gas Extraction	6.7	41.4		9.5
黑色金属矿采选业	Ferrous Metals Mining and Dressing	3.0	100.0		
有色金属矿采选业	Nonferrous Metals Mining and Dressing	19.2	17.7	85.6	3.5
非金属矿采选业	Nonmetal Minerals Mining and Dressing	6.4	28.4	16.0	0.1
其他采选业	Other Mining and Dressing				
农副食品加工业	Processing of Food Products	77.0	94.2	2.5	2.2
食品制造业	Food Processing	14.0	97.5	0.4	
饮料制造业	Food Manufacturing	20.2	98.8		0.3
烟草制品业	Beverage Manufacturing	1.0	95.4		0.1
纺织业	Textile Industry	6.5	93.6	0.2	0.3
皮革、毛皮、羽毛(绒)及其制品业	Leather, Furs, Down and Related Products	0.1	100.0		
木材加工及木、竹、藤、棕草制品业	Timber Processing, Bamboo, Cane, Palm Fiber and Straw Products	15.1	86.8	2.3	
家具制造业	Furniture Manufacturing	0.3	100.0		
造纸及纸制品业	Papermaking and Paper Products	32.6	78.0	6.6	2.6
印刷业和记录媒介的复制	Printing and Record Medium Reproduction	1.0	100.0		
文教体育用品制造业	Cultural, Educational and Sports Goods	0.1	100.0		
石油加工、炼焦及核燃料加工业	Petroleum Processing and Coking	31.4	80.3	0.7	7.0
化学原料及化学制品制造业	Raw Chemical Materials and Chemical Products	16.6	55.4	13.1	0.3
医药制造业	Medical and Pharmaceutical Products	19.0	99.9		
化学纤维制造业	Chemical Fiber	4.9	100.0		
橡胶制品业	Rubber Products	4.1	96.9		
塑料制品业	Plastic Products	0.3	100.0		
非金属矿物制品业	Nonmetal Mineral Products	67.4	99.8		0.1
#水泥制造业	#Cement Products	37.7	99.7		0.1
黑色金属冶炼及压延加工业	Smelting and Pressing of Ferrous Metals	77.3	79.5	19.9	
有色金属冶炼及压延加工业	Smelting and Pressing of Nonferrous Metals	2.9	98.4		0.1
金属制品业	Metal Products	1.2	94.0		0.1
通用设备制造业	Ordinary Machinery	11.2	92.5		0.6
专用设备制造业	Special Purpose Equipment	7.9	78.3		2.2
交通运输设备制造业	Transport Equipment	47.4	99.2		0.4
电气机械及器材制造业	Electric Equipment and Machinery	4.7	99.0		
通信设备、计算机及其他电子设备制造业	Electronic and Telecommunications Equipment	1.1	100.0		
仪器仪表及文化、办公用机械制造业	Instruments, Meters, Cultural	0.4	100.0		
工艺品及其他制造业	Artworks and Other Manufacture	1.6	100.0		
电力、热力的生产和供应业	Production and Supply of Electric Power, Steam and Hot Water	624.1	70.3	132.8	130.8
#火力发电	#Thermal Power	564.7	68.2	132.8	130.3
燃气生产和供应业	Production and Supply of Gas	57.4	76.7	17.5	
水的生产和供应业	Production and Supply of Water	0.2	100.0		
其他行业	Others	8.2	90.0		0.9

主要统计指标解释

等级运动员人数　指经考核正式批准授予等级运动员称号的人数。运动员等级分为国际级运动健将、运动健将、一级运动员、二级运动员、三级运动员、少年级运动员。

等级裁判员人数　指经考核正式批准授予等级裁判员称号的人数。裁判员等级分为国际裁判、国家级裁判、一级裁判、二级裁判、三级裁判。

医院　指设有固定床位,能收容病人住院并能为病人提供医疗、护理服务的医疗机构,包括县及县以上医院、农村乡卫生院和其他医院三部分。医院按所属性质不同分为卫生部门、工业及其他部门和集体经济单位三类。县及县以上医院按业务性质不同分为综合医院和专科医院。

卫生技术人员　指卫生事业机构支付工资的全部职工中现任职务为卫生技术工作的专业人员,包括中医师、西医师、中西医结合高级医师、护师、中药师、西药师、检验师、其他技师、中医士、西医士、护士、助产士、中药剂士、西药剂士、检验士、其他技士、其他中医、护理员、中药剂员、西药剂员、检验员和其他初级卫生技术人员。

医生　指经卫生部门审查合格,从事医疗工作的专业人员。分为中医医生和西医医生。包括卫生技术人员中的中医师、西医师、中西医结合高级医师、中医士、西医士和其他中医。

社会福利事业单位　指集中收养社会孤老、残、幼的机构,包括由民政部门管理的社会福利院、儿童福利院、精神病人福利院和城镇集体举办的福利院及农村集体举办的敬老院。

社会福利事业单位收养人数　包括民政部门管理和城镇、农村集体举办的社会福利事业单位中收养的老人、少年儿童、缺乏生活自理能力的残疾人员和精神病人。

社会福利企业单位　指以安置城镇有一定劳动能力的盲、聋、哑和肢体残疾人员就业为目的,享受国家减免税待遇的国有或集体企业。包括福利工厂、福利商业和服务业、假肢厂和安置农场等单位。

农村五保户　指农村中既无劳动能力,又无经济来源的老、弱、孤、残的农民,其生活由集体供养,实行保吃、保穿、保住、保医、保葬(孤儿保教),简称"五保"。享受五保待遇的家庭叫五保户。

双扶户　包括被扶持的优抚户和贫困户。主要是对具有一定劳动能力且生活困难的两户给予一定的救济金以扶持其通过生产自救达到脱贫的目的。

律师　指受聘参加法律顾问处工作,担任法律顾问、刑(民)事代理人、刑事辩护人,办理非诉讼事件、解答法律询问,代写法律事务文书等主要从事律师业务的专职法律工作者和兼职律师。

公证人员　指在国家公证机关依法办理公证事务的司法人员,包括公证员、助理公证员和在公证处工作的其他人员。

办理公证文书　指公证处在一定时期内办结的公证文书件数。公证文书按司法部规定或批准的格式制作,包括国内公证和涉外公证两部分。国内公证分为经济合同公证和民事法律关系公证两大类。

调解人员　指在人民调解委员会担负调解民间一般民事纠纷和轻微违法行为引起纠纷的工作人员,包括调解委员会的委员和调解小组的调解员。

调解民间纠纷　指调解委员会依照法律规定,根据自愿原则,用说服教育的方法调解民间发生的有关民事权利和义务的争执,促成当事双方达到协议和谅解,解决纠纷。包括婚姻家庭纠纷,财产权益纠纷等,不包括法院受理调解的民事案件数。

受理劳动争议案件数　指劳动争议仲裁委员会根据国家有关规定,对劳动争议当事人的申请予以审查,符合受理条件而正式立案、准备处理的劳动争议案件数。

离休、退休、退职人员　指正式办理了离休、退休、退职手续,并享受相应的离休、退休、退职待遇的人员。

保险福利费用　指企业、事业、机关单位在工资以外实际支付给职工和离休、退休、退职人员个人以及用于集体的劳动保险和福利费用。

(1)职工保险福利费用包括：

①医疗卫生费：指实行公费医疗企业的职工及其供养的直系亲属的医疗费、医务经费、职工因工负伤就医路费以及住院伙食补助费等；卫生部门开支的事业及机关单位职工的公费医疗经费；未参加公费医疗的企业、事业和机关单位职工的医药费。

②文体宣传费：指企业、事业和机关单位实际支付的文体宣传费，不包括学习费。

③集体福利事业补贴费：指对职工浴室、理发室、洗衣房、哺乳室、托儿所等集体福利设施各项支出与收入相抵后的差额补助费。

④集体福利设施费：指按照国家规定开支的集体福利设施费用，如职工食堂炊事用具的购置费、修理费、职工宿舍的修缮费用。不包括由企业、事业、机关单位自筹经费开支的职工福利设施的基本建设费用。

⑤其他：指上述费用以外，单位支付给职工的保险福利费。

(2)离休、退休、退职人员保险福利费用包括：

①离休金：指发给离休人员的工资和按1982年国务院发布的"关于老干部离职休养制度的几项规定"，发给符合规定的离休干部相当于1－2个月标准工资的生活补贴及1988年增发的生活补贴费。

②退休金：指按照国家有关规定发给退休人员的退休费及1988年增发的生活补贴费。

③退职生活费：指按照1978年国务院《关于工人退休、退职的暂行办法》规定，定期发给退职人员的生活费及1988年增发的生活补贴费。

④其他：指上述费用以外，单位支付给离休、退休、退职人员的保险福利费。

工业废水排放量 指经过企业厂区所有排放口排到企业外部的工业废水量。包括生产废水、外排的直接冷却水、超标排放的矿井地下水和与工业废水混排的厂区生活污水，不包括外排的间接冷却水(清污不分流的间接冷却水应计算在内)。

工业废水排放达标量 指各项指标都达到国家或地方排放标准的外排工业废水量，包括未经处理外排达标和经过处理后外排达标两部分。

工业废水处理量 指报告期内各种水治理设施实际处理的工业废水量，包括处理后外排和处理后回用的工业废水量和虽经处理但未达到国家或地方排放标准的废水量。如车间和厂排放口均有治理设施，并对同一废水分级处理时，不应重复计算工业废水处理量。

工业废气排放量 指企业厂区内燃料燃烧和生产工艺过程中产生的各种排入空气的含有污染物的气体总量，按标准状态〔273K，101325Pa〕计算。

工业二氧化硫排放量 指企业在燃料燃烧和生产工艺过程中排入大气的二氧化硫数量。

烟尘排放量 指企业厂区内燃料燃烧产生的烟气中夹带的颗粒物数量。

工业粉尘排放量 指企业在生产工艺过程中排放的颗粒物重量，如钢铁企业的耐火材料粉尘、焦化企业的筛焦系统粉尘、烧结机的粉尘、石灰窑的粉尘、建材企业的水泥粉尘等。不包括电厂排入大气的烟尘。

工业固体废物产生量 指企业在生产过程中产生的固体状、半固体状和高浓度液体状废弃物的总量，包括危险废物、冶炼废渣、粉煤灰、炉渣、煤矸石、尾矿、放射性废物和其他废物等；不包括矿山开采的剥离废石和掘进废石(煤矸石和呈酸性或碱性的废石除外)。酸性或碱性废石指采掘的废石其流经水、雨淋水的pH值小于4或pH值大于10.5者。

危险废物 指列入国家危险废物名录或根据国家规定的危险废物鉴别标准和鉴别方法认定的，具有爆炸性、易燃性、易氧化性、毒性、腐蚀性、易传染疾病等危险特性之一的废物。

工业固体废物综合利用量 指通过回收、加工、循环、交换等方式，从固体废物中提取或者使其转化为可以利用的资源、能源和其他原材料的固体废物量(包括当年利用往年的工业固体废物累计贮存量)，如用作农业肥料、生产建筑材料、筑路等。综合利用量由原产生固体废物的单位统计。

工业固体废物贮存量 指以综合利用或处置为目的，将固体废物暂时贮存或堆存在专设的贮存设施或专设的集中堆存场所内的数量。专设的固体废物贮存场所或贮存设施必须有防扩散、防流失、防渗漏、防止污染大气、水体的措施。

工业固体废物处置量 指将固体废物焚烧或者最终置于符合环境保护规定要求的场所，并不再回取的工业固体废物量(包括当年处置往年的工业固体废物累计贮存量）。处置方法有填埋（其中危险废物应安全填埋）、焚烧、专业贮存场（库）封场处理、深层灌注、回填矿井等。

工业固体废物排放量　指将所产生的固体废物排到固体废物污染防治设施、场所以外的数量，不包括矿山开采的剥离废石和掘进废石（煤矸石和呈酸性或碱性的废石除外）。

"三废"综合利用产品产值　指利用"三废"（废液、废气、废渣）作为主要原料生产的产品价值（现行价）；已经销售或准备销售的应计算产品价值，留作生产自用的不应计算产品价值。

"三废"综合利用产品利润　指利用"三废"（废液、废气、废渣）生产的产品，销售后所得到的利润。

环境污染与破坏事故　指由于违反环境保护法规的经济、社会活动与行为，以及意外因素的影响或不可抗拒的自然灾害等原因，致使环境受到污染，国家重点保护的野生动植物、自然保护区受到破坏，人体健康受到危害，社会经济和人民财产受到损失，造成不良社会影响的突发性事件。

EXPLANATORY NOTES ON MAIN STATISTICAL INDICATORS

Number of Athletes in Grades refers to the number of athletes who have been given titles through examination. The titles of athletes include international masters of sports, masters of sports, first – grade, second – grade and third – grade sportsmen and young athletes.

Number of Referees in Grades refers to the number of referees who have been given titles after examination. They are classified as international referees, national referees and referees of the first, second and third grades.

Stadiums refer to stadiums for track and field events with six lane 400 – meter tracks around soccer fields, permanent track marks and permanent bleachers. Stadiums are classified according to seating capacity. They include: Class a stadiums seating 25000 people each. Class B stadiums seating 15000 to 25000 people each. Class C stadiums seating 5000 to 15000 people each, and Class D stadiums seating fewer than 5000 people.

Hospitals refer to medical institutions with permanent hospital beds, which are able to take in patients and provide them with medical and nursing services. Hospitals are classified into three categories: hospitals at or above the county level, hospitals of rural townships, and other hospitals. According to their ownership, hospitals can be classified into three categories: hospitals under the public health departments, hospitals under industrial and other departments and collective – owned hospitals. Hospitals at or above county level are divided into comprehensive and specialized hospitals.

Medical Technical Personnel refers to all medical staff and workers employed by medical institutions, including doctors of Chinese and Western medicine, senior doctors who integrate traditional Chinese therapeutics with Western therapeutics in practice, senior nurses, pharmacists of Chinese and Western medicine, laboratory specialists, other specialists, paramedics of Chinese and Western medicine, nurses, midwives, druggists in Chinese and Western medicine, laboratory technicians, other technicians, other practitioners of Chinese medicine, nursing attendants, pharmacological workers of Chinese and Western medicine, laboratory workers, and other primary medical personnel.

Doctors refer to qualified professional medical workers approved to practice by public health departments. They are classified into doctors of Chinese medicine, doctors of Western medicine, senior doctors who integrate traditional Chinese therapeutics with Western therapeutics in practice, paramedics of Chinese medicine and Western medicine, and other specialists of Chinese medicine.

Social Welfare Institutions refer to institutions taking care of old people without children, handicapped people and orphans. They include social welfare institutions run by civil affairs departments, children welfare institutions, social welfare institutions for mental patients, and collective – owned old peoples homes in rural areas.

Number of People Taken in by Social Welfare Institutions refers to the number of old people, children, totally dependent handicapped people and mental patients taken in by social welfare institutions run by civil affairs departments and those run by collective units in urban and rural areas.

Social Welfare Enterprises are collective owned enterprises which employ the blind, deaf – mute, and other handicapped people who are able to work in cities and towns and enjoy exemption from state taxes, including welfare plants, welfare commercial services, artificial limb plants and farms, etc.

Rural Households with Livelihood Guaranteed in Five Aspects refer to the households in which there are old people without child, orphans and handicapped people who are unable to work and without financial resources in rural areas. They are taken care of by the collective units and their food, clothing, housing, medical care, funeral expenses (or schooling for orphans) are guaranteed to be provided for.

Households in the Poor Household Support Program　refer to the households of martyrs and disabled servicemen, and poor households who are able to work but in poor conditions, receiving government or collective relief funds. In this way, the households can get to work and make themselves break away from poverty.

Lawyers　are legal workers who are employed full time by legal counseling firms to act as legal advisers, agents in criminal or civil lawsuits, or defenders in criminal lawsuits, or to handle non – litigious legal affairs, to advise on matters of law or to write legal papers for others. Both full – time and part – time lawyers are included.

Notary Personnel　refers to judicial workers of the state notary offices handling notarization work according to law. They include notaries, assistant notaries, and other people working for notary offices.

Notarized Documents　refer to the documents settled by notary offices in a year. The notary documents are drawn up in accordance with the regulations of the Ministry of Justice, including domestic documents and foreign – related documents. Domestic documents are divided into two major categories, documents on economic contracts and documents on civil legal relations.

Mediators　refer to workers on peoples mediation committees responsible for mediating in civil disputes and cases of slight infraction of the law. They include members of the mediation committees and mediators of mediation groups.

Mediation of Civil Disputes　refers to mediation committees work in mediating in civil disputes concerning civil rights and duties through persuasion and education in accordance with the provisions of law on a voluntary basis, so as to solve disputes by helping the parties involved come to an agreement and understanding. These disputes include divorce cases and disputes over property ownership, but exclude the civil cases to be handled by the court.

Number of Labour Dispute Cases Accepted　refers to the number of cases of labour dispute submitted that, after being reviewed by the labour dispute arbitration committees in line with the relevant state regulations, are accepted and registered for treatment.

Retired or Resigned Personnel　refers to the persons who have formally gone through the formalities for their retirement or quitting work and enjoy the corresponding treatments.

Insurance and Welfare Funds　refers to labour insurance and welfare fund paid by enterprises, organizations and institutions to their staff and workers as well as retired and resigned persons in addition to their wages and salaries.

(1) Insurance and Welfare Funds for Staff and Workers include:

Medical Care Allowance: It refers to the cost of medical care of staff and workers and their dependent family members who are covered by the medicare system of enterprises, travelling expenses of injured employees to hospital and their per diem subsidies during hospitalization, cost of medical care of employees who are covered by the medicare system of institutions and organizations, as well as cost of medicine of employees of enterprises and institutions who are not covered by the medicare system.

Expenses for Recreational, Sports and Publicity Activities: They refer to actual payment made by enterprises and institutions in recreational, sports and publicity activities, excluding training cost.

Subsidies to Collective Welfare Undertakings: They refer to subsidies to the operation of welfare undertakings that cannot fully cover their cost, such as public bathrooms, barbershops, laundries, nurseries and kindergartens.

Expenses for Collective Welfare Facilities: They refer to expenses for collective welfare facilities that are spent in line with state regulations, such as the purchase and repair of cooking utensils for canteens, and repair of living quarters of staff and workers, but excluding the expenses for welfare projects that are constructed with self – raised funds.

Others: They refer to their insurance and welfare funds paid to staff and workers.

(2) Insurance and Welfare Funds for Retired and Resigned Staff and Workers

Pensions for retired veteran cadres: They refer to pensions, other subsidies, and additional allowances paid to retired in line with relevant government documents.

Pensions for Retirement: They refer to living allowance, other subsidies and additional allowances paid to retired staff and workers in line with the relevant government documents.

Resignation Allowances for Living Expenses: They refer to living allowance, and additional allowances subsidies paid to resigned staff and workers in line with relevant government instructions.

Others: They refer to other expenses, including moving and settlement allowance, allowance for difficult families, book and newspaper allowance, subsidy for non staple foods, housing subsidy, water and electricity subsidy, special allowance for staff and workers of national minorities, travelling cost for senior retired staff, etc.

Volume of Industrial Waste Water Discharged refers to the volume of industrial waste water discharged, through all outlets, to the outside of industrial enterprises, including waste water produced, direct – cooling water, underground water from mines that does not meet the standard of discharge, and the domestic sewage mixed up with industrial waste water when discharged, but excluding discharged indirect – cooling water.

Volume of Waste Water up to the Standard for Discharge refers to the volume of discharged industrial wastewater that, with or without treatment, has come up to the national or local standards for discharge.

Volume of Treated Industrial Waste Water refers to the volume of industrial wastewater after being treated and purified through various water treatment facilities in the reference period, including the volume discharged or recovered after being treated. The volume of wastewater that fails to meet the national or local standards after treatment is also included. If there are treatment facilities both at the outlets of workshops and at the outlets of the factory, and the same volume of wastewater has been treated twice, duplication should be avoided in the calculation of the volume of treated industrial wastewater.

Volume of Waste Industrial Gas Emission refers to waste gas emitted from burning of fuels and from production process in the area of the factory, and is measured by 10000 standard cubic meters each year under normal condition.

Volume of Industrial Sulfur Dioxide Discharged refers to the volume of sulfur dioxide discharged to the air in the process of fuel burning or in the production process.

Volume of Industrial Soot Discharged refers to the volume of solid soot in the smoke discharged in the process of fuel burning in the area of the factory.

Industrial Dust Discharged refers to the total weight of solid dust discharged by industrial enterprises in the production process, such as dust of refractory materials from iron plants, dust from coke – screening system or from sintering machines of coking plants, dust from lime kilns, cement dust from building material enterprises, etc., but excluding smoke and dust discharged by power plants.

Volume of Industrial Solid Wastes Produced refers to the total volume of solid, semi – solid or high concentration liquid residue produced by industrial enterprises in their production process, including dangerous wastes, residues from melting, slag, powdered coal ash, gangue, chemical residues, tailings, radioactive residues and other residues, but excluding stripped or dug stones in mining (except gangue and acid or alkali stones which are stones washed or soaked by water with a pH value smaller than 4 or larger than 10.5)

Dangerous Wastes refers to the wastes which are listed by the government as the dangerous wastes or the wastes which are explosive, inflammable, oxidizable, poisonous, corrosive or liable to cause infectious diseases or have other dangerous characteristics specified in accordance with the standards or methods stipulated by the government for identifying the dangerous wastes.

Volume of Industrial Solid Wastes Utilized in a Comprehensive Way refers to the volume of solid wastes from which useful materials can be extracted or which can be changed to be utilizable resources, energy or other materials, including the volume of industrial solid wastes stored up in the previous years and utilized in the current year, such as the solid wastes utilized as fertilizers, building materials, for making roads or for other purpose. Statistical data on utilization of industrial solid wastes are collected by solid wastes producing units.

Volume of Industrial Stored up Solid Wastes refers to the volume of industrial solid wastes temporarily stored up or piled with special facilities or piled in the special sites for the purpose of utilization or treatment in future. The special facilities or special sites for storing up solid wastes should have the measures against spreading or being washed away to other places, permeating the soil or causing air pollution or water contamination.

Volume of Industrial Solid Wastes Treated refers to solid wastes disposed of in a non – recoverable place that meet the requirement of environmental protection, such as burying (The dangerous wastes should be buried safely), burning, piling in designated sites, pouring water into the deep strata, filling of old mines, etc. (including treatment of solid wastes piled up in the previous years).

Volume of Industrial Solid Wastes Discharged refers to the volume of industrial solid wastes produced and discharged at the places outside the special facilities or special sites for preventing against pollution, excluding stripped or dug stones in mining (except gangue and acid or alkali waste stones).

Output Value of Products Made from Utilization of Waste Gas, Waste Water and Industrial Solid Wastes refers to the value of products (calculated at current prices) made by industrial enterprises using recovered waste water, waste gas or solid wastes as main raw materials. Only the value of the products which have been sold or are ready to be sold should be included. The value of the products which will be used in the production of the enterprises should not be included.

Profit Obtained from Utilization of Waste Gas, Waste Water and Industrial Solid Wastes refers to profit obtained from selling or own – consumption of products made by industrial enterprises using recovered wastewater, waste gas or solid wastes as main raw materials.

Accidents of Environment Pollution and Destruction refer to sudden accidents, due to economic and social behavior or activities in contrast with environment protection legislation, unexpected factors or irresistible natural disasters, that cause the pollution of environment, the destruction of natural protection zones, wild plants and animals, the danger to the health of people, and the loss in the property of the society and people.

附录一、各县、市主要指标附录

APPENDIX Ⅰ MAIN INDICATORS OF COUNTIES

附录1 各县、市主要指标(2003)

MAIN INDICATORS OF COUNTIES

县、市名称	Name	年底总人口(万人) Total Population (year-end) (10000 persons)	#非农业人口 Non-agricultural	地区生产总值(万元) Gross Domestic Product (10000 yuan)	第一产业 Primary Industry	第二产业 Secondary Industry	第三产业 Tertiary Industry	地区生产总值指数(上年=100) Indices of Gross Domestic Product (preceding year=100)	人均地区生产总值(元) Per Capita GDP (yuan)
呼兰县	Hulan County	69.0	15.6	850281	204332	383976	261973	129.7	12386
宾县	Bin County	61.2	11.2	512775	178785	175571	158419	117.3	8380
依兰县	Yilan County	39.0	13.0	210305	75455	46303	88547	112.4	5398
方正县	Fangzheng County	22.6	10.0	119031	44005	25784	49242	111.4	5256
阿城市	Acheng City	65.2	24.4	917580	136538	452172	328870	108.5	14071
双城市	Shuangcheng City	80.6	17.4	1054919	350927	311854	392138	117.1	13099
尚志市	Shangzhi City	61.8	25.2	804750	133324	391874	279552	108.4	13040
五常市	Wuchang City	95.9	23.2	719362	276511	152740	290111	118.2	7513
巴彦县	Bayan County	68.7	13.2	440943	205878	130434	104631	108.1	6415
木兰县	Mulan County	26.3	6.5	134689	36928	62101	35660	112.3	5126
通河县	Tonghe County	23.0	10.7	117502	38559	44102	34841	108.7	5546
延寿县	Yanshou County	25.7	7.0	107800	33149	39569	35082	110.4	4235
龙江县	Longjiang County	59.8	11.0	156503	69040	44188	43275	102.9	2605
依安县	Yian County	48.7	8.7	158078	49363	49149	59566	75.1	3239
泰来县	Tailai County	31.8	8.3	89767	38288	18172	33307	110.3	2783
甘南县	Gannan County	37.5	8.1	101646	33593	19958	48095	78.3	2709
富裕县	Fuyu County	27.9	8.7	137488	49014	55065	33409	107.3	4745
克山县	Keshan County	45.9	10.5	199594	89015	47446	63133	105.4	4011
克东县	Kedong County	27.9	5.9	86786	40192	21831	24763	95.4	3080
拜泉县	Baiquan County	55.0	8.2	202520	67306	44472	90742	92.5	3628
讷河市	Nehe City	63.9	12.0	346307	72396	76272	197639	70.2	5066
鸡东县	Jidong County	29.9	9.4	348482	92000	143238	113244	109.3	11656
虎林市	Hulin City	30.0	15.4	329622	145633	70975	113014	116.7	10943
密山市	Mishan City	43.3	16.9	349025	112075	118049	118901	111.0	7992
萝北县	Luobei County	22.9	12.7	254221	108081	52001	94139	110.4	11029
绥滨县	Suibin County	18.7	8.2	156468	86295	25506	44667	109.5	8381
集贤县	Jixian County	31.5	9.9	149095	60035	51712	37348	111.1	4759
友谊县	Youyi County	12.5	7.5	90301	31848	25792	32661	109.6	7216
宝清县	Baoqing County	42.4	14.2	222512	102822	54888	64802	108.5	5250
饶河县	Raohe County	14.1	6.0	49053	25869	7671	15513	104.7	3476
肇州县	Zhaozhou County	43.6	8.6	200204	70685	54841	74678	113.2	4710
肇源县	Zhaoyuan County	44.6	9.2	188660	80476	51950	56234	106.5	4232
林甸县	Lindian County	26.8	6.1	95066	42194	28462	24410	114.3	3341
杜蒙自治县	Durbote Mongolia Autonomous County	24.9	6.6	145963	60641	42364	42958	110.6	5859

附录1 续表1 CONTINUED

县、市名称	Name	年底总人口(万人) Total Population (year-end) (10000 persons)	#非农业人口 Non-agricultural	地区生产总值(万元) Gross Domestic Product (10000 yuan)	第一产业 Primary Industry	第二产业 Secondary Industry	第三产业 Tertiary Industry	地区生产总值指数(上年=100) Indices of Gross Domestic Product (preceding year=100)	人均地区生产总值(元) Per Capita GDP (yuan)
嘉荫县	Jiayin County	8.0	3.8	75566	33694	19857	22015	110.0	9408
铁力市	Tieli City	38.6	28.1	252085	70348	119671	62066	110.4	6525
桦南县	Huanan County	43.5	13.2	200073	95313	47363	57397	111.4	4604
桦川县	Huachuan County	21.4	6.1	63001	35598	9349	18054	101.4	2891
汤原县	Tangyuan County	26.8	9.8	141364	51587	30277	59500	108.3	5278
抚远县	Fuyuan County	10.6	3.7	67438	39837	3731	23870	110.2	8100
同江市	Tongjiang City	16.4	6.6	140627	83251	22403	34973	103.7	8551
富锦市	Fujin City	44.0	17.3	364190	186987	57505	119698	110.6	8293
勃利县	Boli County	37.1	12.1	194504	66372	47101	81031	113.0	5220
穆棱市	Muling City	32.7	13.9	352185	53819	170193	128173	108.9	10871
东宁县	Dongning County	21.1	9.8	196340	35138	63302	97900	110.1	9387
林口县	Linkou County	44.8	13.7	256112	77626	86814	91672	107.8	5756
绥芬河市	Suifenhe City	5.7	4.7	143568	3726	29776	110066	116.7	25900
海林市	Hailin City	43.8	24.6	327772	60912	165517	101343	109.5	7467
宁安市	Ningan City	44.5	15.1	329040	98307	109831	120902	108.5	7424
北安市	Beian City	47.3	28.2	191208	60488	46509	84211	108.5	4022
五大连池市	Wudalianchi City	36.3	18.3	126273	71999	9338	44936	108.4	3899
嫩江县	Nenjiang County	49.9	20.2	286760	121201	60417	105142	108.6	5797
逊克县	Xunke County	10.6	2.9	66728	29943	10647	26138	106.5	6354
孙吴县	Sunwu County	10.1	4.6	25538	8122	3837	13579	75.0	2546
安达市	Anda City	51.3	19.0	465459	111318	148309	205832	108.7	9108
肇东市	Zhaodong City	93.1	26.6	956961	263261	374649	319051	110.1	11021
海伦市	Hailun City	81.7	17.2	326386	140141	78303	107942	101.2	3993
望奎县	Wangkui County	47.9	8.5	144384	82874	16050	45460	104.5	3035
兰西县	Lanxi County	47.4	9.0	93893	51090	15230	27573	106.1	1982
青冈县	Qinggang County	42.1	9.8	90172	40241	22100	27831	87.5	2156
庆安县	Qingan County	38.5	10.2	246334	74747	81098	90489	109.2	6406
明水县	Mingshui County	34.3	7.8	58852	16404	15138	27310	88.1	1730
绥棱县	Suiling County	32.6	13.3	163342	65571	15420	82351	100.6	4868
呼玛县	Huma County	5.3	2.8	48337	17083	17926	13328	114.0	9075
塔河县	Tahe County	10.1	8.8	88008	28661	28309	31038	110.5	8707
漠河县	Mohe County	8.4	7.9	109983	36918	38944	34121	111.8	13114

附录1 续表2 continued

单位：人 (person)

县、市名称	Name	就业人员 Number of Employed Persons	第一产业 Primary Industry	第二产业 Secondary Industry	第三产业 Tertiary Industry	职工人数 Number of Staff and Workers	国有单位 State－owned Units	城镇集体单位 Collective－owned Units	其他单位 Other
呼兰县	Hulan County	36957	416	14359	22182	55807	40297	6650	8860
宾县	Bin County	25577	1885	6363	17329	32283	27969	2966	1348
依兰县	Yilan County	23403	1085	2705	19613	24091	22188	523	1380
方正县	Fangzheng County	23023	10196	3407	9420	28206	23615	4574	17
阿城市	Acheng City	52040	3413	28364	20263	68144	49670	5583	12891
双城市	Shuangcheng City	27254	1604	2970	22680	42180	35797	3969	2414
尚志市	Shangzhi City	44599	13035	11831	19733	54182	47933	3269	2980
五常市	Wuchang City	51863	14421	9886	27556	76273	68421	2972	4880
巴彦县	Bayan County	37846	11688	5790	20368	55071	48533	3942	2596
木兰县	Mulan County	16543	1528	3849	11166	18236	17816	404	16
通河县	Tonghe County	17606	6446	682	10478	24795	21475	3308	12
延寿县	Yanshou County	15263	2483	2582	10198	20280	16350	1473	2457
龙江县	Longjiang County	20987	3299	3660	14028	20841	16753	828	3260
依安县	Yian County	20399	3088	5817	11494	20285	15188	2020	3077
泰来县	Tailai County	15599	1907	1867	11825	15364	13369	922	1073
甘南县	Gannan County	10266	1356	1069	7841	10170	9463	440	267
富裕县	Fuyu County	16263	1214	5962	9087	15623	10162	480	4981
克山县	Keshan County	18037	2631	3912	11494	17340	12906	554	3880
克东县	Kedong County	13294	3356	2499	7439	12846	10327	380	2139
拜泉县	Baiquan County	13824	916	1367	11541	13095	12365	560	170
讷河市	Nehe City	29382	7597	5738	16047	28643	23192	1796	3655
鸡东县	Jidong County	19346	1900	5537	11909	19346	18411	890	45
虎林市	Hulin City	31476	15065	4150	12261	31448	26609	2316	2523
密山市	Mishan City	20875	1419	4310	15146	20704	17241	961	2502
萝北县	Luobei County	17144	7943	1587	7614	17000	15447	422	1131
绥滨县	Suibin County	10787	469	1354	8964	10683	10236	370	77
集贤县	Jixian County	25727	5939	6558	13230	25600	21822	1424	2354
友谊县	Youyi County	5504	91	983	4430	5236	4349	70	817
宝清县	Baoqing County	18731	3780	2149	12802	18726	17017	1127	582
饶河县	Raohe County	7910	721	1007	6182	7799	6923	276	600
肇州县	Zhaozhou County	24122	1398	5591	17133	23804	18037	2332	3435
肇源县	Zhaoyuan County	19346	2093	4151	13102	19339	15295	2009	2035
林甸县	Lindian County	12868	142	3105	9621	12463	9339	688	2436
杜蒙自治县	Durbote Mongolia Autonomous County	15568	5732	1425	8411	15559	13078	514	1967

附录1 续表3 CONTINUED

单位：人 (person)

县、市名称	Name	就业人员 Number of Employed Persons	第一产业 Primary Industry	第二产业 Secondary Industry	第三产业 Tertiary Industry	职工人数 Number of Staff and Workers	国有单位 State - owned Units	城镇集体单位 Collective - owned Units	其他单位 Other
嘉荫县	Jiayin County	7224	1026	2197	4001	7132	6825	167	140
铁力市	Tieli City	40199	21942	9470	8787	38480	31548	1528	5404
桦南县	Huanan County	26966	8572	2790	15604	25949	22772	1364	1813
桦川县	Huachuan County	10584	1673	893	8015	10445	9955	438	52
汤原县	Tangyuan County	21589	6090	4421	11078	21553	18238	692	2623
抚远县	Fuyuan County	7131	1994	453	4684	7117	6485	110	522
同江市	Tongjiang City	8133	313	943	6877	8128	7210	380	538
富锦市	Fujin City	25929	2126	5420	18383	25522	22355	1549	1618
勃利县	Boli County	30674	6226	11435	13013	35837	23427	2440	9970
穆棱市	Muling City	31430	11540	5266	14624	30853	23707	3918	3228
东宁县	Dongning County	20332	5679	4521	10132	19941	15178	543	4220
林口县	Linkou County	20607	5498	2861	12248	20090	16806	1602	1682
绥芬河市	Suifenhe City	10452	14	1251	9187	10245	6899	797	2549
海林市	Hailin City	41651	22151	6635	12865	40842	33830	2847	4165
宁安市	Ningan City	34892	14437	6673	13782	34582	27343	3675	3564
北安市	Beian City	31610	6082	8863	16665	30280	26569	2187	1524
五大连池市	Wudalianchi City	32559	21494	1136	9929	32258	31380	397	481
嫩江县	Nenjiang County	22772	2709	5234	14829	22561	18945	896	2720
逊克县	Xunke County	6768	1052	732	4984	6450	6001	357	92
孙吴县	Sunwu County	8763	648	1714	6401	8729	7292	305	1132
安达市	Anda City	26619	506	8484	17629	25689	19302	1398	4989
肇东市	Zhaodong City	42415	1096	15593	25726	41642	27701	2011	11930
海伦市	Hailun City	30677	2249	3094	25334	29601	27053	805	1743
望奎县	Wangkui County	18386	883	3352	14151	17083	14458	559	2066
兰西县	Lanxi County	16456	495	3209	12752	16192	12760	756	2676
青冈县	Qinggang County	16557	319	4184	12054	16444	13531	1213	1700
庆安县	Qingan County	18935	1573	4531	12831	18244	14551	721	2972
明水县	Mingshui County	17198	798	3704	12696	17152	15012	656	1484
绥棱县	Suiling County	30262	8866	5203	16193	28771	27399	768	604
呼玛县	Huma County	9264	4924	644	3696	9148	8653	133	362
塔河县	Tahe County	18998	16113	1137	1748	18998	17803	87	1108
漠河县	Mohe County	22126	18990	1644	1492	21983	14809	48	7126

附录 1 续表 4 CONTINUED

单位:万元 (10000 yuan)

县、市名称	Name	固定资产投资总额 Total Investment in Fixed	按类型分 Group by Ownership			按管理渠道分 Group by Channel of Management			
			国有单位 State - owned Units	城镇集体单位 Collective - owned Units	其他单位 Other	基本建设 Capital Construction	更新改造 Innovation	房地产开发 Real Estate Development	其他 Other
呼兰县	Hulan County	191136	95440	4310	91386	171023	8013	11800	300
宾县	Bin County	63432	7103	2809	53520	63432			
依兰县	Yilan County	26833	20953	5180	700	16579	530	980	8744
方正县	Fangzheng County	7945	7645		300	7945			
阿城市	Acheng City	144540	47695	1280	95565	65240	67174	12126	
双城市	Shuangcheng City	102198	53528	730	47940	89956	12242		
尚志市	Shangzhi City	79725	32637	1410	45678	30992	12921	5501	30311
五常市	Wuchang City	48347	15662	1200	31485	29098	16339		2910
巴彦县	Bayan County	31540	22879	939	7722	22435	7058		2047
木兰县	Mulan County	10005	10005			10005			
通河县	Tonghe County	21966	19476	400	2090	20263	1330		373
延寿县	Yanshou County	9108	8546		562	9108			
龙江县	Longjiang County	27950	19049	300	8601	24178	3072	400	300
依安县	Yian County	19746	12481	305	6960	15321			4425
泰来县	Tailai County	26214	15349	225	10640	15487	8500	862	1365
甘南县	Gannan County	15873	7717	1800	6356	10053	2000		3820
富裕县	Fuyu County	23226	15918		7308	12930	8888	1408	
克山县	Keshan County	19200	3986		15214	12471	6729		
克东县	Kedong County	14814	7608		7206	10718	2000		2096
拜泉县	Baiquan County	15057	9035		6022	9200			5857
讷河市	Nehe City	25055	11598	656	12801	18704	3950		2401
鸡东县	Jidong County	20248	5965	301	13982	9467	10480		301
虎林市	Hulin City	39941	30881	750	8310	33991	4300		1650
密山市	Mishan City	17351	12651	500	4200	12986	3600	500	265
萝北县	Luobei County	19745	10923		8822	7958	4613	6015	1159
绥滨县	Suibin County	13961	9381		4580	9531	515	3915	
集贤县	Jixian County	36899	7296	2690	26913	28966	6260		1673
友谊县	Youyi County	5726	3434		2292	5556	100		70
宝清县	Baoqing County	35490	12354	1103	22033	30776	1531	300	2883
饶河县	Raohe County	13418	10143	1027	2248	9523	2223	690	982
肇州县	Zhaozhou County	8300	5260		3040	4470		3830	
肇源县	Zhaoyuan County	30977	5125	700	25152	21677	9300		
林甸县	Lindian County	47413	8471	1765	37177	26338	19075		2000
杜蒙自治县	Durbote Mongolia Autonomous County	47524	28526	720	18278	45524	2000		

附录 1 续表 5 CONTINUED

单位:万元 (10000 yuan)

县、市名称	Name	固定资产投资总额 Total Investment in Fixed	按类型分 Group by Ownership			按管理渠道分 Group by Channel of Management			
			国有单位 State - owned Units	城镇集体单位 Collective - owned Units	其他单位 Other	基本建设 Capital Construction	更新改造 Innovation	房地产开发 Real Estate Development	其他 Other
嘉荫县	Jiayin County	11113	8132		2981	5828	4715		570
铁力市	Tieli City	56924	19082	710	37132	11257	9265	5450	30952
桦南县	Huanan County	45122	24992		20130	16892	23810		4420
桦川县	Huachuan County	16990	12710	750	3530	12470	1570		2950
汤原县	Tangyuan County	20338	17202	800	2336	9292	1072	8450	1524
抚远县	Fuyuan County	14241	12101	80	2060	12961			1280
同江市	Tongjiang City	14600	10638	1550	2412	10988		3412	200
富锦市	Fujin City	21221	10464		10757	10542	2754	6469	1456
勃利县	Boli County	22989	6280		16709	13838	2922	3225	3004
穆棱市	Muling City	32199	13946	2050	16203	17883	5785		8531
东宁县	Dongning County	49801	23758	3120	22923	22038	12436		15327
林口县	Linkou County	44352	31211	4141	9000	42122	1610		620
绥芬河市	Suifenhe City	86382	30952	6710	48720	32122	2040	10345	41875
海林市	Hailin City	42385	30464		11921	18712	4647		19026
宁安市	Ningan City	30253	14091		16162	29824	429		
北安市	Beian City	16132	9991	1296	4845	8681	3145		4306
五大连池市	Wudalianchi City	20323	18573		1750	19543	780		
嫩江县	Nenjiang County	31206	25183		6023	23883	1300		6023
逊克县	Xunke County	6177	5323		854	5419	758		
孙吴县	Sunwu County	5533	2290		3243	3818	730	985	
安达市	Anda City	24530	12691		11839	13741	10789		
肇东市	Zhaodong City	54704	27931		26773	23372	28832	2500	
海伦市	Hailun City	23079	21879		1200	12131	10948		
望奎县	Wangkui County	13133	11522	320	1291	10240	2893		
兰西县	Lanxi County	16325	5695	2920	7710	9795	6530		
青冈县	Qinggang County	2500			2500			2500	
庆安县	Qingan County	19792	12403		7389	16712	3080		
明水县	Mingshui County	9653	7053		2600	7053	2600		
绥棱县	Suiling County	15101	8950		6151	14609	347	145	
呼玛县	Huma County	9308	9308			9308			
塔河县	Tahe County	9857	8238		1619	8780		879	198
漠河县	Mohe County	11832	11094		738	11832			

附录 1 续表 6 CONTINUED

县、市名称	Name	职工平均工资（元）Average Wage of Staff and Workers (yuan)	农林牧渔业总产值（万元）Gross Output Value of Farming, Forestry, Animal Husbandry and Fishery (10000 yuan)					农林牧渔业劳动力（人）Labor Force of Farming Forestry, Animal Husbandry and Fishery (person)	耕地面积（公顷）Cultivated Area (hectare)
			合计 Total	#农业 Farming	林业 Forestry	牧业 Animal Husbandry	渔业 Fishery		
呼兰县	Hulan County	5573	406558	153887	4050	238851	8216	171220	150720
宾县	Bin County	7114	339043	127147	12690	192257	1349	217233	135338
依兰县	Yilan County	8877	139146	91084	4388	35044	2682	100130	114704
方正县	Fangzheng County	6118	81101	42367	11975	17604	5722	54839	34534
阿城市	Acheng City	7414	243931	114077	9497	106157	5600	122442	79252
双城市	Shuangcheng City	7150	603540	282530	2483	299391	7004	204232	188252
尚志市	Shangzhi City	6465	243236	115611	36433	79914	6948	98918	64383
五常市	Wuchang City	5448	420929	252697	15296	127077	6064	287366	162271
巴彦县	Bayan County	5304	316105	154263	19046	134112	5184	152235	179520
木兰县	Mulan County	8123	62489	42999	2054	12539	1933	76294	73874
通河县	Tonghe County	6147	64665	30702	12734	15904	5085	47860	44725
延寿县	Yanshou County	6957	50987	34652	2951	11357	1097	63737	73524
龙江县	Longjiang County	7896	133822	69271	2380	59739	2387	197134	234768
依安县	Yian County	7860	116389	33440	6121	74705	1963	160184	193928
泰来县	Tailai County	7697	81765	45567	1687	31271	2640	96910	125211
甘南县	Gannan County	9283	53208	22699	2031	25938	2172	124821	167487
富裕县	Fuyu County	10031	75446	15397	1128	53716	5107	91788	101616
克山县	Keshan County	8754	125019	68254	1393	51781	3486	157230	149504
克东县	Kedong County	8799	70867	51501	2101	15365	1801	99353	94451
拜泉县	Baiquan County	8513	132989	70044	2416	56925	3454	154669	207067
讷河市	Nehe City	8457	191272	35931	8498	144035	2808	205969	318667
鸡东县	Jidong County	7896	145895	90936	6963	41594	6147	89872	69435
虎林市	Hulin City	8166	98279	60187	16764	17999	2729	46747	75185
密山市	Mishan City	10122	117869	59756	2211	41808	13418	107195	104264
萝北县	Luobei County	7942	51237	25374	10546	13507	1100	23961	40637
绥滨县	Suibin County	8809	50550	32396	196	16362	1530	45073	66938
集贤县	Jixian County	8203	81930	59814	1524	18969	956	84234	132586
友谊县	Youyi County	11431	978	132		846			214
宝清县	Baoqing County	9275	71502	48292	4619	15381	3010	89771	157448
饶河县	Raohe County	10446	29033	19073	818	6046	2596	27203	65000
肇州县	Zhaozhou County	7621	149962	76414	1142	69596	2327	148139	122064
肇源县	Zhaoyuan County	8463	153029	74435	2067	57485	18620	150361	119812
林甸县	Lindian County	8338	89481	27098	1931	56170	3774	92420	83653
杜蒙自治县	Durbote Mongolia Autonomous County	8542	131851	25698	2947	93736	8997	66536	87006

附录1 续表7 CONTINUED

县、市名称	Name	职工平均工资(元) Average Wage of Staff and Workers (yuan)	农林牧渔业总产值(万元) Gross Output Value of Farming, Forestry, Animal Husbandry and Fishery (10000 yuan) 合计 Total	#农业 Farming	林业 Forestry	牧业 Animal Husbandry	渔业 Fishery	农林牧渔业劳动力(人) Labor Force of Farming Forestry, Animal Husbandry and Fishery (person)	耕地面积(公顷) Cultivated Area (hectare)
嘉荫县	Jiayin County	9700	38918	22864	6859	6653	1979	20647	35232
铁力市	Tieli City	5168	102460	51630	19004	30419	947	37158	49865
桦南县	Huanan County	7170	134966	64371	25826	35710	4791	135376	118141
桦川县	Huachuan County	8367	56064	39701	654	12921	2710	71721	75375
汤原县	Tangyuan County	7259	80634	40649	3032	32374	4369	70742	68249
抚远县	Fuyuan County	10456	22636	18611	501	2766	476	47121	47611
同江市	Tongjiang City	11148	61925	48561	960	10534	1550	30130	59334
富锦市	Fujin City	8579	217682	174871	871	32659	9016	108235	181089
勃利县	Boli County	7723	93400	57300	4270	31000	830	92040	97083
穆棱市	Muling City	6864	97273	52468	12239	27042	1114	82083	69766
东宁县	Dongning County	10472	59921	40750	8646	7990	2286	52110	39483
林口县	Linkou County	7182	132885	85097	10609	33424	2505	133853	128360
绥芬河市	Suifenhe City	13600	6798	2929	255	3412	156	2384	1928
海林市	Hailin City	6881	100192	40031	35473	20883	1968	69419	53702
宁安市	Ningan City	7783	167782	105118	14001	38989	5078	133916	93767
北安市	Beian City	5678	59139	41751	4348	11940	1100	71473	87204
五大连池市	Wudalianchi City	5667	84297	53354	16715	11640	2588	63537	113729
嫩江县	Nenjiang County	7873	97806	73599	1993	21567	647	106976	225149
逊克县	Xunke County	9546	42592	33470	1512	5367	692	25206	63789
孙吴县	Sunwu County	8744	16243	10073	1274	3682	391	24293	40879
安达市	Anda City	8005	177943	87376	1309	79179	8429	106516	101882
肇东市	Zhaodong City	8102	414390	180311	1760	211292	20587	235115	200439
海伦市	Hailun City	8225	219285	154426	2793	56035	5361	247409	255724
望奎县	Wangkui County	7461	134793	62017	2624	68195	1307	127981	138737
兰西县	Lanxi County	6514	94181	52489	1302	36609	3570	146779	143841
青冈县	Qinggang County	7262	77176	33905	2965	38426	1680	126311	141787
庆安县	Qingan County	8048	116811	71770	7647	29474	6720	108113	99468
明水县	Mingshui County	6804	45366	25685	1544	16471	1126	78776	106696
绥棱县	Suiling County	6484	74945	36014	17502	16542	4209	76226	73013
呼玛县	Huma County	9027	26171	10556	10144	5326	145	10455	25049
塔河县	Tahe County	7902	39977	3110	31565	4934	283	4497	6143
漠河县	Mohe County	6857	54172	5548	43370	4961	198	2519	2727

附录1 续表8 CONTINUED

县、市名称	Name	农民人均纯收入（元） Per Capita Annual Net Income of Rural (yuan)	农用机械总动力（万千瓦） Total Agricultural Machinery Power (10000 kw)	化肥施用折纯量（吨） Consumption of Chemical Fertilizers (ton, Converting the gross weight into weight containing 100% effective component)	农村用电量（万千瓦时） Electricity Consumed in Rural Areas (10000 kwh)	主要农作物产量（吨） Yield of Main Farm Crops (ton)		
						粮食 Grain Crops	油料 Oil-bearing Crops	甜菜 Beetroots
呼兰县	Hulan County	2906	26.5	29355	9835	754950	467	1215
宾县	Bin County	2182	27.5	25946	9483	529638	1500	
依兰县	Yilan County	2058	23.4	11228	3715	430268	764	53725
方正县	Fangzheng County	2382	16.2	8256	2903	168746	318	
阿城市	Acheng City	3074	27.1	14431	5939	349046	115	615
双城市	Shuangcheng City	3217	28.6	44662	9423	1322213	13143	
尚志市	Shangzhi City	3125	16.2	13418	6827	378986	7547	
五常市	Wuchang City	3117	39.3	37029	9605	1390804	1123	
巴彦县	Bayan County	2514	22.1	24326	5376	835376	229	36720
木兰县	Mulan County	1961	14.9	9424	2244	236937	1364	1080
通河县	Tonghe County	1203	22.4	7278	1362	145745	262	430
延寿县	Yanshou County	978	12.7	9874	3481	223273	1378	
龙江县	Longjiang County	1292	45.1	34969	4817	431345	17021	12838
依安县	Yian County	589	20.7	19096	2744	97930	10424	75261
泰来县	Tailai County	1200	20.2	20035	2954	272469	24918	2254
甘南县	Gannan County	605	23.7	9591	3163	72282	22099	26083
富裕县	Fuyu County	1422	21.2	14485	3008	64905	4692	10438
克山县	Keshan County	1560	17.9	10057	2768	218326	1463	41361
克东县	Kedong County	896	12.5	6411	2410	178718	1866	15398
拜泉县	Baiquan County	979	22.6	20894	2861	296294	14124	80065
讷河市	Nehe City	586	35.1	27956	5895	90586	4043	33045
鸡东县	Jidong County	2807	15.3	6826	3210	263527	8314	15880
虎林市	Hulin City	3277	25.1	5573	1598	334947	3728	
密山市	Mishan City	2770	24.7	14280	4622	346462	7468	2910
萝北县	Luobei County	3165	12.0	5015	510	90764	344	
绥滨县	Suibin County	753	14.8	472	720	156973	692	
集贤县	Jixian County	2361	21.8	14219	4829	347005	7146	3780
友谊县	Youyi County			26	4	531	32	
宝清县	Baoqing County	2161	25.1	10297	2865	368338	10593	44224
饶河县	Raohe County	940	8.6	3350	555	84668	9574	
肇州县	Zhaozhou County	2415	18.5	20732	2963	500311	6725	125008
肇源县	Zhaoyuan County	1754	22.2	20345	3916	377356	21510	16806
林甸县	Lindian County	837	20.9	17416	2344	81259	3407	11475
杜蒙自治县	Durbote Mongolia Autonomous County	958	26.3	8398	3104	86355	3573	

附录1 续表9 CONTINUED

县、市名称	Name	农民人均纯收入(元) Per Capita Annual Net Income of Rural (yuan)	农用机械总动力(万千瓦) Total Agricultural Machinery Power (10000 kw)	化肥施用折纯量(吨) Consumption of Chemical Fertilizers (ton, Converting the gross weight into weight containing 100% effective component)	农村用电量(万千瓦时) Electricity Consumed in Rural Areas (10000 kwh)	主要农作物产量(吨) Yield of Main Farm Crops (ton)		
						粮食 Grain Crops	油料 Oil - bearing Crops	甜菜 Beetroots
嘉荫县	Jiayin County	2914	10.1	2503	362	61878	304	
铁力市	Tieli City	2907	14.5	4247	1015	171537	1368	23
桦南县	Huanan County	620	18.0	13285	4222	247441	5154	14423
桦川县	Huachuan County	664	23.6	11346	2369	306332		
汤原县	Tangyuan County	608	19.0	11602	4173	173397	221	2129
抚远县	Fuyuan County	623	5.7	6647	1086	68344	34	
同江市	Tongjiang City	636	11.9	5239	690	167356	697	
富锦市	Fujin City	2564	40.0	20412	2097	850125	25624	124226
勃利县	Boli County	2561	19.3	15083	3691	191892	4229	12074
穆棱市	Muling City	3072	10.7	7060	2582	151149	6662	425
东宁县	Dongning County	3260	14.6	4800	3696	88875	5116	400
林口县	Linkou County	2889	16.5	12276	4394	197322	11292	1301
绥芬河市	Suifenhe City	4132	1.6	243	120	4769	128	
海林市	Hailin City	2901	13.6	8852	5967	123089	6099	1026
宁安市	Ningan City	3152	33.8	18674	6389	319573	4915	29193
北安市	Beian City	1971	19.2	9090	1477	139738	86	
五大连池市	Wudalianchi City	1500	14.3	11305	4551	152012	364	150
嫩江县	Nenjiang County	1817	28.0	11867	2555	246836	1082	58262
逊克县	Xunke County	3050	17.3	5913	670	95202	338	
孙吴县	Sunwu County	1202	11.8	3070	775	23612	156	
安达市	Anda City	2745	18.5	15047	4458	285082	2385	
肇东市	Zhaodong City	2916	28.3	47390	8645	1009708	7742	1395
海伦市	Hailun City	2216	25.8	39813	5191	554496	1234	148302
望奎县	Wangkui County	1298	16.9	18142	3458	295215	1105	
兰西县	Lanxi County	1096	16.0	23023	5180	280015	7739	21133
青冈县	Qinggang County	1155	14.8	22076	2208	195997	7782	642
庆安县	Qingan County	2814	15.6	6520	4369	402733	249	415
明水县	Mingshui County	988	9.6	5408	1518	106726	3174	17688
绥棱县	Suiling County	1928	13.3	6061	2825	161194	143	8824
呼玛县	Huma County	2921	8.4	1178	400	7958	30	
塔河县	Tahe County	2923	1.2	163	34	2674		
漠河县	Mohe County	3152	1.1	53	32	2653		

附录1 续表10 CONTINUED

县、市名称	Name	猪牛羊肉产量(吨) Yield of Pork Beef and Mutton (ton)	水产品产量(吨) Aquatic Products (ton)	猪年底数量(头) Number of Hogs (year－end) (head)	羊年底数量(只) Number of Sheep and Goats(year－end)(head)	牛奶产量(吨) Cow Milk (ton)	大牲畜年底数量(头) Number of Large Animals (head)	#牛 Cattle and Buffaloes	#奶牛 Milch Cows
呼兰县	Hulan County	48596	8300	347906	75940	82328	112616	100320	30180
宾县	Bin County	30694	4800	269049	24963	650	243953	235963	168
依兰县	Yilan County	16061	2547	138936	187409	4606	72929	67238	1915
方正县	Fangzheng County	8862	5620	51346	12153	261	32956	30222	145
阿城市	Acheng City	38185	5703	241683	44126	28997	164059	155800	11732
双城市	Shuangcheng City	48551	9550	270161	56250	444208	317030	294836	162288
尚志市	Shangzhi City	33085	5300	169469	45734	3240	168375	150340	1254
五常市	Wuchang City	46463	11500	422040	55593	16328	207923	175990	7385
巴彦县	Bayan County	91090	11000	428923	56593	1607	94568	82856	789
木兰县	Mulan County	6904	3407	51833	20148	31	80225	76190	14
通河县	Tonghe County	4992	6540	47380	18708	140	22141	19427	65
延寿县	Yanshou County	3874	1708	51369	19422		38336	34360	
龙江县	Longjiang County	33831	4000	343619	623925	23270	174137	150702	10028
依安县	Yian County	48830	1650	335478	276280	18404	176066	151568	9562
泰来县	Tailai County	14995	3800	149819	120749	27826	68556	41642	12853
甘南县	Gannan County	13789	3200	141542	382246	30253	45974	40090	15410
富裕县	Fuyu County	22935	6800	124004	98010	180006	116065	108020	80571
克山县	Keshan County	25670	3255	223555	99683	8900	129884	119910	5672
克东县	Kedong County	5385	3350	44465	35296	20250	44034	39084	10001
拜泉县	Baiquan County	24655	5400	203879	46508	6278	103097	95569	3006
讷河市	Nehe City	74449	4008	382526	270458	8559	191455	165765	3717
鸡东县	Jidong County	20077	5900	157950	70707	2500	67899	60910	857
虎林市	Hulin City	6805	7203	56832	33783	15700	19850	19127	5618
密山市	Mishan City	22912	16820	153646	139014	25107	119812	118216	8184
萝北县	Luobei County	4841	1351	55210	25270	8511	26449	26151	4016
绥滨县	Suibin County	8013	2500	61470	74662	5484	27051	26669	2652
集贤县	Jixian County	14831	1850	128930	56734	7340	64488	62226	2783
友谊县	Youyi County	210		2856	1137	1020	699	699	569
宝清县	Baoqing County	6088	3960	48541	140065	7014	29924	29134	3575
饶河县	Raohe County	1671	2360	12641	61868	312	7874	7421	118
肇州县	Zhaozhou County	28747	3200	280676	245993	43871	108700	74699	16217
肇源县	Zhaoyuan County	13707	26000	119783	382264	27332	73903	49236	10081
林甸县	Lindian County	12945	8000	120008	190331	118458	80696	67531	43024
杜蒙自治县	Durbote Mongolia Autonomous County	13198	17500	81595	172550	227752	164942	155084	84581

附录 1 续表 11 CONTINUED

县、市名称	Name	猪牛羊肉产量（吨）Yield of Pork Beef and Mutton (ton)	水产品产量（吨）Aquatic Products (ton)	猪年底数量（头）Number of Hogs (year-end) (head)	羊年底数量（只）Number of Sheep and Goats (year-end) (head)	牛奶产量（吨）Cow Milk (ton)	大牲畜年底数量（头）Number of Large Animals (head)	#牛 Cattle and Buffaloes	#奶牛 Milch Cows
嘉荫县	Jiayin County	1507	884	9595	186526	831	10096	9031	342
铁力市	Tieli City	16319	920	101334	34269	9715	43500	41247	3843
桦南县	Huanan County	24979	6535	177383	110098	224	122314	118346	93
桦川县	Huachuan County	8986	7012	121446	41996	787	34466	32619	254
汤原县	Tangyuan County	22318	5400	219262	60711	5922	57514	56570	7702
抚远县	Fuyuan County	1386	340	19800	13251	66	14668	14163	43
同江市	Tongjiang City	4374	1650	32759	19829	182	28183	27873	193
富锦市	Fujin City	24971	12610	247114	115040	100	93415	91792	54
勃利县	Boli County	16844	1096	122146	96152	2127	87168	82949	826
穆棱市	Muling City	18884	1530	119163	99423	2155	148195	139851	721
东宁县	Dongning County	4404	1805	40606	43201	472	32731	30930	184
林口县	Linkou County	20277	2250	155436	213150	142	135266	110269	56
绥芬河市	Suifenhe City	2199	185	11850	6210	142	8257	8039	54
海林市	Hailin City	9910	2615	82250	88773	3743	82187	77620	1959
宁安市	Ningan City	21482	5804	153688	154386	1102	115681	109639	387
北安市	Beian City	3768	1540	40226	57266	29646	35212	32647	15094
五大连池市	Wudalianchi City	4576	1955	29916	90954	11700	32667	29470	5589
嫩江县	Nenjiang County	12398	1002	122261	108801	14940	51820	43957	5103
逊克县	Xunke County	2049	800	15109	94012	137	19772	18267	69
孙吴县	Sunwu County	2427	280	16115	55283	1008	19591	17072	534
安达市	Anda City	24590	12000	221406	206281	178387	187759	160756	93626
肇东市	Zhaodong City	75548	27000	557248	350999	207853	300553	260474	93867
海伦市	Hailun City	28785	10080	350142	122783	33583	154301	138770	18492
望奎县	Wangkui County	71761	4820	503359	117993	2910	130991	119280	1243
兰西县	Lanxi County	25074	6200	289462	144232	1563	97297	81997	983
青冈县	Qinggang County	28998	2800	269541	149848	18487	95713	84986	7321
庆安县	Qingan County	27321	9000	289000	37000	570	43267	33160	160
明水县	Mingshui County	9215	2200	131076	114156	4864	78613	62842	1561
绥棱县	Suiling County	5198	5778	42531	20458	1630	21079	18966	724
呼玛县	Huma County	1745	210	12408	69404	268	9986	8606	56
塔河县	Tahe County	2045	140	14100	12810	260	8033	6486	206
漠河县	Mohe County	2001	100	15835	7823	783	3917	1564	198

附录1 续表17 CONTINUED

单位:万元　　(10000 yuan)

县、市名称	Name	全部国有及销售收入500万元以上非国有工业企业 All State - owned and Non - State - owned Above Designed Size Industrial Enterprises							
		企业单位数(个) Number of Enterprises (unit)	#亏损企业 Losses	工业总产值 Gross Industrial Output Value	工业销售产值 Sales Industrial Output Value	工业增加值 Value - added of Industry	资产合计 Total Assets	流动资产小计 Circulating Funds	流动资产年平均余额 Annual Average Balance of Circulating Funds
呼兰县	Hulan County	47	18	282744	274489	96508	313357	127363	123300
宾县	Bin County	24	2	69494	68798	19374	82424	29166	26712
依兰县	Yilan County	16	4	87030	85169	55278	80380	38374	30660
方正县	Fangzheng County	14	4	10479	10953	5699	46718	9668	9797
阿城市	Acheng City	36	9	523621	518203	129974	800619	398978	363628
双城市	Shuangcheng City	30	4	376206	360669	155269	193373	102657	95763
尚志市	Shangzhi City	22	6	89880	102324	29098	122365	54684	55034
五常市	Wuchang City	18	5	75213	76175	32671	102619	47866	47546
巴彦县	Bayan County	21	7	39871	39614	13705	72997	15771	16726
木兰县	Mulan County	11	2	32924	33187	8679	27873	9617	9809
通河县	Tonghe County	14	2	24970	23691	8940	30518	9178	9020
延寿县	Yanshou County	12	3	20798	18379	8435	44994	21199	20784
龙江县	Longjiang County	13	5	25355	25208	9175	39325	10794	8823
依安县	Yian County	14		33860	38774	10667	50291	24536	19878
泰来县	Tailai County	12	1	15751	14640	5455	24077	8468	8221
甘南县	Gannan County	11	4	38787	39068	8748	56337	29149	26362
富裕县	Fuyu County	8	1	95639	94661	30735	143248	43448	42290
克山县	Keshan County	18	1	46574	45979	17189	59132	27308	26695
克东县	Kedong County	12	2	29844	29280	10059	34464	15318	7726
拜泉县	Baiquan County	6	1	11963	12246	3607	23227	4224	5155
讷河市	Nehe City	14	2	41728	43192	11103	52311	21202	26542
鸡东县	Jidong County	13	2	68618	62124	26688	101747	42406	39341
虎林市	Hulin City	21	4	109346	93432	32725	178084	51360	38804
密山市	Mishan City	36		114051	101347	36102	161229	75653	71567
萝北县	Luobei County	9	3	18010	17643	3990	25784	7423	7279
绥滨县	Suibin County	5	3	9456	9085	4873	32251	9966	8870
集贤县	Jixian County	24	4	78880	75624	12452	75885	33504	31699
友谊县	Youyi County	11	2	39537	39597	10482	91509	37720	42886
宝清县	Baoqing County	22	9	22518	19774	7946	58652	24792	25569
饶河县	Raohe County	7	2	6485	7038	2083	16211	6085	5162
肇州县	Zhaozhou County	10	3	28242	26244	8863	47651	20008	15827
肇源县	Zhaoyuan County	12	2	50378	22098	15941	38675	17512	16819
林甸县	Lindian County	10	6	31122	31361	10645	73814	25872	24329
杜蒙自治县	Durbote Mongolia Autonomous County	16	2	50036	48316	16820	72482	26071	20089

附录1 续表13 CONTINUED

单位:万元 (10000 yuan)

县、市名称	Name	全部国有及销售收入500万元以上非国有工业企业 All State - owned and Non - State - owned Above Designed Size Industrial Enterprises							
		企业单位数(个) Number of Enterprises (unit)	#亏损企业 Losses	工业总产值 Gross Industrial Output Value	工业销售产值 Sales Industrial Output Value	工业增加值 Value - added of Industry	资产合计 Total Assets	流动资产小计 Circulating Funds	流动资产年平均余额 Annual Average Balance of Circulating Funds
嘉荫县	Jiayin County	3		15146	13442	6462	28061	11635	11455
铁力市	Tieli City	24	4	47240	44987	22774	74020	27554	25672
桦南县	Huanan County	25	9	62182	59228	18491	89136	32130	25998
桦川县	Huachuan County	17		20204	18570	2981	22077	7220	7096
汤原县	Tangyuan County	24	1	32439	30651	8536	33107	11628	10060
抚远县	Fuyuan County	7	1	6572	6177	626	11648	3112	3365
同江市	Tongjiang City	6	1	6620	6542	1407	22443	9146	6897
富锦市	Fujin City	33	11	71283	68124	17739	96928	41095	43099
勃利县	Boli County	24	8	63543	66920	14972	98472	58755	47202
穆棱市	Muling City	27	3	108083	98890	34280	57959	18329	18386
东宁县	Dongning County	22	4	42277	41010	20842	71259	30232	24603
林口县	Linkou County	18	4	34504	30380	12448	45184	23732	23835
绥芬河市	Suifenhe City	8	1	14532	14338	4951	15254	6126	6280
海林市	Hailin City	45	13	83470	78090	17941	68723	31010	33622
宁安市	Ningan City	53	16	83438	83931	23316	92306	34112	38503
北安市	Beian City	19	7	47077	46253	22139	111269	27356	25602
五大连池市	Wudalianchi City	8	4	7022	7430	2088	18683	5093	4508
嫩江县	Nenjiang County	23	7	36622	36113	12252	86872	30811	32087
逊克县	Xunke County	12	5	7850	7445	3000	36715	5200	7424
孙吴县	Sunwu County	10	1	3436	3174	967	10182	4557	4211
安达市	Anda City	21	7	89595	88521	43681	186937	68790	71632
肇东市	Zhaodong City	33	6	258632	258326	94165	377527	152037	150349
海伦市	Hailun City	13	7	44113	38785	14525	101397	26866	26978
望奎县	Wangkui County	11	4	11408	10016	4405	50448	12914	7542
兰西县	Lanxi County	6	5	15699	10283	6717	28485	9596	6634
青冈县	Qinggang County	5	3	34543	33216	8870	58459	21558	19828
庆安县	Qingan County	18	2	69330	63226	21524	85620	33188	31192
明水县	Mingshui County	9	3	23007	23614	7944	28763	12863	12041
绥棱县	Suiling County	8	6	13349	10317	3952	28753	6335	6591
呼玛县	Huma County	2	1	1170	1170	695	4023	1044	1097
塔河县	Tahe County								
漠河县	Mohe County	1		5338	5190	2374	25314	12258	12380

附录1 续表14 CONTINUED

单位:万元 (10000 yuan)

县、市名称	Name	全部国有及销售收入500万元以上非国有工业企业 All State - owned and Non - State - owned Above Designed Size Industrial Enterprises							
		固定资产小计 Total Fixed Assets	固定资产净值年平均余额 Annual Average Balance of Fixed Assets	负债合计 Total Liabilities	所有者权益 Creditors' Equity	产品销售收入 Sales Revenue	利润总额 Total Profit	利税总额 Total Profit and Tax	年平均从业人员(人) Average Employed Persons (person)
呼兰县	Hulan County	162671	146354	261660	51697	254393	3200	11818	14092
宾　县	Bin County	50038	38941	46277	36147	57485	8482	11686	5902
依兰县	Yilan County	41132	34119	57744	22636	54382	237	2890	9701
方正县	Fangzheng County	34802	34612	43382	3336	10323	604	1123	1285
阿城市	Acheng City	378533	334094	556260	244359	442838	-577	15183	25984
双城市	Shuangcheng City	84169	78635	65015	128358	366748	56338	79891	5889
尚志市	Shangzhi City	62302	58179	87332	35032	101201	701	9873	10832
五常市	Wuchang City	48103	44298	75187	27432	70091	5975	13345	8357
巴彦县	Bayan County	55253	52136	67594	5403	44094	-409	1732	4419
木兰县	Mulan County	17487	14806	20768	7105	26970	767	2163	3484
通河县	Tonghe County	19683	16260	26642	3876	22374	98	1294	1233
延寿县	Yanshou County	20973	16231	18959	26035	23502	3110	4930	2693
龙江县	Longjiang County	25250	21939	31470	7855	24952	257	1762	2912
依安县	Yian County	23928	16839	37535	12755	42041	2058	5232	3053
泰来县	Tailai County	14896	13176	19313	4764	13636	229	1210	2178
甘南县	Gannan County	26262	24241	30726	25611	43323	2382	4684	1560
富裕县	Fuyu County	99415	81691	80098	63149	90340	3410	9465	4612
克山县	Keshan County	30850	26746	44693	14439	47481	2107	6161	3751
克东县	Kedong County	17143	16162	23179	11286	30578	540	2440	2090
拜泉县	Baiquan County	12171	12022	19671	3557	12856	103	1115	1083
讷河市	Nehe City	29722	28097	37503	14809	45054	781	3994	3791
鸡东县	Jidong County	56589	38986	72924	28823	66011	4886	10079	8942
虎林市	Hulin City	98105	87689	122004	56080	94057	2759	7282	6489
密山市	Mishan City	78576	55789	117017	44212	94657	6747	13993	7688
萝北县	Luobei County	18144	11452	17650	8134	19576	189	935	1016
绥滨县	Suibin County	19234	17834	23457	8794	8301	5	1014	1284
集贤县	Jixian County	39423	38744	50399	25486	76765	1145	3704	7659
友谊县	Youyi County	41162	37329	70872	20638	44420	57	1080	4674
宝清县	Baoqing County	31253	26566	51862	6790	21592	-539	1098	4640
饶河县	Raohe County	10059	6795	12066	4144	7428	171	603	645
肇州县	Zhaozhou County	26963	25505	37031	10620	28564	1852	4396	3159
肇源县	Zhaoyuan County	18794	17098	22354	16321	26099	855	1943	1862
林甸县	Lindian County	47530	43843	34611	39203	32744	3428	4719	2296
杜蒙自治县	Durbote Mongolia Autonomous County	44885	36851	41971	30511	50514	4221	7591	2412

附录1 续表15 CONTINUED

单位:万元 (10000 yuan)

县、市名称	Name	全部国有及销售收入500万元以上非国有工业企业 All State - owned and Non - State - owned Above Designed Size Industrial Enterprises							
		固定资产 小计 Total Fixed Assets	固定资产净值年平均余额 Annual Average Balance of Fixed Assets	负债合计 Total Liabilities	所有者权益 Creditors´ Equity	产品销售收入 Sales Revenue	利润总额 Total Profit	利税总额 Total Profit and Tax	年平均从业人员(人) Average Employed Persons (person)
嘉荫县	Jiayin County	13448	14301	11332	16729	14156	1367	1554	2104
铁力市	Tieli City	45698	40273	35710	38309	46560	1674	4410	6182
桦南县	Huanan County	52605	46000	62819	26316	55944	644	3912	5369
桦川县	Huachuan County	13413	13070	18986	3092	17286	73	413	1280
汤原县	Tangyuan County	21272	15512	23537	9570	30605	616	2397	4126
抚远县	Fuyuan County	8259	5225	8658	2990	6367	27	158	460
同江市	Tongjiang City	12140	10393	21299	1144	5010	15	404	670
富锦市	Fujin City	49753	38628	62942	33986	72997	498	3974	6645
勃利县	Boli County	33716	30918	74094	24377	68091	3394	8525	6177
穆棱市	Muling City	39168	37872	29759	28200	93428	5971	9292	4387
东宁县	Dongning County	39914	32548	44160	27099	43279	1390	6336	6475
林口县	Linkou County	18384	16769	41942	3243	31633	3150	5630	3009
绥芬河市	Suifenhe City	8795	6658	8691	6563	13831	286	618	1616
海林市	Hailin City	23270	29257	46479	22245	77213	-172	1989	7019
宁安市	Ningan City	49236	41755	63006	29300	92841	1416	4972	6933
北安市	Beian City	82595	90480	103149	8121	41027	-2479	1472	9435
五大连池市	Wudalianchi City	11831	12867	20396	-1714	6262	-686	-418	534
嫩江县	Nenjiang County	52649	48648	63895	22976	45591	-17	3082	5381
逊克县	Xunke County	31221	28065	29259	7456	8495	-68	515	1008
孙吴县	Sunwu County	5286	4602	8025	2157	4533	-94	200	755
安达市	Anda City	98578	95851	149256	37681	95121	11903	20288	4978
肇东市	Zhaodong City	196745	122699	258635	118892	242417	5054	17423	12567
海伦市	Hailun City	66512	58796	64656	36741	41765	-548	1540	3074
望奎县	Wangkui County	33879	19454	40635	9812	10427	-61	743	2614
兰西县	Lanxi County	18450	15763	24304	4181	13923	-378	337	2247
青冈县	Qinggang County	36871	35226	54007	4452	34565	133	1492	3147
庆安县	Qingan County	45080	41624	58931	26689	69100	1231	5374	6124
明水县	Mingshui County	14723	12583	21072	7691	24215	1887	2906	1717
绥棱县	Suiling County	20490	18931	16903	11850	14485	195	839	1729
呼玛县	Huma County	2978	2978	3463	560	2043	-39	130	316
塔河县	Tahe County								
漠河县	Mohe County	12762	9939	24190	1124	4509	7	575	448

附录 1 续表 16　CONTINUED

单位：万元　　(10000 yuan)

县、市名称	Name	国有及国有控股工业企业 State－owned and State－holding Enterprises 企业单位数（个）Number of Enterprises (unit)	#亏损企业 Losses	工业总产值 Gross Industrial Output Value	工业销售产值 Sales Industrial Output Value	工业增加值 Value－added of Industry	资产合计 Total Assets	流动资产小计 Circulating Funds	流动资产年平均余额 Annual Average Balance of Circulating Funds
呼兰县	Hulan County	11	6	40680	35273	12665	55329	31438	31791
宾　县	Bin County	5	1	21293	24054	6899	55389	20518	18237
依兰县	Yilan County	7	4	72297	72872	51537	52886	25963	19890
方正县	Fangzheng County	8	2	5012	5993	2887	40540	6126	6111
阿城市	Acheng City	20	8	373502	372818	76487	573383	298152	266210
双城市	Shuangcheng City	8	2	11909	13102	4143	26993	10661	9752
尚志市	Shangzhi City	16	4	53365	66218	16056	73901	35193	35895
五常市	Wuchang City	7	3	16380	17038	8085	29689	8646	8476
巴彦县	Bayan County	11	4	13249	13255	5177	58578	9486	9420
木兰县	Mulan County	7	2	5845	5923	1908	16877	4104	3929
通河县	Tonghe County	6	2	4362	4577	1303	25136	6966	6853
延寿县	Yanshou County	6	3	4023	3352	1874	18534	5015	5051
龙江县	Longjiang County	3	2	1940	1899	862	12967	944	912
依安县	Yian County	7		6723	6838	2227	29752	9272	8818
泰来县	Tailai County	7	1	6593	6516	2203	13198	2662	2608
甘南县	Gannan County	7	3	3450	3395	956	23806	10398	8730
富裕县	Fuyu County	5	1	86280	85174	26799	134497	37172	36267
克山县	Keshan County	13	1	10283	10497	3142	29204	10000	10072
克东县	Kedong County	6	2	3846	3416	1671	13147	3397	3533
拜泉县	Baiquan County	2	1	3034	3034	1173	16346	763	1846
讷河市	Nehe City	8	2	31998	34031	8719	40143	15299	20437
鸡东县	Jidong County	7	2	39166	38595	13855	75180	31947	29129
虎林市	Hulin City	7	2	12485	12879	4502	79951	17787	7845
密山市	Mishan City	11		71195	62457	21891	99654	51516	48376
萝北县	Luobei County	5	3	5972	5851	908	18340	4349	4050
绥滨县	Suibin County	3	2	2072	2072	1168	8009	1837	1288
集贤县	Jixian County	7		17386	16147	5304	30575	12903	12808
友谊县	Youyi County	7	2	30688	30693	9236	82587	32745	39021
宝清县	Baoqing County	13	5	10576	10575	5090	38047	15665	16770
饶河县	Raohe County	4	1	3433	3360	1469	12813	3355	2645
肇州县	Zhaozhou County	4	2	17113	16140	5525	27676	10545	10065
肇源县	Zhaoyuan County	2	1	1483	1483	619	10160	1566	1409
林甸县	Lindian County	2	2	614	614	327	10176	1306	1164
杜蒙自治县	Durbote Mongolia Autonomous County	7	1	10267	10257	4986	33172	11337	8033

附录1 续表17 CONTINUED

单位:万元 (10000 yuan)

县、市名称	Name	国有及国有控股工业企业 State - owned and State - holding Enterprises 企业单位数(个) Number of Enterprises (unit)	#亏损企业 Losses	工业总产值 Gross Industrial Output Value	工业销售产值 Sales Industrial Output Value	工业增加值 Value - added of Industry	资产合计 Total Assets	流动资产小计 Circulating Funds	流动资产年平均余额 Annual Average Balance of Circulating Funds
嘉荫县	Jiayin County	3		15146	13442	6462	28061	11635	11455
铁力市	Tieli City	12	2	16383	15423	7927	39946	12279	11957
桦南县	Huanan County	9	6	6398	6055	1681	26085	8462	9154
桦川县	Huachuan County	6		6626	6490	1041	11076	2087	2539
汤原县	Tangyuan County	11	1	16845	15466	4443	23347	6870	5537
抚远县	Fuyuan County	5	1	1536	1539	191	6321	1277	1596
同江市	Tongjiang City	4		1768	1730	784	17821	7771	5454
富锦市	Fujin City	14	7	35816	35640	10436	82595	29103	31321
勃利县	Boli County	5	1	13480	15684	2970	36878	25761	22498
穆棱市	Muling City	4	3	7876	7789	2828	11948	3771	3932
东宁县	Dongning County	3		3226	3226	2307	9575	313	307
林口县	Linkou County	5	3	10408	6991	2126	32808	16205	16169
绥芬河市	Suifenhe City	1		969	720	691	1880	550	550
海林市	Hailin City	6	4	2370	2103	813	11341	5596	6290
宁安市	Ningan City	14	8	17414	18013	7019	28460	9763	10070
北安市	Beian City	9	4	33191	32684	18876	99616	21272	19543
五大连池市	Wudalianchi City	5	3	3777	3765	1255	16707	3899	3309
嫩江县	Nenjiang County	12	3	9196	9162	4821	41738	13181	11340
逊克县	Xunke County	9	3	3511	3336	1582	32263	4109	6096
孙吴县	Sunwu County	5	1	782	784	312	6101	1517	1164
安达市	Anda City	12	5	37410	37333	29684	61937	14540	15486
肇东市	Zhaodong City	12	4	134823	138131	52769	244188	92060	93261
海伦市	Hailun City	9	5	29691	24475	10152	77977	19556	19962
望奎县	Wangkui County	6	3	2318	2140	986	21899	3326	4120
兰西县	Lanxi County	2	2	929	929	369	14225	1035	901
青冈县	Qinggang County	3	3	2777	2899	1483	12141	3065	3426
庆安县	Qingan County	4	1	15398	14232	6730	31585	12514	13354
明水县	Mingshui County	7	2	16289	15830	6169	24853	9874	8845
绥棱县	Suiling County	7	5	12589	9622	3832	27144	4947	5224
呼玛县	Huma County	2	1	1170	1170	695	4023	1044	1097
塔河县	Tahe County								
漠河县	Mohe County	1		5338	5190	2374	25314	12258	12380

附录1 续表18 CONTINUED

单位：万元 (10000 yuan)

县、市名称	Name	国有及国有控股工业企业 State - owned and State - holding Enterprises							
		固定资产小计 Total Fixed Assets	固定资产净值年平均余额 Annual Average Balance of Fixed Assets	负债合计 Total Liabilities	所有者权益 Creditors´ Equity	产品销售收入 Sales Revenue	利润总额 Total Profit	利税总额 Total Profit and Tax	年平均从业人员（人）Average Employed Persons (person)
呼兰县	Hulan County	21667	21991	47212	8118	35332	35332	742	4176
宾县	Bin County	34771	25220	37701	17687	24723	24723	10321	3875
依兰县	Yilan County	26204	21906	36165	16721	30931	30931	1787	7837
方正县	Fangzheng County	33129	32606	37033	3507	5441	5441	1218	655
阿城市	Acheng City	258529	229743	422797	150587	292209	292209	-4675	18796
双城市	Shuangcheng City	15871	13242	23605	3388	14019	14019	220	1421
尚志市	Shangzhi City	37019	35289	49021	24880	68367	68367	3484	8879
五常市	Wuchang City	21010	16782	24513	5175	15414	15414	737	1451
巴彦县	Bayan County	47640	44319	51778	6800	17875	17875	1043	1522
木兰县	Mulan County	12768	10322	14117	2760	5766	5766	367	829
通河县	Tonghe County	17286	13877	23064	2072	4629	4629	-321	595
延寿县	Yanshou County	11677	8538	13347	5187	6144	6144	161	820
龙江县	Longjiang County	10980	10671	11802	1166	3468	3468	135	682
依安县	Yian County	20386	13813	23209	6544	10015	10015	778	1024
泰来县	Tailai County	10465	9121	12104	1094	7249	7249	479	1399
甘南县	Gannan County	12561	10518	19111	4695	6321	6321	257	791
富裕县	Fuyu County	97129	79663	75773	58724	81394	81394	6785	4047
克山县	Keshan County	18336	15768	24776	4428	10510	10510	1137	1539
克东县	Kedong County	9634	9449	10334	2812	4758	4758	360	601
拜泉县	Baiquan County	8817	8709	14496	1850	3460	3460	-122	334
讷河市	Nehe City	24371	23149	29777	10366	35208	35208	3615	2939
鸡东县	Jidong County	41135	23987	56165	19015	37224	37224	4742	6877
虎林市	Hulin City	59269	57486	70825	9126	16799	16799	891	1723
密山市	Mishan City	47014	28798	75484	24170	47729	47729	8160	4642
萝北县	Luobei County	13812	7315	15111	3228	7913	7913	276	632
绥滨县	Suibin County	6172	4767	6395	1614	3075	3075	181	566
集贤县	Jixian County	17375	16686	23150	7425	17631	17631	2599	4221
友谊县	Youyi County	37214	33355	64139	18448	35424	35424	566	4029
宝清县	Baoqing County	21368	17773	37089	958	13482	13482	844	3628
饶河县	Raohe County	9391	6154	9389	3424	3826	3826	378	468
肇州县	Zhaozhou County	16586	16096	22834	4842	19182	19182	2391	1944
肇源县	Zhaoyuan County	8593	8161	8284	1876	5562	5562	73	376
林甸县	Lindian County	8863	8887	8983	1193	3888	3888	-35	408
杜蒙自治县	Durbote Mongolia Autonomous County	21825	23261	15242	17930	13035	13035	2554	885

附录1 续表19 CONTINUED

单位:万元 (10000 yuan)

县、市名称	Name	国有及国有控股工业企业 State - owned and State - holding Enterprises							
		固定资产小计 Total Fixed Assets	固定资产净值年平均余额 Annual Average Balance of Fixed Assets	负债合计 Total Liabilities	所有者权益 Creditors′ Equity	产品销售收入 Sales Revenue	利润总额 Total Profit	利税总额 Total Profit and Tax	年平均从业人员(人) Average Employed Persons (person)
嘉荫县	Jiayin County	13448	14301	11332	16729	14156	1367	1554	2104
铁力市	Tieli City	27487	22814	17718	22228	19324	345	1620	2476
桦南县	Huanan County	16320	15776	24668	1418	5668	-609	-86	1578
桦川县	Huachuan County	8806	8107	13544	-2468	6620	18	121	474
汤原县	Tangyuan County	16291	11484	15644	7703	15463	257	923	1616
抚远县	Fuyuan County	5040	2984	6068	254	1641	-10	45	227
同江市	Tongjiang City	9715	7971	17003	818	2862	19	317	518
富锦市	Fujin City	47570	36564	49110	33485	41219	-464	1516	4771
勃利县	Boli County	10308	9455	30013	6865	16029	226	2319	1203
穆棱市	Muling City	8143	6985	10803	1145	5973	128	747	718
东宁县	Dongning County	9240	6076	5937	3638	5674	108	421	476
林口县	Linkou County	13752	12732	34971	-2162	7977	550	932	1103
绥芬河市	Suifenhe City	1279	1138	53	1827	451		28	170
海林市	Hailin City	4461	4908	11606	-265	3272	-12	244	890
宁安市	Ningan City	17002	12814	23232	5228	24586	357	1346	1335
北安市	Beian City	77287	85590	94359	5257	28122	-2811	369	8133
五大连池市	Wudalianchi City	11256	12090	18982	-2275	3106	-656	-496	380
嫩江县	Nenjiang County	28318	24159	31847	9891	18094	-214	805	2827
逊克县	Xunke County	28124	25789	25492	6771	4417	-32	235	723
孙吴县	Sunwu County	4443	3850	4679	1421	2143	-96	-13	262
安达市	Anda City	44008	44026	44711	17226	42135	11050	16770	1913
肇东市	Zhaodong City	134149	71591	195636	48553	136471	1672	9050	7054
海伦市	Hailun City	54842	50177	48949	29028	27833	-915	-124	2424
望奎县	Wangkui County	18572	16864	24257	-2358	2551	-393	-237	632
兰西县	Lanxi County	13190	10517	13055	1170	4279	-298	-141	380
青冈县	Qinggang County	9045	7896	10966	1175	5648	-291	21	857
庆安县	Qingan County	17477	17183	21813	9772	20144	486	1992	1447
明水县	Mingshui County	14151	11966	18059	6793	16206	1923	2576	1167
绥棱县	Suiling County	20270	18694	15045	12099	13787	251	850	1639
呼玛县	Huma County	2978	2978	3463	560	2043	-39	130	316
塔河县	Tahe County								
漠河县	Mohe County	12762	9939	24190	1124	4509	7	575	448

附录Ⅰ 续表20 CONTINUED

县、市名称	Name	财政收入（万元） Total Revenue (10000 yuan)	#地 方 财政收入 Local	财政支出（万元） Total Expenditures (10000 yuan)	公 路 线路里程（公里） Length of Highways (km)	普通中学在校学生（人） Students in Regular Secondary Schools (person)	小 学 在校学生（人） Students in Primary Schools (person)
呼兰县	Hulan County	52369	32821	51898	562	40770	37652
宾　县	Bin County	14446	12193	30934	844	29052	32349
依兰县	Yilan County	13879	10921	26453	806	24177	27145
方正县	Fangzheng County	7429	6256	16467	633	16969	15619
阿城市	Acheng City	46114	28084	49257	616	39046	36719
双城市	Shuangcheng City	48303	28727	49984	513	48705	56312
尚志市	Shangzhi City	24837	15959	37364	1151	40152	46419
五常市	Wuchang City	27693	21462	42675	1061	49660	62061
巴彦县	Bayan County	12774	10583	31369	524	41601	50364
木兰县	Mulan County	5566	4512	18194	474	14795	23758
通河县	Tonghe County	5794	4840	19567	530	9131	12397
延寿县	Yanshou County	5372	3943	18829	369	14635	18524
龙江县	Longjiang County	10424	8510	24613	1053	38556	30308
依安县	Yian County	5925	4330	22227	587	35913	25056
泰来县	Tailai County	6913	5933	16877	825	23070	16149
甘南县	Gannan County	6923	4755	20738	668	21665	20046
富裕县	Fuyu County	10171	4958	17801	394	22316	16376
克山县	Keshan County	9489	7429	22723	766	27229	33966
克东县	Kedong County	5255	4007	17555	606	13846	19785
拜泉县	Baiquan County	9459	8329	27283	517	39531	29581
讷河市	Nehe City	10635	8163	31793	1041	40077	34323
鸡东县	Jidong County	13698	8829	23804	758	21803	22909
虎林市	Hulin City	15632	11293	21994	1447	24147	21374
密山市	Mishan City	17824	11303	30220	884	33332	24700
萝北县	Luobei County	9262	6665	15563	838	19248	15740
绥滨县	Suibin County	4735	3874	14963	740	12060	12848
集贤县	Jixian County	6650	4388	17462	597	17665	22987
友谊县	Youyi County	2118	1529	7328	251	7915	7493
宝清县	Baoqing County	7848	6128	21200	1411	29165	33524
饶河县	Raohe County	3465	2712	14182	973	8345	11027
肇州县	Zhaozhou County	16166	11097	23074	547	35284	25291
肇源县	Zhaoyuan County	16485	11907	27229	668	35083	26938
林甸县	Lindian County	10337	6900	18418	705	17319	20108
杜蒙自治县	Durbote Mongolia Autonomous County	18123	10021	24618	844	15958	16310

附录1 续表21 CONTINUED

县、市名称	Name	财政收入（万元）Total Revenue (10000 yuan)	#地方财政收入 Local	财政支出（万元）Total Expenditures (10000 yuan)	公路线路里程（公里）Length of Highways (km)	普通中学在校学生（人）Students in Regular Secondary Schools (person)	小学在校学生（人）Students in Primary Schools (person)
嘉荫县	Jiayin County	2609	2278	13718	570	5037	5457
铁力市	Tieli City	7326	5100	20007	783	25822	26078
桦南县	Huanan County	7033	4830	22592	921	24661	31907
桦川县	Huachuan County	3531	2906	16388	469	13348	15550
汤原县	Tangyuan County	5843	4055	18883	763	14711	20306
抚远县	Fuyuan County	3198	2826	13046	850	7304	11438
同江市	Tongjiang City	5439	4464	18620	1004	12757	19178
富锦市	Fujin City	10976	8053	28607	1870	28665	40912
勃利县	Boli County	9803	6309	22897	792	19099	22074
穆棱市	Muling City	22334	7965	25430	1066	17946	21348
东宁县	Dongning County	13455	8225	18811	1127	13976	15886
林口县	Linkou County	11622	9082	21497	1729	19943	24565
绥芬河市	Suifenhe City	18582	12397	23228	161	5436	7963
海林市	Hailin City	30156	10815	26169	1272	24459	24933
宁安市	Ningan City	12171	9242	21665	934	28506	26459
北安市	Beian City	14314	10029	30524	699	29003	33082
五大连池市	Wudalianchi City	5146	4265	19251	1485	19316	27741
嫩江县	Nenjiang County	15723	12082	26978	1194	31347	34239
逊克县	Xunke County	2500	1942	12720	975	6125	8604
孙吴县	Sunwu County	2331	1487	12399	691	7529	7046
安达市	Anda City	32109	20052	37888	525	32334	32932
肇东市	Zhaodong City	46728	26188	45478	622	73770	59994
海伦市	Hailun City	11900	9369	33780	765	57981	47309
望奎县	Wangkui County	5327	4398	21900	469	34765	27979
兰西县	Lanxi County	6707	5420	26472	557	31771	35125
青冈县	Qinggang County	6570	4892	21539	466	32922	28719
庆安县	Qingan County	9379	7361	21568	768	28859	23940
明水县	Mingshui County	5246	4046	17772	468	25593	24060
绥棱县	Suiling County	5348	4354	19093	725	20334	18354
呼玛县	Huma County	2154	1635	9238	1023	3371	5089
塔河县	Tahe County	4364	3389	5253	1281	5415	7844
漠河县	Mohe County	5125	3534	4743	1369	4420	6331

附录二、各类开发区情况附录

APPENDIX Ⅱ GENERAL SURVEY OF ALL DEVELOPMENT AREAS

附录2－1　各类开发区基本情况
GENERAL SURVEY OF ALL DEVELOPMENT AREAS

单位:个　　(unit)

开发区名称	Name	已批准项目数 Authorized Item		#外商投资企业 Foreign－funded Enterprises	
		2002	2003	2002	2003
合　计	**Total**	**1167**	**1129**	**85**	**98**
国家批准	**Authorized by Nation**	**905**	**982**	**44**	**61**
哈尔滨经济技术开发区	Economic and Technologic Development Areas of Harbin	808	842	41	59
大庆高新技术产业开发区	High－Tech Development Areas of Daqing	78	112	2	2
黑河边境经济合作区	Economic Development Areas on Frontier of Heihe	12	23		
绥芬河边境经济合作区	Economic Development Areas on Frontier of Suifenhe	7	5	1	
省批准	**Authorized by Province**	**262**	**147**	**41**	**37**
齐齐哈尔外商投资区	Foreign investment Areas of Qiqihar	1	24		
牡丹江经济技术开发区	Economic and Technologic Development Areas of Mudanjiang	14	21	1	1
佳木斯经济技术开发区	Economic and Technologic Development Areas of Jiamusi	5	2	1	
双城经济技术开发区	Economic and Technologic Development Areas of Shuangcheng	7	26	2	1
绥化经济技术开发区	Economic and Technologic Development Areas of Suihua				
海林韩国投资区	Korea investment Areas of Hailin	2	1	2	
呼兰利民经济技术开发区	Economic and Technologic Development Areas of Limin of Hulan	210	45	35	35
鸡西优势资源产业开发区	Advantage Resource Industry Development Areas of Jixi	1	8		
省农垦哈尔滨经济开发区	Economic Development Areas of Harbin of ARB				
双鸭山经济技术开发区	Economic and Technologic Development Areas of Shuangyashan				
逊克边境经济合作区	Economic Development Areas on Frontier of Xunke	9	9		
孙吴边境经济合作区	Economic Development Areas on Frontier of Sunwu				
同江边境经济合作区	Economic Development Areas on Frontier of Tongjiang				
东宁边境经济合作区	Economic Development Areas on Frontier of Dongning	9	9		
省农垦吉祥边境经济合作区	Economic Development Areas on Frontier of Jixiang of Land Reclamation System				
密山边境经济合作区	Economic Development Areas on Frontier of Mishan				
塔河边境经济合作区	Economic Development Areas on Frontier of Tahe				
呼玛边境经济合作区	Economic Development Areas on Frontier of Huma				
省农垦宝泉岭边境经济合作区	Economic Development Areas on Frontier of Baoquanling of ARB				
省农垦档壁镇边境旅游经济开发区	Tour Economic Development Areas on Frontier of dangbi of ARB		2		
虎林边境旅游开发区	Tour Development Areas on Frontier of Hulin				
镜泊湖旅游度假区	Tour Vacation Areas on Frontier of Jingpo Lake				
五大连池旅游度假区	Tour Vacation Areas on Frontier of Wudalianchi	4			
亚布力滑雪旅游度假区	Tour Vacation Areas on Frontier of Yabuli				

附录 2－1 续表　CONTINUED

开发区名称	Name	内资企业投资总额（万元）Total Investment of Domestic－funded Enterprises（10000 yuan）		外资企业实际投资额（万美元）Total Investment of Foreign－funded Enterprises（USD 10000）	
		2002	2003	2002	2003
合　计	**Total**	**734587**	**1068082**	**11507**	**16684**
国家批准	**Authorized by Nation**	**660672**	**706805**	**10260**	**14023**
哈尔滨经济技术开发区	Economic and Technologic Development Areas of Harbin	349943	447849	10000	14000
大庆高新技术产业开发区	High－Tech Development Areas of Daqing	254808	215007	200	23
黑河边境经济合作区	Economic Development Areas on Frontier of Heihe	18021	18564		
绥芬河边境经济合作区	Economic Development Areas on Frontier of Suifenhe	37900	25385	60	
省批准	**Authorized by Province**	**73915**	**361277**	**1247**	**2661**
齐齐哈尔外商投资区	Foreign investment Areas of Qiqihar	8100	119913		
牡丹江经济技术开发区	Economic and Technologic Development Areas of Mudanjiang	5050	3398	50	12
佳木斯经济技术开发区	Economic and Technologic Development Areas of Jiamusi	500	4700	30	15
双城经济技术开发区	Economic and Technologic Development Areas of Shuangcheng	700	33000	375	1650
绥化经济技术开发区	Economic and Technologic Development Areas of Suihua				
海林韩国投资区	Korea investment Areas of Hailin			152	85
呼兰利民经济技术开发区	Economic and Technologic Development Areas of Limin of Hulan	50700	186000	640	899
鸡西优势资源产业开发区	Advantage Resource Industry Development Areas of Jixi	4000	7600		
省农垦哈尔滨经济开发区	Economic Development Areas of Harbin of ARB				
双鸭山经济技术开发区	Economic and Technologic Development Areas of Shuangyashan				
逊克边境经济合作区	Economic Development Areas on Frontier of Xunke	3255	3255		
孙吴边境经济合作区	Economic Development Areas on Frontier of Sunwu				
同江边境经济合作区	Economic Development Areas on Frontier of Tongjiang				
东宁边境经济合作区	Economic Development Areas on Frontier of Dongning				
省农垦吉祥边境经济合作区	Economic Development Areas on Frontier of Jixiang of ARB				
密山边境经济合作区	Economic Development Areas on Frontier of Mishan				
塔河边境经济合作区	Economic Development Areas on Frontier of Tahe				
呼玛边境经济合作区	Economic Development Areas on Frontier of Huma				
省农垦宝泉岭边境经济合作区	Economic Development Areas on Frontier of Baoquanling of ARB				
省农垦档壁镇边境旅游经济开发区	Tour Economic Development Areas on Frontier of Dangbi of ARB		900		
虎林边境旅游开发区	Tour Development Areas on Frontier of Hulin				
镜泊湖旅游度假区	Tour Vacation Areas on Frontier of Jingpo Lake				
五大连池旅游度假区	Tour Vacation Areas on Frontier of Wudalianchi	1610	1923		
亚布力滑雪旅游度假区	Ski and Tour Vacation Areas on Frontier of Yabuli		588		

附录2－2　经济技术开发区基本情况

BASIC CONDITIONS OF ECONOMIC AND TECHNOLOGIC DEVELOPMENT AREAS

开发区名称	Name	企业数(个) Number of Enterprises (unit)		从业人员(人) Number of Employed Persons (person)	
		2002	2003	2002	2003
合　计	**Total**	**4924**	**6493**	**190064**	**215906**
哈尔滨经济技术开发区	Economic and Technologic Development Areas of Harbin	3734	4918	155565	173000
齐齐哈尔外商投资区	Foreign investment Areas of Qiqihar	34	37	9902	9076
牡丹江经济技术开发区	Economic and Technologic Development Areas of Mudanjiang		402		4000
佳木斯经济技术开发区	Economic and Technologic Development Areas of Jiamusi	33	4	300	270
双城经济技术开发区	Economic and Technologic Development Areas of Shuangcheng	7	7	1039	460
绥化经济技术开发区	Economic and Technologic Development Areas of Suihua			435	
海林韩国投资区	Korea investment Areas of Hailin	2	5	1600	1600
呼兰利民经济技术开发区	Economic and Technologic Development Areas of Limin of Hulan	210	210	15000	20000
鸡西优势资源产业开发区	Advantage Resource Industry Development Areas of Jixi	902	910	6000	7500
省农垦哈尔滨经济开发区	Economic Development Areas of Harbin of ARB	2		223	
双鸭山经济技术开发区	Economic and Technologic Development Areas of Shuangyashan				

附录2－2 续表1　CONTINUED

开发区名称	Name	总产值(万元) Gross Output Value (10000 yuan)		利润总额(万元) Total Profits (10000 yuan)	
		2002	2003	2002	2003
合　计	**Total**	**3547701**	**4802023**	**162253**	**224921**
哈尔滨经济技术开发区	Economic and Technologic Development Areas of Harbin	3150000	4100000	160000	220000
齐齐哈尔外商投资区	Foreign investment Areas of Qiqihar	56061	66126	3934	1655
牡丹江经济技术开发区	Economic and Technologic Development Areas of Mudanjiang				
佳木斯经济技术开发区	Economic and Technologic Development Areas of Jiamusi	30000	21000		
双城经济技术开发区	Economic and Technologic Development Areas of Shuangcheng		40200		3200
绥化经济技术开发区	Economic and Technologic Development Areas of Suihua	4740		414	
海林韩国投资区	Korea investment Areas of Hailin	4871	4697	182	66
呼兰利民经济技术开发区	Economic and Technologic Development Areas of Limin of Hulan	300000	570000		
鸡西优势资源产业开发区	Advantage Resource Industry Development Areas of Jixi				
省农垦哈尔滨经济开发区	Economic Development Areas of Harbin of ARB	2029		－2277	
双鸭山经济技术开发区	Economic and Technologic Development Areas of Shuangyashan				

附录2－2 续表2　CONTINUED

开发区名称	Name	税收总额(万元) Total Profits and Taxes (10000 yuan)		出口总额(万美元) Total Exports (USD 10000)	
		2002	2003	2002	2003
合　计	**Total**	**175307**	**226320**	**19962**	**23454**
哈尔滨经济技术开发区	Economic and Technologic Development Areas of Harbin	163000	205000	16935	22500
齐齐哈尔外商投资区	Foreign investment Areas of Qiqihar	3877	4310	709	754
牡丹江经济技术开发区	Economic and Technologic Development Areas of Mudanjiang				
佳木斯经济技术开发区	Economic and Technologic Development Areas of Jiamusi	800	650		
双城经济技术开发区	Economic and Technologic Development Areas of Shuangcheng		608		
绥化经济技术开发区	Economic and Technologic Development Areas of Suihua	181			
海林韩国投资区	Korea investment Areas of Hailin	74	232	218	200
呼兰利民经济技术开发区	Economic and Technologic Development Areas of Limin of Hulan	7165	15100	2100	
鸡西优势资源产业开发区	Advantage Resource Industry Development Areas of Jixi	210	420		
省农垦哈尔滨经济开发区	Economic Development Areas of Harbin of ARB				
双鸭山经济技术开发区	Economic and Technologic Development Areas of Shuangyashan				

附录 2－3 边境经济合作区基本情况

BASIC CONDITIONS OF ECONOMIC DEVELOPMENT AREAS ON FRONTIER

开发区名称	Name	企业数(个) Number of Enterprises (unit)		从业人员(人) Number of Employed Persons (person)	
		2002	2003	2002	2003
合 计	**Total**	**127**	**135**	**946**	**2462**
黑河边境经济合作区	Economic Development Areas on Frontier of Heihe	110	126	906	1182
绥芬河边境经济合作区	Economic Development Areas on Frontier of Suifenhe	7	5		1200
逊克边境经济合作区	Economic Development Areas on Frontier of Xunke	8	2		40
孙吴边境经济合作区	Economic Development Areas on Frontier of Sunwu				
同江边境经济合作区	Economic Development Areas on Frontier of Tongjiang				
东宁边境经济合作区	Economic Development Areas on Frontier of Dongning	2	2	40	40
省农垦吉祥边境经济合作区	Economic Development Areas on Frontier of Jixiang of Land Reclamation System				
密山边境经济合作区	Economic Development Areas on Frontier of Mishan				
塔河边境经济合作区	Economic Development Areas on Frontier of Tahe				
呼玛边境经济合作区	Economic Development Areas on Frontier of Huma				
省农垦宝泉岭边境经济合作区	Economic Development Areas on Frontier of Baoquanling of ARB				

附录 2－3 续表 CONTINUED

开发区名称	Name	出口总额(万美元) Total Exports (10000 USD)		进口总额(万美元) Total Imports (10000 USD)	
		2002	2003	2002	2003
合 计	**Total**	**100**	**95**	**698**	**1165**
黑河边境经济合作区	Economic Development Areas on Frontier of Heihe	100	95	698	1165
绥芬河边境经济合作区	Economic Development Areas on Frontier of Suifenhe				
逊克边境经济合作区	Economic Development Areas on Frontier of Xunke				
孙吴边境经济合作区	Economic Development Areas on Frontier of Sunwu				
同江边境经济合作区	Economic Development Areas on Frontier of Tongjiang				
东宁边境经济合作区	Economic Development Areas on Frontier of Dongning				
省农垦吉祥边境经济合作区	Economic Development Areas on Frontier of Jixiang of Land Reclamation System				
密山边境经济合作区	Economic Development Areas on Frontier of Mishan				
塔河边境经济合作区	Economic Development Areas on Frontier of Tahe				
呼玛边境经济合作区	Economic Development Areas on Frontier of Huma				
省农垦宝泉岭边境经济合作区	Economic Development Areas on Frontier of Baoquanling of ARB				

附录2-4　旅游度假区基本情况
BASIC CONDITIONS OF TOUR VACATION AREAS

开发区名称	Name	从业人员(人) Number of Employed Persons (person)		宾馆(饭店)(个) Number of Hotels (unit)	
		2002	2003	2002	2003
合　计	**Total**	**6840**	**8083**	**104**	**95**
亚布力滑雪旅游度假区	Tour Vacation Areas on Frontier of Yabuli	1210	2300	11	13
镜泊湖旅游度假区	Tour Vacation Areas on Frontier of Jingpo Lake				
五大连池旅游度假区	Tour Vacation Areas on Frontier of Wudalianchi	5555	5713	38	32
省农垦档壁镇边境旅游开发区	Tour Economic Development Areas on Frontier of Dangbi of ARB	75	70	55	50
虎林边境旅游开发区	Tour Development Areas on Frontier of Hulin				

附录2-4 续表1　CONTINUED

开发区名称	Name	接待人数(万人) Number of Tourist (10000 persons)		营业收入(万元) Takings (10000 yuan)	
		2002	2003	2002	2003
合　计	**Total**	**50.5**	**59.0**	**11370**	**11155**
亚布力滑雪旅游度假区	Tour Vacation Areas on Frontier of Yabuli	35.0	36.0	7800	8100
镜泊湖旅游度假区	Tour Vacation Areas on Frontier of Jingpo Lake				
五大连池旅游度假区	Tour Vacation Areas on Frontier of Wudalianchi	12.0	9.0	2370	2915
省农垦档壁镇边境旅游开发区	Tour Economic Development Areas on Frontier of Dangbi of ARB	3.5	14.0	1200	140
虎林边境旅游开发区	Tour Development Areas on Frontier of Hulin				

附录2-4 续表2　CONTINUED

开发区名称	Name	外汇收入(万美元) Foreign Exchange Earnings (10000 USD)		利税总额(万元) Total Profits and Taxes (10000 USD)	
		2002	2003	2002	2003
合　计	**Total**	**23**	**25**	**1364**	**1325**
亚布力滑雪旅游度假区	Tour Vacation Areas on Frontier of Yabuli	23	25	406	426
镜泊湖旅游度假区	Tour Vacation Areas on Frontier of Jingpo Lake				
五大连池旅游度假区	Tour Vacation Areas on Frontier of Wudalianchi			480	437
省农垦档壁镇边境旅游开发区	Tour Economic Development Areas on Frontier of Dangbi of ARB			478	462
虎林边境旅游开发区	Tour Development Areas on Frontier of Hulin				

附录2－5　高新技术产业开发区基本情况
BASIC CONDITIONS OF HIGH－TECH DEVELOPMENT AREAS

开发区名称	Name	企业数(个) Number of Enterprises (unit)		从业人员(人) Number of Employed Persons (person)	
		2002	2003	2002	2003
合　计	**Total**	**1038**	**1150**	**29500**	**40000**
大庆高新技术产业开发区	High－Tech Development Areas of Daqing	1038	1150	29500	40000

附录2－5 续表　CONTINUED

开发区名称	Name	总产值(亿元) Gross Output Value (100 million yuan)		利税总额(亿元) Total Profits and Taxes (100 million yuan)	
		2002	2003	2002	2003
合　计	**Total**	**106.8**	**188.0**	**15.2**	**11.1**
大庆高新技术产业开发区	High－Tech Development Areas of Daqing	106.8	188.0	15.2	11.1

主要统计指标解释

边境经济合作区　经省政府或国务院批准设立的，在边境地区一定范围内集中建设并享有一定优惠政策和配套设施的开发区。边境经济合作区以与毗邻国家对外贸易、经济技术合作为主。经省政府批准的即为省级开发区，经国务院批准设立的为国家级开发区。

经济技术开发区　经省政府或国务院批准设立的，设在内陆地区依托中心城市集中在一定地域建设，享有一定优惠政策和配套设施的开发区。经济技术开发区以招商引资、建立出口加工基地为主，成为本地招商引资，扩大开放的窗口和基地。

高新技术产业开发区　经省政府或国务院批准设立的，依托具有一定经济实力和科技力量的中心城市，享有一定优惠政策和配套设施，通过招商引资，扩大开放，发展高新技术产业开发区。

EXPLANATORY NOTES ON MAIN STATISTICAL INDICATORS

Border Economic Cooperation Zone Border economic cooperation zone is authorized by provincial government or the State Council, being concentrating constructed on the border, enjoying some preferential policies and corresponding establishment. Abutted countries are major foreign trade, economic and technology cooperation partners of the Border Economic Cooperation Zone . A border economic cooperation zone authorized by provincial government is a province – level development zone, authorized by the State Council is a state – level development zone. New high technology industry development district.

Economic and Technology Cooperation Development Zone Economic and technology cooperation development zone is authorized by provincial government or the State Council, locating in inland central city and being concentrating constructed, enjoying some preferential policies and corresponding establishment. The economic and technology cooperation development zone becomes local window and base of investment promotion & extended opening through promoting investment and establishing export – processing bases.

New High Technology Industry Development Zone New high technology industry development zone is authorized by provincial government or the State Council, locating in central city possessing stronger economic and technological capability, enjoying some preferential policies and corresponding establishment. New high technology industry development zone develop new high technology industry through investment promotion & extended opening.

附录三、企业集团主要指标附录

APPENDIX Ⅲ MAIN INDICATORS OF GROUPS

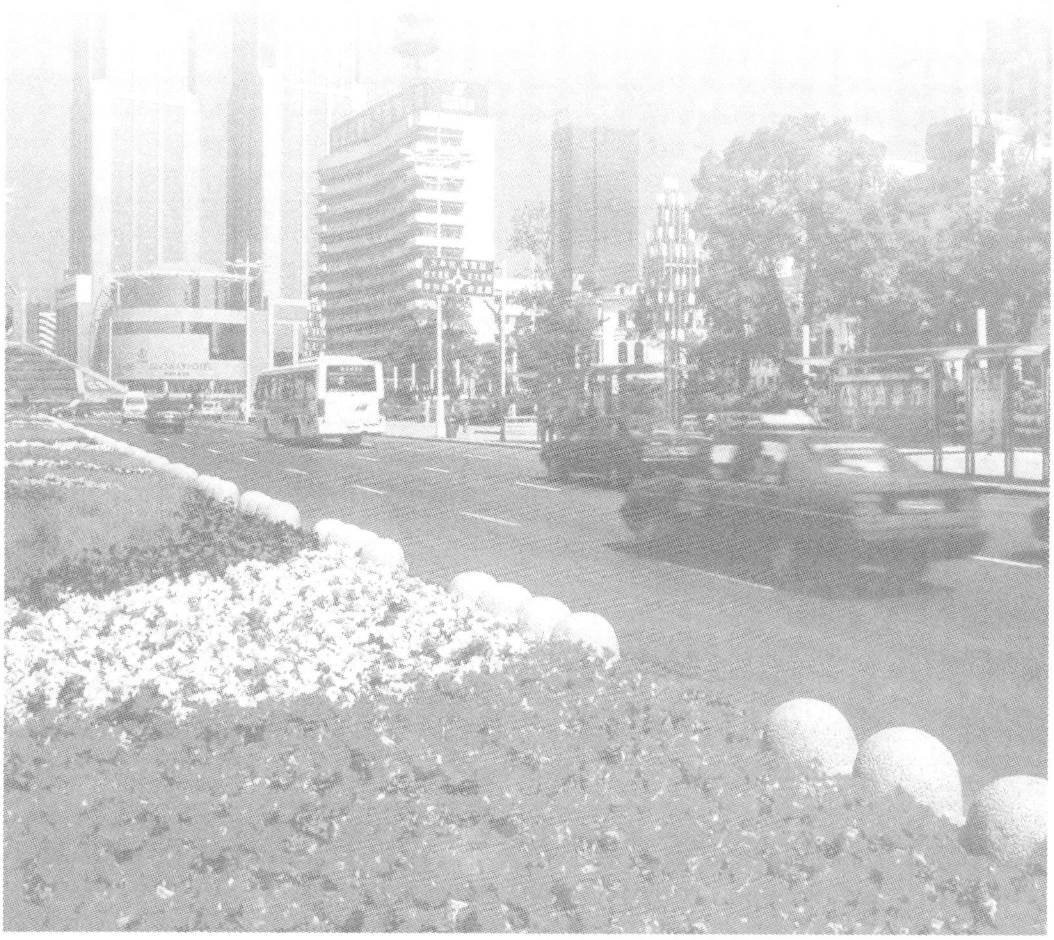

附录3－1 企业集团主要指标
MAIN INDICATORS OF GROUPS

类 别	Category	企业单位个数(个) Number of Enterprises (unit)		年末从业人员(万人) Number of Employed Persons(10000 person)	
		2002	2003	2002	2003
总 计	**Total**	**92**	**101**	**154.11**	**152.58**
按审批部门分	**Grouped by Approved Department**				
国务院	State Department	5	4	44.72	43.37
国务院主管部门	Department in Charge by State Department	9	9	68.01	66.98
省级人民政府	Provincial Government	33	32	23.57	23.18
省级人民政府主管部门	Department in Charge by Provincial Government	29	37	12.21	13.33
其 他	Others	16	19	5.60	5.72
按母公司控股情况分	**Grouped by Holding of Parent Company**				
国有及国有控股	State－owned and State－holding enterprise	53	59	141.10	139.56
绝对控股	Absolutely Holding		50	139.09	137.44
相对控股	Oppositely Holding		9	2.0	2.11
集体及集团控股	Group and Group Holding		13	2.74	2.21
绝对控股	Absolutely Holding		10	2.21	1.70
相对控股	Oppositely Holding		3	0.54	0.50
其 他	Others		29	10.26	10.81
按主营行业分	**Grouped by Sector**				
第一产业	Primary Industry	1	3	95.75	93.20
农、林、牧、渔业	Farming, forestry, Farming of animals and fishing	1	3	95.75	93.20
第二产业	Secondary Industry	62	67	48.38	49.00
工 业	Industry	54	58	46.34	47.27
采矿业	Mining	6	5	21.20	22.34
制造业	Manufacturing	43	50	24.67	24.45
电力、燃气及水的生产和供应业	Production and distribution of electricity, gas and water	5	3	0.48	0.48
建筑业	Construction	8	9	2.04	1.74
第三产业	Tertiary Industry	29	31	9.98	10.38
交通运输、仓储和邮政业	Traffic, transport, storage and post		6	1.19	1.10
信息传输、计算机服务和软件业	Information transfer, computer services and software		2	0.31	0.40
批发和零售业	Wholesale and retail trade		9	7.50	7.90
住宿和餐饮业	Accommodation and Restaurants		1		
金融业	Finance				
房地产业	Real estate		9	0.63	0.63
租赁和商务服务业	Tenancy and business services		3	0.13	0.13
科学研究、技术服务和地质勘查业	Scientific research, technical service and geologic perambulation				
水利、环境和公共设施管理业	Management of water conservancy, environment and public establishment				
居民服务和其他服务业	Resident services and other services				
教 育	Education				
卫生、社会保障和社会福利业	Sanitation, social security and social welfare				
文化、体育和娱乐业	Culture, sports and entertainment		1	0.19	0.20
公共管理和社会组织	Public management and social organization				
国际组织	International organizations				
按母公司企业规模分	**Grouped by Size of Enterprises of Parent Company**				
大 型	Large		52	92.97	93.61
中 型	Medium－size		34	6.26	5.29
小 型	Small		11	0.60	0.57
其 他	Others		4	54.29	53.12

附录3－1 续表1　CONTINUED

单位:亿元　　　　(100 million yuan)

类　别	Category	年末资产总计 Total Assets at the Year－end		年末负债合计 Total Liabilities at the Year－end	
		2002	2003	2002	2003
总　　计	**Total**	**2465.8**	**2765.3**	**1682.1**	**1944.6**
按审批部门分	**Grouped by Approved Department**				
国务院	State Department	393.4	405.4	286.1	293.4
国务院主管部门	Department in Charge by State Department	726.2	854.0	483.3	595.6
省级人民政府	Provincial Government	739.7	818.9	554.8	632.3
省级人民政府主管部门	Department in Charge by Provincial Government	420.4	472.9	246.7	293.0
其　他	Others	186.1	214.0	111.2	130.4
按母公司控股情况分	**Grouped by Holding of Parent Company**				
国有及国有控股	State－owned and State－holding enterprise	1822.3	2005.2	1292.9	1446.5
绝对控股	Absolutely Holding	1750.7	1931.5	1249.5	1401.8
相对控股	Oppositely Holding	71.6	73.7	43.4	44.7
集体及集团控股	Group and Group Holding	110.7	116.0	68.7	74.8
绝对控股	Absolutely Holding	99.1	101.5	63.2	66.4
相对控股	Oppositely Holding	11.6	14.6	5.5	8.4
其　他	Others	532.8	644.1	320.4	423.3
按主营行业分	**Grouped by Sector**				
第一产业	Primary Industry	633.4	664.2	462.8	481.9
农、林、牧、渔业	Farming, forestry, Farming of animals and fishing	633.4	664.2	462.8	481.9
第二产业	Secondary Industry	1343.9	1537.1	891.1	1061.1
工　业	Industry	1312.3	1504.3	870.3	1041.0
采矿业	Mining	282.4	296.8	188.7	197.9
制造业	Manufacturing	1005.7	1182.4	664.2	824.1
电力燃气及水的生产和供应业	Production and distribution of electricity, gas and water	24.1	25.1	17.3	19.0
建筑业	Construction	31.6	32.8	20.9	20.1
第三产业	Tertiary Industry	488.5	564.0	328.2	401.6
交通运输、仓储和邮政业	Traffic, transport, storage and post	62.6	77.3	31.9	46.1
信息传输、计算机服务和软件业	Information transfer, computer services and software	38.0	41.9	16.3	19.0
批发和零售业	Wholesale and retail trade	337.3	383.0	247.4	294.8
住宿和餐饮业	Accommodation and Restaurants				
金融业	Finance				
房地产业	Real estate	24.2	34.6	13.9	22.2
租赁和商务服务业	Tenancy and business services	18.7	19.4	15.8	16.8
科学研究、技术服务和地质勘查业	Scientific research, technical service and geologic perambulation				
水利、环境和公共设施管理业	Management of water conservancy, environment and public establishment				
居民服务和其他服务业	Resident services and other services				
教　育	Education				
卫生、社会保障和社会福利业	Sanitation, social security and social welfare				
文化、体育和娱乐业	Culture, sports and entertainment	7.3	7.4	2.9	2.7
公共管理和社会组织	Public management and social organization				
国际组织	International organizations				
按母公司企业规模分	**Grouped by Size of Enterprises of Parent Company**				
大　型	Large	1871.6	2129.8	1282.2	1512.1
中　型	Medium－size	217.1	226.9	137.6	148.3
小　型	Small	18.2	17.9	10.2	10.0
其　他	Others	358.9	390.7	252.1	274.2

附录1-1 续表2 CONTINUED

单位:亿元 (100 million yuan)

类 别	Category	营业收入 Operating Revenue		主营业务收入 Main Opcration Revenue	
		2002	2003	2002	2003
总 计	**Total**	**949.3**	**1104.8**	**902.4**	**1051.4**
按审批部门分	**Grouped by Approved Department**				
国务院	State Department	138.1	143.9	123.1	131.1
国务院主管部门	Department in Charge by State Department	349.1	414.1	335.8	395.9
省级人民政府	Provincial Government	241.6	272.8	230.0	259.4
省级人民政府主管部门	Department in Charge by Provincial Government	141.8	174.2	135.3	166.0
其 他	Others	78.6	99.8	78.1	99.0
按母公司控股情况分	**Grouped by Holding of Parent Company**				
国有及国有控股	State - owned and State - holding enterprise	722.7	840.8	677.5	789.4
绝对控股	Absolutely Holding	688.9	806.4	644.1	755.5
相对控股	Oppositely Holding	33.8	34.4	33.5	34.0
集体及集团控股	Group and Group Holding	31.4	30.3	30.8	29.4
绝对控股	Absolutely Holding	26.6	26.0	26.0	25.1
相对控股	Oppositely Holding	4.9	4.3	4.8	4.3
其 他	Others	195.1	233.7	194.0	232.6
按主营行业分	**Grouped by Sector**				
第一产业	Primary Industry	217.9	226.2	196.8	204.6
农、林、牧、渔业	Farming, forestry, Farming of animals and fishing	217.9	226.2	196.8	204.6
第二产业	Secondary Industry	532.2	640.4	507.8	610.1
工 业	Industry	511.2	619.7	487.7	590.2
采矿业	Mining	75.3	88.8	59.6	67.4
制造业	Manufacturing	423.2	519.1	416.0	511.8
电力、燃气及水的生产和供应业	Production and distribution of electricity, gas and water	12.7	11.8	12.1	11.0
建筑业	Construction	21.0	20.8	20.2	19.9
第三产业	Tertiary Industry	199.2	238.1	197.8	236.7
交通运输、仓储和邮政业	Traffic, transport, storage and post	29.3	31.9	29.0	31.6
信息传输、计算机服务和软件业	Information transfer, computer services and software	19.4	21.2	19.2	21.1
批发和零售业	Wholesale and retail trade	137.3	163.0	136.4	162.0
住宿和餐饮业	Accommodation and Restaurants				
金融业	Finance				
房地产业	Real estate	7.4	16.3	7.4	16.3
租赁和商务服务业	Tenancy and business services	3.0	2.6	3.0	2.6
科学研究、技术服务和地质勘查业	Scientific research, technical service and geologic perambulation				
水利、环境和公共设施管理业	Management of water conservancy, environment and public establishment				
居民服务和其他服务业	Resident services and other services				
教 育	Education				
卫生、社会保障和社会福利业	Sanitation, social security and social welfare				
文化、体育和娱乐业	Culture, sports and entertainment	2.8	3.2	2.8	3.2
公共管理和社会组织	Public management and social organization				
国际组织	International organizations				
按母公司企业规模分	**Grouped by Size of Enterprises of Parent Company**				
大 型	Large	702.6	835.5	663.5	793.7
中 型	Medium - size	78.8	86.1	77.6	84.5
小 型	Small	6.7	6.3	6.7	6.3
其 他	Others	161.2	176.9	154.6	167.0

附录3－1 续表3 CONTINUED

单位:亿元 (100 million yuan)

类 别	Category	利润总额 Total Profits 2002	2003	固定资产投资完成额 Investment in Fixed Assets 2002	2003
总 计	**Total**	**16.00**	**3.65**	**113.28**	**105.18**
按审批部门分	**Grouped by Approved Department**				
国务院	State Department	2.71	3.60	32.91	24.51
国务院主管部门	Department in Charge by State Department	8.19	6.23	55.47	55.04
省级人民政府	Provincial Government	0.97	-7.10	11.37	5.27
省级人民政府主管部门	Department in Charge by Provincial Government	3.30	-0.93	9.20	13.77
其 他	Others	0.82	1.84	4.32	6.59
按母公司控股情况分	**Grouped by Holding of Parent Company**				
国有及国有控股	State - owned and State - holding enterprise	9.64	1.37	103.87	94.44
绝对控股	Absolutely Holding	7.84	-1.15	102.66	93.42
相对控股	Oppositely Holding	1.80	2.52	1.22	1.40
集体及集团控股	Group and Group Holding	-1.59	-1.49	0.22	0.53
绝对控股	Absolutely Holding	-1.98	-1.84	0.17	0.26
相对控股	Oppositely Holding	0.39	0.35	0.04	0.27
其 他	Others	7.95	3.76	9.19	10.20
按主营行业分	**Grouped by Sector**				
第一产业	Primary Industry	3.58	2.86	59.32	51.16
农、林、牧、渔业	Farming, forestry, Farming of animals and fishing	3.58	2.86	59.32	51.16
第二产业	Secondary Industry	5.17	-4.91	45.20	43.45
工 业	Industry	4.75	-4.88	45.06	43.30
采矿业	Mining	-1.42	-1.14	5.74	6.37
制造业	Manufacturing	6.13	-3.76	39.32	36.93
电力、燃气及水的生产和供应业	Production and distribution of electricity, gas and water	0.04	0.02		
建筑业	Construction	0.42	-0.04	0.13	0.14
第三产业	Tertiary Industry	7.25	5.71	8.77	10.57
交通运输、仓储和邮政业	Traffic, transport, storage and post	1.38	0.70	0.05	
信息传输、计算机服务和软件业	Information transfer, computer services and software	2.64	1.56	2.14	2.52
批发和零售业	Wholesale and retail trade	2.76	2.95	4.56	3.52
住宿和餐饮业	Accommodation and Restaurants				
金融业	Finance				
房地产业	Real estate	0.39	0.38	1.76	4.29
租赁和商务服务业	Tenancy and business services	-0.34	-0.29		
科学研究、技术服务和地质勘查业	Scientific research, technical service and geologic perambulation				
水利、环境和公共设施管理业	Management of water conservancy, environment and public establishment				
居民服务和其他服务业	Resident services and other services				
教 育	Education				
卫生、社会保障和社会福利业	Sanitation, social security and social welfare				
文化、体育和娱乐业	Culture, sports and entertainment	0.42	0.42	0.26	0.24
公共管理和社会组织	Public management and social organization				
国际组织	International organizations				
按母公司企业规模分	**Grouped by Size of Enterprises of Parent Company**				
大 型	Large	9.62	0.56	76.00	62.75
中 型	Medium - size	1.78	-0.54	4.36	7.43
小 型	Small	-0.07	-0.07	0.26	0.07
其 他	Others	4.67	3.70	32.66	34.93

附录3－2 55户企业集团主要指标(2003)
MAIN INDICATORS OF GROUPS

单位:亿元 (100 million yuan)

名 称	Name	资产总计 Total Assets	负债总计 Total Liabilities
黑龙江北大荒农垦集团	Heilongjiang Agriculture Group	382.11	266.93
东方集团	Orient Group	304.43	227.71
哈尔滨电站设备集团公司	Harbin Power Equipment Group Company	196.45	154.88
中国龙江森林工业(集团)总公司	China Heilongjiang Forest Industry Group Parent Company	186.53	157.22
哈尔滨工大集团股份有限公司	Harbin HIT Group Co., Ltd	141.52	68.79
哈尔滨飞机工业(集团)有限责任公司	Harbin Airplane Industry Group Co., Ltd	103.35	75.97
大兴安岭林业集团公司	Daxinganling Forest Group Company	95.52	57.74
哈药集团	Harbin Pharmaceutical Group	77.66	44.36
鹤岗矿业集团有限责任公司	Hegang Mining Group Co., Ltd	74.05	45.76
双鸭山矿业集团有限公司	Shuangyashan Mining Group Co., Ltd	73.25	37.57
哈尔滨东安发动机集团	Harbin Dongan Auto Engine Group	63.12	40.02
七台河矿业精煤(集团)有限责任公司	Qitaihe Mining High Quality Coal Group Co., Ltd	61.73	34.57
鸡西矿业(集团)有限责任公司	Jixi Mining Group Co., Ltd	60.56	60.58
北亚实业(集团)股份有限公司	Beiya Industry Group Co., Ltd	50.60	31.78
中国第一重型机械集团	China First Heavy Machine Group	45.72	34.05
光明集团	Guangming Group	43.80	30.51
北满特殊钢集团有限责任公司	Beiman Special Steel Group Co., Ltd	38.94	34.43
黑龙江省粮油集团	Heilongjiang Grains and Oils Group	35.11	34.87
哈尔滨轴承集团公司	Harbin Axletree Group Company	33.55	15.99
黑龙江龙涤集团有限公司	Heilongjiang Longdi Group Co., Ltd	32.02	23.40
西林钢铁集团	Xilin Steel Group	31.06	25.33
哈尔滨啤酒集团有限公司	Harbin Beer Group	30.46	18.28
黑龙江黑化集团	Heilongjiang Chemistry Industry Group	30.31	26.79
黑龙集团公司	Black Dragon Group	29.73	21.24
亿阳集团	Bright Oceans Inter－telecom Group	28.05	13.51
黑龙江北方企业集团有限责任公司	Heilongjiang North Enterprise Group	27.24	19.44
佳木斯纸业集团有限公司	Jiamusi Paper Group Co., Ltd	26.74	25.78
黑龙江中盟集团有限公司	Heilongjiang Zhongmeng Group Co., Ltd	24.50	17.50
齐化集团有限公司	Qihua Group Co., Ltd	20.29	13.78
黑龙江省粮油食品进出口(集团)公司	Heilongjiang Imports & exports of Grains and Oils Group	18.19	16.19
齐齐哈尔机床企业(集团)有限公司	Qiqihaer Machine Tool Enterprise Group Co., Ltd	17.62	26.68
哈慈集团有限公司	Haci Group Co., Ltd	16.51	11.29
中国北车集团齐齐哈尔铁路车辆(集团)	Qiqihar Railway Vehicle Group Co., Ltd	16.40	7.30
中植企业集团	Zhongzhi Enterprise Group	13.62	6.84
牡丹江水泥集团有限责任公司	Mudanjiang Cement Group Co., Ltd	12.92	6.35
黑龙江省大庆联谊石化集团公司	Heilongjiang Daqing Lianyi Petrochemical Group Company	12.83	11.09
牡丹江恒丰纸业集团有限责任公司	Mudanjiang Hengfeng Paper Group Co., Ltd	12.06	5.81
龙电集团	Longdian Group	11.58	9.98
黑龙江省亚麻集团有限责任公司	Heilongjiang Flax Group Co., Ltd	11.50	10.22
哈尔滨电力实业集团公司	Harbin Electric Power Industry Group Company	11.22	7.89
哈尔滨中财集团	Harbin Zhongcai Group	10.44	5.78
哈尔滨进出口企业集团	Harbin Imports & exports Group	10.42	11.40
黑龙江华安工业(集团)公司	Heilongjiang Huaan Industry Group Company	9.90	8.05
齐翔建工集团	Qixiang Construction and Project Group	9.86	6.39
黑龙江航运集团	Heilongjiang Shipping Group	9.41	5.27
哈尔滨高科技(集团)股份有限公司	Harbin High－Tech Group Co., Ltd	9.20	2.93
黑龙江电力实业集团	Heilongjiang Electric Power Group	9.15	7.80
哈尔滨秋林集团股份有限公司	Harbin Churin Group Co.,Ltd	8.56	4.97
华鹤集团有限公司	Huahe Group Co., Ltd	8.19	5.59
牡丹江石油化学工业集团公司	Mudanjiang Petrochemical Industry Group Company	7.81	4.72
哈尔滨日报报业集团	Harbin Daily Newspapering Group	7.45	2.71
黑龙江富华集团	Heilongjiang Fuhua Group	7.17	2.37
哈尔滨中央红集团股份有限公司	Harbin Zhongyanghong Group Co., Ltd	5.99	4.81
黑龙江海富实业发展集团股份有限公司	Heilongjiang Haifu Group Co., Ltd	5.61	4.97
黑龙江省图书音像发行集团	Heilongjiang Books and Audiovisual Products Issue Group	5.19	3.29

附录 3 -2 续表 CONTINUED

单位:万元 (10000 yuan)

名 称	Name	利润总额 Total Profits	固定资产投资 Investment in Fixed Assets
黑龙江北大荒农垦集团	Heilongjiang Agriculture Group	36743	319852
东方集团	Orient Group	37024	35175
哈尔滨电站设备集团公司	Harbin Power Equipment Group Company	4605	37727
中国龙江森林工业(集团)总公司	China Heilongjiang Forest Industry Group Parent Company	-8659	154283
哈尔滨工大集团股份有限公司	Harbin HIT Group Co. , Ltd	8037	
哈尔滨飞机工业(集团)有限责任公司	Harbin Airplane Industry Group Co. , Ltd	8383	76029
大兴安岭林业集团公司	Daxinganling Forest Group Company	488	37484
哈药集团	Harbin Pharmaceutical Group	43711	35589
鹤岗矿业集团有限责任公司	Hegang Mining Group Co. , Ltd	627	35750
双鸭山矿业集团有限公司	Shuangyashan Mining Group Co. , Ltd	1977	
哈尔滨东安发动机集团	Harbin Dongan Auto Engine Group	7036	75084
七台河矿业精煤(集团)有限责任公司	Qitaihe Mining High Quality Coal Group Co. , Ltd	2722	27984
鸡西矿业(集团)有限责任公司	Jixi Mining Group Co. , Ltd	-20322	
北亚实业(集团)股份有限公司	Beiya Industry Group Co. , Ltd	7785	
中国第一重型机械集团	China First Heavy Machine Group	499	17717
光明集团	Guangming Group	-5670	803
北满特殊钢集团有限责任公司	Beiman Special Steel Group Co. , Ltd	-67740	
黑龙江省粮油集团	Heilongjiang Grains and Oils Group	-4079	
哈尔滨轴承集团公司	Harbin Axletree Group Company	2433	3317
黑龙江龙涤集团有限公司	Heilongjiang Longdi Group Co. , Ltd	-20138	
西林钢铁集团	Xilin Steel Group	11361	32093
哈尔滨啤酒集团有限公司	Harbin Beer Group	22738	3956
黑龙江黑化集团	Heilongjiang Chemistry Industry Group	1021	7335
黑龙集团公司	Black Dragon Group	-3247	2327
亿阳集团	Bright Oceans Inter - telecom Group	14887	21796
黑龙江北方企业集团有限责任公司	Heilongjiang North Enterprise Group	3580	
佳木斯纸业集团有限公司	Jiamusi Paper Group Co. , Ltd	-13869	
黑龙江中盟集团有限公司	Heilongjiang Zhongmeng Group Co. , Ltd	1157	
齐化集团有限公司	Qihua Group Co. , Ltd	1054	17793
黑龙江省粮油食品进出口(集团)公司	Heilongjiang Imports & exports of Grains and Oils Group	-4006	
齐齐哈尔机床企业(集团)有限公司	Qiqihaer Machine Tool Enterprise Group Co. , Ltd	4898	3581
哈慈集团有限公司	Haci Group Co. , Ltd	-21316	1788
中国北车集团齐齐哈尔铁路车辆(集团)	Qiqihar Railway Vehicle Group Co. , Ltd	1487	6838
中植企业集团	Zhongzhi Enterprise Group	71	5
牡丹江水泥集团有限责任公司	Mudanjiang Cement Group Co. , Ltd	-2061	3083
黑龙江省大庆联谊石化集团公司	Heilongjiang Daqing Lianyi Petrochemical Group Company	-27066	
牡丹江恒丰纸业集团有限责任公司	Mudanjiang Hengfeng Paper Group Co. , Ltd	10141	21248
龙电集团	Longdian Group	963	
黑龙江省亚麻集团有限责任公司	Heilongjiang Flax Group Co. , Ltd	-141	3981
哈尔滨电力实业集团公司	Harbin Electric Power Industry Group Company	930	
哈尔滨中财集团	Harbin Zhongcai Group	3567	
哈尔滨进出口企业集团	Harbin Imports & exports Group	-2175	
黑龙江华安工业(集团)公司	Heilongjiang Huaan Industry Group Company	-2509	2629
齐翔建工集团	Qixiang Construction and Project Group	-765	788
黑龙江航运集团	Heilongjiang Shipping Group	-1531	
哈尔滨高科技(集团)股份有限公司	Harbin High - Tech Group Co. , Ltd	1485	4258
黑龙江电力实业集团	Heilongjiang Electric Power Group	-756	
哈尔滨秋林集团股份有限公司	Harbin Churin Group Co. ,Ltd	-4464	
华鹤集团有限公司	Huahe Group Co. , Ltd	-4280	
牡丹江石油化学工业集团公司	Mudanjiang Petrochemical Industry Group Company	669	
哈尔滨日报报业集团	Harbin Daily Newspapering Group	4176	2368
黑龙江富华集团	Heilongjiang Fuhua Group	3108	800
哈尔滨中央红集团股份有限公司	Harbin Zhongyanghong Group Co. , Ltd	2999	
黑龙江海富实业发展集团股份有限公司	Heilongjiang Haifu Group Co. , Ltd	390	28643
黑龙江省图书音像发行集团	Heilongjiang Books and Audiovisual Products Issue Group	679	

附录四、东北三省国民经济主要指标

APPENDIX Ⅳ PRINCIPAL AGGREGATE INDICATORS ON NATIONAL ECONOMIC AND SOCIAL DEVELOPMENT OF LIAONING, JILIN AND HEILONGJIANG PROVINCE

附录4 东北三省国民经济主要指标(2003)

PRINCIPAL AGGREGATE INDICATORS ON NATIONAL ECONOMIC AND SOCIAL DEVELOPMENT OF LIAONING, JILIN AND HEILONGJIANG PROVINCE

指 标	Item	三省合计 Total	辽 宁 Liaoning	吉 林 Jilin	黑龙江 Heilong－jiang	黑龙江相当于三省合计% Proportion of Heilongjiang to Total (%)
人口、就业人员(万人)	**Population and Employment (10000 persons)**					
年末总人口	Population at the Year－end	10680.3	4161.6	2703.7	3815.0	35.7
从业人员	Total Number of Employed Persons	4835.4	2018.9	1202.5	1614.0	33.4
第一产业	Primary Industry	2120.7	700.8	592.2	827.7	39.0
第二产业	Secondary Industry	1095.2	568.8	209.5	316.9	28.9
第三产业	Tertiary Industry	1619.5	749.3	400.8	469.4	29.0
职工人数	Staff and Workers	1415.8	641.2	286.8	487.8	34.5
国民核算	**National Accounting**					
地区生产总值(亿元)	Gross Domestic Product (100 million yuan)	12955.1	6002.5	2522.6	4430.0	34.2
第一产业	Primary Industry	1603.5	615.8	486.9	500.8	31.2
第二产业	Secondary Industry	6574.8	2898.9	1143.4	2532.5	38.5
#工 业	#Industry	5734.7	2556.8	929.3	2248.6	39.2
第三产业	Tertiary Industry	4776.9	2487.8	892.3	1396.8	29.2
人均地区生产总值(元)	Per Capita GDP (yuan)		14258	9338	11615	
固定资产投资(亿元)	**Investment in Fixed Assets (100 million yuan)**					
固定资产投资总额	Total Investment in Fixed Assets	4274.9	2082.7	969.0	1223.2	28.6
#住宅投资	#Residential Buildings		439.7		237.5	
#基本建设	#Capital Construction	1710.2	683.2	433.9	593.1	34.7
更新改造	Innovation	905.8	462.0	212.1	231.7	25.6
房地产开发	Real Estate Development	788.9	486.4	139.2	163.3	20.7
#国有单位	#State－Owned Units	1691.6	712.2	416.4	563.0	33.3
集体单位	Collective－Owned Units	311.5	229.5	32.1	49.9	16.0
个 体	Individuals	581.3	336.2	87.4	157.7	27.1
财政收支(亿元)	**Public Finance (100million yuan)**					
财政收入	Financial Revenue	2005.5	1217.2	289.2	499.1	24.9
#地方财政收入	#Local Financial Revenue	894.4	447.0	154.0	293.4	32.8
财政支出	Financial Expenditure	1799.8	784.4	409.2	606.2	33.7
金 融(亿元)	**Finance (100million yuan)**					
金融机构现金收入	Cash Income of National Banking System	48779	21650	10347	16782.5	34.4
金融机构现金支出	Cash Expenditures of National Banking System	49036	21707	10481	16848.2	34.4
金融机构存款余额	Deposits of National Banking System	17060	8943	3307	4810.0	28.2
金融机构贷款余额	Loans of National Banking System	14492	7222	3289	3981.3	27.5
人民生活	**People's Livelihood**					
职工平均工资(元)	Average Wage of Staff and Workers (yuan)	35127	13008	11081	11038	31.4
城镇居民人均可支配收入(元)	Per Capita Annual Disposable Income of Urban Households (yuan)	20925	7241	7005	6679	31.9
农村居民人均纯收入(元)	Per Capita Net Income of Rural Residents (yuan)	7973	2934	2530	2509	31.5
城乡居民年末储蓄余额(亿元)	Outstanding Amount of Saving Deposits in Urban and Rural Areas (100 million yuan)	10939	5435	2161	3342.4	30.6
物价(上年＝100)	**Price Indices (preceding year＝100)**					
居民消费价格总指数	General Consumer Price Index	303.8	101.7	101.2	100.9	33.2
商品零售价格总指数	General Retail Price Index	299.1	98.9	100.5	99.7	33.3

附录 4 续表 1 CONTINUED

指 标	Item	三省合计 Total	辽 宁 Liaoning	吉 林 Jilin	黑龙江 Heilong－jiang	黑龙江相当于三省合计% Proportion of Heilongjiang to Total (%)
农 业	**Agriculture**					
农林牧渔业总产值(亿元)	Gross Output Value of Farming, Forestry, Animal Husbandry and Fishery (100 million yuan)	2910.4	1215.0	792.1	903.3	31.0
耕地面积(万公顷)	Cultivated Areas (10000 hectares)	1750.3	346.7	434.6	969.0	55.4
主要农业产品产量(万吨)	Output of Major Farm Products (10000 tons)					
粮 食	Grain	6270.2	1498.3	2259.6	2512.3	40.1
油 料	Oil－bearing Crops	163.2	61.4	57.1	44.7	27.4
甜 菜	Beet roots	81.8	3.4	7.0	71.4	87.3
蔬 菜	Vegetables	4227.5	2148.2	881.0	1198.3	28.3
造林面积(万公顷)	Area of Afforestation (10000 hectares)	67.5	19.8	16.8	30.9	45.8
大牲畜年末存栏(万头)	Number of Large Animals (year－end,10000 heads)	1744.7	455.0	599.4	690.3	39.6
#牛年末存栏	# Cattle and Buffaloes	1308.7	301.9	500.0	506.8	38.7
生猪年末存栏头数(万头)	Number of Hogs (year－end,10000 heads)	4242.1	1365.8	1549.9	1326.4	31.3
羊年末存栏只数(万只)	Number of Sheep and Goats (year－end,10000 heads)	2152.3	730.8	392.0	1029.5	47.8
肉类总产量(万吨)	Output of Meat (10000 tons)	784.1	291.9	275.0	217.2	27.7
#猪牛羊肉	# Pork Beef and Mutton	551.2	198.6	185.1	167.5	30.4
牛奶产量(万吨)	Milk (10000 tons)	365.9	42.7	22.7	300.5	82.1
水产品产量(万吨)	Total Aquatic Products (10000 tons)	434.8	382.0	10.9	41.9	9.6
工 业	**Industry**					
全部国有及销售收入500万元以上工业企业主要指标	Principal Financial Indicators of Industrial Enterprises of State Ownership and Non－state－owned Above Designated Size					
工业总产值(亿元)	Gross industrial Output Value (100 million yuan)	11685.3	6113.0	2662.3	2910.0	24.9
轻工业	Light Industry	2111.3	1018.0	507.2	586.1	27.8
重工业	Heavy Industry	9574.0	5095.0	2155.1	2323.9	24.3
工业增加值(亿元)	Value－added of the Industry (100 million yuan)	3893.8	1715.9	814.8	1363.1	35.0
流动资产年平均余额(亿元)	Annual Average Balance of Circulating Funds (100 million yuan)	6866.8	3758.8	1463.6	1644.4	23.9
年末固定资产原价(亿元)	Original Value of Fixed Assets (100 million yuan)	13272.8	6814.1	2405.9	4052.8	30.5
利税总额(亿元)	Total Pre－tax Profits(100 million yuan)	1753.0	566.2	337.7	849.1	48.4
#利润总额	#Total Profits	971.4	236.0	159.8	575.6	59.3
主要工业产品产量	Output of Major Industrial Products					
原煤(万吨)	Coal (10000 tons)	14561	5871	2038	6653	45.7
原油(万吨)	Crude Oil (10000 tons)	6628	1332	456	4840	73.0
天然气(亿立方米)	Natural Gas (100 million cu. m)	36.6	13.3	2.3	21.0	57.4
木材(万立方米)	Timber(10000 cu. m)	972.9	49.2	162.5	761.2	78.2
糖(万吨)	Sugar (10000 tons)	33.8	5.1	1.5	27.2	80.5
机制纸及纸板(万吨)	Machine－made Paper and Paperboard (10000 tons)	163.3	59.1	38.8	65.4	40.0
农用化肥(折纯量万吨)	Chemical Fertilizers (10000 tons)	140.5	91.7	9.6	39.2	27.9
化学纤维(万吨)	Chemical Fiber (10000 tons)	65.4	26.3	18.6	20.5	31.3
水泥(万吨)	Cement (10000 tons)	4499	2332	1104	1063	23.6
平板玻璃(万重量箱)	Plate Glass (10000 weight cases)	1947	1362	339	246	12.6

附录1续表2 CONTINUED

指 标	Item	三省合计 Total	辽 宁 Liaoning	吉 林 Jilin	黑龙江 Heilong－jiang	黑龙江相当于三省合计% Proportion of Heilongjiang to Total (%)
生铁(万吨)	Pig Iron (10000 tons)	2516.0	2060.6	318.7	136.7	5.4
钢(万吨)	Steel (10000 tons)	2694.6	2169.4	359.5	165.7	6.1
成品钢材(万吨)	Steel Products (10000 tons)	2799.7	2333.8	368.5	97.4	3.5
汽车(万辆)	Motor Vehicles (unit)	97.1	13.0	64.1	20.0	20.6
彩色电视机(万台)	Color Television Set (10000 units)	525.5	446.0	78.6	0.9	0.2
发电量(亿千瓦小时)	Electricity (100 million kwh)	1635.1	837.0	311.0	487.1	29.8
运输、邮电	**Transportation, Post and Telecommunication Services**					
货运量(亿吨)	Freight Traffic (100 million tons)	17.8	8.6	3.5	5.7	32.0
客运量(亿人)	Passenger Traffic (100 million persons)	12.4	5.1	2.5	4.8	38.7
货运周转量(亿吨公里)	Freight Ton－Kilometers(100 million ton－km)	4061.8	2426.5	620.2	1015.1	25.0
旅客周转量(亿人公里)	Passenger－Kilometers(100 million passenger－km)	1151.7	545.3	216.5	389.9	33.9
邮电业务总量(亿元)	Total Business Revenue (100 million yuan)	682.9	291	158	233.6	34.2
年末市内电话(万户)	Local (Urban) Telephone Subscribers at the Year－end (10000 subscribers)	2170.3	907.3	599.0	664.0	30.6
移动电话用户(万户)	Number of Mobile Telephone Subscribers (10000subscribers)	2437.9	962.9	633.0	842.0	34.5
国内外经济贸易	**Domestic and Foreign Trade**					
社会消费品零售总额(亿元)	Total Retail Sales of Consumer Goods (100 million yuan)	4817.5	2330.8	1110.3	1376.4	28.6
城乡集市贸易成交额(亿元)	Transaction Value of Free Markets in Urban and Rural Areas (100 million yuan)	2595.3	1334.0	552.1	709.2	27.3
进口总额(亿美元)	Total (USD 100 million)	184.0	119.3	40.1	24.6	13.4
出口总额(亿美元)	Total Exports (USD 100 million)	196.6	146.3	21.6	28.7	14.6
实际利用外资额(亿美元)	Total Amount of Foreign Capital Actually Used(USD 100 million)	75.1	57.1	5.1	12.9	17.2
教育、科技、文化	**Education, Science and Technology and Culture**					
高等学校在校学生(万人)	Students Enrollment in Institutions of Higher Education (10000 persons)	122.6	51.4	32.0	39.2	32.0
中等专业学校在校学生(万人)	Students Enrollment in Specialized Secondary Schools (10000 persons)	35.4	17.3	5.9	12.2	34.5
普通中学在校学生(万人)	Students Enrollment in Regular Secondary Schools (10000 persons)	608.1	241.1	119.6	247.4	40.7
小学在校学生(万人)(万人)	Students Enrollment in Primary Schools (10000 persons)	712.7	289.2	183.3	240.2	33.7
科技机构数(个)	Number of Scientific Technological Research Institutions (unit)		903		569	
科技活动人员数(万人)	Number of Persons Engaged in Scientific and Technological Activities (10000 persons)		14.9		7.5	
广播人口覆盖率(%)	Listener Rate (%)		97.8	96.1	98.5	
电视人口覆盖率(%)	Viewer Rate (%)		97.7	97.3	98.7	
报纸出版印数(亿份)	Number of Newspapers Issued (100 million copies)			12.3	7.4	
杂志出版印数(亿册)	Number of Magazines Issued (100 million copies)			1.0	0.6	
图书出版印数(亿册)	Number of Books Published (100 million copies)			1.4	0.8	
卫 生	**Public Health**					
医疗卫生机构数(个)	Number of Health Institutions (units)	29431	13404	7695	8332	28.3
医疗病床数(万张)	Number of Beds in Health Institutions (10000 units)	37.4	17.2	8.6	12	31.0
卫生技术人员(万人)	Medical Technical Personnel(10000 persons)	49.0	21.1	12.9	15.0	30.6
#执业医师	#Doctors	17.8	7.8	4.8	5.2	29.2

中国统计出版社最新资料书简目

中国统计年鉴－2004
中国统计摘要－2004
2004 中国发展报告
中国城市统计年鉴－2003
中国农村统计年鉴－2004
中国劳动统计年鉴－2004
中国劳动统计年鉴－2004
中国人口统计年鉴－2004
中国工业经济统计年鉴－2004
中国市场统计年鉴－2004
2003 中国城市发展报告
中国建筑业统计年鉴－2003
中国价格及城镇居民家庭收支调查统计年鉴－2004
国际统计年鉴－2004
中国对外经济贸易统计年鉴－2003
中国基本单位统计年鉴－2003
中国民政统计年鉴－2004
中国高技术产业统计年鉴－2004
中国房地产行业名录

北京统计年鉴－2004
天津统计年鉴－2004
河北经济年鉴－2004
山西统计年鉴－2004
内蒙古统计年鉴－2004
辽宁统计年鉴－－2004
吉林统计年鉴－－2004
黑龙江统计年鉴－－2004
上海统计年鉴－2004
江苏统计年鉴－2004
浙江统计年鉴－2004
安徽统计年鉴－2004
福建统计年鉴－2004
江西统计年鉴－2004
山东统计年鉴－2004
河南统计年鉴－2004
湖北统计年鉴－2004
湖南统计年鉴－2004
广东统计年鉴－2004
广西统计年鉴－2004
海南统计年鉴－2004
重庆统计年鉴－2004

四川统计年鉴－2004
贵州统计年鉴－2004
云南统计年鉴－2004
西藏统计年鉴－2004
陕西统计年鉴－2004
甘肃年鉴－2004
青海统计年鉴－2004
宁夏统计年鉴－2004
新疆统计年鉴－2004
新疆生产建设兵团统计年鉴－2004
石家庄统计年鉴－2004
唐山统计年鉴－2004
邯郸统计年鉴－2004
呼和浩特经济统计年鉴－2004
鄂尔多斯市统计年鉴－2004
包头统计年鉴－2004
赤峰统计年鉴－2004
沈阳年鉴－2004
大连统计年鉴－2004
鞍山统计年鉴－2004
长春统计年鉴－2004
吉林市社会经济统计年鉴－2004
四平统计年鉴－2004
延吉统计年鉴－2004
哈尔滨统计年鉴－2004
齐齐哈尔经济统计年鉴－2004
牡丹江统计年鉴－2004
大庆统计年鉴－2004
黑龙江垦区统计年鉴－2004
上海浦东新区统计年鉴－2004
南京统计年鉴－2004
苏州统计年鉴－2004
无锡统计年鉴－2004
常州统计年鉴－2004
徐州统计年鉴－2004
南通统计年鉴－2004
盐城统计年鉴－2004
镇江统计年鉴－2004
杭州统计年鉴－2004
宁波统计年鉴－2004
绍兴统计年鉴－2004
台州统计年鉴－2004

舟山统计年鉴－2004
温州统计年鉴－2004
金华统计年鉴－2004
嘉兴统计年鉴－2004
丽水统计年鉴－2004
福州年鉴－2004
夏门经济特区年鉴－2004
福州经济技术开发区年鉴－2004
南昌经济社会统计年鉴－2004
九江经济统计年鉴－2004
济南统计年鉴－2004
青岛统计年鉴－2004
潍坊统计年鉴－2004
郑州统计年鉴－2004
洛阳统计年鉴－2004
三门峡统计年鉴－2004
平顶山统计年鉴－2004
南阳经济统计年鉴－2004
武汉统计年鉴－2004
宜昌统计年鉴－2004
十堰统计年鉴－2004
荆州统计年鉴－2004
广州统计年鉴－2004
东莞统计年鉴－2004
惠州统计年鉴－2004
深圳统计年鉴－2004
南宁统计年鉴－2004
桂林经济社会统计年鉴－2004
柳州经济统计年鉴－2004
米宾统计年鉴－2004
河池地区经济社会统计年鉴－2004
海口统计年鉴－2004
成都统计年鉴－2004
贵阳统计年鉴－2004
昆明统计年鉴－2004
西安统计年鉴－2004
兰州年鉴－2004
西宁统计年鉴－2004
银川统计年鉴－2004
乌鲁木齐统计年鉴－2004
巴音郭楞统计年鉴－2004
吐鲁番统计年鉴－2004

2004 HEILONG

黑龙江统计年鉴

中国统计出版社
China Statistics Press

《黑龙江统计年鉴－2004》电子版是《黑龙江统计年鉴－2004》书版的配套电子出版物,主要采用excel形式表现。两者内容一致，其内容若与书版不一致时，以书版内容为准。对资料的有关说明请参阅书版的编者说明。

The electronic edition of Heilongjiang statistical yearbook-2004 is the affiliated publication of Heilongjiang statistical yearbook-2004, and it is showed in the form of excel file. The contents of the E-edition and the book-edition are identical. Otherwise, it is judged by the later. Please consult the explanatory notes in the book-edition if you want to understand the relevant indication to the data in E-edition.

黑龙江省统计局　编
HEILONGJIANG PROVINCIAL BUREAU OF STATISTICS
光盘制作：黑龙江省统计局综合处